一路走来

北京金泰恒业的发展历程

付合年 著

红旗出版社

图书在版编目（CIP）数据

一路走来：北京金泰恒业的发展历程/付合年著.
—北京：红旗出版社，2009.11
ISBN 978 – 7 – 5051 – 1829 – 4

Ⅰ.①一···　Ⅱ.①付···　Ⅲ.①国有企业 – 经济体制改革 – 中国 – 文集
Ⅳ.①F279. 241 – 53

中国版本图书馆 CIP 数据核字（2009）第 195934 号

书　　名	一路走来——北京金泰恒业的发展历程
著　　者	付合年
责任编辑	徐颢妍
责任校对	李　娟
封面设计	杨慧子

出版发行	红旗出版社
地　　址	北京市沙滩北街 2 号
邮政编码	100727
E – mail	hqcbs@ publica. bj. cninfo. net
编 辑 部	64001608
发 行 部	64037154
印　　刷	中国印刷总公司北京新华印刷厂

开　　本	787 毫米×1092 毫米　1/16
字　　数	680 千字　　印张：47. 375
版　　次	2009 年 11 月北京第 1 版　2009 年 11 月北京第 1 次印刷

ISBN 978 – 7 – 5051 – 1829 – 4　　　　定价：98. 00 元（精装）

作者近照 　　　　　　　　　　　　　（摄影:石占坡）

作者(中)与公司现任党委书记、董事长李京来(右)，
总经理姜春杰(左)在一起。 (摄影:张伟)

团结创新的领导团队
左起前依次为:吴清、周建裕、姜春杰、付合年、李京来、刘若翔、章琳;
左起后依次为:张小力、牛进猛、孙德刚、张迎祯、海泽宽。 (摄影:张伟)

序　言

*梁钧平*①

　　我非常荣幸在本书正式出版之际为其作序。《一路走来——北京金泰恒业的发展历程》讲述了一个国有企业十年来的发展史。北京金泰恒业有限责任公司的前身北京市煤炭总公司是北京市一家传统的国有企业。在由计划经济向市场经济转轨的过程中，这家企业经历了国有企业改革全过程的巨大阵痛，也抓住了改革开放带来的巨大发展机遇，取得了辉煌的发展业绩，在市场上有了一定的市场知名度和美誉度，是国有企业改革发展的一个成功范例。

　　研究金泰恒业公司的发展历程，对于正在日益深化的国有企业改革来说具有示范意义。金泰恒业公司十年来的发展给我们这样一些重要启示：

　　第一，金泰恒业公司坚持市场导向、战略导向和专业导向。坚持市场导向，使其成为一个自主经营、自负盈亏的市场竞争主体；坚持战略导向，使其明确了自己的发展道路；坚持专业导

---

　　①　作者梁钧平系北京大学光华管理学院组织管理系主任、教授、博士生导师。

向，使其自身具有较强的核心竞争力。

第二，金泰恒业公司的体制改革，成功地走出了从激进的控制权改革向渐进的所有权改革发展这样一条道路。金泰恒业公司是北京市的国有企业，体量较大，而且国资委监管体制明确了出资人制度，决定了改革路径必须符合国有资产出资人的意志，不能一卖了之。但市场竞争日益加剧，计划经济时代的企业发展道路行不通了，必须要研究新思路，找到新出路。体制机制的改革既不能盲目冒进，又不能无所作为。金泰恒业公司就是在这么多约束条件下，克服重重困难，从逐步引进市场化的管理机制入手，大胆地探索市场化道路，走出了一条逐步由激进的控制权改革向渐进的所有权改革发展的道路。这种探索是需要智慧和勇气的，这种探索是成功的，这种探索也是具有示范意义的。

第三，金泰恒业公司的成功探索为下一步蓄势发展打下了非常好的基础，预示着这家企业能够保持持久的竞争优势，走得越来越好。他们下一步的发展思路很清楚，那就是第一步实现一人有限和集团化，便于合并同类项，进行专业整合；第二步股份化，从而更为彻底地优化公司治理。我们完全有理由相信金泰恒业公司会取得越来越大的成绩。

第四，作为一个企业领导者最重要的东西，就是持续力，就是做什么可以坚持下来，就是持续性的能力。例如，不少人在谈及什么是高尚的道德，个个都是高手。但是一旦涉及对具体道德规则的服从，个个都是低手。这就不行了，其实是缺乏一种持续力，我们跟雷锋有什么区别？雷锋是坚持一辈子做好事，我们是偶尔做一次好事。为什么存在这么大的差别，本质上是持续力的差别。

拿付合年来说，他是一个我非常喜爱的企业领导者，也是一个非常令人敬佩的企业领导者，中国绝大多数企业家都是有美好理想的，而且他们已经有了自己所谓的愿景，但是关键是坚持和努力的程度不够，即使看到了美好的未来却坚持不下去。但是付合年是既看到了美好的未来又坚持下去了。付合年的身上具有中国企业领导者优秀的品质，就是持续力，看准了可以坚持下去，即使在不利的大环境下也能够坚持下去。

此外，付合年对于企业改革发展的胆识也是值得我们学习的。因为领导者的胆识对于我们任何组织都是极为重要的！我们组织中司空见惯的、一些极为明显的错误，之所以长期得不到解决，就是由于领导者缺乏足够的胆识。因为解决这类问题会产生不愉快的结果。缺乏胆识的领导者不愿意承担采取必要措施所必须承受的痛苦，其结果可能给组织带来更大、更长期的痛苦。当然，自私的领导者可以通过使组织蒙受巨大的损失和代价，而减轻个人的痛苦，但这种领导者显然是不称职的。

目前国企正处在一个相当复杂的环境中，要应对多重挑战。首先，企业的改革仍在继续深化，不确定因素还很多，企业兼并重组、体制机制改革等事项相当繁杂；其次，中国作为新兴市场，整体经济环境的变化速度很快，而某些国企由于历史包袱，资源、人才等方面的积累显得不足；第三，加入WTO后，市场的开放程度越来越高，国企必须参加全球范围内的竞争，需要更强烈的市场意识和竞争意识；最后，由于国企的特殊性质，国企往往要承担相当大的社会责任，包括环境保护、维持稳定等，国企需兼顾多重利益相关者的利益，并且尽力建立良好的社会声誉。

金泰恒业公司的发展历程之所以具有样本意义，就在于他们亲历的道路虽然充满艰辛，但是可信可学。既符合国家渐进推进国有企业发展的思路，又创造性地推进了市场化改革，实现了帕累托改进的多赢局面。我将继续以管理专家的视角关注他们的发展，希望他们能够深入挖掘整理，使我们能够早日在 MBA 课堂上分享他们的企业发展案例，为更多的国有企业深化改革、加速发展提供可资借鉴的新鲜经验。

　　十年历程一路走来，金泰恒业公司取得的成绩可圈可点，个中艰辛只有以付合年为首的那些亲历者们最有发言权。但是他们保持低调，只是把曾经指导他们自身发展的那些质朴的文字集结成册，以这种朴素的方式忠实地记录和还原了那段既艰辛又辉煌的历史。我很荣幸能够与他们分享他们的发展历程。希望更多的企业领导者，特别是国有企业领导者和更大范围的读者分享他们的发展历程，启迪自己作更深入的思考。

　　一路走来征尘未洗，他们又要踏上更富挑战的征程，创造更加美好的明天，希望他们未来的道路越走越宽广！

2009 年 10 月 18 日

目　录

对优秀年轻干部要敢用、能用、会用

（一九九八年五月）••••••••••••••••••••••••••••• 1

增强人才意识,努力造就一批优秀年轻的企业领导者

（一九九八年九月十七日）•••••••••••••••••• 6

在北京金泰恒业有限责任公司成立揭牌仪式上的致辞

（二〇〇一年十一月二十八日）•••••••••••••• 13

解放思想　改革创新　为加快"金泰恒业"的发展而奋斗
　　——在北京金泰恒业公司党委扩大会议上关于二〇〇二年工作思路的报告

（二〇〇一年十二月二十五日）•••••••••••••• 15

抓住"决定因素"　强化"代表"意识

（二〇〇一年十二月）•••••••••••••••••••• 32

努力完善企业法人治理结构　积极推进企业制度创新
　　——在北京金泰恒业有限责任公司第三次股东会上的报告

（二〇〇二年一月二十一日）•••••••••••••••• 35

加强董事会建设　真正把董事会的决策落到实处
　　——在北京金泰恒业有限责任公司二〇〇二年工作会议上关于董事会工作的报告

（二〇〇二年一月三十一日）•••••••••••••••• 43

加强企业监督工作　推进企业经济工作健康发展
　　——在北京金泰恒业公司向委托经营企业委派专职监事大会上的讲话

（二〇〇二年六月）•••••••••••••••••••••• 51

在二〇〇二年上半年经济工作会议上的讲话提纲

（二〇〇二年八月六日）•••••••••••••••••• 60

全面落实"三个代表"重要思想　为把金泰恒业建设成为

　　具有核心竞争能力的大型现代企业而奋斗

　　——在中国共产党北京金泰恒业有限责任公司第一次代表大会上的报告

　　（二〇〇二年八月二十二日）⋯⋯⋯⋯⋯⋯⋯⋯⋯⋯⋯　64

在九区煤炭公司党的工作、干部工作垂直管理会议上的讲话

　　（二〇〇二年九月十七日）⋯⋯⋯⋯⋯⋯⋯⋯⋯⋯⋯⋯　80

认真学习贯彻党的十六大精神　全面落实公司第一次党代会

　　的战略部署　开创二〇〇三年改革发展稳定的新局面

　　——在北京金泰恒业有限责任公司党委扩大会议上的报告

　　（二〇〇二年十一月三十日）⋯⋯⋯⋯⋯⋯⋯⋯⋯⋯⋯　86

强化决策管理　努力推进董事会专业委员会建设

　　（二〇〇二年）⋯⋯⋯⋯⋯⋯⋯⋯⋯⋯⋯⋯⋯⋯⋯⋯　99

与时俱进　开拓创新　全面推进金泰恒业持续稳定健康发展

　　——在北京金泰恒业有限责任公司二〇〇三年工作会议上关于董事会工作的报告

　　（二〇〇三年一月六日）⋯⋯⋯⋯⋯⋯⋯⋯⋯⋯⋯⋯⋯　105

用党的十六大精神统领全局　大力加强领导班子的

　　思想建设和能力建设

　　——在北京金泰恒业有限责任公司二〇〇三年工作会议结束时的讲话

　　（二〇〇三年一月七日）⋯⋯⋯⋯⋯⋯⋯⋯⋯⋯⋯⋯⋯　120

关于企业党组织能力建设的若干思考

　　（二〇〇三年六月九日）⋯⋯⋯⋯⋯⋯⋯⋯⋯⋯⋯⋯⋯　126

学习贯彻十六大精神　推动企业文化建设

　　——在"金泰恒业观"理论研讨会上的讲话

　　（二〇〇三年六月二十六日）⋯⋯⋯⋯⋯⋯⋯⋯⋯⋯⋯　133

关于在金泰恒业公司纪念"七一"暨"争优创先"总结表彰

　　大会上的讲话

　　（二〇〇三年六月二十七日）⋯⋯⋯⋯⋯⋯⋯⋯⋯⋯⋯　137

兴起学习贯彻"三个代表"重要思想新高潮,强化战略思维,
　提高决策水平,把下半年的各项工作推向一个新的阶段
　　——在北京金泰恒业有限责任公司二〇〇三年上半年经济工作会议上的讲话
　　（二〇〇三年七月十五日）……………………………………………146

在金泰城项目土地签约仪式上的讲话
　　（二〇〇三年九月十六日）……………………………………………158

增强学习实践"三个代表"重要思想的使命感
　建设具有金泰恒业特色的青年队伍
　　——在共青团北京金泰恒业有限责任公司第一次代表大会上的讲话
　　（二〇〇三年九月十八日）……………………………………………160

兴起学习贯彻"三个代表"重要思想新高潮　进一步加强企业
　领导者队伍的思想作风建设
　　（二〇〇三年九月二十一日）…………………………………………166

强化执行力　落实代表性
　　（二〇〇三年十一月十日）……………………………………………180

用"三个代表"重要思想统领全局,树立科学发展观,
　以改革的精神做好二〇〇四年的工作
　　——在北京金泰恒业有限责任公司党委扩大会议上的讲话
　　（二〇〇三年十二月三日）……………………………………………187

坚持与时俱进　加快改革发展　全面提高金泰恒业核心竞争能力
　　——在北京金泰恒业有限责任公司一届二次职工代表大会上的报告
　　（二〇〇四年一月十三日）……………………………………………200

增强执行力　落实代表性
　　——在北京金泰恒业有限责任公司一届二次职代会结束时的讲话
　　（二〇〇四年一月十五日）……………………………………………217

在纪念建党八十三周年暨"争优创先"表彰大会上的讲话
　　（二〇〇四年七月一日）………………………………………………225

在"三个代表"重要思想指引下,落实"双观",促进双赢

　　——在北京金泰恒业有限责任公司二〇〇四年年中工作会议上的讲话

　　(二〇〇四年七月十九日) ………………………………………… 234

突出重点,抓住核心,不断提高全面预算工作水平

　　——在北京金泰恒业有限责任公司二〇〇四年预算工作会议上的讲话

　　(二〇〇四年九月七日) …………………………………………… 244

落实产权代表责任　提高资产保值增值能力

　　——在北京金泰恒业有限责任公司产权代表会议上的讲话

　　(二〇〇四年十月十三日) ………………………………………… 251

在"三个代表"重要思想指引下坚持以人为本,提高能力,

　　努力推进公司全面、协调、可持续发展

　　——在北京金泰恒业有限责任公司二〇〇四年党委全委扩大会议上的讲话

　　(二〇〇四年十二月七日) ………………………………………… 257

实施可持续发展战略　全面提升金泰恒业核心竞争能力

　　——在北京金泰恒业有限责任公司一届三次职工代表大会暨二〇〇五年工作会上的报告

　　(二〇〇五年一月二十日) ………………………………………… 274

强化管理　固本强基　增强"金泰恒业力"

　　——在北京金泰恒业有限责任公司一届三次职代会暨二〇〇五年工作

　　　会议结束时的讲话

　　(二〇〇五年一月二十一日) ……………………………………… 287

在金泰恒业公司二〇〇五年度基建、房地产专业工作会议上的讲话

　　(二〇〇五年三月三十一日) ……………………………………… 297

在公司青年人才联谊会年会上的讲话

　　(二〇〇五年五月) ………………………………………………… 302

先行一步打好基础

　　——在金泰恒业公司党员先进性教育准备工作和落实集团公司审计

　　　整改方案会议上的讲话

　　(二〇〇五年五月十一日) ………………………………………… 312

关于对党的先进性和实现途径的思考与研究

　　（二〇〇五年七月三十一日）……………………321

以党员先进性教育为契机　大力推进下半年和

　今后一个时期的经济工作

　　——在北京金泰恒业有限责任公司二〇〇五年上半年经济工作

　　　会议上的讲话

　　（二〇〇五年八月二日）……………………329

关于对金泰恒业公司党委领导班子先进性标准的认识

　　（二〇〇五年八月十日）……………………336

关于第二期党员先进性教育专题辅导讲课的提纲

　　（二〇〇五年九月一日）……………………340

认识先进性　对照先进性　落实先进性

　　——北京金泰恒业公司在京煤集团公司保持共产党员先进性教育活动

　　　结束总结大会上的发言提纲

　　（二〇〇五年十月十一日）……………………350

立足"四个坚持"　构建和谐企业

　　（二〇〇五年十一月二十八日）……………………352

落实科学发展观　加强党的先进性建设

　努力开创二〇〇六年企业全面工作的新局面

　　——在北京金泰恒业有限责任公司一届十二次党委全委扩大会议上的讲话

　　（二〇〇五年十二月一日）……………………358

自主创新　大有可为

　　（二〇〇五年十二月七日）……………………373

围绕落实科学发展观和公司发展战略

　把公司的自主创新能力提升到新境界

　　——在北京金泰恒业有限责任公司一届四次职工代表大会暨二〇〇六年工作会上的报告

　　（二〇〇六年一月十日）……………………375

围绕落实公司发展战略　全力打造"金泰恒业之魂"

　为全面建设创新型企业而努力奋斗

　　——在北京金泰恒业有限责任公司一届四次职代会暨二〇〇六年工作会结束时的讲话

　　（二〇〇六年一月十一日）……………………………384

研究金泰恒业　创新金泰恒业

　　——在二〇〇六年北京金泰恒业公司春节团拜会上的祝辞

　　（二〇〇六年一月二十四日）………………………393

在二〇〇六年度基建、房地产专业工作会上的讲话

　　（二〇〇六年三月六日）……………………………398

培育特色企业文化　做强做大金泰恒业

　　（二〇〇六年五月）……………………………405

全面提高青年管理人员素质　为落实公司发展战略提供人才保证

　　——在北京金泰恒业有限责任公司优秀青年管理人员培训班上的动员讲话

　　（二〇〇六年六月五日）……………………………413

在纪念建党八十五周年暨"争优创先"总结表彰大会上的讲话

　　（二〇〇六年六月三十日）……………………………427

以科学发展观为指导　加强党的先进性建设　把公司发展战略落到实处

　　——在北京金泰恒业有限责任公司半年工作会议上的讲话

　　（二〇〇六年七月二十七日）………………………436

强化全面预算工作　为落实公司发展战略提供有力保证

　　（二〇〇六年十月十日）……………………………446

在公司成立五周年暨"时代先锋，感动金泰"主题演讲会上的讲话提纲

　　（二〇〇六年十一月二十八日）………………………452

坚持科学发展观　构建和谐企业　建设金泰文化

　切实把公司发展战略落到实处

　　——在金泰恒业公司二〇〇六年党委扩大会议上的讲话

　　（二〇〇六年十二月七日）……………………………454

抓住机遇　科学发展　再塑辉煌
　　——在北京金泰恒业有限责任公司一届五次职工代表大会暨二〇〇七年
　　　工作会上的报告
　　（二〇〇七年二月一日）·················· 469

弘扬"金泰恒业成功文化"　大力加强人才队伍建设
　　——在北京金泰恒业有限责任公司一届五次职工代表大会暨二〇〇七年工作
　　　会议结束时的讲话
　　（二〇〇七年二月二日）·················· 484

让"金泰恒业成功文化"深入人心
　　——在北京金泰恒业有限责任公司二〇〇七年春节团拜会上的祝辞
　　（二〇〇七年二月十五日）················· 493

加强制度建设　坚持规范运行
　　——在北京京煤集团公司产权代表会议上的经验介绍
　　（二〇〇七年三月二十日）················· 497

在二〇〇七年度基建、房地产专业工作会上的讲话
　　（二〇〇七年三月二十日）················· 504

以优异成绩迎接公司党代会胜利召开
　努力开创企业党建和各项工作新局面
　　——在金泰恒业公司纪念建党八十六周年暨"争优创先"总结
　　　表彰大会上的讲话
　　（二〇〇七年七月一日）·················· 509

组织的重组与变革：JT 公司组织变革案例研究
　　——北京大学光华管理学院 EMBA 毕业专题报告
　　（二〇〇七年七月）····················· 515

认真学习胡锦涛同志在中央党校的重要讲话　做好下半年工作
　以优异成绩迎接党的十七大和公司第二次党代会胜利召开
　　——在北京金泰恒业有限责任公司二〇〇七年半年工作会议上的讲话
　　（二〇〇七年七月三十日）················· 548

全面贯彻落实科学发展观　加强党的建设　实施金泰恒业战略

　　为把公司建设成为现代强势和谐企业而奋斗

　　　　——在中国共产党北京金泰恒业有限责任公司第二次代表大会上的报告

　　　　（二〇〇七年九月十日）……………………………………………………559

关于党的先进性建设对企业先进性建设重大引领作用的若干思考

　　　　（二〇〇七年九月十三日）……………………………………………………578

在京煤集团继续推进改革创新发展务虚会上的发言提纲

　　　　（二〇〇七年十月二十五日）………………………………………………583

在金泰恒业公司成立六周年庆典仪式上的讲话

　　　　（二〇〇七年十二月四日）……………………………………………………590

高举中国特色社会主义伟大旗帜

　　开创二〇〇八年金泰恒业科学经营的新局面

　　　　——在二〇〇七年北京金泰恒业有限责任公司党委扩大会议上的讲话

　　　　（二〇〇七年十二月十八日）………………………………………………594

深入贯彻落实科学发展观　围绕科学经营实施正确决策

　　　　——在北京金泰恒业有限责任公司二届一次职工代表大会暨二〇〇八年

　　　　　工作会议上关于董事会工作报告

　　　　（二〇〇八年一月三十日）……………………………………………………606

坚持以人为本　增强金泰恒业竞争力

　　　　——在北京金泰恒业有限责任公司二届一次职代会暨二〇〇八年工作

　　　　　会议结束时的讲话

　　　　（二〇〇八年一月三十一日）………………………………………………617

在北京金泰恒业公司二〇〇八年春节团拜会上的祝辞

　　　　（二〇〇八年二月一日）………………………………………………………623

用中国特色社会主义理论体系武装头脑，增强金泰恒业

　　“创新执行力”，大力推进“四好”领导班子建设

　　　　——在北京金泰恒业有限责任公司纪念建党八十七周年暨“争优创先”

　　　　　总结表彰大会上的讲话

　　　　（二〇〇八年七月一日）………………………………………………………626

强化科学经营的战略思维　突出重点工作　为落实科学发展观作出新贡献
　　——在北京金泰恒业有限责任公司二〇〇八年半年工作会议上的讲话
　　（二〇〇八年七月十八日）·················633

在与北京汽车工业控股有限责任公司签订战略合作框架协议
　　签字仪式上的讲话
　　（二〇〇八年八月二十八日）·················642

坚持相关多元化经营战略　促进公司科学发展
　　（二〇〇八年九月）·················644

关于企业以人为本诸要素的研究
　　（二〇〇八年十一月四日）·················650

深入贯彻落实科学发展观　努力开创金泰恒业科学经营新局面
　　——在北京金泰恒业有限责任公司二届六次党委全委扩大会议上的讲话
　　（二〇〇八年十一月二十八日）·················656

站在新的历史起点
　　——在金泰地产十周年庆典上的讲话
　　（二〇〇八年十二月十八日）·················667

在北京金泰恒业国际旅行社成立庆典上的致辞
　　（二〇〇九年一月八日）·················670

鼓足建设强大金泰恒业的信心
　　——在北京金泰恒业有限责任公司春节团拜会上的祝辞
　　（二〇〇九年一月二十一日）·················673

认清形势　坚定信心　固本强基　建设强大的金泰恒业
　　开创科学经营新局面
　　——在北京金泰恒业有限责任公司二届二次职工代表大会
　　　暨二〇〇九年工作会议上的报告
　　（二〇〇九年二月二十日）·················676

"强大京煤理念" 重在落实

　　——在北京金泰恒业有限责任公司二届二次职代会和工作会议结束时的讲话

　　（二〇〇九年二月二十一日）······················· 688

深入贯彻落实科学发展观　　建设强大的京煤集团

　　为推进首都现代化建设作出新贡献

　　——在京煤集团公司中层以上领导人员大会上的讲话

　　（二〇〇九年一月六日）·························· 695

高举中国特色社会主义伟大旗帜，深入理解、牢牢把握

　　"强大京煤理念"，努力开创集团公司科学发展新局面

　　——在京煤集团公司一届八次职代会暨二〇〇九年工作会议上的总结讲话

　　（二〇〇九年二月十一日）························· 711

附录一　　深入学习实践科学发展观　　牢牢抓住发展第一要务

　　　　　增强企业核心竞争优势　　开创公司科学经营新局面

　　（二〇〇九年八月十八日）················· 李京来 720

附录二　　关于"科学经营，金泰大成"的战略研究

　　（二〇〇七年十一月一日）················· 姜春杰 727

附录三　　金泰恒业公司铭志 ····················· 734

后　记 ································· 735

对优秀年轻干部要敢用、能用、会用

一九九八年五月

近几年，我们在培养选拔优秀年轻干部工作中，紧紧抓住"敢用、能用、会用"三个环节，努力形成氛围，建立机制，走出路子，使基层领导班子和干部队伍发生了较大变化，基本实现了以40岁左右干部为主体的年龄结构，每一个基层班子中都有35岁左右的年轻干部。这些年轻干部思路新、富有开拓精神，使总公司"四业"（煤炭、燃料油、房地产、三产）并举的格局出现了较好的发展势头，为行业的全面进步提供了组织保证。

一、形成一种氛围，在"敢用"上达成共识

要使优秀年轻干部脱颖而出，必须形成党委重视、干部和职工都支持年轻干部工作的氛围。如果没有这么一种氛围，人才难发现，干部难上来，就是上来了，也很难待得住。因此，我们首先从解决认识问题入手：

克服"无用论"的思想，站在时代的高度敢于起用优秀年轻干部。有的同志说：卖煤无须高智商，黑脸的也能卖好煤，要那么多白面书生干什么？这种想法影响了一些单位培养选拔年轻干部的工作。针对这个问题我们反复强调：工业经济正在向知识经济发展，只凭老经验经营煤炭已不适应新形势的要求。煤炭行业要从根本上改变"黑脏累，吃穿费"的状况，要战胜企业的各种困难，迫切需要培养选拔

一批有知识、有才干的优秀年轻领导干部。我们引导大家分析干部队伍现状的不合理性，使大家逐步认识到"煤炭要振兴，干部要年轻"。

克服"少用论"的思想，站在行业结构调整的高度敢于起用优秀年轻干部。有的同志讲，用了新的会伤了老的，搞多种经营老的也能学，少用几个年轻人算不了什么。这种认识对于行业经济结构的调整非常不利。我们制定了"以煤为基础，多元化经营"的战略，开辟了燃料油、房地产、煤炭机械和新型煤制品出口等新的经营领域，还开办了众多的小经济实体。经营结构的调整迫切需要有相应知识的干部走上领导岗位。老同志固然可以重新学习，但由于受文化基础和年龄的限制，现学已经来不及。要满足行业多种经营的需要，不能只从照顾老同志的感情着想，更要从企业的长远利益打算。因此，我们不仅在煤炭经营的直属厂，而且在燃料油公司、房地产公司、机械厂、研究所等单位的领导班子中都配备了具有专业特长的优秀年轻干部。

克服"缓用论"的思想。站在优化干部队伍结构的高度敢于起用优秀年轻干部。有的同志认为，我们干了一辈子才是个厂处级，年轻干部吃的煤末还少，让他们在一线干吧！我们认为，长期抱有"缓用论"思想，就难以改变干部队伍青黄不接趋于老化的状况，要跳出个人的小圈子，眼界长远些，思路放宽些。因此，我们加大了工作力度，使厂处级班子成员的平均年龄由 5 年前的近 50 岁下降到现在的45.8 岁。

克服"慎用论"的思想，站在人才成长规律的高度敢于起用优秀年轻干部。有的同志说，用年轻人得格外慎重，他们"点子多、思想活"，上来靠得住吗？这些同志对起用年轻干部，谨慎有余，魄力不足。我们认为，年轻人固然有这样那样的缺点，但主流还是好的，从干部成长规律看，只有早选苗子，早压担子，才能早日成才。存在的缺点和毛病只能在实践中予以发现和纠正。决不能以"慎用"为借口，把年轻干部置于班子之外。因此，近几年我们适当加快了培养和选拔优秀年轻干部的步伐，先后把近 40 名 40 岁以下的干部充实到厂处级领导岗位。现在看，这批干部绝大多数是比较好的。

二、建立一种机制，在"能用"上创造条件

培养选拔优秀年轻干部，不仅要解决思想认识问题，敢于起用，而且要创造使优秀年轻干部脱颖而出的条件，能够起用。为此，我们建立了如下机制：

建立让贤机制，腾出位子。为使优秀年轻干部尽快到岗，我们实施了干部提前退出现职岗位和享受优惠待遇的规定：厂处级干部男性57岁退居二线，58岁经本人同意离岗休养；女性52岁退居二线，53岁经本人同意离岗休养。最近又对这个政策做了修改，凡提前3年退休者均增加3级工资。厂处级干部提前退出领导岗位，为优秀年轻干部上岗准备了位子。

建立择优机制，能上能下。对于年轻干部的任用，实行动态管理，经过一段时间的考验，群众威信低，不胜任工作的另行安排，不搞照顾，不留面子。近年来，先后调整了4名年轻的厂处级干部。直属厂的中层干部实行竞争上岗，在年龄和文化程度方面都作了明确规定，一些中层干部因年龄偏大、文化程度偏低，自动放弃了竞争，为任用优秀年轻干部创造了条件。

建立储备机制，积累资源。为多中选好，好中选优，我们采取的方法，一是每年引进50名左右大中专毕业生，不断充实企业的人才；二是按照比例配齐后备干部；三是厂处级班子配备年轻干部不算职数，保证每个班子里都有年轻人；四是实行助理制，在总公司和厂处级班子中都设了经理助理或厂长助理，为年轻干部成长锻炼提供机会。

建立激励机制，留住人才。我们制定了对青年知识分子的20条优惠政策，从工资分配到福利待遇都作了明确规定。我们还注意解决一些比较突出的问题，例如青年干部的住房问题、夫妻两地分居问题等，为他们解除了后顾之忧。

三、走出一条路子，在"会用"上下功夫

看潜力，压重担，量才适用，实践成才。对于青年干部我们不只看一时一事，而是看潜力，看后劲，看综合能力；看准了，就大胆放手使用，让他们在实践中成才。煤炭机械厂党委书记今年 29 岁，厦门大学企管和英语双学士学位，现在人民大学攻读工商管理硕士学位。对这样的干部，我们先是由校教员调到机械厂任副厂长，然后提为党委书记。在该厂向印尼出口型煤生产线的工作中，他既是翻译又是谈判代表和决策者，表现了出色的才华，外商很是佩服。在他和领导班子及科技人员的努力下，为印尼设计制造的型煤生产线投产使用，收到了良好的经济效益。

扩大规模，优化结构，多层选育，培养人才。提拔青年干部不是摆设和点缀，应该有一批优秀人才分布在各个层次。因此，我们不仅提拔了一批科级以上的领导干部，还选拔了一批有专业知识的优秀年轻人到管理岗位、新产业领域、专业技术岗位任职，委以重任，用其所长，待遇从优。有了一批年轻干部、一批管理人才、一批技术骨干，企业更加充满希望。比如，煤研所承担国家"863"科技攻关项目核能发电工程有关课题的人员，都是 30 岁左右有学识、有能力、有干劲的青年人，他们不仅高质量地完成了课题任务，也为企业增加了效益。

跟踪考察，注重政绩，常抓不懈，适时提拔。我们认为，提拔年轻人到领导岗位不能搞一阵风，不能搞突击，不能当成临时性的任务去应付，而应该怀着强烈的历史责任感，常抓不懈，坚持一贯，只要发现有合格的优秀人才，就不失时机地把他们提拔到领导岗位上来。所以，我们注重经常性的跟踪考察，注重阶段性的全面考核，注重干部的政绩和群众公论。京煤七厂厂长今年 30 岁，大学毕业，现在人民大学攻读工商管理硕士学位，他在担任车间主任期间表现出色，我们把他提拔为厂长，其间，他在减人增效、资金运作、两个文明一起抓方面，都取得了明显成绩，使企业跨入了市级文明单位行列。

　　坚持"三严"，精心培育，既用又管，管用结合。年轻人有优势，也有弱点，如经历短，阅历浅，经验不足，心理素质不稳定等。只有对他们严格要求，严格管理，严格监督，才能使他们扬长避短，逐渐成为合格的人才。我们的做法：一是搞好培训。总公司党校每年举办一期青年干部培训班，党委领导和组织部门的同志既讲课，又针对青年干部中的倾向性问题进行讲评。二是谈心帮助。党委成员及组织部门的同志经常和青年干部谈心，询问思想工作情况，有针对性地进行帮助教育，对有突出问题的干部进行单独谈话，明确指出问题，提出希望。三是黄牌警告。对于问题比较严重，群众反映较大的干部，用亮黄牌的办法给予警告，如果经过一段时间的考验还没有改进，就把他从领导岗位上拿下来。

　　掌握火候，创造环境，新老兼用，用其所长。提拔使用优秀年轻干部时机要成熟，火候要适当，不要错过最佳使用期。年轻干部在一线和中层领导岗位上锻炼的时间可以长一些，一旦熟悉了基本情况，又有潜力的，就应果断地提拔到科级和厂处级领导岗位上来，我们还注意到，大中专毕业生和"土生土长"的干部各有所长。"土生土长"的虽然是后学历，大多40岁左右，但熟悉业务，根基较深，老练稳重，我们也提拔使用，比较好地发挥了他们的作用。大中专毕业生思维敏捷，文化扎实，现代意识强，我们抓紧培养使用。我们感到，40岁左右的"土苗子"和30岁左右的"新苗子"一起使用，新老互补，更有利于发挥班子的整体合力。

增强人才意识，努力造就一批
优秀年轻的企业领导者

一九九八年九月十七日

近几年来，我们贯彻"以煤为基础，大力发展多种经营"的方针，从而形成了煤炭、燃料油、房地产、第三产业四业并举的格局。为使这种格局有坚实的组织和人才保证，我们以邓小平人才理论为指针，努力建设一支优秀年轻的企业领导者队伍。目前，直属单位114名厂处级干部平均年龄45.17岁，大专以上文化程度的104人，占93%，其中35岁左右的31人，占27%。现在每个基层班子中都有1～3名30岁左右的年轻人。企业的中层负责人中，已经有140余名青年知识分子走上了领导岗位。

在实践中我们体会到，培养选拔优秀年轻的企业领导者是增强企业竞争能力，使干部队伍能够跨世纪和为建立现代企业制度奠定人才基础的迫切需要。要适应这种要求，只有少数年轻人不行，迫切需要一批优秀年轻干部走上领导岗位。近几年，我们注意克服在各级领导班子中不同程度存在的一些带倾向性问题的影响，从而储备了一批、提拔了一批、重用了一批、培养了一批，优秀年轻领导者队伍不断壮大，在生产经营中产生了规模效益。

一、克服"封闭式"倾向的影响，实施开放管理，坚持储备一批

在市场经济条件下，市场的开放，要求用人机制的开放；机制的改革，要求干部人事制度的改革；现代企业制度的建立，需要有现代意识，懂现代管理，掌握现代科技知识的人才走上领导岗位。因此我们要求各级领导班子在干部问题上要克服封闭式的管理方法，变封闭运行为开放运行，加强工作的民主性、竞争性和公开性，"开渠引水"，广纳贤才，加大人才储备的力度，多中选好，好中选优，使公司的人才库得到充实。

1. 引进人才，储备一批学生。前些年，全行业几乎没有大学生，在计划体制时期，由于煤炭独家经营干部问题并不突出，随着市场经济体制的建立，煤炭市场的竞争日益加剧，总公司房地产开发力度不断加大，我们深感企业经营管理水平远远不适应市场经济的需要。为了改变这种被动局面，我们坚持每年引进50名左右的大中专毕业生，到目前已经引进的500余名学生，有60%的党员和学生干部。为了使这些较高质量的人才留得住，用得上，我们制定了青年知识分子的20条优惠政策，并想方设法解决他们的住房和夫妻两地分居问题，青年知识分子的引进解决了企业干部的来源。目前，直属单位已有190余名优秀青年知识分子走上了各级领导岗位。

2. 竞争上岗，储备一批中层。企业精良的中层干部队伍是厂处级以上领导者队伍的坚实基础。以往中层干部任用都是组织研究，由厂长或经理聘用，识人的视野狭窄封闭，去年总公司党委作出了基层单位中层干部竞争上岗的决定。在竞争中，有相当一批青年人当了中层干部。而一些年龄偏大，文化偏低的同志放弃了竞争，退出了现职。实行中层干部竞争上岗，为选拔优秀年轻的领导者储备了更多更好的人选。

3. 举贤荐能，储备一批现职后备。在建立厂处级以上后备干部名单的过程中，坚持多渠道发现人才。总公司领导按照联系点的分工，在抓基层或调查研究时，注意发现人才，推荐人才；总公司开展一年一度的优秀青年知识分子岗位明星等评选活动，对于涌现出来的优秀分子，记录在案，以备后用。如京煤七厂一名大学毕业生在新车间设计安装中预算300万元，实际只用了180万元，任车间主任以后，又成功地推行了吨煤奖金含量包干的改革措施，车间 10 个月干了一年的活儿。通过评优，组织部门发现了他，把他列入了厂处级后备名单，今年 5 月份在基层班子调整时，把他提为煤研所副所长。对于厂处级后备人选，党委注意听取业务部门和职工群众的反映，做到比较全面准确地掌握后备干部的情况。

二、克服"点缀式"倾向的影响，多层选用，坚持提拔一批

我们认为，有了年轻人的储备，还必须不失时机地把他们提拔起来。用而不备和备而不用都是不可取的。但基层有的同志却认为，年轻人提拔那么一两个，点缀点缀就行了，提多了也用不上。针对这个问题，我们反复强调：提拔年轻干部，绝不是为了当摆设，装饰门面，应付差事，而是增强企业竞争能力的紧迫需要。在当今知识经济时代，知识已经成为首要的资本，人是知识的载体，企业最需要的是优秀的知识型人才。煤炭行业要从根本上改变"黑脏累、吃穿费"的状况，关键是要把优秀的青年知识分子提拔到领导岗位上来。

1. 提拔一批助理，尽快适应。为了使优秀年轻人才尽快适应领导工作，我们从总公司到各基层厂都设立了助理职务。助理虽然不是实职，但奖金、福利享受领导班子副职待遇，工作和实职一样，单独负责一个或几个方面的工作，经过一个时期的锻炼，适应工作的予以提拔，不适应的仍回原来的工作岗位。

2. 增设一批职数，提前到位。在基层领导班子职数已经满员时，为了给年轻人早压担子，使他们早日成才，总公司党委决定：基层单位提拔年轻副职，可以不算领导班子职数。但不能因为不算职数就不分配实质性工作。我们还认为，安排年轻干部，其环境也很重要，如果把一块优质煤放在水里，它绝不会被点燃；如果把一棵苗子放在沙漠里，肯定会枯死。因此我们提拔年轻人才，一般都是放在团结，特别是党政一把手关系比较融洽的环境里。这样就保证一批年轻干部苗

壮地成长了起来。

3. 内退一批，腾出位子。为了使年轻干部尽快到岗，我们建立了让贤机制，实行了干部提前退出现职岗位和享受优惠待遇的规定。

具体说来是：厂处级干部男性 58 岁经本人同意离岗休养；女性 53 岁经本人同意离岗休养。最近又对这个政策作了修改，凡提前三年退休者，均增加三级工资，体现了党组织对老同志的关怀。参照这个规定，基层的中层以下干部也有相当一批因年老体弱提前退出了领导岗位。老同志自觉让贤，一举两得，既有利于他们安度晚年，也为年轻人才早日上岗准备了一批位子。如京煤一厂老同志相继退出之后，年轻人迅速成长起来。目前，领导班子 7 名成员，有 3 名是 30 岁左右的，班子富有生机与活力。

4. 淘汰一批，能上能下。年轻干部经过一段时间的考验，不能胜任的拿下来，另行安排，近年来先后对 5 名较为年轻的厂处级干部做了组织调查。对于年龄较大，能力比较弱，但其他问题并不突出的干部，调出领导班子，不再担任实职，保留职级基本待遇。对于资历较老，但在市场经济条件下不称职的干部果断地予以降职或免职，如去年以来在领导班子的考核建设中，对 8 名不称职干部，免职 6 人，降职 2 人。这样也为优秀年轻人才的提拔任用，提供了更多的机遇。最近这次考核建设领导班子工作，我们共提拔了 14 名同志，其中 9 名在 35 岁以下，有 2 名是研究生。

三、克服"配搭式"倾向的影响，抓住关键，重用一批

江泽民同志指出，各级党委对年轻干部要热情关心，严格要求。要敢于把一些重要的、关键性的工作压给他们，使他们在实践中得到锻炼提高。我们和基层的同志共同学习江泽民同志的讲话，共同回顾我们选拔任用干部的实践，深刻体会到，能不能把优秀年轻干部放在一把手的位子锻炼成长，是衡量我们培养选拔优秀年轻干部工作是否卓有成效的重要标志之一，也是优秀年轻干部能否早日成熟的必备条

件。有效地克服了一些同志存在着的年轻人上来当绿叶、当配搭还可以，如果当正职，心里就不平衡，不放心，不理解的问题。普遍感到，如果晚几年再考虑年轻人接班问题，全行业的损失将难以估量。总公司党委坚持从跨世纪的高度来考虑企业的人事安排，从而使基层单位党政一把手的平均年龄从前几年的 50 多岁下降到目前的 46 岁，学历层次也有了明显提高，比较好地解决了企业基层党政一把手年龄偏大，文化偏低的问题。我们的主要做法：

1. 压担子，重用一批厂长经理。目前，直属 18 个单位的厂长经理平均45.8 岁，40 岁以下的 7 人。这些年轻人上岗以后显示出了很强的实力。如京煤三厂厂长上任以后，在厂区规划方面和班子成员一起提出了"加强东部，改造中部，开发西部"的思路，收到了明显的经济效益。京煤七厂厂长在三产经营中对一线部门实行了"模拟法人、委托经营"的改革措施，推动了企业的全面工作，单位连续两年年度费用递减 10%。煤研所所长组织一批青年知识分子承担了国家重点建设项目"863 计划"中清华大学原子能发电的有关课题，成功地完成了设计施工任务，受到专家们的一致好评。由于我们这几年大胆起用了一批年富力强的厂长和经理，目前全行业两个文明建设出现了良好的发展势头。

2. 把关定向，重用一批党委书记。在基层的工作中，党委书记和厂长经理很难分开，经营者能否充分发挥作用，党委书记有着至关重要的作用。因此，我们注重把政治能力强、熟悉生产经营与管理的优秀干部提拔到党委书记的岗位上来，目前直属单位党委书记的平均年龄是46.6 岁，40 岁以下的党委书记有 5 个。在安排厂长经理和党委书记时，我们尽量在年龄上保持适当差距，如果厂长经理年龄较小，党委书记年龄就适当大一些；如果党委书记比较年轻，厂长经理的年龄就适当大一些。这样在年龄、阅历、经验上就具有互补性，有利于班子的整体建设。

3. 立足基层，重用一批一线部门和三产实体的领导者。在企业改革中，基层单位的一线部门和三产实体大都成为独立核算的经济组织，有的已经成为在工商局注册的小公司。选好这样一批经济组织的领导者，对于企业的整体工作至关重要。因此，各单位非常重视青年干部的选拔任用。目前，各直属单位经济实体的领导者40%以上是青年人。

我们认为，建设一支优秀年轻的领导者队伍，必须用好一批基层单位的一把手。由于他们对企业负主要责任，一把手用好了，才可能有一个好班子、好队伍，企业的发展才有希望。

四、克服"放任式"倾向的影响，严格育人，坚持培养一批

要使年轻干部健康成长，必须严格要求，严格管理，严格监督，要克服放任自流，只用不管的倾向。如果任其自然成长，不闻不问，有一些人很可能会出现这样那样的问题。因此，我们坚持管用结合，严格育人。

1. 坚持"三严"，培养一批政治上合格的领导者。选拔年轻的领导者，首先必须政治合格。因此，我们注意把好政治关，坚持用邓小平理论武装头脑。按照惯例，总公司党校每年都要举办邓小平理论学习班，举办青年干部培训班。我们经常和青年干部促膝谈心，有针对性地进行帮助教育。对有突出问题的干部，进行诫勉谈话。对问题比较严重，群众反映强烈的干部，用亮黄牌的办法给予警告，如果一段时间后仍没有转变，就从领导岗位上拿下来。对年轻干部坚持"三严"，是对他们的爱护，爱得深，管得紧，才会健康成长。

2. 送学校深造，培养一批高学历的领导者。首都经济的本质是知识经济，核心是高新技术产业。煤炭经济只有汇入首都经济的主流之中，才有旺盛的生命力，因此，用高新技术改造、武装煤炭企业已经势在必行，这就要求必须有一批高学历的人才走上领导岗位。几年来，我们经过努力，厂处级干部队伍已经开始由经验型向知识型转变。目前直属单位114名厂处级干部中，大学以上文化程度的40人，占35.1%，其中研究生或正在攻读研究生学历的11人，占10%。厂处级

干部中大专以上学历的 104 人，已占厂处级干部的 93%。

3. 岗位交流，培养一批复合型领导者。我们坚持每年有 20% 的基层领导班子成员进行岗位交流，有上下交流、厂际交流、党政交流等。部分基层企业中层干部还实行了党政交叉任职。这对于提高领导者的综合素质，起到了很好的作用。

4. 复杂环境锻炼，培养一批能够艰苦创业的领导者。目前首都煤炭市场呈千家竞争的局面，其工作环境越来越复杂，无异于第二次创业。我们磨砺和锤炼干部的做法是：重点单位压担子，练就一副铁肩膀；亏损单位授实权，减亏扭亏练真功；边远山区送贤才，崇山峻岭见本色；新兴产业派骨干，房地产上育新苗。

几年来，我们把培养选拔优秀年轻的领导者，作为总公司长远发展的战略任务来抓，长计划，短安排，注意处理好数量和质量的关系、循序渐进和适当加快步伐的关系、讲究台阶和破格提拔的关系、依靠中老年同志和重用年轻人才的关系、政治标准和年龄文化的关系，有力地加强了各级领导班子建设，一批优秀年轻的领导者成长了起来，使总公司的两个文明建设不断提高到新的水平。

在北京金泰恒业有限责任公司
成立揭牌仪式上的致辞

二〇〇一年十一月二十八日

　　北京金泰恒业有限责任公司是在原北京矿务局和原北京市煤炭总公司合并重组，组建北京京煤集团有限责任公司之后，由北京京煤集团有限责任公司、北京德伟博特投资管理有限公司、北京彤翔源投资管理有限公司、北京海博房地产开发有限公司、北京富地投资有限公司、北京市南郊煤炭经贸公司、北京珠江房地产开发有限公司、北京东方鸿铭房地产开发有限公司、北京当代房地产开发有限责任公司、北京市汇利民商贸有限责任公司、北京通华盛达商贸有限责任公司、北京信诚友经贸有限公司、北京天鑫宾馆有限责任公司、北京纬晓生物技术开发有限责任公司、北京财富投资有限公司、北京汇源晟通商贸有限责任公司、北京泰业宏伟机械设备有限公司、北京曙光深奥煤炭经营有限公司十八家公司共同出资，依照《公司法》及有关法律、行政法规的规定，按照现代企业制度的要求组建的，公司注册资本九亿五千余万元人民币，员工一万六千余人。股东单位和经营实体分布在北京各城、近郊区、县和广东等地，是一个跨地区、多行业、综合性的大型企业。

　　北京金泰恒业有限责任公司是在京煤集团煤炭公司的基础上组建的。改革开放以来，原煤炭总公司在"以煤炭经营为基础，大力发展多种经营"方针指引下，适应首都燃烧结构的进步，环境的治理和煤炭市场竞争的新形势，改变了单一经营煤炭的格局，从而形成了煤炭、燃料油、房地产、多种经营四业并举的格局，为企业的生存与发展奠定了基础。同时也为北京金泰恒业有限责任公司建立了新的经济运行平台。

北京金泰恒业有限责任公司今后一个时期工作的指导思想是：以邓小平理论和"三个代表"重要思想为指针，在结构调整中推进发展，在不断发展中优化结构，以市场为导向，依靠体制创新和科技进步，开拓经营，扩大规模，实现资本扩张，提高经济效益，改善职工生活，为京煤集团和首都社会发展作贡献。公司发展战略定位于燃料经营、房地产开发、物业管理、酒店旅游业、商贸等城市综合服务业，并加大资本运营力度，适时进入相关成长性行业，加快公司的发展。我们要按照公司章程所规定的经营范围和经营形式，规范运作，发挥自身优势，抓住机遇，迎接挑战，依法经营，开拓进取，努力把公司建设成为富有生机和活力，为首都和社会提供综合服务的大型现代企业，不断推动公司持续、健康、快速发展。

在北京金泰恒业有限责任公司成立之际，我们真诚地希望在今后的工作中，能够继续得到各级领导、各位朋友，以及广大用户、协作单位的支持、指导和关心。今后我们公司的全体员工要在邓小平理论和"三个代表"重要思想指引下，在市委工业工委、市经委和京煤集团的领导下，进一步解放思想，开拓创新，同心同德，努力工作，为首都经济和社会进步不断作出新贡献。

解放思想　改革创新
为加快"金泰恒业"的发展而奋斗
——在北京金泰恒业公司党委扩大会议上
关于二〇〇二年工作思路的报告

二〇〇一年十二月二十五日

在新世纪开局的第一年，我们在京煤集团党委的领导下，按照"三个代表"重要思想的要求，圆满完成了煤炭公司两个文明建设的各项任务，肩负着"金泰恒业"的历史重任，迈着坚实的步伐，即将跨入2002年。在这辞旧迎新的时刻，我们金泰恒业有限责任公司第一次召开了两级领导班子主要负责同志参加的党委扩大会议，共同研究、确定明年的工作思路，为明年初的工作会议作准备。我相信，通过这次会议，大家一定能够统一思想、坚定信心，明确思路、转变作风，凝聚力量、奋发有为，去开辟2002年"金泰恒业"两个文明建设的新局面。受公司党委常委的委托，下面我讲九点意见：

一、2002年工作的总体思路和目标任务

2002年是公司改制后的第一年，我们新班子面临的是新形势、新体制、新领域、新任务。因此，我们必须有新思路、新机制、新对策、新办法，要改革创新求发展。在这样的新情况下，针对制约企业发展的若干重大问题，2002年的工作必须取得八个方面的新突破：一是要在学习邓小平理论、"三个代表"重要思想，进一步解放思想，转变

观念上取得新突破；二是在改革和建立法人治理结构上要取得新突破；三是在调整结构，促进发展中要取得新突破；四是在开拓经营，提高市场竞争能力上要取得新突破；五是在经营管理体制上要取得新突破；六是在加强党的建设，做好思想政治工作上要取得新突破；七是在依靠工人阶级办企业上要取得新突破；八是在企业文化建设上要取得新突破。

据新形势、新任务，概括2002年工作思路的基本精神是：两个文明建设要具有代表性、先进性、战略性和客观实在性。经济工作要实现高起点、新跨越、大发展。所谓代表性，就是按照"三个代表"重要思想的要求，深刻理解"三个代表"重要思想的科学内涵，全面加强党的建设、发挥党组织的作用，广大党员要代表好职工群众的根本利益；所谓先进性，就是要抓住"三个代表"重要思想的核心，用先进性的标准而不是传统的、一般的标准，建设两个文明；所谓战略性，就是立足当前真抓实干，面向未来与时俱进，谋划长远，按照五年规划的要求，狠抓落实；所谓客观实在性，就是按照我党"解放思想，实事求是"的思想路线，首先端正思想作风，一切从实际出发，实实在在地提高经济增长的质量和效益，提高职工的收入水平。所谓经济工作的高起点，就是以制度创新为基点，整合全行业的优良资产，进行资本经营，做强做大支柱产业，培育"龙头"企业，增强核心竞争能力。所谓新跨越，就是适应WTO的要求，树立品牌、改善形象、扩大开放，加快开发建设的步伐和水平，推进跨地域、跨行业经营，提高竞争能力和创效水平。所谓大发展，就是公司经济要保持较快的发展势头，要继续发展燃料经营，大力发展房地产业和城市综合服务业，抓住重点，兼顾一般，提高效益水平，实现经济的持续、快速、健康发展。

按照这样的总体思路，要确立2002年工作的五项主要目标：

一是完成各项经营指标；二是民用煤保供精心组织，做到万无一失；三是在五年规划的基础上，研究制定十年发展战略；四是深化改革，基本完善体制和机制；五是在发展经济的基础上，进一步改善职工生活。

根据 2002 年工作思路的基本精神和任务目标，确立 2002 年工作的指导思想是：以邓小平理论和"三个代表"重要思想为指导，以党的建设和思想政治工作为可靠保证，以职工群众为依靠力量，以保供为政治责任，以改制为基础，以机制创新为动力，以结构调整、控制成本为提高效益的主线，以资本运营为扩张的途径，以营销为龙头，以管理为永恒的主题，以市场需求为决策导向，在集团党委领导下，按照集团第一次党代会的要求，全面推进 2002 年"金泰恒业"的工作，为企业的未来奠定基础。

二、深入学习"三个代表"重要思想，提高与时俱进，加快发展的自觉性和紧迫感

江泽民同志的"七一"重要讲话，对"三个代表"重要思想进行了深刻的阐述。2002 年，我们要继续深入学习和理解。江泽民同志"三个代表"重要思想是党的建设的纲领和指导思想，是对马克思主义党的学说的丰富和发展。我们公司 2002 年以及未来的党的建设和经济工作，都必须站在"三个代表"的高度来认识、来把握、来运作。

学习落实"三个代表"重要思想，是全党的大事。其决定因素就是干部首先要学习好、落实好。我们在座的党政一把手更是核心关键因素，因此一定要树立"三个代表"的意识，强化"三个代表"的心理，增强"三个代表"的观念，在党员队伍这个总代表中，党的干部，特别是我们一把手是首席代表，是主要代表，是关键代表。因此，我们首先要做学习落实"三个代表"重要思想的典范，我们要充分认识到代表是一种资格，我们共产党人，特别是党政领导班子的主要负责人，只有代表先进的生产力、先进的文化和人民的利益，才能有这样的资格，我们的总思路中强调代表性、先进性、高起点，就是这个道理；代表是一种责任、我们党政主要负责人，肩负着振兴金泰恒业，带领职工致富的主要责任，任务艰巨、担子很重，只有按照"三个代

表"重要思想的要求，勤奋工作，才能肩负起历史的重任；代表是一种能力，没有能力或能力低下是不能当代表的，因此，我们必须提高领导经济工作的能力，提高经营管理、改革创新的能力，提高掌握先进生产力和先进文化的能力，提高为职工谋利益的能力；代表也意味着机遇和挑战，作为党的干部、作为党政主要领导，为我们履行代表的责任提供了展示才华的舞台，商机无限，机遇很多。但是也必须增强危机感和责任感，特别是在北京申奥成功和我们加入WTO以后，增加了机遇，挑战也更加严峻了。经济全球化是世界经济发展的必然规律，加入WTO是我国经济现代化的必由之路。我们"金泰恒业"的经济工作也不可能脱离这个大格局，孤立存在。因此，我们必须尽快熟悉WTO的法律体系，按照货物贸易、服务贸易、技术贸易、知识产权保护、争端解决程序来筹划企业的目前和未来，提高经营管理的层次，加快改革开放的步伐，利用国内资源和世界资源、开辟国内市场和国际市场，提高赢利水平，扩大企业规模，壮大企业实力，提高抗风险的能力。但是，就目前情况来看，我们加入WTO的准备不足，与WTO的宗旨、原则、能力、管理机制都不适应。因此我们必须急起直追，尽快补上这一课。另外，由于世界经济不景气，特别是美国、日本、欧洲经济衰退，对我国经济必然产生不利的影响。因此，中央经济工作会议提出了沉着应对，趋利避害，抵御和克服前进道路上的各种风险和困难，以保持经济和社会稳定的要求，这对我们公司的经济工作也有指导作用，我们公司不可能脱离世界经济、国内经济、首都经济而存在，因此，也必须对困难和危机有充分的估计。在危机和挑战面前，要按照"三个代表"重要思想和"三个有利于"的要求，在思想和工作中要实现三个方面的解放。即，要坚持实践是检验真理的唯一标准，在党的基本理论指导下，一切从实际出发，自觉把思想认识从那些不合时宜的观念、做法和体制中解放出来；从对马克思主义的错误的教条式的理解中解放出来；从主观主义和形而上学的桎梏中解放出来。从而统一思想，坚定信心，扎实工作，推进2002年的经济效益再上新台阶。

三、调整经济结构，实行资本扩张，实现资源的优化配置

2002 年是结构调整年，我们要把调整与改革结合起来，在调整中改革，在改革中调整，在调整中发展，在发展中调整，实现优势互补，资源合理配置。

全行业进行经济结构调整，要按照五年规划的要求，逐步形成五业并举的格局。要按照"燃料经营、房地产开发、物业管理、饭店旅游、城市综合服务"五业并举的格局重新安排货币和人才投向。五业中，2002 年重点扶植燃料经营和房地产开发。当前燃料经营仍然是我们的主业，因此，要继续发挥我们燃料经营的优势，强化销售，加强管理，巩固北京市场、扩大外埠市场、开辟国际市场。要结合体制改革，继续把燃料经营企业做强做大，巩固和扩大我们生存与发展的基地。要把房地产作为公司新兴的支柱产业来抓，要从资金、人才、政策等方面给予倾斜。要经过一个时期的努力，逐步实现由合作开发自有土地，到独立开发自有土地，进而到自主开发业外土地的转变。要充分挖掘业内土地资源的潜力，要抓住机遇、加快开发、深度开发、集约开发，向开发要效益。要充分发挥业内资源的互补优势、相互联合、相互支持、相互融资，集中力量把房地产业做强做大。在结构调整中，要抓住重点，扶植骨干企业，保存盈利企业，关闭亏损企业，政策性亏损的民用煤企业除外。要把金岛、银都等大的项目做实，为建立新的经济增长点打下基础。要把物业管理、饭店旅游、城市综合服务业做实做强。公司机关的部门结构，要与行业经济结构的调整相协调，公司机关要实现由管理型向管理经营型和资本经营型的转变，机关总部也要建立产业基地，以经济效益为中心，变消耗为创效，减轻基层负担，锻炼培养队伍，提高赢利能力。在结构调整中，要把家底摸清，结合改制，把产权关系理清、理顺、理好。要对非经营性资产进行剥离，对不良资产进行剥离，对内退职工进行剥离，对内退职工进一步加强统一管理，逐步消化。要根据效益和管理状况，对相关

单位进行整合，进行合并、分立或重组，实现资源的合理配置。

要搞好资本运营，实现资本扩张。要从盘活存量资产和调整增量资金入手，加快经济结构调整，通过产权流动和重组，优化资本结构。要积极探索资本扩张的途径，如上市融资、资产置换、银行贷款、利用政策争取转产资金、落实土地出让金、完善大的项目加快资金回报等，要通过资本扩张，解决业内资金短缺的困难，加快企业发展。要通过抓大放小、有进有退，优化资源配置，发挥资源的最大效能。要通过结构调整，在全行业实现大而强、优而胜、小而活、劣而汰。从而，建立充满生机与活力的企业格局。

四、深化改革，建立和完善现代企业制度，为先进生产力的发展提供制度保证

邓小平同志曾指出，制度更带有根本性。社会主义实践的经验教训充分证明，先进生产力的形成与发展，必须以科学的、符合生产力要求的经济体制为依托，社会主义先进文化的应用与发展，也必须以一定的体制做保证。因此，在市场经济体制条件下，国有企业建立规范的法人治理结构势在必行，我们"金泰恒业"有限责任公司建立了现代企业制度的基本框架，今后还要提高改制的质量，建立法人治理结构的若干制度，做到依法、依规、依程序办事。为加强董事会决策的科学性、民主性、有效性，董事会要分设七个专业委员会，即战略委员会、预算委员会、投资委员会、政策法规委员会、内审委员会、高级经营管理者提名委员会、薪酬提案委员会。公司要建立独立董事制度，要请有关方面的专家进入董事会作为独立董事参与决策。要通过高级经营管理者提名委员会的积极工作，多发现人才，进一步搞好人才的聘用引进。公司改制以后，要尽快建立起责权明确，相互制衡，协调运转的工作机制。

在公司完成改制以后，在基层，明年要逐步进行改制。当前，企业负担沉重，离退休职工和不在岗职工共 1.1 万余人，企业费用相对

较高、公司内部多种体制并存、管理很不顺畅；老企业体制陈旧，职工观念落后，不适应市场经济的要求。因此要依据现代企业制度的要求，逐步对现行体制进行改革。建立规范的法人治理结构是明年的重点工作之一。改制要坚持解放思想，实事求是，实践"三个代表"重要思想，落实"三个有利于"，分类实施、突出重点，稳步推进的原则；坚持整体改制与部分改制相结合，采取多种形式的原则；坚持效益优先，兼顾各层利益，调动各方面积极性的原则；坚持产权清晰，真正落实出资者权利的原则。改制既可以采取"以企业全部资产"为基础，通过资产重组，整体改制，也可以采取"以部分资产"进行重组，通过吸收其他股东的投资，转让部分股权设立新的企业，也可以在现有公司的基础上增资扩股、吸收社会资本，壮大企业实力。多种形式不拘一格。改制要在"产权清晰、权责明确、政企分开、管理科学"的基础上真正落实出资者的三项权利，即重大决策权、选择经营者权、资本收益权；实现四项管理职能，即财务预算管理，发展战略管理，监控运行管理，产权事务管理的职能。改制要兼顾四个方面的利益，即国家利益，股东利益，职工利益和经营者的利益。改制的形式包括：不具备企业法人资格的分公司形式，有限责任公司的形式，股份公司的形式，股份合作制形式，合资、合作、承包、租赁、委托经营、分立重组等形式；还可采取兼并出售、破产的形式。在体制改革中要优化企业的股本结构，要建立职工持股会。职工要入股，要研究制定职工入股的政策措施，增强职工的责任感和使命感。要通过改制达到五个目标，即理顺产权关系，建立法人治理结构，建立新的运行机制，产业结构进一步优化，加快企业的发展。

　　在改制未完成的过渡期内，对各单位经营者采取委托经营的形式，为期两年，签订合同，建立目标责任制。采取模拟现代企业制度的形式，加大监督的力度，向企业选派专职监事，逐步建立市场经济条件下企业内部的制衡机制。

五、推进配套改革，完善建立新机制，调动各个方面的积极因素

结合体制改革，要继续深化人事、劳动和分配制度改革，建立新的人事制度、用工制度和分配制度，逐步形成经营管理人员能上能下、职工能进能出、收入能高能低的激励约束机制。

在人事制度改革方面，要建立经营管理人员竞争上岗、能上能下的人事制度，取消经营管理人员的行政级别，打破"干部"、"工人"界限，变身份管理为岗位管理，员工内部只以岗位划分职别，不以干部、工人区别身份，经营管理者竞争上岗不仅要在业内实施，还要从社会上招聘符合企业需要的各级各类人才。

推进企业人事制度改革，要坚持党管干部的原则，改进党管干部方法；要坚持管资产与管人、用人与治事相一致的原则，扩大企业用人的自主权；坚持依法管理的原则，不断规范法人治理结构；要坚持群众公认和公开、公正、平等、竞争、择优的原则，落实群众对经营管理者任用的知情权、参与权、选择权和监督权；坚持分类分层管理的原则，做到管少、管精、管好、管活。公司党委以主要精力从职数、结构、考核、分配、教育等方面，加强产权代表和领导班子的管理，重点抓好一把手队伍建设。在建立现代企业制度的前提下，行使对经营管理者选择的建议权，董事会和经理层依法进行聘任。要坚持和完善对经营管理者的民主推荐、民意测验、民主评议制度，推进任期公示制度，推行公开选拔、竞聘上岗、任职试用、职务任期制度。要建立经营者的激励机制和监督约束机制。

在劳动用工制度改革方面，公司改制后，原劳动合同废止。公司法定代表人或代理人将与进入本公司的员工签订劳动合同。改制公司实行"三定"，即定机构、定岗位、定人员。在改制公司内部，实行公司与员工双向选择就业制度，劳动者被录用后与公司签订岗位协议书，双方按照约定各自履行相应的权利、义务。改制公司不录用的人

员由相关部门或单位托管。

关于分配制度改革。2002 年要进一步深化薪金制度改革。明年要改变过去的五资一贴制。新的工资制度、标准是在综合考虑社会物价水平与公司效益、支付能力以及岗位要求、工作标准、责任大小等因素的基础上进行工资设置。工资分为基准内工资、基准外工资、效益奖励等项目。关于企业主要经营管理者的收入分配，本着效率优先，兼顾公平和责、权、利相一致的原则，体现企业资产规模、管理效率，经济效益与收入分配相适应。主要经营管理者的总收入水平，以基薪、绩效、风险三部分组成。企业主要经营管理者的劳动关系调转公司集中管理，实行主要经营管理者的委派制度，实行其经营单位与分配相分离的原则，实行企业主要经营管理者个人收入银行账户制度，对其收入实行监控，规范支出行为，取消货币性发放形式，其人工成本费用，于每年初上缴公司，统一掌握。对企业经营管理者要依据规范性的标准进行考核，包括企业的赢利能力、偿债能力、营运能力、社会贡献能力、企业发展能力和精神文明建设情况。同时也要对经营管理者个人履行岗位职责情况进行考核。企业的安全生产和科技开发工作情况也要作为综合考核的重要因素。考核结果要作为奖惩和确定收入的主要依据。考核结果分为优秀、称职、基本称职、不称职四个档次，在任免和分配上进行体现。

六、强化管理，向管理要效益

管理是企业永恒的主题，企业的兴衰成败，在一定意义上说，管理水平的高低起决定性的作用。有很多好的企业，不是由于产品不行，而是由于管理不当而破产的。因此，我们必须把管理作为企业一项极为重要的工作来抓。所谓管理就是全方位、全过程的人人负责，要各司其职，用制度规范行为，用创新来适应市场需要，用现代化的手段，实现管理的科学性，用良好的人际关系，营造积极向上的企业氛围。各单位都要充分发挥企业管理委员会的作用，眼睛向内，科学管理，从严治企，实现效益的最大化。

要强化战略管理。我们把战略性作为明年工作的基本思路之一。由此可以体现我们对战略管理的重视程度。有没有战略思维，这是作为一个领导者的核心问题。我们公司成立以后，要组建战略委员会，要设专门委员，抽调专职人员对企业进行战略谋划。今年下半年，我们公司完成了五年发展规划，明年要针对不同的领域，围绕企业发展的总目标制定若干分战略。各单位班子成员，特别是党政一把手，要高度重视企业发展战略。在改制以后，都要制定战略规划。领导班子成员对于营销战略、竞争战略、资本运营战略、人才战略等重大战略问题都要有所研究，大家都要善于站在战略的高度策划当前和今后的一个时期的工作。我们只有按照"三个代表"重要思想的要求，履行代表的责任，坚持先进性的标准，进行战略性的思维，创造实实在在的业绩，我们才无愧于"金泰恒业"人。"金泰恒业"就是战略思维的产物。战略，是"金泰恒业"的题中应有之义。金泰意味着效益和稳定以及两者的相互关系，恒业就是要用恒心创造恒久的业绩，使企业充满永恒的魅力。我们只有进行富有战略性的工作，才无愧于"金泰恒业"这块金字招牌。

要加强基础管理。管理涉及到企业的各个方面，一些基础性的工作一定要抓紧落实。要严格管理，严格要求，从严治企，堵塞漏洞。2002年要特别重视预算管理，全年的总体预算，有关的项目预算，都要进行认真编制，坚决执行，不能随意突破。要加强投资管理。对于项目投资，都必须进行深入的调查研究、认真论证，写出可行性的报告，必要时请有关专家咨询，可行性的意见，提请党委集体研究，按照决策程序做出决定，决定的执行落实情况要及时反馈，加强督促检查。明年要进一步加强合同管理，以往合同方面的问题不少，货款长期拖欠，债权难以落实，给企业造成了很大损失和负担，这在相当程度上与合同管理不到位有关。明年，党政一把手都要高度重视合同问题，要充分发挥法律人员的作用，重大合同要会同法律人员共同把关。合同失误，要追究当事人和领导者的责任。有关债务拖欠问题，今年有了一些进展，明年要按照目标责任制，进一步加大欠款回收的力度，要力争把损失降低到最低限度。要强化以财务为核心的管理，加强内部审计，强化内部控制系统，严格执行财务制度。要加强成本管理，千方百计降低费用。减少不必要的支出，反对铺张浪费，要通过节约降耗实现低成本扩张。

要努力推进企业管理信息化。不断提高科学管理的水平。当今信息时代，企业获得信息的数量、质量，以及处理信息的速度，极大地关系到企业的命运。我们要努力用信息化带动各项工作创新升级。企业信息化是一场革命，是带动企业各项工作创新升级的突破口，我们要站在时代发展的前沿，不失时机地抓住和利用信息化带来的技术成果和发展机遇，大力推进信息化建设，落实集团制定的信息化战略，提高企业的整体素质。企业信息化是借助现代信息技术，引进现代管理理念。对落后的经营方式、僵化的组织结构、低质的管理流程等，进行全面而深刻的变革。企业信息化事关企业的方方面面。因此，要从实际出发，统筹规划，突出重点，量力而行，整体推进。企业信息化建设，要思想到位、资金到位、人才到位。各级领导同志应尽早地熟悉和掌握计算机、互联网、电子商务等方面的知识，以领导好企业的信息化建设。

通过强化管理，公司的重点工作要实现突破性进展，即金岛、银都、陶然宾馆的施工建设与运营，要按照计划狠抓落实；债权的清理收回要强化责任，组织力量，建立机制，加快进度；不良资产的处置要摸清底数，抓紧提出解决方案；消灭经营性亏损，建立劣势企业退出通道。该死的一定要死掉，要去掉包袱，轻装前进；要组织力量专题研究企业上市，进入资本市场、进入金融证券领域，提升企业经营水平等重大问题。

七、强化销售，进一步提高市场竞争能力

改革开放以来，我国经济已经告别短缺经济时代，产品过剩成为

普遍现象。特别是当前市场竞争加剧和世界经济衰退，使市场营销雪上加霜，销售十分困难，我们行业也是一样，因此，强化销售，就成为提高行业竞争力的一项十分紧迫的任务。另外，我们的营销理念、营销水平、营销队伍素质，距离市场经济的要求相距甚远，坐商、官商作风不同程度的存在，全行业精通市场营销的高素质人才十分缺乏。我们的公关水平、经营策略、销售手段还比较落后，这些都制约了企业发展。在企业，销售是"龙头"，是核心，无论是产品还是服务都要卖出去。在知识经济时代，知识作为一种商品，也成为营销对象。知识产权保护正是加入 WTO 的一项重要内容。因此，增强销售意识，更新营销理念，建立强有力的销售队伍，提高销售水平，已成为提高经济效益的关键环节。明年要完成销售收入计划，归根结底要靠市场营销来实现。因此广大企业领导者和员工一定要把市场营销作为一门必修课，作为一门科学、一个专业，学懂、弄通，运用到实际工作中去，这样，企业的发展才有希望。

八、要把保供放在首位，千方百计保证民用煤供应不出问题，积极维护首都的稳定

民用煤供应涉及千家万户，这是个严肃的政治问题，我们一定要站在"三个代表"重要思想和讲政治的高度，搞好民用煤的生产与经营。相关单位要及时和公司沟通情况，克服困难，争取政策，筹集资源，搞好生产。要建立严格的质量保证体系，落实对用户的承诺。要坚决落实质量责任追究制度，质量不能再出问题。要继续加强调查研究，加强与用户的联系，改善服务态度，搞好售后服务，保质保量地圆满完成民用煤供应任务。明年的民用煤供应，要争取价格放开。我们认真研究并按照市场规律进行民用煤生产经营问题。因此，相关单位和部门要提前进行市场预测、进行成本核算，要提前组织资源，加强质量监控，确定价格幅度，做好舆论准备，以确保民用煤供应不出问题。

九、认真学习贯彻中央十五届六中全会决定，从转变作风入手，全面加强党的建设和思想政治工作

今年 9 月 26 日，中央十五届六中全会做出了关于加强和改进党的作风建设的决定。在新形势下为党的建设指明了方向。我们要把学习决定和学习邓小平理论、学习"三个代表"重要思想，学习江泽民"七一"重要讲话结合起来，提高全面加强党的建设的自觉性。党的思想、政治、组织、作风建设是一个完整的整体，缺一不可。思想是基础，政治是方向，组织是保证，作风是行为。党的作风是党的工作实践，是指在党的活动中一贯表现出来的态度和行为，是党的性质、宗旨和世界观在党的活动中的表现。党的作风建设是指端正党组织和党员的思想作风、学风、领导作风、工作作风和生活作风，我们要通过作风建设，努力实践党的基本理论、基本纲领、基本路线、基本方针，通过贯彻"八个坚持八个反对"，把全行业党的建设提高到新水平。

党的作风建设的首要任务是贯彻解放思想，实事求是的思想路线和思想作风，这是党顺应时代进步潮流、永葆先进性的根本要求。解放思想永无止境，特别是在北京申奥成功、我国正式加入 WTO 以后，我国市场经济体制改革的步伐将进一步加快。但我们的观念还相当落后，我们认识问题、从事生产经营和管理的起点还很低。所以我们要把高起点作为明年工作的基本思路之一，要通过加强思想作风建设，进一步加大解放思想的力度。把认识放在高起点上，把工作放在高起点，树立新跨越，大发展的雄心壮志，把体制改好，把机制搞活，把管理加强，把主导产业做大，把情绪理顺，把干劲鼓足，从而实现"金泰恒业"的振兴。其加强党的宣传工作和思想作风建设，明年重点进行 9 个主题教育。即"三个代表"重要思想的教育，党的作风建设和干部廉洁自律的教育，改革、创新、发展的教育，现代企业制度的教育，市场经济知识的教育，科技和知识经济方面的教育，资本运

营方面的教育，法律知识的教育，房地产、物业、饭店经营、市场营销知识的教育等。要运用各种宣传舆论工具，加强和改进思想政治工作，提高职工的思想道德水平，化解各种矛盾，维护企业稳定，为发展提供精神动力和智力支持，各级领导同志要通过加强思想作风建设，树立科学的世界观和方法论，进一步解放思想，扩大视野，提高精神境界和领导经济工作、从事生产经营的能力。

要培育先进的企业文化，不断提高企业素质。在企业文化建设中，要以先进的制度激励人，以企业精神凝聚人，以企业目标鼓舞人，以竞争机制选拔人。对于企业精神、企业的价值观、企业宗旨、企业风尚、企业目标、企业形象、企业经营理念等企业文化重大问题的总结概括，要随着实践的深入，逐步提炼、完善和深入人心。

要端正领导作风与工作作风，进一步加强党的组织建设。各级党组织在改制和即将改制的情况下，要进一步加强和改进党的作风建设，端正领导作风和工作作风，与改制同步，建立健全党的组织，以适应建立新体制的要求。各级领导班子都要按照中央决定的要求，坚持民主集中制原则，反对独断专行、软弱涣散。党委研究讨论问题，必须按照集体领导、民主集中、个别酝酿、会议决定的程序进行，这是党委内部议事和决策的基本制度，必须认真执行。总揽全局、协调各方是党委发挥政治核心作用的基本原则，必须始终坚持。党委要注意调动各方面的积极因素，团结绝大多数同志一道工作。2002年党的组织工作要坚持"四注重，四到位"，即注重党建工作的薄弱环节；注重领导班子的作风建设；注重培养复合型的一把手人才；注重高级管理人才、专业队伍和青年干部队伍的建设。党建工作要做到认识到位、组织到位、责任到位、培训到位。要做好充分的思想和组织准备，为明年下半年召开公司第一届党代会创造条件，打下基础。

2002年要按照党的组织建设的任务，认真加以落实。要加强领导班子建设，要按照民主集中制的要求，增强领导班子的整体合力，切实发挥党委的政治核心作用，提高科学决策的水平；要加强一把手队伍建设，加强对一把手的教育、培训和管理，使一把手队伍适应改革和发展的需要，提高驾驭全局的能力；要加强基层党支部建设，切实发挥党支部的战斗堡垒作用；要加强党员队伍建设，做好党员发展工作，提高党员队伍素质，密切党群关系，切实发挥党员的先锋模范作用；要从严治党，落实党的建设责任制，加强制度建设，保证党的各项任务的完成。

各级党委都要高度重视人才工作。企业要发展，体制是基础，人才是关键。市场竞争关键是人才的竞争。当前，企业各类人才，特别是高素质人才十分缺乏。因此，要制定好人才战略。要把人才战略作为企业发展战略的重要内容，认真抓好。要按照企业当前和未来发展的要求，加大人才发现、引进、培养、使用、储备的力度。要建立人才机制，要通过竞争上岗，创造人才脱颖而出的条件。要通过建立人才发现、使用、激励的机制，壮大人才队伍，提高人才素质、发挥人才的潜能。要重视人才引进。要继续引进优秀的大中专毕业生，充实企业的人才队伍，要利用首都知识、人才密集的优势，把业内竞争上岗和人才业外招聘结合起来，优化企业的人才结构。人才引进要在一些专业和领域取得突破性进展。要发挥人才作用。用对一个人，成效一大片。要不拘一格用人才。要重视青年知识分子的提拔使用，给他们压担子，让他们早日锻炼成才。要重视后备干部队伍的建设，要按照比例建立后备干部队伍名单，保证我们的事业后继有人。要成立青年人才联谊会，通过组织青年人才开展调研、考察、培训等活动，扩大识人、用人的视野。

要做好党的纪律检查工作，坚持清正廉洁，反对以权谋私。立党为公，执政为民，是党的性质和宗旨决定的，这是党的作风建设的根本目的。党风廉政建设要紧紧围绕为人民掌好权、用好权这个根本问题，坚持标本兼治、综合治理，注重从源头上预防和治理腐败问题。各级党组织都要按照中央和中纪委六次会议的要求，加强理想信念和廉洁从政教育，加强党内监督，切实保障党员民主监督的权利，要进一步建立健全党内民主监督的程序和制度。拓宽民主渠道，依靠广大群众把权力运行置于有效的监督之下，要以落实党风廉政建设责任制为"龙头"，继续坚持重大事项向职代会报告的制度、厂务公开制度、财务负责人的委派制度，签订党风廉政建设责任书制度。在企业改制和即将改制的情况下，按照法人治理结构的要求，建立监事会及其工作制度，规范监督程序，从体制上预防腐败。企业改制前，向基层委派专职监事，履行监督职能，为改制成立监事会做准备。

党的纪律检查工作非常重要。2002年，要紧密结合公司改制工作和经济建设工作，发挥纪检监察部门的职能作用，在加大教育、防范和监督力度的同时，严肃查处违法违纪案件，协助党委在党风廉政建设中，按照标本兼治，从源头上治理的原则，不断加强制度建设，加强各级领导班子建设，促进公司法人治理结构的不断完善，为公司的改革、发展和稳定服务。2002年，要进一步探索和加强在公司改制后纪检监察的工作机制、工作方法和工作作风方面的有效途径。要研究加大事前监督的力度，要从监督的机制、制度入手。一是要着手建立领导人员廉政档案，全面记录领导干部从政的重要事项；二是建立党风廉政建设监督员制度；三是建立和完善公司党风廉政建设的相关制度。要通过加强党风廉政建设，为公司的发展创造良好的环境。

党的作风建设的核心问题，是保持党和人民群众的血肉联系，因此，我们必须牢记党的宗旨，一时一刻也不能脱离群众，这是我们党的优良作风和政治优势。我们要按照中央决定的要求，体察民情，了解民意，集中民智，珍惜民力，诚心诚意为群众谋利益。作为企业，要加强同职工群众的联系，关键是要把企业的经济效益搞上去，这是职工群众的根本利益所在，这也是讲政治的核心问题，因此，我们一定要按照党的基本路线的要求，以经济建设为中心，千方百计把经济搞上去，把每年的经济指标完成好，把企业的后劲搞足，实力搞强，事业做大。工会组织是党联系职工群众的桥梁和纽带，各级党委都要加强对工会工作的领导，支持工会组织独立负责地开展工作。2002年的工会工作要在公司党委和上级工会的领导下，始终坚持党的全心全意依靠工人阶级的根本方针，以深入学习宣传、认真贯彻落实新《工会法》为主线，突出三个重点，实现三个最大限度，即：突出工会维护的基本职能，在维护国家和企业整体利益的同时，最大限度地维护广大职工的合法利益；突出工会组织在企业改制中不可取代的重要地位，最大限度地把广大职工组织到工会中来；突出工会工作服务于党的中心任务和企业经济建设大局的特点，最大限度地保护好、调动好和发挥好广大职工的积极性和创造性。在此基础上集中力量建立六项工会工作机制。即：企业民主管理机制，为经济工作服务机制，劳动关系协调机制，送温暖工作机制，职工教育培训机制，工会考核约束机制。为更好地完成新《工会法》赋予工会组织的历史重任，要不断研究新问题，树立新观念，开拓新思路，总结新经验，创造新业绩。

2002 年，公司工会将适时召开北京金泰恒业有限责任公司第一届会员代表和职工代表大会，进一步完善新公司的企业民主管理、民主监督和民主决策制度，使公司的改革和发展目标能够顺利实现。

各级党委都要重视共青团工作和青年工作。要发挥青年组织的主力军和突击队作用，加强党的后备力量建设。要加强青年团员的思想建设、组织建设，教育和鼓舞他们树立远大理想，岗位成才，在一线锻炼成长。共青团组织要按照上级团组织的要求，出色完成各项工作任务。

各级党委都要把老干部工作、统战工作、安全保卫工作放在重要位置来抓，依靠各个方面的力量，促进生产经营，提高经济效益。

2002 年是"金泰恒业"成立后开局的第一年，新形势、新体制，任务光荣而艰巨。我们要在集团公司党委的领导下，团结广大党员，依靠职工群众，在邓小平理论和"三个代表"重要思想指引下，去争取金泰恒业有限责任公司两个文明建设的新胜利！

抓住"决定因素" 强化"代表"意识

二〇〇一年十二月

　　"三个代表"重要思想，是科学的世界观和方法论，是科学的理论体系。江总书记在"七一"讲话中引用了毛泽东同志"政治路线确定之后，干部就是决定因素"这句经典名言，我体会，学习贯彻"三个代表"重要思想，必须抓住"决定因素"，强化"代表"意识。每一位领导干部都要树立代表的意识，强化代表责任，增强代表的观念。干部作为"决定因素"，首先要学习"三个代表"重要思想，理解"三个代表"重要思想，掌握理论体系，率先增强代表的意识，我感到在党的建设中，干部队伍建设是关键。我们党要代表，首先干部队伍要代表。企业党的干部、经营管理者，在生产经营的第一线，在应用科学文化的第一线，在联系群众的第一线，是最直接、最直观的代表，是群众看得见、摸得着，最有影响力和吸引力的代表。作为企业党的干部必须非常看重"代表"这个身份，把这个意识时常挂在心上。有了代表的意识，增强了代表的观念，才会自觉地实践"三个代表"重要思想。党的干部只有在头脑里牢牢扎下了"代表"的根子，才能教育和带领党员做"三个代表"的实践者。我体会到，在党员队伍这个总代表中，党的干部是首席代表，是主要代表，是关键代表，是代表中的骨干和中坚。有人说，干部是代表的代表，是代表的龙头，我看有一定道理。因此可以看出干部学习"三个代表"和干部落实"三个代表"的重要性。如果干部在"三个代表"上出了问题，"三个代表"就很难落实。

"三个代表"作为党的建设的纲领和指导思想，其含义是非常丰富深刻的。代表是一种资格，党的性质和宗旨决定了共产党人具有代表先进生产力、先进文化和人民利益的资格和条件；代表是一种责任，共产党人肩负着艰巨的历史重任；代表是一种能力，没有能力或能力低下是不能当代表的；代表是一种作用，也就是先锋模范作用、形象的示范作用；代表是一种主心骨，"三个代表"作为凝聚人心的力量，成为全党和全国人民的主心骨，使大家看到了中国的前途和希望，看到了企业的前途和希望。同时，代表也意味着机遇和挑战。我们在改革与发展的进程中既有很多有利条件和机遇，又有困难和挑战，特别是在和发达国家相比存在巨大的差距，我们还处于"初级阶段"的历史水平的情况下，代表就意味着奉献，就意味着要冒很大的风险，我们必须抓住机遇，迎接挑战，百折不挠地向前推进。

"三个代表"作为一个科学的理论体系，我们必须完整准确地理解和掌握。

1. 代表的先进性。学习"三个代表"的理论要抓住精神实质。我理解，学习和实践"三个代表"就是要保持和实现党的先进性。先进性是"三个代表"的实质，长期落后就没有资格当代表。作为中国这样一个发展中国家，要振兴中华，实现党的纲领，就必须变落后为先进，必须由低层次上升到高层次。特别是在国际共产主义运动受到严重挫折，科技革命飞速发展。市场竞争十分激烈，我国加入世贸组织的大背景下，在企业的生存与发展机遇与挑战并存的形势下，我们必须代表先进；追赶先进，争优创先，把先进性作为目标和动力，保持和巩固党的先进性的性质，这样我们才会立于不败之地。当前，虽然我们国家还不发达，但是我们有马克思主义理论的先进性，有纲领和宗旨的先进性，通过改革开放，我们能够把先进的生产力、先进的文化这篇大文章做好，经过长期的努力，赶上和超过发达国家，从而更好地代表人民的根本利益。

2. 代表的全面性。"三个代表"不是一个代表，其中包含两个文明，一个目的。因此要完整准确地理解"三个代表"重要思想。发展生产力是根本，是中心，是基础；科学文化是动力，是源泉，是方向；人民的利益是目的，三者缺一不可。在企业，生产经营是中心，但决不可忽视文化的作用，科技是第一生产力。我们的科学文化水平低，是制约经济效益提高，制约企业发展的关键因素。当前我们企业人才队伍整体素质不高，更是影响企业发展的关键因素，因此，要全面理解"三个代表"重要思想，切实加强企业的两个文明建设，针对新形势和新任务提出积极的应对措施。

3. 代表的一贯性。"始终"一词，是"三个代表"重要思想中的一个很重要的观点，代表不是一时一事，而是从始至终，一以贯之。中国共产党具有"三个代表"的性质，要求我们始终履行"三个代表"的职责，这是一个长期的历史任务。联系企业的实际，落实到企业的具体工作上，要保持代表的长期性、历史性、稳固性，就是要在提高干部队伍的素质上下功夫，实现干部的新老交替，加强后备干部队伍建设，继续深化干部人事制度改革，优化人力资源结构，为实现"三个代表"提供不竭的力量源泉和组织保证。

4. 代表的时代性。"三个代表"的理论是时代的产物，是我们党当今历史阶段的重要理论成果，具有鲜明的时代特色，与时俱进是"三个代表"重要思想中的题中应有之义。因此，我们必须站在时代的高度，站在时代发展的潮流中，"站在时代的前列"，看待和分析我们国家、我们企业的现状。要按照与时俱进的要求，解放思想，实事求是，努力实现三个"解放"，创造性地搞好企业的各项工作。

5. 代表的实践性。马克思主义理论不是空洞的说教，具有实践的品格。因此，我们在实践中要怀着很强的责任感，寻找我们自身的差距，以"三个代表"为镜子、为尺度、为标准，对照我们的实际工作，深入实际，调查研究，转变作风，扎实工作，以开放促进改革，以改革推动发展。用领导干部模范的言行把"三个代表"重要思想落实到企业改革、发展、稳定的实践中。

努力完善企业法人治理结构
积极推进企业制度创新

——在北京金泰恒业有限责任公司
第三次股东会上的报告

二〇〇二年一月二十一日

过去的一年是不平凡的一年，在京煤集团的领导下，煤炭公司的历史上又翻开了崭新的一页，由十八家企业多元投资注册成立的北京金泰恒业有限责任公司，从体制上和机制上为企业注入了新的活力，使企业在生存和发展上建立起了新的经济运行平台，为在激烈的市场竞争条件下，新公司更好地朝着集燃料经营、房地产开发、物业管理、饭店旅游和城市综合服务五业并举的方向健康发展打下了坚实的基础。

自2001年9月28日第一次股东会选举产生董事会以后，在董事长的主持下，在全体董事共同的努力下，于11月28日隆重举行了揭牌庆典仪式，董事会依法、依规、依章程开展了积极的工作，进行了一系列有效的创新实践，并大体规划出了董事会2002年的工作设想。现在从四个方面向各位股东报告工作。

一、有序推进，各负其责，协调运转，有效制衡的企业法人治理结构

新公司面临新的形势，既有宝贵的机遇，也有严峻的挑战，要想使新公司从一开始就步入稳定、健康、持续发展的轨道，就必须按照

现代企业制度的要求，以正确的态度和科学的制度体系来规范公司的整体运行。为此，我们实施了以下几项工作：

1. 制定《章程》确定了公司法人治理结构的基本框架

以《公司法》为遵循的依据，结合公司的实际情况，2001 年 9 月28 日，由股东会通过了《北京金泰恒业有限责任公司章程》。章程从力求责权分明的要求上，明确了股东会、董事会、监事会、经理层在公司运作架构中的地位和作用；从保护投资者利益的要求上，对股东的权利和义务作了具体的界定；以便于具体操作的要求上，对召开各类会议的制度和各项决议形成的程序上作了原则的说明。章程的制定，为公司法人治理结构的组建和运行提供了规范的基础性文件。

2. 完成了一系列人事聘任工作，确定了公司管理机构的设置，提供了公司法人治理结构的人员和组织保证

根据集团董事会的推荐，公司第二次董事会聘任李京来为北京金泰恒业有限责任公司总经理；根据公司党委常委会建议，总经理李京来提名，董事会聘任周建裕、章琳、张迎祯、苗克森为北京金泰恒业有限责任公司副总经理。意味着新公司在新机制下的工作开始了正常运作。

3. 制定三套议事规则，建立法人治理结构运作的规章制度

股东会议事规则制定以后，新公司又相继研究出台了《党委常委会议事规则》、《董事会议事规则》、《经理办公会议事规则》。规则的形成，进一步明确了股东会、董事会、经理层、监事会、党委常委会责任与权力体系的正确定位，有了依规办事的程序。

股东会是公司的最高权力机构。2001 年股东会行使了选举董事、监事；修改章程；对公司注册资本作出决议；审议批准公司年度财务预算方案；审议公司经营和投资报告的工作职权。

董事会受托于股东会，对股东负责，把工作的重点放在了选聘经理班子，研究关于企业发展的重大事项，审议深化改革，制度创新的工作上。

经理班子受聘于董事会，对董事会负责，把工作的重点放在组织协调公司各项经营工作，全力实现企业经营目标上，较好地完成了年

度的各项工作任务。

监事会在第三次股东会选举后，也将按《章程》组成监督机构对公司经营活动依法进行监督。

在公司整体工作中，党委把工作重点放在了把握方向、规划思路上，于2001年12月召开党委扩大会，提出了开辟2002年"金泰恒业"两个文明建设新局面，实现八个方面新突破的工作思路。并积极向董事会、经理层推荐经过考察的合格人选。

另外，董事会还审议确定了公司机关部门13个部室的设置，使之与公司经济结构的调整相协调，明确了公司机关总部从纯管理型向管理经营型和资本经营型转变的发展方向。

经过一段时间的努力工作，我们新公司从建立开始，就较好地、有序地走上了各负其责，协调运转，有效制衡的企业法人治理结构的正常轨道。

二、推出深化企业人事制度改革的意见，出台董事会成员、经理层成员、监事会成员的管理办法

为了适应社会主义市场经济和现代企业制度的要求，推进公司人事工作的科学化、民主化、制度化，建设一支讲政治、懂全局、高素质的管理人员队伍，公司党委以"三个代表"重要思想为指导；以推进干部能上能下，能进能出为突破口；以建立符合企业实际的分层分类管理，形成有效激励、监督、竞争机制为目标，在反复征求意见的基础上提出了《深化企业人事制度改革的意见》，更好地为公司改革和发展提供了组织保障和人才支持。董事会本着管人与管资产，用人与治事相一致，扩大企业用人自主权的原则，对《深化企业人事制度改革的意见》进行了认真的审议。

一是在分类分层管理上，提出了取消行政级别，坚持管少、管精、管好、管活的新办法。

二是在实现依法、依规、依程序改进干部管理方式，完善法人治

理结构上提出了新的要求。

三是在建立能上能下、能进能出、竞争择优用人机制和完善监督、激励机制上做出了新的规定。

四是配合企业整体改制工作出台了三套管理办法。提出了金泰恒业公司向控股公司和参股公司委派董事会成员的管理办法；向控股公司或参股公司委派监事会成员和向分公司、委托经营企业委任专职监事的管理办法；向分公司、委托经营企业委派经理层成员的管理办法；对其任职条件、任用程序、工作职责、管理奖惩都作出了相应的规定。

董事会对公司人事制度改革意见和董事会、监事会、经理层成员三个管理办法的审定，为下一步全力推进公司整体改制工作提供了新的人事制度的保证。

三、审议通过了新公司关于深化改革的若干意见

新公司要想实现经济工作的高起点、新跨越、大发展，体制创新是基础，制度创新是保证。那么公司积极推进整体改制，使公司所属企业建立比较规范的现代企业制度，做到"产权清晰、权责分明、政企分开、管理科学"，实现企业经营机制的转换是这届董事会必须立即着手研究解决的重要工作。

依据《公司法》和市政府有关文件精神，按公司章程从新公司实际出发，在广泛调查研究的基础上本着改革要适应经济结构调整和企业发展要求的指导思想，董事会认真审议了《关于深化改革的若干意见》。

一是确定了改革的基本原则。即坚持解放思想、实事求是、稳步推进的原则；坚持多种形式，自主选择的原则；坚持改制与经济结构调整相结合的原则；坚持效益优先、兼顾各层面利益的原则。

二是确定了改革的基本目标。即按现代企业制度的要求，理顺产权关系，建立健全法人治理结构，建立新的运行机制，优化产业结构，为促进企业发展奠定良好的基础。

三是确定了改革的主要形式。是走一条整体改革，资产重组，双

线并行，适时交叉，效益优先，利益兼顾，多种形式，自主选择，平稳过渡，逐步完善的实事求是的改革道路。

四是提出了改革要适应经济结构调整与发展规划的具体要求。

五是提出了改革的时间步骤。争取用一年半至二年的时间分三个阶段，三步走完成整体改制。以新体制、新机制、新面貌全力推进下一步金泰恒业公司的深化改革和长远发展。

四、进一步强化董事会建设的运行效果，更好地发挥董事会的作用

董事会成立至今，在短短的几个月的工作中，通过党委班子、董事会、经理班子的协调运作，显示出了现代企业制度下，实行法人治理结构的运作过程中新公司的生机与活力。但董事会的工作仅仅是开始起步，今后面临的市场和改革的形势是十分紧迫的；面对的困难是前所未有的；等待我们去做的工作也是极其繁重的。2002 年，我们要以更统一的思想，更坚定的信心，更科学的态度，更振奋的精神，更有为的干劲，全面推进董事会的工作，谋求公司更大的突破和更新的发展。

1. 要进一步发挥好董事会的作用，提高董事会的决策水平

董事会承担着公司发展和重大经营决策的职能，董事会的决策水平，对企业的发展、股东的利益至关重要。因此，董事会要依职责正确定位，要集中精力想长远、抓大局、干大事，保证科学有效的决策，争取在改革和建立企业法人治理结构上；在调整结构，促进公司发展上；在开拓经营，提高市场竞争能力上；在经营管理体制的创新上有较大的突破。全力保证明年公司"保供、调整、改革、管理、创效"五大经济工作任务的完成。要正确处理好董事会与经理层及党委的关系，全力支持总经理对公司生产经营工作依法拥有的指挥权，协调配合，确保公司法人治理结构的规范运作。

为更好地开阔公司董事会的决策视野，提高决策的科学化程度，要做好引进独立董事的工作。注重外部董事作用的发挥，选聘有专门

经验，有丰富市场阅历和知识，能够担负董事会赋予的专项工作的专家作为独立董事，参与董事会议事、决策。根据独立董事个人的特长和经历，董事会除在决议时注意倾听他们的意见外，还赋予他们一定的专项工作。

为围绕市场规律，依法依规进行董事会的科学决策，要加大董事会调研、咨询、参谋、论证、把关的职能，建立起董事会咨询参谋机构。公司董事会决定成立七个专业委员会，分别是：战略委员会、预算委员会、投资委员会、政策法规委员会、内审委员会、高级管理人员提名委员会、薪酬提案委员会。使董事会的工作在充分发挥七个专业委员会的参谋助手作用的过程中，更加依法依规、科学有效。

2. 全面推进公司整体改革的进程

在市场经济条件下，国有企业建立规范的法人治理结构势在必行，我们"金泰恒业"公司已经建立起了现代企业制度的基本框架，从明年开始，基层单位改制工作要逐步推开，董事会要以清晰的思路，分类指导公司所属企业改制工作的进行，注意纠正改制中出现的与建立现代企业制度下的法人治理结构相违背的做法。要通过改制工作，在"产权清晰、权责明确、政企分开、管理科学"的基础上，真正落实出资者的三项权力，即：重大决策权、选择经营者权、资本收益权；实现财务预算管理，发展战略管理，监控运行管理，产权事务管理的四项职能；兼顾国家、股东、职工和经营者四个方面的利益；达到理顺产权关系，建立法人治理结构，建立新的运行机制，优化产业结构，加快企业发展的五个改制目标。另外，还要抽调有能力、有水平、有较高政治素质的领导干部组建好监事会，搞好专业培训，做好向控股公司、参股公司、分公司、委托经营企业委派监事会成员或委任专职监事的工作。保证按章程规定和改革若干意见条款规范运作，保证国有资产的保值增值。

3. 规划公司战略发展，调整经济结构，实现资源优化配置

2002年是我们公司的规划年、调整年，我们要把规划、调整、改革、发展结合起来，在规划中调整，在调整中改革，在改革中发展，

实现全公司优势互补,资源合理配置。

按照五年规划的要求,逐步形成"五业并举"的格局。在制定五年规划的基础上,2000 年,我们一是要通过调查研究,通过专家咨询论证,将五年发展规划提升为十年发展战略;二是要针对不同领域,围绕企业发展总目标制定若干战略,对于营销战略、竞争战略、资本运营战略、人才战略等重大战略问题都要有所研究,要善于站在战略的高度策划当前和今后一个时期的工作。

在五业并举的格局中,我们要注重研究设计产业规划和人才规划,重新安排货币和人才投向,在继续发挥燃料经营优势的同时,要把房地产作为公司新兴的支柱产业来抓,要从资金、人才、政策等方面给予倾斜。要经过一个时期的努力,逐步实现由合作开发自有土地,到独立开发自有土地,进而到自主开发业外土地的转变。要充分挖掘业内土地资源的潜力,要抓住机遇,向开发要效益。要充分发挥业内资源的互补优势,相互联合,相互支持,相互融资,集中力量把房地产业做强做大。在结构调整中,要抓住重点,扶植骨干企业,保存赢利企业,关闭亏损企业(政策性亏损的民用煤企业除外)。要把金岛、银都等大的项目做实,为建立新的经济增长点,打下基础。要把物业管理、饭店旅游、城市综合服务业做实做强。要通过抓大放小、有进有退,优化资源配置,在结构调整中,实现大而强、优而胜、小而活、劣而汰。从而,建立充满生机与活力的企业格局。

4. 深化配套制度的改革,依法规范企业内部管理,建立完善新机制

新公司结合体制改革,要继续深化人事、劳动和分配三项制度改革,建立新的人事制度、用工制度和分配制度,逐步形成经营管理人员能上能下,职工能进能出,收入能高能低的激励约束机制。

积极推动公司人事制度改革——要不断规范法人治理结构,在坚持党管干部的原则下,不断改进党管干部的方法,要坚持管资产与管人,用人与治事一致原则,进一步落实《经营者管理办法》和《对经营者的考核办法》,改革中要取消行政级别,打破"干部"、"工人"

的界限，变身份管理为岗位管理，做到干部能上能下。

积极推进公司劳动用工制度的改革——公司改制后职工的身份要进行置换，要由企业人变为社会人，由全民职工转变为公司员工，实行公司与员工双向选择就业制度，做到员工能进能出。

积极推动公司分配制度的改革——经营者的收入与企业的经营业绩挂钩，企业主要经营管理者的收入分配本着效率优先，兼顾公平和责、权、利相一致的原则，体现企业资产规模、管理效率，经济效益与收入分配相适应。主要经营管理者的总收入水平，由基薪、绩效、风险三部分组成。对企业经营管理者要依据规范性的标准进行考核，包括企业的赢利能力、偿债能力、营运能力、社会贡献能力、企业发展能力和精神文明建设情况。同时也要对经营管理者个人履行岗位职责情况进行考核，做到收入能多能少。对在国有资产保值增值的工作中业绩突出的领导干部给予奖励，对不胜任的领导干部要加大调整力度，使改革后的分配制度在激励机制和监督机制的运作中更严谨、更合理、更科学。

5. 要努力提高董事会成员的自身素质

董事会成员要制定出加强学习的目标，深入学习江泽民提出的"三个代表"重要思想，增强与时俱进，加快企业发展的紧迫感，增强决策经济工作的能力。努力使自己的知识多元化，学习党的方针政策，不断提高政策水平，善于分析和把握市场经济的发展趋势，争取在对形势的判断、政策的取向上做到有较强的预见能力，进而使董事会的决策具有前瞻性和创造性。另外，要学习市场知识，管理知识，金融财务知识等，对董事会审议的议题做到准确、独立、负责地发表个人的看法，提出具有建设性的意见，进而使董事会的决策建立在科学、正确的基础上。

总之，2002 年是金泰恒业有限责任公司成立后开局的第一年，董事会要以创新的思路，振奋的精神和有为的工作担负起股东会在新形势、新体制下赋予的崇高而艰巨的任务，以更坚实的步伐走向金泰恒业更辉煌的未来。

加强董事会建设
真正把董事会的决策落到实处

——在北京金泰恒业有限责任公司二〇〇二年
工作会议上关于董事会工作的报告

二〇〇二年一月三十一日

一、2001 年董事会工作情况的总结

2001 年，是企业合并重组，建立京煤集团煤炭公司的第一年。我们在京煤集团的领导下，增强大局意识、集团意识，维护了企业的稳定，圆满实现了"保供、规划、改制、效益"四大目标。经过积极努力，公司改制胜利完成。京煤集团煤炭公司成功地改制为北京金泰恒业有限责任公司，按照现代企业制度的要求，建立了规范的法人治理结构。2001 年 9 月 28 日第一次股东会选举产生了董事会，11 月 28 日隆重举行了揭牌仪式。从此，公司董事会依法、依规、依程序积极地展开了工作。

1. 组织力量，建章建制，形成了法人治理结构的基本框架。我们以《公司法》为依据，制定并由股东会通过了《公司章程》，为公司法人治理结构的组建和运行提供了基础性的文件。公司第一次董事会根据集团董事会的推荐，选举产生了董事长。公司第二次董事会聘任了公司总经理和副总经理。我们组织力量，相继制定了《党委常委议事规则》、《董事会议事规则》、《经理办公会议事规则》和《股东会议事规则》，进一步明确了各自的职责和程序。去年以来，董事会认

真履行职责，坚持向股东会负责，召集股东会议，向股东会报告工作，执行股东会的决议，选聘了经理班子，制定了 2002 年的预算方案、经营计划、改革方案。经理班子认真执行董事会的决策，创造性地开展工作，出色完成了年度的工作任务，达到了预期的目标。监事会在第三次股东会选举后，也将按照章程组织监督机构，依法行使监督的职能。经过去年以来的努力工作，我们公司基本上建立了各负其责，协调运转，相互制衡的法人治理结构和运行机制。

2. 适应基层改制的要求，就企业人事制度改革做出了决策，并制定了董事会成员、经理层成员、监事会成员的管理办法。今年，基层改制将逐步展开，为了适应基层改制的要求，人事制度必须进行相应的改革。因此，董事会制定了企业人事制度改革的意见，确立了指导思想、基本原则、分层分类管理的办法、建立法人治理结构的基本要求、关于竞争择优和激励约束的相关机制。配合企业整体改制，董事会制定了金泰恒业公司向控股公司和参股公司委派董事会成员的管理办法；向控股公司或参股公司委派监事会成员和向分公司、委托经营企业，委任专职监事的管理办法；向分公司、委托经营企业，委派经理层成员的管理办法。对其任职条件、任用程序、工作职责、管理、奖惩都作出了相应的规定。

董事会关于人事制度改革的决策和董事会、监事会、经理层成员三个管理办法的制定，为基层改制提供了人事制度的保证。

3. 推进配套改革，坚持制度创新。为了提高公司和今后基层改制的质量，在公司改制的基础上制定了《关于深化改革的若干意见》。对于基层改制，提出了调动上下两个积极性，稳步推进，多种形式，自主选择，效益优先，兼顾各层利益，改制与经济结构调整相结合的原则。并且确定了改革的目标、形式和具体要求。全公司争取用一年半至二年的时间分三个阶段完成整体改制。在改制的过程中，坚持人事、劳动、分配三项制度创新，以形成经营管理者能上能下，职工能进能出，收入能高能低的新机制，以保证新体制的高质量、高效率的运转。

4. 董事会做出了以结构调整为主线，"五业并举"，突出重点的决策。根据公司五年规划的要求，董事会决定在原有产业状况的基础上坚持"燃料经营、房地产开发、物业管理、饭店旅游、城市综合服务"五业并举，并且要突出重点，想办法把房地产业做强做大，培育公司的经济支柱。

5. 董事会成员加强学习，深入实际，正在逐步提高决策的水平。公司改制以后，董事会建立仅仅几个月的时间，大家边学习、边调研、边适应，逐步进入了角色。召开董事会前，大家都能够认真阅读有关文件，针对需要决策的事项，认真学习、深入思考，向有关部门和专家进行咨询，力争提出可行性的意见。在会议上大家畅所欲言，各抒己见，敢于表明自己的主张。在董事会做出决定以后，各位董事和经理层都能按照分工，落实董事会的部署，对决策的执行情况进行督办查办，以保证决策的贯彻执行。

去年以来，董事会根据自身的职责，做了一些工作，由于时间短，任务重，形势发展比较快，工作只是刚刚起步，经验还不足。因此，在新的年度要加倍努力学习与实践，以肩负起股东会和广大员工赋予的历史使命。

二、2002 年董事会的工作任务

1. 董事会 2002 年工作的指导思想。2002 年公司董事会的工作要以邓小平理论为指导，努力实践"三个代表"重要思想，认真落实公司党委的工作建议，紧紧围绕公司党委关于经济工作要实现"高起点、新跨越、大发展"的总思路和实现"保供、调整、改革、管理、创效"五大目标，解放思想，深入研究，做出规划。要加强董事会的自身建设，努力把董事会建设成为公司的决策中心，尽职尽责，真正把董事会的决策落到实处，提高企业两个文明建设的水平。

2. 掌握决策科学，坚持把董事会建设成为决策中心。决策科学，也叫设计科学，它是研究科学决策的理论、原则、程序和方法的新兴学科，然而决策作为一门学科，仅仅产生于 20 世纪 50 年代的美国，决策学的创始人赫尔伯特·西蒙因此而获得了诺贝尔奖金。人类的决策活动，已有悠久的历史，经历了一个由经验到科学的过程。上世纪 50 年代左右，随着社会、经济和科学技术的迅猛发展，特别是计算机和现代通信技术的迅速普及，决策科学日趋成熟，形成了专门的学问。从本质上讲，决策是人们在认识和改造世界的过程中，去寻求并实现某种最优化预定目标的活动。在当代大经济、大科学、大文化、大工程背景下的决策，具有"快速化、准确化、网络化、专业化"的要求。董事会作为决策中心，董事会成员作为职业决策者，正是体现了决策专业化的要求。在专业化的前提下，要发挥决策集团、智囊机构、计算机系统的作用，进而实现决策的快速化、准确化、网络化以及相关化，推进决策民主化、科学化的进程。公司改制以后，基层改制前后，董事会成员、两级领导班子成员都要认真学习与研究决策科学，掌握决策的原理与技术，不断提高领导者的自身素质和决策水平。只有这样，才能真正把董事会建设成为公司的决策中心，使董事会成员成为适应企业需要优秀的决策者。

3. 要处理好若干重大关系，充分认识董事会的地位和作用，协调一致地开展工作。要处理好董事会和股东会的关系，股东会是公司的最高权力机构，董事会要向股东会负责，要在股东会的领导下开展工作。在日常工作中，公司董事会是公司的决策中心。董事会的重大决策要按程序经股东会审议批准；要处理好董事会和党委会的关系，公司党委是企业的政治核心，董事会要维护党委的政治核心作用，落实党委的工作建议，要坚持把党委的意志转变为董事会的决策；要处理好董事会和经理层的关系，经理层是董事会决策的执行中心，是生产经营的指挥中心，经理层要创造性地完成好董事会部署的工作任务，又要适时地向董事会报告工作，提出建议。董事会要协调好各个方面的力量，努力创造条件，大力支持经理层积极负责地行使指挥权、执行权；要处理好董事会和监事会的关系，监事会是公司的监督机构，对股东会负责，董事会和经理层都要自觉地接受监事会的监督，要习惯于在接受监督的情况下开展工作；要处理好董事会和公司员工的关系，董事会的工作也要贯彻全心全意依靠职工群众办企业的方针，广泛走群众路线，努力实现科学决策的民主化；要处理好管理与决策的关系，"管理就是决策"，这是决策科学中的一个重要思想，但是管理不完全等于董事会的决策，企业管理的重大问题，要纳入董事会决策的重要内容，其他管理工作由各个层面各负其责，组织实施；同时，还要处理好战略决策和战术决策的关系，确定型决策与风险决策的关系，常规决策和非常规决策的关系，个人决策与团体决策的关系，公司决策与基层决策的关系，内部决策与开放性决策的关系等等。在实际工作中要通过处理好这些重大关系，维护好、发挥好董事会的地位和作用，调动各个方面的积极因素，把董事会的决策制定好、执行好、落实好。

4. 要建立独立董事制度，优化董事会的组织结构。从社会上引进专家型的独立董事，充实公司董事会班子，是现代大公司的一项通行的做法，是企业人事制度改革的一项重要内容，是实现人力资源市场化配置的重要途径。要做好引进独立董事的工作，注重外部董事作用的发挥，选聘有专门经验，有丰富市场阅历和知识，能够担负董事会赋予的专项工作的专家作为独立董事，参与董事会议事、决策。根据独立董事个人的特长和经历，董事会除倾听他们的意见外，还赋予他们一定的专项工作。引进独立董事，有利于董事会成员的优势互补，有利于我们从过去的旧传统、旧框框、老经验中跳出来，提高分析问题和解决问题的能力，站在新高度，做出正确的决策。今后不仅公司董事会要引进独立董事，基层改制后，也要执行独立董事制度，进一步加强董事会的自身建设。

5. 董事会所属的七个专业委员会要认真履行职责，当好董事会的参谋助手。公司董事会成立后，为了提高决策的质量和效率，我们立即着手建立了七个专业委员会。专业委员会由业内人士和外聘专家组成。基层改制后，董事会也要建立相关专业委员会。公司董事会所属的战略委员会、预算委员会、投资委员会、政策法规委员会、内审委员会、高级管理人员提名委员会、薪酬提案委员会，都要制定工作细则，卓有成效地开展工作。

6. 遵循"解放思想，实事求是"的思想路线，正确地分析当前的形势，使董事会的决策更加符合实际。"解放思想，实事求是"，是马克思主义的精髓，是党的思想路线和认识路线，贯彻这一路线，是一切科学决策的基础。因此，我们必须对公司面临的形势进行实事求是的分析。当前我们有比较好生存基础，企业也有一定的后劲。这是煤炭公司前几届领导班子和职工积极努力的结果。我们要承先启后，也必须对当前面临的挑战和困难有清醒的认识。一是燃料销售继续下滑，我们赖以生存的基础日趋薄弱；二是五业并举还没有形成气候，规模小，起点低，力量分散，竞争力不足；三是主导产业和经济支柱还没有完全确立起来，还没有形成真正的利润中心；四是企业负担沉重，人工费用高居不下，企业发展困难较大；五是民用煤补贴取消以后，民用煤生产经营价格倒挂，造成企业亏损，发展有一定难度；六是欠款回收困难，在近一亿元应收账款中，三年以上的陈年老账占25%左右，损失的可能性很大；七是职工的思想观念有待进一步转变，企业改革有待进一步深化；八是我们的人才，特别是中高级人才十分缺乏，按照市场机制配置人才资源还有很大差距。这些都是我们公司面临的实际问题，董事会今后的工作，就是要从这样的实际出发，有针对性地分析判断，制定决策。

7. 在公司五年规划的基础上，制定十年发展战略，大力调整产业结构。要根据"五业并举"的要求，分别制定燃料经营战略、房地产开发战略、物业管理战略、饭店旅游业战略、城市综合服务业战略、人才战略和资本运营战略等。因此，今年要按照董事会结构调整的方案，组织力量，把各项分战略制定好。要按照"五业并举，重点突出"的思路抓紧运作。要集中力量，逐步把房地产业做强做大，以形成新的企业支柱和利润中心，增强核心竞争能力。

8. 要认真落实公司关于深化改革的方案。要认真贯彻公司董事会关于体制改革和人事、劳动、分配机制改革的意见。要通过今年和最近几年的努力，实现改革的基本目标，即，理顺产权关系，按现代企业制度的要求，建立健全法人治理结构，建立新的运行机制，做到干部能上能下，职工能进能出，收入能多能少，优化产业结构，不断加快企业发展的步伐。企业改制，要注重提高改制的质量，资产底数要摸清，制度要健全，职责要清楚。提高公司改制的质量关键在于基层的改制，改制是为了发展，为了效益，为了改善职工生活。因此要统一思想，稳步推进，抓好典型，分步实施，成熟一个改制一个，从而达到我们预期的目标。在分配制度改革方面，要建立统一、科学、有效的激励约束机制。对于基层经营者的收入，公司要统一管理。对于经营者的考核要本着对股东负责、对职工负责的态度，全面考核企业的赢利能力、偿债能力、营运能力、社会贡献能力、企业发展能力，并且还要参考企业的规模和资产状况。考核要坚持全面性、科学性、公正性。根据改革的需要，公司要向改制公司和分公司委派监事。春节之后要抽调素质好、有经验的同志进行培训，以更好地在工作中履行监督的职能。要通过深化企业改革，逐步建立起有效的工作机制、决策机制、监督机制和沟通机制。使大家团结一致，相互制衡，共同致力于企业的发展壮大。要建立起董事会决策落实的保证体系，要强化契约管理，按照目标责任制进行严格考核。相关委员会和职能部门，要按照制度和工作范围认真督促、检查，督办、查办，切实保证董事会决策真正落到实处。

9. 肩负起民用煤供应的政治责任，保证民用煤供应不出问题。在改革过程中，要把民用煤供应作为一项政治任务完成好，要精心组织，做到万无一失。要构建好民用煤供应的组织体系、政策体系、质量保证体系、行业调控体系、市场营销体系。民用煤供应既要适应当前保供的需要，又要做好民用煤价格放开的相关准备工作。

10. 加强学习，适应形势，不断提高董事会成员的自身素质和决策能力。董事会作为企业的决策中心，事关企业的兴衰成败。因此，无论是公司董事会成员还是改制公司的董事会成员，以及各级领导同志，都要加强学习，适应形势。要继续深入学习邓小平理论和"三个代表"重要思想，转变作风，扎实工作，努力做一个合格的决策者。董事会成员要制定出学习的目标，努力使自己的知识多元化，做复合型的人才。要不断增强对形势的判断和预见能力，进而在决策的过程中，能够独立负责地发表意见，使董事会的决策具有前瞻性、创造性、实用性和可操作性，提高董事会的决策水平。

今年的任务光荣而又艰巨。我们要在京煤集团公司的领导下，认真学习邓小平理论和"三个代表"重要思想，努力贯彻落实公司董事会的重大决策，不断把企业的改革与发展推向新阶段。

加强企业监督工作
推进企业经济工作健康发展
——在北京金泰恒业公司向委托经营
企业委派专职监事大会上的讲话

二〇〇二年六月

为进一步完善金泰恒业公司的法人治理结构，保证企业各项生产经营活动依法依规的正常开展，实现企业法人财产的保值增值。公司根据《公司法》、《公司章程》、《监事会成员管理办法》，公司党委建议，公司董事会讨论决定设立了监事一室、二室、三室，有9名同志任专职监事，并利用一般时间对专职监事进行了专业学习培训，开展调查研究。今天，召开各单位党政一把手和机关各处室领导干部会议，专门就向委托经营企业委派专职监事工作进行动员，布置和安排。这是一项非常重要的工作。就此谈几点意见：

一、充分认识向委托经营企业委派专职监事的必要性和根本目的

为加强企业的监督层面的工作，我们金泰恒业公司向委托经营企业委派专职监事，是一项新的工作，是新形势下积极应对激烈的市场竞争，进一步促进企业改革和发展的内在要求。党的十五大报告就明确指出："要加强科学管理，探索符合市场规律和我国国情的企业领导体制和组织管理制度，建立决策、执行和监督体系，形成有效的激

励和制约机制。"党的十五届四中全会又在决议中明确要求:"要积极贯彻十五大精神,健全和规范监事会制度,过渡到从体制上、机制上加强对国有企业的监督,确保国有资产及其权益不受侵犯。"为此,我们结合公司整体改制要求,为了逐步完善公司法人治理结构,建立责权明确、相互制衡、协调运转的运行机制,加强和扩大对企业的监督力度,首先向所属委托经营企业委派专职监事,形成市场经济条件下企业内部的监督制约机制。

(一) 向委托经营企业委派专职监事是进一步完善公司法人治理结构的必然要求

从我们公司的实际来看,公司整体改制工作已基本完成,基层改制也要在今、明两年内完成。在全面改制未完成的过渡期内,对各单位经营者采取委托经营的形式,签订了合同,建立了目标责任制。有的单位采取了模拟现代企业制度的形式,建立了新的运行机制,但在责权明确、相互制衡方面尚有不够完善的地方,监督力度还不够。建立现代企业制度,要求企业建立各司其职,合理分工的权力制衡机制。因此,我们在建立现代企业制度、完善法人治理结构的同时,还要积极探索强化企业监督的有效途径。9 名专职监事向委托企业委派,正是依据《公司法》和《公司章程》,加强企业监督的一种尝试。将来随着公司整体改制工作的进一步深化,还要向分公司委派专职监事,向改制公司委派监事会成员,并按法律程序选举监事会主席,真正建立起市场经济条件下的公司法人治理结构。

(二) 向委托经营企业委派专职监事是实现推进企业经济工作依法依规健康发展根本目的必然要求

企业的经营管理者肩负着经营国有资产的重要职责,监事担负着监督国有资产良好运营的重要职责,目的是共同的,只是开展工作的角度有所侧重。因此,向委托经营企业委派专职监事的根本目的就是和企业经营管理者一起,提高资产运营质量,确保企业法人财产的保值增值，维护法人资产及其权益不受侵犯。具体工作体现：一是保证国家的政策、法规和公司发展规划在企业的贯彻执行，逐步提高资产的运营质量和经营效益，实现资产的保值增值；二是促进和加强企业管理，健全和完善企业内部管理和监督制度；三是深化企业改革，推进现代企业制度的建立和健全；四是通过对企业主要负责人的经营行为及其经营管理业绩进行评价，提高企业负责人经营决策、经营管理方面的素质和水平。总之，监督工作的落脚点是保证企业的经济工作能够依法、依规、依程序地正常运转，保证企业"高起点、新跨越、大发展"目标的早日实现。

二、明确专职监事的工作职责和工作要求

向委托经营企业委派专职监事对我们来说是一件新生事物，既没有成功的经验可以借鉴，也没有可遵循的工作规律。只有我们在工作实践中不断探索、总结、提高。专职监事的工作状况如何对企业工作的大局起着至关重要的作用，借此机会，给9名担任专职监事工作的同志提几点希望和要求。

（一）要履行职责，把握重点

专职监事对企业进行监督要依据《公司法》、《公司章程》和党的实事求是的思想路线，代表金泰恒业公司监督企业资产运营，确保公司法人财产及其权益不受侵犯。监督主要是以财务监督为核心，根据国家有关法律、行政法规和公司的有关规定，对企业的财务活动以及企业负责人的经营决策和经营管理行为进行监督。主要履行四个方面的职责：

一是检查企业贯彻执行有关法律、行政法规和规章制度的情况，对企业的重大决策和企业的日常经营活动进行监督。企业负责人贯彻执行国家有关法律、行政法规和规章制度情况的好坏，不但会影响企业自身的改革和发展，也会影响国家方针政策的落实和公司发

展规划的有效实施。专职监事在对企业监督检查时，必须把企业负责人贯彻执行有关法律、行政法规和规章制度的情况作为工作的一项重要内容。

二是检查企业财务，查阅企业的财务会计资料及企业经营管理活动有关的其他资料，验证企业财务会计报告的真实性、合法性。专职监事查阅被监督企业的财务报告、会计账簿、会计凭证等会计资料以及企业经营管理活动的其他资料，验证企业财务会计报告是否依照国家财政部的有关法律、法规和规定，监督企业真实反映企业的财务状况，是履行职责的核心内容，也是专职监事的首要任务。目的是监督企业严格执行国家法律、法规，确保企业财务会计信息的真实性，防止企业通过不正当手段和财务会计的处理技巧转移公司法人财产，确保法人财产安全。

三是检查企业的经营效益、利润分配、资产保值增值、资产运作等情况，对企业经营运行中涉及到数额较大的投资、抵押、担保、转让等经济行为进行依法、依规、依程序的监督。既要注意全面监督，更要针对目前企业中存在的资产不实等突出问题，抓住重点，核查监督。也要对企业重要决策、大额资金运作、对外担保等进行依法、依规的监督。

四是检查企业负责人的经营行为，并对其经营管理业绩进行评价，提出奖惩、任免建议，对其履行职责时有无违反国家法律、法规和企业章程的情况进行监督。企业的经营状况在很大程度上与该企业经营管理者特别是主要负责人的素质和能力紧密相关，甚至可以说企业主要负责人的素质和能力决定了企业的发展状况。企业财务状况又最直接反映一个企业的经营状况和企业负责人的业绩。专职监事通过对企业财务状况的检查验证，对企业经营业绩和财务状况的分析，就能够对企业负责人经营管理业绩做出评价，并提出奖惩、任免建议。

各位监事在履行上述职责时，要加强学习，分清主次，抓住重点，在实践中不断摸索经验。

（二）要明确关系，摆好位置

专职监事在监督工作中不是"钦差大臣"。只是通过检查账目、评价企业及经营者的业绩，了解和掌握信息，向公司总经理报告，使公司能够深入了解企业的真实情况，掌握企业的经营状况和财务会计方面的信息，进而为企业服务，对企业发展负责。因此，在工作中要处理好以下关系：

一是监督不对立。专职监事与企业是监督和被监督的关系。但企业负责人和专职监事都是为了公司的共同目标而履行不同的职责。专职监事在监督检查中，不要把权力看得至高无上，要树立为企业服务的观点，双方不是对立关系，都是向公司负责。

二是参加不参与。专职监事为了全面掌握企业的各种信息，按照规定列席企业的各种会议，但不参与、不干预企业的经营决策和经营管理活动，要耐得住，不能发表任何意见，这既是要求，也是纪律。

三是监督不干涉。当发现被监督企业负责人违反财经纪律和国家有关法律法规、侵害所有者权益行为时，要按《专职监事工作暂行办法》的规定，及时向总经理报告，并建议有关部门依据有关法律、行政法规追究有关人员的法律责任，专职监事无权干涉。

四是检查不处理。专职监事在履行职责时，一定要正确定位，做到有所为有所不为，对检查中发现企业重大问题线索时，只能积极建议公司协调有关部门调查处理，这是专职监事的工作原则决定的。

五是公开不神秘。专职监事是根据《公司法》、《公司章程》和《公司暂行办法》依法开展工作的。其工作原则、工作方式方法应当公开，并广泛宣传，让职工了解专职监事的工作目的。相对而言，企业对专职监事无密可保，但专职监事对企业作出的综合评价及专题报告的内容对企业是保密的。这是政治纪律。

在今后的监督检查工作中，专职监事要正确处理上述五种关系，以认真的态度、负责的精神为企业服务。

（三）要实事求是，注意方法

专职监事要根据公司制定的《专职监事工作暂行办法》的要求，从企业实际情况出发，本着实事求是的原则，维护公司法人财产，确保资产的安全、完整，严格执行国家的法律、法规和公司章程，不参与、不干预被监督企业的经营决策和管理活动。采取听汇报、召开座谈会、个别谈话、查阅财会资料、检查资产状况、征询有关部门意见等方式进行监督检查。在具体工作中要注意以下几点：

一是关注企业发展问题。对历史和现状要以现状为主。对重大问题决策失误，看是集体行为还是个人行为，在决策程序上看是否透明、公开，充分发扬民主。对现实与长远利益的问题，要把握当前、着重长远。我们的目的就是要保证企业的生产经营活动健康发展，增强企业后劲。

二是深入实际，调查研究。对企业重大决策的监督，要广泛听取意见，不仅要从程序监督、制度监督入手，更要从决策的合法性、合规性上重点监督。通过调研，实地考察，全面了解掌握企业的财务和经营管理状况。

三是实事求是，全面地对被监督企业进行综合评价。通过对企业监督，在充分肯定企业成绩的同时，找出企业存在的问题和不足。对企业作出客观公正的评价，既不能只说成绩不谈问题，也不能光说问题不肯定成绩。评价结果必须有依据，要用事实、数据说话。对事实不清，依据不足的问题就不能做出结论性意见。

四是建立重大问题及时报告制度。监事应本着对金泰恒业公司和被监督企业高度负责的态度，在监督中发现企业经营行为有可能危及公司资产安全，造成资产损失或者侵害所有者权益时，应及时向公司报告。对被监督企业的重大违纪问题隐匿不报就是严重失职，造成严重后果的，要依法追究其法律责任。

（四）要严格纪律，尽职尽责

专职监事是代表公司对委派企业依法进行监督，担负着维护公司法人财产权益的特殊使命，在任职期间，要做到依法监督，秉公办事，清正廉洁，严格遵守行为规范和执行工作纪律。特别强调：

1. 各位监事要认真努力学习。过去我们熟悉的业务知识随着岗位的变化也要发生变化。专职监事的监督检查是一项新的工作。总之要求我们不断学习补充知识，提高自身的政治素质、政策水平和业务能力，迎接挑战，化解矛盾，把自己融入到企业中去，和企业班子成员打成一片，与企业经营者一道实现公司的工作目标。

2. 在监督工作中，要坚持原则，依法依规办事，公道正派，正确行使权力，要实事求是、全面客观地评价和反映企业的经营、财务状况和经营者的工作业绩，自觉维护出资者和公司利益。

3. 认真履行职责，深入群众，调查研究，注意听取各方面意见，提高工作质量和工作效率，按时按质按量完成对被监督企业的综合检查报告和专项报告。

4. 要严格遵守专职监事的政治纪律和工作纪律，不得泄露检查结果和企业商业秘密，不得参与和干预企业的生产经营管理活动，也不能直接向所监督企业发表结论性意见和提出经营管理方面的建议。如有违反"六要"、"六不"行为规范要求的，将承担法律责任。

5. 各位监事要清正廉洁，严于律己，遵守党员领导干部廉洁自律的各项规定。不得参加被监督企业安排的受请、受礼、借机游山玩水等一切可能影响公正履行公务的活动，更不能在企业兼职、购买股票和为自己、亲友及他人谋取利益，自觉树立良好形象。

6. 监督是双向的，党纪部门、被监督企业也要对专职监事人员进行监督，这是确保专职监事坚持原则、依法行政、公道正派开展监督工作的需要，也是对大家的关心和爱护。

三、全员提高认识，共同努力，不断完善监事工作在新制度下的运作

在企业改革的攻坚阶段，加强对企业经济工作领导干部的监督，

确保法人资产保值增值，已成为当前惩治腐败和促进企业发展的一个重要课题。江泽民同志在去年"七一"讲话中指出："要通过加强党内监督、法律监督、群众监督，建立健全依法行使权力的制约机制和监督机制。关键要加强对领导干部的监督，保证他们正确运用手中的权力。"随着监督机制的不断完善，企业领导特别是党政一把手在接受来自上级、同级、组织、职工群众等多方面监督中，能否做到主动接受监督是提高监督效能重要方面。在此，围绕主动接受监督的问题给各企业党政领导提出总要求：

（一）各级领导要提高认识，要习惯于在监督机制运行中开展企业经营工作

要提高监督意识和被监督意识。在这个问题上，我们要克服一些不正确的认识，监督不是和哪个企业、哪个人过不去，不是对企业经营者不放心。强化监督工作，是现代企业制度运行的要求，是从几个层面确保企业经济工作健康发展的要求。我们企业的领导班子成员，尤其是一把手既是党的路线方针政策的执行者，又是具体政策的制定者，我们的政治立场、政策观念、领导才能、一言一行对党风、政风和企业发展壮大起着举足轻重的作用。历史的经验和现实的教训一再证明：失去监督的权力必然产生腐败。特别是在市场经济的大潮中，如果疏于监督，少数意志不坚定的领导干部就会由人民的公仆蜕变成历史的罪人，在这个问题上的教训是非常深刻的。因此，作为企业领导干部，首先要正确对待监督，监督可以确保决策正确。在市场经济条件下，行政决策至关重要，决策的过程既是体现民主也是实现监督的过程，监督有利于完善措施，保证决策正确。同时，监督还体现了组织对领导干部的关心和爱护。在激烈的市场竞争中，事物发展瞬息万变，有组织、有同志在重大决策、廉政建设、政策法规上给提个醒，就可以避免违规违纪，避免给企业造成损失，避免个人走弯路。从这个意义上讲，上级组织的监督，是关心和爱护，这是我们应有的认识。其次要主动接受监督。对领导干部实施监督，既取决于机制，又依赖于领导干部能否主动接受监督。领导干部主动接受监督，工作上的重大事项如大额度资金运作，重点工程、关系职工切身利益的重要决策等方面，应主动走程序，提交有关会议集体研究，在充分酝酿的基础上集体决策。接受监督，不搞个人说了算。今天，我们向企业委派专职监事，就是让大家自觉接受垂直监督。随着我们企业改革的不断深入，监督制约机制将逐步规范化。

（二）各级领导要积极支持和配合专职监事的工作，确保企业法人财产的安全、完整和保值增值

1. 各委托经营企业党政领导要高度重视，支持专职监事的监督检查工作，这不仅是主动接受监督的态度问题，更是能否贯彻执行公司《专职监事工作暂行办法》的原则问题。因此，企业要认真做好以下几方面的工作：

一要为专职监事开展监督检查提供必要的工作、生活和安全保证条件。

二要定期、及时为专职监事提供企业有关经济活动的工作报告、计划、会议决议、决策依据、可行性报告、重大经营活动的法律文本，全面预决算方案及报告，经营活动的月度、季度、年度统计资料以及企业月度、季度、半年度、年度财务会计报告、财务预算报告等经济信息。

三要及时提前通知专职监事列席有关会议，使其全面了解和掌握企业的各项经营活动情况，为客观、准确地评价企业打好基础。

2. 专职监事在监督检查工作中，如发现企业拒绝和阻碍依法履行职责、无故拖延提供财务状况，隐匿、篡改、伪造、伪报重要情况和有关资料的，建议有关部门将依据有关法律、行政法规，追究有关人员和企业负责人的行政和法律责任。与此同时，专职监事要遵守企业各项规章制度，不能超越职权范围。

向委托经营企业委派专职监事工作，是我们公司实现"高起点、新跨越、大发展"工作目标中的一项新事物，是进一步加强企业监督工作的重要措施，这项工作刚迈出第一步，还有待在今后的工作实践中不断摸索和完善，用较完善的监督机制带动企业经营活动健康发展。

在二〇〇二年上半年经济工作会议上的讲话提纲

二〇〇二年八月六日

今年上半年的经济工作会议，是在我们党即将召开十六大和我们公司即将召开第一次党代会的新形势下召开的，也是公司成功改制以后的第一年首次召开的经济工作会议。开好这次会议，完成好下半年和全年的经济工作任务对于我们以优异的成绩迎接十六大，开好公司第一次党代会，在新公司成立以后第一年开好局、走好第一步，为今后企业的发展打好基础有着决定性的意义。因此，我们必须十分重视这次会议和下半年的工作任务，要以良好的精神状态和扎实的工作作风开好局，走好第一步。

今年上半年，我们在邓小平理论和"三个代表"重要思想指导下，认真贯彻落实年初工作会议的部署，经济工作在股东会和董事会的正确决策下，在经理层的组织指挥和积极运作下，在监事会的监督检查下，经过全体经营管理者和广大员工的积极努力，取得了较好的成绩。其特点：一是认真学习与实践"三个代表"重要思想，各级党组织、经营管理者和广大员工进一步解放思想，实事求是，与时俱进，思想认识比较高，工作起点比较高，工作重点突出，安排部署周密，工作有条不紊地展开；二是圆满完成了民用煤保供任务，认真履行了政治责任，为维护首都的稳定作出了应有的贡献；三是燃料经营在困难的情况下，仍取得了好的成绩；四是经济结构调整的力度不断加大，各项重要工程进展顺利，物业管理、饭店旅游业、其他商贸服务业进一步发展，年初确定的十大创效亮点，已经见到成效；五是基层改制经过认真调研，已经形成了总体思路，党代会之后要加快推进，重点突破；六是管理工作正在逐步适应改制和市场经济体制的需要，建立健全了一批规章制度，各项基础管理和管理创新也取得了好的成绩。

下面，根据上半年的成绩、经验以及不足之处，根据新的形势任务的要求，我讲几点意见：

1. 坚持用"三个代表"统一思想，在统一思想的基础上进一步解放思想。今后，各级党组织和经营管理者要把学习与实践"三个代表"作为长期的战略任务抓下去。要把经济工作是否符合"三个代表"作为检验其成效的尺度。上半年，尽管我们的工作取得了很大的成绩，但是用"三个代表"重要思想来衡量，仍然有较大的差距。"三个代表"的关键是与时俱进，核心在保持党的先进性，本质在坚持执政为民，这是"三个代表"的精神实质。我们的思想和行动尤其要统一到这三句话上来。我们作为一个传统的燃料流通行业，经过经济结构调整，有了一定的进步，房地产业以及其他各业有了长足的发展。但是，用先进生产力、用先进文化的标准来衡量，距离广大职工群众根本利益的要求，距离首都率先基本实现现代化的要求，距离高新技术的发展，距离WTO的宗旨与规则仍然差距较大。我们公司年初工作会议之所以把高起点，新跨越，大发展作为公司的指导方针和战略定位，就是基于学习"三个代表"重要思想，要把目标定在先进性上，高标准上，要逐渐跳出传统行业，发展新兴产业。上半年，我们的房地产和其他各业发展势头很好，这是我们学习与落实"三个代表"重要思想的结果。同时也必须看到，房地产仍然是一个传统行业，我们对房地产的开发经营与管理需要体现先进性，我们对新产品的研制、开发也需要体现先进性，不具备先进性的产品和产业是没有出路的。我们开发新产品，发展新产业，有了一个良好的开端，要很好地培育，要加快发展的步伐，尽量形成规模，形成名牌，扩大市场占有量。在座的很多同志都是党委的主要负责同志，你们肩负着"三个代表"的首要职责。要实现党组织的先进性，要落实到决策上，落实到项目上，落实到效益上，党组织的先进性必须放到先进生产力、先进文化和职工群众根本利益的实践中去检验，去证实，去提高。否则其先进性就是空洞的，说服力就不强，党组织和经营管理者就失去了代表的资格，企业就没有强劲和长久的生命力。

2. 要处理好生存与发展的关系问题。生存的前提是发展，发展的基础是生存，二者相互依存，相互促进，互为因果。当前，燃料经营、房地产业，以及其他各业，是我们赖以生存的基础，一定要千方百计克服困难，经营管理好。特别是燃料经营，困难更为突出，销售量下降在所难免，但是一定想办法巩固和维持市场占有率，要改变品种，优质服务，降低成本，提高效益。房地产业以及其他各业既是我们的生存基础，也是我们的优势与希望所在，必须大力发展。上半年，发展势头强劲。下半年，今后一个时期，房地产业、物业管理、饭店旅游以及其他城市综合服务业必须认真规划，狠抓落实，切实保证发展的速度、效益与质量。一些重点项目，要以主要精力，建设好，经营好，管理好。

3. 要把企业办成学习型组织，切实重视教育和岗位技能培训。当前，市场竞争实际上是企业的竞争，企业的竞争实际上是人才的竞争，人才的竞争实际上是素质的竞争。当前企业高素质的人才十分缺乏，急需引进。同时，企业又有很多富余人员，素质不高，不适应企业发展的需要。因此，我们必须十分重视教育培训问题，要把教育培训放到落实"三个代表"，提高企业核心竞争能力的高度来认识。要通过教育培训，建设一支高水平的经营管理者队伍，高素质的专业人才队伍，胜任本职工作，有发展潜力的职工队伍。各单位要对教育培训工作思想重视、加大投入，超前安排，抓好落实。

4. 要牢牢抓住管理这个永恒的主题。最近以来，我出去考察，参观了一些企业，和一些企业的领导者进行了座谈，感触很深，觉得凡是经营成功的企业，都非常重视管理问题；凡是经营失败的企业，其中一条很主要的原因，就是管理失策。一些发达的企业，管理思想先进，管理方式成熟、规范，管理手段现代化。世界上最大的百货零售企业沃尔玛公司，甚至发射了自己的卫星进行经营管理。我们燃料流通行业，是长期以来计划体制的产物，管理思想和方法距离市场体制的要求相差很大，很不适应市场竞争的需要，我们虽然已经成功地改制，但是在管理上距离现代企业制度的要求仍不够到位，传统观念和旧的管理模式仍在深深地影响着我们。今后，在管理上的改革，任务也非常艰巨。今后，我们要刻苦学习，大胆吸收国内外先进的管理经验，加强基础管理，推进市场化管理，实施创新管理，普及信息化管理，不断提高科学管理的水平。

5. 继续落实民用煤保供的政治责任，切实做到精心组织，万无一失。民用煤保供是我们公司的基本职责，关系到千家万户，关系到人民群众的根本利益，政治性非常强，与首都政治稳定密切相关，万万不可掉以轻心。暑期之后，进货和生产、经营的旺季就要到来，相关单位和部门要对质量、服务、价格和销售进行周密安排，严格标准，加强检查。要吸取以往的教训，真正做到精心组织和万无一失。

全面落实"三个代表"重要思想 为把金泰恒业建设成为具有核心 竞争能力的大型现代企业而奋斗

——在中国共产党北京金泰恒业有限责任公司 第一次代表大会上的报告

二〇〇二年八月二十二日

中国共产党北京金泰恒业有限责任公司第一次代表大会是企业整体改制后党的一次重要会议。开好这次大会,对保证公司在新的世纪乘势而上,大踏步迈向大型现代企业之路,具有重大而深远的意义。

大会的主题是:高举邓小平理论伟大旗帜,以"三个代表"重要思想为指导,贯彻市第九次党代会和集团第一次党代会精神;坚持解放思想,实事求是,与时俱进;坚持"高起点,新跨越,大发展"的指导方针,为把"金泰恒业"建设成为具有核心竞争能力的大型现代企业而奋斗。

大会的主要任务是:审议党委工作报告和纪委工作报告;选举产生金泰恒业公司第一届党的委员会和纪律检查委员会;动员公司党的组织、党员和群众,实现大会提出的各项任务。

现在,我代表中国共产党北京金泰恒业有限责任公司委员会向大会作报告。

一、在改革和竞争中不断前进的十年

北京金泰恒业有限责任公司是在原市煤炭总公司与北京矿务局重

组为京煤集团后，在全面继承和发展北京煤炭流通行业建制、职能的基础上，改制为初具现代企业模式的有限责任公司。因此，金泰恒业第一次党代会，有必要对1993年市煤炭总公司第一次党代会至今，近十年的工作进行回顾和总结。

过去的十年，正是我国向市场经济转轨，改革不断深化，竞争日趋激烈的十年。公司党委坚持以邓小平理论为指导，努力实践"三个代表"重要思想，全面落实党的路线、方针、政策和上级的工作部署。解放思想，改革创新，加快发展。企业跨入了新世纪，取得了新业绩，开创了新局面。

——出色地履行了保证首都煤炭市场稳定的政治职责。近些年，随着能源结构的重大变革、煤炭市场放开和政府取消财政补贴，在北京煤炭流通行业的生存和发展面临严峻考验的情况下，各级党组织带领全体职工，以强烈的政治使命感和社会责任感，发挥煤炭主渠道职责，挖掘潜力求生存，创造条件求发展。同时，始终把保证煤炭市场供应，当做维护首都稳定的头等大事。自觉实践"自尊、自强、服务、奉献"的行业精神。克服了资金短缺，资源偏紧，价格倒挂，亏损经营以及环保治理等种种压力，千方百计满足市场，做到了"精心组织、万无一失"，让政府放心，群众满意。

我们统筹规划，合理调整生产布局。建立了新的煤炭供应基地和网络，顺利地实现了煤炭进、储、产、销由城内向郊区和外埠的战略转移。大力推广低硫优质煤的应用。努力实施"煤炭替代工程"。调整燃料油供应结构，实行销售配送一条龙服务。有效地稳定了首都燃料市场，为还首都一片蓝天作出了贡献。

——顺利推进了以房地产业为主导的企业发展的战略转移。首都加快建设现代化国际大都市的步伐，对煤炭流通行业的生存和发展提出了新课题。面对急剧变化的形势，我们解放思想，超前谋划，及时调整工作思路，加快结构调整步伐，在市场中求生存，变革中求发展；精干主营，打造队伍，利用主渠道优势，拓宽煤炭、燃油销售途径，争夺内外两个市场；强化管理，开源节流，妥善解决历史遗留问题，走内部挖潜的路子。为企业生存创造了条件。同时，以战略的眼光，依托较为丰厚的土地资源，以实施煤炭经销场地战略转移为起点，盘活土地资源，加快了开发节奏，房地产业迅速崛起。初步形成了"以多种经营为基础，以房地产业为主导，五业并举全面发展"的企业经营新格局。增强了市场竞争能力，成功地推进了行业发展的战略转移。

——逐步建立了与市场经济相适应的企业运行机制。十年来，伴随着深化改革的大潮，我们转变观念，开拓创新，加快了改制的步伐。在公司整体改制情况下，通过内引外联、跨行业、跨区域组建多元投资主体，建立法人治理结构，推进了局部改制工作。目前，已改制的单位均运行良好。

我们实施"小管理、大经营"，通过几次大规模调整，公司机关管理部门和人员大幅度减少，体现了精干、高效的管理思想。改革干部人事和劳动制度，建立了能上能下、竞争择优的用人机制。聘任制和行政领导竞争上岗，比较好地把党管干部与决策者依法用人；组织用人和市场机制选人有机地结合起来，创造了优秀人才脱颖而出的环境。通过限制使用外来劳动力、富余职工转岗分流等方法，消融了冗员，企业的人力资源配置逐步趋于合理。经营体制实行主营、管理、后勤"三剥离"，促进了主营向精干、管理向高效、后勤向经营的转变。建立了经济指标考核管理体系，完善了激励和约束机制，比较好地调动了各方面的积极性。

——有力促进了企业"两个文明"建设的协调发展。紧紧围绕企业经济工作中心，唱主旋律，打主动仗。坚持用科学理论武装人、引导人，坚持深入开展理想信念教育、爱国主义和集体主义教育、民主法制以及道德修养教育，大大提高了职工队伍的整体水平，增强了政治思想上抗腐蚀和抵御风险的能力。积极倡导和实施典型工程，发挥了典型的示范作用，推动了企业的中心工作。广泛深入开展的树文明形象，展行业风采等形式多样的文化活动，培育了企业精神，塑造了企业形象，营造了良好氛围，为企业改革、发展提供了有效的思想保证与和谐的文化环境。

——党的建设得到加强和改进。坚持不懈地进行了以邓小平理论和"三个代表"重要思想为主要内容的党的教育。提高了党员的思想政治觉悟和基本理论素养，促进了思想的解放，完善了党的学习、工作和政治生活等各项制度，提高了党组织的民主科学决策能力和组织领导水平，强化了对企业的政治领导。

落实党管干部原则，通过干部人事制度改革、"一把手工程"和"跨世纪人才工程"三位一体的整体推进，全面加强了企业领导班子和经营管理者队伍建设。竞争择优、能上能下用人机制的建立和大力培养选拔年轻优秀人才战略的实施，顺利地实现了企业领导层新老正常交替。两级领导班子的年龄和专业文化结构比较合理，成为政治强、素质好、开拓进取、成就事业的领导群体。坚持以改革精神探索和解决工作中遇到的问题，加强了企业的党组织建设。党组织和党员队伍的创造力、凝聚力和战斗力明显增强，在重大政治斗争和政治风浪中经受住了考验。

以领导者廉洁自律，查办大案要案，纠正行业和部门不正之风为重点，加强了党的作风建设，深入开展了党风廉政建设和反腐败斗争，净化了企业政治环境，密切了与群众的联系。加强了对工会、共青团组织的领导，落实了全心全意依靠职工办企业的方针，充分发挥了共青团组织党的助手作用。

十年来，我们在上级党组织的领导下取得了一些成绩。但是还必须看到存在的差距。企业改制后，如何提高法人治理结构的规范化水平；与产业结构调整相适应，如何提高企业人才队伍的专业水平、如何增强领导班子民主科学的决策水平和企业发展战略的制定都亟待解决。

回顾我们的工作所以能有新的起色，其基本经验归结为一点，就是我们认真学习、深刻领会、坚决贯彻了邓小平同志"发展是硬道理"的思想，并把这种思想渗透到各个领域，坚定不移，贯彻始终。

一是坚持改革创新寻求发展。传统的煤炭流通行业是计划经济的产物，长期以来，主要担负着政府赋予的煤炭市场的管理职能。市场放开，政策性补贴取消，意味着这个行业将被置换、被改造，将接受市场的选择。之所以行业经过一段艰难之后，能以全新姿态比较稳固地立足于市场，竞争能力明显增强，职工的物质和文化生活水平能有较大幅度提高，就是因为我们在掌握理论武器，解放思想的基础上，更加坚定了创新是事业胜利的不竭动力；改革是企业根本出路的思想，审时度势，超前谋划，及时调整了发展思路；大胆改革，锐意创新，迅速适应了市场变化；与时俱进，乘势而上，紧紧跟上了时代步伐。要想今后长足发展，同样需要以改革为动力，以创新求发展。

二是增强企业核心竞争力促进发展。企业核心竞争力就是企业在市场竞争中所具有的比较优势。十年来，我们取得成就的原因就是始终不渝地在做着不断增强企业比较优势的文章。通过利用土地资源优势，扶植房地产业快速发展，实现了行业产业结构上的比较优势。通过积极引进不同类型的优秀人才，大力培养，竞争择优，实现了行业人才队伍上的比较优势。通过建立企业经营考核、激励和约束机制，实现了行业管理上的比较优势。这些比较优势的有机结合，为企业生存、发展奠定了坚实的物质基础。

三是创造团结稳定的局面保证发展。没有团结的氛围，不能发展；失去稳定的局面，将失去发展。我们所以能有较大发展，重要原因就是在企业内部创造了团结稳定的政治局面。两级领导班子讲党性，顾大局，牢固树立了行业一盘棋思想。团结一心干事业，协调一致做工作。尤其是企业重组，上下密切配合，反复强调树立政治意识、大局意识和集团意识，反复强调重组带来的多种优势。员工思想统一，队伍稳定，形成了强大的凝聚力和战斗力。各级党政组织时刻把群众放在心上，时时关心，处处照顾。行业出台的政策措施，能充分考虑职工的实际困难，积极引导，理顺情绪，维护了企业的团结和稳定。对此，我们要长期坚持。

过去的十年，我们取得的成就和经验，是上级党组织领导和支持的结果；是行业各级党组织、党员和职工共同奋斗的结果；是历届老领导、老党员、老同志辛勤工作，不懈努力的结果。在此，我代表公

司党委向各级党的领导，向行业各基层党组织，向历届老领导、老党
员、老同志以及全体党员、职工致以崇高的敬意和衷心的感谢！

二、当前的形势任务和基本思路

在我们迈着坚实的步伐，跨入 21 世纪的时候，公司于 2001 年 11
月 5 日注册为北京金泰恒业有限责任公司，11 月 28 日举行了隆重的
揭牌仪式，这是公司发展史上的一个新的里程碑。以此为标志，公司
的历史从此进入了一个新阶段。新世纪，新体制，新挑战，新机遇。
挑战是现实的，机遇是潜在的。我国加入 WTO，北京申奥成功，为公
司的发展提出了新课题，我们面临更加繁重的历史任务。

当前，公司正处在一个新开局，奠定基础的关键期；处在一个推进
改革，新旧体制交替的转折期；处在一个结构调整，明确思路的规划
期；处在一个抓住机遇，扩大开放的发展期。新世纪的头十年，是关系
到公司前途命运的决定性历史阶段。在这样一个重要的历史时期，我们
必须解放思想，实事求是，与时俱进，有所作为，才能肩负起历史的重
任，为公司长远发展创造良好条件。我们必须对此有清醒的认识。

十年来，我们积累了一定的经济总量，形成了一定的优良资产，
培养了一支良好的经营管理者队伍、各类专业人才队伍和职工队伍，
为公司的未来奠定了基础。同时，也必须清醒地看到，公司经济体制
改革的任务还没有完成，新的运行机制还不够完善，经济结构的调整
还没有到位，经营管理方式还比较粗放，企业的负担还比较沉重。特
别是距离首都率先基本实现现代化的要求和集团公司实现跨越式发展
的目标还有相当的差距。这些问题，只有抓紧解决，才能迎接挑战，
抓住机遇，加快发展。

根据形势任务，未来几年公司党的工作指导思想是：高举邓小平
理论伟大旗帜，全面落实"三个代表"重要思想，认真贯彻北京市第
九次党代会精神，按照集团第一次党代会的要求，进一步解放思想，
深化改革，开拓经营，强化管理，按照"高起点，新跨越，大发展"

的指导方针，为把公司建设成为具有核心竞争能力的大型现代企业奠定基础，为集团跨越式发展作出贡献。

我们的工作目标和主要任务是：坚持解放思想，实事求是，与时俱进，不断适应新形势；坚持党的建设和思想政治工作创新，实现物质文明、精神文明和政治文明建设同步发展；坚持深化改革，扩大开放，重视解决各种深层次问题，提高企业市场化运作水平；坚持先进性和高标准，以资本运营和高新技术对传统产业进行根本性改造；坚持把民用煤保供作为政治责任，做到市民满意，政府放心；坚持搞好战略规划、经营管理、结构调整、质量服务、安全稳定，整体推进企业工作；坚持完成各项经济指标，逐步提高员工收入水平。

今后几年的基本思路是：

——按照"三个代表"要求，"高起点"建设企业，认真研究解决企业发展战略问题。我们要站在"三个代表"的高度指导企业的发展，在认识上要有高起点，在规划上要有高起点，在战略上要有高起点，在经营管理思想和管理方式上要有高起点，要以"三个代表"为依据，衡量、规范和提升企业的工作。在新的历史时期，要不断强化解放思想，实事求是，与时俱进的观念；强化理论联系实际，把"三个代表"落实到基层的观念；强化开拓创新，发展是第一要务的观念；强化以人为本，改革是根本动力的观念；强化战略管理，提升企业核心竞争能力的观念。所谓企业的核心竞争能力，就是企业的比较优势，是企业最具竞争力的精华部分，主要是核心业务的竞争能力和经营管理者的领导能力，我们要按照这些基本要求，勤于学习，勇于实践，不断增强企业的核心竞争能力。

今后一个时期，要认真研究解决企业发展战略问题。未来五年到十年的发展战略是：一个指导方针，一个战略核心，一个战略目标，五个跨越和两个阶段五步走，即：以"高起点，新跨越，大发展"为今后十年的战略指导方针；以增强企业的市场竞争能力为战略核心；以建立大型现代企业和产业、产品企业群体为战略目标；以实现公司资产总量和质量的跨越、产业和行业的跨越、经营理念和管理方式的

跨越、体制和机制的跨越、企业整体素质的跨越为战略任务；以实施
两个阶段五步走为战略步骤：第一个阶段2002～2005年为战略展开培
育阶段。第二个阶段是2006～2010年为战略发展阶段。第一步主要任
务是培育核心能力。坚持科学规划，总体指导，以存量资产为基础，
以调动多个积极性为措施，扬长避短，发挥优势，逐个培育核心项目。
第二步聚集核心能力。坚持以政策为指导，以调整经济结构为内容，
分类重组个体核心项目，形成整体核心能力。第三步建立核心企业群
体。坚持以市场为导向，以资产为纽带，以转机换制为动力，以行政
力推动和企业间的合作为主要方式，组建规模较大，竞争力较强的核
心企业。第四步扩大核心企业规模。坚持以核心产业为龙头，以融资、
投资为手段，按照现代企业制度的要求，做大做强核心企业群。第五
步组建完成以核心产业为支柱的现代企业群体。经过调整和发展，逐
步形成以多种经营为基础，以高新技术为依托，以京煤集团为后盾，
以核心产业为主导，五业并举，全面发展的经营格局，把公司建设成
为具有核心竞争力的大型现代企业。

　　——按照"三个代表"要求，各级党组织要做实现"新跨越"的
代表者，推动企业的大发展。代表是一种使命、责任和能力。各级党
组织要切实肩负起历史的重任，认真规划，科学决策，勇于实践，开
拓进取。坚持用马克思主义的发展观指导实践。保持较快的发展速度，
不断提高经济增长的质量，这是职工群众最大的希望和根本利益之所
在。今后几年，公司有一批项目将陆续开工、竣工，发展潜力很大，
前景广阔。因此，要精心设计，精心施工，严格管理，开拓经营，为
公司全面、快速、高质量发展打下坚实基础。

　　——按照"三个代表"要求，把"生产力、文化力和根本动力"凝
聚到一起，不断增强企业创新能力。生产力是基础和最终的决定因素；以
科学技术为标志的文化力对社会起导向和推动作用；人民群众是创造历史
的根本动力。生产力、文化力和根本动力这三种力量缺一不可。要把三种
力量凝聚到一起，形成合力。其中最关键的是坚持全心全意为人民服务的
宗旨，执政为民，以根本动力促进生产力的提高、文化力的繁荣和创新力

的增强。今后一个时期，要努力推进思想观念的创新，经营管理的创新，产业、产品的创新，不断增强企业的实力和后劲。

——按照"三个代表"要求，在认真落实关于"发展要求、前进方向和根本利益"方面下功夫。江泽民同志在"三个代表"中，关于发展要求、前进方向、根本利益的论述，充分体现了共产党人按照客观规律办事，实事求是的思想路线。关于"发展要求"，一是发展，二是改革，发展是根本，改革是动力。我们要抓住发展这个主题，改革体制和机制，不断解放生产力。关于"前进方向"，一是导向正确，二是科技发达。我们要保持坚定正确的政治方向，坚定不移地推行科技兴企。关于"根本利益"，一是心里要装着绝大多数，二是要代表其最主要的利益。平时，我们的领导者，尤其是企业经营管理者，不仅要为职工，特别是困难职工多办实事，更要重视职工的教育培训，提高职工的岗位能力，提高企业的经济效益，提高职工的生活水平。只有这样，才能真正代表最广大职工群众的根本利益。

要通过学习"三个代表"重要思想，进一步提高扩大开放的自觉性。中国的发展离不开世界，我们公司也是一样，必须遵循党的基本路线，在扩大开放中发展生产力。特别是当前经济全球化的进程日益加快，我国加入 WTO 以后，发达国家的资本与管理优势，必将对我们形成巨大的冲击和挑战。因此，必须增强紧迫感和责任感，抢抓机遇，扩大开放。要按照 WTO 的基本规则，在世界范围和全社会配置资源。一定要在更高的层次、更大的范围、更广阔的领域实行开放。在开放中引进一流的人才，引进一流的管理，引进一流的项目，扩大融资渠道，提高生产经营和管理的档次，不断增强市场竞争能力。

三、突出重点，积极推进，努力把企业整体素质提高到新水平

当前和今后一个时期，企业建设的任务非常繁重，改革、发展与稳定的工作异常艰巨。因此，必须贯彻"突出重点，抓主要矛盾"的

思想方法，明确重心，兼顾一般，整体推进。当前和今后一个时期的重点工作是：

——以改制为基础，加快建立现代企业制度的步伐。建立现代企业制度，是实现公司全面振兴的先决条件。当前，要在初具现代企业制度模式的基础上充分发挥公司党委的政治核心作用，总揽全局，协调各方。落实股东会和董事会的决策权、经理层的执行权和监事会的监督权。使股东会和董事会成为决策中心，经理班子成为指挥中心，监事会成为监督检查的中心。经营管理者，既要积极支持监事会和监事的工作，又要自觉接受监督检查，习惯于在制衡和监督的条件下开展工作。从而，真正建立起责权明确，相互制衡、协调运转的工作机制。

基层改制，要坚持解放思想，实事求是，与时俱进的原则；坚持维护职工利益，调动各方面积极性的原则；坚持提高经济运行效率和质量的原则；坚持稳定的原则。要认识改制的政策性，依法、依规，执行政策，利用政策，争取政策；要认识改制的复杂性，不搞"一刀切"，不搞一种模式；要认识改制的长期性，改制要循序渐进，不断深化，关系要逐渐理顺；要认识改制的实践性，从实际出发，不断总结经验教训，积极而又稳妥地推进。

基层企业改制，要在摸清家底的基础上理顺产权关系，落实出资者的权利；要完善法人治理结构，建立制衡机制；要调整好经济结构，集中扶植主导产业，五业并举，协调发展。改制过程中，要处理好金泰恒业与改制公司的关系，金泰恒业与分公司的关系，改制公司与分公司的关系，以及改制公司内部"新三会"与"老三会"的关系，各司其职，相互支持，提高工作效率。

继续深化人事、劳动和分配制度改革，逐步形成经营管理者能上能下、职工能进能出、收入能高能低的激励约束机制。三项制度改革，要实现三个突破：一是员工身份的突破；二是员工入股持股的突破；三是经营管理者激励机制的突破。要研究解决经营者的持股和期权期股问题，以最大限度地调动经营者的积极性，增加企业的效益和后劲。人事制度改革要把党管干部原则与依法管理原则统一起来；把管人与管资产一致起来；把组织选人和以市场机制选人结合起来；把重点抓好一把手队伍建设和坚持分类分层管理协调起来。劳动制度改革，要贯彻《劳动法》规范劳动合同制度。企业与职工按照平等自愿、双向选择、协商一致的原则，签订劳动合同，依法确定劳动关系。企业职工取消身份界限，所有职工的权益依法受到保护。分配制度上，要按照现代企业制度与企业自身发展要求，探索、建立新的工资分配制度与运行机制，充分体现岗位、责任、贡献差距。搞好机构、岗位设置和人员编制，制定工作标准、工资标准与考核运行办法，建立竞争上岗、能上能下的用人机制以及收入能增能减的分配机制。

　　——以房地产业为龙头，五业并举全面发展。房地产业是我们的优势所在。经过几年的发展，已经形成了一批优良资产，具有很大的发展潜力。我们要以房地产业为龙头，逐步形成"房地产业、燃料经营业、物业管理业、饭店旅游业、其他城市综合服务业"五业并举的格局。要充分发挥资源优势，努力把房地产业做强做大。通过房地产的开发、租赁、经营、出售、重组等形式增加效益，壮大实力，到2005 年房地产业将成为公司的利润中心。

　　燃料经营业。继续履行民用煤保供的政治责任，民用煤保供的组织体系、政策体系、质量保证体系、行业调控体系、市场营销体系既要适应保供的需要，又要适应有序安全退出的需要。民用煤保供，要严密组织，确保质量，优质服务。烟煤经营要继续参与市场竞争，巩固北京市场，开拓外埠市场。燃料油经营要改善服务方式，调整油品结构，提高营销水平。

　　房地产业。要在现有基础上进一步做大做强，房地产开发要增资扩股，提升档次，创造名牌，增加效益。其运作方式要实现两个转变：一是实现由合资、合作、土地使用权转让到独立自主开发自有土地资源的转变；二是实现由开发自有土地到开发业外土地资源的转变。业内土地资源，要集约利用，多出精品，增加价值含量。精心搞好已有房产资源的经营管理，打造优质品牌，树立良好形象。

　　物业管理业。公司将有一批项目陆续竣工。要发挥物业的最大使用效能，实现其保值增值，并为物业所有者和使用者创造整洁、文明、安全、舒适的生活和工作环境。从而，实现社会、经济、环境三个效益的统一。要加快各种物业的市场化进程，努力加强物业管理公司的建设。今后要在物业管理的社会化、专业化、企业化、经营型方面切实收到成效。

饭店旅游业。要把酒店的经营与旅游业的开发结合起来。发挥我们的网络优势，统一品牌，资源共享，协调服务。要和旅游企业建立密切的联系，抓紧筹建自己的旅游公司，开发旅游市场，发挥自有酒店、旅馆的最大效能。

其他城市综合服务业。我们公司经营网点众多，分散在全市各个地区，四面八方，服务领域非常广阔，与居民的生活和社会需要有着极为密切的联系。同时也是职工就业，维护企业稳定的重要基础。发展城市综合服务业大有可为。我们要珍惜与整合宝贵资源，齐心协力，把网点建设好，经营好，管理好。并且，要大力培育中心企业、龙头企业，提高服务质量，扩大规模效益。

——以管理为永恒主题，向管理要效益。要把企业管理列入重要的议事日程，学习先进的管理思想，掌握管理的基础知识，掌握现代的管理工具。充分发挥先进管理思想对于企业管理的导向作用、倍增作用、规范作用和创新作用，大力推行科学管理。在强化基础管理的同时，重视人本管理，做到相互尊重，平等待人，严格执纪，严格管理；以德治企，诚信为本，履行合同，严守承诺，维护企业的信誉。加强战略管理，规划企业的未来；加强预算管理，规范支出行为；加强投资管理，扩大融资渠道，提高投资能力，实行资本扩张，防止决策失误；加强合同管理，增强法律约束力量；加强债权管理，进一步加大欠款回收力度；加强财务管理，规范核算，开源节流，严肃审计，切实保障资金的安全与效益；重视知识管理，配置好人力资源，推动企业的科技进步；重视企业形象管理和品牌管理，进一步创造市场，强化营销。

要努力推进企业管理的信息化，不断提高科学管理水平。当今是信息时代，企业管理的信息化就是要借助现代信息技术，引进现代管理理念，对落后的经营方式、僵化的组织结构、低质的管理流程等，进行全面而深刻的变革。企业管理信息化是一场革命，是带动企业各项工作创新升级的突破口，要站在时代发展的前沿，不失时机地抓住和利用信息化所带来的技术成果和发展机遇，熟练地掌握和运用信息工具，不断加快企业管理信息化步伐。

企业文化是企业的灵魂，是整合企业资源，全面提高企业整体素质和综合竞争优势的重要途径。要构建具有竞争力的企业文化体系，实现员工对企业价值观、经营理念、企业精神的认同。用共同的行为准则，规范员工行为，塑造企业形象，整合企业无形资产。建立学习型组织，实现文化管理，推动员工价值和企业价值的共同实现。因此，我们要建立起金泰恒业的企业文化体系。树立"超越自我，争创一流"的企业精神；"服务首都，造福大众"的企业宗旨；"质量第一，诚信至上"的企业道德；"二次创业，再铸辉煌"的企业目标，使公司成为先进文化的有效载体。

公司机关要适应改制和发展战略的需要，通过内部改革和管理创新，加强自身建设。实现"三个树立，四个转变"，即，树立经营者的观念，树立改革创新的观念，树立效益第一的观念；实现单一管理型向管理经营型转变，传统管理向现代企业管理转变，单一服务向全面服务转变，内向型管理向内外结合型管理转变。

要切实建立董事会决策落实的保证措施。建立董事会重大决策的督办、督查与考核机制。董事会决策之后，将任务分解，落实到人、到部门。相关部门要在事中和事后进行监督检查，考核评估，保证董事会决策落到实处。

四、全面加强党的建设，努力把"三个代表"重要思想落实到基层

"三个代表"重要思想，是党的建设的纲领和指导思想，是新时

期对马克思主义党建学说的新发展，是新时期党的建设的标准和目标。要深入学习、实践"三个代表"理论，全面加强党的建设。

　　——把"三个代表"落实到基层，就要大力加强党的思想建设。今后，党的宣传思想工作的首要任务就是要高举邓小平理论伟大旗帜，把广大党员的思想统一到"三个代表"理论上来。要继续组织党员、领导人员认真学习江泽民同志"七一"重要讲话和今年 5 月 31 日在中央党校的重要讲话。深刻理解"三个代表"重要思想，关键在坚持与时俱进，核心在保持党的先进性，本质在坚持执政为民。唱响主旋律，打好主动仗。继续深入宣传党的基本理论、基本路线、基本纲领。深入宣传两个文明一起抓的方针，深入宣传建设社会主义政治文明的思想。宣传爱国主义、集体主义、社会主义和改革创新精神，树立典型，表彰先进。在学习中，方法要灵活多样，紧密联系企业和自身实际，把学习的成效落实到提高企业经济效益，加快发展上来。要继续加强和改进思想政治工作，把企业文化建设和思想政治工作融为一体，继续开展文明先进单位的创建活动。思想政治工作要适应新形势、新任务，总结新经验，探索新方法，稳定大局，凝聚人心，化解矛盾，调动一切积极因素。

　　——把"三个代表"落实到基层，就要大力加强党的组织建设。紧紧围绕经济工作中心和改革发展稳定的大局，全面加强基层党组织和党员队伍建设，增强党组织的凝聚力、战斗力、创造力和影响力。贯彻落实中央十五届六中全会精神，注重加强党组织的思想作风建设；坚持民主集中制原则，注重提高领导班子的民主科学决策水平；按照现代企业制度的要求，注重建立和完善法人治理结构。重视抓好改制中党的机构的设置，做到组织到位；推行党的建设责任制，做到责任到位；立足于提高党务工作者的素质，做到培训到位；有针对性地开展工作，严格要求，做到管理到位。围绕提高素质，增强党性，发挥作用这个总要求，进一步做好党员发展、教育和管理工作。发挥基层党组织的政治核心作用、党支部战斗堡垒作用和共产党员先锋模范作用，组织和带领职工群众出色地完成各项任务。

　　全面贯彻"四化"方针和德才兼备原则，推进各级领导班子建设、经营管理者队伍建设和专业人才队伍建设。把领导班子的思想政治建设放在首位，用邓小平理论和"三个代表"重要思想武装头脑。认真贯彻中共中央关于《党政领导干部选拔任用工作条例》精神，坚持党管干部原则，改进党管干部方法，加快人事制度改革步伐。逐步建立科学的经营管理者培养、选拔、任用、管理、监督、激励和约束机制。维护党委的集体领导，增强领导班子的整体合力。两级党委班子要以"三个代表"为出发点和落脚点，切实加强对经济工作、科技进步和职工群众根本利益重点问题的决策和研究。加强一把手队伍建设，加大对一把手教育、培训和管理力度，提高科学决策和驾驭全局的能力。严格把好选人用人关，坚持用好的作风选作风好的人。明年各基层单位将相继召开党代会，要认真做好各项筹备工作。

　　各级党委要高度重视人才工作。制定好人才战略。树立"人力资源是第一资源"的观念，采取多种措施，营造吸引人才、留住人才、用好人才的良好环境；建立尊重知识、尊重人才，有利于各类人才脱颖而出，人尽其才的良性机制；发挥市场在人才资源配置中的基础性作用，完善人才市场的服务功能。大力培养和引进公司急需的高级经营管理人才和房地产开发、物业管理、饭店旅游、资本运营、网络技术等方面的高素质人才。人才引进要在一些专业和领域取得突破性进展。重视青年知识分子的提拔使用。重视后备人才队伍建设，保证我们的事业后继有人。

　　——把"三个代表"落实到基层，就要大力加强党的作风建设。加强党的作风建设，就是要用"三个代表"规范行为，指导实践，把"三个代表"作为共产党员行为力量的源泉。认真落实中央十五届六中全会关于"八个坚持，八个反对"的要求。根据党员、企业领导人员的思想、工作和作风状况，重点抓好思想作风建设这个首要问题、密切党同人民群众的血肉联系这个核心问题、民主集中制这个根本问题和廉政建设这个紧迫性问题，为改革和发展提供政治和纪律保证。党的纪检工作要紧密结合实际，深化反腐败斗争的三项工作格局，重点抓好责任制到位与追究到位的落实。按照严格要求，严格管理，严格监督和自重、自省、自警、自励的要求，构筑坚强的思想道德防线。把依法、依规、依程序办事作为监督和检查的重点。坚决查处违法违纪违规案件。加强党风廉政建设的宣传教育，为党的作风建设奠定坚实的思想基础。

——把"三个代表"落实到基层，就必须坚定不移地贯彻落实党的全心全意依靠工人阶级的方针。牢固树立依靠职工办企业的思想，做到政治上保证，制度上落实，权益上维护，素质上提高。坚持和完善职工代表大会制度，积极推行厂务公开，保障职工参与企业民主管理和民主监督的权利，促进基层民主政治建设；坚持开展群众性经济技术创新活动，加强职工业务技术培训，创造就业机会，提高就业能力；教育职工树立创新意识、敬业意识、效率意识、团队意识、岗位成才意识，促进职工整体素质的提高；坚持实施送温暖工程和民心工程，关心困难职工群体，加大对集体合同和劳动合同制度履行情况的监督检查力度，维护职工的合法权益；按照《工会法》和"北京市实施《工会法》办法"，加强对工会工作的领导，支持工会组织依法独立自主地开展工作，把职工群众参与企业改革、建设、发展的积极性和创造性保护好、调动好、发挥好。坚持以"党建带团建"的工作方针，继续加强团员和青年队伍的基层组织建设、政治理论建设、思想道德建设，进一步发挥其主力军和突击队的作用。各级党组织要重视统战工作、老干部工作、社会治安综合治理工作，以稳定促发展，以发展保稳定，实现稳定与发展的良性循环。

在新世纪，我们要有新思路，新举措，新形象，新成就。让我们高举邓小平理论伟大旗帜，全面落实"三个代表"重要思想，按照市第九次党代会精神和集团第一次党代会的工作部署，努力贯彻"高起点，新跨越，大发展"的指导方针，依靠广大党员、群众同心同德，锐意改革，开拓创新，为把金泰恒业建设成为具有核心竞争能力的大型现代企业而奋斗，以优异成绩迎接党的十六大胜利召开！

在九区煤炭公司党的工作、干部工作垂直管理会议上的讲话

二〇〇二年九月十七日

今天，公司党委在老干部活动中心召开传达市委组织部《关于东城等九个区煤炭公司党的工作、干部工作实行垂直管理等有关问题的通知》精神的会议，我首先代表公司党委向出席这次会议的党政班子、工会、团委以及九区煤炭公司党、政、工、团领导表示欢迎。

刚才，京来同志向大家宣读了上级文件原文，下面我就如何贯彻落实文件精神，抓紧做好九区煤炭公司党的工作、干部工作以及工会工作、团的工作的顺利接管谈几点意见。

一、要充分认识公司对九区煤炭公司党的工作、干部工作实行垂直管理的重要意义

大家都知道，长期以来，我们首都燃料流通行业的管理体制一直是"一国三制"，即：公司对直属单位党、政、工、团实行全面领导；对九区公司只管资产不管人，就是说，党的工作、干部工作、工会工作和团的工作都隶属于当地区委、区政府管辖，而资产、生产经营、民用煤保供等工作隶属公司管理；远郊区县公司只负责业务指导和民用煤保供。这种管理体制的形成，有着其必然的历史原因，它尽管是计划经济时期的产物，但是多少年来，这种管理体制为我们从事生产经营、履行市政府赋予的民用煤保供责任等发挥了重要的积极作用，

提供了多方面的富有成效的保证。

　　近两年，特别是去年11月，我们金泰恒业公司挂牌成立以来，我们企业所面临的外部环境和内部条件都发生了极大的变化，也可以说是质的变化：一是国家经济体制改革进一步向深层次进展，国企建立现代企业制度的步伐快速推进，使我们感到了推进企业内部深化改革的紧迫性和压力感；二是我国加入世贸组织后，企业所面对的是经济的全球化和竞争的国际化，市场竞争范围不仅空前扩大，而且更加激烈残酷，企业随时都会处于险象环生的境地；三是首都向建设国际大都市方向上快速迈进，经济结构调整进一步加大力度，市政建设进一步加快速度，市政管理的各项标准全面与国际接轨，这对企业发展经济提出了更严格的要求；四是我们公司通过多年的努力，在改革和发展上取得了有目共睹的成果，但我们深化改革的任务还没有完成，现代企业制度还没有真正建立，企业经营机制还没有真正市场化，经营管理方式还没有真正科学化，经济结构调整还没能真正到位，支柱产业还没有真正做强做大，现在我们企业还只是处在一个推进改革、实现新旧体制的转折期，一个明确思路、加快调整的规划期，一个抓住机遇、扩大开放的发展期，总的来说，我们正处在一个能否继续生存发展的关键期。我们今后的任务仍然十分艰巨，我们所面临的挑战依然异常严峻。以上这些变化，是摆在我们面前的客观现实，我们实行的"一国三制"的管理体制已与这种新情况、新变化远远不相适应，客观要求我们必须改革现有管理体制。鉴于此，市委、市政府才确定改革我公司现有管理体制，对九区煤炭公司党的工作、干部工作实行垂直管理。这是上级党组织对我公司改革发展的极大支持，也是我们行业发展史上的一件大事，这将对我们公司坚持"高起点、新跨越、大发展"的指导方针，实现把金泰恒业建设成具有核心竞争力的大型现代企业的战略目标提供了保证，增强了新的推动力，这将在我公司的发展史上产生重要的积极的影响。因此，公司党委要求各级领导班子、各级党组织和全体党员一定要充分认识这次管理体制改革的重要意义，贯彻落实好上级文件精神。

对九区煤炭公司的工作和干部工作实行垂直管理，是新时期企业改革发展的迫切需要，是建立现代企业制度的内在要求，同时符合中组部、市委组织部有关文件提出的管人与管资产相一致的原则精神，对我们公司长远发展来讲，更是改革之举，有利之举，在此，我归纳为"六个有利于"：

一是有利于建立并完善规范的法人治理结构。建立现代企业制度的一个重要标志就是企业能按照《公司法》和《公司章程》建立起规范的法人治理结构，实行新的管理体制。公司就能合理合规地向所属控股公司和参股公司派出产权代表，建立起能体现股东意志的董事会、监事会和经理层班子；就能合理合规地向分公司派出委托法人；就能真正建立起市场化的资本运管机制，有效激励机制和监督机制，把企业管理经营提升到一个新的水平。

二是有利于企业深化改革的快速推进。现在，各单位的整体改制已经全面展开，三项制度等其他方面的改革也在进一步深化，党的工作和干部工作管理隶属关系的理顺将为整体改制方案的顺利实施和整体改制工作的顺利推进、为企业其他方面的改革工作的顺利完成创造了必需的有利条件，提供了组织上、思想上的多方面保证。

三是有利于国有资产的保值增值。管理体制的理顺，管人与管资产的一致，进一步强化了所属单位领导班子对国有资产保值增值的责任，使各单位领导班子能真正做到权力与责任的统一。

四是有利于经济结构的优化调整和包括人力资源在内的各种资源的整合利用。我们公司所占资源较多，但其每年所产生的效益与资源总量不成比例，其中一个主要原因就是条块分割，分散经营，这种现状使所占各种资源达不到合理优化配置。管人与管资产的统一之后，这一问题将迎刃而解，我们内部资源将通过有效措施逐步达到优化配置和整合利用。

五是有利于增强企业市场竞争力。市场是企业生存发展、做强做大的阵地。提高企业核心竞争力是企业在市场上求生存、求发展的前提。以往由于管理体制的不顺，分制经营、散兵打仗的局面一直没有从根本上改变。这项管理体制的改革，可以使全公司万名干部职工在思想上更加统一，在执行公司决策上更加步调一致，可使各单位干部职工在市场竞争中能顾全大局、相互支持，真正形成一个拳头。

六是有利于民用煤保供任务的圆满完成。今后几年，我们公司仍将担负着全市民用煤供应任务。管理体制的理顺，将使我们各单位在履行民用煤保供责任的过程中更好地协作配合，更好地尽好职责，为首都政治稳定作出贡献。

二、要努力为九区煤炭公司正常开展党的工作创造良好的环境

九区煤炭公司党的工作、干部工作实行垂直管理，使公司党委扩大了工作范围，扩大了服务对象，加重了工作责任。同时也对公司党的各项工作，包括工会、共青团的工作提出了更高的标准，所以我想对接管后如何抓好九区公司党的建设，如何为基层党组织开展工作创造好的环境谈点看法。

（一）要高度重视九区煤炭公司党的建设和思想政治工作

长期以来，九区煤炭公司在所属区委的正确领导下，认真贯彻执行党的各项方针政策，围绕生产经营，不断加强党的建设和思想政治工作，带领本单位党员、干部、职工不断解放思想，改革创新，勤奋工作，做出了突出成绩，涌现出了一批先进党组织和优秀党员，培养出了一批懂经济、会管理、思想好、作风正的优秀企业家和经营管理者队伍，总结出了多方面有指导性的先进经验，这不仅在属地产生了积极影响，也为直属各单位树立了样板，在此，我向九区党组织多年为此所付出的心血和劳动表示敬意和感谢。同时，要求公司党委班子成员和党委各部门在接管九区党的工作和干部工作之后，要高度重视九区煤炭公司党的建设和思想政治工作，经常深入实际调查研究，虚心向常年工作在基层的同志学习，要按照"三个代表"的要求，精心指导九区煤炭公司党组织抓好党的各项工作，帮助其多解决一些难点

问题，保证党的各项工作不掉队、不滑坡，使其能进一步增强凝聚力和战斗力，充分发挥党组织的政治核心作用。

（二）要更加关心九区煤炭公司干部队伍

九区煤炭公司干部与区属单位干部队伍一样，都是金泰恒业公司的财富，都是发展金泰经济的重要人力资源，我们必须加倍爱护和合理的使用。公司党委和各部门都要积极支持九区煤炭公司各级干部正确行使职权，创造性地开展工作，都要重视各级干部的培养和使用，切实关心他们的学习、工作和生活，及时帮助他们解决一些思想问题和实际问题，为他们发挥聪明才智创造良好的环境。公司历届班子都非常关心区县煤炭公司的干部，郗总经常说的一句话就是对原单位和区公司要做到手心手背一个样，现在九区干部工作直接归属公司管辖，我们更应关心其疾苦，尊重其劳动，支持其工作，保护其权益，充分发挥好九区煤炭公司广大干部开展工作的积极性。

（三）要保持领导班子的相对稳定

实行新的领导管理体制后，没有特殊原因，九区领导班子近两年不做调整，干部不做跨区域调动，要保持领导班子的相对稳定。多年来，九区煤炭公司的属地经营，领导班子的属地工作，已与属地政府各部门和各业务单位建立了相互信任的稳固关系，熟悉并掌握了企业周边的各种社情和变化规律，频繁调整、调动不利于企业各项工作的开展。另外，对领导干部的退休年限，继续执行原区委、区政府规定，公司暂不作更改。总之要采取措施尽力保持九区领导班子和干部队伍的稳定，让大家安心搞好工作。

三、要认真落实文件精神，按期完成九区煤炭公司党的工作、干部工作的接管

9月13日，市委组织部在海博大酒店召开了九区煤炭公司党的工

作、干部工作实行垂直管理的协调会，市委工业工委、京煤集团、九区组织部主管部长出席了会议，会上就落实上级文件精神提出若干要求，在此，我根据会议精神，对大家提几点要求。

（1）公司已组建了九区煤炭公司党的工作和干部工作实行垂直管理的接管领导小组。领导小组要立即着手开展工作，抓紧与九区组织部协商，列出九区煤炭公司党的组织关系，干部档案，以及工会、共青团组织关系、老干部管理关系等转接时间表，认真地办理相关手续的转接，力争按市委组织部规定的期限即9月底完成接管。

（2）九区公司党组织要在属地区委组织部和公司党委的指导下，积极做好党的工作、干部工作，以及工会、共青团、老干部工作正式转接前的各项准备工作。

（3）九区煤炭公司从即日起冻结一切干部人事关系，在党组织、干部档案等相关手续的转接期，停止办理干部调动手续。

（4）各单位要认真组织好市委组织部文件精神的传达工作。尤其是九区煤炭公司，要搞好文件精神的学习和宣传，要积极开展深入细致的思想工作，端正干部职工的认识，解决好转接工作过程中可能出现的问题，维护好企业政治稳定。

（5）九区煤炭公司党组织工作、干部工作归属公司垂直管理之后，要尽快适应管理体制发生变化的新情况，要在公司党委的领导下，继续抓好企业党的各项工作。同时要继续与当地区委、区政府各部门保持紧密的联系，要欢迎属地党政领导部门指导工作，要积极支持当地精神文明社区建设，甚至是财力、物力的支援，为促进区域经济发展和政治稳定作出应有的贡献。

认真学习贯彻党的十六大精神
全面落实公司第一次党代会的战略部署
开创二〇〇三年改革发展稳定的新局面

——在北京金泰恒业有限责任公司
党委扩大会议上的报告

二〇〇二年十一月三十日

今天，我们公司召开党委扩大会议。出席会议的有公司党政领导、公司机关部门负责人和各单位党政组织的主要负责同志。会议的主题是：对学习贯彻党的十六大精神进行动员部署，按照"三个代表"重要思想的要求，对落实公司第一次党代会的战略构想、圆满完成今年的各项任务、做好 2003 年的工作提出指导性意见，为明年初的工作会议做准备。

2002 年，我们公司各级党政组织、经营管理者和广大员工，在"三个代表"重要思想指引下，认真落实北京市第九次党代会、集团第一次党代会和公司第一次党代会精神，按照年初工作会议的具体安排，各项工作积极推进，改革发展稳定成效显著。一是在调整上有新突破。公司和各单位经济结构调整的力度进一步加大，一批非燃料经营项目相继开工、建成和投入使用，一批新的经济增长点正在形成。"以房地产业为龙头，五业并举"的战略构想正在逐步实现。二是改革有新进展。公司改制胜利完成，基层改制的思路已经形成，劳动、人事、分配制度改革进一步深化，一些单位"三项制度"改革各具特

色，富有成效。三是管理水平有新提高。企业成本费用有所降低，规
章制度日趋完善，管理思想和管理方式正在逐步适应市场经济体制的
需要。四是发展后劲进一步增强。不良资产正在逐步消化和减少。资
产质量不断提高，资产状况趋于健康。五是民用煤保供任务完成出色。
至今没有发生质量问题，我们的政治责任得到了落实。六是一批重点
工作胜利完成。土地出让金返还政策得到落实，大额度的土地出让滞
纳金得以免交，金泰大厦开业，银都花园官司胜诉，建信宾馆招回，
所得税统一汇缴政策得以延续、民用煤财政补贴得到落实，特别是公
司改制完成，公司党代会召开和区公司党的工作实施垂直领导，这些
都为公司的长远发展奠定了坚实的基础。七是经济效益稳步增长。各
项经济指标完成良好，效益增长的速度和质量比较理想。八是党的建
设、思想政治工作和精神文明建设得到进一步加强和改进。"三个代
表"重要思想日益深入人心，领导班子建设、经营管理者队伍建设、
党员队伍建设、专业人才队伍建设、廉政建设取得了明显成效。通过
深入细致的思想政治工作，化解了各种矛盾，保证了企业的稳定。企
业文化建设和文明单位创建活动进一步深化。九是加强了对工会共青
团工作的领导，认真贯彻新《工会法》和北京市实施工会法办法，维
护了职工的合法权益。共青团发挥了党的助手和后备军作用，有利地
调动了团员青年的积极性和创造性。公司的老干部工作、安全保卫工
作、信访工作以及各项社会公益事业都取得了好的成绩。

　　回顾今年的工作成绩，要坚持和发扬。展望今后一个时期的工作，
任重而道远，要加倍努力。下面，我重点就学习贯彻党的十六大精神、
做好年底和2003年的工作讲几点意见：

一、要按照中央通知的要求把学习贯彻十六大精神作为当前和今后一个时期首要的政治任务和中心工作来抓

　　要按照中央、市委和集团党委的要求，迅速行动起来，切实把学
习、宣传、贯彻十六大精神作为当前和今后一个时期的头等大事抓紧

抓好。要用十六大精神指导企业的全面建设，把思想和行动统一到十六大精神上来。学习贯彻十六大精神要明确意义，突出重点，抓住灵魂，认清精髓，把握目标，明确任务，狠抓落实。

1. 学习贯彻十六大精神，要明确十六大的重要历史地位。党的十六大，是我们党在新世纪召开的第一次全国代表大会。是我们党在开始实施社会主义现代化建设第三步战略部署的新形势下，召开的一次十分重要的代表大会。是高举邓小平理论伟大旗帜，全面贯彻"三个代表"重要思想，继往开来，与时俱进的大会。是动员全党和全国各族人民团结奋斗，全面建设小康社会，开创中国特色社会主义事业新局面的大会。真正开成了一个团结的大会、胜利的大会、奋进的大会。十六大是我们党历史一个光辉的里程碑，十六大的成果将永载我们党的辉煌史册，必将在新世纪新阶段伟大实践中发挥巨大的指导作用。我们一定要响应大会的号召，高举邓小平理论伟大旗帜，全面贯彻"三个代表"重要思想，紧密团结在党中央周围，同心同德，奋发图强，满怀信心地把企业全面建设不断推向前进。

2. 学习贯彻十六大精神，重点是学习贯彻江泽民同志的报告。江泽民同志的报告从历史和时代的高度深刻阐明了我们党在新世纪举什么旗、走什么路、实现什么奋斗目标等重大问题。在新世纪、新阶段，中国共产党要举的旗帜就是马列主义、毛泽东思想和邓小平理论的旗帜，就是"三个代表"重要思想的旗帜；中国共产党人要走的道路，就是邓小平同志开辟的、以江泽民同志为核心的党中央坚持并发展了的中国特色社会主义的道路；要实现的目标，就是全面建设小康社会的奋斗目标。大会对我国改革开放和社会主义现代化建设作出了全面部署，是我们党团结和带领全国各族人民在新世纪、新阶段继续奋勇前进的政治宣言和行动纲领。学习贯彻十六大精神，重点是学习贯彻江泽民同志的报告。

3. 学习贯彻十六大精神，要牢牢把握会议的灵魂。"三个代表"重要思想是十六大的灵魂。学习贯彻十六大，首先要抓住学习贯彻"三个代表"重要思想这个中心环节，全面深入地领会"三个代表"

重要思想的科学内涵和精神实质，牢牢把握"三个代表"重要思想的根本要求，进一步增强贯彻落实"三个代表"重要思想的自觉性和坚定性。

4. 学习贯彻十六大精神，要明确会议的主题。高举邓小平理论伟大旗帜，全面贯彻"三个代表"重要思想，继往开来，与时俱进，全面建设小康社会，加快推进社会主义现代化，为开创中国特色社会主义事业新局面而奋斗，是十六大的主题。要紧紧围绕这个主题，深刻理解历史和时代赋予我们党的庄严使命，深刻理解党领导人民建设中国特色社会主义必须坚持的基本经验，深刻理解全面建设小康社会的奋斗目标，深刻理解大会对中国特色社会主义经济、政治、文化、国防、祖国统一、外交和党的建设作出的战略部署。围绕十六大的主题，要认真思考和研究我们公司的发展战略问题，要通过学习贯彻十六大精神把今后的工作思路进一步理清，把企业发展战略制定好，把保证措施落实好，把具体任务完成好。

5. 学习贯彻十六大精神，要掌握十六大报告的精髓。坚持解放思想，实事求是，与时俱进是十六大的精髓。要紧紧把握这个精髓，引导党员干部自觉地把思想认识从那些不合时宜的观念、做法和体制的束缚中解放出来，从对马克思主义的错误的和教条式的理解中解放出来，从主观主义和形而上学的桎梏中解放出来，善于在解放思想中统一思想，在统一思想的基础上继续解放思想，用发展着的马克思主义指导新的实践，指导我们企业的各项工作。

6. 学习贯彻十六大精神，要切实认清党建的基本经验。十六大报告对13年来党的建设的基本经验总结了"十个坚持"，最后归结为"三个代表"，加深了我们对什么是社会主义，怎样建设社会主义，建设什么样的党，怎样建设党的认识。其基本经验，同我们党在新时期的基本理论、基本路线、基本纲领一道，对于党和国家事业，对于我们企业党的工作和经济工作具有长远的指导作用，我们要认真学习领会。

7. 学习贯彻十六大精神，要明确奋斗目标和主要任务。党的十六大确定了全面建设小康社会的奋斗目标，并就再翻两番、民主法制建设、民族素质、可持续发展，提出了"四条标准"。在此基础上，首都要率先基本实现现代化，我们前进的步伐也要快一些。党的十六大对各项工作提出了明确任务，我们要以此为依据，全面推进公司的建设和改革事业。

8. 学习贯彻党的十六大精神，要加强和改进党的建设。必须以"三个代表"重要思想为强大的思想武器，按照报告提出的在新的历史条件下加强和改进党的建设"四个一定要"的总要求，突出加强党的思想理论建设、执政能力建设、坚持民主集中制和群众路线，把思想、组织和作风建设有机结合起来，把制度建设贯穿其中，使各级党组织始终保持纯洁性和先进性，不断增强创造力、凝聚力和战斗力，把党的建设新的伟大工程全面推向前进，把我们企业党组织建设成为坚强有力的政治核心。

关于学习贯彻十大精神的具体安排，要按照中央、市委、集团党委和公司党委的要求，首先是各级党组织领导班子成员和各级领导者要带头学好，一定要组织广大党员认真研读文件，要保证时间落实，制度落实，内容落实，效果落实。要坚持理论联系实际。要在原原本本通读文件的基础上突出重点，加深理解，要密切结合当前形势和企业实际，进一步解放思想，理清今后的工作思路，加快企业的发展步伐。

二、以十六大精神为强大推动力，圆满完成今年的各项工作任务

当前，全党学习贯彻江泽民同志十六大报告的高潮正在迅速展开，全党精神振奋，全国形势很好，我们集团，我们公司也是一样，我们要抓住当前这一有利时机，乘势而上，再接再厉，把年初确定的各项经济指标完成好，把安全稳定的工作落实好，进一步提高党的建设和思想政治工作的水平。

1. 要切实履行民用煤保供的政治责任。民用煤保供在前一个时期的

确取得了突出成绩，为冬煤预储，维护首都的稳定，为十六大的顺利召开作出了贡献。但是今后也绝不可麻痹大意。当前，正是取暖的季节，天气越来越寒冷，居民对民用煤的质量极为敏感，公司党政领导、有关部门、生产经营企业要切实引起高度重视，保证质量，搞好生产和销售。民用煤供应，关系到千家万户，关系到财政补贴的落实，关系到我们和市政府及相关部门工作渠道的畅通，关系到公司大局和北京市大局的稳定。我们一定要肩负起政治责任，切不可粗心大意，掉以轻心。

2. 要努力完成今年的经济指标。年初公司和各单位签订的责任合同，各项指标，不退不让，要履行承诺，坚决兑现。因此，今年的最后一个月，要在十六大精神的鼓舞下，按照"三个代表"的要求，以先进性为标准，以效益和发展为目的，开拓经营，强化管理，加强核算，降低成本，确保安全，维护稳定，努力完成和超额完成各项经济指标，切实保证效益增长的速度和质量，保证职工收入比往年有新的提高，职工生活有新的改善。以此，来体现我们的确是职工群众根本利益的代表者。

3. 要认真总结党的建设的经验，完成各项工作任务。年底工作非常繁忙，千头万绪。各级党组织要总揽全局，协调各方，抓住重点，抓好结合，带动全面工作。公司和各单位要一丝不苟地完成集团和公司部署的各项任务，要力争提前安排，早日完成。各单位要总结好经验，肯定成绩，找出不足，明确方向。简要文字材料要及时上报公司。各单位党政组织要以高度的责任感，高效率、高质量地完成全年工作，要认真细致地做好今年的收盘收尾工作，明年的工作要早思考，早安排，早动手，要为明年开局做好各方面的充分准备。

三、以党的十六大精神为指针，全面落实"三个代表"重要思想，开创全公司2003年物质文明、政治文明和精神文明建设协调发展的新局面

2003年，马上就要到来。2003年，是党的十六大精神的学习贯彻

年，是北京市第九次党代会、集团第一次党代会和公司第一次党代会精神的规划落实年，是我们公司的调整、改革、管理年，是公司改制以后奠定基础、积蓄后劲的关键年。我们一定要抓住这一重要的战略机遇期，努力奋斗，开拓创新，有所作为。要按照公司第一次党代会确立的"高起点，新跨越，大发展"的指导方针，为实现把公司建设成为具有核心竞争能力的大型现代企业的战略目标做出不懈的努力。

1. 深刻理解"三个代表"的精神实质，按照先进性的标准，落实公司第一次党代会精神。"三个代表"重要思想，是我们党必须长期坚持的指导思想，是加强和改进党的建设，推进我国社会主义自我完善和发展的强大理论武器，是我们党的立党之本、执政之基、力量源泉，也是我们搞好企业党的建设和经济工作的指导思想和强大动力。我们必须牢牢把握坚持与时俱进这个关键，坚持党的先进性这个核心，坚持执政为民这个本质。做到"四个必须"，必须保持与时俱进的精神状态，必须把发展作为执政兴国的第一要务，必须最广泛，最充分地调动一切积极因素，必须以改革的精神推进党的建设。我们要通过学习领会"三个代表"的精神实质，不断增强贯彻落实"三个代表"的自觉性和坚定性，不断增强贯彻落实公司第一次党代会精神的自觉性和积极性。公司第一次党代会就全面落实"三个代表"重要思想提出了四个方面的基本要求和四个方面的主要任务。我们要在学习十六大精神，深入理解"三个代表"重要思想的基础上认真扎实、毫不动摇地加以落实。

2. 发展要有新思路，经济结构调整要迈出新步伐。明年，公司要继续保持较快的发展速度，利润增长要保持在 10% 左右，各单位要确保完成各项经济指标，按照责任制的要求，有奖有罚。结构调整是明年的重点工作之一。要继续贯彻"大而强，优而进，小而活，劣而汰"的调整原则，加快企业结构调整的步伐。在燃料销售量继续下滑的情况下，必须进一步增强调整的紧迫感。只有调整企业才能做大；只有调整企业才能搞活；只有调整企业才能发展；只有发展企业才有价值。在调整中，优势企业要把相关项目规划好，开发好，经营好。

困难企业要积极寻找新项目，培育新的经济增长点。民用煤生产经营企业除外，亏损企业没有希望的要果断关闭。要按照"以房地产业为龙头，五业并举，全面发展"的格局，从资金、人才、政策上给予支持和调整。要建立健全与各业发展相配套的经营管理机制，按照市场化、科学化、规范化的方式进行运作。要按照十六大报告中关于"加快发展现代服务业"的要求，充分利用我们房地产和人才的优势，大力振兴城市综合服务业，要树立品牌，改善形象，扩大规模，强化管理，朝着发展现代服务业的目标积极努力。公司党政班子、相关部门和各个单位都要认真调研，提出方案，进行论证，以便形成决策，贯彻落实。

3. 改革要有新突破，继续推进体制和机制创新。明年体制改革是基层单位的一项重点工作。体制改革要体现"两个中心"，处理好"三个关系"。"两个中心"是，公司和公司控股企业是利润中心和成本中心，公司和公司控股企业在进行科学核算，保证完成利润指标和对成本费用进行控制的基础上，放手让相关企业开拓经营，广泛参与市场竞争与合作，不断增强抗风险的能力，增强发展的后劲。"三个关系"是，要处理好公司和分公司的关系、公司和改制公司的关系，以及分公司和改制公司的关系，这三个关系要在改制前后，深入研究，大胆实践，认真探索，逐步理顺。要充分调动各个方面的积极性，共同致力于公司的全面振兴。基层改制要抓好试点，取得经验，积极而稳妥地推进。

劳动、人事、分配三项制度改革要继续深化。要搞好定岗定编，坚持以工作定岗，以岗定人。要继续坚持竞争上岗。加大运用市场机制配置人力资源的力度，公司和员工依法确立劳动关系。要扩大职工就业的渠道，既要多创造就业岗位，又要加强职工的教育培训，提高职工素质，提高职工就业的能力，以适应企业结构调整和发展的需要。企业人事制度改革要按照十六大报告的要求，努力形成广纳群贤，人尽其才，能上能下，充满活力的用人机制，把优秀人才聚集到企业中来。要以建立健全选拔任用和管理监督机制为重点，以科学化、民主化和制度化为目标，改革和完善人事制度。要扩大党员和群众对干部选拔任用的知情权、参与权、选择权和监督权。要按照十六大报告的要求，打破选人用人中论资排辈的观念和做法，积极营造各方面优秀人才脱颖而出的良好环境。理顺分配关系，事关广大群众的切身利益和积极性的发挥，要按照国家政策和企业实际，调整和规范分配关系，确立劳动、资本、技术和管理等生产要素，按贡献参与分配的原则，完善按劳分配为主体，多种分配方式并存的分配制度。坚持效率优先，兼顾公平，既要提倡奉献精神，又要落实分配政策，既要反对平均主义，又要防止收入悬殊。企业经营管理者的收入，在全面科学考核的基础上，予以兑现。要根据企业效益增长状况，不断提高职工的收入水平。

4. 管理要上新水平，继续苦练内功，强身固本。资本强身，管理固本。企业有了一定的资本基础，有了好的经营项目，要产生效益，要得到发展，就要靠管理。管理的价值举足轻重，管理之争是市场竞争的关键所在。无数事实证明，一些企业之所以衰败，不是由于产品不行，而主要是管理问题。因此，明年要继续强化管理意识，加强基础管理，推进管理创新。要继续加强成本管理，严格制度，增收节支，开源节流；加强预算管理，预算要真实可靠，经股东会批准的预算方案，要严格遵照执行。切实加强以资金为核心的管理，采取得力措施，保证储备金的安全与效益。开发收入、土地变现资金要和经营资金严格区分开来。土地开发收入和土地变现资金非常宝贵，不可再生，应主要用在新项目的开发上，用在企业的发展上，这事关企业的命运和前途。所以要严加管理，所摊费用要严格控制，绝不能吃光分净，日常费用的摊入主要靠经营资金来解决。纪检、监察、财务、审计等部门明年要把这项工作作为一项重点来抓，不然是非常危险的。要加强决策管理。我们是新型的公司，重大决策不允许有失误。决策要依法、依规、依制度、依程序进行。项目决策要有责任制。重大项目投资要经过论证，积极稳妥，保证成功。寻找项目要尊重客观实际，面对市场，干一件，成一件。经济工作是非常实际的工作，来不得半点盲目、虚假和浮夸。因此在管理上必须实事求是，严肃、科学、有效。要苦练内功，强身固本，向管理要效益，以管理求发展。

5. 文化建设要上新台阶。在科技革命迅猛发展的时代，企业文化素质的高低，科技水平的高低，越来越成为企业生存与发展的关键因素之一。要按照十六大报告关于文化建设的要求，坚持用先进的文化武装企业，用高新技术和先进适用技术改造传统产业。要牢牢把握先进文化的前进方向，弘扬和培育企业文化，树立"超越自我，争创一流"的企业精神，"质量第一，诚信至上"的企业道德。要使企业成为学习型组织，重视员工的教育培训，继续加大对教育的投入。采取得力措施吸引和留住人才，优化企业的文化结构。要采取多种形式建立企业文化的载体。大力推进企业的信息化建设，加快掌握信息技术，充分利用信息资源。在生产、经营和管理当中，要非常重视先进文化的作用，采取得力措施增加各个产业和相关产品的科技含量，提高市场竞争能力。各级党组织和广大企业领导人员都要做先进文化的学习者、实践者、代表者，努力推动企业的科技进步。

6. 继续做好民用煤保供。城区虽然民用煤需求总量减少，但是运输成本加大，管理难度加大。公司党政班子、有关部门和企业要更加重视这项工作，要严格把关，热情服务，精心组织，切实肩负起这项政治责任，保证不出问题。

四、进一步加强和改进企业党的建设

要实现中华民族的伟大复兴，关键在党。同样，要实现我们企业的全面振兴，关键也在党。因此，要按照十六大报告的要求，"必须毫不放松地加强和改善党的领导，全面推进党的建设新的伟大工程"。

1. 加强和改进党的建设，要把握"四个一定"的总要求。十六大报告对新时期加强和改进党的建设提出了"四个一定"的总要求，对党的性质做了新的阐述。我们要认真学习和领会。要按照高举邓小平理论伟大旗帜和全面贯彻"三个代表"重要思想，提高能力，改革完善，注重建设这样的总要求，更好地发挥党委的政治核心作用，基层党支部的战斗堡垒作用和共产党员的先锋模范作用。

2. 加强党的宣传思想工作。学习贯彻十六大精神和"三个代表"重要思想，是党的建设首要的政治任务。党的宣传部门，要根据中央通知精神和上级要求做出具体安排，认真抓好落实。要通过学习，不断提高广大党员、干部的思想理论水平，提高实践"三个代表"的自觉性和紧迫感。公司要创建"一报一刊"，加强宣传舆论阵地的建设。学习十六大精神、"三个代表"重要思想，要和学习邓小平理论结合起来，和学习党的基本理论、基本纲领、基本路线、基本经验结合起来。党的十六大报告要求我们通过学习，深化对"三大规律"的认识，即深化对"共产党执政规律、社会主义建设规律、人类社会发展规律"的认识。我们在企业工作，要结合对这"三大规律"认识的提高，加紧对"企业党建规律、提高核心竞争力规律、发展稳定规律"的研究，要通过对规律性的认识，更加自觉地把企业的全面建设提高到新境界。继续加强思想政治工作，统一思想，凝聚人心，化解矛盾，维护稳定。继续开展文明单位创建活动，提高企业的总体素质。

3. 加强党的组织建设。为把"三个代表"重要思想落实到基层，提供强有力的组织保证。党委班子要坚持民主集中制，按照集体领导、民主集中、个别酝酿、会议决定的原则，完善党委内部的议事和决策机制。在法人治理结构中，党委发挥政治核心作用，总揽全局，协调各方，保证各个层次富有成效地开展工作。在领导班子建设中，要建立不胜任现职领导人员的退出通道，经过考察认定，分别采取交流、改任、降职、待岗、辞职、病休、内退、免职等办法进行调整，以保证领导班子的生机和活力。根据企业规模和工作需要，采取党政正职分设和党政职务一人兼的不同办法。区公司党的关系垂直管理后，要注重政绩，保持领导班子的稳定，保持工作的连续性。

要按照干部"四化"方针和德才兼备的标准，建设一支能够担当重任，经得起风浪考验，懂经营，善管理，能创效，政绩突出的企业领导者队伍。贯彻领导干部选拔任用条例，注重在改革和经营管理的实践中考察和识别各级领导者，及时把成绩突出和群众公认的优秀人才提拔到领导岗位上来。要继续加大培养选拔优秀年轻干部，特别是优秀青年知识分子的力度，不断优化各级领导班子的结构。要继续加强后备干部队伍建设，保证我们的事业后继有人。

加强专业人才队伍建设。当前，各个单位深感人才缺乏，申请吸收青年专业人才的心情十分迫切，这是个好现象。要贯彻我们公司经济结构调整的方针，必须有一支素质精良、数量可观的专业人才队伍做保证。因此明年和今后一个时期要从企业实际需要出发，提拔一批，重用一批，培养一批，招聘一批，储备一批。有发展前途和企业急需的，要选送到国外和高等院校继续深造。各单位都要为人才的成长创造良好的环境，要把引才、聚才、用才、留才统一起来，尽量减少人才的流失。

加强党员队伍建设。广大党员要认真学习十六大精神和"三个代表"重要思想，认真学习新的党章。党员领导干部要力争学得多一些、深一些、好一些。广大党员要做解放思想的模范，开拓经营的模范，创造效益的模范，联系群众的模范。要努力探索广大党员、干部经常受教育，职工群众不断得实惠的有效途径。要通过教育和实践，把党员队伍建设成为带领职工群众共同致富的生力军。

4. 加强党的作风建设。按照中央"八个坚持，八个反对"和十六大报告的要求，端正思想作风、学风、工作作风、领导作风和生活作风，深入开展反腐败斗争。继续落实党风廉政建设责任制。标本兼治，加强教育，建立健全监督机制。做好信访工作，做好案件的查处工作。围绕企业工作的重点和难点，开展效能监察。广大企业领导者要自觉接受监督，廉洁自律，严守纪律。在买车、外出等重大消费问题上要严于律己，加强请示报告。要以自身的良好形象，不断密切和职工群众的血肉关系。

5. 加强党的"能力建设"。要按照十六大报告关于"要加强党的执政能力建设，提高党的领导水平和执政水平"的要求，不断提高"五种能力"。主要是科学判断形势的能力、驾驭市场经济的能力、应对复杂局面的能力、依法执政的能力、总揽全局的能力。"三个代表"的本质是执政为民,党的执政能力是核心能力,是本质能力。我们企业党组织也要不断加强"能力建设"。党组织要发挥政治核心作用,能力建设至关重要,关系到企业的兴衰成败。加强能力建设,有利于我们开阔大视野,形成大思路,制定大战略;有利于我们开拓大市场,实行大开放,促进大发展;有利于我们发现大问题,解决大矛盾,办好大事情。只有加强能力建设,我们才能适应现代企业制度的挑战,经济全球化的挑战,科技革命的挑战。因此,我们必须在提高领导班子的核心能力方面上台阶,在提高人才队伍的骨干能力方面上台阶,在提高党员队伍的整体能力方面上台阶,在提高职工队伍的基础能力方面上台阶。我们要通过加强能力建设,不断加快企业的发展,落实"三个代表"的要求。

6. 加强对工会共青团工作的领导,不断密切党组织同职工群众的联系。工会工作要坚持完善民主管理、劳动关系协调、送温暖工作机制,抓好经济技术创新、厂务公开、职工教育培训,维护职工的合法权益,改善和活跃职工生活,把工会办成职工之家。继续做好共青团和青年工作,坚持以"党建带团建",切实加强青年队伍的思想、政治、组织建设。要认真筹备好公司"双代会"和第一次团代会工作。加强对老干部工作、安全保卫工作的领导,为企业发展创造良好的内外部环境。

我们要在党的十六大精神和"三个代表"重要思想指引下,同心同德,开拓创新,为实现今年的工作目标,开创 2003 年企业建设的新局面而努力奋斗!

强化决策管理
努力推进董事会专业委员会建设

二〇〇二年

2001年11月5日，我们北京京煤集团煤炭公司正式更名为北京金泰恒业有限责任公司，由18家股东出资，注册资金九亿五千万元，建立了现代企业制度的基本框架，法人治理结构日趋完善。在改制之后，我们抓紧建立了董事会下属的七个专业委员会，并召开了第一次专业委员会全体委员会议。我强调指出，各专业委员会的工作要围绕贯彻落实集团公司第一次党代会关于实践"三个代表"，走跨越式发展之路的纲领目标，和我们公司在党委扩大会议和工作会议上确立的经济工作要实现"高起点，新跨越，大发展"的主导思想。在新的体制下，加强董事会专业委员会建设，发挥专业委员会的职能，进而实现董事会决策的科学化、民主化。

我认为，在建立现代企业制度的前提下，成立董事会专业委员会的意义、任务和要求有以下几个方面：

一、加强董事会专业委员会建设，是在企业落实"三个代表"重要思想，提高改制质量的客观需要

1. 加强董事会专业委员会建设，是在企业落实"三个代表"的一项重要措施。"三个代表"的理论是党的建设的纲领和指导思想，对于加强董事会专业委员建设同样具有纲领性和指导性。党的建设的决

定因素是干部，是领导班子建设。我们董事会和专业委员会都是干部和各级班子成员，同时又都是公司董事会决策的参与者，处于关键岗位。要落实公司党委的工作建议，要对公司的重大问题做出决策，都离不开各专业委员会的同志。"三个代表"重要思想能否在企业得到很好的贯彻落实，各位委员起着至关重要的作用。因此，我们必须以"三个代表"为指针，切实肩负起落实"三个代表"的历史重任，把专业委员会建设好，把委员会的职能作用发挥好。

2. 建立董事会专业委员会，是提高管理水平的一条重要途径。建立专业委员会，是企业的一条重要管理思想。现代管理学说认为，职权的分散化是使大企业发挥作用的一种手段，没有一个人，能够把为实现集体目的所必要的一切任务都承担下来。因此，决策必须发挥集体的力量，重大决策都要在委员会中，经过共同讨论后做出。之所以国际上的大公司领导方式会发生这种变化，是因为企业机构日益庞大，业务活动非常复杂，最高领导层的工作非常繁重，即使把工作安排得井井有条，并把有关权力授予下级，其工作量仍不是一个人或少数人的时间和精力所能应付的，再加上企业环境变化的进度越来越快，特别是高科技的发展，互联网、电子商务等现代化信息和通信工具的使用，企业经营管理所需要的知识越来越高深，必须借助多方面的能力，集思广益，实行集体领导，才能做出最好的决策。因此，这种政策研究小组，办公室或委员会就应运而生，被认为是一种有用的富有弹性的管理工具。

3. 建立专业委员会是推进民主政治建设，落实全心全意依靠职工群众办企业方针的具体体现。要建设高度民主的社会主义国家，必须有体制上的保证。在企业要推进民主政治建设也必须从体制上解决问题。在建立现代企业制度的前提下，建立专业委员会，依靠集体的力量，依靠专家的智慧做出决策，就会少走弯路，更具有科学性、民主性、可行性。西方管理思想也认为，委员会起源于民主，并具有民主社会的特征，一群人比一个人能运用更多的经验、更多的意见、更全面地探索事实、更多方面的专业知识来解决问题，利用委员会的最重要的理由，是为了取得集体讨论与判断的好处。我们建立专业委员，可以更好地走群众路线，更多地从职工群众中吸收营养，群策群力，集思广益，以便使我们的决策更好地建立在群众拥护的基础上以便广泛地代表职工群众的根本利益，共同致力于企业的发展。

4. 建立专业委员会是推进决策科学化、提高决策水平的重要途径。在计划体制下，我们是执行者，被动性比较强，决策的地位不太突出。而在市场经济条件下，企业是市场的主体，是自主经营的基本单位，独立性很强，我们只能在合作与竞争中谋求企业的生存与发展。这就需要我们独立决策，靠山没有别人，就是我们自己。管理学中"管理就是决策"的名言，就充分表明了决策在管理工作当中至关重要的地位。因此，我们必须把决策放在首要的位置来考虑，作为首要的任务来完成。在法人治理结构中，有了董事会还不够，董事会还必须有强有力的研究班子、参谋班子、工作班子、决策班子，从事政策的研究与制定，为董事会提供政策咨询。

二、明确专业委员会的职责，出色地完成专业委员会的任务

关于委员会的职能，在管理学说中有着系统的论述。鉴于企业管理学说与西方各大公司对委员会职能的划分与界定，结合我公司的实际，我们分别成立了董事会下属的战略、预算、投资、政策法规、内审、高级管理人员提名、薪酬提案七个专业委员会。其中有些委员会是传统管理思想上有理论要求的，有些是我们根据形势要求和管理思想的发展新设立的。其主要任务是：

1. 调查研究，占有丰富的信息和资料，为参与和制定政策做充分的准备。在市场竞争时代和信息时代，要使企业能够保持旺盛的生命力，必须非常重视信息和情报的作用。有的大公司设有专门的调查部门，有着庞大的调查班子，有着各种公开和秘密的调查手段与技术，特别是在科学技术迅猛发展的情况下，利用高科技手段进行商业信息和情报的调查更是随处可见。信息和情报就是资源，就是财富。只有

更多地占有信息，才能使决策有可靠的根据。因此，各专业委员会的重要任务之一就是调查研究，掌握企业内外部的情况，掌握竞争对手的情况，资料越丰富越具体越好。调查研究，这是每一位委员的基本功。

2. 进行科学的预测，使决策建立在严密论证的基础之上。预，就是预先或事先；测，就是推测或测算、测量。在调查研究的基础上，就要对企业发展的状况进行预测。包括市场预测、生产经营的预测、资本流量的预测、人才需求预测、投入与产出的预测、阶段性的预测与长期发展过程的预测等等。在预测的过程中要把理论分析的方法与科学计量的方法结合起来。通过预测，认清形势，明确思路，科学地预见企业的未来。

3. 参与决策，制定方案。决策就是决定政策和策略。各专业委员会参与决策就是要按照各自的分工，在集体研究讨论的基础上，就相关重大问题的政策和策略提出意见，形成文件草案，提请董事会讨论通过，做出决定。比较具体的事项委员会可以做出决定，并向董事会报告备案。对于决策的执行情况，委员会要听取情况汇报，适时地进行督促、检查和指导，并向董事会反馈意见。

4. 提供咨询服务，发挥参谋助手作用。各专业委员会是董事会的研究班子和参谋顾问班子，除参与决策外，要发挥董事会的智囊团的作用，发挥顾问委员会的作用。委员会要发挥个人的专长和集体的智慧，围绕企业的中心任务和难点、热点问题出主意，想办法，为董事会提供咨询服务。各专业委员会的研究成果要有科学性、超前性和可操作性。

5. 完成董事会赋予的工作任务，协助董事会对企业的重大问题进行研究，经过授权对企业某些方面的工作实施领导。由于董事会的工作繁重，责任重大，不可能对所有问题都能进行认真的讨论、研究。因此，就要发挥专业委员会的作用，发挥专业委员中专家的作用，请大家就一些企业的重要问题拿出意见，制定比较成熟的方案提交董事会作为决策参考。另外，在董事会授权的情况下，专业委员还可以批准决定相关事项，发挥有关方面的领导作用，协助董事会展开工作。

三、对专业委员会的几点要求

按照现代管理思想，发挥专业委员会的作用，在强调专家治理的前提下，要保证附属委员会的活动，不至于干扰公司的日常管理业务。同时，附属委员会的工作也不受经理人员的干扰影响。虽然很多同志既是专业委员会成员，又是相关方面的领导同志，但观念上和工作上要分开考虑与安排，不能把两套工作混为一谈，相提并论，或者互相干扰。现代管理学说提出要防止委员会的滥用，要切忌包办代替经理的工作，切忌代替调查研究，切忌作出无关紧要的决策，切忌到会者无权做决策，切忌把分散的职权合成一体。因此要成功地运用委员会，要明确规定委员会的职权范围，要有适当的规模，要选择好委员会成员，要选择好议题，要发挥好各委员会主任的作用，要检查落实会议的结论，要坚持效益的原则，在委员会方面的投入与产出必须是合算的。

在学习借鉴现代管理思想的基础上，我们对委员会的具体要求是：

1. 要充分认识各委员会主任的重要性。在管理学中非常重视委员会主任的作用，并认为委员会的成就取决于会议主任的领导才能。因为，他承担着使委员会有效发挥作用的绝大部分职责。因此各委员会主任要切实担负起自己的责任，发挥好领导和牵头作用，做到思想到位，角色到位，工作到位。

2. 切实处理好委员会工作，和各自日常分管工作的关系。各位委员都在各个岗位上肩负着具体的工作任务，同时又是各委员会的成员。因此，在实际工作中，要搞好角色的转换，从不同的角度来研究考虑与处理问题，彼此的工作不能相互干扰，相互代替，要在两条战线上出色地完成自己的工作。当然有些工作是统一的，相互协调的，这就要动员各方面的力量，尽心尽力地把工作任务完成好。

3. 要想大局，议大事，努力为实现企业的工作目标服务。目标管理是企业管理的重要内容之一，各委员会要根据企业发展的总目标和各个目标体系，展开自己的工作。同时委员会也要建立目标责任制，履行工作条例，制订工作计划，有条不紊地、富有成效地从事政策的研究与制定。

4. 要树立创新思维，以创新求发展。我们作为一个传统的燃料流通行业，在长期以来计划体制的影响下，创新观念和创新能力都不足。企业生产经营与管理的档次都比较低，市场竞争能力不强。因此，我们要求各委员会成员都要在创新方面开动脑筋，加强研究，推动决策的创新，以决策创新带动体制、管理、技术、文化等方面的创新。创新实质是个解放思想问题，我们强调指出，各位委员要继续解放思想，提高创新能力，推动企业发展。

5. 要不断提高自身素质，提高参与决策的能力。各委员会成员的个体素质和整体素质是制约企业发展的重要因素。因此，我们要求各位委员都要增强提高自身素质的紧迫感和责任感。特别是在经济全球化和科学技术迅猛发展的情况下，在大市场、大开放的国内外环境当中，我们不仅要把企业办成学习型组织，强化对知识的运用与管理，而且更要把各专业委员会办成学习型组织，依靠知识的力量，依靠先进文化的力量，提高我们的决策水平，提高企业两个文明建设的水平。

与时俱进　开拓创新
全面推进金泰恒业持续稳定健康发展

——在北京金泰恒业有限责任公司二〇〇三年
工作会议上关于董事会工作的报告

二〇〇三年一月六日

2002年是金泰恒业有限责任公司成立后的第一年。面对全新的形势和严峻的挑战，公司董事会高举邓小平理论伟大旗帜，全面贯彻"三个代表"重要思想，坚持解放思想、实事求是、与时俱进的思想路线，实践"高起点、新跨越、大发展"的指导方针，遵循依法、依规、依程序办事的基本原则，经过各位股东、公司董事会、经理层、监事会和全体员工的不懈努力、共同奋斗，各项工作开局良好，公司开始迈入稳定、健康、发展的轨道，出现了可喜的发展势头。

一、关于2002年董事会工作的总结

（一）按照现代企业制度初步建立了法人治理结构和工作机制

现代企业制度是适应市场经济要求，以完善的企业法人为主体，以有限责任为核心，以公司为主要形态，以产权清晰、权责明确、政企分开、管理科学为基本特征的新型企业形式。公司改制一年来，董事会按照"三个代表"重要思想的要求，依据《公司法》和《公司章程》的规定，通过积极探索实践，初步建立了较为规范的法人治理结构。

在建立组织机构的基础上，按照各自职责，理顺了关系，并完善了相应的工作机制，保证了企业内部权力机构、决策机构、监督机构、执行机构既相互制衡，又密切配合，协调一致的有效运行。董事会本着对股东负责的态度，突出工作重点，把主要精力放在了研究企业发展战略，重大项目投资，重大组织结构调整及人事安排，企业深化改革和制度的创新上，果断进行决策。2002年初，及时提出了公司经营和投资报告，提出了公司年度财务预算方案，经股东大会审议批准后，责成经理层贯彻实施。并积极支持经理班子依法行使职权，大胆开展工作。董事会十分尊重和积极维护公司党委的政治核心地位，在重大问题上，能及时听取党委的意见，并通过相关程序，把党委的思路和意志变为董事会的决议，抓好落实。同时，按照《公司法》要求，支持监事会开展工作，实施对公司经营活动的有效监督。充分显示出了现代企业制度下，在实行法人治理结构的运作过程中新公司的生机与活力。

（二）认真履行职责，充分发挥了董事会在日常经营管理中的决策作用

在现代企业制度中，董事会决策正确与否，决定着企业的兴衰成败，直接涉及股东的切身利益。一年来，董事会认真履行职责，充分发挥了在日常经营管理中的决策作用。

1. 严格了各项规章制度，提高了决策的规范化水平

按照《公司法》和《公司章程》的规定，公司董事会制定了《董事会议事规则》，并进一步细化出台了《董事会工作细则》，明确了公司重大问题的决策程序。这些规章制度与股东会、经理层、监事会以及党委会的工作规则相协调，企业各层面的责任与权力体系得以正确定位，形成了以董事会为中心的对日常经营管理进行决策的机制，相互协调，构成了合力，使企业重大问题的决策不断制度化、规范化。

2. 坚持群众路线的决策方法，提高了决策的民主化水平

董事会结合公司实际，分别成立了战略、预算、投资、政策法规、

内审、高级管理人员提名、薪酬提案七个专业委员会。专业委员会由具有丰富实际工作经验的专业人员组成，以兼职形式在董事会领导下开展工作。企业重大决策上会前，按照专题一般先由相应的专业委员会进行讨论、论证，提出建议。必要时由专业委员会聘请社会专门机构和外部专家提供咨询服务，提出较为成熟的方案供董事会决策参考。这种群众路线的民主化决策方式，既提高了董事会决策工作的效率，也有效地防止了决策的失误。

3. 增强董事会自身能力，提高决策的科学化水平

董事会成员以高度的责任感在实践中加强学习，积累经验，充分发挥主观能动性，深入思考有关企业发展的重大问题。每逢公司重大决策，在召开董事会前，各位董事认真研读文件，互相交流思想、交换意见。有的同志深入实际调查研究；有的同志向有关部门或专家进行咨询，做好会前准备。会议期间，各位董事各抒己见，充分发表意见，统一思想，形成决议。充分显示了董事会成员分析市场、把握趋势的认识、判断能力和科学的决策水平。针对企业的改制、改革、重大投资和结构调整，董事会先后审议通过了 13 项有关的章程、细则、规则和条例；10 项有关基本管理办法、管理规定；3 份重要文件；8 项重大事项和 5 项重要决议。可以说，正是由于这一件件与公司改革、发展、稳定相联系的制度、规章、决定的出台，才较好地理顺了公司各方面的关系，充分调动了各方面的积极性，保证了企业工作扎实有序的开展。

（三）抓大事、谋思路、推动了企业全面发展

一年来，董事会紧紧围绕集团提出的跨越式发展的总体思路，实施金泰恒业"高起点、新跨越、大发展"的战略构想，针对公司国有资产控股的实际情况，把握大局，统筹兼顾，认真分析市场，潜心研究公司的重大问题，超前谋划，大胆决策，千方百计抓工作落实，既出色履行了政府赋予的政治职责，又提高了经济效益；既深化了改革、维护了稳定，又推动企业的全面发展。

1. 圆满地完成了民用煤保供任务

民用煤保供是关系千家万户、关系首都稳定的一项严肃的政治任务，董事会始终把保供工作作为首要政治责任抓紧抓好。责成并协助经理层积极争取货源、保证库存，协调好产、供、销关系，实现了供应渠道畅通无阻，构成了保供的调控体系；强化进货、加工、出库质量检测，提高标准，构筑了保供的质量体系；实行责任到人和责任追究制度，构筑起了保供的责任体系。经过公司上下的共同努力，比较好地克服了资源紧张、网点减少、价格倒挂等各种困难，做到了民用煤保供万无一失，政府放心，市民满意。

2. 结构调整取得显著成果

我国加入 WTO 和申办奥运成功，首都加快现代化国际大都市建设步伐以及高新技术产业、都市型工业的兴起，给煤炭流通行业的生存和发展提出了新课题。面对急剧变化的形势，董事会解放思想，正确决策，把产业结构调整作为企业实现战略转移，进行二次创业的大事，用三年时间加快结构调整的步伐。公司机关首当其冲，与结构调整相协调，按市场经济的要求设置部门。开始由纯管理型向管理经营型和资本经营型的方向转变。今年增设的两个经营部门已经开始进行机关总部的资产运作。房地产业也强势发展。按照公司党委提出的把金泰恒业公司房地产业做大做强的总体思路，股东会、董事会决定加大对房地产业投资的力度，金泰恒业公司在金泰房地产开发有限责任公司的投资由 800 万元增至 3300 万元，至此，金泰房地产开发有限责任公司注册资金为 5000 万元，并形成了投资的多元化，金泰恒业公司的持股比例为 66%，社会法人股占 30%，自然人持股占 4%。通过增资扩股使企业在房地产的发展上赢得了更大的生存与发展的空间。物业管理快速步入市场。公司组建的物业管理公司——北京华阳恒新物业管理有限责任公司，可以为金泰大厦用户提供优秀的甲级写字楼的物业管理服务。饭店旅游业和城市综合服务业也有了进一步的发展。饭店服务、航空服务、超市服务充分发挥自身优势，取得了比较好的经营业绩。转产替代项目迈出了可喜步伐。难点问题在调整中取得突破性进展。通过调整，搁置已久的资产被盘活，资源得到合理配置，一个个难题在调整中得到了突破，在发展中得到了解决。

3. 企业改革进一步深化

北京金泰恒业公司的成立，为企业以独立的法人主体参与市场竞争搭建了崭新的工作平台，一年来，董事会大胆进行体制、机制创新，深化了企业改革。董事会把推进企业整体改制工作列入了重要议事日程，提出要"为发展而改制"的思想，反复强调要处理好改制与稳定的关系；改制与结构调整的关系；改制与企业全面发展的关系。反复强调改制要实事求是、讲求实效。今年，在市委和集团的支持下，实现了九区公司党的关系和干部人事关系垂直管理，从根本上解决了管人与管资产，用人与治事相一致的问题，为建立规范的法人治理结构创造了条件。依据《公司法》、上级有关文件精神和公司章程的规定，董事会在广泛、深入地调查研究基础上审议通过了《关于深化改革的若干意见》，会同公司党委和经理层确定了公司改革的基本原则、基本目标、主要形式、时间步骤和具体要求，并召开大会进行专题动员部署。目前各单位都提出了各自的改制方案。基层改制试点工作也已经开始，按照有限责任公司、分公司双线并行的模式，分别在崇文公司、丰台公司和燃料油公司进行试点，取得经验后再全面推开。公司整体改制工作，将用一年半至二年时间分三个阶段，三步走完成。

与企业体制改革相适应，董事会积极推进企业机制改革，认真审议并出台了《关于深化人事制度改革的意见》。在破除了干部与工人界限，取消行政级别的基础上，对企业领导人员实行了分类分层管理，初步建立了能上能下、能进能出、竞争择优的用人机制。在实施《对经营者考核办法》的基础上，审议通过了《关于企业主要经营管理者2002年度收入分配暂行管理办法》，对经营者收入实施了集中统一管理，进一步健全了对经营者的监督和激励机制，坚持经营者收入与经营者业绩挂钩，体现了企业资产规模、经济效益与收入分配相适应。审议通过了《北京金泰房地产公司经营者和员工持股方案》，真正把企业兴衰与职工利益紧紧地拴在了一起。这些新的人事、劳动和分配制度的建立，使企业内部逐步形成了经营管理人员能上能下、职工能进能出、收入能高能低的环境和气氛。

4. 企业管理更加完善规范

加强了制度建设。董事会先后审议通过了《预算管理的若干规定》、《投资管理办法》、《关于加强应收账款管理的若干规定》等10余项基本管理制度，实施一年来取得了良好效果。通过强化预算管理，增强了公司各层面对资金使用的计划性、科学性和全面性的思考；通过强化投资管理，进一步规范了企业的投资行为，激活了搁置多年的存量资产，为企业带来了良好效益；通过强化应收账款管理，出台了具体的奖惩措施，减少了应收账款在经济运营中的比例，挖掘了资金潜力；通过对《关于深化改革的若干意见》和《董事会、监事会、经理层成员管理办法》进行审议，为公司整体改制工作提供了政策依据，同时董事会决定从机构上增加了监事室的设置，并制定了一系列监事工作制度，为公司整体改制工作和进一步加强对企业经营管理工作的监督，提供了必要的组织和制度保证。

加强了政策资源管理。对政策资源的研究和管理，一直被董事会所关注，一批重点问题得到了满意的解决。金岛、银都两个项目的地价款占用费和滞纳金得以免缴；缴库口所得税统汇缴政策得到延续；民用煤补贴政策2002年得到恢复；土地出让金返还政策取得实质性突破。研究政策、争取政策的工作运作，无疑给企业带来了巨大的经济效益。

加强了战略管理的研究。董事会把加强战略管理作为解决企业持续、健康发展的重要途径。在落实公司五年规划基础上认真研究和思考了企业发展战略。提出经过调整和发展，逐步形成以房地产业为龙头，以多种经营为基础，以高新技术为依托，以京煤集团为后盾，以核心产业为主导，五业并举，全面发展的经营格局，把公司建设成为具有核心竞争力的大型现代企业。现在公司发展战略已形成初步文稿并提交两级领导班子成员学习讨论，我们相信随着以发展为主题的战略规划实施，金泰恒业一定会有辉煌的未来。

一年来，公司的整体建设有了一定的进展，一些重点工作有了根本性的突破，难点问题得到了较为圆满的解决。这里有上级支持、有股东努力、有员工忘我的工作，更体现出了经理层实施有效指挥、不畏艰难、开拓进取的精神状态。

二、关于2003年董事会的工作任务

2003年是金泰恒业公司加快调整、深化改革、强化管理，积聚后劲、乘势发展的关键年，既面临着潜在的机遇，也要接受严峻的挑战。根据金泰恒业在体制机制、企业职能、产业布局上发生历史性转变的客观现实，按照股东会的决议和公司党委的思路，董事会要认真加以落实，全面贯彻"三个代表"重要思想，正确分析、准确把握、认真应对市场变化，科学准确地进行决策，切实掌握工作的主动权，提出企业发展的新思路，实现改革的新突破，促进科学管理上新水平。

（一）解放思想，实事求是，与时俱进，打牢企业发展的思想基础

1. 坚持用"三个代表"重要思想统领全局

党的"三个代表"重要思想，是党经过长期革命和建设实践的科学总结，是对马克思主义建党学说的伟大贡献，具有鲜明的时代性、规律性和创造性。"三个代表"重要思想，不仅是党的长期指导思想，在我们进行全面建设小康社会乃至中国特色社会主义事业的整个进程中，都具有伟大的指导作用。同样，也是指导我们基层各项工作的纲领。我们必须时时刻刻坚持用"三个代表"重要思想统领全局，要紧密联系具体实际，用以判断是非、理清思路、明辨方向、凝聚力量。把"三个代表"重要思想渗透到我们的各项工作中去，这是我们取得胜利的基本保证。

2. 准确把握所面临的形势

一年来，我们各项工作开局良好，取得了一定的业绩。然而，我

们必须正确判断所面临的形势，始终保持清醒头脑，应该认识到金泰恒业的事业才刚刚起步，尤其要看到我们的工作还存在着许多不尽如人意的地方，一是随着首都功能的定位，煤炭销售有序退出市场，传统的赖以生存的基础日趋削弱，我们必须要尽快完善、实施新的发展思路；二是主导产业还没有成为企业新的经济支柱，五业并举规模较小，力量较为分散，还没有构成强大竞争的优势；三是企业体制创新、机制创新、科技创新、制度和管理创新与市场经济的要求尚有较大差距；四是经济运行质量还不高，整体赢利能力有待进一步加强；五是结构调整任务繁重，优化产业结构、合理配置有效资源的工作还很艰巨；六是开发项目对资金的需求和我们自身的投资能力还有一定差距，融资渠道的开发、融资能力的提高给我们提出了新课题；七是运用市场机制配置人力资源还存在较大差距，特别是高级专业人才十分缺乏。总之，在进一步打牢生存和发展基础的问题上，还有许多工作等待我们去思考、去解决。面对市场和改革十分紧迫的形势，董事会一定要解放思想，实事求是，准确把握所面临的形势。同时，要坚定信心，与时俱进，提高决策能力和决策水平，实施科学有效的决策。

　　3. 始终保持良好的精神状态

　　良好的精神状态是保证企业兴旺发达的内在动力。要保持良好的精神状态，必须用党的"三个代表"重要思想教育员工，更重要的是武装各级领导人员的头脑。"三个代表"重要思想，关键是与时俱进，核心是保持先进性，根本是执政为民。当前，要树立四种意识：一是发展的意识。与时俱进的实质就是发展，保持先进性同样需要发展。企业要生存，要在市场竞争中立于不败之地，创造更好的经济效益，就必须不停顿地发展。企业员工，尤其是领导人员要有强烈的发展意识和强烈的资产质量意识，不仅要追求当期的收益，更要追求长远的效益，自觉地想企业发展，谋企业发展，促企业发展，甘心为企业发展贡献全部的光和热。二是创新意识。与时俱进，就是说我们的理论和工作要体现时代性，把握规律性，富有创造性。要跟上时代步伐，就必须创新。企业只有通过不断的思想创新，从而推动制度创新、科技创新以及其他方面的创新，才能始终保持生机和活力，才能持续、稳定、健康地发展。三是群众意识。把群众、把企业员工时时处处装在心里，实实在在为群众、为员工办实事，谋利益。一方面要建立能进能出的用工机制，一方面要通过企业发展，为职工上岗创造条件。要有强烈的群众意识，自觉地执政为民，执政兴企，才能坚定正确的政治方向，把群众最大程度地团结起来，焕发出无坚不摧的强大威力，把企业工作搞上去。四是危机意识。企业由于传统的生存条件是靠政策补贴，现实的生存在很大程度上又是靠土地开发收入，缺少在残酷的市场竞争中真正意义上的生死拼搏，因此没有形成强烈的危机意识。保持一种健康的危机心态是鞭策和激励企业积极向上的内在动力。作为企业的决策者要始终具有强烈的危机意识，并要把这种危机意识不断地传导和灌输到全体员工之中。这种危机下移，使全体员工都能居安思危，充分感受到市场竞争的压力，始终保持清醒的头脑，既要看到取得的成绩，也要看到面临的困难；既要看到现实的机遇，也要看到严峻的挑战；既要看到目标的宏伟，更要看到实现目标的艰巨性和复杂性。主动地焕发斗志，增强驾驭危机、规避危机的能力。以强烈的危机意识和务实的作风，开创工作新局面。

（二）加快调整，优化结构，增强企业发展的核心能力

改革意味着调整，深化改革就要加快调整。就金泰恒业来说，新一轮结构调整，已不仅仅是解决目前生活无忧的适应性调整，而是对企业长远发展具有重大影响的战略性调整；已不再是个别单位、个别项目的局部调整，而是保证实现企业可持续发展的全局性调整。因此，我们要坚持有进有退，有所为有所不为以及"大而强、小而活、难而进、劣而退"的思想，进一步加快企业结构调整步伐。

1. 优先发展龙头产业，做强做大房地产业

在调整中，要进一步审议好投资项目的预算，加大对房地产业的投资力度，做到企业的每一项决策，都要体现为龙头产业健康成长在资金、人才、政策上的强力扶植，使房地产业在运作方式上的两个转

变成为现实，一是实现由合资、合作土地使用权转为独立自主开发自有土地资源；二是实现由自主开发自有土地转为开发业外土地资源。同时，要加强对开发项目可行性的分析、论证，准确做好市场和产品的定位，不断提高档次，打造名牌，并注重项目建设的回报周期，追求效益的最大化，使房地产业尽快成为公司利润的首要组成部分。

2. 大力培育支柱产业，提升"五业并举"的经营水平

目前，公司"五业并举"的格局粗具规模。今年，我们要在做强做大房地产业的基础上加强对其他支柱产业的培育，不断提升"五业并举"的经营水平。燃料经营业——要在完成保供任务的前提下，调整好经营思路，改善经营手段，提高营销水平，注意探索燃料经营的新路子。物业管理业——通过一定的措施整和物业，加强政策的统一指导，使金泰恒业形成具有一定规模的物业开发、物业经营项目。通过房产、地产的租赁、经营与服务，培育壮大公司的实力，使之成为金泰恒业的一个新的优势产业。饭店旅游业——公司及所属单位拥有一批宾馆饭店，我们要通过这些资源的整合，形成群体优势。在此基础上组建"金泰旅行社"，使公司的饭店旅游业能有一个长足的发展。利用信息共享的手段，搭建起业内饭店宾馆资源运作的平台，以资源为纽带进行网络式互利经营，提升公司饭店旅游业的整体运作水平。城市综合服务业——由于企业的特点，长期以来，我们一直拥有别人不可比拟的区位优势和网络优势。根据首都建设和公司十年战略规划内容的要求，结合公司的实际，我们将开始悉心的分析和研究，发展金泰恒业公司城市综合服务业的战略新构想。不断提升"五业并举，全面发展"的经营水平。

3. 积极开发潜势产业，走科技创效的新路子

前期我们靠房地产开发的效益，解决了走进市场求生存的第一步，续存了一定的生存条件，但是，全面提升企业的竞争能力，解决可持续发展的问题才是董事会决策中所追求的长远的目标。有核心竞争能力的企业，必须具有核心竞争能力的产业项目，必须具有核心竞争能力的项目产品，这样才能使相对优势的企业，寻找到核心项目、核心

产品，进一步提升竞争能力；才能使地处相对边远的企业获得崭新的生存和发展空间，有能力走向市场，参与竞争；才能使金泰恒业公司在激烈的市场中永远立于不败之地。我们要下决心组建起金泰恒业公司的"项目研发中心"，聚集专门的人员，立足科技创新，开发新的产业项目，寻找新的发展机遇，培育新的经济增长点，作好核心项目产品的信息收集、调研论证、开发引进，并根据各企业能力状况，担负向企业输送新项目、新产品的工作，为企业发展注入长胜不衰的强大动力。使企业依靠科技创新，逐步走上良性循环的经营轨道，让科学技术为企业长远发展提供保证。

　　总之，发展需要调整，调整促进发展。调整的根本目的就是为了产业的优化，为了打牢生存的基础，为了保证资产的健康，为了企业效益的稳定，为了员工收入的提高，为了使企业在激烈的市场竞争中始终保持良好的发展态势，董事会要把结构调整工作的决策目标定位在：充分发挥金泰恒业公司的比较优势，既盘活存量资产，又要运作好增量资产，最终达到"优势资产增效，低效资产盘活，无效资产消除"，让所有的资产都能产生效益。只要我们坚持以调整为主线，立足发展，就一定会探索出一条产业结构优化升级的可持续发展的道路。

（三）深化改革，整体推进，完善企业发展的体制和机制

　　企业改革是包括体制和机制改革在内的全面改革。经过几年努力，公司改革已经迈出了较大步伐。现在，国家经济体制的转轨变型已经到了攻坚的阶段，作为市场经济主体——企业，必须整体推进，进一步深化体制和机制改革。

　　1. 积极稳妥地推进整体改制

　　公司改制以后，基层单位改制已经刻不容缓。今年，我们要按照《关于深化改革的若干意见》，积极推进整体改制。改制工作中我们要把握全局，试点先行，有序跟进，注重质量。要端正改制的指导思想，不能为改制而改制；也不能在条件不成熟的情况下仓促改制。已经确立试点的单位，要扎实准备，大胆实践，精心组织，认真总结，为面

上改制工作提供经验。要对改制的不同形式进行积极探索。使企业的体制、机制与市场经济相适应，有利于企业发展。特别是对小企业的改制，要进一步解放思想，向市场化迈进。通过改制，进一步理顺投资关系，增强资产纽带的意识。体现公司与改制公司均为独立法人，在法律意义上是平等的实体，实际上又体现控股与被控股的属性关系，由此构成稳固的，以资产为纽带，优势互补的血肉联系。推进改制创新，从确定政策的角度上研究好改制后"三个关系"的处理和"两个中心"的形成。正确处理好公司和分公司的关系，公司和有限责任公司的关系以及有限责任公司和分公司的关系。充分体现分公司是成本中心，有限责任公司是利润中心。

2. 建立完善的法人治理结构

按照现代企业制度要求，做好产权代表和监事的委派工作。按照《公司法》规定，建立起各负其责、协调运转、有效制衡的决策机构、经营机构和监督约束机构。并通过健全规章制度，形成企业内部反应快捷，高效运转的决策机制、经营机制和监督约束机制。

3. 建立与市场经济相适应的企业运行机制

企业法人治理结构的生命力，有赖于以市场取向为基点的企业运行机制做支撑，如果忽视运行机制的建立和转换，再小的企业体制也只能是空中楼阁，企业仍然有被市场淘汰的危险。因而，建立与市场经济相适应的企业运行机制，做到既依法依规办事，又进一步提高工作效率，这是绝对不可忽视的重要工作。

深化人事制度改革，实行竞争择优、能上能下的用人机制。在落实《深化企业人事制度改革的意见》的基础上，2003年将出台《关于不胜任现职企业领导人员的认定标准与调整方法》完善能上能下的用人机制，为优秀经营管理人才施展才华提供舞台，创造条件。同时，要确立人才是"第一资源"的观念，深入研究和建立健全人才引进、培养、使用的有效机制，用良好的机制、政策、环境吸引人才、聚集人才。尽快建立起一支政治可靠、素质优良、作风过硬、年龄和专业知识结构合理、门类齐全，适应企业需要的人才队伍。

深化劳动制度改革，建立择优录用、能进能出的用工制度。贯彻《劳动法》，实行劳动合同制度，按照现代企业制度的要求，实施定编定岗定员，建立全员竞争上岗机制；积极探索职工身份置换的具体措施，逐步实现职工由"企业人"向"社会人"的转变；建立市场决定、双向选择的用工制度。

深化分配制度改革，形成岗位靠竞争，收入凭贡献的激励约束机制。2003 年要在坚持"效率优先、兼顾公平"的原则下，结合企业实际，制定"企业分配的指导性意见"。确立以劳动、资本、技术和管理等多种要素参与分配的具体办法，在完善以按劳分配为主体，多种分配制度并存的分配制度的情况下，进一步对工资制度进行改革，大力推行奖优罚劣的考核机制和收入能多能少的分配机制。认真进行岗位分析，使新型工资制度既体现按岗定责、按责考核；同时，还体现企业对经营者、工程技术人员激励与约束机制中的特殊贡献奖励。鼓励经营者、工程技术人员把知识、技能、胆识以及创新、进取精神全部奉献给企业。

（四）整章建制，强化管理，构筑企业现代的管理方式

管理是科学，管理也是生产力，企业健康发展的基础在于科学高效的管理。

切实加强战略管理。公司要对战略的实施进行有效控制。要组织全体员工认真学习战略规划，要广泛地宣传战略规划，让企业上下都能知道规划的内容，都能明确企业未来的发展方向，用战略规划统一思想、鼓舞干劲、人人为实现规划目标的而积极努力。同时，企业各级要立足全局，审时度势，及时掌握市场环境的变化，通过人员组织、责任落实、资金运作，积极稳妥地实施决策，保证企业战略规划的顺利实施以及企业战略目标的圆满实现。

全面落实财务管理。首先要加强财务预算管理的力度，严格执行经股东会批准的年度预算方案，摆脱计划经济体制下算账、报账模式的影响，加强对成本和资金的事前计划、预测，事中控制，事后检查

和分析，实现企业价值的最大化，使以预算管理为中心的财务管理具有监控、开放和发展的内涵，体现"节约和开源"的双重职能。二要按照新会计法规则建立起符合公司实际的、科学的财务会计制度，切实使财务管理成为企业管理工作的中心。确保会计信息的真实、资金管理的安全、资金运作的正确和预算目标的实现。另外，要加强对工资储备资金的管理，在使用过程中要严格审批手续。

严格实行资金管理。公司要对资金管理作出新的规定。要注意加大对开发性收入（包括资产变现资金、转产项目资金、污染扰民政策资金）使用的监督控制，做到开发性收入主要用在增强企业发展后劲的新项目上，鼓励企业积极寻找新的经济增长点。日常经营费用主要靠企业经营性收入来支撑，引导企业开源节流、降低成本费用。从资金管理的监控上保证公司持续发展的后劲。要把煤炭储备金的安全与效益列入资金管理的重要内容。因为它的管理使用直接关系首都煤炭保供政治任务的完成，关系千家万户老百姓的利益，必须作为不可忽视的一件大事抓紧抓好。

强化投资项目管理——公司要进一步明确投资项目管理的有关程序规定，并在实际工作中抓好落实。投资决策，必须履行程序。重大投资项目要经过严格论证，防止盲目投资给企业造成重大经济损失，如果项目投资失误，要进入责任追究程序。经理层在项目管理中，要严格审批程序、基建程序和监管程序，通过科学严谨的管理确保投资项目的质量、速度与效益。

加强产权管理——要研究制定"公司房产、地产管理有关规定"。通过执行规定，在掌握总量、标清布局、界定权属的基础上，规划未来，将房产地产的有效管理纳入企业管理的正常轨道。

大力推进信息化管理。当今，社会已经步入信息化时代，只有强化信息管理，企业才能把握市场的脉搏，才能抓住迎接挑战的机遇。公司要成立"金泰恒业公司信息管理中心"，借助现代信息技术，引进现代管理理念，提升公司管理水平。公司业内网站，实现与各单位的信息互联，通过网络运作，收集、传播有价值的商务信息，把人财物纳入信息化管理渠道，加强办公现代化的进程，提高企业的信息化水平，提升企业的整体素质。

突出工作重点，不断加强董事会自身建设。董事会要围绕自身职责准确定位。一是把握工作重点：公司重大发展战略规划；重大组织结构和人事调整；重大改革和经济政策的制定；重大投融资活动；重大项目的决策，以便于集中精力立足长远、抓大局、干大事，创造性地开展工作。二是强化专业委员会的职能，切实当好董事会的参谋助手。三是充分发挥董事会顾问的作用，通过顾问工作开阔董事会的视野，提高决策科学化的水平。四是加强董事会的制度建设，把董事会审议通过的有关制度汇编成册，为公司各个层面工作提供政策依据。

2003 年是金泰恒业深化改革、加快发展的重要之年，改革要有新突破、调整要迈新步伐、管理要上新水平的任务光荣而艰巨。我们要紧紧地团结起来，全面贯彻"三个代表"重要思想，以创新的思路、科学的态度、不懈的努力，与时俱进、开拓创新、扎实工作，为全面推进金泰恒业持续、稳定、健康发展而奋斗！

用党的十六大精神统领全局
大力加强领导班子的思想建设和能力建设

——在北京金泰恒业有限责任公司
二〇〇三年工作会议结束时的讲话

二〇〇三年一月七日

2003 年的工作会议，完成了预定的日程，就要结束了。

根据昨天上午报告的内容和大家讨论的情况，结合我们全年的任务和领导责任，下面我重点讲两个问题：

一、用党的十六大精神统一认识，按照"三个代表"的要求，加强领导班子的思想建设

昨天上午，姜春杰同志代表党委对学习贯彻党的十六大精神进行了全面部署，我们要认真落实。

1. 把学习贯彻党的十六大精神列入党委首要的议事日程，切实把思想认识到"三个代表"重要思想上来。当前，加强党的建设，重点是加强领导班子建设，而加强领导班子建设的重点，又是学习贯彻好党的十六大精神，用"三个代表"重要思想统一认识。用先进思想、科学理论武装起来的领导班子，认识高度一致的领导班子，才能肩负起历史的重任，加快企业发展的进程。

2. 用党的十六大精神统一思想，树立马克思主义的世界观和方法论，就要解决我们的"企业观"和方法论的问题。"金泰恒业观"的

初步提出，是我们学习十六大精神的结果，是学习"三个代表"重要思想的产物。"金泰恒业观"虽然正在研究、完善，但它可以确立为我们的"企业观"和方法论。世界观和方法论是统一的；怎样认识世界就是世界观，怎样改造世界就是方法论。同样，怎样认识企业就是"企业观"，怎样改造、发展企业就是方法论。我们学习"三个代表"重要思想，努力从企业观和方法论上解决问题，因此也就可以确立"金泰恒业观"作为我们公司的指导思想。"金泰双赢，恒久立业"，"三个面向，五个追求"的"金泰恒业观"，是我们学习十六大精神，在我们公司进行理论创新的产物。会后，各级领导班子要认真研究、宣传"金泰恒业观"，完善和丰富"金泰恒业观"，让这个企业观和方法论、让这个办企业基本的指导思想成为推动我们前进的巨大精神力量。我们是共产党人，就要有共产党人的世界观。我们是金泰恒业人，就要有"金泰恒业观"，这是企业发展的必然要求，是理论创新在我们公司的具体体现。

3. 用党的十六大精神统一思想，就要增强领导班子的党性观念和组织观念。我们金泰恒业党组织，是一个统一的整体。各级党组织特别是领导班子成员要特别珍视党的团结统一，珍视党组织思想和行动的一致性，要想大事，顾大局，讲团结，谋发展。要把党的利益，公司整体利益放在第一位。这是个党性问题，组织观念问题。在此基础上，要努力创造一种良好的政治环境，调动各方面的积极因素，兼顾各方面的利益，大力推进决策的民主化，建立良好的、健康的人际关系和民主气氛，以政治文明建设带动、推进物质文明和精神文明建设协调发展。

4. 用党的十六大精神统一思想，就要坚持理论联系实际，抓好这次工作会议精神的落实。会议之后，公司党政班子、相关部门以及各个单位领导班子都要按照会议的部署，制订计划，采取措施，责任到人，狠抓落实，并加强督促检查。完成全年的任务，要特别注意几个问题：关于预算管理问题。要坚决执行预算方案，维护预算的严肃性、原则性。要严格控制预算外支出。无论是预算内还是预算外支出，都要按程序办。各单位都要制定预算管理办法。关于提高资产的质量问题。资产质量是企业的生命，是企业生存和发展的基础和后劲所在，资产质量要引起高度重视。要强化资产固本的认识，要提高财务人员的素质。不良的资产要清理，有效的要保留和完善，无效的要去掉。因此要把握好2004年执行新会计制度的机遇。要通过开拓经营，强化管理，实现资产的保值增值。关于建立激励机制问题。要以效益决定收入，对有突出贡献的要进行奖励，克服平均主义。坚持效益优先的原则，积极探索多种要素参与分配的办法。要在进行科学、全面考核的基础上，确定经营管理者的收入水平。今后的工资分配，"死的要少，活的要多"，固定收入要少，以效益为标准进行分配的比例要大，这样才能建立有效的激励约束机制。体制和三项制度改革，要按照这次会议的部署，精心组织，积极推进。关于开发收入的支出和资产变现资金的支出问题，要严格控制，要非常珍视这些有限的、宝贵的资源。要把开发收入和资产变现收入用在刀刃上，用在新项目的开发上，用在发展上。企业的日常费用，主要靠经营收入来解决。这是今后对经营者考核的一条重要原则。新的发展项目要以坚韧不拔的精神抓紧运作。

在新的历史时期，要把用"三个代表"统一思想，作为领导班子建设的首要任务。只有领导班子具备了先进性，才会有生产、经营、管理的先进性，才会使企业在市场的竞争与合作中立于不败之地，才能真正实现"金泰双全，恒久立业"。

二、按照十六大报告的要求，加强领导班子的能力建设

有了统一的思想，还必须有很强的能力做保证。能力建设是党的建设的重点，这是党的十六大报告所强调的。所谓能力，就是人们从事某项活动和事业的主观条件。加强能力建设是当前和今后一个时期摆在我们面前的一个非常重要和紧迫的历史性课题。

"要加强党的执政能力建设，提高党的领导水平和执政水平"，这

是江泽民同志在党的十六大报告中，论述全面推进党的建设新的伟大工程时所提出的一个重要论点。围绕这个论点，江泽民同志要求各级党委和领导干部要不断提高科学判断形势的能力，不断提高驾驭市场经济的能力，不断提高应对复杂局面的能力，不断提高依法执政的能力，不断提高总揽全局的能力。这一论述对全党有具有重大指导意义，对我们企业党组织和领导班子建设同样具有重大指导作用。

1. 加强党的执政能力建设，是"三个代表"的本质要求。"三个代表"的本质在执政为民。只有坚持"三个代表"，才能做到执政为民；只有坚持执政为民，才能落实"三个代表"。"三个代表"是理论基础，是指导思想，是基本要求；执政为民是可靠保证，是本质和目的。同时，代表还是一种能力，没有能力或能力不高就很难代表。其中执政能力是核心能力、是本质能力。企业虽然不是政权组织，但是企业党组织是执政党的根基所在，企业是执政党的阶级基础和群众基础所在。党组织在企业发挥政治核心作用，其"执政"的地位也是显而易见的。企业党组织和领导班子的能力建设也是执政党能力建设的一个不可分割的重要方面。企业领导班子加强能力建设，有利于把握方向，开阔视野，形成思路，制定战略；有利于开拓市场，扩大开放，促进发展；有利于服务大多数，营造团结稳定的政治局面；有利于发现大问题，解决大矛盾，办好大事情。更好地适应现代企业制度的挑战和经济全球化的挑战，适应公司经济结构调整的需要。曾庆红同志曾这样论述能力问题：他说，现在，面对新形势，新任务，一些同志常常感到"老办法不管用，新办法不会用"，常常发生"本领恐慌"，这从一个侧面说明加强党的执政能力建设的必要性。我看，这一论述对于我们企业也同样适用。

2. 我们在能力建设方面的任务。一是在提高核心能力方面上台阶。我感到企业的核心能力首先是领导班子的能力，领导班子首先必须具备很强的比较优势。领导班子的能力增强了，才会围绕落实"三个代表"提出好思路，做出好战略，凝聚人心，组织力量，朝着既定的目标前进。

　　二是在提高骨干能力方面上台阶。我们党政组织的干部和各级领导者是我们党和整个社会的中坚力量，是支撑"人体的脊梁骨"，是支撑"大厦的顶梁柱"，是人民群众的带头人。要把领导班子的核心能力转变为现实，就必须大力提高各级干部和领导者的支撑能力、骨干能力。要通过人事制度改革，大力加强干部队伍和专业人才队伍建设，为企业发展提供组织和能力方面的保证。

　　三是在提高整体能力方面上台阶。在注重领导班子和干部队伍的能力建设的同时，提高整个党组织的整体能力也是很重要的。我们党是个组织严密的整体。各级党组织，每个党员都要做实践"三个代表"的模范，大家紧密团结，形成合力，才有战斗力。因此，我们要大力提高每个党员的素质，增强每个党员的能力，加强党员队伍的能力建设。这样，全党团结起来，战斗力才会大大增强。

　　四是在提高基础能力方面上台阶。我们党深深地植根于人民群众之中，是最广大人民群众利益的忠实代表者，党群的鱼水深情不可分离。我们党在提高自身能力的同时，提高了广大劳动群众的素质，也就大大增强了我们党的基础能力。因此，要把先进的生产力、先进的文化通过教育、培训、实践变成人民群众力量的源泉，变为人民群众共同致富的武器。广大人民群众的生存能力、发展能力增强了，整个民族的素质提高了，才会进一步发挥出创造世界历史根本动力的作用。企业有了高素质的员工队伍，企业才有希望。鉴于这种认识，工作会议提出把为职工多创造就业岗位和提高职工素质结合起来，加强教育培训，这是很必要的，这是企业发展稳定的一个重要条件，要认真加以贯彻落实。

　　五是在提高制衡能力方面上台阶。没有制约的权力必然导致腐败。党组织必须非常重视制衡能力的建设。要使党的干部和各级领导者习惯于在监督条件下开展工作。党的十六大报告对反腐败工作提出了明确要求，要通过加强廉政建设，增强制衡能力、约束能力，自我净化的能力。

　　3. 加强能力建设应处理好的几个关系。领导班子成员要处理好世界观和能力的关系，做到德才兼备，又红又专；能力与合力的关系，个人能力要强，班子结构要合理，班子集体要形成很强的合力，团结是力量，协调也是力量，什么叫本事，把各方面的积极性都调动起来才算是真正有本事；能力与魄力的关系，各级领导者要不断提高能力，同时还要敢想、敢说、敢干，在科学思想指导下，要有冒险精神，能力要大，魄力要强，艺高人胆大，胆大人艺高；能力与魅力的关系，各级领导者要有很强的政治魅力，自身形象要好，要有吸引人、凝聚人的本领，对领导者，我们要常提醒多帮助，企业的健康发展，包括领导者的健康发展；能力与潜力的关系，要按照江泽民同志的要求，能力要"不断提高"，要做学习型的领导者，建设学习型的领导班子，不断增强自己的潜能，增强发展的后劲，如果领导者不爱学习，肯定要出问题。因此领导班子成员要不断"充电"不断学习，从而把我们党的宏伟事业，把自己所在企业的全面建设不断推向前进。

关于企业党组织能力建设的若干思考

二〇〇三年六月九日

"要加强党的执政能力建设，提高党的领导水平和执政水平"，这是江泽民同志在党的十六大报告中，论述全面推进党的建设新的伟大工程时所提出的一个重要论点。围绕这个论点，江泽民同志要求各级党委和领导干部要不断提高科学判断形势的能力，不断提高驾驭市场经济的能力，不断提高应对复杂局面的能力，不断提高依法执政的能力，不断提高总揽全局的能力。就加强党的执政能力建设，不断提高"五种能力"，江泽民同志做了非常精辟深刻的论述，这一论述是马克思主义党建理论的创新和发展，是落实"三个代表"重要思想的可靠保证和必由之路。加强执政能力建设，对全党具有重大指导意义，对我们企业党组织同样具有重大指导作用。要把加强党的执政能力建设落实到基层，企业党组织的"能力建设"也是一项重大历史任务。企业党建也必须把"能力建设"放在突出位置认真抓好，这样"三个代表"才会落到实处。

一、加强党的执政能力建设，是"三个代表"的本质要求

"三个代表"的本质在执政为民。我体会到，只有坚持"三个代表"，才能做到执政为民；只有坚持执政为民，才能落实"三个代表"。"三个代表"是理论基础，是指导思想，是基本要求；执政为民是可靠保证，是本质和目的。代表和执政有着本质的联系。要代表就

必须执政，只有执政才能代表，不执政代表就成为一句空话；要执政就必须代表，只有代表，执政才有正确方向、力量源泉和坚实的根基，不代表就会丢掉政权，政权就会改变性质。因此，我深深地感到"三个代表"的本质的确在于执政为民，执政为民的确是"三个代表"的本质所在。离开"三个代表"谈执政为民，执政为民的性质就会发生变化；离开执政为民谈"三个代表"，政党失去政权的支撑和人民的拥护，"三个代表"就难以成为现实。

我还认识到，代表是一种能力，没有能力或能力不高就很难代表。其中执政能力是核心能力、是本质能力。作为执政党，具备了很强的执政能力，他就能运用政权的作用和威力，组织和协调社会各个方面的力量，顺利地为实现政党的纲领和目标而奋斗。在社会结构当中，政权的作用不言而喻。作为执掌政权的中国共产党，具备和不断提高执政的能力，他就具有了代表的能力，他就具备了核心能力和本质的能力，就能很好地履行代表的职责，肩负起代表的使命，成为最广大人民群众衷心拥护的代表者。

江泽民同志关于要加强党的执政能力建设，不断提高"五种能力"的论述，是我们党执政规律的科学总结，是我们共产党人执政的基本条件，这是对各级党委和领导干部提出的新标准和新要求，我们要认真学习领会和落实。

二、企业党组织加强能力建设意义重大

企业不是政权组织，但是企业党组织是执政党的根基所在，企业是执政党的阶级基础和群众基础所在。党组织在企业发挥政治核心作用，对企业实施思想、政治、组织领导，其"执政"的地位也是显而易见的。在企业，党的路线、方针、政策都要依靠企业党组织来贯彻和落实。企业党组织建设是党的整体建设的一个重要组成部分，企业党组织的能力建设也是执政党能力建设的一个不可分割的重要方面。我认为加强党组织的能力建设，才能有效地把"三个代表"重要思想

落实到基层，才能保证企业的改革发展和稳定，才能保证企业物质文明、政治文明和精神文明建设的共同进步。其意义体现在我们企业。

一是加强能力建设，有利于开阔大视野，形成大思路，制定大战略。不同于计划体制时期，在市场经济条件下，企业党组织要面对市场，带领党员职工参与竞争，在竞争中取得效益，谋求企业的生存与发展。这就要求我们"以宽广的眼界观察世界"，开阔视野，分析内外部形势，找到企业的比较优势，认清企业的核心竞争能力，从而形成生存与发展的基本思路，制定出企业的战略构想。这是关系到企业成败的大问题。企业党组织必须以高度的责任感，加强能力建设，增强洞察力，提高判断力，理清思路，规划未来。我们北京金泰恒业有限责任公司在2002年召开的第一次党代会上提出了公司的战略构想，为企业的发展指明了方向，使全体员工看到了企业的希望。我感到加强企业党组织科学思维和战略思维的能力迫在眉睫，至关重要。

二是加强能力建设，有利于开拓大市场，实行大开放，促进大发展。在经济全球化的情况下，在我国加入WTO以后，市场从国内扩展到国外，从局部扩展到全球，这就需要企业进一步扩大开放，不仅要对国内开放，还要对国外开放。形势迫使我们提高参与国内和国际竞争的能力，在大市场中，大开放中求得大效益，促进大发展。但是我们当前的能力还不足，实施大开放的观念还不够，驾驭市场的能力还不高，参与国际市场竞争的本领还不大。企业党组织在这样的大背景下，加强能力建设的任务相当艰巨，我们必须增强危机感和紧迫感，在学习中提高，在实践中开拓，大胆地走出家门，走出国门，在大市场上，在大开放中寻找机遇，促进企业的大发展。

三是加强能力建设，有利于服务大多数，营造大团结，稳住大局面。我们共产党人在复杂多变的形势面前从事改革和建设，在利益多元化的情况下，我们要为最广大的人民群众谋利益，要把各种力量凝聚起来，形成安定团结，稳定和谐的大好局面，需要很强的工作能力。头脑要清醒，路线要正确，政策和策略要得当，方法要灵活，措施要有力，行动要果敢。企业党组织也是一样，要把广大职工团结起来，在稳定的基础上求发展，一般的能力是不行的。党组织和各级领导都要把能力建设放在突出位置，不断提高，才能适应纷纭复杂的形势，才能稳住大局。工作起来才能得心应手，游刃有余，达到预期的效果。

四是加强能力建设。有利于发现大问题，解决大矛盾，办好大事情。在社会工作和企业工作中，我们总会遇到各种各样的矛盾，在无数的矛盾当中，能不能发现主要问题，就要看我们的洞察力；能不能抓住主要矛盾，就看我们决断力；能不能实施重点突破，就看我们战斗力；能不能调动一切积极因素办好大事情，就看我们的凝聚力；在棘手的困难和问题面前敢不敢冒风险，就看我们的魄力。这些都是个能力问题。我们金泰恒业公司成立二年来注重能力建设，边学习，边实践，边提高，克服重重困难，集中力量办了十件大事，解决了制约企业发展的关键问题，使我们尝到了能力建设的甜头，今后我们还要在这方面下功夫。

三、当前，企业党组织能力建设面临的挑战和应采取的对策

用江泽民同志在党的十六大报告中关于加强党的执政能力建设的论述为依据，检验我们金泰恒业公司党组织的能力状况，我认为面临的挑战：

一是适应现代企业制度的挑战。在公司建立现代企业制度以后，公司党委要发挥政治核心作用，履行党委的建议权，把党委的意志变为董事会的决策，任务是非常艰巨的，要求是非常高的。党委只有认清形势，思路清晰，董事会才会有正确的决策，经理层才会卓有成效的执行。因此，党委的能力建设在法人治理结构中起关键作用。我们面临的挑战相当严峻。

二是适应经济全球化的挑战。在大开放的格局下，我们必须认真研究和熟悉WTO的规则，在世界范围内配置资源。但是我们当前融入世界经济的步伐还比较慢，我们配置资源的范围还比较窄，我们参与国际竞争与合作的能力还不强。企业党组织要为企业的发展指明方向，

提出战略，做出部署，在能力上还是不够适应的。我们必须加快补上这一课。

三是企业领导者素质的挑战。在世界科技革命迅猛发展，产品的科技含量越来越高，信息化建设日益普及的情况下，企业党组织成员和企业领导者的能力正在经受着严峻的考验。我们的科技意识不够强，管理水平还不高，产品的科技含量不足，导致市场竞争能力比较差，效益增长的速度和质量不够理想。这些都要求我们要大幅度地提高科技水平，提高管理能力。在结构调整中，我们公司的房地产业有了长足的发展，但是进行房地产开发和管理酒店、写字楼以及开发旅游业的高中级人才十分缺乏，我们深感能力不足。

面对上述挑战，我们应采取的对策：

一是在提高核心能力方面上台阶。我感到企业的核心能力首先是领导班子的能力，领导班子首先必须具备很强的比较优势。要在领导班子的能力建设方面上台阶，就要认真学习贯彻党的十六大精神，坚持用"三个代表"重要思想武装头脑，提高领导班子的"代表能力"。领导班子的能力增强了，才会围绕落实"三个代表"提出好思路，做出好战略，凝聚人心，组织力量，朝着既定的目标前进。

二是在提高骨干能力方面上台阶。我们党政组织的干部和各级领导者是我们党和整个社会的中坚力量，是支撑"人体的脊梁骨"，是支撑"大厦的顶梁柱"，是人民群众的带头人。要把领导班子的核心能力转变为现实，就必须大力提高各级干部和领导者的支撑能力、骨干能力。要通过人事制度改革，大力加强干部队伍和专业人才队伍建设，为企业发展提供组织和能力方面的保证。这正如毛泽东同志所教导的"政治路线确定之后，干部就是决定的因素"。

三是在提高整体能力方面上台阶。在注重领导班子和干部队伍的能力建设的同时，提高整个党组织的整体能力也是很重要的。我们党是个组织严密的整体。各级党组织，每个党员都要做实践"三个代表"的模范，大家紧密团结，形成合力，才有战斗力。因此，我们要大力提高每个党员的素质，增强每个党员的能力，加强党员队伍的能力建设。这样，全党团结起来，战斗力才会大大增强。

四是在提高基础能力方面上台阶。我们党深深地植根于人民群众之中，是最广大人民群众利益的忠实代表者，党群的鱼水深情不可分离。我们党在提高自身能力的同时，提高了广大劳动群众的素质，也就大大增强了我们党的基础能力。因此，要把先进的生产力、先进的文化通过教育、培训、实践变成人民群众力量的源泉，变为人民群众共同致富的武器。广大人民群众的生存能力、发展能力增强了，整个民族的素质提高了，才会进一步发挥出创造世界历史根本动力的作用。企业有了高素质的员工队伍，企业才有希望。鉴于这种认识，我们公司党委把为职工多创造就业岗位和提高职工素质结合起来，并作为企业发展稳定的一个重要原则，认真加以贯彻落实，收到了好的成效。党组织的威信不断提高，企业效益增长的速度和质量稳步增长。

五是在提高制衡能力方面上台阶。没有制约的权力必然导致腐败。我感到党组织必须非常重视制衡能力的建设。要使党的干部和各级领导者习惯于在监督条件下开展工作。党的十六大报告对反腐败工作提出了明确要求，我们要认真落实。为了增强制衡能力、约束能力、自我净化的能力，我们公司党委在重视纪检监察工作的同时，积极支持监事会的工作。并成立了两个监察室，派得力干部参与未改制企业的监察工作。最近新成立了审计部，进一步强化了监督机制。

四、加强能力建设应处理好的几个关系

我感到加强党组织的能力建设，要处理好世界观和能力的关系，做到德才兼备，又红又专；能力与合力的关系，个人能力要强，班子结构要合理，班子集体要形成很强的合力，才算是真正有能力；能力与魄力的关系，各级领导者要不断提高能力，同时还要敢想、敢说、敢干，在科学思想指导下，要有所冒险精神，能力要大，魄力要强，艺高人胆大，胆大人艺高；能力与魅力的关系，各级领导者要有很强的政治魅力，要有吸引人、凝聚人的本领，要以人格的魅力来影响大

家，团结群众，能力与魅力相互影响，相辅相成；能力与潜力的关系，要按照江泽民同志的要求，能力要"不断提高"要不断增强自己的潜能，增强发展的后劲，从而把我们党的宏伟事业，把自己所在企业的全面建设不断推向前进。

学习贯彻十六大精神　推动企业文化建设

——在"金泰恒业观"理论研讨会上的讲话

二〇〇三年六月二十六日

　　今天召开的"金泰恒业观"理论研讨会，目的是深入学习贯彻党的十六大精神，畅谈交流对"金泰恒业观"的认识和实践方面的成果信息，对进一步提高企业文化建设战略意义的认识，推动公司企业文化建设的健康发展具有非常重大的意义。

　　金泰恒业公司自 2001 年改制挂牌以来，用党的十六大精神统一思想，认真实践"三个代表"重要思想，结合企业经济工作不断创新，各项工作都取得了很大成绩。但要清醒地看到，我们不仅面临深化改革的压力，还面临着我国加入 WTO 后的各种挑战，要做大做强企业，还必须建立个人和企业的核心竞争力，要结合企业的经济工作，强化企业文化建设，培育学习型企业。

　　通过多年的思考和实践，集合全体员工的智慧，我们初步提出了以"金泰双赢、恒久立业"为核心内容的"金泰恒业观"，它包含着"两个统一"、"三个面向"、"五个追求"的深刻内涵和基本要求。这是用马克思主义的世界观和方法论解决怎样认识我们企业、怎样发展我们企业的指导思想，是凝聚力量、推动企业不断前进的巨大精神支柱。有了正确的理论指导，我们的头脑才会清醒，思路才会清晰，才能有解决问题的办法，才能克服前进道路中的困难，我们的企业才会做大做强。

　　"金泰恒业观"的提出，是企业发展的必然要求，反映了企业自己的历史和现状，它是学习十六大精神，继承煤炭总公司几十年优良传统并与时俱进、不断创新的成果，是对金泰恒业公司近年来工作的深刻总结。公司党委提出"金泰恒业观"后，广大员工反响强烈，公司领导班子成员深入基层带头宣讲，《金泰时讯》在报纸上展开了一定规模的宣传攻势，值得一提的是，一些离退休的老同志也认真思考提出了自己的意见。充分表达了金泰人不断开拓进取、走全面发展之路的理想、信心和勇气。深入学习、认真贯彻、不断完善"金泰恒业观"，是我们今后企业文化建设的重要任务，应该把它纳入到企业发展战略中。为此，围绕实践完善金泰恒业观，推进企业文化建设我讲三个问题。

一、认真学习党的十六大精神，充分认识企业文化在三个文明建设中的重要作用

十六大报告提出："当今世界，文化与经济和政治相互交融，在综合国力竞争中的地位和作用越来越突出。"文化不但是综合国力的重要标志，而且已成为综合国力中具有全局性、战略性的组成部分。企业文化建设是先进文化建设的重要组成部分，在提高企业整体素质、激发员工创造性、培育企业核心竞争力等方面发挥着越来越重要的作用。

从物质文明建设的角度看，企业文化建设是提升企业管理、增强企业竞争力、提高经济效益、促进企业物质文明建设的重要手段。要通过企业文化建设把文化力转化为生产力，把精神的力量转化为物质的力量；从政治文明建设的角度讲，企业文化建设是企业党组织发挥政治优势的重要途径，需要运用说服教育、示范引导、提供服务等方法做好新形势下的群众工作，团结带领员工共同前进；从精神文明建设的角度看，企业文化建设是提高员工思想道德素质、提升企业文明形象的重要载体，需要用"三个代表"重要思想武装员工、加强思想道德建设、弘扬企业精神、塑造共同价值观。因此，我们应该进一步深刻认识企业文化建设的重要性，增强运用先进文化促进企业发展的

紧迫感。

二、深刻领会十六大精神，用"三个代表"重要思想统领企业文化建设

"三个代表"重要思想是企业文化建设的根本指导思想，充分体现先进生产力的发展方向和先进文化的前进方向，充分体现最广大人民群众的根本利益，是企业文化建设必须坚持的基本方向和必须遵循的重要原则。

在企业文化建设中，把握"三个代表"的关键是要体现与时俱进的要求。应该在继承传统、总结成功经验的基础上，善于研究新情况、探索新形式、创造新方法、提供新载体、总结新经验。要坚持用科学的理论武装员工头脑、用先进的理念引导员工行为、用先进的制度和机制激励员工，为企业持续健康发展提供强大的文化力量。

企业文化建设，要从一般号召提升到以人为本、执政为民、促进员工的全面发展。要从导入点上下功夫，形成共识与有效导入的最佳结合，例如企业没有品牌就没有生命力，我们目前就应该在资源整合上下功夫，确立金泰恒业的品牌标准，实行统一冠名，形成连锁经营，使所有企业对外都有同样的竞争力，体现行业整体实力，使金泰恒业在市场中成为大而强的企业，发挥规模性效益，引来多元投资者。这是企业文化建设的导入点。

最近，中共中央发出《"三个代表"重要思想学习纲要》的通知，要求兴起学习贯彻"三个代表"重要思想的新高潮。各单位要按照公司党委对两级中心组学习的要求，从认识上达到新的高度，用"三个代表"重要思想统领企业文化建设，充实金泰恒业观的内涵。

三、加强领导，开拓创新，不断提高企业文化建设水平

在知识经济条件下，文化渗透于经济的全过程，从经济活动中的

人到对经济活动的处理，从产品的设计、生产，到产品交换以及使用，无不渗透着文化。文化因此而成为企业竞争力的重要组成部分。通过企业文化建设提升企业的经营理念，提高企业的管理水平，增强企业的凝聚力，为企业的快速发展提供强大的内在动力，已经成为许多企业和企业领导人的自觉选择。我们要将企业文化建设紧紧地与党建、班子建设结合起来，与解决员工中的难点热点结合起来，行动上要迅速跟进，管理上要有新办法、新手段，要加强能力建设，使非权力因素得到认可。要注意维护员工的利益，使员工在企业发展中得到实实在在的实惠，增强凝聚力。这是落实"三个代表"重要思想的具体体现，也是企业文化的重要作用所在。

进入 21 世纪，企业文化内涵发展到了一个新的高度：一是企业文化表现出来的凝聚、激励、约束、导向、辐射的力量，对企业发展的作用越来越显著；二是企业文化的发展同企业经营活动和管理创新更加紧密地结合起来，是企业经营中的管理文化；三是企业结盟取胜、实施双赢战略必然要追求文化沟通与双赢思维，实现优势互补、资源共享、分担风险；四是企业精神的概括与提炼更加富有企业个性、特色和独具的文化底蕴；五是企业家个人综合素质、决策力、驾驭企业的艺术力与抓机遇的能力等显得更加重要。为此我们要探索建设具有企业特色的企业文化的发展规律，使我们的企业文化成为一种最难模仿的核心竞争力。

同志们，"金泰恒业观"理论研讨会，赢得了交换思想、交流经验的效果。今后还要不定期地召开这样的研讨会，以期达到共同提高的目的。我相信，只要我们静下心来，潜心研究、扎实实践，我们的企业文化建设就会上一个新台阶。

关于在金泰恒业公司纪念"七一"
暨"争优创先"总结表彰大会上的讲话

二〇〇三年六月二十七日

　　"七一"将至，我们非常欣喜地迎来了伟大、光荣、正确的中国共产党八十二周年纪念日。

　　今年"七一"不同寻常。年初以来，SARS 疫情肆虐，在我国一些地区迅速蔓延。面对突如其来的疫情，全党、全军和全国人民坚决贯彻胡锦涛总书记一手抓抗击"非典"工作不放松，一手抓经济中心不动摇指示，众志成城，共同奋战。目前，"两手抓"取得了显著成绩，充分显示了中国共产党权为民所用，情为民所系，利为民所谋，全心全意为人民服务的根本宗旨。因此，在这个时候纪念我们党的诞生，有着更为深远而重大意义。

　　八十二年来，伟大、光荣、正确的中国共产党，高举马列主义、毛泽东思想光辉旗帜，带领全国各族人民经过艰苦卓绝，不屈不挠的斗争，取得了新民主主义革命的胜利，建立了中华人民共和国。又在邓小平理论指引下，深化改革，扩大开放，开创了中国特色社会主义建设的宏伟事业，并以"三个代表"重要思想为指导，胜利地跨上了全面建设小康社会的幸福宽广的道路。在此之际，我们要以异常崇敬和无比自豪的心情，全面回顾我们党所走过的伟大而艰难的光辉道路；深切缅怀我们党带领全国各族人民八十多年来所取得的丰功伟绩；热情赞颂我们党的革命本色、良好作风和优秀品格。同时，紧密联系党的建设工作实际，分析新情况，总结新经验，创建新思路，提出新举措，不断加强和改进党的建设水平。下面结合纪念我们党的建党纪念日，就公司党的建设，重点是"争优创先"活动情况进行总结，同时提出今后工作意见。

我们公司开展"争优创先"活动已有数年，有力地推动了公司党的建设。今年的"争优创先"活动具有更明显特点，突出的是全面贯彻了"三个代表"重要思想，牢牢把握了与时俱进、坚持党的先进性和执政为民这个根本要求，以创新精神从严治党，巩固和加强了党的建设，提高了党组织的创造力、凝聚力和战斗力。主要特点是：

一、以"三个代表"重要思想为指导，进一步明晰了党的建设工作思路

在"争优创先"活动中，公司各级党组织深入学习"三个代表"重要思想，深刻领会其精神实质，并将学习活动与各单位的具体实际结合起来，与公司开展的"走跨越式发展之路大讨论"结合起来，统一了思想。明确了企业党组织作为"三个代表"重要思想的组织者、推动者和实践者，要把"三个代表"重要思想落实到基层，就必须紧紧围绕经济中心，把党的政治优势充分发挥出来；把职工的积极性、创造性充分调动起来；把精神文明以及文化建设空前繁荣起来；促进企业健康快速稳定的发展起来，从根本上体现执政为民。因而，进一步端正了党的建设指导思想。

京煤一厂党委从企业的长远发展和职工的根本利益出发，坚定了走可持续发展之路的决心。为了构建新的经营格局，经过艰苦努力，硬是由已经转让的土地中抠出一部分，投资建设国益大厦，形成了自己的支柱产业，为企业发展积蓄了后劲。京煤七厂党总支面对企业主营的民用煤产业将有序退出，生存压力逐渐加大的情况，他们顾全大局，甘于奉献。把圆满完成首都城区民用煤保供任务，作为落实"三个代表"重要思想的具体体现和首要责任，并贯彻始终。他们通过系列主题活动等深入细致的思想政治工作，在企业创造了和谐共促、人

人思进、奋发向上的良好氛围。员工心往一处想，劲往一处使，有效地保证了民用煤市场，为首都稳定作出了贡献。房地产公司党总支针对经营的产业在金泰恒业的特殊地位和肩负的责任，坚持人才兴企、知识兴企，创新机制，打造队伍，已经成长为行业的一支新生力量。煤炭利用研究所目前正值二次创业的初始阶段。所党总支把凝聚民心工程作为企业的创效工程，全所上下夜以继日，艰苦努力，连续攻关，使得汽车服务、自动门、土地开发等项目如期投入运营。全员参与销售服务"春风行动"，党团员带头骑上自行车在京城及周边地区开拓市场，打破了项目运营初期的僵凉局面，寂寞了几年的员工看到了企业兴起的希望。

二、以企业发展为第一要务，进一步强化了党组织的政治核心作用

在"争优创先"活动中，公司各级党组织自觉实践"三个代表"重要思想，把企业发展作为第一要务。以与时俱进的创新精神，积极探索在社会主义市场经济和建立现代企业制度条件下，加强党的建设新路子，开拓性地开展工作，充分发挥了党组织的政治核心作用。

京煤四厂党委努力实践"三个代表"重要思想，"谋大事、抓大事、做大事、成大事"。他们把党委工作置于经济中心的主战场，全方位发挥政治优势，调动一切积极因素，谋企业发展思路，促企业快速发展。在企业内部树立了一流管理、一流效益的企业形象；勤政廉洁、甘当公仆的领导者形象；吃苦在前，无私奉献的党员形象和爱岗敬业、遵纪守法的职工形象，为企业顺利完成各项任务提供了可靠保证。建筑2.67万平方米的富地大厦工程，当年施工当年封顶，在内外装修整治的同时，完成了机构、人员、制度的到位准备，并实施招商。在项目运作上创造出了"富地模式"，孕育出了"富地精神"。

九区公司垂直管理以来，各区公司党组织为金泰恒业党的建设带来了一股清新空气，也为公司进一步发展注入了新的活力。通华实业

总公司党委坚持讲实话、办实事、求实效，大刀阔斧地开拓创新，积极稳妥地改革体制。目前，改制公司运行良好，被西城誉为改革的一面旗帜。他们牢记"两个务必"，从我做起，严格要求。利益面前讲党性、讲风格、讲奉献，被职工堪称勤政廉洁的典范。他们落实"三个代表"，团结进取，弘扬正气，心贴群众，职工有幸福感、满足感，在企业创造了和谐稳定、健康发展的局面。海淀公司党委坚持解放思想，与时俱进，充分利用区位优势，不失时机，超前谋划，公司一年一个新变化，认真履行了执政兴企的政治职责。他们坚持集体领导，充分发挥领导班子整体作用，比较好地调动了各方面积极性，创造了奋发向上的良好氛围，体现出了较强的创造力、凝聚力和战斗力。他们坚持"三个代表"重要思想，心系职工，切切实实为他们赢得了实惠，深得职工信任。丰台公司党委在区位偏僻，地域狭小，企业经营、开发都非常不利的情况下带领职工不畏困苦，艰难创业，和中层领导人员一起虚心到兄弟单位登门拜访，借鉴经验。聚精会神搞建设，一心一意谋发展，各项工作呈现出了新的起色。朝阳公司党委紧扣发展主题，大力实施形象工程，希望工程和支柱工程，整体推进企业制度改革，积极探索公有制经济的实现形式，企业经济有了比较迅速的发展。

在抗击"非典"的严峻斗争中，公司各级党组织心系职工、心系企业于一身，快速反应，迅速出击，及时做出了部署。主要领导亲临一线，传达上级指示，指导防疫工作。各单位村自为战，人自为战，实行了严格的封闭管理，构筑了坚实的阻击交叉感染的防护屏障。彻底清理环境，实行了严格的消毒措施。坚持了职工每天体温检查，以及"零报告"制度。各单位适时地给职工购置了增强免疫力的中、西药剂，普遍制定了应急行动预案。海淀公司地处重疫区，在员工和企业受到严重威胁的危急时刻，公司党委统一思想，及时采取了八项措施。团结和带领党员、群众同心同德，同甘共苦，抗击"非典"，比较顺利地渡过了难关。崇文公司天鑫宾馆和通华实业公司同华苑饭店在抗击"非典"期间被政府部门征用，他们服从大局，毫无怨言，并创造条件,为进驻人员提供了热情、周到、优质的服务,受到一致赞扬。在重大的灾情面前,公司全体共产党员充分发挥先锋模范作用,以强烈的责任感和使命感,以英勇无畏和不怕牺牲的精神,纷纷投身到了抗击"非典"的最前线。京煤二厂医务室共产党员孙容岩同志,办理内退手续后,受聘在区急救分中心工作。在"非典"疫情最猖獗的时候,她本可以回家躲避。但是她想自己是白衣战士,是共产党员,在这场没有硝烟的战争中应该冲锋在先。因此,她始终坚守岗位,奋战在第一线,先后参与诊断和输送"非典"疑似病人50余例,被急救分中心称为"白衣卫士,火线英雄"。公司各单位一手抓抗击"非典"不放松,一手抓经济中心不动摇。京煤四厂富地大厦等一批项目,由于抓得细,措施有力,无一天停工,无一人脱岗,无一人感染,使得项目运作如期开盘。在这场万众一心抗"非典",迎难而上谋发展的斗争中,公司各级党组织、党员和员工队伍经受住了严峻考验。

三、以从严治党为要旨,进一步优化了党组织的整体素质

公司各基层党组织坚持"三个代表"重要思想,按照"结合、服务"的基本要求,在充分发挥政治核心作用,为企业改革、发展、稳定提供思想、政治保证和人才支持的同时,以"争优创先"活动为载体,坚持党要管党和从严治党,以改革和创新精神探索新时期加强和改进党的建设的新方法、新举措,开创了公司党的建设新局面。

深化了党的教育。公司各级党组织以党的十六大精神和"三个代表"重要思想为主要内容,分别采用学习辅导、专题培训、党课教育等形式,进行党的基本理论、基本路线和基本知识教育。不少单位还采用知识答卷、编写答题手册等形式,增强了教育效果。崇文公司为增强"争优创先"活动的针对性,他们深入调查研究,根据不同人员的思想实际,区别不同层次,开展不同形式的教育。并把党的教育与企业实际工作结合起来;与专业知识培训结合起来;与针对性地解决问题结合起来,使党员尤其是党员领导同志既学习了理论,又认清了

形势，明确了任务。起到了澄清思想，振奋精神，凝聚人心的作用，为企业深化改革、促进发展、保持稳定奠定了思想基础。

强化了党员管理。各单位都建立起以"保持共产党员先进性"为主要形式的党的教育管理活动载体，广泛深入地开展系列主题教育活动。"三会一课"制度得到了比较好的落实。尤其是讲党课，多数是由党组织主要领导同志亲自讲授，这不仅对领导者是个鞭策，也提高了教育质量。不少单位实施了党支部建设以及党员目标管理考核办法，对于加强公司党的基层建设收到了明显效果。宣武公司党委按照"三个代表"重要思想的要求，以思想建设与能力建设并重，加强领导班子建设；以对支部实施百分制考评推动党支部建设；以开展"双三比"竞赛和主题教育活动，促进党员队伍建设，形成了围绕经济抓党建，抓好党建促经济的良好局面。

创新了工作方法。门头沟公司党总支以"三个代表"重要思想为指导，创新了畅通的信息机制、平等的对话机制和政治工作决策机制，拓宽了与职工的思想交流渠道，密切了党群干群关系。各单位开展的党员电化教育，建立了党员电化教育工作室，定期组织党员接受党的基本理论、基本路线、基本知识以及党的性质、宗旨教育。有条件的单位还充分利用网络资源，制作了党的建设和思想政治工作信息平台，开发了网络领域的园地和舞台。为加强和改进党的建设，拓宽了渠道、变革了形式、丰富了内容，增强了效果。

同志们，回顾一年来，我们开展"争优创先"活动，加强党的建设，取得了一些成绩。但是，认真分析起来，我们公司正值二次创业，要实现公司的战略目标，任重而道远。这就要求公司各级党组织必须以党的十六大精神为指针，全面落实"三个代表"重要思想，努力抓好党的建设这一新的伟大工程，把党的政治优势在企业各项工作中组织好、运用好、发挥好。重点解决以下三个方面问题：

1. 把握全局，全面贯彻落实"三个代表"重要思想。"三个代表"重要思想是党的十六大灵魂，作为长期指导思想，是党在新的历史阶段，完成新的工作任务的迫切要求。我们要按照中央《通知》精神，迅速兴起学习贯彻"三个代表"重要思想的新高潮。用"三个代表"重要思想统一认识，武装头脑。以其作为观察分析形势、判断处理问题的强大思想武器，作为统领各项工作的指导方针。

兴起学习贯彻"三个代表"重要思想新高潮，就要在深刻领会"三个代表"重要思想基本精神的基础上，牢牢把握其历史地位和指导意义；要始终坚持解放思想、实事求是、与时俱进；要毫不动摇地坚持党的基本理论、基本路线、基本纲领和基本经验；要为实现全面建设小康社会的目标而奋斗；要坚定不移地抓好发展这个党执政兴国的第一要务；要促进社会主义物质文明、政治文明和精神文明协调发展；要最广泛最充分地调动一切积极因素，为中华民族的伟大复兴增添新力量；要始终做到立党为公、执政为民；要大力加强和改进党的建设。

党的基层组织是全面贯彻落实"三个代表"重要思想的组织者、推动者和实践者。其根本的政治任务就是结合本单位工作实际，认真贯彻党的十六大精神，把"三个代表"重要思想学习好，贯彻好，实践好。按照市工业工委和集团党委要求，要突出重点、分阶段、分层次组织好学习教育活动。在党员领导人员中开展贯彻落实"三个代表"重要思想、"争做三个模范、提高五种能力"的教育活动；在基层党组织中开展"做'三个代表'重要思想的组织者、推动者和实践者"的大讨论和创新实践活动；在党员中开展实践"三个代表"重要思想，保持共产党员先进性的教育活动；在职工中开展"为全面建设小康社会立足岗位多作贡献"的活动。通过学习教育，能够与时俱进迈出新步伐，保持党的先进性实施新举措，坚持执政为民开创新局面，把企业的改革、发展、稳定推向新阶段，取得新业绩。

2. 突出重点，充分发挥政治核心作用。党的组织要坚持"结合、服务"的指导思想，围绕经济工作中心，以改革的精神拓宽工作领域，充分发挥政治核心作用。党的组织，尤其是党员领导同志，要有开阔的眼界和宽广的思路，能够站在全局的高度，善于谋大事，习惯抓大事，着眼做大事，能够成大事。要按照"三个代表"重要思想，充分发挥自身的政治优势，真正使党组织成为企业坚强的政治核心。

要积极参与企业重大决策。参与企业重大决策是党章赋予国有企业党组织的政治职责，是党组织发挥政治核心作用的具体体现，也是保证党的路线、方针、政策和上级指示在企业得到贯彻落实的重要途径。各单位要依据企业结构调整、制度改革等情况，不断探索参与企业重大决策的具体方法和形式，要通过完善机制和健全制度，保证党组织对于企业重大决策的有效参与。要通过加强学习，提高理论知识和实际工作水平，保证党组织有能力参与企业重大决策。

要大力开发人才资源，加强人才队伍建设。要按照党管人才的要求，提高认识，统一规划，以思想和能力建设为重点，积极做好企业经营管理人才、专业技术人才的培养、引进、开发、选拔、使用等方面的工作。要从人才资源市场化、社会化和法制化趋势出发，逐步加大改革力度，建立科学、实用、有效的人才工作机制以及相关制度，推进企业经营管理人才和专业人才队伍的建立和发展。在公司内部创造人尽其才，才尽其用，优秀人才脱颖而出的用人环境。

要加强思想政治工作，提高企业双文明建设水平。通过强有力的思想政治工作和企业文化建设，内聚人心，外树形象，建设"四有"职工队伍，把党员群众引导到立足岗位，扎实工作，为全面建设小康社会贡献聪明才智上来。要努力实践"三个代表"，权为民所用，情为民所系，利为民所谋。办实事，解难题，把一切积极性充分调动起来，形成强大的政治力量，推进改革，促进发展，保持稳定。

3. 创新举措，提高党组织的创造力、凝聚力和战斗力。党的十六大强调要全力推进党的建设新的伟大工程，并提出了四个"一定要"的总要求。其中之一就是要准确把握当代社会前进的脉搏，改革和完善党的领导方式、执政方式、领导体制和工作制度，使党的工作充满活力。因此，公司各级党组织要解放思想，与时俱进，在企业改革变化的进程中，积极探索和大胆创建新的工作机制、工作制度和工作举措。要按照不同所有制形式、不同组织机构、不同经济状况的企业单位，合理设置党组织，采取相应的工作方法，卓有成效地开展工作，发挥政治核心作用。

要完善党的建设责任制度，形成基层党组织、党支部和党员队伍建设逐级负责的责任体系和一级抓一级的管理模式。要制定相应的考核管理办法，实行党支部"双向"考核措施的单位，要注意总结经验，在实践中不断改进和完善。

要把党的建设活动载体建立起来，以灵活多样的形式加强党的建设。通过把党的日常教育管理工作与企业的经济工作、经营活动有机地结合起来，分别以"一个支部一个堡垒、一个党员一面旗"、"做合格党员、创模范岗位"、"党员群众手拉手"、"党员活动日"等形式，扎实有效地开展系列主题教育活动，充分发挥党组织和党员在企业各项工作中的作用。要通过示范引导、健全制度、强化监督等方式，加强党员管理，并注意做好不在岗党员和离退休党员的教育管理工作，使公司各级党组织和党员始终保持蓬勃朝气，昂扬锐气和浩然正气。

我们要高举邓小平理论伟大旗帜，全面贯彻落实"三个代表"重要思想，紧紧围绕经济工作中心，大力加强和改进党的建设，开创公司党的建设新局面。坚决落实胡锦涛总书记关于"两手抓"的指示，始终保持清醒的头脑和昂扬的斗志，严防死守，绝不懈怠，坚决打好北京抗击"非典"的攻坚战，夺取抗击"非典"斗争和经济工作的双胜利。

兴起学习贯彻"三个代表"重要思想新高潮，强化战略思维，提高决策水平，把下半年的各项工作推向一个新的阶段

——在北京金泰恒业有限责任公司二〇〇三年上半年经济工作会议上的讲话

二〇〇三年七月十五日

今年上半年，我们在集团党委的领导下，认真学习贯彻党的十六大精神和"三个代表"重要思想，按照年初工作会议的部署，坚持两手抓，抗击"非典"，千方百计地克服"非典"带来的不利影响，积极推进全年的各项工作，三个文明建设取得了新的进展。

一是把宣传贯彻党的十六大精神作为首要政治任务，用"三个代表"重要思想统领全局，大力加强各级领导班子和党员队伍的思想理论建设。通过中心组学习，开展宣讲，进行研讨，大家对十六大的主题、灵魂、精髓、基本经验、奋斗目标、工作任务有了较为深刻的理解，有效地指导和推动了全年的工作。

二是大力宣传、实践"金泰恒业观"，研究、丰富"金泰恒业观"，运用"一报一刊"、演讲比赛、研讨活动，在广大员工中倡导和树立"金泰双赢，恒久立业"的企业观和方法论，为企业改制以后的振兴和发展奠定思想基础，提供精神力量。发挥了企业文化对经济工作的导向和支撑的作用。

三是大力加强党的组织建设，深化人事制度改革，为企业发展提

供组织保证。我们坚持党要管党，从严治党的方针，坚持民主集中制
原则，党管干部、党管人才的原则，围绕经济工作，切实发挥了党组
织的政治核心作用。通过民主评议、民主测评、个别谈话，掌握了基
层班子的总体情况。加强后备人才队伍建设。建立竞争、择优、优胜
劣汰机制。人才的选择、引进、培养、使用又取得了突破性进展。

四是党风廉政建设有新的加强。认真落实中央"八个坚持，八个
反对"的要求，强化党风廉政建设责任制，落实"四位一体"的监督
机制，加强宣传教育，开展效能监察，提高了各级领导人员廉政勤政
的自觉性。

五是加强了对工会、共青团的领导。维护职工的合法权益。召开
了公司双代会，为支持工会组织把民主管理、民主监督、民主决策的
权益落到实处，奠定了组织和制度基础。公司的厂务公开、经济技术
创新、送温暖工作都取得了好的成绩。共青团组织的思想政治建设和
组织建设，进一步得到加强，发挥了党的后备军和助手作用。

六是董事会本着向股东负责，向企业负责，向员工负责的精神，
在深化改革、企业管理、生产经营等方面，做出了一系列重要决策，
建立健全了一系列工作制度，支持经理层放手大胆地开展工作，保证
了经济工作的正常运行。

七是坚持"两手抓"，和全市人民一道，取得了抗击"非典"的
阶段性重大胜利。面对突如其来的"非典"，我们公司根据上级的部
署，加强组织领导，严守各种制度，加强监督检查，本着对人民群众、
公司员工身体健康和生命安全高度负责的精神，万众一心，众志成城，
取得了抗击"非典"的阶段性胜利，全公司在职员工没有发生一例继
发性感染者。公司上下全力克服"非典"的不利影响，坚守岗位，开
拓经营，强化管理，降低费用，努力完成上半年的各项经济指标。

但是，由于4月份以来，在"非典"的冲击下，公司销售收入减
少，成本增加，利润下降。由于我们公司大都是服务性行业，结构性
矛盾比较突出，抗风险的能力不足，相当一部分门店关张停业，开工
不足，费用加大，导致经济效益滑坡，使下半年的工作更加困难。

　　针对上半年取得的工作成绩和存在问题，下面我代表公司党委和董事会重点就贯彻落实《中共中央关于在全党兴起学习贯彻"三个代表"重要思想新高潮的通知》和市委的意见，以及工委和集团党委的部署，并结合企业实际，提出具体要求；就企业下半年的重点工作，提出指导性意见。概括地说，下半年要大力实施学习创新、金泰双赢、人才兴企、经营管理、创建品牌、改革开放、党的建设七大战略，进一步加强能力建设，提高决策水平，增强执行力度，确保完成各项经济指标，实现三个文明建设协调发展。

一、兴起学习贯彻"三个代表"重要思想新高潮，大力推进学习创新战略

　　"三个代表"重要思想，是我们党长期的指导思想和战略任务。各级领导班子和广大党员，要认真学习中央的通知、市委的意见和工委、集团党委的部署，认真领会中央通知的五条要求、市委的三条意见，要在充分认识重大意义、领会基本精神、解决实际问题、突出学习重点、区分学习层次、加强组织领导方面取得成效。

　　要通过学习胡锦涛同志7月1日《在"三个代表"重要思想理论研讨会上的讲话》，进一步加深对"三个代表"的理解。胡锦涛同志的讲话意义深远，内涵丰富，是对"三个代表"的新认识、新论述，具有很强的理论性、思想性和指导性，是推动党的建设和各项事业的纲领性文件。通过学习，要对"三个代表"新的理论概括、新的理论体系、新的理论要求、新的理论视野有更为清楚的认识；要对"三个代表"的根本指导作用，即战略思想、依靠力量、外交战略策略方针，党的建设总体部署有更为明确的理解；要对"三个代表"立党为公，执政为民的本质，有更为准确的把握。从而把立党为公，执政为民落实到党和国家制定和实施的方针政策工作中去，落实到各级领导人员的思想行动中去，落实到关心群众生产生活的工作中去。我们作为企业，落实"三个代表"，要有自己的特点，要具体化，要用生产

力扩展了没有，经营收入增加了没有，职工收入保证了没有，来衡量学习"三个代表"的成效。要针对制约企业发展的重大问题，提出新思路，找出新办法，采取新行动，从而真正把"三个代表"落实到党建上、落实到人才上、落实到项目上、落实到效益上。要按照胡锦涛同志的要求，坚持学习理论和指导实践、改造客观世界和改造主观世界、运用理论和发展理论相结合，在加快发展步伐上确实见到成效。同时，要按照中央通知精神，认真学习中央宣传部组织编写的《"三个代表"重要思想学习纲要》，认真把握《纲要》论述的 16 个重要观点，进一步掌握"三个代表"科学的理论体系。

学习贯彻"三个代表"重要思想，是我们公司学习创新战略的首要任务，是建立学习型企业的关键所在。当前，企业结构不合理、经营水平不高、管理粗放、条块分割、人才缺乏、体制和机制不顺畅等问题，只有通过学习创新来解决。公司职能部门和各级领导班子必须牢牢地抓住学习创新战略不放，按照"三个代表"和"金泰恒业观"的要求，制定出切实可行的创新举措，坚决执行，狠抓落实。

二、不断强化责任、风险意识，积极推进"金泰双赢"战略

"金泰双赢，恒久立业"的"金泰恒业观"，既是我们公司的指导思想，又是我们公司的战略思维、战略构想和战略安排。"以金立业，以泰保金"，实现效益和稳定的双赢，公司和客户的双赢，各位股东的双赢，经营管理者和员工的双赢，近期利益和长远发展的双赢，从而保证公司在市场中长久的稳固地位。实现"金泰双赢"战略的基础，是先进的制度；关键是领导班子的创新能力；核心是凝聚高素质人才；本质是高效益、快发展；目的是兴企富民，奔小康，实现三个文明。

要实现"金泰双赢"战略，必须增强"金泰双赢"意识，强化"金泰双赢"责任，化解不利于"金泰双赢"的风险。当前，要实施"金泰双赢"战略，一是毫不动摇，积极稳妥地推进改革，建立充满

生机和活力的体制和机制，照顾好各个方面的利益关系，把各个方面的积极性都充分调动起来。二是做实整体，做强单体，抓好骨干企业的增资扩股，经营管理，抓好大项目的开发建设与经营，积极培育盈利大户。还要做强每个实体，使每个门市、网点，单体强壮，成为市场竞争中的尖兵，成为特别能赢利的亮点。三是战胜风险，化解危机，保证企业在各种冲击面前泰然自若，稳如泰山，持续发展。

落实"金泰双赢"战略，要切实抓好两项政治任务的完成：一是防"非典"不放松，防止"非典"再度出现、蔓延；二是在民用煤价格放开以后，要保证质量，降低成本，保证供应，维护首都稳定。

三、坚持党管人才的原则，树立人才资源是第一资源的观念，快速占领人才竞争的制高点，大力实施"人才兴企"战略

5月23日中央政治局召开会议，专题研究了人才问题。6月6日江泽民、胡锦涛同志看望出席全军"实施人才战略工程加速人才培养"座谈会代表，江泽民同志强调全军要切实把人才建设摆到战略位置，不断开创人才辈出的新局面。人才兴国、人才强军战略是我们公司"人才兴企"战略的先导和强大动力。我们必须在激烈的人才市场竞争中有大的作为，才会立于不败之地，稍有松懈就会造成极大的被动。中央政治局的人才会议确定了新世纪新阶段我国人才工作和人才队伍建设的指导思想、重大任务和工作目标。这是党中央根据国际国内形势的发展变化，在关系党和国家事业发展的关键问题上作出的又一重大战略决策。我们要深入学习领会中央政治局会议精神，充分认识进一步加强人才工作，是落实"三个代表"重要思想，实现十六大提出的全面建设小康社会宏伟奋斗目标的迫切需要，是增强党的阶级基础和扩大党的群众基础的必然要求，是主动应对国际人才竞争的正确选择，切实增强责任感和紧迫感，真正把思想和行动统一到中央关于人才工作的部署和要求上来。

中央强调，做好新形势下的人才工作，必须坚持党管人才原则，

以建设党政人才、企业经营管理人才和专业技术人才三支队伍为重点。在我们企业，要以建设经营管理人才、专业技术人才、高级技工，三支队伍为重点，抓紧建设一支数量充足、结构合理、素质较高的人才大军，为全面建设小康社会提供坚强的人才保证；必须努力掌握各类人才成长和发挥作用的不同规律，不断创新人才工作的方式方法，把社会各方面的优秀人才源源不断地聚集到现代化建设的事业中来；必须大力开发和利用国内国际两个人才市场、两种人才资源，壮大人才队伍，走人才强国、人才兴企之路。当前和今后一个时期要着力做好以下工作：一是进一步学习宣传中央政治局会议精神，努力营造尊重人才、服务人才、重视人才工作、做好人才工作的良好氛围；二是借中央即将召开全国人才工作会议的东风，制定好公司的人才规则；三是抓好人才工作理论、政策和实际问题等方面重要课题的调查研究，为公司党委和董事会提供决策依据；四是以快引进、快培养、快速占领人才高地的紧迫心情，从行业实际出发，深化人事制度改革，把公司的人才战略尽快落到实处，早日弥补公司的人才缺口，加速解决公司发展和人才缺乏这个刻不容缓、极为紧迫，十分突出的矛盾；五是两级领导班子成员要有强烈的人才意识，要开阔视野，广纳群贤，要有爱才之心，识才之智，容才之量，用才之艺，坚持用事业留人，用感情留人，用待遇留人，通过深化改革，创造良好的人才环境，增强企业的核心能力。

四、坚决把"非典"造成的损失夺回来，认真制定和落实经营管理战略

这次"非典"，使我们公司的经济遭受了重大损失。同时，抗击"非典"的严肃斗争，也使我们经受了锻炼和考验。万众一心，众志成城，依靠科学，严守法纪，遵守制度，快速反应，督促检查，防患于未然，这些都是非常宝贵的精神财富。我们要把抗击"非典"中的宝贵精神，运用到生产经营中去。受"非典"影响，经济效益下滑。

但是到年底，各项经济指标要确保完成，不能认为发生了"非典"完不成任务就是理所当然的。

制定和落实经营管理战略，是搞好下半年和今后一个时期的可靠保证。如果思路不清，措施不明，头脑僵化，就很难有正确的决策，就难以增强市场竞争能力，把"非典"造成的损失夺回来。经营和管理是企业统一体的两个方面，不可分割。经营是管理的载体、基础和目的。没有经营，管理就失去了对象、依托和意义；管理是经营的决定因素，没有管理或管理弱化，经营就失去了方向，就无所适从，就达不到经营的目的，就无法实现经营的扩张、实力的增强。实质上经营的成功就是管理的成功，经营的失败就是管理的失败。把企业做强做大，做大要在经营上做文章，做强要在管理上做文章。因此，我们要在经营和管理的统一中，制定和落实经营管理战略。公司的发展战略，待集团党委同意后，启动公司内部决策程序，编制具体方案，分层分类落实。

"非典"之后，要认真分析企业的内外部环境，找到自身的优势和不足，解决结构性的矛盾，使企业更好地适应市场，巩固市场，开辟市场，创造市场。要强化营销，开辟更广阔更深厚的客户资源，更精确、更全面地满足客户的需求。要实现经营战略，必须引入战略管理，战略管理是围绕着经营的总目标展开的。战略管理，既是目标也是方法，作为目标，它要描绘公司在未来几年甚至更长一个时期的前景；作为方法，它要指明实现这一前景所要采取的方法步骤。战略管理是制定战略和战略性计划，并尽力将其付诸实施的过程。战略管理的核心是发掘公司的优势和特长，焦点是集中力量解决关键问题，可持续的竞争优势就是不断创新，保证质量，降低成本，保证各个价值链之间的有效连接。

"非典"之后，要更加重视风险管理，要严格防范各种有害的不确定因素。要借鉴四厂风险管理的经验，从社会上引进高级管理人才，加快培养自己的人才，增强自身的能力，构建资产、资金、开发、经营、人才"大安全"的格局，推广他们理论化思维、系统化管理、稳健化运作、效益化经营，持续化发展的经验。

要重视引进标杆管理。所谓标杆管理就是和成功的大企业对标，向他们看齐，以先进企业为标准，改造我们的企业，提升企业管理的水平。当前，我们各单位管理还相当粗放，成本费用高居不下，制约了企业的发展。要通过标杆管理，研究学习先进企业的经验，特别是国际大公司的经验，不断丰富完善自己。

两级领导班子要认真关注"能本管理"，落实江泽民同志加强能力建设的要求。近年来，世界知名企业在管理创新上一个新的发展趋势是突出"能本管理"，大力提高企业员工的科技创新能力。传统的泰勒管理模式中最显著的特点是"物本管理"，即把企业看做一个大机器，而企业的员工是这一机器中的具体零部件，把人当物来管理。自80年代以来，企业出现"人本管理"思想，认为企业不再单纯是一种经济组织，人不单纯是创造财富的工具，人是企业最大的资本、资源和财富。时下，企业"能本管理"是企业管理新动向，认识"能本管理"的新思想，对于企业提升知识经济时代的市场竞争力具有极其重大的现实与深远意义。我们不仅要确立"人本管理"思想，更为重要的是不断提升人的智能，提高企业员工的创新能力，实现以人的能力为本的管理升华。要做到这一点，企业必须把科技与人才放到突出位置，重视人才与知识再教育，加大提升人的能力方面的投入，营造"能本管理"的文化与环境氛围。许多大公司倡导建立学习型企业，出现"员工充电"老板出钱的热潮，一些企业均加强了企业教育学院建设，实行员工带薪水上学并提供学杂费的鼓励措施。这些做法，使"能本管理"上升到一个新的层次，大大推进了企业向新经济的转变，增强了企业的核心竞争力。我们应当借鉴这些管理创新思想与成功实践，关注"能本管理"，以迎接知识经济时代的竞争与挑战，赶上时代发展的步伐。我们要以江泽民同志加强能力建设的重要思想为指导，实施能本管理，把广大员工的潜能发挥出来。

要适应新会计制度的要求，抓紧合理处置不良资产。今后不能再出现不良资产。要认真落实责任追究制度。要适应国有资产管理体制的改革，确保资产的安全与效益。企业投资必须以市场为导向，以赢利为目的，向股东负责。切实改变计划体制时期的投资模式，坚决消灭出血点。

五、打造强势名牌，实施品牌战略

在公司的五年规划和第一次党代会上，我们就提出了加强品牌管理的问题。金泰房地产开发公司最近提出了"把金泰地产打造成一个驰名品牌"的宏伟目标，很值得我们借鉴。在激烈的市场竞争中，企业要取得长足发展，品牌是决定其成败的关键因素之一。品牌是企业的生命和核心，是企业综合素质的表现和旗帜，是一个企业的门面，是建立在产品开发、定位、服务、营销、广告、管理等方面的基础上，给受众留下印象的集合体。在传统营销策略很容易被模仿或超越的情况下，只有把品牌战略纳入企业总体战略之中，企业才能获得市场的通行证。市场实践表明，约有 20% 的品牌，控制着 80% 以上的市场。由此看来市场竞争实际上是品牌竞争。企业有无品牌营销战略，有无品牌建设措施至关重要。我们公司今后的一项重要任务，就是要下大力气把品牌战略制定好，把"金泰恒业"这笔无形资产做大，增强公司的影响力、扩张力、吸引力。今后公司和基层单位的骨干企业、标志性项目，都要纳入"金泰恒业"系列的品牌。搞好品牌定位，突出品牌个性，搞好标志设计，进行品牌推广，实施品牌经营，加强品牌保护，进行品牌扩张，培育子副品牌。从而，把我们公司塑造为中外驰名的强势品牌。实施品牌战略实际上是形式和内容、现象和本质、共性和个性的关系问题。我们要从哲学思想上来把握公司的品牌战略和品牌建设问题，要毫不松懈，认真、周密、持久地加以落实。

六、进一步拓宽思路，继续推进改革开放战略

改革开放是党的基本路线的重要内容，也是企业发展的必由之路。

改革与开放是相互联系的统一的整体，改革是开放的产物和动力，开放是改革的结果和必然趋势，改革开放是一个无休止的过程。下半年和今后一个时期，公司要继续推进体制改革，要在试点的基础上，逐步扩大改制的范围，以建立规范、完善的现代化企业制度。建立分公司的单位要模拟法人治理结构，设立董事会、经理层和监事会。从而建立起职责明确，各司其职，相互制衡的新体制，保证分公司工作的健康运行。要继续深化人事、劳动、分配制度改革，逐步建立起科学、有效的激励约束机制。在深化改革的同时，要大力推进开放战略，开放也是一种改革，开放是改革的强大推动力。加入 WTO 以后，我们要按照国惯例和世贸规则办事，这必然要求我们加大改革的力度，以适应经济全球化的需要。我们作为一个传统行业，在合资、合作、进出口方面有了一些尝试，但是远远不够。常言道"开放才能强大，开放才有出路"，封闭保守只能是死路一条。"三个代表"很重要的一条是要有世界眼光，这样才能发展先进的生产力，才能学到先进的文化，才能更好地为人民谋利益。不走出去，不请进来，都坐在家里，就不可能有先进性，这是没有希望的。我要求两级党委、董事会各专业委员会，要按照公司实施国际化战略的构想，拿出方案，认真论证，积极推进。如果不能扩大开放，改革也是不到位、不成功的。

七、增强"代表意识"，积极推进"党建战略"

落实"三个代表"的要求，是党的建设的首要任务。"三个代表"既是党的指导思想，也是党的建设的标准和根本尺度，是共产党人的历史责任和光荣使命。因此，各级党组织和共产党员要大力增强"代表意识"，在做好党的日常工作的同时，制定和实施"党建战略"，努力搞好党的建设新的伟大工程。推进党建战略，要按照胡锦涛同志"七一"讲话的要求，坚持贯彻"三个代表"重要思想，以加强党的执政能力建设为重点，不断提高党的创造力、凝聚力和战斗力，巩固和扩大党的基础，走在时代前列，应对各种考验，成为坚强领导核心。

落实胡锦涛同志的要求，要密切联系企业党的建设的现状，找到差距和不足，有针对性地加强党组织的思想建设、组织建设、作风建设、制度建设和廉政建设。要加强对工会、共青团组织的领导，支持他们独立负责地、卓有成效地开展工作。

要根据党委计划，采取多种形式，学习贯彻"三个代表"重要思想，建设学习型的领导班子和党员队伍。要结合改制，在明年下半年以前，分步实施，稳步推进，用一年半时间，完成基层党组织换届改选工作。在人才队伍建设中，建立经营者联谊会和青年人才联谊会，扩大识人选人的视野。深入宣传"金泰恒业观"，开展主题教育，企业文化巡礼，创新一百例，文明创建活动，加强思想政治工作。认真落实党风廉政建设责任制，落实"八个坚持，八个反对"，贯彻组织、纪检监察、审计、专职监事"四位一体"的决策、运行、监督体制，加强教育，查办案件，超前防范。加强民主政治建设，维护职工的合法权益，做好厂务公开、经济技术创新、劳动竞赛、合理化建议、送温暖活动。认真筹备组织好第一届团代会，加强团员青年队伍的思想政治建设。重视老干部工作。

落实党建战略，要以始终代表先进生产力的标准，始终代表先进文化的标准，始终代表最广大人民群众利益的标准，抓住核心、关键、本质和精髓，抓住发展这个第一要务，分析形势、找准位置、明确方向、提出任务，制定保证措施，使我们公司党的建设、党委的政治核心作用，在学习贯彻"三个代表"重要思想新高潮当中，再上一个新的台阶。

八、充分认识执行文化在企业文化中的地位和作用，切实增强执行力，保证公司各项战略构想的落实

文化是企业的灵魂，执行文化是企业文化的重要组成部分，有了好的目标和战略，执行不利也是空谈。执行和计划体制下的被动服从、奴隶主义是两码事。我们讲的执行，是市场条件下先进的管理思想，

先进的企业文化，是积极主动地完成任务，创造性地、高度自觉进行规划和落实。执行实际是个实践问题，落实"三个代表"，必须执行。不执行，"三个代表"就是空的。西方管理学者也认为：有意义的变革只能来自执行，不执行工作就没有成效。我想有的大公司设立首席执行官就是这个道理。我们共产党人最讲坚决、认真执行，也是这个道理。

　　执行工作要抓住三个核心流程，即人员流程，最佳组合，发挥潜能；战略流程，制定规划、效果评估；运营流程，实现高效运转。从而，解决公司一些工作推进缓慢的问题。我希望，要通过弘扬执行文化、增强执行观念、强化执行力度，全体员工团结一心，坚决执行公司的战略规划，公司就一定能够加快发展的步伐。

在金泰城项目土地签约仪式上的讲话

二〇〇三年九月十六日

　　九月的北京，艳阳高照，秋风送爽。今天，丰台区政府所属东兴联房地产开发公司与我们北京金泰恒业公司控股的金泰地产公司在人民大会堂北京厅共同签署丽泽商务区 A14、A15 地块金泰城项目土地协议。首先，我代表京煤集团、金泰恒业公司党委、董事会向与会的各位领导、各位嘉宾和朋友们表示热烈欢迎。并衷心祝贺签字仪式圆满成功。

　　北京金泰恒业有限责任公司是由北京京煤集团控股的、多元化经营的大型国有控股企业，注册资金 9.2 亿元，其前身为北京市煤炭总公司。作为国有控股企业，金泰恒业公司承担民用煤保供的社会职能，也希望在首都建设发展过程中作出自己应有的贡献。这次我们的金泰地产公司积极与东兴联房地产公司合作，认真落实城市总体规划，参与到南城建设中来，参与到丰台区的建设中来，参与到丽泽商务区的建设中来，很有意义，开了一个好头。我希望我们以固有控股企业雄厚的资本实力和良好的信誉，与各级政府展开长期合作，为北京的建设和发展作出更大的贡献。

　　在北京金泰恒业公司多元化经营格局中，房地产业是龙头。金泰恒业公司制定了房地产业发展三步走战略。第一步，招商引资合作开发锻炼队伍；第二步，我们自己的开发公司自主开发业内土地；第三步业内队伍做强做大，开发业外土地。前两步我们都已经成功迈出，金泰城项目是我们迈出第三步的标志性工程，具有里程碑的意义。这个项目不光关系着金泰地产公司的前途和命运，也是金泰恒业公司上下关注的重大项目，我们衷心希望项目开发取得成功，打出我们金泰的品牌，展示我们的雄风，并形成一大批具有商业价值的经营性物业，为金泰恒业公司的产业结构调整和持续发展打下坚实的基础。

金泰地产公司是我们金泰恒业系统内的一家核心企业，所从事的房地产开发是我们的龙头产业。他们建设了比较规范的现代企业制度，建设了一支精干有力的团队，建立了先进的企业文化，我们对这家公司持续健康发展充满了信心。我们将一如既往地支持这家企业的发展，真正把他们作为龙头企业加以培育。在 2002 年底增资至 5000 万元的基础上，金泰地产还要进一步增资至 1 亿元。我们希望金泰地产公司依托金泰恒业公司雄厚的实力，抓住金泰城开发的历史机遇，乘势而上，加速发展，真正把金泰城和金泰地产打造成驰名品牌，使金泰地产公司早日跻身于北京乃至全国知名地产开发企业之列。

希望金泰地产公司全体员工秉承金泰恒业公司"超越自我，争创一流"的理念，实践你们"创造新品质，引领新生活"的愿景，在金泰城的开发建设中取得一流的业绩！希望你们把根扎在丰台，与丰台区各级政府展开更加广泛深入的合作。同时希望各位领导、各级政府和各位朋友们继续给予金泰地产公司支持与关爱，为他们的发展提供更大的舞台，为首都的建设和发展作出更大的贡献。

增强学习实践"三个代表"重要思想的使命感 建设具有金泰恒业特色的青年队伍

——在共青团北京金泰恒业有限责任公司 第一次代表大会上的讲话

二〇〇三年九月十八日

共青团北京金泰恒业有限责任公司第一次代表大会今天隆重开幕了，这是共青团在公司改制、建立现代企业制度后召开的第一次代表大会。开好这次大会，对于更好地团结动员广大团员青年深入学习贯彻"三个代表"重要思想和党的十六大精神，深入学习贯彻团的十五大精神，对于加强公司团员青年队伍的建设，加快公司发展的步伐，具有深远的意义。

八年来，在公司党委的领导下，广大团员青年以邓小平理论和"三个代表"重要思想为指针，密切结合企业实际，勤奋学习、努力工作、开拓进取，为公司的全面建设作出了卓越的贡献。团员青年队伍思想政治建设、组织建设、作风建设和文化建设都取得了突出的成绩。实践证明，金泰恒业的青年是值得信赖、大有作为的新一代，是公司发展振兴的希望所在和可靠接班人，是党组织强有力的助手和强大后备军。

公司成功改制以来，先后召开了第一次党代会和职代会，明确了今后一个时期发展的战略目标，做出了具体的工作部署。当前，各项工作正在沿着十六大指引的正确方向阔步前进。公司的发展对团组织和团员、青年提出了新的要求，共青团的自身建设面临新的形势，广大团员青年肩负着新的历史使命。广大青年在全面建设小康社会的伟大实践中，在推动社会主义现代化建设的历史进程中，要大力增强学习实践"三个代表"重要思想的使命感，努力建设具有金泰恒业特色的优秀青年队伍。

一、增强使命感，广大青年就必须勤奋学习，坚定理想信念

"三个代表"重要思想是党的指导思想，也是青年工作的指导思想。落实"三个代表"重要思想既是党的历史使命也是青年的历史使命。因此，广大团员青年一定要用"三个代表"重要思想武装头脑，保持坚定的政治责任意识，保持坚定正确的政治方向，树立远大的理想；广大青年要把个人的理想抱负融入到落实"三个代表"的伟大实践中，融入到建设中国特色社会主义的伟大实践中去，融入到公司发展振兴的伟大实践中去；广大青年要抓住与时俱进的关键，抓住发展这个第一要务，抓住建设中国特色社会主义这一主题，围绕全面建设小康社会，勤奋学习，勇于实践，开拓创新。广大青年要在兴起学习新高潮中锻炼自己、提高自己，增强责任感、使命感和事业心，满怀豪情地为公司的发展贡献青春和力量。

二、增强使命感，广大青年就必须立足现实，面向市场，牢固树立"金泰恒业观"

今年的工作会议我们确立了"金泰双赢，恒久立业"的"金泰恒业观"，最近又对"金泰双赢"战略作了具体部署，这是落实公司第一次党代会"高起点，新跨越，大发展"指导方针，把金泰恒业建设成为具有核心竞争能力的大型现代企业的可靠保证。广大青年要增强使命感，就要紧紧地围绕"金泰恒业观"来进行，要紧密联系企业的实际，发挥青年优势，做落实"金泰恒业观"的主力军和突击队。当前企业发展正处于一个关键时期，我们肩负着继往开来、承前启后的

历史使命，只有按照"金泰恒业观"的要求，广大青年的工作才能结合实际，才能立足本岗、建功成才，实现个人价值和企业价值的双赢。广大青年要保持与时俱进的精神状态，不断地推进理论创新，以自己的亲身实践不断总结出切实可行的理论成果，不断丰富充实"金泰恒业观"的内涵，在企业的三个文明建设中发挥积极的作用。

三、增强使命感，广大青年就必须开阔视野，增强全球意识，提高从事现代化建设和参与市场竞争的能力

青年人既要立足现实，又要放眼世界，只有这样，才能落实公司提出的改革开放战略。我们公司的发展不能离开改革开放，加强青年队伍建设也同样不能离开改革开放。当前经济全球化步伐日益加快，科技发展突飞猛进，市场竞争日益激烈，在这种新形势下，进一步提高广大青年的素质是我们面临的一个重大历史课题，广大青年一定要做外向型、开放型、创新型人才。各级团组织要为公司的国际化战略培养储备高质量的人才。在新的历史时期，要大力提高青年的学习创新能力、经营管理能力、新科技开发的能力、对外交往的能力、适应 WTO 规则的能力、团队合作能力。从而造就一支能够担当重任的青年队伍。

四、增强使命感，广大青年就必须围绕中心、服务大局，在落实企业发展战略的过程中奋发有为

以"城市服务业为基础，以房地产业为主导"的战略构想，为企业未来发展描绘了美好的蓝图，这是公司发展的大局。公司的发展战略对共青团的建设提出了新的要求。广大团员青年要认真学习、深入研究公司的发展战略，在各级党政组织的领导下，落实公司的发展战略。当前，我们公司的经营管理人才、专业技术人才、高级技工等各方面的高素质人才十分缺乏，严重地制约着公司战略规划的落实。广大青年的思想水平、认识水平、工作能力必须再提高到一个新境界。

实现人才兴企，团组织面临着十分艰巨的任务，团组织要和相关部门密切配合，大力培养人才、吸引人才，努力创造人才脱颖而出的环境。深化改革既是公司发展战略的基本内容，也是落实公司发展战略的重要保证。广大团员青年要积极地研究改革、参与改革、投身改革，要以改革的精神加强共青团的建设。广大青年要适应新的体制和机制，不断增强自身的市场竞争能力和做好本职工作的才干，要紧跟形势、适应变化、发挥潜能、全面发展。广大青年要根据公司产业结构调整认真学习燃料经营知识、房地产开发知识、物业管理知识、饭店旅游知识、城市服务业知识、经营管理知识，争取早日成为懂战略、会经营、善管理、能创效的行家里手。

五、增强使命感，广大青年就必须艰苦奋斗、甘于奉献，在实践中磨炼自己，锻炼成长

在战争年代，广大青年为了解放全中国，经受了生与死的考验，成长为党和国家的栋梁之才。在和平时期，条件不像战争年代那样艰苦，生活条件相对比较优越。在这种情况下，培养新一代可靠接班人的任务就更加艰巨。在当前市场竞争的条件下，广大青年要积极地适应竞争的环境，适应优胜劣汰的机制，敢于在困境中崛起。在现实条件下，广大青年要扎根一线、扎根基层、扎根艰苦岗位，自觉地磨炼自己。增强艰苦奋斗、不屈不挠、百折不回、勇往直前、甘于奉献的意志品质。要在开拓市场、强化营销、严格管理、增收节支的实践中奉献青春，在激烈的市场竞争中顽强地生存和发展，在企业的改革、发展、创新中实现人生价值。

六、增强使命感，就必须大力发扬民主、广泛联系群众，夯实青年健康成长的基础

建设民主政治是建设社会主义政治文明的核心内容，是青年肩负

的重要历史使命之一。因此广大青年要积极投身企业的民主政治建设，参与民主管理、民主监督，行使自己的民主权利，推进民主政治建设。要通过多种渠道反映青年的呼声，维护青年的利益，为青年充分地展示才华提供条件，搭建舞台，广大青年要自觉维护自己的主人翁地位，以振兴企业为己任，想主人事、讲主人话、尽主人责，在服务企业中提升青年的价值。广大职工群众是青年人成长的根基所在，广大青年既是职工群众的一部分，又是职工群众中的特殊群体。青年人一刻也不能脱离群众，要密切联系群众，向群众学习，从群众中吸取丰富的营养，要接受群众的关怀、教诲和监督，这样青年的成才有希望。广大青年还要努力做好群众工作，服务群众、稳定企业、稳定大局，和广大职工群众一道搞好企业的各项工作。

七、增强使命感，就必须加强共青团的自身建设

共青团组织是党领导下的先进青年的群众组织。各级团组织要发挥好党的助手和后备军作用，就必须以"三个代表"重要思想统领全局，加强共青团的思想、政治、组织、作风、制度以及能力建设，落实团的十五大的工作部署，完成上级团组织部署的各项工作任务。团组织要围绕企业经济建设中心创造性地开展工作。当前和今后一段时期，要认真落实好本次团代会确定的工作目标和总体任务。

八、增强使命感，就必须加强党对青年工作的重视和领导

共青团工作是党的事业的重要组成部分，青年人是公司建设不可缺少的重要力量。特别是在知识经济兴起的过程中，青年人以其独特的优势，显示出强大的生命力。搞好青年团的建设是我们公司兴旺发达的希望所在。因此，各级党委，特别是党委主要领导和分管领导要把青年工作为自己的重要职责之一，尽心尽力地实施领导、热情关怀、大力支持、积极培育，营造一种青年人健康发展的内外部环境。各级

　　党组织要坚持以党建带团建，为青年工作指明方向、做出表率。各级党委要把用"三个代表"教育青年、武装青年作为青年工作的首要政治任务。要根据青年人的特点，支持团组织积极开展工作。要通过丰富多彩的青年活动，活跃青年生活，陶冶思想情操，增强青年团结，增进身心健康，促进全面发展。各级党委要加强青年后备干部、后备人才队伍建设，不断保持公司青年队伍的生机和活力。各级党组织要努力为青年办实事，做到政治上关心、工作上信赖、生活上体贴，为青年分忧解难，使他们身心舒畅地投身到公司的各项建设中去。

　　在新的历史时期，我们面临新的机遇和挑战，我们要在邓小平理论、"三个代表"重要思想和党的十六大精神指引下，按照集团和公司第一次党代会的要求，落实团的十五大提出的各项任务，不断开创金泰恒业公司共青团建设的新局面！

兴起学习贯彻"三个代表"重要思想新高潮 进一步加强企业领导者队伍的思想作风建设

二〇〇三年九月二十一日

今天，我们公司召开两级企业领导人员会议，专题研究部署兴起学习贯彻"三个代表"重要思想新高潮，进一步加强企业领导者队伍的思想作风建设问题。

在 7 月 16 日召开的上半年经济工作分析会上，我代表公司党委对贯彻中央、市委、集团党委通知精神，在全公司兴起学习贯彻"三个代表"重要思想新高潮的工作进行了动员、安排，公司党委专门下发了通知。目前正在按照上级精神和既定要求积极推进，学习效果正在逐渐显现出来。

"三个代表"重要思想作为党的指导思想，关键是各级领导者要学习好、贯彻好。各级领导者的思想作风状况如何，既是检验学习成效的重要标志，也是关系到"三个代表"能否真正落实的关键因素。特别是在当前，我们要克服上半年"非典"造成的重大损失，迫切需要加强领导者队伍的思想作风建设。而且，在公司改制以后，我们正处于一个承前启后、继往开来的重要时期，处在一个深化改革调整结构的关键时刻，处在一个实现跨越式发展的起步阶段。在这样一个新的重要历史关头，我们面临严峻的挑战。我们要想有所作为，加快发展，就必须用十六大精神、中央通知和胡锦涛同志的"七一"讲话统一认识，以"三个代表"重要思想作指导，进一步加强领导班子的思想作风建设。

一、兴起学习贯彻"三个代表"重要思想新高潮，是加强领导班子思想作风建设的首要任务

加强和改进党的作风建设，必须把思想作风建设摆在第一位。坚持解放思想，实事求是，与时俱进的思想路线和思想作风，是党顺应时代进步潮流、永葆先进性的根本要求，也是加强我们公司领导班子建设的根本要求。抓住了这一点，就抓住了"三个代表"的精髓，就能从根本上提高兴起学习贯彻"三个代表"重要思想新高潮的自觉性。

兴起新高潮，就要充分认识兴起贯彻"三个代表"重要思想新高潮的重大意义。"三个代表"重要思想同马克思列宁主义、毛泽东思想和邓小平理论是一脉相承而又与时俱进的科学体系，是马克思主义在中国发展的最新成果，是新世纪新阶段全党全国人民继往开来、与时俱进、实现全面建设小康社会的根本指针。胡锦涛同志的"七一"讲话，深刻阐明了兴起学习贯彻"三个代表"重要思想新高潮的重大意义和基本要求，我们要认真学习和落实。兴起学习贯彻"三个代表"重要思想的新高潮，是坚持和发展马克思主义，用新的理论指导新的实践的需要。"三个代表"重要思想的形成，表明我们党对共产党执政规律、社会主义建设规律和人类社会发展规律的认识达到新的理论高度，我们必将在新的理论指导下，对人类的进步事业作出更大贡献。兴起学习贯彻"三个代表"重要思想新高潮，是实现全面建设小康社会宏伟目标的需要。当前我们面临三个重大课题：一是科学判断和全面把握国际形势，掌握我国发展的主动权；二是科学判断和全面把握国内情况，建设三个文明；三是科学判断和全面把握党的建设状况，以改革的精神加强党的建设，使我们党成为坚强的领导核心。我们只有按照"三个代表"的要求去做，才能解决好这三个重大问题。兴起学习贯彻"三个代表"重要思想新高潮，是坚持立党为公，执政为民，实现好、维护好、发展好最广大人民根本利益的需要。

"三个代表"重要思想的本质是立党为公，执政为民。学习贯彻"三个代表"重要思想，必须以最广大人民根本利益为根本的出发点和落脚点。总之，兴起学习新高潮，落实"三个代表"，关系到党和国家的全局，关系到实现全面建设小康社会的宏伟目标，关系到中华民族的伟大复兴，关系到中国特色社会主义事业的长远发展。也关系到我们公司的前途和命运，关系到公司领导人员队伍能否担负起振兴金泰恒业的历史重任。我们一定要站在这样的高度来认识，兴起学习贯彻"三个代表"重要思想新高潮的重大战略意义。

兴起新高潮，就要深刻领会"三个代表"重要思想的基本精神和理论体系。中央的通知，对"三个代表"重要思想的基本精神概括了九条，胡锦涛同志对"三个代表"的基本内容概括了四条，中宣部编写的学习纲要概括了十六个基本观点。我们一定要认真学习这三个重要文件，全面把握"三个代表"的理论体系。我认为要通过学习中央通知的九条和胡锦涛同志讲的四条，来把握"三个代表"的总体精神，要通过学习纲要讲的十六条来加深理解"三个代表"的基本内涵。从而完整准确地理解"三个代表"的理论体系，进而抓住与时俱进这个关键，保持党的先进性这个核心、执政为民这个本质、发展这个第一要务，把我们党和国家的事业，把我们公司的各项工作提高到新境界。

兴起新高潮，就要明确检验学习成效的五条标准，着力解决实际问题。要按照中央的通知要求，学习重在理论联系实际，要把"三个代表"贯彻到现代化建设的各个领域，体现在党的建设的各个方面，落实到改造主、客观世界中去，真正在思想上有大的提高，工作有大的改进、经济上有大的发展。要明确的标准：一是思想认识统一了没有，新的思路明确了没有，新的工作局面打开了没有；二是思想观念转变了没有，精神状态振奋了没有，创新举措落实了没有；三是影响本单位发展的突出问题解决了没有，改革开放稳定发展的步伐加快了没有；四是职工群众的主人翁地位维护了没有，职工群众的疾苦和困难解决了没有，职工群众的根本利益和具体利益实现好、维护好、发展好了没有；五是党的建设加强和改进了没有，"两个务必"、"八个坚持、八个反对"落实了没有，廉政建设加强了没有。这五条标准落实到我们企业，要有自己的特色，要落实到思想观念的转变上，工作难点的突破上，结构调整的加快上，改革的深化上，经营业绩的提高上。学习不能一般化、庸俗化、走过场。要真学、真信、真懂、真用。通过学习，切实认清什么是社会主义、怎样建设社会主义；要建设一个什么样的党，怎样建设党这两个基本问题。从而深化我们对企业的认识，更加明确什么是金泰恒业，怎样建设金泰恒业这个重大问题。这既是学习"三个代表"应该解决的问题，也是当代管理思想要求我们必须解决的问题。

二、兴起学习贯彻"三个代表"重要思想新高潮，就要牢牢抓住发展这个第一要务

当前，经济全球化的浪潮对我们深化改革，开放经营，推进国际化战略，提出了严峻的挑战；世界科技革命迅猛发展，日新月异的新形势，对我们这样一个传统的基础行业提出了新的课题；市场竞争日益激烈的大趋势，对我们的经营管理、经济结构调整提出了新的要求。北京申办奥运，对我们公司来说，有挑战也有机遇。首都能源结构调整，旧城改造，我们将失去大量资源和优势，今后企业生存与发展的难度更大。当前，我们各级领导者的思想观念还比较落后，经营管理的水平还不高，各方面高素质的人才还相当缺乏。企业经济结构不合理的问题还十分突出，在传统燃料逐步退出首都市场以后，新的经济支柱、主导产业还没有建立起来，我们还十分缺乏能够为公司作出重大贡献的赢利大户。企业的体制和机制还不适应市场体制和公司发展的需要，行之有效的激励约束机制还没有完全建立起来。企业的竞争能力还不强。我们的品牌建设还没有起步，企业的经营管理模式和运作方式还相当粗放、传统和落后，距发达、先进的标杆企业还有相当大的差距。企业还没有完全步入良性循环、快速发展的轨道。

　　面对这些问题，根据这样的形势和企业现状，我们在公司改制以后，解放思想，求真务实，积极推进。我们召开了第一次党代会、职代会、团代会，制定了公司的五年规划和十年发展战略，提出了"金泰恒业观"。在今年上半年经济工作分析会上又提出了金泰双赢战略。两年多来，我们相继解决了一批难点问题，注销了一批亏损企业，消灭了"出血点"，区公司的组织人事关系顺利移交金泰恒业，进一步壮大了我们的实力。公司经济结构调整的步伐进一步加快，体制和机制改革进一步深化，经营管理的水平逐渐提高。

　　概括分析公司各单位的特点：一是在经济结构调整方面，海淀区公司的思路比较开阔，结构调整的力度比较大，他们已经形成6个赢利在百万元以上的亮点，2个超市建设也取得了新的进展，后续工程正在积极筹备。丰台区公司从本地区的实际出发，采取低租、廉价、优质服务的策略参与市场竞争，9个项目的开发建设运营正在取得成效。二是在深化改革方面，朝阳区公司的体制改革比较规范，制度比较健全，5个控股公司、5个参股公司均收到了好的效果。燃料油公司的分配机制改革比较到位，员工的收入完全靠经营业绩来体现，在油品的市场化后，实现了工资的市场化，员工有压力、有动力、工作有成效。三是在扩大开放，制度创新方面，金泰房地产开发公司要吸引外资，进一步增资扩股，壮大实力，发挥龙头效应。煤研所和国家级的大公司北方公司合作，优势互补，取得了积极的进展。四是在经营的水平方面。西城的宾馆、饭店，经营业绩比较突出，锻炼了队伍，培养了人才，走出一条自我发展的新路子。崇文区的天鑫宾馆坚持"无星宾馆，星级服务"，提高了知名度，增加了效益。五是在强化管理方面，一厂开展了建设五大工程的活动，向管理要效率，开发前期准备进展比较快。四厂的信息化、制度化建设走在了前面，工作运行效率比较高，工程进度比较理想。六是在突出特色方面，宣武区公司在城市服务业中避开竞争领域，开发建设老年公寓，深受市政府和民政部门的支持，社会效益和经济效益可望有好的回报。金泰大厦开辟特定的客户资源，在制度建设、高标准服务，员工队伍管理方面取得

了一定成绩，物业管理保持了较高的水平。七厂的民用煤生产，保证
了质量，控制了费用，保证了供应。

分析形势，找出问题，肯定成绩是为了解决今后做什么，怎么做
的问题。概括起来，今年下半年和今后一个时期要坚持三个方面的
创新：

1. **继续深化改革，坚持制度创新。**关于体制改革，要在以往试点
的基础上继续推进。今后基层体制改革主要有分公司、控股公司、参
股公司三种模式。建立分公司，是要把金泰恒业建成真正的经营实体，
分公司要模拟法人治理结构建立董事会、经理层和监事会，建立相互
制衡的运作体系；建立控股公司，要建立完善的母子公司体系，落实
规范的法人治理结构，维护好各个方面的利益关系；建立参股公司，
参股不控股，实现资源的优势互补，切实保证股东的合法权益。在分
配制度改革方面，要打破原来的老框框，以"三个代表"为标准，建
立科学有效的考核体系。以往我们对经营管理者考核和激励的方法比
较落后，责任和监督系统没有完全建立起来，激励约束不到位。今后
对经营管理者的考核，经营业绩指标要占40%，组织考核占30%，群
众测评30%。要鼓励各级领导者大胆改革，开拓经营、严格管理，加
快发展，执政为民。要激励先进，鞭策后进。今后，凡是两年之内没
有新思路、新业绩的就是不称职，就要进行调整。凡是亏损企业，扭
亏无望的都要关闭，经营者下岗，坚决消灭"出血点"。要通过制度
创新为公司的发展奠定基础。

2. **增强市场竞争能力，坚持经营创新。**我们公司是经济实体，企
业是市场竞争的主体。能不能强化经营意识，提高经营能力，推进经
营创新，是决定公司生存和发展的关键因素。在当前，我们的经营能
力不足，很多是靠出租维持生活，小门小户，形不成品牌和气候。企
业缺乏扩张的能力。我们要像松下幸之助一样，苦心钻研经营之道，
当经营之神，这样企业才有希望。提高经营水平，特别是营销能力是
我们企业人的重大历史责任。我们必须通过各种渠道尽快补上这一课。

3. **苦练内功，推进管理创新。**经营和管理是一个相互联系的整

体，经营的成功必然是管理的成功，经营的失败必然是管理的失败。无数的事实证明，只有没管理好企业，没有管不好的企业，企业的差距实际上就是管理的差距。企业都有管好的希望，可怕的是不懂管理，放松管理，观念落后，方法陈旧，在管理上不能与时俱进。公司改制以来，我们在管理上做了大量工作。但是仍然是比较粗放的。各级领导者的管理意识仍然是比较薄弱的。面对企业的现状，大家千万不能自我陶醉，自满自足。和发达先进的大企业相比，我们的差距是相当大的。管理科学是先进文化的重要组成部分，是推动生产力发展的重要杠杆，是为人民群众谋利益的重要途径。企业领导者的本质就是管理。我们一定要站在"三个代表"的高度，站在当代先进管理思想的高度，找出自身的差距，苦练内功，向管理要效益。

当前在管理方面应该做的工作：一是加强资产管理，当前资产底数不清的问题仍然存在，要坚持"四清"的严肃性，关于账外资产，要加快接转。要抓紧处理不良资产，今后谁再产生不良的东西，谁负责任。要抓紧追缴应收账款。只有资产搞清了、搞实了，加强管理才有前提和基础。二是加强投资收益管理。目前，投资收益低下的情况仍然存在。今后要严格投资的审批制度，要切实保证投资的收益。三是资本运营要有新突破。公司要成立证券部，要招聘和培养专门人才，从事证券业务，要从证券市场上获得收益，拓宽创收渠道。四是预算管理。当前，预算方案执行不严肃，制度不严的问题仍然存在。今后要切实维护预算的严肃性，无特殊情况不得突破。预算内资金的使用要精打细算，预算外资金的使用要严格审批，严格控制。五是品牌管理。创建品牌，体制是基础，产业是保证，质量是生命。优势品牌是一笔可观的无形资产。公司相关部门要按照半年经济工作分析会的要求，抓紧做出品牌建设方案，要搞好设计，抓好典型，取得经验，逐步推开。六是人才管理。当前，我们公司有了一批人才，有人才，并不等于用好了人才。当前有的领导者忽视人才工作、用才不当，浪费人才资源的现象仍然存在。今后，要继续贯彻"人才兴企"的战略，坚持党管人才的原则，树立人才资源是第一资源的观念，继续深化人事制度改革，努力创造一种优秀人才脱颖而出的良好环境。七是要妥善处理好做大做强的关系问题。做大做强，首先要做强，要在做强的基础上做大。只大不强，是纸老虎，没有生命力；只强不大，是小老板，成不了大气候。只有既强又大，既大又强才是我们追求的目标。要做强做大，在世界经济逐渐融为一体、市场全球化的形势下，只靠我们自身的努力是难以做到的。因此要扩大开放，引资、引智，逐渐改变股权结构，深化体制改革，提高经营管理的水平，在更大范围的市场竞争与合作中把企业做强做大。公司机关总部今后主要是管理战略、管政策、管改革、管人才、管投资、管制度、管收益。当前和今后，仍然要高度重视民用煤问题，切实肩负起我们的政治责任。

三、兴起学习贯彻"三个代表"重要思想新高潮，就要不断开创公司领导者队伍思想作风建设的新局面

当前，公司两级领导者队伍的思想作风状况总体上是好的，是可以信赖的。两年多来公司之所以在各项工作中都有突破性进展，都是广大领导者和员工共同努力的结果。同时，也要看到，兴起学习贯彻"三个代表"重要思想新高潮，就为我们提出了新的工作标准，就要求我们站在新理论的高度来总结过去、思考未来，分析领导者队伍思想作风的现状，肯定主流是必需的。同时，按照"三个代表"这一马克思主义新的理论成果，新的根本指针来分析、找出和解决两级领导人员在思想作风方面存在的差距，提出新的工作思路，也是十分必要的。我认为，针对差距，今后在思想作风建设方面应该做的工作：

1. 要树立科学的思维方法，增强全面代表的意识，不断克服形而上学的片面性。"三个代表"重要思想是一个科学的理论体系，作为党的指导思想和现代化建设的根本指针，我们必须完整准确地理解，一个代表不行，必须坚持三个代表。只理解一个或几个基本观点不行，必须全面掌握十六个基本观点。还要深刻认识精髓、关键、核心、本质、第一要务、主题、目标这些重要理论观点以及它们之间的辩证关

系。学习必须学以致用。可是有同志学风不正，动力不足，压力不大，不求甚解。有的坐而论道，不联系实际，口头上讲代表，实际上不代表，各项工作进展缓慢，成效不大。有的仅仅忙于业务，有了点进展就骄傲自满，看不到差距，瞧不起下级，看不起群众，干群关系紧张，群众多次举报，他们忘记了执政为民，忘记了党的先进性，在对"三个代表"的理解上犯了形而上学的毛病。上面我讲过，对领导者考核要坚持业绩突出，组织认可，群众拥护三条标准，缺一不可。这和"三个代表"是一致的，只讲哪一条都不行。我们要保护领导者经营改革的积极性，但不能以丧失组织和群众为代价，也不能仅仅为了保住选票，而忽视发展、改革。我们必须坚持"三个代表"，"三足鼎立"，才会"金泰双赢"。我们必须以唯物辩证为思想基础，才能真正落实好"三个代表"。

2. 要树立与时俱进的精神状态，增强政治意识，不断克服因循守旧的惰性。党的十六大报告指出："与时俱进，就是党的全部理论和工作要体现时代性、把握规律性、富于创造性，能否做到这一点，决定着党和国家的前途命运。"我认为，企业领导者能不能做到与时俱进，同样关系到公司的前途和命运，也关系到领导者个人和员工的前途命运。我理解，与时俱进就是面对时代，抓紧时间，抓住机遇，去开拓我们的事业。与时俱进也就是与"世"促进，紧跟世界潮流，站在时代前列；与时俱进就是与"事"俱进，干好当前的事情，着眼未来的事业；与时俱进就是与"实"俱进，讲求实际、注重实效，勇于实践；与时俱进就是与"是"俱进，实事求是，共商国是，是就是规律。与时俱进就是不断创新，实现"三个解放"，用新的理论指导新的实践。我们一定站在"三个代表"本质的高度来认识与时俱进的意义。站在企业前途命运的高度来认识与时俱进的地位和作用。总的来看，公司两级领导者基本上是与时俱进的，步伐也是快的。但也有一部分同志，因循守旧的惰性严重存在。落实"三个代表"，与时俱进的政治意识淡薄。他们缺乏奋发有为，蓬勃向上的激情；缺乏战胜困难，开拓市场，百折不挠的勇气；缺乏刻苦钻研，大胆实践，不断创新的精神。有的面对亏损，经营无方，束手无策；有的家底很薄，难以为继，情绪低落，没有走出低谷的招术；有的小打小闹，封闭运营，思想保守，打不开局面；有的满足于一时的发展，后劲不足，思想懒惰，思路不宽；有的开放意识淡薄，管理水平落后，缺乏追求先进，实施大开放战略的勇气和胆略；还有的消极被动，不愿动脑筋，不愿出主意，多一事不如少一事，效率不高，得过且过，无所事事。这些都是不能与时俱进，政治意识淡薄的表现。要解决这些问题，就必须以"三个代表"为强大思想武器，正确对待事业，正确对待自己，正确对待成绩，正确对待组织、正确对待过去，正确对待未来，切实从传统的计划体制时期的思维模式和工作方式中解放出来，从封建的、自给自足的小农意识中解放出来，从旧皇城不思进取、贪图安逸的旧的市民习气的阴影下解放出来，从凡事替个人打算，不愿牺牲奉献的极端个人主义的禁锢中解放出来。只有这样，才能看到我们的差距，增强各级领导者的使命感和责任感。增强与时俱进、追求先进、不甘落后的激情，焕发想大事、顾大局、振兴金泰恒业的热情，保持良好的精神状态，一心一意把企业的全面建设搞上去。

3. 要树立恒久立业的发展观，增强金泰双赢意识，不断克服思想和工作中的盲目性。我们要做到这一点就必须强化金泰双赢意识，落实金泰双赢战略。要赢而不是要输，要大赢而不是小赢，要长赢而不是要短赢，要双赢而不是要单赢。要懂经营，善管理，会算账，保稳定，能创效。发展，是执政兴国的第一要务。发展，也是我们恒久立业的第一要务，不发展或者慢发展，就不可能恒久立业。我们一定树立恒久立业的发展观。努力把公司办成一家又强又大的长寿公司。可是有的领导者金泰双赢意识不强，恒久立业的动力不足，头脑不清醒，盲目性比较大。有的领导人员盲目决策，不能科学地进行市场预测，营销弱化，企业赢利能力不足。有的盲目自满，看不到企业的问题，其实看不到问题本身就是问题。有的盲目悲观，在困难面前束手无策，进取精神不足。有的盲目急躁，在工作中不注意协调各个方面的关系，影响了稳定；有的盲目求稳怕乱，影响了改革发展的进程。面对这些问题，要加强学习，提高能力，不断地克服盲目性，把握时代性，掌握规律性，增强创新性。

4. 要树立以改革的精神加强党的建设的观念，增强民主意识，不断克服家长制的顽固性。贯彻"三个代表"重要思想，必须以改革的精神推进党的建设，不断为党的肌体注入活力。我认为，以改革的精神建设党，就要以"三个代表"为标准建设党。要坚持先进生产力的标准，先进文化的标准，群众真正拥护的标准。党的建设必须和先进生产力、先进文化、人民的利益相联系。企业党的建设必须落实到提高效益上，落实到提高员工的素质上，落实到提高员工的生活水平上。要以改革的精神建设党，还必须大力增强党的干部的民主意识，进一步推动党的生活的民主化。党内民主是党的生命，对人民民主有着示范和带头作用。我们必须切实保证党员的民主权利。要坚持民主集中制的原则，按照集体领导、民主集中、个别酝酿、会议决定的原则，完善党委内部的议事和决策机制。党的民主政治建设是社会主义政治文明建设的关键所在，同时，也是企业政治文明建设的关键所在，是企业兴旺发达的根本途径。但是，在我们企业，党组织的民主政治生活距离"三个代表"的要求还有相当的差距。受封建时代的皇权思想、计划体制时期的官本位思想、命令主义的影响，在一些党员干部中，家长制的顽固性仍然不同程度地存在。一年来，公司收到一些职工来信，其中大部分是反映领导人员独裁专断的问题。有的职工称本单位的一把手叫"一霸手"；有的开会一言堂，决策一句话，班子内部听不到不同的声音，问题都是普通职工的举报；有的不是用党员干部的标准严格要求自己，而是摆大老板的架势，把单位变成是个人的领地，站在群众的对立面上，口气大，派头大，讲虚荣，不像人民公仆的形象；有的厂务公开走过场，"三重一大"等重要事项，不是按厂务公开的程序制度办事，不是全过程公开，只是结果让群众知道一下。这说明，领导者习惯于按个人意图决策的情况仍然存在。这些问题都需要通过增强民主意识来克服，通过坚持民主集中制的原则来解决。在市场经济条件下，情况复杂多变，仅靠个人的智慧和力量根本无法适应,只有靠发扬民主来解决。新体制下,员工的民主意识、平等意识进一步增强,将对官本位思想形成巨大冲击,我们必须尊重群众的主人翁地位,加速推进民主政治建设。从先进的管理思想上来看,有的跨国公司不再称呼职工叫雇员、员工,而是叫合作人,大家都是平等的合作关系。在企业里,要实现所有成员之间的共同成长。领导者在实现企业价值、自身价值的同时,也要为合作人实现自身价值,满足合作人多方面的需求服务。由此看来,各级领导者必须正确对待自己的职务和权力。要经常想一想自己的地位和权力是人民给的,权力就意味着服务和责任。要随时注意做到,权为民所用,情为民所系,利为民所谋,主为民所做。要坚决从官本位的泥潭中爬出来,站在党的立场上,站在人民的立场上,做民主政治的建设者、维护者、实践者。如果还是家长制那一套,只能导致企业和个人的共同毁灭。

5. 要树立全局观念,增强法制意识,不断克服分散主义的狭隘性。当代最著名的管理思想认为,办公司必须从全盘着眼,整体大于部分之和,与其说各个部分是结构关系,不如说它们是一系列的相互作用、相互制约、相互影响的因果关系。我们公司也是一样,公司各个单位不是简单的相加,不是一筐相同的土豆,而且是一个相互联系的整体,整体不是个体的简单相加。因此,我们思考问题,制定决策,必须从全局着想,首先在总体上进行筹划,企业在总体上要运转正常。要做到这一点,就必须按照现代企业制度的要求,依法、依规、依制度办事。计划体制时期的长官意志、主观武断、分散主义、本位主义的企业模式,是不适应市场经济的。全局要靠法制来维系。下一步,就是要按照公司法的要求,建立新的体制,通过改制把公司各单位,把各个方面的资源有效地整合起来,起到一加一大于二的效果。

然而,在当前,旧体制时期遗留下来的分散主义、各行其是的现象仍然不同程度地存在。这直接影响到现代公司法人治理结构的有效运行,如:有的领导人员重大问题不请示、报告,私自做主;有的从局部利益出发,重投入、轻产出,重开发、轻经营,经营不扩展,管理不加强,成本费用居高不下,效益不高。有的各自为政,把单位看成是自己的私产，不愿接受监督，对于考核监督和批评口服心不服，我行我素，言行不一。这些问题都要站在党性的高度、全局的高度、现代企业制度的高度来认识和解决。切实做到"三个服从"，依法治企。只有这样，全公司的运转才会健康有效，每个单位的利益才会得到长久的保障。如果分散主义的弊端不克服，企业的下场是非常可悲的。

6. 树立执政为民的观念，增强艰苦奋斗的意识，不断克服脱离群众的危险性。"三个代表"的本质是立党为公，执政为民。作为执政党，作为党的干部，最大的危险是脱离群众。围绕提高党的领导水平和执政水平，提高拒腐防变和抵御风险能力这两大历史性课题，我们必须牢记"两个务必"，"三个代表"，艰苦奋斗，为最广大的人民群众谋利益，是由党的性质和宗旨决定的。在企业管理中，先进的管理思想，也强调人本管理，强调团队的力量，道德的力量，共同目标的力量。这就要求领导者必须成为艰苦奋斗，艰苦创业的典范。其职位高，品位也要高；有本事，也要守本分；会干事，也要很干净；重大节，也要慎小节；居安，也要思危；小康生活也要艰苦奋斗。要认真解决好相信谁，依靠谁，为了谁这个根本问题。要随时随地察民情，把群众呼声作为第一信号；解民忧，把职工富裕作为第一目标；暖民心，把群众需要作为第一任务，一心一意谋富民之策，建利民之业。在这方面，绝大多数领导者做的是好的，职工是满意的。但也有少数领导人员不能廉洁自律，私心严重，想办法，谋取个人私利；有的摆阔气，讲排场，在办公室装修、用车、职务消费等问题上，群众反映很大；有的用个人的车，拉公家的货，手续不全，管理松懈，在群众中造成不良的影响；也有的办事情不能关注大多数职工的利益，思考问题的范围很狭隘，造成了单位的不稳定；有的思想懒惰，有问题绕着走，对企业的长远发展提不出思路，对群众的根本利益漠不关心。对这些问题都需要我们拿起"三个代表"的思想武器加以解决。要经常想一想领导干部参加革命是为了什么？现在当干部应该做什么？将来身后应该留点什么？要用马克思主义世界观、人生观、价值观、权力观规范行为。从个人的小圈子里跳出来，放宽视野，自重、自省、自警、自励，保持共产党人的蓬勃朝气、昂扬锐气和浩然正气。要加强制度建设，严格教育、严格管理、严格监督。要认真做好来信来访工作，倾听群众的呼声，实事求是地解决好群众反映的问题。我相信，经过深入学习"三个代表"重要思想，坚持学习理论和指导实践相结合，改造客观世界和改造主观相结合，解放思想，实事求是，与时俱进，执政为民，艰苦奋斗，广大领导同志就一定能够不断地加强和改进思想作风，不断把金泰恒业的三个文明建设提高到新水平。

强化执行力　落实代表性

二〇〇三年十一月十日

在兴起学习贯彻"三个代表"重要思想新高潮和学习贯彻党的十六届三中全会精神的过程中，我体会到，要把"三个代表"重要思想落实到基层，推动企业的改革，执行的力度非常重要。其基础在学习，关键在执行。认真执行党的章程，执行党的决定，我们共产党人和党的各级组织才会具有先进代表的性质，才会把先进的生产力、文化力、最广大人民群众的根本利益不断落到实处，才会不断加快企业的发展。

一、只有具备执行力，才会体现自觉性

学习贯彻"三个代表"重要思想的自觉性，在认识的高度上，在观念的转变上，都要落实到行动上，体现在执行上。执行和执行力，是当代管理思想的一个重要内容。执行就是实施、实行预先的构想。执行是完成任务的学问。没有执行力就没有竞争力。战略规划要靠执行来落实，各项任务要靠执行来完成。因此，学习贯彻"三个代表"重要思想，贯彻公司的战略规划，必须加深认识，认真执行，才会收到实效。

1. 执行的自觉性，来源于理论的自觉性。只有高度自觉地认真学习"三个代表"重要思想，学习科学文化知识，用科学的理论武装头脑，才会有明确的方向和行动的力量，执行起来才会高度自觉，才会做到学以致用。今年以来，公司党委认真抓了理论培训，组织

两级领导班子成员和青年干部听取了五次宣讲，进一步加深了对"三个代表"重要思想的理解。从而进一步提高了贯彻执行的自觉性。"非典"虽然对各单位的生产经营造成了重大不利影响，但下半年发展势头强劲，重大项目进展顺利，经营业绩比较显著，经济效益不断提高。

2. 执行的自觉性，来源于体制的基础性。完善社会主义市场经济体制，才能更大程度地发挥市场在资源配置中的基础性作用。要使广大经营管理者和员工提高执行的自觉性，增强执行的动力，就要贯彻落实党的十六大精神，落实《中共中央关于完善社会主义市场经济体制若干问题的决定》。最近以来，公司党委对各基层单位的体制改革进行了认真研究，要建立分公司、控股公司和参控公司的模式，建立规范的法人治理结构，进一步实现投资主体多元化，优化股本结构。在此基础上，建立新的机制。我想，体制、机制的创新，必将大大增强全体员工的动力感，大大增强执行、落实的自觉性。

3. 执行的自觉性，来源于文化的导向性。我们十分重视教育培训工作和企业文化建设。今年以来，我们大力宣传和培育公司"金泰双赢，恒久立业"的企业观，开展了大范围的研讨活动和全员参与的演讲活动，使企业的核心理念日益深入人心。特别是公司创办的"一报一刊"，很好地发挥了文化、舆论导向的作用，起到了提高素质、鼓舞士气，统一思想，贯彻执行的良好效果。

4. 执行的自觉性，来源于利益的实在性。我们共产党只有真心实意地为最广大人民群众谋利益，才会组成浩浩荡荡的建设大军，在党的领导下，共同建设小康社会。在改革中，广大职工群众只有享受到改革的成果，大家才有执行的自觉性，才会积极地投身到改革的实践中去。如，朝阳区公司组建的五个控股公司和五个参股公司，均有好的收益，员工切实得到了实惠，更加调动了经营管理和改革的热情。又如，西城区公司的300余名职工持有公司40%～50%的股份，分红占股金的15%左右，由此大家执行上级党组织和公司的各项决策十分自觉。

二、只有增强执行力，才会实现先进性

在经济全球化的进程日益加快，科技革命迅猛发展，市场竞争日趋激烈的情况下，作为党组织和经营管理者对于"三个代表"重要思想、党的章程、党的决定和国家的各项方针政策以及本单位的各项决策，都必须不断增强执行的力度，不断提高工作的质量和效率，这样才会把党的先进性真正落实到基层，加快企业的发展。

1. 要增强执行力，就要培养一批具有先进性的领导人物。决策要靠人来执行。政治路线确定之后干部就是决定因素。要落实"三个代表"重要思想，关键是各级领导班子、广大领导人员要贯彻好执行好。在市场经济条件下，企业要在市场竞争中取胜，必须培育和使用一批素质高、懂经营、善管理、能创效的领军人物，特别是要起用一批有实践经验，有知识、有文化、有能力、有魄力的年轻优秀人才。对于领军人物不仅要重使用，还要重培养，要舍得花重金送他们参加高层次的教育、培训，使他们不断充实新知识，提高决策能力，提高执行能力，提高凝聚人心的本领。

2. 要增强执行能力，就要培养一批门类齐全、素质优良的人才大军。人才资源是第一资源。有了好的领导班子，还要兵多将广，要有各个方面的人才去执行和落实上级的决策。特别是当代社会，专业分工越来越细，每个人都不可能是万能的通才。因此，必须加强专业人才队伍建设，通过每个专业人才的努力，把既定的规划执行好，落实好。同时，还要建立切实可行的激励约束机制，不断深化人事制度改革，努力创造人才脱颖而出的环境。

3. 要增强执行力，就要不断提高领导者和各类人才对广大人民群众的凝聚力。"三个代表"重要思想的本质是立党为公，执政为民。为人民服务是党的宗旨，是我们一切工作的立足点和出发点。我们是人民群众的一部分，我们力量的源泉深深地植根于人民群众之中，离开了人民群众，我们将一事无成。因此，要将"三个代表"重要思

想，把企业的战略规划落到实处，各级领导者和各类人才必须紧紧地团结广大员工群众，一切为员工群众着想，努力调动一切积极因素。这样，就能万众一心，共同执行党的意志、国家的意志、企业的规划，单位的部署，我们就无往而不胜。

4. 要增强执行力，就要体现时代性，把握规律性，富于创造性。我们讲的执行不同于计划体制时代被动地服从，而是在市场经济条件下，站在时代的前列，与时俱进，按照客观规律办事，创造性地开展工作。企业是市场的主体，必须在提高驾驭市场和适应市场的能力方面下功夫，在掌握市场运动规律方面下功夫，在提高经营管理能力方面下功夫，在产业的调整和升级方面下功夫。这样，我们执行任务才会得心应手，事半功倍，收效颇丰。

三、只有研究执行力，才会把握自身的特殊性

有关研究执行力的专家认为，在当今社会，各商家之间的竞争愈来愈激烈，而变化、速度与危机更被称为是 21 世纪的特征。在这个变化无定的环境中，企业如何才能实现自己的目标，最终取得胜利呢？答案就是执行力。很多同行，面对的是同样的客户，策略也大致相似，为什么业绩如此不同，答案还是执行力。可见执行力不是个一般的概念，而是一种核心能力。同时，也要看到，每个行业、单位的性质是不相同的，专业分工是相当明确的，而执行的内容是不一样的。因此只有在认清执行力重要性的同时，从本专业的实际出发，在普遍性中把握特殊性，认清自身的特点，认清自己的专业，找到自身的优势和劣势，才会有效地、有针对性地提高自己的执行力。如果离开自己的专业，自己企业的业务和特点谈执行力，只能是无的放矢。常言道，人贵有自知之明，最困难的是认识自己。因此，认真地分析、解剖自己，有针对性地提高自身的执行力是最重要的。不把握自身行业、单位的特质，执行力就难免陷入空谈，就不会有实效。

1. 要围绕主导产业研究执行力，把握特殊性。金泰恒业公司的主

导产业是房地产业,这是我们的特殊性,也是我们的战略重点,如何围绕这个重点把执行力做强、做实,是我们必须做好的大文章。离开了我们的主导产业房地产业谈执行力是没有多少实际意义的。我认为,在确定好房地产业的战略目标之后,在搞好市场定位的前提下,关键是要提高整合社会资源的能力,从领导班子,到总经理再到每个部门,都要以坚韧不拔的精神执行好自己的使命,要找到最好的设计单位,设计出最受客户欢迎的样本;要找到最好的施工单位,做到成本低、质量高;要找到最好监理单位,做到全过程科学有序运转,把问题消灭在萌芽状态;要找到最好的销售代理,帮助客户实现需求,为客户实现自身的价值服务,使企业与客户共同成长;要找到最好的物业代理,要为客户提供最满意的工作、居住环境。要实现这个目标,一般的执行力是不行的,必须达到执行力的高度专业化,需要有一支精通本职业务的专门人才进行运作,才会达到预期效果。公司的金泰大厦为什么花重金请著名的跨国公司戴德梁行来管理,就是这个道理。当然,如前所述,体制、机制、文化、氛围这些最基本的条件是必须具备的。

2. 要围绕基础产业研究执行力,把握多样性。本公司经济实体140 余家,门类众多,点多面广,门店遍布全市。城市综合服务业是公司广大员工的生存基础所在。经营项目的多样性,是公司个性的又一表现形式。因此,提高执行能力,一定要从这一多样性的客观实际出发,深入研究,才能抓到点子上。我感到提高执行能力仅靠几个领导人才是远远不够的,必须把广大员工的创造精神充分调动起来,依靠他们的执行能力,依靠他们广泛的社会联系和深厚的经商经验,才能把每个项目做强、做精、做实。组成执股会,广大员工发挥各自的技术专长,人人都成为参与市场竞争的尖兵,就会在实践中收到好的效果。如崇文区的天鑫宾馆,做到"无星宾馆,星级服务",成为崇文区公司的支柱项目。广大员工的开拓精神,功不可没。

3. 要围绕"比较优势"研究执行力,把握核心竞争力的独特性。其他外围项目可以外包,可以请人代劳,但"核心竞争力绝不能外包"，自身的比较优越，别人不可替代，也不能代劳。这种独特性正是企业生存发展的基点。因此，研究执行力，就要在留住核心人才，开发核心技术，建设核心文化，保护核心资源方面下功夫。要言必行，行必果。以执著行为开辟自己的特色之路。所要做的具体工作：一是要建立具有执行力的组织，配齐配强具有执行力的人员。当前，本公司正在积极酝酿对机关总部进行重塑和再造，我们就是要通过对总部的重组，建立起适应市场经济体制具有坚强执行力的组织结构。二是要抓住核心流程，形成核心执行力。我们要把人员战略和运营这些流程整合起来，形成明确的计划、步骤、制度和流程运行图，并进行严格的效绩考核，从而形成自己独特的执行文化，管理文化，形成核心能力。三是执行要勇于创新，执行要有坚强的意志品质。人的精神力量是不可估量的，执行就是创新，就是艰苦奋斗。执行决策，虽然有一套构想和计划，但这只是书面语言，实践是复杂的，如何取得实效，并没有现成的答案，所以要在实践中进行艰苦的摸索。艰苦奋斗，不屈不挠是执行力的题中应有之义。实际上执行的过程就是创新的过程，要通过辛勤的劳动，发现规律，适应规律，改造主客观世界，在创造中前进，在前进中创造，在实践中增长才干。

四、只有评估执行力，才会实现目的性

在实践"三个代表"重要思想的过程中，在执行企业发展战略的每个阶段，都要对执行力进行评估。从而总结经验，纠正不足，达到预期的目的。如果战略只停留在文本上、会议上、口头上，不对执行力进行评价、检查，不能及时排除执行过程中的障碍，我们的事业就会蒙受巨大的损失。最近以来，本公司领导班子对各层人员的执行能力进行了分析、估价，找出了这样一些问题，并予以纠正。

1. 在信息资源方面与市场要求不对称，导致执行能力不强。有的基层经营管理者观念守旧，思想保守，在开放的社会里，对信息化建设不够重视，信息来源渠道狭窄，信息的数量和质量都明显不足，和

竞争对手不是处于同一条起跑线上，这种信息不对称的现象，导致决策水平不高，执行力度弱化。针对这种情况，我们调整了一批基层经营管理者，加快了信息化建设的资金投入，目前情况正在向好的方面发展。

2. 在人才专业化方面与市场要求不对称，导致执行能力不强。过去本公司以经营煤炭为主，人才结构单一。现在有房地产开发、酒店经营、物业管理，以及众多的城市服务业的门店。目前看，维持生存不成问题，但以发展的眼光看，专业人才奇缺是制约全公司大发展的瓶颈。公司这么多产业门类，靠一般的"通才"是远远不够的，必须有一支强大的专业人才队伍加入其中，才会把企业做强做大。所以今后一个时期要继续在教育、培训、引进专业人才方面下大功夫。

3. 在业绩考核方面与市场的要求不对称，导致执行能力不强。实践是检验真理的唯一标准。业绩是评估一个经营管理是否合格的主要指标。然而以往公司在考核基层领导者时，经营业绩占的分量不大，导致一些领导者在人际关系的平衡方面、在选票的多寡方面动脑筋过多，有的不敢大胆管理，怕得罪人，工作业绩受到了影响。今后，要在"三个代表"重要思想指导下，以业绩考核为重点，以兴企富民为目的，以执行力的高低为标志，来评估一个经营管理的胜任情况。以此为依据，优胜劣汰，加强经营管理者队伍建设。

用"三个代表"重要思想统领全局，树立科学发展观，以改革的精神做好二〇〇四年的工作

——在北京金泰恒业有限责任公司党委扩大会议上的讲话

二〇〇三年十二月三日

在兴起学习贯彻"三个代表"重要思想新高潮，学习贯彻党的十六届三中全会精神的过程中，在 2003 年接近尾声和 2004 年即将到来的时候，我们召开了有公司党委成员，公司领导班子成员和公司各部门、各单位主要负责同志参加的党委扩大会议。会议的主题是：发展与改革，即抓住第一要务，树立科学发展观，以改革的精神，做好 2004 年和今后一个时期的工作。其指导思想是，坚持以邓小平理论和"三个代表"重要思想为指导，全面贯彻党的十六大、十六届三中全会和中央经济工作会议精神，在集团党委的领导下，以发展为主题，以改革为突破口，以调整为主线，以科学管理为切入点，以提高经济效益和提高职工生活水平为目的，牢牢抓住党的建设这个关键，进一步加快企业的发展。明年的主要工作目标是：完成销售指标，利润实现增长，实现资产的保值增值。基层改制基本完成，产权关系和管理体制基本理顺，经营管理、党的建设、职工生活水平再上一个新台阶。为了实现这个目标，要着力抓好调整问题、改革问题、管理问题和人才问题这四项重点工作。围绕此次会议的主题、指导思想、明年的发

展目标和四项重点工作，今后要加强思想、体制、战略、结构、机制、新总部、文化、党建、民心工程、董事会"十大建设"。

一、要发展，就要抓住第一要务，树立科学发展观，加强思想理论建设

党的十六大以来，我们经过学习"三个代表"重要思想，党的建设和经济工作有了新的进展。虽然"非典"对全公司的经济工作造成了重大不利影响，但是下半年发展势头强劲，经营管理、体制改革、结构调整、文明建设、党的工作、经济效益都收到了好的成效。圆满完成今年的各项经济指标是有把握的。同时也要看到，公司经济结构不够合理，经营管理比较粗放，体制机制不够顺畅，经营管理人才缺乏，执行力度不强，适应市场的能力不足等问题，仍然在制约着企业的发展。面对差距，我们必须居安思危，奋起直追，加快发展。要抓住发展第一要务，就要继续深入学习"三个代表"重要思想，提高对发展的重要性和紧迫性的认识。通过教育、培训，认识上要有新高度，行动上要有新举措，工作上要有新业绩。要把学习"三个代表"重要思想的效果，落实到企业发展上，落实到解决当前企业存在的突出矛盾上，落实到工作的具体措施上，落实到完成年度的工作目标上，落实到树立科学发展观上。

党的十六届三中全会通过的《中共中央关于完善社会主义市场经济体制若干问题的决定》，对我们树立科学发展观，进行体制改革奠定了理论基础，指明了方向。中央和北京市国资委成立以后，我们面临新的机遇、压力和动力，我们必须加快适应形势，加快调整、改革、发展的步伐。《决定》指出，要坚持以人为本，树立全面、协调、可持续的发展观，促进经济社会和人的全面发展。为达到这一目标，要按照统筹城乡发展、统筹区域发展、统筹经济社会发展、统筹人与自然和谐发展、统筹国内发展和对外开放的要求，更大程度地发挥市场在资源配置中的基础性作用，增强企业活力和竞争力。《决定》关于

科学发展观的完整表述，为我们的体制改革和社会经济工作提出了新的目标和指导思想。结合公司实际，吸取"非典"教训，我们也必须在统筹发展上下功夫，即，统筹主导产业和基础产业的发展，统筹城区经济和郊区经济的发展，统筹三个文明的共同发展，统筹对内开放和对外开放的发展，统筹稳定和发展的共同促进，千方百计保稳定，一心一意谋发展。从而实现以人为本，全面、协调、持续的发展，实现企业和职工的共同价值，推动企业和职工的全面进步。树立科学发展观，要认清形势，振奋精神，树立强烈的发展意识，解决体制、机制障碍，把发展落实在项目上。关于项目的投资，要加强论证，规避风险。要集中精力把当前的项目建设好。

二、要发展，就要深化改革，创建新的体制

要发展，改革是动力，体制是基础，有了好的体制，才会有好的机制。公司范围内的体制改革，在三年左右的时间里，分三个阶段进行：第一阶段是摸清资产，理顺关系，统一思想，转变观念；第二阶段是进行试点，解决难题，取得经验；第三阶段是面上推开，克服障碍，建立制度，规范程序。要通过实践，解决三个主要问题：一是理顺产权关系；二是按照现代企业制度的要求，初步建立法人治理结构；三是为进一步深化改革，打造新的平台。根据这个思路和构想，各单位的改制，一部分企业改为分公司，一部分企业改为有限责任公司，有限责任公司分为控股公司和参股公司。改制企业分三批进行：第一批改制企业今年11月或12月份挂牌；第二批改制企业今年年底前将方案批复下去，明年上半年挂牌；第三批改制企业今年年底前动员部署下去，明年上半年完成方案批复。明年年底完成全部挂牌。

通过改制，要建立较为规范和完善的法人治理结构，对于分公司要给予充分的授权，充分调动经营者的积极性、主动性和创造性。对分公司的资产处置权，经营管理权，用工分配权，公司要搞出明确规定和具体管理方法。在分公司要模拟法人治理结构，建立董事会、经

理层和监事会，建立各司其职，相互制衡的新机制。要完成上述改革的目标，就要认真学习、领会、落实党的十六届三中全会的《决定》。

十六届三中全会的《决定》提出要积极推行公有制的多种有效实现形式，大力发展国有资本、集体资本和非公有资本参股的混合所有制经济，实现投资主体多元化，使股份制成为公有制的主要实现形式。我们要在摸清资产的前提下，要区分不同情况，建立分公司、控股公司和参股公司。控股公司分为绝对控股和相对控股两种形式。只有要通过实现股权多元化，利益主体的多元化，才能奠定企业发展的体制基础。

全公司的体制改革，坚持先理顺，后重组。认真解决体制不顺，资产管理不到位的问题。要积极做好准备，为实现公司的战略性重组，实现股权多元化，推行混合所有制经济奠定基础。进行体制改革，要按照《决定》的要求，建立现代产权制度。现代企业制度的根本要求是产权清晰。随着各种资本的流动、重组和融合的不断发生，各类财产权都要求有健全的产权制度加以保护。建立健全现代产权制度，是完善基本经济制度的内在要求，是构建现代企业制度的重要基础。《决定》指出，要建立归属清晰，权责明确，保护严格、流转顺畅的现代产权制度。所谓产权制度是关于产权界定，运营、保护等体制安排和法律规定的总称。现代产权制度则是与社会化大生产和现代市场经济，特别是股份制经济相适应的产权制度。在现代产权的基本内涵中，不仅包括财产所有权，实际上还包括"企业法人财产权"。法人财产权就是非财产所有者，由于实际上经营属于财产所有者的财产，而对其享有的占有、使用，及在一定限度内依法享有的收益和处置的权利。其主要特征是：归属清晰，即各类财产权的具体所有明确，并为相关法律法规所认定；权责明确，即产权具体实现过程中，各相关主体权利到位，责任落实；保护严格，即保护产权的法律制度系统完备，各种性质、各种形式的产权一律受到法律的严格保护；流转顺畅，即各类产权以谋求利益最大化为目的，依法在市场上自由流动，有效运营。

在改革中，建立现代产权制度意义重大，其有利于维护公有财产权，巩固公有制经济的主体地位；有利于保护私有财产权，促进非公有制经济发展；有利于各类资本的流动和重组，推动混合所有制经济发展；有利于增强企业和公众创业创新的动力，形成良好的信用基础和市场秩序。因此，要依法保护各类产权，健全产权交易规则和监管制度，推动产权有序流转，保障所有市场主体的平等法律地位和发展权利。今后一个时期公司的体制改革就是要在建立现代产权制度的基础上，对企业进行公司制、股份制改造，以混合所有制的形式，建立规范的法人治理结构，对企业实施有效的公司治理。

有效的公司治理是现代企业制度建设的核心。公司制是实现所有权与经营权分离最有效的制度安排。它形成的一套有效的委托代理关系，可以保障投资者的最终控制权，可以维系公司各个利益相关者之间的平衡，可以形成有效的激励、约束和监督机制，为经营管理者施展才华提供舞台。建立完善的公司治理结构，必须所有权和经营权到位，这是形成完善的公司治理最重要的条件。所有权到位是公司治理的灵魂。董事会是公司治理结构的核心。公司的目标必须集中于投资回报，准确地评价公司的经营业绩。公司必须抓住选人用人这个关键，要通过各层人事权力的分配，明确责任，形成具有及时纠错功能的人事管理机制，以创造良好业绩，降低风险。

三、要发展，就要建设切实可行的战略体系，认真落实公司的发展战略

公司的十年发展战略已经由股东会和董事会批准。明年和今后一个时期要具体实施。要将各项战略任务落实到部门、单位和人头。各部门、各单位要从实际出发，制定分战略或子战略，明确具体措施，保证战略目标的实现。要建立责任制，拟订进度表，明确主管和分管责任人，按照质量要求，稳步、有序地推进。要适时地进行战略调整。根据环境、局势和任务的变化及时对战略进行修订。对于公司制定的

资源整合、奥运经济参与、房地产业推进、燃料经营调整、饭店旅游业联动、综合服务业整合、制造产业突破、市场营销体系建设八大战略，要通过实施观念创新、素质提升、改革体制、机制再造、人才开发、文化建设、资本运营、管理升级、信息化建设、技术进步十大工程，予以保证。从而把公司建设成为以房地产业为主导，以其他城市服务业为基础，具有核心竞争能力的大型现代企业，实现跨越式的发展。

四、要发展，就要努力建设经济运行的新格局，在经济结构的战略性调整、升级上下功夫

要继续贯彻"大而强，小而优，难而进，劣而退"的调整方针，遵循有所为，有所不为的原则。在调整中，对优良资产进行整合，对不良资产进行核销。对于建立物业管理中心和非在岗人员管理中心的问题要认真调研论证，及早拿出方案。要通过调整，以优良资产为基础，为体制改革做好准备。集中精力把房地产业做强做大，把城市综合服务业这个基础搞扎实。要把经济结构的调整和升级结合起来，在调整中升级，在升级中调整。一是房地产开发要升级，股本增加，外资入股，体制创新。开发的规模要扩大，要实现开发自有土地向开发业外土地的转变，近百万平方米的建筑任务要抓紧运作，化解风险，稳步快速推进。二是物业管理要升级。公司有一批高档写字楼相继投入使用或开工建设，公司和各单位家属楼的管理也亟待规范和加强，因此要借鉴金泰大厦的管理模式，引进著名跨国公司的管理标准，加紧培养自己的人才，提升物业管理的水平，获得良好的经济回报。三是饭店经营要升级。要把饭店经营和旅游业结合起来，提高收益水平。要把高级酒店的服务标准和经营方式逐步向普通饭店推广，做到"无星宾馆，星级服务"，实现品牌效应。四是经营规模要升级。要把小门小店的经营方式向规模经营过渡，逐步通过企业间的重组、并购进行资源整合，实现连锁经营，优势互补，降低成本，提高质量，实现

规模效益。五是资本运营要升级。要把产品经营、资产经营和资本运营结合起来，进入资本市场，开辟证券业务，提高收益水平。六是服务水平要升级。在市场竞争激烈，产品过剩的情况下，服务水平的高低在一定程度上决定着企业的命运，因此服务战略应运而生。要以人为中心，追求客户充分的满意度，为客户实现自身价值服务，搞好客户资源管理，这正是企业重要的商机所在。对企业进行经济结构的战略性调整，是一个长期、艰巨的历史任务，要坚持在调整中发展，在发展中调整，不断推动企业的升级进步。前三年，我们进行的是适应性调整，解决了生存问题。今后一个时期要进行发展性调整，要实施资本聚集，把大项目做实，把大企业办好，把公司做强做大。

五、要发展，就要建设新机制，深化劳动、人事、分配制度改革

企业体制的变化，必然带来运行机制的变化。公司成立两年来，我们在机制改革方面取得了一些成效，但是离现代企业制度的要求还有相当的差距。随着公司和各单位体制的变化，深化劳动、人事、分配制度改革势在必行。人事制度改革，要紧紧围绕全面实施人才兴企战略，努力形成广纳群贤，人尽其才，能上能下，充满活力的用人机制。以加快企业发展为根本出发点，积极推进人才资源市场化进程。劳动制度改革要按照市场化、合同化、聘任制的要求，认真执行、完善劳动合同，实现人力资源的合理配置。分配机制改革，要打破"五资一贴"，建立适应市场化、合同化、聘任制的全新的分配方式。要建立以岗位工资、绩效工资、为核心的新机制，在经营管理者中，突出能力薪酬，注重创新回报能力。探索对经营管理者和骨干人员配股持股问题。要按照十六届三中全会的要求，建立企业经营业绩考核体系，积极探索资产监管和经营的有效形式。经营业绩是考核经营者的主要指标。经营者在政治上要强，在业务上要精，在管理上要严，在效绩上要好。要防止出现为照顾人际关系，怕减少选票，而不敢大胆

管理，放松经营，做"老好人"，导致业绩下降的倾向。在考核中，要把经营性收入和开发性收入的考核严格区分开来，日常支出主要靠经营性收入来支撑，开发收入的支出要严格控制，应主要用于新项目的开发和资本运作。相关部门要根据这个要求，及早拿出实施方案。要通过建立科学的考核体系，在激励和约束方面迈出新的实质性的步伐。

六、要发展，就要对公司总部进行重塑和再造，按照市场经济和新体制的要求，建设新总部

以往，公司总部担负着一定的政府职能，具有行政管理的性质。在市场经济条件下，在公司改制以后，特别是民用煤价格放开以后，公司已经成为真正的市场主体，公司总部的职能必须服从、服务于企业的功能。明年要按照市场经济的要求，按照企业的性质、适应基层改制的需要，对公司总部进行"四个重塑"，即重塑功能，重塑管理，重塑机制、重塑形象。一是重塑功能。要实现总部由管理型向经营管理型的转变，要树立总部的权威，把总部建设成为决策中心、指挥中心、投资中心、管理中心。要建立具有全面性、主动性、积极性和创造性的工作机制，为决策服务，为经营服务，为基层服务，为员工服务。使公司本部、各单位和全体职工形成一个拳头，共同致力于公司的振兴发展。要建立以市场为导向的经营机制，强化营销管理，抓住市场机会，拓宽营销渠道。大力加强信息化建设，积极推行电子商务，提高工作效率，挖掘客户资源，增强竞争能力。二是重塑管理。要建立效率高、层次少、"扁平化"的组织结构，要建立规范的工作流程、明确的责任目标和顺畅的沟通渠道。建立首问责任制，明确第一责任人和具体负责人，要通过全面建立责任制，把任务落到实处。解决推诿、扯皮、执行不力的弊端。三是重塑机制。要依据市场经济体制和现代企业制度的要求，重塑总部的经营机制、工作机制和运行机制。从而将公司的战略、人员、运营、协调、创新、效益等关键环节紧紧

地联系起来，为实现公司的总体目标服务。四是重塑形象。总部形象是公司品牌的重要表现形式之一，是市场影响力的重要方面，是获得客户信赖的重要基础。因此，要重塑总部内部和外部的形象。重塑内部形象就是要大力加强总部的思想作风建设，提高理论素养，提高经营水平，提高工作效率，搞好管理、服务，当好参谋和助手，塑造勤政、廉政和善政的形象。重塑外部形象就是注重总部的环境建设，搞好外观设计，体现人文关怀，注重礼仪、仪表，提高服务品质，增强对客户和公众的亲和力。

七、要发展，就要用先进的文化武装企业，加强企业文化建设

当今世界，文化与经济、政治相互交融，文化在综合国力竞争中的地位越来越突出。因此，各级党组织必须按照"三个代表"重要思想的要求，牢牢把握先进文化的前进方向，用先进的科学技术武装企业，建设具有"金泰恒业"特色的企业文化。从而，为企业的发展提供思想保证、精神动力和智力支持。用先进的文化武装企业，就要必须坚持邓小平理论和"三个代表"重要思想的指导地位，加强对党员干部的教育、培训，坚定不移地走中国特色社会主义道路。用先进的文化武装企业，就要建设学习型企业，做学习型员工，全员学习，终生学习，自我完善，自我超越，提高科学技术素养，依靠文化的力量，提高企业的核心能力。用先进的文化武装企业，就要加强企业文化建设，用"金泰双赢，恒久立业"的"金泰恒业观"指导企业全面建设，从而增强向心力，形成凝聚力，开发创造力，在京煤集团总体的企业文化建设中，融会贯通，突出特色。企业文化建设要坚持全面性、全员性和适应性，突出个性化、艺术化、网络化和现代化。要重视品牌建设，强化品牌管理。要不断加强硬件和软件投入，学习先进企业的经验，提高自身的品质。要坚持诚信至上，履行合同，遵守承诺，维护企业信誉。

八、要发展，就要坚持以人为本，努力建设民心工程

坚持以人为本，是十六届三中全会提出的重要思想，是科学发展观的理论基石，也是完善社会主义市场经济体制必须加以贯彻的一个重要原则。以人为本，具体地说，就是我们的各项工作都要把努力满足人的需要和促进人的全面发展作为根本出发点和归宿。以人为本，必须有相应的物质基础，大力发展经济。以人为本，是一个不断发展和进步的过程。只有随着社会财富不断增加和社会文明持续进步，人的需要才能愈益充分地得到满足，人的全面发展才能愈益充分地得到实现。以人为本不能只停留在理论上、口头上，必须从眼前做起，从具体事情做起，时时刻刻注意把这个原则体现在我们的各项工作中。坚持权为民所用，情为民所系，利为民所谋。

"以人为本"落实到我们公司。一是要全面推进企业的民主政治建设，积极落实以职工代表大会为基本形式的企业民主管理各项制度。在企业改革调整的重大事项、涉及职工切身利益的重大决策、党风廉政建设的重大问题等方面实行厂务公开，确保职工的知情权、参与权得到落实。二是积极落实党的依靠方针，支持工会、共青团等群众组织的工作，广泛开展群众性的经济技术创新活动，最大限度地保护和调动职工的积极性和创造性，组织职工为企业经济效益的提高和改革发展作出贡献。三是努力实施"职工素质工程"，积极开展"创建学习型组织，争当知识型职工"活动。进一步加强职工的思想观念、职业道德、科学文化教育和岗位技能培训，提高职工在市场经济条件下生存、竞争、发展的能力。四是继续开展经常性"送温暖"活动，坚持不懈地为职工做好事、办实事、解难事。努力做到心里装着群众、凡事想着群众、工作依靠群众、一切为了群众，尽心尽力做好涉及职工切身利益和实际困难的事情。五是做好来信来访工作，关注职工的思想动态、呼声和意愿。把立党为公、执政为民这个"三个代表"的本质要求落到实处，做以人为本的忠诚实践者。

九、要发展，就要抓住党的建设这个关键

党的领导是顺利推进改革发展的根本保证。能不能在新时期建立和完善新体制，取得新业绩，是我们各级党组织面临的重大考验。党组织要自觉适应市场经济发展的新形势，改革和完善党的领导方式和工作方式，加强党的思想建设、组织建设、作风建设，注重能力建设，把制度建设贯穿其中。坚持谋全局，把方向，管大事，保稳定，促发展。做"三个代表"重要思想的学习者、组织者和实践者。要从企业自身实际出发，以经济工作为中心，总揽全局，协调各方，把党组织建设成为懂经营、善管理、能力强、会决策的领导核心。要大力加强党的思想建设，要增强学习的紧迫感和责任感，要采取多种形式，加强学习、教育和培训，坚持用邓小平理论和"三个代表"重要思想统一认识，解放思想，与时俱进。坚持站在科学理论的高度，指导工作。要大力加强党的组织建设。加强领导班子建设，坚持民主集中制原则，实行集体领导，集体决策，切实发挥党组织的政治核心作用。坚持党管干部党管人才的原则，加强经营管理者队伍、专业人才队伍、高级技工队伍、后备人才队伍建设。以改革的精神，解决好经营人才和专业技术人才缺乏的状况，加强对现有人才的培养，运用市场机制从社会上引进，专项工作临时聘，长期任务逐年聘，特别是要注意从社会上引进有经营才华的经理人才，要采取多种渠道，解决需求，为我们所用，为企业发展提供人才保证。加强党的自身建设，发挥基层支部的战斗堡垒作用和共产党员的先锋模范作用。坚持党的工作制度，做好党员发展工作，壮大党的力量。要加强党的作风建设和廉政建设。立党为公，执政为民。做到"两个务必"，"八个坚持，八个反对"，落实党风廉政建设责任制，强化责任追究制度，强化"四位一体"的监督机制，以廉洁高效的自身形象，不断密切同人民群众的血肉联系。

在企业落实"三个代表"重要思想，加强党的思想作风建设，要建立载体和必要的形式。我们公司要把领导班子成员联系制度进一步

深化，形成"五联"制度：一是公司领导联系基层单位和老干部；二是公司职能部室联系基层相关部门；三是基层领导联系部门或经营实体；四是党支部成员联系生产班组；五是领导人员联系困难职工，党员联系职工群众。公司党的建设要通过这"五联"活动，形成良好的沟通机制，加强自身建设，密切党群关系，保稳定，促发展。

十、要发展，就要依法、依规、依程序办事，加强董事会建设，保证经理层和监事会卓有成效地开展工作

在公司治理结构中，董事会对全体股东负责，每位董事对自己的行为独立承担责任。董事会拥有公司的经营决策权，是公司治理结构的核心。受投资者委托，董事会主要职责是确保公司的长远利益，最重要的职能是任命和更换公司最高管理层，做出战略决策、监督经理层的工作，评估经理层的绩效，并决定其薪酬和去留。董事会还必须确保企业经营符合各项法规。要认真实行董事会"集体决策个人负责"的机制，强化董事会的独立性，强化董事的个人责任。因此，改制以后，董事会成员都要加强学习，加强调查研究，适应新形势，新体制，不断提高决策水平。董事会和经理层都要格外重视管理这个永恒的主题。企业管理要适应公司体制、机制的变化，进行管理创新，强化基础管理，推进现代管理，实现经营目标。要加强制度建设，用制度和机制规范、约束行为。董事会要制定关于产权代表管理若干问题的规定，明确产权代表的责任和权利、义务。要落实应收账款制度，明确责任，对企业造成损失的一定要追究责任。董事会要及时对企业的重大事项做出决定，并对执行情况进行督促检查和考核评估。要抓住用人这个关键，要把最优秀的人才选进经理班子。要注重投资收益和资本运营，以经营的结果来检验经理班子的奖惩和去留。要发挥各专业委员会的参谋助手作用，深入细致地开展工作，为董事会决策提供咨询。董事会要发挥公司治理的核心作用，确守对股东的诚信，提高决策的水平，强化执行力度，严格进行考核，实现资产保值增值。

董事会要支持经理班子开拓经营，行使职权，创造性地开展工作。监事会要认真履行职责，确保公司资产的安全与效益。我们只有用先进性的标准建设好公司的法人治理结构，企业才会走上一条发展—融资—再发展—再融资—再发展，良性循环、不断扩张的振兴之路，才会真正实现跨越式的发展。

我们要在"三个代表"重要思想指引下，认真贯彻落实十六大和十六届三中全会精神，按照中央经济工作会议的部署，围绕着发展和改革这个主题，开辟 2004 年三个文明建设的新局面。

坚持与时俱进　加快改革发展
全面提高金泰恒业核心竞争能力
——在北京金泰恒业有限责任公司
一届二次职工代表大会上的报告

二〇〇四年一月十三日

2003 年北京金泰恒业有限责任公司在党的十六大精神指引下，坚持以"三个代表"重要思想统领全局，坚持"高起点，新跨越，大发展"的指导方针，准确把握面临的形势，超前谋划，大胆决策，圆满完成了年初确定的各项经济指标，经济运营质量明显提高，经营结构调整步伐加快，走上了持续健康发展的轨道，为下一步继续深化改革，落实十年发展战略，打下了良好的基础。

一、关于 2003 年董事会工作总结

2003 年公司董事会作为决策机构，紧紧抓住发展这条主线，积极布局谋篇，认真行使职权，创造性开展工作，在法人治理结构的有序运行过程中发挥了关键作用。

（一）公司董事会认真执行股东、产权代表工作制度

京煤集团派驻金泰恒业公司产权代表以及小股东代表按照制度要求，认真履行职责。董事会做到了在重大事项上，会前先与控股股东沟通，并如期向控股股东报告履职情况。公司董事会接受了集团董事

会关于现代企业制度运行情况的检查，根据集团的意见及时研究改进工作的措施，把工作的要求落实到具体责任部门，使公司在严格执行财务预算，加快不良资产的核销力度，进一步推进改制，研究劣势企业的退出，维护资产安全和加强制度管理等方面的工作都有了很大进展。

（二）公司董事会充分发挥在经营管理中的决策作用，认真落实公司发展战略，对事关公司改革、调整、发展等一系列重大问题做出决策

2003 年共召集股东会 1 次，召开董事会 3 次，专业委员会及其他相关会议 14 次，审议通过了 20 项重要决议。这些决策的实施和管理办法的制定，为公司法人治理结构的有序运行奠定了坚实基础，从而保证了公司能够依法、依规、依程序地推进深化改革、加速调整、优化结构和健康发展。

1. 在确定发展战略上正确决策

战略管理是董事会高度重视的一项工作，在对市场、对企业进行深入、反复、细致研究分析的基础上，公司董事会把"企业五年规划"提升为"企业十年发展战略"，并在上报集团公司批准后，经公司第 10 次董事会、第 6 次股东会审议通过。公司确定的十年发展战略的主要目标是：不断进行产业结构调整和经营创新，通过资产重组和资源整合，实现产业结构的整体优化和资本规模的扩张；通过核心能力的培育和跨越战略的实施，使公司形成强大的竞争力。到 2010 年，形成以房地产业为主导的、其他城市服务业为基础的全新的经营格局，把公司建设成为具有全球化视野、强大核心竞争力和品牌影响力的大型现代城市服务企业集团。坚定不移地落实这一发展战略，是今后一项长期而艰巨的任务。

2. 在发展主导产业上正确决策

在金泰恒业公司的经营格局中，房地产业居于主导地位。2003 年公司董事会加大对房地产业的管理力度，审议了《金泰恒业有限责任公司房地产管理办法》，提出"建立房地产管理数据库"和"建立健全房地产变动的风险评估、预控机制"等七条具体意见，使全行业房地产开发、经营和管理逐步纳入规范化轨道。

公司高度重视房地产项目投资和工程建设。续建项目的建设进展顺利。四厂金泰富地如期庆典，三厂"海博俱乐部"开张经营，宣武"金泰开阳"综合楼、朝阳酒仙桥综合楼等完成主体结构施工。计划新建项目也取得了实质性进展。一厂金泰国益大厦已于2003年底正式开工，海淀索家坟、皂君庙超市项目正在进行内外装修，丰台住宅楼、宣武敬老院、二厂大公建、机械厂整体开发等项目正在抓紧前期准备工作并取得了不同程度的进展。

董事会还特别注意加强对房地产开发骨干企业发展的支持力度。实现了对金泰房地产增资扩股至5000万元，通过增资扩股，金泰房地产的实力进一步增强，为运作大型开发项目打下了坚实基础；董事会反复听取并认真研究审议了金泰房地产公司关于《丽泽路项目情况汇报》，做出开发A15地块，论证A14地块的重大决策。此项目于2003年9月16日在人民大会堂正式签约。由于金泰恒业公司作为控股股东的强力扶植，金泰房地产公司迅速实现了资本扩张，经济实力显著提高，企业核心竞争力大大增强，初步确立了自己的品牌和市场地位。

3. 在企业改制和产业结构调整上正确决策

公司董事会以务实的工作态度，认真分析影响企业经济运行质量和健康发展的问题，在强力支持房地产业发展的同时，坚持"大而强、小而活、难而进、劣而退"的原则，加快了企业改制和产业结构调整步伐。

公司专门成立改制工作领导小组，坚持"把握全局，试点先行，有序跟进，注重质量"的指导思想，大力推进全行业的改制工作。第一批试点企业改制工作已经完成，2003年12月正式挂牌，为整体改制工作提供了宝贵经验。公司对第二批改制企业的实施方案已经进行了批复，为2004年改制工作的全面推开奠定了基础。

公司董事会坚持对改制工作进行分类指导，具备体制创新条件的，努力实现投资主体多元化。金泰恒业公司作为控股股东，积极支持北京煤炭利用研究所的整体改制工作，"金泰开元汽修服务站"与中国北方工业总公司所属中国北方车辆公司积极展开合作，组建"北京北方金泰车辆销售有限公司"。

公司董事会重视对不良资产进行及时处理，打通了亏损企业退出的通道。董事会审议了《北京市煤炭总公司延庆公司资产债务重组的改制方案》，利用延庆公司现有资产、土地资源，进行有偿转让后还清债务并安置职工，彻底解决了延庆公司亏损严重的问题。审议了《金泰物业管理中心改制意见》，决定对其资产和权益进行调整评估，注册成立新的"金泰物业有限责任公司"，结束了金泰物业管理中心长期经营不善的局面。审议通过了《关于北京金泰创业有限责任公司解散的意见》和《关于设立金泰都大酒店的意见》，金泰都大酒店装修收尾工程基本完成，各项开业准备工作正在有序进行。审议了《关于二厂、机械厂分立重组对其投资的意见》，理顺了管理体制，为盘活机械厂资产和土地开发，打下了良好的基础。目前，公司成立了项目筹备组，正在抓紧时间做好开发的前期准备工作。

董事会注重资源整合，追求规模效益。全系统房地产经营规模不断扩大，2003年金泰大厦开始招租，当年就取得了出租面积19000多平方米、经营收入达到1000多万元的好成绩，所属各单位的房产租赁业也都取得了较好收益。为进一步提高金泰品牌的市场竞争力，提高宾馆饭店业经营效益，2003年公司总部成立了经营三部和"金泰北斗旅行社"，搭建起业内饭店宾馆资源优化利用的平台。华阳恒新物业公司实施市场化运作，提高了物业管理水平，锻炼了队伍，积累了经验，其他物业管理企业的经营管理水平也都有了不同程度的提高，物业管理呈现出强势发展的局面。

通过历时三年的艰苦调整，全系统不良资产在逐步减少，搁置已久的资产在逐步盘活，整体资源的配置日趋合理，我们在发展中遇到的难题，在调整和发展中逐步得到了解决，公司发展正在朝着健康的方向不断迈进。

（三）健全公司基本管理制度，提高企业科学管理水平

公司董事会充分认识到，企业健康发展的基础在于科学高效的管理，而管理的一项重要内容就是要建立比较完善的制度体系。2003 年公司董事会强化整章建制的工作，制度体系日趋完善。

1. 加强了财务和审计工作的管理

2003 年公司董事会进一步坚持和完善了财务预算制度，强化财务预算管理工作的力度，严格执行股东会批准的年度预算方案，加强对成本和资金的事前计划、事中控制、事后检查和月度分析，取得了初步效果。2003 年还特别强化了审计监督工作的力度，建立健全了内部审计制度，对 22 个缴库口单位和 9 个非缴库口单位进行年度财务决算审计，对经营者任期责任进行审计，对审计中发现的问题进行督促整改。公司成立的"四位一体"的督察机制，依法依规对各单位资产经营状况、管理制度落实情况及领导干部的党风党纪行为进行了专项监督，为确保国有资产保值增值，促进经济健康发展发挥了应有的作用。2003 年董事会认真审议了《关于加强开发性收入资金管理的规定》，责成经理层进一步制定执行细则，对开发性收入资金的管理使用作出 9 条具体规定，保证每一笔开发资金的使用都认真研究，经过经理办公会的严格审批，确保开发性收入资金用于增强企业发展后劲的项目上。全系统土地出让金返还的政策性收入也纳入开发性收入进行统一管理。《关于加强开发性收入资金管理规定》的及时制定，起到了良好的政策导向作用，所属企业能够比较自觉地按照要求支配开发性收入资金，积极开辟新的经济增长点，为企业发展积累了后劲。

2. 加强对经营者和产权代表的分配管理

经营者和产权代表的分配问题，不仅是三项制度改革的重要内容，更直接关系着企业经营管理、经济运转、资产保全、经营目标的实现。董事会发挥专职监事的作用，对所属企业 2002 年主要经营管理者收入分配情况进行了专项调研，总结出 10 余项需要进一步解决的问题。并根据专项调研结果，董事会第 9 次会议审议通过了《关于企业主要经

营管理者 2003 年度收入分配暂行管理办法》，进一步健全了对经营者的监督和激励机制，坚持经营者收入与经营者业绩挂钩，分配办法更加完善，考核内容更加细化明确。

3. 加强了信息化建设

根据董事会年初提出的大力推进信息化管理意见，公司成立了"金泰恒业公司信息管理中心"。信息中心已经开始积极的工作，公司总部局域网布线工程全部完成；OA 办公软件将正式启动；金泰恒业网站已经建成。金泰恒业将借助现代信息技术，有效地提升了公司管理水平。

（四）全力以赴抗"非典"，迎难而上促发展

在集团公司的统一部署下，金泰恒业公司全力以赴抓好抗击"非典"工作，取得了全公司在岗员工无一人感染"非典"病毒的重要成果。"非典"疫情结束后，根据公司党委的工作思路，第 9 次董事会认真听取了经理层的汇报。经过分析，"非典"疫情使全系统损失达 3400 万元。董事会认为，"非典"对企业经济产生的当期影响并不可怕，可怕的是不重视"非典"的滞后影响，不及时采取有效的措施进行应对。因此，需要对企业发展进行更加理智的思考，制定更可行的举措，加快经济结构调整步伐，把经营规模做大，把金泰品牌做实，提高企业经受严峻挑战的能力。会议作出了"相互理解、主动协调、同心同德、共担责任，确保 2003 年各项经济指标和各项改革调整任务圆满完成"的决议。通过抗击"非典"斗争，公司内部形成了迎难而上促发展的信心和勇气，确保了全年工作目标的完成。

总结 2003 年的工作，董事会决策在企业发展过程中起到了十分关键的作用。可资借鉴的成功决策经验有以下四点：

一是决策之前注重调研。没有调查研究就没有发言权。要保证决策的科学性和正确性，就必须在决策前进行广泛深入的调研。公司董事会各专业委员会召开各种专门会议 14 次，并在会前就决策内容进行深入的研究，为董事会决策提供了充足的依据。

二是按照监事会要求主动接受监督。凡公司召开常委会、董事会、经理办公会及其他重要会议和重要活动，均邀请监事会参加。并按要求及时准确地向监事会提供相关报告、报表和资料，主动接受检查、考核与审计。

三是抓主要矛盾管大事，突出重点进行决策。决策范围严格限定在重要的经营管理决策范围内，不越权决策总经理权限范围内的日常经营管理内容，增强决策权威性，提高经理层的积极性。

四是严格按程序进行决策。程序合理不能保证做出最好的决策，但能够有效避免决策失误；反之，程序不合理有可能带来决策的高效率，但也极有可能造成决策失误。公司注意从规范决策程序入手提高决策的科学合理性，取得了良好的效果。

一年来，在全体员工共同努力下，各项重点工作取得显著进展，许多难点问题取得较大突破，数以亿计的存量资产被盘活，为公司下一步进行战略性的改革重组，为企业战略的全面展开打下了坚实的基础。

二、关于 2004 年董事会的工作任务

2004 年是金泰恒业公司全面贯彻党的十六届三中全会的第一年，也是兴起学习贯彻"三个代表"重要思想，努力把金泰恒业建设成为具有核心竞争力的大型现代企业的关键一年。我们必须对企业面临的形势保持清醒的认识，精心布局谋篇，全力加速发展，把公司各项事业推进到一个新的更高的水平。

党的十六届三中全会对完善社会主义市场经济体制做出了全面部署，为我们下一步深化改革和体制创新指明了方向。北京市国资委的成立，标志着新型国有资产管理体系的建立，标志着通过战略重组实现新型的公有制形态与市场经济相对接，也标志着将进一步加大国有资产监管力度。根据十六届三中全会精神，推动企业改革调整和战略性重组，建立现代产权制度，对于企业的可持续发展具有十分重要的

意义。

当前，还有一些制约企业加速发展的问题亟待解决：一是主导产业的地位还没有真正确立。煤炭经营退出主营地位后，新的主导产业还没有成为企业新的经济支柱，还没有构成稳定的市场竞争优势。二是经营结构还不够合理，优化产业结构、合理配置有效资源的工作任务还相当艰巨。三是体制不顺、资产管理没有完全到位，与公司战略性重组的要求还有较大的差距。四是经济运行质量还不高，整体赢利能力必须进一步提升。五是运用市场机制配置人力资源上还存在较大差距。

面对新的形势和上述种种问题，我们必须树立全面、协调、可持续的科学发展观，主动地焕发斗志，以更强烈的危机意识，更振奋的精神，更坚定的信心，更统一的思想，更科学的态度，更有为的干劲，更务实的作风，促进企业持续、快速、健康发展。

2004年工作总体思路是，全面贯彻党的十六大、十六届三中全会和中央经济工作会议精神，以"三个代表"重要思想为指导，全面落实公司第一次党代会确定的奋斗目标，以发展为主题，以调整为主线，以改革为动力，以科学管理为保证，扎扎实实提高企业的核心竞争力，把金泰恒业公司整体发展水平提高到一个新境界。

根据上述总体工作思路，2004年要紧紧围绕体制、调整、机制和管理四项工程，认真抓好十三项工作任务。

（一）聚焦发展，稳步推进产权制度改革

学习党的十六届三中全会决议使我们认识到，国企改革已经到了必须解决旧体制深层次矛盾的攻坚阶段，必须消除束缚生产力发展的体制性障碍。突破体制这个最大的改革瓶颈，打好国有企业改革这场最难的攻坚战，必将为中国经济发展注入强大的内在驱动力。金泰恒业公司必须按照《决议》要求，进一步深化体制改革，为迎接战略性重组做好充分准备。

1. 进一步强化对国有资产的管理

适应国资委成立以后，国有资产管理职能归并整合，形成"管资产、管人、管事"相结合，权力、义务和责任相统一的国有资产管理新体制的要求，要切实强化公司对国有资产的管理工作。金泰恒业公司的资产从法律意义上讲是企业法人财产，但其中96％左右是京煤集团投资控股的国有资产，所以，董事会在保护小股东利益的同时，也负有国有资产保全的直接责任，各单位经营者和有限责任公司的产权代表肩负着国有资产保值增值的艰巨任务，对国有资产流失也负有不可推卸的责任。要加强对各级国有资产产权代表的管理，加强对他们的届中审计和离任审计。房地产是金泰恒业公司国有资产的主要形态，因此，要突出重点抓好房地产管理。目前房地产管理仍然存在产权不清的问题，2004年董事会将推出《房地产管理办法细则》，建立房地产管理、监督、运营"三分离"的新体制，抓好资产界定和产权管理，加大执行力度，在短时间内完成对房产、地产的清查核实工作，采取专业化、法律化的措施，下大力气办理房屋产权和土地使用权证。

2. 按照董事会审议通过的《关于深化改革的若干意见》，继续积极地推进企业改制工作

在体制改革中，要认真解决体制不顺、产权不清晰、资产管理不到位、经济运行不流畅等问题，发展国有资本、集体资本和非公有资本参股的混合所有制经济，实现投资主体多元化，使股份制成为公有制的主要实现形式，真正建立起"归属清晰、权责明确、保护严格、流转顺畅"的现代产权制度。改为有限责任公司的企业（其中包括控股公司和参股公司），要按《公司法》规定成立股东会、董事会、监事会、聘任经理层，使其形成权力机构、决策机构、监督机构、执行机构的有效运行，建立科学的领导体制、决策程序和责任制度。改为分公司的企业，在改革试点的基础上，今年年底要全部实现挂牌。公司董事会将审议出台《分公司经营管理暂行实施办法》，充分保护经营者的积极性，进行分公司模拟法人治理结构的试点工作，创造性地构建和完善金泰恒业有限责任公司与分公司的基本管理体制，使之形成充满活力的内部运行制度。要增强有限责任公司、分公司产权代表和经营者的保值增值意识，提高其经营管理能力，加大对他们的考核

力度。

（二）聚焦发展，努力进行经营机制创新

建立与市场经济相适应的运行机制，是提高企业核心竞争力的关键环节。2004年董事会要加大工作力度，在创新机制上做出新的决策。

1. 要做好改制企业员工的劳动管理工作

审议出台《关于企业改制有关劳动管理工作的意见》，作为公司整体改革的配套政策，积极稳妥地完成企业改制与职工分流工作，并解决员工进入市场的问题，实行市场化的用人机制，保证企业整体改制工作的顺畅进行。

2. 要继续深化分配制度的改革

制定关于深化分配制度改革，建立与市场接轨的有效激励机制的办法。要创建科学的考核评价体系，在坚持按劳分配为主，效率优先、兼顾公平的分配原则的基础上，进一步强化对经营者的管理考核。要根据工作责任制，建立层层考核的机制，董事会考核经理层，经理层考核各单位经营者和产权代表。考核标准要按照经营业绩，群众评价和组织考核几类指标制定新的考核办法，加权平均计算出他的考核指数，作为分配的依据。要从总部实施分配改革制度入手，推进公司整体分配制度的改革。有限责任公司、分公司经营者、产权代表和公司部室负责人以上人员要试行年薪制，要把基薪和效益奖励严格区分开来，使之起到应有的激励作用。一般员工要实行岗位工资制。在深化分配制度改革中，允许和鼓励在完善企业内部分配运行机制的基础上，探索资本、技术等要素参与收益分配的方案，不断完善有效的激励约束机制。

3. 要进一步深化人事制度的改革

审议制定《关于人才引进的管理办法》，以推动企业发展为出发点，树立人才资源是第一资源的观念，积极推进人才资源市场化的进程，全面实施"人才兴企"战略，形成广纳群贤，人尽其才，能上能

下，能进能出，充满活力的人才资源机制。创造良好的人才环境，增强企业的核心竞争能力。

（三）聚焦发展，加速推进经济结构调整

通过三年的调整，金泰恒业公司资产关系基本理清、理顺、理好，经济运行质量明显提高，但结构调整的任务仍然远未完成，要把调整作为一个动态的过程、创新的过程和发展的过程。2004 年是迈入两年发展期的起步之年，各项工作必须紧紧围绕调整这条主线，找准创新调整的定位，明确创新调整的方向，扶植优势产业、限制劣势产业、整合同类产业、培育新兴产业，做到与时俱进抓调整，深化调整促发展。

1. *扶植优势产业——强势扶植房地产业*

公司将全力支持房地产业做强做大，加速确立房地产业的主导地位。要抓紧进度，尽快落实第十一次董事会通过的"关于金泰房地产进一步优化股本结构，增加注册资本金至一亿元"的决议。认真推进"合作开发自有土地，自主开发业内土地，投资开发业外土地"房地产业三步走的战略，通过煤炭经营格局的合理调整，把煤炭经营场地、机械制造场地从城区中心有序退到城区边缘地带，充分发挥土地资源的级差地租效应，让宝贵的可开发土地资源得到更有价值的利用，取得更大的开发收益。2004 年要把包括"金泰城"项目在内，规划面积达 100 余万平方米的十几个项目开发好、建设好，早日形成房地产业强势发展的局面，使房地产业尽快成为金泰恒业经济持续发展的重要支撑点。

2. *限制劣势产业——要有效打通劣势企业退出的通道*

按董事会决议的要求，按市场经济规律整合资源。必须形成亏损企业退出机制，采用重组、解体、破产等方式，坚决消灭经营出血点。在重视增量调整的同时，加大对存量的调整，坚持劣而退的原则，做到有进有退，有所为有所不为，抓紧金泰创业等企业的退出工作。彻底改变经营不善，连年亏损的企业长期占用大量国有资产的情况，提

高经济运行的整体质量，要采取有效措施提高资本构成的优良程度。
2004 年董事会要研究制定政策，提出《主辅分离的工作意见》，调配
具有专业管理经验的人员，加速推进主辅分离工作。要研究制定《行
业富余人员托管安置方案》，建立"金泰恒业退管中心"，实现富余人
员的合理安置、平稳过渡和有序流动。要研究制定《非经营性资产管
理方案》，建立"非经营性资产管理中心"，委托经营管理金泰恒业公
司的非经营性资产。通过大刀阔斧的主辅分离，必将大大提高公司资
本的优良程度，使公司的主营更加精干，使公司的核心竞争力更进一
步增强。

3. 整合同类产业——优化房地产经营和物业管理业的发展

要充分发挥经营三部的职能，以资源为纽带进行网络式互利经营，
组成一个统一品牌、服务规范一致、经营策略各异、各方优势互补、
协作参与市场竞争的一个利益联合体，共同提升金泰恒业公司宾馆饭
店的整体运作水平。要充分发挥经营一部的职能，以金泰大厦为核心，
整合、管理好写字楼资源，形成写字楼的经营管理平台；要按照国际
化的标准，实现物业管理与市场经济的接轨，提升物业管理的整体水
平，壮大金泰物业管理品牌。

4. 培育新兴产业——进入新的经营领域，培育新的经济增长点

董事会将拓宽经营思路，把产品经营、资产经营和资本经营有机
结合起来，把好的政策、优化的资本和高素质的人才结合起来，适时
研究进入资本市场，开辟证券业务，以此带动公司整体资本运营质量
的快速提升。

总之，新一轮的调整不再是适应性的调整，而是发展性的调整；
不是战术性的调整，而是战略性的调整，不仅要继续打牢生存的基础，
更要着眼未来发展。要通过调整，解决公司产业结构大而全、小而全，
严重雷同的格局。

（四）聚焦发展，积极推动管理水平提升

企业扩张发展分为内涵式的发展与外延式的发展两种模式，我们

主张内涵式的发展，因为没有自身资源和能力支持的、外延式的发展将很快使企业面临巨大的发展陷阱。所谓的自身资源和能力支持，很重要的一条就是比较高的经营管理水平。企业决胜在市场，市场角逐比内功，内功高下看管理，说的就是这个道理。2004 年公司将扎扎实实提高企业的基础管理水平，实现由经验管理到科学管理的根本转变，实现管理水平的升级与跨越，推动企业走内涵式发展之路。

1. 进一步强化战略管理

一个符合实际，鼓舞人心的战略，如果执行不利，最后也会变得一文不名，战略制胜的宝典就是强化战略管理。"十年发展战略"，围绕提升公司核心竞争力，规划出了金泰恒业创新发展的更高目标。为了保证目标的如期实现，必须强化对战略实施的管理。在战略的细化工作中，分战略和子战略的制定，将是董事会关注的重点，战略的导入、战略措施的明确、战略任务的责任落实将是经理层工作的重要任务。

民用煤保供是关系千家万户、关系首都稳定的严肃政治任务，既是我们行业经营格局的重要内容，更是落实发展战略的重要前提。董事会始终把民用煤保供工作作为落实和实践"三个代表"重要思想的具体体现。为确保民用煤保供任务做到万无一失，政府放心，市民满意，我们不但要建立强有力的民用煤保供调控体系、质量体系、责任体系，还要加强检查执行的力度，建立责任追究制度。煤炭经营要对煤炭市场放开所带来的挑战和冲击做好充分的思想准备，制定切实可行的应对策略。煤炭经营要确保一定的市场份额，有规模才能有效益；要加强核算，有效降低成本，使煤炭产品具有一定的市场竞争力；要确保职工队伍的稳定。

2. 进一步强化财务管理

财务管理对公司稳步健康发展起着十分关键的作用，在加强财务管理的工作中，董事会还要跟进制度建设，抓好几个环节的工作。

要强化预算管理，严格预算制度，使之更加准确、规范、科学。预算管理并非传统的计划管理，也并不仅仅是一种成本控制工具，而是货币化的经营计划和具体化的战略计划，以数字形式反映了企业未来一年内所有行动计划及其目标值，是企业资源分配和绩效计量的重要工具。全面预算管理是针对企业预算实施的集计划、控制为一体的管理活动，它能够实实在在地节省企业的成本，增加企业的收入，控制企业的风险，培养经营管理者的工作能力，促进内部的沟通协调，在公司战略实施和价值管理中具有举足轻重的作用。特别是伴随着改制工作的推进，要加强分公司的预算编制执行工作的力度，利用财务管理信息系统，把预算管理延伸到每一个基层单位，逐步使以预算管理为中心的财务管理具有监控、开放和发展的内涵，其中投资的收益和回报将是董事会关注的重点。

要审议、推行《金泰恒业有限责任公司会计制度》。在执行新会计制度工作中，实行金泰恒业公司及其子公司会计人员实用操作的统一标准，加强财务分析，面向市场，提高现代理财的水平。要强化对资金使用的管理力度。在这里重点强调的是开发资金的使用管理问题：一方面要按董事会已有的管理办法，严格资金使用的审批程序；另一方面董事会要进一步研究制定《开发资金使用的内控管理规定》，严格控制开发资金使用的正确流向，确保开发资金更多地用在增强企业发展后劲上。要提高资本运作水平。从制定规章制度入手，加强和提高资本管理的运作水平，取得资本运作的最大化效益。要探索财务管理三中心的建设。树立大财务的观念，适应公司改革发展需要，研究制定新体制下财务管理运行的新程序、新办法，构建"财务结算中心、会计核算中心、投资管理中心"，最大限度地发挥公司财务融资、投资、核算的功能，为提高公司整体经济效益服务。

3. 加强文化管理

文化管理代表着新一代管理思想，代表着未来企业经营管理的发展方向，是以人为本理念在企业的具体落实。"企业之间的竞争，归根到底是文化之间的竞争。"先进的企业文化既是生发企业核心竞争力的沃土，更是企业最难以模仿、最难以复制的核心竞争力之一。而学习型企业作为一种先进的组织形态，正在为越来越多的企业加以实践。加强企业文化管理与创建学习型企业互为前提，相互促进。具有先进文化的企业，一定具有学习型企业的典型特征，学习型企业也一定具有先进的企业文化。创建学习型企业、加强企业文化建设和管理能够大大提高企业的市场适应性，使企业获得长期的、持续的竞争优势，我们要在现有基础上把这两项工作推进到一个更高的水平。

品牌展示的是一个企业的综合素质，是企业生命力的具体体现。市场竞争实际上是品牌的竞争，从文化管理的高度管理好金泰品牌，能够大大提高品牌品质，丰富品牌内涵，提升品牌价值，使其成为金泰恒业公司市场制胜的关键。2004年公司要下大力量制定品牌战略，推行"金泰品牌战略管理办法"。第一步是进行品牌的推广。在搞好品牌定位、品牌设计的基础上，强化对品牌的管理，以优质的产品品牌形象，向市场大力宣传推广金泰品牌，提高金泰品牌的知名度。第二步是经营金泰品牌。在形成部分知名品牌后，实现金泰品牌的延伸，达到经营金泰品牌的目的。第三步是提高金泰品牌的核心价值。把金泰品牌这笔无形资产做大，增强公司的影响力、扩张力、吸引力，提升金泰恒业公司的市场竞争能力。打造金泰名牌是一项迫在眉睫的工作必须抓紧抓好。

　　4. 强化公司总部的建设和管理

首先是对公司总部重新进行功能定位。我们的管理机构已经初步实现由管理型机关到管理经营型总部的转变。从机关到总部，决不是秀才们搞的文字游戏，而是企业管理本质的变化。随着整体改制的不断深入，公司已经成为真正的市场主体，公司总部必须适应这种深刻变化，对公司总部进行功能定位和形象再造。2004年公司董事会将审议出台《对公司总部进行重塑和再造的意见》，把公司总部建设成为战略管理中心、重大投资中心、资本经营中心和企业文化发展中心。

第二是以董事会建设为重点建立比较完善的法人治理结构。有效的公司治理是现代企业制度建设的核心，而法律赋予的职权决定了董事会在治理结构中处于关键地位。公司董事会必须建立以市场取向为基点的企业运行机制，提高董事会的运行效率和科学决策的水平，从而提高法人治理结构的生命力。

公司董事会要按照十六大的要求改革完善决策机制。董事会决策要做到：

依法履行职责。作为股东会的常设执行机构，董事会对内行使经营管理权，对外代表公司进行业务活动。董事会的决策水平，对促进企业发展、维护股东利益至关重要。因此，董事会要按照《公司法》的要求认真履行职责，集中精力规划未来，驾驭局面，完成重大决策。各位董事要提高参与企业经营管理的素质和能力，独立、充分、明确发表自己的主张，对董事会的决议承担决策责任。

加强决策论证。论证工作是决策过程中不可缺少的重要环节，为保证公司董事会科学正确地进行决策，必须加强对决策的论证工作。在实施决策的论证过程中：一是要处理好"论证"与"决断"的关系。董事会决策涉及面广、新情况新问题多、变化频率快，单个领导者的经验和知识难以做出正确的判断。这就需要发挥董事会顾问、董事会专业委员会和职能部室的作用，必要时可以聘请专家，对决策所涉及的问题进行不受干扰的分析论证，当好董事会的参谋助手，避免董事会决策的个人专断。应该特别强调指出的是，各专业委员会的执行主任要认真履职，切实使专业委员会起到决策的论证把关作用。二是要处理好局部和全局的关系。在对重大决策论证的过程中，董事会必须站在全局的高度，强调整体运行体制的复杂性，强调各项措施的整体配套，强调董事会各项决策整体的有效实施，避免因小失大，赢得了局部利益却丢掉了全局利益。三是要处理好定性和定量分析的关系。通过定性分析，明确决策所需的资源和能力，权衡决策可能带来的利弊得失，保证决策能够坚持正确的方向；通过定量分析，认清决策目标可以实现的多种途径，保证以最少的代价取得最大的决策效益。

我们相信，有全体董事的尽职尽责，有专业委员会的群策群力，有董事会顾问和专家的独立见解，董事会必将成为科学的决策中心，就重大事项、重大投资和重要人事任免作出更好的代表股东利益，更好的表达群众意愿，更加严谨科学有效的决策，从而更好地团结全体干部员工共同致力于企业的发展。

第三是推动组织结构重组和业务流程再造。对公司总部进行重塑和再造，其根本意义在于通过对企业发展战略的深入分析，重新梳理公司的业务流程、重新设计公司的组织结构、重新进行工作岗位分析、提高组织的活力和全体员工的创造力，把公司总部建设成为精干高效的经营管理中心。

以企业信息化推动组织结构重组和业务流程再造是公司总部重塑再造工程的重要突破口。企业信息化不仅仅是手工工作上机操作，不仅仅是办公自动化，不仅仅是上网搜索信息，而是企业管理的一次革命。通过企业信息化，实现企业的组织结构重组和业务流程再造，推动企业整体经营管理水平的提升，是企业信息化的本质内涵。对企业信息化任何片面的理解，都不会达到预期的目标，取得理想的效果。公司之所以成立信息中心、建立金泰恒业网站，就是希望把企业信息化在金泰恒业公司全面落实，推动企业整体管理水平的显著提高。信息化工作是重点工程，需要公司决策层面特别是主要领导的鼎力支持和推动，需要全体员工更新经营管理知识、提高信息技术应用水平。公司已经引进了先进的硬件基础，下一步要加强公司总部全员培训，提高应用水平，此项工作要纳入绩效考核。

2004 年董事会面临着更加艰巨和繁重的工作任务，董事会全体成员有信心有能力，在各位股东和全体员工的大力支持下，与监事会、经理层协调配合，认真落实党的十六大和十六届三中全会精神，围绕改革和发展的主题，奋力拼搏，创造出更辉煌的业绩！

增强执行力　落实代表性

——在北京金泰恒业有限责任公司
一届二次职代会结束时的讲话

二〇〇四年一月十五日

　　此次会议，完成了预定议程，达到了预期的效果，就要结束了。下面根据当前形势，面临的任务和大家讨论的情况，我讲几点意见。

　　会议上我们对公司的全面建设进行了总结部署。今后要做的工作，就是执行问题，落实问题。要在邓小平理论和"三个代表"重要思想指引下，增强执行观念，强化执行力度，加强对执行情况的考核，大力弘扬执行文化，建设强有力的执行组织，从而把这次会议的要求，把公司的战略构想和具体任务落到实处。

　　会议上，姜春杰同志代表党委在部署党的工作时，特别提出了"金泰恒业观"的十个核心要素和要处理好的十大关系问题，进一步丰富了"金泰恒业观"的内涵，对于全局很有指导意义，要落到实处，也要认真执行。2004年是中国传统的甲申年，党委部署工作任务时要求我们，回顾历史的经验，牢记"两个务必"，很有现实意义。大家知道，甲申年是个非常具有历史教育意义的年份。1629年李自成参加起义后，一路征战，到1644年甲申年，在西安建立大顺政权。3月19日攻克北京，推翻了明王朝。起义军由于长期流动作战，没有巩固的根据地，领袖又犯了胜利时骄傲的错误，很多将领沉迷于享乐，涣散了斗志，以致被吴三桂勾结入关的清兵打败，退出北京，后来李自成在湖北被地主武装杀害。为此，郭沫若同志写下了名著《甲申三百年祭》。毛泽东同志给予高度评价,后来提出"两个务必"。胡锦涛同志在参观西柏坡时,对坚持"两个务必"发表重要讲话。学习历史,是为了指导现实。以史为鉴,是为了迎接新的挑战。聆听历史是一种巨大的才智。

最近中央领导集体学习,内容是"十五世纪以来世界主要国家发展历史考察"。胡锦涛同志要求我们在新形势下,要更加重视学习历史知识,不仅要学习中国历史,还要学习世界历史,不仅要有深远的历史眼光,而且要有宽广的世界眼光,要善于从中外历史上成功失败、经验教训中把握规律,认清形势,增长才干。历史是现实的一面镜子,温故而知新。因此,在甲申年到来的时候,通过回顾历史,总结以往的工作,提出今后的思路,可以进一步增强历史责任感,可以使我们更好地肩负起落实"三个代表"重要思想,"金泰双赢,恒久立业"的历史责任。

胡锦涛同志在纪念毛泽东同志诞辰100周年座谈会上的讲话中,回顾我们党的历史,指出:"历史是一条川流不息的长河,今天由昨天发展而来,明天是今天的延续。今天,历史的接力棒已经传到我们手中,把老一辈革命家开创的伟大事业继续推向前进,把实现中华民族伟大复兴的史诗继续谱写下去,这是历史赋予我们的神圣使命。"我们树立正确的政绩观,做好"金泰恒业"的工作,也都要站在历史的高度,经得起"实践、群众和历史"的检验。我们是历史的人,要做历史的事,要承前启后,继往开来,不能有丝毫的松懈,什么时候松懈了,就是衰败的开始。工作中要善于发现问题,找问题比总结经验更重要,这是实现超越自我,实现跨越式发展的基础。我们要学习历史的经验,肩负起历史的重任,牢记"两个务必",共同书写"金泰恒业"的历史,努力创造辉煌的业绩,虚心接受"实践、群众、历史"的评判。

在座的都是职工代表和领导人员代表,在兴起学习贯彻"三个代表"重要思想新高潮中,增强历史责任感、使命感,可以使我们进一步强化代表意识、执行的意识。可以进一步增强执行党的章程、党的决定、党的部署，执行职代会的决议的自觉性。可以更好地增强执行力，落实代表性，完成我们肩负的历史任务，实现今后的战略构想和工作目标。因此，下面我着重讲一讲强化执行力，落实代表性的问题。

一、要认清执行的基本含义和执行的重要意义

我理解，执行就是实施、实行预先的构想。执行是当代管理思想的一个重要组成部分。执行是一门学问，它是战略的一个内在组成部分，执行是企业领导者的主要工作，执行是一个组织文化中的核心要素之一。执行是战略的基础，只有具备执行能力，才有可能做出有真正意义的发展战略。执行是一套系统化的流程和系统化的工作方式。执行的核心在于人员流程、战略流程、运营流程、管理流程和创新流程的紧密结合。领导者必须学会执行，在企业建立一种执行文化，并把这种注重执行的企业文化注入到企业运营的各个环节中去。我认为，执行是理论联系实践的桥梁和纽带，只有在执行的过程中，理论才会变成指导实践的有力武器。才会将理论成果转化为实际的成果。所谓执行力，就是执行的能力。要执行，还必须敢执行、会执行、善于执行，掌握执行的原则和方法。这实际是个能力问题。因此，加强能力建设非常重要。在实际中，要提高我们自身的执行能力。同时还要发现、培养、起用大批具有出色执行能力的各类人才，这也是我们各位代表和领导同志的重要职责之一。

从执行的内涵来看，执行的意义非常重要。西方的管理学家和企业家也认为，执行是一切的关键。没有执行力就没有竞争力。执行是所有那些成功企业共同的秘诀。关于执行的理论是当代最具有操作性的、最先进的管理思想之一。一个成功的企业和管理者必须具备三个基本特征，即正确的业务核心、卓越的执行能力及优秀的领导能力。企业管理最大的黑洞是没有执行力。因此可以看出执行问题的极端重要性。往往有这种情况，决策是正确的，但结果是失败的，其原因就是执行问题。在决策之后，就是要执行，态度坚决，不打折扣。

在落实"三个代表"重要思想的过程中，在执行党的章程、决定的过程中，在企业的经营管理中，只有在理解的基础上，去扎扎实实地执行，才会收到实效，才会把宏伟的理想变为现实。我们这次职代会也是一样。会议之后，只有去执行，创造性工作，才会把会议精神变成实实在在的效益，变成文明的成果。如果不去执行或执行不力，仅仅召开会议、下发文件是没有意义的。认真学习，坚决执行，注重实效，这是历史的经验，也是历史赋予我们的重大责任。在甲申年这个具有非凡历史意义的年份，更应谦虚谨慎，戒骄戒躁，艰苦奋斗，更应倍加强化执行的观念，加强执行的力度，注重执行的效果，这样我们才不会犯历史性的错误，大家的代表性才会真正体现出来。

二、当前在执行工作中存在的问题

这次会议上，我们对以往的成就进行了总结。公司成立三年来，主流是好的，成绩是明显的，进步是快的，大家的责任心是强的。但是也有一些不容忽视的问题。特别是执行问题更应引大家的高度重视。一是有的同志党性观念、事业心、责任心不强，没有艰苦创业的激情，对于有些决策执行不坚决、行动不自觉，工作中动作迟缓、效率不高、无所作为；二是有的没有把企业的总目标和单位、部门的分目标结合起来，全局观念不强，相互沟通协调不利，各行其是，存在分散主义的倾向；三是有的领导层次之间，责任不明确，都在提一般的要求，"上下一般粗"，工作没有细化，责任追究不到位；四是工作流程不清楚，工作执行中的业务链联系不紧密，相互脱节、推诿、扯皮，动作不协调，整体效益不高；五是考核制度落后，优秀的缺乏有效激励，落后的缺乏应有的处罚，激励约束和监督机制不健全，工作效果不落实；六是在一定程度上存在着管理粗放、要求不严、制度松懈问题，抗风险、保稳定的机制不健全。

产生以上执行力差的原因：一是学习的自觉性不高，理论素养差，缺乏理性思维，胸无大志，执行决策的动力不足；二是体制改革不到位，产权责任不清，关系不顺，导致执行不力；三是工作机制不健全，考核机制、评价机制、激励机制落后于市场体制的要求；四是受计划体制惯性的影响，习惯于被动服从，主观能动性差，自我管理、主动开拓、创造性地开展工作、大胆参与竞争的自觉性不足；五是能力不具备，对于各项决策和计划，不会执行、不能执行，束手无措，老办法不管用、新办法不会用、想办法不顶用，存在能力恐慌、能力真空，在新事物面前，无所适从，落后于时代潮流。

三、提高执行力应该采取的对策

在找到问题和产生问题的原因之后，还必须有针对性地制定对策，明确今后应该怎么办。

1. 深入学习"三个代表"重要思想，强化代表的意识，增强执行观念，提高效率，出色地完成任务

作为一个领导同志一年要多读几本书，要持续不断地学习。要通过学习，不断地提高理论素养，提高解放思想，实事求是，与时俱进，立党为公，执政为民的自觉性。我们不仅要当代表，而且要当好代表，要有强烈的代表意识，要充满创业的激情，要在学习好的前提下，身体力行，能执行、善执行，创造性地执行。把党的要求、法人治理结构各层次的要求、职代会的要求落到实处。

2. 充分提升企业管理执行力，努力造就一支具有执行力的团队，大力弘扬执行文化

在建立与健全现代企业制度中，实现企业管理现代化、科学化、高效化，其关键是要提升企业管理执行力。企业管理的执行力不足，已经成为企业发展的瓶颈。企业管理执行力欠缺，直接导致新的理念、新的战略目标、工作措施得不到实施。因此，充分提升企业管理执行力，是全面提高企业管理水平，变管理为生产力，使管理出效益的一个重要途径。

要提升管理执行力，必须要有好的管理团队。企业发展需要资金、

技术、人才，更需要发展企业的支撑点，这个支撑点不仅是少数几个领导人，而应是以领导为核心具有执行力的高层、中层管理团队。

在执行中，要努力营造一种"团队协作"的整体氛围。强调工作中的"四办事"原则，即：按程序办事、按制度办事、按客观规律办事、按合同办事。执行程序的人要对"事"负责，淡化个人的作用，强调遵守同一条规则，直接完成任务。同时，被领导者更不要迎合事物发展的态势和个人，而且要遵守业务流程，提高管理效率。

团队成员要增强大局观念，当发生不协调时，应该在深入调研充分讨论的基础上，"求大同存小异"。工作中应发扬"有人负责我服从，无人负责我负责"的精神，但不主张盲目而越位负责，这将会严重影响管理的执行力。企业领导在管理过程中要获得好的执行力，必须有效地发挥好中、高层及每个骨干的作用，培养他们有效的管理执行力。使普通员工的责任心、中层员工的上进心，高层员工的事业心得到充分提升。

在团队中要倡导规范管理，规划至上的文化观念，这是执行文化中的题中应有之义，这是实行现代企业制度的重要标志。即使一个企业没有明确提出自己的企业文化，但是文化还是会像空气一样存在，直接体现在企业每个员工的日常活动和管理决策中，同时发挥着文化无形的、强大的影响力。因此，我们应有意识倡导规范管理，规划至上的文化观念，来营造有效执行力的良好环境。

在团队中还必须建立完善的运作管理体系。企业管理执行力的实施需要有明晰的组织架构，责、权、利相匹配。否则，管理的执行力会在矛盾的冲突中降低。因此随着企业的发展、规模的扩大，充分提升管理执行力至关重要，它是企业走向壮大，登上高峰的基石和阶梯。

3. 要提高执行力，必须以提高企业竞争力为核心，正确地识人用人

在执行任务的过程中，相关成员的素质最重要，核心人物要对四种人加以辨别和改造，并明确相应的界限：

一是明确"老人"与"能人"的界限，资历不等于能力。长期无

所作为的管理者多了，再好的"带头人"也带不出好队伍，更谈不上企业的执行力。

二是明确"老好人"与"管理者"的界限，人缘不等于民心。"人缘"不可以与群众基础划等号，在管理上，要提倡不当和事佬的理念，要做到："真改，严管"，用管理者的一身正气来强化执行力。

三是明确"殷勤"与"效益"的界限，老成不等于精明。企业最怕的是殷勤、世故周到的人多；而为领导分担压力、多做有效工作、承担责任的人少。随着市场经济的不断发展，企业改革的不断深入，那种不了解市场营销与技术创新，不熟悉企业成本管理、财务管理和质量管理的"落伍"管理者，那种观念陈旧、四平八稳干工作和满足于跑跑颠颠、送来送往、抓不住大事的"无为"者，必须及早退出管理的舞台。今年公司要建立这方面的退出通道。否则，再好的执行力都会失效。

四是明确"言辞"与"为人"的界限，表白不等于清白。管理者"勤政是本，廉洁是根"，员工对管理者是否具有公道正派、廉洁勤政、求真务实的人格力量看得非常重。好的管理者加上良好的作风，对执行层会产生良好的执行力。

4. 好的执行力要有好的管理机制

随着企业的发展，规模的扩大，企业领导人再用类似车间主任管理车间的那种方式来管理企业已经行不通了，要在管理模式和管理机制上下功夫，要夯实制度管理的基础。企业领导人员做企业，信誉是第一位的，但仅有信誉是不够的，要有一定的制度保障才行。因为员工需要一个更加开放、透明的管理制度，需要建立一个顺畅的内部沟通渠道，更重要的是形成规范的、有章可循"以制度管人，而非人管人"的管理制度、增加内部管理的公平性。这样就有利于提高管理效率和管理执行力。

制度确定之后，关键是执行。再好的制度，没有人去执行或执行力不力也是空谈。管理上切忌只喊口号不做事。有的制度比较完善，汇编成册，或经常把制度性的标语贴在外面，可是在执行中就变了样。

因此，有制度并不等于达到了目的，关键是领导者要带头遵守制度，通过制度实现有序管理，使管理有法可依，以强化各级管理人员的执行力。

5. 好的执行力要求有好的工作流程

我认为流程与制度有联系，但它比制度更实际、更具体、更具有操作性。现代化大生产，是非常讲究流程的。流水作业，自动化程度很高，任何一个环节、任何一个时间出了问题，整个流程就会出现混乱，甚至出废品。那种影响不是局部的，而是全局性的，甚至会出现全球性的信用危机。可见科学的流程是多么重要。我们公司在一些工作上之所以出现问题，很重要的一点就是工作流程不清楚，业务链联系不紧密，相互推诿，扯皮，甚至无人负责，那执行力就大打折扣。今后建立科学的业务流程，首先从公司总部做起，对总部进行重塑和再造，建立有效的工作流程，然后把流程向各基层延伸，一直延伸到班组、个人，形成网络。这样，公司的决策才会通过有效的执行，变成实实在在的效益。

6. 好的执行力，要有好的体制和机制

体制和机制是一切工作的基础。因此要通过体制改革为今后公司进行战略性重组打好基础。通过理顺产权关系，建立现代企业制度，明确法人治理结构各个层次的责权利关系，以发展为主题，以兴企富民为目的，增强动力感，提高执行的自觉性。要打破落后的考核体系，今后对企业领导人员的考核，要以业绩为重点，群众公认、组织认可、注重实绩。按照中央关于人才工作的决定的要求：经营管理者的评价考核，重在市场和出资人认可；专业技术人才的评价考核重在社会和业内认可。要按照这个标准，重新制定我们企业的考核体系，建立新的激励约束机制，进一步提高各级领导人员执行决策，完成任务的自觉性。

在纪念建党八十三周年暨"争优创先"表彰大会上的讲话

二〇〇四年七月一日

今天是中国共产党建党 83 周年纪念日，我们公司党委召开大会，隆重纪念党的光辉节日。同时，大张旗鼓地表彰在争优创先活动中努力加强党的建设，推动企业改革、发展、稳定，全面提高企业三个文明建设水平上作出成绩的一批先进集体和优秀个人，这对于我们不断总结经验，创新工作，更深入地贯彻落实"三个代表"重要思想，进一步加强党的建设，推动企业各项工作的顺利开展，将起到非常重要的作用。

今天在大会上予以表彰的这些先进集体和优秀个人，是我们公司在党的建设和经济工作中都取得明显成效的先进典型。为我们树立了榜样，也为做好今后工作提供了新鲜经验和有益尝试，我们要很好地向这些先进集体和优秀个人学习。下面我想结合公司的具体情况，围绕争优创先活动，就加强和改进企业党的建设讲几点意见：

一、紧密联系企业实际，进一步把"三个代表"重要思想学习教育活动引向深入

一年来，公司各级党组织按照兴起学习贯彻"三个代表"重要思想新高潮的要求，深入扎实地开展了学习教育活动。通过学习教育使得党员、群众，尤其是党员领导同志对"三个代表"重要思想的时代

背景、实践基础、科学内涵、精神实质和历史地位有了较为明确的认识；坚持以邓小平理论与"三个代表"重要思想相统一，用来指导工作、引导实践的自觉性和坚定性明显增强；坚持用"三个代表"重要思想统领工作，真正成为了我们认识形势、理清思路，开展工作的根本指针和强大思想武器。

党的十六大已经把"三个代表"重要思想确定为党的长期指导思想，我们要充分认识既然是党的长期指导思想，这就意味着全党要将"三个代表"重要思想作为主要内容，进行长期的学习教育，并付诸实践，抓好落实。虽然我们的企业，通过学习，前一阶段也已经取得了一些成绩。但是，学习贯彻"三个代表"重要思想是全党必须时刻高度重视的长期历史任务。只有把学习贯彻"三个代表"重要思想作为长期的历史任务抓紧抓好，抓出了成效，才能使我们的企业始终保持坚定正确的政治方向，也才能保证我们事业健康顺利的向前发展。毛泽东同志早就说过，进行思想教育是团结全党进行政治斗争的中心环节，如果这个任务不解决，党的一切政治任务是不能完成的。在长期的革命实践中，我们党经过不断总结，深深体会到要胜利完成党所提出的伟大任务，就必须坚持用马克思主义的最新成果武装广大党员干部的头脑；就必须坚持用马克思主义的最新成果教育群众。"三个代表"重要思想是我们党在深刻分析当今国内外形势的基础上，对建党八十多年来基本经验的总结；是把马克思主义运用于党的建设和国家现代化建设的最新成果。将其确定为必须长期坚持的指导思想，这对于新世纪新时代党和国家事业继往开来，对于最终实现我国现代化和民族的伟大复兴，必将产生重大而深远影响。因此，加强和改进党的建设，必须通过广泛深入的学习教育，引导党员尤其是党员领导同志进一步提高对"三个代表"重要思想历史地位、精神实质的认识，更加增强贯彻落实"三个代表"重要思想的自觉性和坚定性，为完成各项任务打牢坚实的思想基础。

把"三个代表"重要思想学习教育活动引向深入，必须与单位的实际情况和具体工作紧紧地结合起来，通过系统、持久的学习来实现。

重点是抓好领导班子和党员领导同志的学习，通过办班培训、中心组学习等形式，使公司各级领导班子和党员领导同志自觉持久地学习，进一步提高理论素养和领导能力，成为学以致用、用有所成的表率。还要注意抓好普遍的学习教育，坚持用"三个代表"重要思想教育党员，武装群众，让其基本内容、精神实质深入人心；为企业的改革、发展、稳定凝聚力量。要坚持理论联系，以求真务实的精神，在用"三个代表"重要思想指导实践，推动工作上下功夫。能够用"三个代表"重要思想分析、研究和解决本单位在改革、发展、稳定方面出现的问题；分析、研究和解决本单位在实际工作中出现的矛盾，以创新的姿态和实际成果来充分体现"三个代表"重要思想在本单位的贯彻落实。

二、以改革的精神，积极探索企业党组织发挥政治核心作用的实现形式

改革开放，尤其是市场经济和现代企业制度的逐步建立，国有企业的产权形式、领导体制、运行机制等都发生了重大变化。如何按照企业变化了的情况，认真履行党章赋予企业党组织充分发挥政治核心作用的重要职责，一直是企业界密切关注，认真思考和研究解决的课题。

就我们公司来说，较长时间以来，无论企业面临的状况发生了什么变化，但坚持党对企业领导，坚持加强和改进党的建设始终没有变。对于如何加强企业基层党组织建设，充分发挥政治核心作用，不仅思想上足够重视，而且做了大量卓有成效的工作。在公司及其所属单位的改制过程中，始终坚持了行政体制与党组织设置同步实施，统筹安排；始终坚持了在法人治理结构中"双向进入，交叉任职"；始终坚持了党组织对企业重大决策的积极参与。比较好地使公司党的建设工作逐步适应了企业领导体制和运行机制的变化，党组织的政治核心地位得到巩固，政治核心作用得到了比较好的发挥，一些单位还创造出

了不少好的做法和经验。

可是，我们也应该看到，随着企业改革的整体推进，企业党的建设如何进一步适应变化了的情况，如何能够更充分地发挥政治核心作用，确实需要我们进行更深入的探索和研究，才能不断提高公司党的建设水平。

我们要从巩固地位着眼，积极探索企业党组织的领导方式和工作方式。坚持党的领导，发挥企业党组织政治核心作用，是执政党的政治意志在企业中的体现，是党章赋予党组织的政治责任，也是企业改革与发展的内在要求。企业体制改革以来，由于公有制实现形式的多样化、投资主体的市场化以及产权结构的多元化，传统的国有企业公有独资的基本形态开始被打破，随之催生出了国有独资、控股、参股、分公司、合作经营等多种经济形式并存的新格局。从我们公司情况看，有的基层单位就已经整体改制为具有独立法人资格的国有控股公司，有的则在具有独立法人资格实体中成为参股成员，员工身份也已经全部置换成为完全的社会人。但是，由于传统的影响，这些改制为具有独立法人资格的改制公司或是参股成员，仍与原来单位有着这样那样难以割舍的关联。那么，在这些单位如何建立党的组织；在职工身份置换的时候，这些改制单位母体的党政主要领导同志身份是否随职工一并置换；按照"双向进入，交叉任职"的原则，这些接受委托的国有产权代表以什么身份依照法定程序进入法人治理结构；进入多少职数、如何任职；通过哪些有效途径发挥党组织政治核心作用。对此，需要尽快提出切实可行的具体实施办法。

要从提高效绩着眼，积极探索企业党组织的工作运行机制。党组织要想确立在企业中的政治核心地位，总揽全局协调各方，发挥政治核心作用，只有正确处理与法人治理结构的关系，建立起较为稳固的工作运行机制和运行体系才能奏效。改革开放以来，经过较长时间的归纳总结，国有企业党组织对于加强党的自身建设，发挥政治核心作用，初步摸索出了包括保证党的路线、方针和国家的政策法令在企业的贯彻执行；参与企业重大决策；坚持党管干部和积极开展思想政治工作等一整套的工作机制。然而，要是与改革之初投资主体和产权结构相对单一的传统国有企业比较，现在以资产为纽带，以法人治理结构为基本形式，多个利益主体并存的公司制企业中，党组织要稳固确立政治核心地位，发挥政治核心作用，其难度必定会相当大。因此，必须积极探索不同所有制、不同经济规模和不同效益现状的企业中，党组织发挥政治核心作用的途径和方法，制定出相应的工作运行机制。在实际工作中，要通过学习教育提高思想认识，为党组织发挥作用创造良好环境；要建立和完善党的组织机构，培育高素质的党的工作队伍，为开展党的工作奠定组织基础；要在党组织参与重大决策、坚持党管干部和发挥党的政治优势等方面，有健全的规定、措施，为党组织的工作提供制度保证。通过出色履行政治职责，围绕企业经济工作中心提供优质服务。

要从增强整体素质着眼，积极探索党组织的活动内容和活动形式。企业公司制改革的逐步深化，对企业党的建设的影响是多方面的，给企业党组织如何顺畅有效地组织活动、开展工作，提出了许多新问题。一方面由于投资主体多元化，在多元利益主体并存的同一经济体中，要实现统筹兼顾，步调一致地部署党的工作，开展党的活动，不仅需要妥善解决各方面的关系，还要克服来自各方面的阻力。另一方面由于企业干部人事以及用工制度改革，劳动用工的社会化程度逐步提高。企业经营管理者队伍、员工队伍和党员队伍中社会化比例大幅度上升，为企业党组织做好工作，开展活动，增加了难度。因此，要求我们企业党组织要改变较长时间以来一直延续的过去工厂制的习惯做法，适应新时期不同所有制形式企业的特点；适应员工就业的不同状况；适应企业新体制、新机制的要求，调整工作思路，改进工作方法，创新工作形式，拓宽工作领域，丰富工作内容，及时发现和认真解决工作中出现的矛盾和问题。努力加强基层党支部和党员队伍建设，增强党组织的创造力、凝聚力和战斗力，始终使企业党的建设工作充满生机和活力。

三、以先进性为标准，努力提高企业党组织的能力和水平

党的先进性问题是党的建设的根本问题。一个党能否保持先进性，关系到党的事业的成败；一个企业党组织能否保持先进性，关系到企业的兴衰。在新的历史条件下，在党的建设面临新的考验的时候，我们党提出保持党的先进性，具有极为深远的历史意义和现实意义。就贯彻落实"三个代表"重要思想来讲，无论是先进生产力的代表，先进文化前进方向的代表，还是最广大人民根本利益的代表，其代表的核心部分就是先进性。我们加强企业党的建设必须坚持先进性标准。

保持先进性是一个长期的历史任务。我们企业党组织要保持先进性，就要始终坚持以"三个代表"重要思想为指导，紧紧围绕执政兴企第一要务，以开拓的精神，明确的思路和全新的举措，推动企业持久、快速、协调、健康发展，能够用企业的发展来解决企业前进中的问题；用企业的发展来解决工作中遇到的各种矛盾。这是衡量企业党组织是否具有先进性的主要标志。要实现这一目标，就要坚持从严治党，不断加强和改进企业党的建设，提高党组织的领导能力和水平。

一是适应新形势，不断提高企业党组织工作的科学化水平。要按照企业党组织是企业政治核心的规定要求，并通过自己的出色工作，不断巩固和加强政治核心地位，总揽全局，正确发挥作用。工作中能够将企业经营管理与党的建设统筹考虑，同步实施，工作上不缺位；能够紧紧围绕工作中心，提供服务、保证，实施监督，工作上不越位；能够摆脱具体行政事务，谋全局，抓大事，有所作为，工作上不错位。通过改进领导方式和工作方法，遵循客观规律，以实事求是的精神和科学灵活的态度，恰当处理企业党的建设与经营管理之间的关系，充分调动各方面积极性，促进企业各项工作的顺利进行。

二是加强能力建设，提高企业党组织工作的专业化水平。加强能力建设，提高专业化水平，首先应该是加强领导班子建设，提高领导班子的专业化水平。作为一个企业，只有领导班子的能力和水平提高

了，增强了，那么这个企业才会兴旺发达，才会充满希望。我们要通过多种途径和有力措施，千方百计地提高领导班子的科学判断形势的能力；驾驭市场经济的能力；应对复杂局面的能力；依法执政的能力和总揽全局的能力。这五种能力是领导班子的理论素质、政治素质和专业素质的综合反映，是领导班子德才构成的内在统一。企业党组织只有具备这种强劲的能力和专业化水平，才能在各项工作中充分发挥作用，真正承担起执政兴企的光荣责任。要提高党组织的专业化水平，还要建立一支高素质的骨干队伍。这也是坚持党的先进性，提高党组织工作水平的关键所在。我们要在组织调整，优化整体结构基础上，通过加强培训和实践锻炼，让这支骨干队伍，不断更新知识，积累经验，打牢根底，提高做好党的工作的专业能力，以保证圆满完成各项工作任务。

三是严格要求，提高党组织工作的制度化水平。在改革开放和发展社会主义市场经济的条件下，党的十六大提出了党的建设在理论创新和实践创新的同时，又提出了制度创新的要求，这主要是由于制度更带有根本性、全局性、稳定性和长期性作用，能够为加强党的建设，充分发挥党组织作用的提供可靠支持。在当前进行公司制改革，投资主体多元化，所有制形式多样化，企业的领导体制、运行机制有待进一步规范和完善的情况下，应该通过建立和健全有关规章制度，构筑有利于企业党组织开展工作和发挥作用的制度体系。

这个制度体系，除了要建立党组织在企业中的组织建设制度，明确党组织的具体架构和应该履行的职责以外，还要制定党的民主集中制度；党内重大决策制度；党的组织生活以及党的监督制约制度等，切实把加强和改善企业党的领导落到实处。

四、坚持执政为民，努力把职工群众的根本利益实现好、维护好、发展好

党的十六大提出的"三个代表"重要思想，内涵丰富，博大精

深，其本质就是立党为公，执政为民。我们学习贯彻"三个代表"重要思想，必须牢牢把握立党为公、执政为民这个本质，这是衡量有没有真正学懂，是不是真正实践"三个代表"重要思想的根本标准。我们中国共产党浴血奋战，艰苦奋斗八十几年，归根到底都是为了实现好、维护好、发展好最广大人民群众的根本利益。这就要求我们企业党组织必须团结和带领全体员工奋发努力，积极工作，把企业经营好、管理好，统筹兼顾地让职工得到更多的实惠，这是我们工作最为根本的出发点和落脚点。把群众的利益实现好、维护好、发展好，要求我们党组织，尤其是主要领导同志要牢固树立为民的执政观；科学的发展观和正确的政绩观，自觉地把立党为公，执政为民，确确实实地扎根到我们的思想上；体现在我们的行动中。要牢固树立全心全意为人民服务的思想和真心实意对人民负责的精神，做到心里装着群众，凡事想着群众，工作依靠群众，一切为了群众。坚持权为民所用，情为民所系，利为民所谋。决策问题，要讲政治、讲大局，坚持从党和人民的立场出发，坚持按政策规定办事情，妥善处理好各方面的利益关系。要坚持从群众中来，到群众中去的工作路线，注意倾听群众呼声，反映群众意愿，集中群众智慧，提高决策的科学化、民主化水平。创新发展思路，以实际工作的丰硕成果，让职工群众得到实实在在的利益。

要发扬求真务实的作风，工作得民心、顺民意。要坚持党的实事求是的思想路线，注重调查研究，注意走群众路线，按科学规律办事情和处理问题。工作要讲实话、办实事、出实效，坚决杜绝形式主义作表面文章；坚决杜绝弄虚作假捞个人好处；坚决杜绝个人主义贪图一己私利。要始终保持谦虚谨慎、不骄不躁的作风；始终保持艰苦奋斗的作风，与职工群众同甘共苦、荣辱与共，和职工群众一道以勇于拼搏的精神和扎实肯干的劲头，把职工群众的积极性充分调动起来。党的十六大报告指出："在我国社会深刻变革，党和国家的事业快速发展的进程中，妥善处理好各方面利益关系，把一切积极因素充分调动和凝聚起来，至关重要"。随着发展社会主义市场经济和改革开放的不断深入，社会经济成分、组织形式、就业方式、利益关系和分配方式的日益多样，在群众整体利益一致的同时，产生了不同方面群众特殊利益相互间的差异。这种社会现象也必然反映到我们企业内部来。作为企业党组织要发挥总揽全局、协调各方的作用，在考虑满足大多数职工群众利益的同时，必须妥善处理各方面利益关系，调动各方面的积极性和创造性，使我们的工作有广泛、可靠的群众基础和力量源泉。公司各级党组织，特别是领导同志，要转变作风；能够随时深入一线，倾听职工群众呼声，体察职工群众情绪，及时了解和掌握职工群众的工作、生活和思想情况，时刻把他们的冷暖放在心上。要采取有力措施，解决职工群众，尤其是困难群众工作、生活中的难题，确确实实地为他们办一些具体实事，实实在在为职工群众谋利益，真正让他们感受到党的关怀和温暖，以实际行动密切党与群众的血肉联系。

加强和改进公司党的建设是值得公司各级党组织认真思索和解决的问题，我们要按照党的十六大和十六届三中全会全面推进党的建设新的伟大工程的要求，以从严治党的精神，开拓进取，勇于创新，紧紧围绕经济工作中心，积极开创公司党的建设新局面，把公司各级党组织建设成为企业坚强的政治核心，出色履行"三个代表"重要思想组织者、推动者和实践者的政治职责。

在"三个代表"重要思想指引下，落实"双观"，促进双赢

——在北京金泰恒业有限责任公司二〇〇四年年中工作会议上的讲话

二〇〇四年七月十九日

在今天的会议上，李京来同志和姜春杰同志分别做了经济工作和党的建设、思想政治工作的报告，对今年上半年的情况进行了总结回顾，对下半年和今后一个时期的任务做了安排部署。这两个报告都非常好，我完全同意，今后要认真传达贯彻和落实。根据当前形势，企业实际和公司面临的任务，下面我讲几点意见：

一、正确认识当前的宏观经济形势，以科学发展观和"金泰恒业观"指导企业发展，以"双观"，促双赢

姜春杰同志在党委的工作报告中提出了在全公司开展"双观"教育这个命题，这非常符合当前宏观经济形势和企业实际。去年下半年以来，全国部分行业投资增长过快，货币信贷增长过猛，开发占用大量耕地，煤、电、油、运和原材料供应紧张，物价特别是部分重要生产资料价格上涨过快。而另一方面，生活资料却消费不足，经济发展遇到了严重的瓶颈制约。我们国家现在面临的问题主要不是总量问题，而是结构问题、体制问题和增长方式问题。针对这种形势，中央及时提出了宏观调控的方针政策，并正在收到成效。

但是，宏观经济运行的问题，不是在短期内就能完全解决的。结构问题、体制问题和增长方式问题的解决，需要做出长期的努力。我们必须高度关注形势的发展。我们公司以房地产业为主导，以城市服务业为基础，与宏观经济形势密切相关。房地产业要占用土地，要消耗大量的原材料。宏观经济政策的紧缩必然影响到房地产的发展。燃料经营受运力、价格的影响，也会遇到很大的困难，对我们完成保供任务带来了很大影响。

因此，我们要坚持与时俱进，认真贯彻"以人为本，全面、协调、可持续发展"的思想。科学发展观具体到我们公司就是要用"金泰恒业观"来指导企业发展。在年初的会议上，我们就落实科学发展问题已经做了部署。目前，要分析形势，深化认识，调整步伐，实现金泰双赢。其中安全问题至关重要，各级党政组织要特别重视安全工作，这是开展一切工作的基础。房地产开发要服从国家宏观调控的政策。同时，要从实际出发，化解不利因素，寻求新的机遇，提高工作效率，积极而稳妥地向前推进。随着国家宏观经济政策的落实，房地产开发还会不断遇到一些新的困难，我们要召开专门会议，重视对实际问题的研究，及时提出可行的思路。

在抓住房地产业这个主导的同时，城市服务业这个基础要大大加强。在非典时期，我们的服务业受到重创，但房地产业发展迅猛，势头强劲。在目前宏观经济政策调整时期，我们的房地产开发，受到一定影响，但城市服务业要大大加强，加快发展。要经过一个时期的努力，尽早实现"主导产业和基础产业"的双胜双赢，协调发展。

在煤炭保供方面，我们仍是政府的依靠力量。市政府把我们列入煤炭保供的应急单位。虽然民用燃煤的价格已经放开，但是保供仍然是我们的政治任务。在资源紧张、价格上涨、运力不足、个体经营者相继退出市场的情况下，我们的任务更加繁重。目前，要寻求政府的支持和各个方面的配合，千方百计筹集资源，加强储备，做好预案，确保冬季的市场供应，确保市场不出问题。

二、强化经营管理，确保投资收益的不断提高

我们公司是国有控股公司，国有股占 96.38%。但是在总利润中，属于金泰恒业公司投资所产生的利润太少，主要是全资企业赢利太少，甚至亏损。这里面暴露了我们在经营管理方面的问题。另外，从公司的现金流量上来分析，上半年，公司的现金流量是增加的，为企业生存与发展提供了资金支持。但是分析其构成发现，这主要是投资、融资拉动的结果。而经营性现金的净流量却是较大的负值。从企业长远发展讲，主要还是靠经营性现金净流量的增加来支持。总的说是现金进得少、出得多，这种情况也很不乐观，也同样暴露了在经营管理方面的问题。面对这种情况，下半年要采取得力措施，切实提高经营管理的水平。

一是要开拓经营，提高市场竞争力。企业要生存和发展，首先是靠经营。要增加公司总部的赢利能力，增加全资子企业的赢利能力，增加绝对控股公司的赢利能力，加大净资产收益的考核力度。要强化销售，搞好服务，开拓市场，扩大市场占有量，想办法增加经营收入，减少费用支出，增加经营利润。几年来，我们的经营水平虽然有所提高，但是距离先进性的标准仍有相当的差距，高素质的经营人才缺乏，经营理念和营销策略落后，经营分散，形不成规模效益，服务水平不够高，品牌建设滞后。这里面固然有历史因素、体制和机制的原因，但与我们的创新能力不足密切相关。今后一个时期，作为主要的经营者，要在提高经营创新能力方面下功夫，在加强营销人才队伍建设方面下功夫，在品牌建设方面下功夫。办好企业，按照经营创新的思想，我们对客户要树立以人为本的理念，我们不仅要满足客户的要求，而且还要超越客户的要求，要为客户实现当前和终生的价值服务，公司要成为客户实现自身价值的服务者、引导者、长久的帮助者。因为企业的价值存在于客户的价值之中。按照这样的思路去经营，就可以发掘出更深的市场潜力，就可以把经营的基础打得更扎实，使营销的效

果更突出、更长久。

二是要继续强化管理，严格成本控制。管理的基础是经营，经营的希望在管理。管理的成功就意味着经营的成功，管理的失败必然导致经营的失败。上半年之所以在经营方面还存在一些问题，与管理粗放大有关系。

今后一个时期，要坚持以财务管理为中心，大力倡导理财文化，企业上下共同理财，以科学的理财观念，促进财务管理的加强。要严格财务制度，大力降低费用。要加强预算管理，公司目前已初步建立了预算管理体系。今后要在不断完善财务管理制度的基础上，重点加强二级以下公司预算执行情况的监控。要将财务预算的编制、执行情况作为考核评价经营者业绩的重要依据，在保证公司资产质量优良的前提下，资本报酬率尽可能最大化。

加强应收账款的管理，加速资金回笼，降低风险。应收账款作为流动资产的一个组成部分，在管理上首先要加强流动性管理，使应收账款能够尽快收回，实现向现金及时和足额的转换。下半年，公司将集中精力抓好应收账款工作。按照效益性的要求，应收账款要保持在一定合理的规模上，以便能实现较高的收入，又不至于发生太高风险。在收账发生之后，要及时催收，以免形成坏账损失。消除新官不理旧账的思想。公司和各单位的清欠组织，对目前财务中反映的应收款项，要完善手续，积极催收；对以前年度核销的"账销案存"的应收款项，制定激励机制，积极追要。

加强开发性收入资金的管理。去年，公司开始对各单位的开发性收入进行统一管理。从执行情况看，仍有部分企业存在资金到位不报告，动用资金不及时请示等情况。今年，逐步完善后的《关于开发性收入资金的管理实施细则（试行）》已下发各单位。今后要按照要求，规范收支，严格控制使用方向。要严肃文件的执行力，对不按公司规定实施管理的单位，将给予严肃处理。在民用煤价格放开以后，要认真解决民用煤经营亏损问题。对于费用摊销不合理，核算不准，成本控制不严等问题，要认真研究，提出对策，力争不亏损或少亏损。

三是加强清产核资工作，做好年终决算的前期准备。清产核资是一项重点工作。从去年年终审计和目前申报情况看，部分单位，尤其是三、四级单位的财务基础比较差，经济业务不按会计规范处理；有的在会计政策变更时，不按相关职权履行手续，违背会计原则；部分工程项目已达到预定可使用状态，但未转为固定资产管理；部分单位对下属企业未按照合同收取房屋租金，部分已经收取房租未按合同和收款金额结转收入，还有的不按照合同期结转房租收入。以上情况，直接造成利润不实，业绩模糊，很难考评。希望各单位领导引起高度重视。这些问题和去年年终报表审计发现的问题，务必处理在年终决算前，以确保公司整体经营成果的真实性。

三、深化产权制度改革，建立规范的现代企业制度，为今后建立以股份制为基本形式的混合所有制经济实体奠定基础

前三年，我们建立了现代企业制度的基本框架，以集团第一次党代会和公司第一次党代会的召开为标志，我们进入了重要发展的新阶段。前三年，我们完成了生存式的调整，经过了一个艰难、平稳的过渡期。后三年，我们要进行发展式的调整，后三年的改革将是深层次的、革命性的、关键性的。党的十六届三中全会以后，全国建立和完善社会主义经济体制的步伐日益加快，以往是基层从下面呼吁改革，现在是国家从上面大力推动改革，改革的力度比我们预想的还要快。在这样的形势下，我们金泰恒业如果不能在新体制下获得新生，就会在旧体制的惯性下灭亡；如果我们不能在深化改革中，加快发展，就会被历史所淘汰。我们必须充分认识到形势的严峻性。当前，公司还有很多问题在困扰着我们，诸如资产分散、核心能力不强，组织结构不是偏平化、人才评价体系不科学、激励机制不完善、约束机制不到位、用人用工机制不能市场化、法人治理结构不完善、部分经营管理者责任意识不强、素质不高等等。这些问题的根本解决，只能靠深化改革。

　　一是结合改制搞好产权的变更登记工作，建立归属清晰，权责明确的委托代理机制。当前所属单位改制正在按照计划有条不紊地进行，我们要求明年5月底前完成房地产权属变更登记工作，丰台、宣武、崇文区公司已经进入正式变更程序。各单位要认真做好权属变更的前期准备工作。房产证、地产证的办理工作要进一步加快，责任制要落实，奖惩机制要到位。只有我们真实全面地完成了产权的变更登记工作，我们金泰恒业公司才称得上是一家受到法律严格保护的现代公司，我们的产权才有可能在市场上有效流转。今后，才有可能对公司进行战略性重组，向混合所有制的股份制经济过渡。当前的产权制度改革是前提，下一步建立股份制企业是必然趋势。产权制度改革的步伐越慢，我们的工作就越被动。因此，我们一定要深刻理解党的十六届三中全会精神，进一步加快产权制度改革的步伐。随着产权的明晰，分公司、有限公司的建立，产权代表将陆续到位。要认真执行公司关于产权代表的管理办法，加强制度建设，按照分权、分责、制衡的机制来运行。为了防止产权委托、代理机制的失灵，防止再度产生道德风险、短期行为、平均主义倾向，要建立科学、全面的考评体系，建立长期有效的激励约束机制。关于新的考评体系，公司董事会相关专业委员会和相关业务部门要提前拿出方案，为董事会决策提供依据。

　　二是大力推进人才市场化进程，加速优化公司的人才结构。我们公司要加快发展，人才是关键。改制三年来，我们之所以能够稳步前进，与重视人才工作密切相关。当前企业之所以投资收益不高，经营管理粗放，成本居高不下，创新能力不足，除历史客观因素外，也与人才高度缺乏有关。年初，我们对贯彻全国人才工作会议作了部署，也制定了人才引进的管理办法。但是要落实起来，还有大量工作要做。当前，人才缺乏仍然是制约公司发展的瓶颈，而解决这个问题的途径就是做学习型的人才，走人才市场化的道路。判断企业人才的标准，是出资人认可，市场认可和员工认可。其中市场认可是关键，只有得到了市场承认，有很好的业绩，出资人和员工才能满意。人才标准市场化，必然导致人才队伍的市场化。是英雄，是好汉，市场说了算，不能关起门来论英雄。人才市场化，公司内部是一个小市场，要通过深化人事制度改革，建立比较淘汰制度，做到能上能下；公司外部是一个大市场，要加快引进公司需要的人才，特别是高层次的人才。要按照市场规则，实行合同化管理。公司各个层次的领导者都要在新的体制下接受市场的评判。今后几年，随着党的十六届三中全会精神的落实，公司内部的战略性重组，以及外部的战略性重组将不可避免。公司的开放程度将会更大。所以我们面临着巨大的人才缺口。我们要共同努力，把这个缺口尽快补上，为今后的发展提供强有力的人才支持。

三是抓好配套改革，突出重点，整体推进。基层改制，这是当前的重点工作。下半年要完成第三批改制单位方案的审批，整体改制工作全面推开。各单位、各部门要配合改制做好各项具体工作，并跟进改制后的各项配套政策的研究制定。根据清算、解散、注销亏损小企业、小实体的工作计划，完成对五个小单位的清理工作。尽快制定成立"企业非在岗人员管理中心和非经营性资产管理中心"的工作方案。在调查研究的基础上，做到责任到人、工作到位，形成方案，按年初的工作要求认真落实。公司总部建设要按照预定计划，积极推进。劳动、人事、用工制度的改革要在原有的基础上，根据新形势、新体制、新任务的要求，进一步解放思想，加快步伐，在下半年要有突破性进展。

四、深入学习"三个代表"重要思想，大力推进公司综合创新

"三个代表"重要思想，不仅写入了党章，而且写入了宪法，作为我们党和国家的指导思想，我们必须深入扎实地贯彻下去。十六大以来，我们的学习取得了一些成效，但是还有相当的差距。我们的各项工作才刚刚起步，我们刚刚跨入市场经济的门槛，刚刚进入现代企业的初始阶段。我们的经营管理和竞争能力还处于初级的水平。这与

我们的国情有关，也与我们企业的现状有关。正因为如此，就更有必要深入学习"三个代表"重要思想，提高理论素养，增强开拓能力，以创新求发展。

一是坚持理念创新，大力建设"金泰文明"。我们党从创立之初，就制定了自己的章程，确定了自己的指导思想和行动纲领。我们公司从建立那一天起，我们就在考虑公司的指导方针和战略构想。在集团和公司第一次党代会之后，我们的思路日渐明晰，去年初提出了"金泰恒业观"。其以独特性、不可模仿性、优秀传统文化和现代精神的密切结合，形成了"金泰双赢，恒久立业"的企业观，并得了公司上下的高度评价和衷心拥护，起到了很好的指导思想、统一意志、激励进取的效果。最近集团公司下发了关于理念、行为、形象识别系统三个文件，这个文件是我们推动企业文化建设的强大动力。我们要把公司的企业文化建设统一到集团所确立的企业目标、愿景、使命、主导价值观和企业精神上来。同时，又要突出自身的特色。结合集团公司企业文化建设的要求，研究我们金泰恒业的实际，分析我们在市场经济中心的地位和作用，我认为，我们作为金泰恒业公司就是要努力建设"金泰文明"，从而把"金泰文明"的建设融入到国家的文明建设中去。"金泰文明"的模式是物质文明、政治文明和精神文明建设的协调发展，是以人为本，全面、协调、可持续的科学发展。建设"金泰文明"要在集团公司党委的领导下，积极履行"创造效益的责任，服务社会的责任，民主管理的责任，员工全面发展的责任，保稳定保安全的责任"。"金泰文明"是全局，金泰哲学是核心，金泰经济是基础，金泰文化是动力，金泰品牌是形象，金泰员工是主人，金泰体制是保证。

"金泰双赢，恒久立业"是我们的企业观和方法论，也就是我们的金泰哲学。金泰是一个企业的两个方面。金泰之间具有互根性、互补性、互动性，同一性。金泰之间相互联系，相互渗透，相互作用，互为因果。"天人合一，金泰合一"，金泰共存、共生、共长。而恒久立业则是金泰双赢的必然结果和对金泰双赢的不断超越。从而，使金泰双方总是处在一个新的平衡点上，总是充满前进的激情和活力。这正是我们的理想境界，正是我们宏大的哲学精神。这种哲学精神与集团公司倡导的"业成于和，业强于新，业胜于搏"的企业哲学有着高度的一致性。同时，又有了金泰恒业自身的特点。各单位也都要从自身的实际出发，进行总结提炼。以便不断从理论的自觉，发展到行动的自觉。使我们公司由经验管理发展到科学管理，再上升到文化管理。这是我们每个企业领导者的基本功。

二是以改革的精神建设党，努力推动党建创新。在新的体制下要不断加强和改进党的建设，两级党委要进一步在解放思想中统一思想，充分发挥政治核心作用。要不断探索在分公司、有限责任公司开展党的工作、发挥党的作用的新途径、新形式。在实际工作中，党的思想理论建设要和提高公司的战略规划能力、实际操作能力结合起来；党的宣传工作要和公司的品牌建设结合起来；党的组织建设、领导班子建设、人才队伍建设，要和公司的团队建设结合起来；党的作风建设，要和勤政、善政、扎实创效结合起来；党的制度建设要和弘扬法治精神、依法治企结合起来；党的能力建设要和提高全公司员工的整体素质结合进来；不断增强公司的学习能力，创新能力和发展能力。

三是在品牌建设上创新。在金泰品牌的建设上，我们已经提出了要求，做了大量工作，也收到了初步成效。但是对品牌问题还要做深入研究。品牌是个外部形象，但核心是内在品质。有高品位，才有好品牌。所以公司内部的体制、机制、经营管理水平、扩张发展能力是根本。所以我们打造强势品牌，首先要固本强基，把内部的工作做好。同时，品牌要以核心产业、核心产品为依托，要用一花独秀引来万紫千红。但是我们的核心产业、核心产品还不突出，社会影响力还不大。所以下一步要围绕公司的核心产业和核心产品进行品牌定位、塑造和宣传，以此来带动公司整体的品牌建设。公司相关部门，要加强对品牌问题的深入研究，及时提出切实可行的思路。

今年，我们公司将基本完成初步的改制工作。今后我们将在新的制度下，沿着新的轨道运行，公司开发建设、经营管理的任务相当繁重。而且，外部宏观形势又存在很多不确定的因素，我们在市场条件下适应和不适应的矛盾将会越来越突出。面对新形势、新任务，我们要在"三个代表"重要思想指引下，求真务实，科学发展，克服困难，奋力拼搏，勇于创新，保证完成今年的经济指标，以必胜的信心去开创金泰恒业的美好未来！

突出重点，抓住核心，
不断提高全面预算工作水平

——在北京金泰恒业有限责任公司
二〇〇四年预算工作会议上的讲话

二〇〇四年九月七日

在我们公司年中工作会议之后，今天又召开了全面预算工作的专题会议。这是落实年中工作会议精神的重要措施。开好这次会议非常必要，意义非同一般。在计划体制下，企业以完成上级的指令为目标，不需要预算。在市场经济条件下，企业作为市场竞争的主体，就必须对市场进行预测，抓好预算工作。在现代企业制度下，预算不是可有可无，而是必不可少，必须抓好。企业管理以财务管理为中心，而预算管理又是财务管理的核心与灵魂。没有预算，心中无数，就谈不上管理。可见，预算工作是企业全面建设的重中之重。古人讲，"凡事预则立，不预则废"，只有运筹帷幄，才能决胜千里。我们的预算工作就是要体现这样的思想。今天的会议，也贯彻了这样的思想。

刚才以上几位同志对预算工作做了安排部署，我完全同意。下面，我要讲的中心意思是：要从战略的高度，来认识预算工作的重要意义；要从市场体制的需要，来认识我们还存在不适应的问题；要从企业长远发展的需要，来确立我们公司"真、全、细、严、新"的五字预算方针，建立具有金泰恒业特色的预算体系。

一、要从战略的高度来认识预算工作的重要意义

我们金泰恒业公司成立之后，制定了五年规划和十年发展战略，第一次党代会提出了"高起点、新跨越、大发展"的战略指导方针。而这些战略思想要靠预算来体现，要靠预算来量化和具体化，在一定意义上说，预算就是量化和具体化的战略。没有预算的落实，战略就会落空。我认为，要提高对预算工作重要意义的认识，要把握这样几个基本点：

1. 搞好预算工作，是把"三个代表"重要思想落实到基层的客观需要。我们共产党人要代表先进生产力发展的客观要求，代表先进文化前进的方向，代表最广大人民群众的根本利益，就必须理想远大，高瞻远瞩，具有预见性。请注意"客观要求，前进方向、根本利益"这些关键词，其中战略思想的含义是非常深刻的。我们的工作要符合这些关键词，就是要抓好远期、中期和近期的预算，使我们的预想和预算为"客观要求、前进方向、根本利益"服务。"三个代表"重要思想是我们党和国家的指导思想，也同样是我们搞好预算工作的指导思想。坚持这个指导思想，我们的预算工作，才会做到与时俱进，具有先进性、指导性、方向性和可操作性。

2. 搞好预算工作，是检验"双观"教育成果的重要尺度。在年中工作会议上，我们提出要在全公司开展"以科学发展观和金泰恒业观"为主题的"双观"教育。对于"双观"教育，各单位给予了高度的评价，认为这是一个思想体系的确立，具有唯物辩证的思维方法。搞好预算工作要符合以人为本，全面、协调、可持续性发展的科学发展观，要符合"金泰双赢，恒久立业"的金泰恒业观，就要把"双观"教育作为搞好预算工作的强大推动力。"双观"教育搞好了，就为预算工作奠定了可靠的思想基础。

3. 搞好预算工作，是现代企业制度的客观要求。目前，公司内部的体制改革正在深化，分公司、有限公司的新体制相继建立，在分权、

分责、制衡的新体制下，如何共同努力实现预期的目标，首要的条件是依据战略，做出预算、执行预算，对预算的落实情况进行监督，从而把公司办成一家具有竞争能力的企业。所以在建立新体制以后，首要的任务是要把预算编制好、执行好、落实好。没有切实可行的预算，再好的体制，企业也不能搞好。

4. 搞好预算工作，是加强领导班子建设的客观要求。领导班子在政治思想、作风能力上是否合格，一个领导班子是否是一个具有市场竞争力的班子，关键看什么？一个领导班子要达到市场、出资人和职工满意，标准是什么？我认为，其中重要的一条标准是看预算工作搞得怎么样，预算的制定要科学，预算的执行要有成效，言必行，行必果，这样的班子才是合格的。所以各单位务必把搞好预算放在领导班子工作的重中之重，落实责任，抓好落实。

二、当前在预算工作中存在的几个问题

过去我们在传统的体制下，企业没有预算。在市场条件下，企业自主经营，自负盈亏，必须有预算。有没有预算，这是新旧体制的重要分水岭，也是现代企业制度的标志之一。当前，我们开展预算工作，仅仅是起步阶段，经验不足，分析目前企业预算工作的状况，主要存在七个问题：

1. 在思想观念上不适应，对预算工作的意义认识不足。有的认为企业这么多年都过来了，有没有预算问题不大。他们没有从战略上、从新体制上、从增强竞争能力上来认识预算工作的重要性。认识，尤其是党政主要领导的认识，还停留在计划体制时期，思想落后于形势、落后于市场。

2. 在实践上不适应，有的单位有预算，有的单位没有预算。特别是三、四级企业在预算管理上差距较大。没有预算，经营管理就是盲目的，就必然缺乏目标和动力。要通过预算，把随意管理，上升为科学管理。

3. 在预算严肃性上不适应。有的预算编制实用性差，应付差事，流于形式，难以落实。今后任何人不能超出预算，为所欲为。预算要客观、可行，要讲程序。

4. 在执行力上不适应。有的对预算的执行不放在心上，自觉性不高，责任心不强。没有将任务分解到行为主体，难以检查考核。

5. 在工作业务上不适应。有的只把预算当成财务部门的事，认为与其他部门和人员没有关系，导致几个财务人员闭门造车，脱离实际，被动应付。

6. 考核机制不适应。由于预算工作在刚刚起步阶段，经验不足，考核制度不健全，奖惩措施不具体，造成有的预算编制不合理，任务难以落实。明年，考核要科学一些，先进一些，有针对性一些。

7. 专业素质上不适应。预算工作是一项专业性很强的工作，领导要把握原则，抓住重点，严格内控。公司财务部门要加强指导，各单位要高度自觉，认真落实。必要时请专家、专职管理人才参与。大家要勤于学习，提高素质。

三、今后预算工作的要求

针对上述预算工作存在的问题，结合公司发展战略和具体任务，对预算工作提出如下要求：

1. 各级党政领导班子，法人治理结构各个层次的领导人员，都要把预算工作放在突出位置，抓出成效。"三个代表"重要思想、科学发展观、金泰恒业观，必须落实到实际工作中去，必须有"抓手"，而这个关键环节就是预算。预算是理论和战略的具体化，预算是企业乃至国家的灵魂，这是符合逻辑的。我们国家分三步走，翻两番，建设小康社会，都要靠预算和预算的执行做保障。企业以财务为中心，而财务又以预算为中心。有了预算，企业才有目标和方向，企业才有灵魂，员工才会知道干什么、干多少和怎么干。没有预算，不坚决地执行预算，就是一个思想、政治、经济、管理和工作的盲人。作为一个领导者，就不是一个合格的领导者。作为一个领导班子，也就不是一个合格的领导班子。所以今后，各级班子、各级领导者，都把预算工作高度重视起来，列入重要议事日程，毫不动摇，抓紧抓好。

2. 要提高预算工作的质量，坚持"真、全、细、严、新"的五字方针。预算工作既然像"灵魂"那样，如此重要，所以就必须提高预算工作的质量。预算不是可有可无，而是必须有，二、三、四级企业都必须有，都必须是高质量的。那么，这个高质量靠什么来保证呢？

一是要真。要实事求是，求真务实，真实可靠。坚决杜绝假预算，假报表，做假账。反对凭空捏造。

二是要全。预算要坚持全局性、全面性、全额性、全员性。

坚持全局性。要站在全局的立场上，公司整体的利益上，开展预算工作。局部要服从服务于全局。每个局部的工作都做好了，全局才能做好。要克服分散主义、消极应付的倾向。

要坚持全面性。我们的预算是全面预算，不是某一个方面的预算。全面预算包括决策预算，日常业务预算和财务预算三大类，这是全部经营活动的数量说明。企业的各项收支，资产、负债、权益、资金流入流出都要纳入预算内容。

要坚持全额性。企业的各项收入支出都要纳入预算这个轨道，不能有的进入，有的不进入，各项收支不入账不行，不进入预算也不行。要严格控制预算外收支。各个角落的收支都要纳入到预算中来。

要坚持全员性。公司各个成员企业，包括二、三、四级企业都要做预算。企业中各个部门也都有要做预算。各个部门的每个成员都有承担预算的责任，都要依据各自的目标、任务，做好自己的预算。企业全体员工也都要自下而上地形成自己的预算。预算从员工中来，到员工中去。要克服预算只是财务部门事的偏见和误区。企业的各项收支、目标控制仅靠财务部门不行，只有靠每个部门、单位、员工的共同努力，才能完成。

三是要细。预算是一个复杂的系统，要做过细的工作，要细致、细心，不能粗枝大叶。要选择责任心强、精通业务、认真仔细的人做这项工作。

四是要严。要求要严，制度要严，检查要严，考核要严，要层层把关，逐级负责，把预算按时、保质搞好。

五是要新。预算是新体制下的新事物，经验不足。要用新的思想、新的姿态、新的作风、新的方法去开展预算工作。大胆地进行探索、创新。边实践，边总结，边提高。而且，要用经营创新带动预算创新。又要通过预算创新推动经营创新。要牢牢抓住预算这个灵魂，不断提高经营管理水平。

四、预算工作中要处理好的几个关系

1. 要处理好预测与预算的关系。预测是预算的前提，没有预测就没有预算。预测是对未来发展方向和风险的判断，而预算正是实现这种判断和化解风险的必要措施。预测是基础，预算是保证和实现预测目标的必由之路。在企业管理中，预测和预算都必不可少，都要具有科学精神和科学方法。预算是领导部门的重要责任，也是专业部门的重要职责，二者都要抓好。

2. 要处理好预算与决算的关系。预算和决算是一对矛盾，互为前提，相互依存。预算决定决算，决算检验预算。预算是基础，决算是结果。预算和决算相互比较，才会证明经营成果的优劣。只有进行科学的预算，坚决地执行预算，我们才会有满意的决算。未来的预算只有以当前的决算为基础，预算才会是实事求是和科学有效的。

3. 要处理好预算与执行的关系。预算是执行的前提，执行是预算的保证。没有好的预算，执行就会偏离方向；没有执行力度，即使有了预算也难以落实。在现代企业制度下，预算具有原则性、坚定性、法制性，不可动摇、不能随意变动，必须不折不扣地执行。但是在实际工作中有的还没有做到这一点，这是个非常严肃的问题。今后要通过健全考核机制，解决执行不力的问题。这次会议之后，各单位都要认真检查自己存在的不足，今后要抓紧赶上去，把预算落实好。

我们要继续深入学习"三个代表"重要思想，在公司的战略规划指导下，编制、执行和落实好全面预算工作，推动各项工作再上新台阶。

落实产权代表责任
提高资产保值增值能力
——在北京金泰恒业有限责任公司
产权代表会议上的讲话

二〇〇四年十月十三日

在公司改革不断深化，分公司、有限责任公司相继建立，现阶段基层改制顺利推进的情况下，我们今天召开了各单位产权代表会议。召开这次会议，对于进一步落实十六届三中、四中全会精神，落实10月2日胡锦涛同志同北京基层干部座谈时的讲话精神，对于推动公司的全面建设，有着重要作用。下面，我着重就产权代表问题讲几点意见：

一、关于产权代表的基本内涵

企业的产权代表，是现代企业制度和现代产权制度的产物，是企业进行公司制改造的基本条件和基本特征之一。

产权代表，是公司制企业代表出资人，正确行使各项权利义务的执行人。是出资者，通过一定的法律程序向其被投资企业派驻的董事、监事、财务总监等高级管理人员，共同组成的资产产权代表。产权代表的职责是：以授权的全部法人财产依法自主经营、自负盈亏，在国家宏观调控下，按照市场要求，自主组织生产经营和资本运营，以提高经营效益、劳动生产率和实现资产保值增值为根本目的，按照出资者的意志在企业中行使有关权利，履行相关义务，维护出资者的经济利益。要建立和实行权责分明、管理科学、激励与约束机制相结合的内部管理体制和运行机制，并通过转换经营机制，建立规范的科学的管理制度。特别是要按照《公司法》和新体制的要求，建立科学有效的法人治理结构，进一步明确股东会、董事会、监事会、经理层的各自权利、责任和法律地位，真正形成法人治理结构的协调制衡运行机制。理顺新老三会之间的关系，充分发挥党委在公司中的政治核心作用，加强工会和职代会民主管理的职能作用。

而我们公司的产权代表则是金泰恒业公司董事会委派或推荐的，对公司董事会负责，代表公司在其控股或参股公司行使股东权利的执行人。包括以下人员：由公司委派到控股和参股公司股东会的股东代表；由公司推荐并经控股和参股公司股东会选举产生的董事、监事、财务总监等高级管理人员。产权代表经过授权方式生效。如果产权代表为两人以上时，明确一名首席代表。

二、关于产权代表的选拔委派制度

选拔委派制是实施产权代表制度的基础，是按照产权关系建立的新型领导体制，也是维护出资人权利、对股东负责的有效手段。目前，我们公司在实施对产权代表的选拔委派制度方面，坚持在适应新体制、实行管人与管资产相结合原则的前提下，按照先内部程序、后法定程序的步骤，首先由党委研究提出建议人选，然后通过董事会做出决定，在此基础上，按照公司章程和相关法规、规定进行聘任。所选拔委派的产权代表者，必须坚持原则，依法经营，清正廉洁；必须维护出资人的意志和公司的合法权益；必须具备较丰富的经营管理经验和专业知识，并且有较好的经营业绩。从选派结构上要坚持决策层、监督层、执行层分离，决策层与执行层不能高度交叉，要使选拔委派产权代表合法、合规、合制。

三、关于对产权代表的具体要求

1. 加强学习，明确职责。产权代表首先要认真学习"三个代表"重要思想，只有当好产权代表，才能落实"三个代表"。要认真学习科学发展观，认真学习《公司法》和公司章程以及相关的法规、规章和程序要求，用以指导实践。产权代表必须以《公司法》为法律依据，严格执行公司章程。要依法治企，不能把日常经营问题上升为法律问题。不能各行其是，自作主张。通过学习，要明确股东会、董事会、监事会和经理层的各自职责、权利和义务，认清法人治理结构相互协调、制衡和逐级负责的关系，真正落实好股东会和董事会的决策权，监事会的独立监督权，经理层的日常经营管理指挥权。做到权责明确，不能混淆或越位。要正确处理好法人治理结构中的三个关系，即出资人与董事会之间的信任托管关系；董事会与高级经理人员之间的委托代理关系；出资人、董事会、监事会及经理层之间的制衡关系。同时要正确处理好内部程序与法定程序的关系，正确处理好新老三会的关系，充分发挥各自应有的作用。

2. 不断强化产权代表的请示报告制度。由出资人或股东向被投资企业派出的产权代表，是联结出资人与被投资企业的纽带和桥梁，所起的作用十分重要。为了维护出资者的权利和意志，保证公司资产的保值增值，必须建立健全产权代表的请示报告制度，包括事先的沟通。要坚决克服该请示的不请示，该事前报告的事后报告，甚至事后也不报告的现象。坚决克服墨守成规，怕麻烦，主观武断，故意回避等现象的发生。强化和严格执行产权代表的请示报告制度，首先要提高产权代表对出资人和股东高度负责的意识，其次要从制度上明确请示报告的有关要求，对产权代表的定期报告、必须报告的重大事项、资产问题以及董事会明确要求的事项，必须坚持报告；凡涉及重大资产和重大投资问题必须事前申报；对召开董事会会议的议题及相关资料，必须提前15天向公司董事会报告。

3. 强化产权代表的责任意识。产权代表必须按照《公司法》、公司章程赋予的职能以及所在公司章程的规定，在充分体现出资者意志的总要求下，在本公司正确执行和行使股东权利，履行各自职责，维护出资人的经济利益。按照这个要求，产权代表必须增强五个意识：一是增强资产保值增值意识，产权代表要通过不断加强经营管理，确保资产的完整、安全、清晰和保值增值，防止资产的流失，切实把资产保值增值作为根本的经营目标，作为崇高的政治责任。二是增强投资收益意识，不断提高投资收益能力和水平，切实把回报股东、服务社会作为经营的出发和落脚点。三是增强发展意识，切实把科学发展作为第一要务，作为产权代表的光荣使命，尽职尽责、努力工作。四是增强股东权益意识，产权代表必须对股东负责，按照授权范围，进一步增强资产经营和资本运营能力，要时刻想到自己是行使股东权益的执行人，必须使自己的工作充分体现出资者和股东意志，维护出资者和股东的经济利益。要特别强调的是，产权代表必须严格执行对重大资产和投资等问题的提前沟通请示制度和董事会会议议题提前申报制度，以确保维护股东利益。五是增强依法依规意识。依法依规是现代企业制度的基本特征，也是对产权代表的明确要求。因此，产权代表必须增强依法依规意识，自觉依法、依规、依政策、依程序办事。不断提高依法治企的自觉性。特别是作为各公司首席产权代表的董事长以及分公司的主要负责人，在认真履行董事会决策职能的同时，必须树立战略发展的眼光，在把握企业战略发展上下功夫，以主要精力谋划企业发展方向，组织确定各项改革方案，集体做出重大问题的决策。

4. 加强制度建设，加大执行力度，实现管理的法制化、科学化和规范化。加强制度建设是确保改制公司管理法制化、科学化和规范化的前提，也是保证现代企业规范运行和经济工作健康发展的基础。随着新体制的建立，制度建设更加重要和迫切。各位产权代表要以管理法制化、科学化和规范化为目标，建立健全各项规章制度，增强执行力度，做到有章可依、有章必依、违章必究。信息化建设要跟进，制度要上网，以利于查用，要通过制度建设，进一步推动和加强产权管理，投资收益管理，资产、资金和成本管理，收入分配管理，监控管理，以及各项基础管理。通过严格制度，加强管理，提高效益水平。

5. 加强战略管理。关于企业发展战略，产权代表必须引起高度重视。无论企业规模大小，都要根据公司发展战略的总要求，结合本企业实际，认真研究，深入调研，明确思路、目标和重点。制订发展战略和发展规划，这是产权代表的基本职责之一。

四、关于对产权代表的激励约束和监督机制

建立健全和不断完善对产权代表的激励约束机制，是体现出资人意志，实现出资人目标的根本保证。要充分发挥激励机制的重要作用，在建立完善激励机制中，要综合考虑企业的目标定位和法人治理结构两方面因素，由出资人或股东按照其经营规模和经营业绩、经营难度，动态确定产权代表的报酬和待遇等，同时要辅之精神激励，调动产权代表的积极性和创造性。关于产权代表的业绩评估，主要是出资人认可，市场认可，员工认可，组织认可四条。同时，要建立相应的约束机制，通过规范公司法人治理结构，形成健全的相互制衡的权利约束机制；通过建立完善内控体系及各项规章制度，形成严格的制度约束机制；通过在经营过程中面对市场经济的挑战，形成以经营效益为中心的市场约束机制。

随着现代企业制度的建立和完善，对产权代表的监督具有特殊重要性。大家要习惯于在监督的情况下开展工作。监督主要包括七个方面：一是出资人或股东的监督；二是监事会的监督；三是财务总监的监督；四是法规制度的约束；五是党组织的监督；六是职工的监督；七是道德舆论的监督。围绕以上七个方面的监督，要逐步建立起严格的监督制度，形成完善、系统的监督体系，并通过相应的考评考核制度做保证。在考核中要突出业绩考核，细化考核指标，明确和规范考核要求。

关于对各单位主要负责同志的考核、续聘工作。年底前，各单位主要负责人，要认真总结第一任期的工作，并进行述职。公司董事会和党委组织部门要组织力量进行考评。在此基础上，党委和董事会认真研究，决定任免事项。各单位的主要负责人从明年1月开始按照法定程序予以续聘，工作会议上颁发聘书。各单位副职以下的聘任工作，按照干部管理权限自行认真安排。

要认真执行公司董事会《关于产权代表管理的暂行办法》，使产权代表的管理制度化、规范化。最近，我们下发了《关于产权代表管理的暂行办法》，对产权代表的职责、请示报告的原则、会议制度、考核工作作了明确规定。各位产权代表和相关部门要认真学习，逐条落实。

我们要在"三个代表"重要思想指导下，认真学习落实十六届三中全会、四中全会精神，继续深化改革，认真履行产权代表的责任，不断增强产权代表的能力，努力实现公司资产的保值增值，不断把公司的建设事业推向前进。

在"三个代表"重要思想指引下坚持以人为本，提高能力，努力推进公司全面、协调、可持续发展

——在北京金泰恒业有限责任公司二〇〇四年党委全委扩大会议上的讲话

二〇〇四年十二月七日

在2004年度即将结束，2005年就要到来的时候，我们公司今天召开了一年一度的党委全委扩大会议。

这次会议的主要任务是：依据党的十六届三中、四中全会，市委九届八次全会精神和京煤集团党委的要求，对学习贯彻《中共中央关于加强党的执政能力建设的决定》做出部署，提出明年和今后一个时期公司全面建设的思路。

这次会议的主题是：在"三个代表"重要思想指引下，树立"双观"，提高"双能"，促进"双赢"，即深入学习"三个代表"重要思想，树立科学发展观和金泰恒业观，强化党组织的执政能力和企业的核心竞争能力，努力实现公司经济效益和社会效益的双赢。

开好这次会议意义十分重大：公司成立已经三年，本届领导班子任期届满，我们面临新的形势和继往开来的繁重任务。通过这次会议，统一认识，明确任务，将对于我们完成明年和下一个任期的神圣使命，奠定坚实的思想理论基础，起到重大的指导作用。

一、三年来取得的主要成绩和基本经验

前三年，我们怀着高度的历史责任感，认真谋划，努力工作，在调整中发展，在发展中调整。我们以"三个代表"重要思想为指针，按照京煤集团第一次党代会和公司第一次党代会的部署，深化改革、强化管理、开拓经营。遵循"大而强，小而优，难而进，劣而退"的调整思路，努力进行了生存型、适应性调整。为今后进行发展型、战略性调整做了全面的准备：

一是公司成功地挂牌改制，建立了现代企业制度的基本框架，为公司发展做了体制上的准备；

二是召开了公司第一次党代会，继而制定了公司五年规划和十年发展战略，确立了"金泰恒业观"，为今后发展做了思想上的准备；

三是区公司组织人事工作实现了垂直管理，做到了管人与管资产的统一，为今后发展做了管理上的准备；

四是认真落实相关政策法规，实现政策性收益，以小的增量盘活大的存量，公司资产总量三年来增加31.8%，为今后发展做了物质方面的准备；

五是进行了项目定位，有了百万平方米的项目储备，为今后发展做了投资方向上的准备；

六是适时调整了领导班子，深化了人事制度改革，为今后发展做了组织人才上的准备；

七是重塑公司总部，实现从管理型向管理经营型的转变，为今后发展做了经营能力方面的准备；

八是不断深化改革，产权关系逐步理顺，分公司和有限责任公司相继建立，为今后进行调整，做强做大，做了公司治理结构上的准备；

九是以改革的精神不断加强和改善党的领导，为今后发展做了更好发挥政治核心作用方面的准备；

十是加强对工会共青团组织的领导，维护职工权益，实施民心工

程，努力提高员工素质，重视企业稳定，重视安全工作，重视老干部工作，为今后发展做了民主政治建设方面的准备。

三年来，我们的主要经验和体会：

一是坚持用"三个代表"重要思想和"金泰恒业观"统一认识。解放思想，实事求是，与时俱进。使我们保持了良好的精神状态，旺盛的工作热情和"二次创业"的激情。以高度的历史责任感，建设企业。历史的人，做历史的事，向历史负责，向企业负责，向员工负责，甘于奉献，努力工作。

二是坚持贯彻"大而强，小而优，难而进，劣而汰"的方针，进行产业结构调整。培育优势企业，关闭亏损企业，消灭出血点，使公司"以房地产业为主导，以城市服务业为基础"的产业格局初步形成。

三是以提高经济效益为中心，集中精力谋发展。我们牢牢抓住发展第一要务，开拓经营，深化改革，强化管理，不断提高经济效益。为企业各项工作的开展，奠定了可靠基础。

四是坚持稳定压倒一切的方针，千方百计保稳定。保持了领导者队伍的稳定，专业人才队伍的稳定，员工队伍的稳定，企业整体局势的稳定。调动各方面的积极性，全心全意依靠职工群众办企业，为企业健康发展创造了良好的环境。

五是坚持抓住领导班子建设这个关键，努力培养造就一批能够担当重任的领导骨干和党员队伍。高度重视领导班子的思想政治建设，提高了驾驭全局和领导经济工作的能力。

六是坚持锐意进取，知难而进。我们在工作中面临很多新情况、新问题，我们意志坚定，奋发有为。对于企业难点问题，坚持原则，讲究策略，顶住压力，重点突破，最终解决了一批制约企业发展的重大问题。我们经受了锻炼，增长了才干，尽到了历史责任。

这些经验是宝贵的财富，要继续保持和发扬光大。

二、我们面临的形势任务和目标

我们前三年的准备工作，是明年开好局，后三年大发展的必备条件。同时，我们必须对公司所面临的形势，有清醒的认识。

进入新世纪新阶段，经济全球化的速度日益加快，科技进步日新月异，综合国力和企业综合实力的竞争日趋激烈，各种思想文化相互激荡，以不同文化为企业背景的竞争态势日益显著。这些都对企业建设提出了全新的课题。

党的十六届三中全会之后，随着国资委的成立，现代企业制度的建立，市场竞争的加剧，企业对国有资产保值增值的任务更加繁重，市场风险日益加大。同时，我们作为国有控股公司，随着调整改革的深化，组建多元投资的现代企业势在必行，我们必须及早考虑企业的未来，及早把企业做强做大，及早掌握公司生存发展的主动权。

学习党的十六届四中全会决定，分析经济、科技、管理等方面，相比发达国家、发达地区和先进企业，对照我们的能力状况，我们深感不足。

当前，国家的宏观经济政策正在进行调整，土地政策变化，利息上调，我们公司的房地产开发和其他产业都会受到一定程度的影响。

分析公司内部的形势，在前三年我们妥善解决了历史遗留问题，受到各方面的肯定。后三年，形势和前三年大不相同。我们告别了历史，要承担起公司所有的风险和责任，所以，今后要格外谨慎，决不可掉以轻心。

前三年，我们处于生存型、适应性调整阶段。后三年我们将进入发展型、战略性调整阶段，公司产权制度和产业结构将发生重大变化，这将是一个新的关键时期。对这一点我们必须有清醒的认识。

根据新形势、新情况，分析公司的现状，我们主要还存在十个方面的不适应：

一是我们的认识距离"三个代表"重要思想和科学发展观的要求

有差距,思想的先进性不够,在观念上不适应;

二是公司的主业不强、不突出,燃料的销售收入仍占较大比重,房地产业的主导作用还没有发挥出来,使公司的长期发展受到影响,在落实发展战略上不适应;

三是公司体制创新的任务繁重,距离以股份制为主要形式的混合所有制经济的要求相距甚远,在体制上不适应;

四是企业负担沉重,非经营性人员和资产压力较大,成本费用过高,在低成本扩张方面不适应;

五是公司发展的基础仍然比较脆弱,层次多,资源分散,距离大而强,小而优的标准仍有差距,在规模效益上不适应;

六是人事、劳动、分配三项制度改革方面还没有突破性进展,在激励和约束机制方面不适应;

七是人才结构不合理,高层次人才、专业人才仍十分匮乏,在人才队伍建设方面不适应;

八是传统体制的惯性比较大,法人治理结构不到位,制度和工作流程不完善,与现代企业制度的要求不适应;

九是在全面、协调、可持续发展方面有差距,从整体上看,经营管理的水平还有待提高,主导产业和基础产业、骨干企业和一般企业、强势企业和弱势企业发展不够平衡,在科学发展方面不适应;

十是在科学管理、文化管理上差距较大,考核制度不科学、不先进,导致一些工作进展缓慢,在工作的效率和质量上不适应。

明年和今后一个时期的工作,就是要在新的形势下,以市场为导向,逐步解决这些不适应的问题。

因此,我们下一个任期和明年必须完成五大任务:

一是加强和改进党的建设。把党组织建设成为坚强的领导核心,组织党员带领广大员工,努力解决上述不适应的问题,在解决矛盾中把党的建设提高到新境界。

二是深化改革。上述不适应的问题很重要的原因是改革不到位造成的,所以要以改革为动力,从改革中寻找答案,从根本上调动员工的积极性、创造性。

三是在发展中锻炼提高，用发展的办法解决不适应的问题。要继续调整结构，整合资源。开拓经营，开辟市场，扩大客户资源，搞好服务，创造财富。向管理要效益，以管理促发展。

四是确保现金流量的充实、健康、安全。现金流量是企业的血液和生命。企业最终的风险是现金流的风险。如果看来有很高的利润，而净现金流很少，入不敷出，投资回报慢，贷款规模过大，债务比例失衡，不能偿还到期债务，企业就有破产的危险。所以企业是否经营得好，不仅要看有多少利润，还要看有多少净现金流，有多少现金补偿的能力。所以，今后要倍加重视现金流量的问题，科学地用好自有资金和借贷资金。把握好现金流量，这是每一个经营者的基本功，也是今后经营者面临的一项重要任务。

五是确保企业的安全、和谐、稳定。要继续把安全工作放在首位。妥善处理好各种矛盾，把问题解决在基层，解决在萌芽状态。要照顾好各方面的利益关系，做好深入细致的工作，保证企业稳定发展。

要通过完成上述五大任务，实现今后的奋斗目标。

第二任期的奋斗目标是创造五个新水平：

在资产总量上创造新水平，在净资产上创造新水平，在销售额上创造新水平，在利税总额上创造新水平，公司的利润年递增 10%。职工收入进一步提高。在结构调整上创造新水平，发展型、战略性调整取得明显成效。

明年的奋斗目标是上三个新台阶：

经营成果上新台阶。认真履行好民用煤保供的政治责任；

体制、机制改革上新台阶，法人治理结构进一步完善；

公司总部的功能上新台阶，管理经营水平进一步提高。

三、明确指导思想，进行企业思想理论创新

根据以往的成绩和经验，分析面临的形势任务和目标，必须明确

今后的指导思想，进行思想理论创新，才能肩负起我们的历史重任。

明年和下一个任期，我们的指导思想是：在京煤集团党委和公司党委的领导下，深入学习贯彻"三个代表"重要思想和以人为本，全面、协调、可持续发展的科学发展观，落实企业发展战略，以调整为主线，以改革为动力，以能力建设为保证，以提升、扩张、实现跨越式发展为目标，确保资产保值增值。坚持树立"双观"，提高"双能"，实现"双赢"，建设高效、稳定、健康发展的和谐环境，向特大型、多功能、综合性强势企业集团的宏伟目标迈进。

党委全委扩大会议，主要是统一思想，有了总的指导思想，还要把指导思想具体化，确立金泰思想体系，继续进行企业思想理论创新，指导公司发展。

一是哲学思想。企业哲学思想，就是金泰恒业观。大力弘扬"金泰双赢，恒久立业"的企业哲学，深刻理解其丰富内涵，用"金泰恒业观"武装全体员工，努力建设金泰文明。

二是经营思想。我们的经营思想是：对内盘活，对外扩张，做强主业，夯实基础，健康发展。

三是管理思想。我们管理思想是：搞好以财务为中心，以预算为重点、以制度为保证的全面管理。重视基础管理，搞好专业管理。实施规范管理和有效管理，不断地推动管理创新。

四是战略思想。我们的战略思想是：高起点，新跨越，大发展。以房地产业为主导，以城市服务业为基础，不断进行经营创新和产业结构调整。通过资产重组和资金整合，实现产业结构的整体优化和提升扩张，实现跨越式发展。

五是和谐思想。我们的和谐思想是：提高效益，惠及员工；各得其所，确保稳定；尊重宽容，团结一致；扶危济困，相互关怀；维护权益，公平正义；广开言路，发扬民主。

六是人才思想。我们的人才思想是：树立人才资源是第一资源的观念，建立和完善人才引进、培养、使用和流动机制，为公司实现高起点、新跨越、大发展的战略目标提供人才保证。

四、第二任期和明年工作的主要保证措施

第二任期和明年，必须抓好以下几个重点环节：

1. 进一步修订、完善发展战略，认真落实发展战略

三年来的实践证明，公司制定的十年发展战略是正确、可行的，要继续坚持。随着形势的发展，认识和实践的深化，战略文本要进行修订、完善。并建立战略实施责任制。进一步明确房地产业发展战略的具体目标和实施方案，尽早使房地产业成为公司的支柱产业。继续加大对房地产业资金支持的力度。房地产开发公司要走出去，进入市场，适应竞争。房地产开发要坚持销售一批，竣工一批，开发建设一批，储备一批，做到稳步均衡可持续发展，实施低成本扩张，向国内一流的开发商迈进。要盘活系统内的土地资源，通过自主开发、合作开发等形式，形成有效的经营性、城市服务业资产，搞好经营，扩大财源。继续搞好燃料经营，巩固和提高燃料的销售收入。把服务作为公司核心竞争力的重要组成部分，提高物业管理业、饭店旅游业、城市综合服务业的服务水平，突出品牌建设，突出人才队伍建设，突出专业化管理，增强市场竞争力。

随着产权制度的改革，认真搞好结构调整，通过包括资金整合、不动产资源整合、网点资源与业务整合在内的企业整合，实行集约化经营，实现规模效益。通过落实素质提升工程，为企业发展战略提供人才保证；通过体制机制创新工程，为加快发展提供制度保证；通过实施信息化工程，提高科学管理水平。要组织力量，认真研究，努力攻关，找准突破口，明确新的经济增长点，扩大销售收入，壮大公司实力，实现跨越式发展。

2. 大力加强公司总部建设

总部是公司的核心要害部位。要在总部重塑的基础上，大力推进管理和经营创新，充分发挥总部各部门之间、总部和各单位之间的关联作用，实施功能互动，智能互联，信息共享，协同服务，实现有效

和高效的管理,把经营管理水平提高到一个新的阶段。

3. 加强对产权代表的管理

在现代企业制度下,加强对产权代表的管理,是股东会、董事会的基本职责,是实现公司资产保值增值的可靠保证和关键环节。因此,公司董事会向各单位派出的产权代表必须认真履行职责,增强资产保值增值意识、发展意识、股东权益意识、依法依规意识。加强战略管理,加强制度建设,坚持请示报告,自觉接受监督,认真履行职责。

4. 突出重点,整体推进

工作中要分清轻重缓急,积极稳步推进:

一是要继续推进基层改制工作,要按照预定计划,在 2006 年上半年全部完成现阶段的改制,在我们公司初步建立比较规范的现代企业制度,为今后建立多元投资的现代企业奠定基础。

二是深化人事、劳动、分配三项制度改革。积极推进人才工作市场化管理,建立公开选拔,竞争上岗,全委会票决企业主要领导者等选人用人机制。落实公司党委关于加强领导班子人员任聘管理的规定。实行公司重点工作公司领导兼职,重大项目公司领导负责。严格领导班子职数,实行职务和技术职称双激励,非领导人员一年一聘动态管理,建立退出通道。按照市场机制进行劳动、分配制度改革,实施、完善总部员工与企业经营者薪酬制度。加强劳动管理,稳员增效。从而逐步形成能上能下、能进能出,收入能高能低的新机制。

三是尽早制定公司发展型、战略性调整的方案。进行深入研究,形成思路,按照程序,认真落实。

四是加大开发力度。把百万平方米的开发建设任务,放在重要议事日程,积极准备,集中力量,攻克难关,努力推进。

五是努力提高房屋租赁的收益水平。目前,公司经营性房产,租赁收益仍有潜力可挖。相关部门、各单位要认真研究,仔细核算,努力增加租赁收入,扩大财源。

六是加强预算管理,预算管理是战略实施的一个重要环节,是现代企业制度的重要内容。要高度重视预算管理,打造全面预算管理体系，建立预算管理制度，提高预算管理水平。从而使预算管理在落实发展战略，强化企业管理，引导企业经营，促进企业发展的作用得到充分发挥。

七是落实重大事项报告制度。认真执行国资委和集团公司关于重大事项报告制度的暂行规定，各单位关于企业发展战略、规划、对外投资担保及诉讼、资产损失和风险、股权转让、重大生产经营行为事件、经营管理者持股等重大事项都要履行报告程序。具体办法按下发文件执行。

八是建立公司的财务结算中心，提高经济运行质量。对全公司资金进行统一管理、调度、使用、监督，是财务体系改革的一项重要举措，是提高公司经济运行质量的一个重要方面，是公司进行经济结构调整的重要前提，是把公司的主导产业和基础产业做强做大的重要步骤，是提高公司资本运营能力的必要途径。相关部门要及早制定工作方案，大力宣传建立结算中心的重要意义，把思想认识统一到科学发展观、金泰恒业观上来，把实际工作统一到财务制度上来，要早日把结算中心的工作纳入正轨，从而实现财务工作的正常运行。

五、加强能力建设，努力推进企业的全面进步

在加强能力建设方面，党的十六大报告提出，加强党的执政能力建设，要提高科学判断形势、驾驭市场经济、应对复杂局面、依法执政、总揽全局五种能力。党的十六届四中全会提出，加强党的执政能力建设，要提高驾驭市场经济、发展民主政治、建设先进文化、构建和谐社会、应对国际局势和处理国际事务五种能力。市委的贯彻意见提出了八项任务。这些精辟的论述，是一个完整的理论体系，我们要认真贯彻落实。学习中央和市委的文件，要联系企业的实际。因此要把提高执政能力和企业的核心竞争能力具体化。在明年和今后一个时期，要从以下八个方面入手，加强能力建设，推动企业的全面进步。

1. 提高学习能力

学习能力，是指从阅读、听讲、研究、实践中获得知识或技能的能力。学习能力是执政能力和核心竞争能力的首要前提。只有提高学习能力，才能提高素质，认清形势，做好工作。要继续认真学习"三个代表"重要思想，要在掌握精神实质、掌握思想体系，指导企业实际上下功夫。

要深入学习科学的发展观，全面把握其基本内涵：

坚持以人为本、全面协调、可持续的发展观，是我们党以邓小平理论和"三个代表"重要思想为指导，从新世纪新阶段党和国家事业发展全局出发，提出的重大战略思想。

坚持以人为本，就是要以实现人的全面发展为目标，从人民群众的根本利益出发，谋发展、促发展，不断满足人民群众日益增长的物质文化需要，切实保障人民群众的经济、政治和文化权益，让发展的成果惠及全体人民。

全面发展，就是要以经济建设为中心，全面推进经济、政治、文化建设，实现经济发展和社会全面进步。

协调发展就是要统筹城乡发展、统筹区域发展、统筹经济社会发展、统筹人与自然和谐发展、统筹国内发展和对外开放，推进生产力和生产关系，经济基础和上层建筑相协调，推进经济、政治、文化建设的各个环节、各个方面相协调。

可持续发展，就是要促进人与自然的和谐，实现经济发展和人口、资源、环境相协调，坚持走生产发展、生活富裕、生态良好的文明发展道路，保证一代接一代的永续发展。

科学发展观的实质是实现经济社会更好更快的发展。主题是发展，中心任务是经济发展；根本要求是统筹兼顾；核心是坚持以人为本；关键是理论和实际相结合，注重解决自身发展中存在的突出问题，更快更好地推动各项建设事业的发展。以上是科学发展观的准确定义。

各位领导同志，都要带领党员职工认真学习，掌握以上科学发展观的基本内涵和要求，把公司的建设事业纳入科学发展的轨道，解决前面谈到的十个不适应的问题。提高学习能力，要和创建学习型企业、党管人才、建设企业文化"三项工程"结合起来，认真学习政治理论、科学文化、经营管理和专业知识，加强教育培训，提高学习质量，深化学习效果。要加强公司内部和外部的宣传，提高企业知名度。大力宣传公司的战略构想，明确方向，鼓舞斗志。要结合实际继续开展"五强工程"主题征文，思想政治工作创新活动，文明创建活动，办好一报一刊，推动学习深入发展。

在学习和企业文化建设中，要大力宣传弘扬京煤集团主体文化，培育金泰恒业特色文化。要牢牢记住京煤集团和本公司建设特大型、多功能、综合性现代强势企业集团的企业目标。打造卓越企业，实现员工价值的共同愿景。创造财富、服务社会、惠泽员工的企业使命。人本、人和、创新、超越的企业主导价值观。挑战自我，创意无限的企业精神。要牢牢记住金泰恒业观的基本内容，大力培育创新文化，团队文化，诚信文化和形象文化。

要以提高学习能力为先导，大力加强思想政治工作，形成党委统一领导，党政共同负责，以专职政工人员为骨干，以各级领导人员和党团员为主体，行政管理人员和职工群众广泛参与的大政工新格局。

2. 提高党委发挥政治核心作用的能力

要原原本本地认真学习十六届四中全会关于执政能力的决定，学习要从企业实际出发。我们国有控股企业不是政权部门、政权组织。党的执政能力体现在企业，就是党委发挥政治核心作用的能力。

因此，党组织要努力做"三个代表"重要思想的组织者、实践者、推动者。提高分析问题、解决问题，协调各方，总揽全局的能力；提高把握方向、战略引导的能力；提高坚持民主集中制、集体领导、民主科学决策的能力；提高党管干部、党管人才的能力；提高党要管党，从严治党，廉洁自律的能力；提高带领党员、团结群众完成各项工作任务的能力。

在党的实际工作中，要抓重点，要充分发挥党组织的政治核心作用，落实公司党委《关于在改制中加强党的建设的意见》；抓关键，坚持党管干部的原则，深化人事制度改革，以完善能上能下的用人机制为切入点，完善激励约束机制，加强领导班子建设；抓基础，认真落实党管人才的原则，推进人才市场化进程，切实加强人才队伍建设；抓创新，努力开辟党组织和党员发挥作用的新途径，通过开展保持共产党员先进性教育活动，进一步提高党员素质，更好地发挥基层党支部的战斗堡垒作用和共产党员的先锋模范作用。

继续加强党风廉政建设。根据公司发展需要，发挥纪检职能，保证公司政令畅通。坚持从源头上治理腐败。认真学习落实中央最近发布的两个条例。进一步强化领导人员廉洁自律工作，加大案件查处力度，妥善处理群众来信来访，把效能监察作为不断提升企业管理水平的一项重要工作抓紧抓好。认真落实党风廉政建设责任制，对廉政承诺的执行情况进行检查。加强教育力度，强化制度约束，为公司建设提供政治纪律保证。

3. 提高创效能力

要把党的能力建设落实到生产经营上；落实到结构调整、企业扩张上；落实到健康、快速、协调、稳步、理性发展上；落实到加强预算管理、投资管理、人力资源管理、考核分配管理、业务管理上；落实到资产的保值增值上。

在新的年度，为了提高创效能力：

一是要振奋精神，准确定位，艰苦奋斗，克服困难，避免失误，进一步提升扩张的目标；

二是要头脑清醒，求真务实，量力而行，抓住机遇，资金回笼周转要快，投资规模要适度，保证资金链条不能断；

三是要从实际出发，灵活运作，随时调整运作方式，防止死板、教条、僵化、机械，不断提高工作的效率和质量；

四是组建好退休人员管理中心和物业管理中心，在此基础上，强化对各单位经营业绩的考核，要区别资本收益、贡献、地域等不同情况，建立比较科学的考评体系，建立比较淘汰机制；

五是提高科学管理水平，从严治企，落实制度，降低成本，堵塞漏洞，提高收益。高度重视预算管理，认真贯彻京煤集团关于工资总额预算管理暂行办法，搞好预算编制、控制与考核，减少不必要、没有实质意义的外出及旅游活动，改变差旅费居高不下的状况；

六是搞好经济结构的战略性调整，整合资源、资本和资产，理顺关系，壮大实力，发挥整体优势；

七是完成公司总部的重塑，树立总部的权威，确立总部的中心地位，实现从管理型向管理经营型的转变，提高总部的管理和创效水平；

八是树立企业独特的核心价值观，开发具有市场前景的产品与服务，培育核心竞争能力；

九是努力发展经济，落实"三个代表"重要思想，提高职工生活水平，努力实现小康社会的有关指标，从根本上激发员工的积极性和创造力；

十是调查研究，深入思考，勇于实践，提高各级领导班子的决策水平，努力开发市场，开拓经营，壮大实力，加快发展。

以上十条是提高创效能力的重要途径，明年和今后一个时期要坚定不移地走下去。

4. 提高变革能力

改革是发展的动力，特别是在我国，由计划体制向市场体制转换时期，更是如此。当前我们只是建立了现代企业制度的基本框架，但距离多元投资主体的股份制经济还相距甚远，影响了公司治理结构的质量。因此，在明确产权、基层改制、对经济结构进行战略性重组的基础上，要按照十六届三中全会精神，积极探索公司体制改革问题，认真研究改制政策，主动和市国资委、集团公司沟通情况。积极寻找投资伙伴，策划改制模式、设计操作方式。认真做好公司整体改制的前期准备工作。当前，要继续努力，完成基层改制的目标。要继续深化人事、劳动、分配制度改革。

5. 提高执行能力

我们作为基层的领导人员，执行上级的意志是基本的职责。公司党委要执行集团党委的决定，公司董事会要向股东会负责，经理层要执行董事会的决策，各单位产权代表要向公司董事会负责。公司领导层次的关系，实际上是一个执行的链条。只有具备执行力，才会体现自觉性；只有增强执行力，才会实现先进性；只有研究执行力，才会把握自身的特殊性。今后的工作中，各级领导人员要认真查找在执行方面存在的问题，要勤于学习、勤于动脑，在实践中增长才干，不断提高执行能力，创造性地开展工作。

6. 提高创新能力

创新是国家、民族的灵魂和动力，更是企业保持核心竞争能力的源泉。公司改制以来的成就是我们不断创新的结果。今后三年，要在任期内达到理想的境界，更要提高创新的能力。公司的决策、经营、管理、制度、结构、科技等等很多方面都要创新。我们要克服传统体制造成的惯性，用创新的思维来分析形势，指导工作。

当前，房地产开发受政策的影响，遇到一定困难，但也要看到机遇，看到我们的有利条件，要搞好市场调研，搞好原有项目的审批、规划和建设，并寻找新的市场机会，向广度和深度进军。物业管理业要在资源整合的基础上，提高服务水平，降低成本费用，培育品牌，进行市场扩张。饭店和旅游业要紧密地结合起来，开辟更加广阔的客户资源，提高经营管理的档次，提高效益水平。城市综合服务业要进一步做强做实，在满足市民和社会需求的同时，提高知名度，推进全面质量管理，努力扩大市场占有率。燃料经营要抓住当前能源比较紧张的有利时机，大力筹措资源，强化销售，增加收入。认真履行我们公司作为北京市燃料供应应急单位的职责。要继续担负起民用煤保供的政治责任，保证质量，落实责任，降低成本，满足市场需求。要采取得力措施，保证民用煤供应不出问题。在新的年度、新的任期，各单位、各部门都要提出创新举措，以创新能力的提高，提升企业文明建设的水平。

7. 提高构建和谐企业的能力

其实质是增强企业的凝聚力和向心力。要坚持立党为公，执政为民，兴企富民，加快发展，惠及员工。要按照中央的要求，激发社会和企业活力，促进公平和正义，增强法律和诚信意识，维护安定团结的局面。要尊重劳动、尊重知识、尊重人才、尊重创造，激发员工的创造活力。要协调各方面的利益关系，正确处理企业内部矛盾。高度重视安全工作，消灭事故隐患。继续深入地开展"五关心、五联系"活动，不断密切党群、干群关系。

要继续加强对工会共青团组织的领导，积极推动企业的民主政治建设，维护职工合法权益；坚持服务大局的原则，深入开展群众性经济技术创新活动，充分调动经营者和广大职工两个积极性；把握人才兴企的关键，积极推进"创建学习型组织，争当知识型员工"活动，提高职工队伍的整体素质，体现执政为民的根本；积极组织实施民心工程和扶贫济困活动，为职工办实事。要加强共青团组织的思想政治建设，坚持以党建带团建，加强党的后备力量建设。发挥青年人才联谊会的作用，促进青年人才健康成长。重视老干部工作，落实老干部的各项待遇，为老干部服好务，促进老干部心身健康。

8. 提高公司法人治理结构的综合能力，在完善中发展，在发展中提升

以前我们公司是党委领导下的经理负责制，基层是厂长负责制。进行公司制改造以后，企业的工作方式和运行方式发生了很大变化，要克服以往传统体制的惯性，按照分权、分责、制衡的原则开展工作。要按照股东会是最高权力机构；党委发挥政治核心作用，出思路，管方向；董事会进行日常决策；经理层执行；监事会监督的模式，依法、依规开展工作。要各司其职，相互制衡。大家都要习惯于在监督的情况下开展工作。为了提高董事会的决策水平，要切实发挥董事会各专业委员会的作用，进一步优化各专业委员会的人员构成，努力做好决策前的各项准备工作，努力提高工作效率和质量。法人治理结构各个层次的人员，要利用经济工作分析会、调研成果发布会、务虚会、研讨会等形式参与公司整体工作的分析研究，群策群力，集思广益。要加强各层领导人员的教育培训，提高理论素养。要利用社会资源，参

与公司重大问题的研究和运作，为公司发展注入新的活力。

　　要通过上述能力建设，使党组织始终成为立党为公、执政为民的党组织；成为科学决策、民主决策、依法决策的党组织；成为求真务实、开拓创新、勤政高效、清正廉洁的党组织。归根到底成为践行"三个代表"、永远保持先进性、经得住各种风浪考验的党组织，带领员工实现金泰双赢恒久立业。

　　我们第一届任期已满，新任期即将开始。总结历史经验，我们同样面临一个历史周期律的重大问题。在 1945 年 7 月，毛泽东同著名民主人士黄炎培谈话时，黄炎培指出：我生六十年所见，一人，一家，一团体，一地方，乃至一国，不少单位都没有跳出这周期律的支配，初时聚精会神，用心卖力。历时长久，惰性发作，风气养成，无法挽救。真所谓"其兴也浡焉，其亡也忽焉"。如何跳出这历史周期律，毛泽东回答，就是民主。后来毛泽东又提出了"两个务必"的著名论断。我们在新的任期，要牢记历史周期律的教训，振奋精神，头脑清醒，克服惰性，治理腐败，广泛发扬民主，依靠群众，谦虚谨慎，戒骄戒躁，艰苦奋斗，永葆青春和活力。

　　我们要在"三个代表"重要思想和科学发展观指引下，同心同德，努力奋斗，不断开创公司全面建设的新局面！

实施可持续发展战略
全面提升金泰恒业核心竞争能力

——在北京金泰恒业有限责任公司一届三次
职工代表大会暨二〇〇五年工作会上的报告

二〇〇五年一月二十日

2004年是金泰恒业公司非常重要的发展之年。董事会第一任期届满。

在过去的三年中，金泰恒业公司按照现代企业制度组建成有限责任公司后，坚持以"三个代表"重要思想为指导，构建起现代企业制度基本框架，积极探索实践新的领导体制和法人治理结构的协调制衡机制，形成了以法人治理结构为核心、以优势产业为主导的营运体系。通过认真谋划、奋力拼搏，围绕公司十年战略规划，采取改革创新、资源整合、资本运作、增资扩股等重大举措，对产业结构进行了生存型的适应性调整，妥善解决了历史遗留问题，取得历史性突破。使公司初步摆脱了生存危机；房地产业已经完成了向扩展型开发阶段的转变；物业租赁实现了规模化管理和市场化运作；城市服务业立足各自的优势得到蓬勃发展；燃料经营在履行保供职责的基础上也取得了较好的经济效益。总之，公司的实力得到了壮大，同时确立了以"金泰双赢，恒久立业"为核心的金泰恒业公司思想文化体系。这些成绩的取得，凝聚着金泰人团结拼搏、甘于奉献、锐意进取的精神，更为金泰恒业公司的持续健康发展打下了坚实的基础。

2005年是公司董事会第二任期的起步之年。公司将进入发展型的战略性调整阶段，我们面临着更大的机遇和挑战。紧紧围绕京煤集团"提升扩张、加速发展"的总目标，结合金泰恒业公司实际，对内盘活土地资源，将优良资源迅速转换成为以城市服务业为基础的优良资产；对外低成本扩张，以房地产业为龙头，挺进市场，创造效益，形成规模效应和整体优势，真正把金泰恒业公司做实、做强、做大，实现金泰恒业公司的战略重组和投资主体的多元化，是董事会在第二任期内肩负的历史重任。

为此，我们要在认真总结 2004 年工作的同时，精心设计第二任期和 2005 年的开局工作。

一、关于 2004 年董事会工作的总结

（一）董事会按照现代企业制度的要求，在公司法人治理结构的框架下规范运行

根据《公司法》和《公司章程》的规定，金泰恒业公司作为国有控股企业，按照"股东会是最高权力机构，董事会是决策机构，监事会负责监督保障，经理层负责执行"的框架要求，建立起比较完善的现代企业制度。公司董事会作为决策中枢，在公司法人治理结构框架下，从自身建设开始，推动公司权力机构、决策机构、监督机构、执行机构的协调运转，初步形成了有效制衡、规范运行的工作局面。

董事会在公司法人治理结构运行中，本着对股东负责的态度，把握重点、科学决策。始终注意围绕企业发展、重大项目投资、重大结构调整、企业深化改革和制度创新，把握决策的科学性和有效性。2004 年共召开董事会议 5 次，专业委员会及其他相关会议 17 次，审议做出 21 项重要决议，审议通过了 5 项基本管理制度，这些决策的实施和管理办法的制定，为公司法人治理结构的有序运行奠定了坚实基础，保证了公司能够依法、依规、依程序地推进深化改革、加速调整、优化结构和健康发展。

经理班子认真执行董事会决议，尽职尽责地抓好企业经营管理工

作。出色完成了"保供、调整、改革、管理、创效"等各项工作任务。公司整体经营状况出现了稳定、健康发展的良好态势。

实践中我们体会到：要想有力地提升企业的各项工作，推动企业的全面发展，在公司法人治理结构的运作中，必须体现出董事会决策的前瞻性和准确性，经理层执行工作的坚定性和创造性。特别是通过集团公司董事会对我公司现代企业制度运行情况进行的两次调研指导，通过我们在实践中不断地对工作进行改进，目前公司的法人治理结构的运作水平有了较为明显的提高。

（二）想长远、抓大事、正确决策、推动发展

公司董事会充分发挥在日常经营管理中的决策作用，认真落实公司发展战略，围绕改革、调整、发展等重大问题做出一系列重要决策。

1. 围绕公司发展战略，在推动主导产业发展上正确决策

2004 年董事会认真落实公司十年发展战略，加大对房地产业的支持力度。一是董事会在年度预算中安排重大资本支出 7.5 亿元，以保证房地产开发项目的资金需求。2004 年公司基本建设及房地产开发项目施工顺利：金泰开阳大厦、索家坟和皂君庙超市投入使用；金泰国益大厦、泥洼综合楼、酒仙桥综合楼实现主体结构封顶进入装修；金泰晟通大厦奠基开工。一大批新开及续建项目捷报频传。二是董事会加强了对房地产开发骨干企业的关注和支持。做出了对金泰房地产公司增资扩股的决策，使该公司注册资金由 5000 万元增至 1 亿元。由于金泰恒业公司作为控股股东的强力扶植，金泰房地产公司迅速实现了资本扩张，经济实力显著提高，企业核心竞争力大大增强，初步确立了自己的品牌和市场地位。金泰房地产公司投资开发建设的"新新天第"项目，开盘以后客户认购踊跃。"金泰苑"商住项目在预售登记过程中市场反应热烈。"金泰城"项目已经签订土地出让合同，缴纳了全部土地出让金，正在抓紧项目的规划报批和拆迁准备工作。公司董事会和集团大股东在反复听取金泰房地产公司走出首都扩张开发的调研情况后，支持金泰房地产公司与海南三亚兰海集团、榆亚盐厂的

合作意向。双方共同投资建设的"三亚滨河城市花园",开盘销售形势喜人。

房地产开发规模的不断扩大,运作水平的不断成熟,使我公司推动企业主导产业发展的战略思想逐步得到了落实,在房地产开发上实现两个转变的决心也逐步变成了现实。

2. 围绕公司发展战略,在调整产业结构上正确决策

公司董事会在全力支持房地产做强做大的同时,本着在调整中发展,在发展中调整的原则,2004 年围绕优化产业结构和资本结构,做出一系列调整决策。

(1)通过调整,公司总部的资产及资本运作初见成效,充分体现了董事会进行资源整合、追求规模效益的战略思想。经营一部运作的 5A 级智能甲级涉外写字楼——金泰大厦,借助国际名牌效应,推进自身工作进步,出租率达 82.6%。从 2004 年开始,公司总部实现了费用的自理。经营二部积极运作的银都项目进展良好,为公司下一步进行战略性调整做好了资金上的准备。经营三部发挥宾馆饭店管理职能,精心打造"金泰品牌",30 余家宾馆饭店客户入住率平均超过 70%,提升了服务水平,提高了经营效益。"金泰北斗旅行社"的运作,锻炼了一支新的队伍,搭建"宾馆饭店网络化资源共享平台"的工作也在有序进行。可以说公司总部初步实现了由管理型向经营管理型的转变。

(2)通过调整,房屋租赁和物业管理的规模效益初步形成,充分体现了董事会做实城市服务业的战略思想。经营一部在取得三级资质认证、把自己推向市场的同时,担当起了整合系统内房屋租赁资源,提升金泰物业管理规模效益的任务。他们在调查摸底、法规培训的基础上,推出了《房屋租赁管理办法》,规范了出租行为。目前,全系统可出租的房屋及场地,年出租率达到 85% 以上,形成了金泰恒业公司重要创收来源,城市服务业的发展基础得到了有效加强。

(3)通过调整,拓展形成新的经营渠道,充分体现了董事会扩张经营的战略要求。公司董事会应对市场变化,积极调整经营策略,审

议通过了《燃料油公司与金隅集团合作建设油库的意见》，为公司的燃料经营开拓了新的渠道。审议通过了《受让北京市糖业烟酒公司东郊酒库土地使用权的意见》为机械厂整体开发准备了更好的条件。审议通过了《海淀经营中心与新奥特集团合作对硅谷电脑城进行股份制改造的意见》，变租赁经营为合资经营。同意实施《收购伊里兰的项目计划》，增加了企业资产的存量，扩展了企业经营的空间。京煤四厂2500平方米体育健身俱乐部的投入使用，在开辟企业经营领域上又迈出了新的一步。

（4）通过调整，优化产业结构，充分体现了董事会采取有效措施，为金泰恒业公司进行战略性重组做好准备的战略要求。2004年公司董事会按照市场经济规律的要求进行决策，坚持"有进有退，有所为有所不为"的原则，完成了金泰创业公司的解体，推进了房山公司调整的进度，解散了越惠隆公司，合并了通贸公司，扭转了亏损企业长期占有国有资产的局面。同时采取有效措施，组建了公司的"物管中心"和"退管中心"，把对非经营性资产和富余人员进行剥离的决策付诸实施，使企业卸掉包袱、轻装前进的愿望即将变成现实，企业经济运行的整体质量将得到进一步加强。

3. 围绕公司发展战略，在推进整体改制上正确决策

按照董事会关于改制工作的若干意见，公司整体改制工作正在有序进行。全部改制企业已经完成了"四清"工作。第一批试点企业改制工作完成挂牌。第二批改制企业在方案确认的情况下工作进展顺利，有的已经完成工商注册。

按照国资委和集团要求，2004年下半年公司进一步调整了改制思路。确定用三年时间，将所属22家现有三级国企原则上改制成金泰恒业分公司；将原企业投资形成的控股和参股公司持有的股权，变更为金泰恒业公司持有；对小企业、小实体进行整顿，原则上注销四级企业。

在改制中董事会积极研究制定改革的配套政策，审议通过了《分公司管理暂行管理办法》和《关于所属国有企业改制有关劳动管理工

作的意见》，明确了改制工作中有关的具体政策。要通过改制，进一步理顺企业的组织结构、资产结构，认真解决体制不顺、产权不清、资产管理不到位、经济运行不流畅的问题，为全面实施企业发展战略打下良好的基础。

（三）按现代企业制度的要求，不断提高董事会工作的运作水平

2004 年全体董事以求真务实的科学态度，创新思维，努力工作，使董事会工作的运行水平和运行效果得到进一步提高。

1. 董事会把"依法依规依程序"作为科学规范董事会工作的自觉要求

以《公司法》为依据，结合公司的实际情况，董事会制定了若干基础性文件。依法、依规、依程序办事的意识得到加强，工作程序更加清晰。董事会所决定的重要事项和形成的重要文件，都要经过调研的过程、把关的过程、论证的过程、沟通的过程、决策的过程。在每一个过程和环节中认真听取了方方面面的意见和建议。这样做的效果是，吸取了股东的意见和建议，强化了领导的责任心，加强了专业处室的把关职能，发挥了专业委员会的作用，调动了基层的积极性，从而提升了董事会的决策水平，使企业重大问题的决策更加制度化、规范化、科学化。

2. 董事会把强化财务预算工作作为科学管理企业的重要保证

公司董事会十分重视预算的编制和执行工作，为了全面强化以预算为核心的财务管理工作，2004 年召开了全系统党政一把手和有关专业人员参加的"预算管理专题工作会议"，提出要从战略高度认识预算工作的重要性，制订了"真、全、细、严、实"五字预算工作方针，制订了"金泰恒业公司全面预算管理工作要上一个新台阶"的目标。公司从上到下对预算工作高度重视。目前公司的经济工作和财务分析工作，都开始注意紧紧围绕年度预算进行，提高了预算执行的严肃性。

3. 董事会把强化"项目投资论证责任制"作为规避风险和科学决

策的重要手段

现代企业制度中，董事会决策正确与否，决定企业的兴衰成败，关系国有资产的保值增值，涉及股东的切身利益。同时，适时适度进行项目投资，又是实现企业经济可持续发展和资本快速扩张的有效途径。项目的决策论证工作是关系到规避投资风险和获取投资回报的重要环节。因此，建立行之有效项目投资责任体系是董事会正确决策的必要保证。为此，2004 年公司董事会进一步加强了项目投资管理的力度，建立了《项目论证决策责任制度》，制定 8 条论证程序，实行了项目投资的层层把关、层层负责、层层签订《项目投资论证责任书》的工作制度。公司还成立了"投资工程预决算审核小组"，制定了《工程预决算管理办法》，保证了项目资金使用的正确有效。

4. 董事会把强化产权管理工作作为维护资产安全的重要任务

2004 年公司强化产权管理工作的运作有了实质性进展。一是全面开展了清产核资工作。按照市国资委和集团公司关于开展清产核资工作的部署，公司召开了所属单位的"清产核资工作会议"。二是进行房地产权属变更工作。在北京市国土资源及房屋管理局就原煤炭总公司所属企业房屋土地变更到金泰恒业公司有关问题进行正式批复后，为了进一步强化对国有资产的监管力度，公司专门召开了"房地产权属变更工作动员会"，强调由企业一把手负总责，对报表不准、底数不清、登记不全面的问题进行纠正，产权证办理工作取得较大进展。

5. 董事会把强化产权代表管理工作作为保值增值的重要制度

随着公司改制的深化，公司董事会把强化对产权代表的管理当作一件重要的工作提上议事日程，因为它关系到能否建立"归属清晰，权责明确，保护严格，流转顺畅"的现代产权制度，关系到公司资产的安全与保值增值，关系到公司持续健康稳定发展。因此，公司董事会 2004 年审议通过了《产权代表管理办法》，对产权代表的职责、报告制度、会议制度以及对产权代表的考核等做出了明确的规定，提出了严格的要求。并以"落实产权代表责任，提高资产保值增值能力"为主题召开了金泰恒业公司产权代表大会，全面强化了产权代表的责任意识。

董事会在公司法人治理结构运行中，不断强化股东意识，按照出资者的意志行使有关权利，履行相关义务，把握决策的科学性和有效性，使金泰恒业公司的各项重点工作取得了较大进展，许多难点问题有了较大突破。这是党的"三个代表"重要思想引领的结果，是坚定不移的落实金泰恒业公司发展战略的结果，是集团公司大力支持、各位股东共同努力、全体员工忘我工作的结果，是经理层实施有效管理、不畏艰难、开拓进取的结果。

二、关于 2005 年董事会的工作任务

2004 年 12 月党委扩大会明确提出金泰恒业公司明年和下一个任期工作的指导思想是：在京煤集团党委和公司党委的领导下，深入学习贯彻"三个代表"重要思想和以人为本，全面、协调、可持续发展的科学发展观，落实企业发展战略，以调整为主线，以改革为动力，以能力建设为保证，以提升扩张、加速发展为目标，确保资产保值增值。坚持树立"双观"，提高"双能"，实现"双赢"，建设高效、稳定、健康发展的和谐环境，向特大型、多功能、综合性强势企业集团的宏伟目标迈进。

为全面贯彻这一指导思想，公司董事会将认真总结第一个任期的工作，认真分析公司发展形势和自身存在的问题，对下一个任期和 2005 年工作做出战略部署。

（一）坚定不移地落实公司的发展战略

为进一步实施"以房地产业为主导，以其他城市服务业为基础的全新的经济新格局"的战略构想，公司要认真研究落实推进发展战略的具体措施。要建立战略实施责任制，一是对外扩张，尽早使房地产业成为公司的支柱产业，确立其龙头地位。要继续加大对房地产业的支持力度，扩大其实施低成本对外扩张的战略成果，使房地产开发公

司真正进入市场，适应竞争，向国内一流开发商的发展目标迈进；要坚持开发一批、竣工一批、销售一批，储备一批的稳步可持续发展的良好态势。二是对内盘活，打牢城市服务业的生存发展基础。通过盘活系统内的土地资源，努力提高物业管理水平和房屋租赁的收益水平，提高宾馆饭店的规模效益，不断壮大公司实力，提高企业核心竞争能力。

（二）　不折不扣地完成公司的发展目标

董事会下一个任期和 2005 年的工作任务是：深化改革；在发展中锻炼提高，用发展的办法解决不适应的问题；确保现金流量的充实、健康、安全；确保企业的安全、和谐、稳定。

主要奋斗目标是创造五个新水平：即，在资产总量上创造新水平，在净资产上创造新水平，在销售额上创造新水平，在利税总额上创造新水平，职工收入进一步提高。在结构调整上创造新水平，发展型、战略性调整取得明显成效。

2005 年的奋斗目标是三上新台阶：即，经营水平上新台阶，认真履行好民用煤保供的政治责任；体制机制改革上新台阶，法人治理结构进一步完善；公司总部功能上新台阶，管理经营水平进一步提高。

上述任务和指标是在集思广益的基础上形成的，符合公司发展实际，但也具有很强的挑战性，需要公司两级管理者和全体员工全力以赴，保证目标的实现。公司发展指标具有很强的权威性和严肃性，一经制定就不退不让，并以经济指标责任书的形式分解到各个责任单位，希望大家能够认真对待。

（三）　坚持不懈地强化以预算管理为重点的企业基础管理

企业管理看起来是老调重弹，但我们必须脱离对管理的经验性理解，提高对科学管理的认识。管理既是科学又是艺术，是包含计划、组织、领导和控制在内的科学体系。2005 年我们之所以要特别强调管理，就是要在完成生存型适应性调整、公司体制已经相对理清理顺的前提下，必须特别突出地强调内部挖潜，向管理要效益。

当前和今后一个时期，强化管理首先是要强化以预算管理为重点的企业基础管理。我们必须下大力气建立预算管理体系，建立预算管理制度，真正把各项费用支出纳入计划控制之中，严格执行股东会通过的年度预算方案，提高预算执行的质量。使预算管理真正在落实发展战略，强化企业管理，引导企业经营，促进企业发展上发挥基础性作用。同时要成立财务结算中心，提高资金的使用效率。

作为投资管理的一个重点，公司将着力加强对产权代表的管理。认真执行国资委和集团公司关于重大事项报告制度的暂行规定，落实重大事项报告制度，在规定范围内的报告事项都要严格履行报告程序。要严格执行《关于产权代表管理暂行办法》，明确产权代表的职责，对产权代表的工作提出具体要求，促进产权代表增强发展意识、股东权益意识、投资收益意识、依法依规意识，确实负起实现国有资产保值增值的重任。

（四）积极有序地推进改制工作

加快推进所属基层企业的整体改制，积极构建公司资本运营构架。针对控股参股公司以及分公司的不同特点，制定资本运营管理办法。抓好《分公司经营管理暂行办法》的实施，细化具体的运作规则和管理制度。加速制定改制后的各项配套政策。同时，"物管中心"和"退管中心"要加速开展工作。"物管中心"要管好全系统的非经营性资产；"退管中心"要把离退休人员集中管理好。同时要加大消灭经营亏损点和整合小型经济组织的工作力度。

（五）扎扎实实地提高各级领导者的执行能力

董事会决策一经做出，必须得到坚决彻底的贯彻执行。执行是企业领导者的主要工作，执行是战略的基础。只有具备执行能力，才有可能做出有真正意义的发展战略。领导者必须学会执行，要做到敢执行、会执行、善于执行，切实提高自身的执行能力。

去年我曾专门讲到过企业的执行力问题，今天再次强调，是因为执行力不强依然是我们面临的一个重要问题。希望我们的经理层、总部各部室、基层各单位和控股参股公司，都要从科学的高度、全新的角度提高对执行力的认识，从我做起，从现在做起，从点滴做起，有效地执行公司的各项规章制度和工作程序，保证政令畅通，令行禁止。

（六）毫不动摇地抓好安全稳定工作

随着改革的不断深化，原有利益格局的调整在加剧，涉及企业发展的深层次矛盾和问题日益显现出来。妥善处理改革过程中引发的矛盾和问题，千方百计维护广大员工利益，这关系着改革大业的兴衰成败。如果所引发的问题得不到圆满的解决，我们长期艰苦推动的改革事业就可能功亏一篑。稳定和安全管理工作也是一个道理，没有一个政通人和的稳定的发展环境，没有一个安全生产的良好环境，企业发展根本无从谈起。因此我们要正确把握党委在安全、稳定、发展方面提出的"五个第一"的辩证思想，发展是硬道理，是第一要务；稳定是硬任务，是第一责任；安全是硬指标，是第一条件；经营是硬功夫，是第一职能；为民是硬本领，是第一宗旨。要十分重视对安全工作的资金投入，进一步优化安全工作条件，确保安全无事故，努力创造安定和谐的发展环境。

（七）大张旗鼓地弘扬企业文化

企业文化是生发企业核心竞争力的沃土，更是企业最难以模仿、最难以复制的核心竞争力之一。我们要大力宣传弘扬京煤集团主体文化，培育金泰恒业特色文化。要重视企业文化与企业管理工作的融合，把我们企业的愿景、使命、核心价值观推演成易于执行的规章制度，推演成员工的日常行为规范，推演成易于员工掌握的具体工作方法，从而使企业文化完全融合到企业经营管理活动中来，为企业持续发展提供强大的精神动力。

（八）　规范缜密地推进总部建设

要根据把公司总部建设成决策中心、指挥中心和利润中心的目标，通过功能重塑、机制重塑、形象重塑，加速总部职能由管理型向管理经营型的转变，使总部的工作更好地适应公司体制创新的要求，提高工作效率和工作品质，加速创建精干、高效、专业的公司总部。为此，要积极推进职能确定、编制确定、责任体系确定、业务流程确定、管理方式确定、考核机制确定等十项具体工作。

（九）　一以贯之地加强作风建设

作风建设是包含思想作风、学风、工作作风、领导作风和生活作风建设等在内的系统工程。根据金泰恒业公司发展实际，我们重点强调工作作风。我们金泰恒业公司经过长达三年时间的艰苦调整，创造性地解决企业改革发展中的难点和热点问题，各项事业取得了较大发展。我们必须清醒地认识到，我们的现状，距离市场经济的要求，距离我们的发展目标，还有非常大的差距。我们必须认识到，当前我们的处境犹如"逆水行舟，不进则退"，如果不能提高公司的核心竞争能力，推动公司的跨越式发展，我们很快就会丧失难得的发展机遇，在日益激烈的市场竞争中败下阵来，企业长期奋斗的成果就会付之东流。

我们要树立求真务实的作风，言行一致，少说多干，脚踏实地，务求实效；反对心口不一，光说不练，摆花架子，做官样文章。要树立雷厉风行的作风，确保政令畅通，做到一丝不苟地执行；反对有令不行，有禁不止，执行政令讲条件，打折扣。更要反对执行政令有所选择，讲究"实用主义"，对我有利的就执行，对我没利的就不执行。要树立艰苦奋斗的作风，严格控制费用支出，以俭养德，凝聚人心，发展事业；反对未富先奢，未贵先骄。要树立勤奋敬业的作风，以平常心看待功劳簿，以战战兢兢如履薄冰的心态聚精会神搞建设，一心一意谋发展；反对自以为革命到头，可以刀枪入库马放南山，消极懈息，享乐人生。

总之，我们必须谦虚谨慎、戒骄戒躁，居安思危，戒奢以俭，牢记"视昨天为落后、视骄傲为大敌"的理念，牢记郭沫若先生的《甲申三百年祭》，牢记毛泽东与黄炎培关于"周期律"的著名谈话，继续兢兢业业地投入工作，继续全力以赴地谋求企业更大的发展。

（十）严肃认真地抓好董事会自身建设

公司董事会将以《公司法》为依据，按照《董事会工作条例》的要求，扎扎实实抓好董事会自身建设，使董事会工作依法、依规、依程序办事的质量进一步提高。要坚持广泛深入地调研，科学民主地决策，把董事会建设成为精干高效的经营决策中枢机构。在董事会决策过程中，要进一步发挥专业处室、专业委员会的作用。专业处室和专业委员会要进一步充实专业力量，提高专业水平，在董事会决策中切实发挥好参谋助手作用，提高董事会决策的专业化水平，使董事会决策更加制度化、规范化、科学化。

2005年是董事会新一届任期的开局之年。我们希望经理层、各部室、各基层单位，在公司发展战略的指引下，扎实工作，奋力拼搏，创造更加辉煌的工作业绩，早日实现把金泰恒业公司建设成为"特大型、多功能、综合性的强势现代企业集团"的宏伟目标。

强化管理　固本强基　增强"金泰恒业力"

——在北京金泰恒业有限责任公司一届三次职代会暨二〇〇五年工作会议结束时的讲话

二〇〇五年一月二十一日

我们公司一届三次职代会暨2005年工作会议，经过大家的共同努力，完成了会议的各项议程。这次会议，开得很圆满，很成功，达到了预期的目的。

这次会议，是一次深入学习"三个代表"重要思想和科学发展观，贯彻京煤集团公司2005年工作部署，进一步统一思想，振奋精神，增强发展的责任感、紧迫感的重要会议；是一次认真学习贯彻《中共中央关于加强党的执政能力建设的决定》，结合企业实际，认真研究加强企业能力建设问题，实现公司提升、扩张、加速发展的重要会议；是一次安排部署、动员落实《中共中央关于在全党开展以实践"三个代表"重要思想为主要内容的保持共产党员先进性教育活动的意见》，以党的先进性建设促进经济工作，加速落实企业发展战略的重要会议；是一次总结经验、找出差距、明确任务，在新年度开好局，保持全年改革、发展、稳定良好局面的重要会议；是一次以人为本，发扬民主、集思广益、群策群力、共商发展大计，树立"金泰恒业观"，增强"金泰恒业力"，开辟2005年公司全面建设的新局面，为建设和谐企业、和谐社会作贡献的重要会议。会议之后，大家要把文件精神传达贯彻落实下去。

根据新的形势、任务，中央、市委、集团公司的要求和公司实际，根据大家会议讨论的情况，下面我着重就强化企业管理，固本强基，增强"金泰恒业力"讲几点意见：

一、强化管理，固本强基，是增强"金泰恒业力"的客观要求

会议上，姜春杰同志代表公司党委，在部署 2005 年党的工作任务时，提出要把科学发展观落实到基层，树立"金泰恒业观"，增强"金泰恒业力"，并用"金泰阖力，恒久睦强"作为"金泰恒业力"的基本内涵，用"企业的生产力、文化力、竞争力、创造力、执行力和凝聚力"作为"金泰恒业力"的基本内容，做了高度概括。这是公司党委集体智慧的结晶，是广大员工实践的结果。大家在讨论中给予了充分的肯定，普遍认为这是"金泰恒业观"的进一步深化，对我们建设一个什么样的金泰恒业，如何建设金泰恒业做了更为明确的回答。"金泰恒业观"和"金泰恒业力"，反映了物质和精神、理论和实践、思想和行动，这些哲学问题的基本精神，符合逻辑，也符合公司的实际。2003 年工作会议，我们提出了"金泰恒业观"，两年来，已经深入人心，载入公司的史册。这次会议上，我们又提出"金泰恒业力"，适应加强党的能力建设的要求，适应增强企业核心竞争能力的实践。"金泰恒业力"，是我们公司自己的特色，是别人难以模仿的。今年，全公司要对"金泰恒业力"进行广泛宣传，深入研讨，不断地丰富、发展和完善，更好贯彻京煤集团主体文化，建设金泰恒业特色文化。

"金泰恒业力"是全公司各方面力量的集合，这是公司的性质决定的，是公司核心竞争力的集中体现。如何不断增强"金泰恒业力"，不断提升扩张、加速发展，其中很重要的一条就是强化管理，固本强基。2005 年是管理年、制度年、制度执行年，全公司要形成一派人人讲管理，人人抓管理，从领导做起，从员工做起，从现在做起，从基础做起，大力推进有效管理、高效管理和文化管理的生动局面。

1. 要站在加强党的先进性建设的高度，来认识管理问题

党的先进性建设，是今年 1 月 14 日胡锦涛同志在中共中央保持共产党员先进性专题报告会上，所提出一个新的重要论断。开展党的先进性建设，就是要使党的理论和路线方针政策顺应时代发展的潮流和我国社会发展进步的要求，反映全国各族人民的利益和愿望，使各级党组织不断提高创造力、凝聚力、战斗力，始终发挥领导核心作用和战斗堡垒作用，使广大党员不断提高自身素质，始终发挥先锋模范作用，使我们党保持与时俱进的品质，始终走在时代前列，不断提高执政能力、巩固执政地位、完成执政使命。胡锦涛同志对党的先进性建设做了全面、精辟的概括。为我们加强党的先进性建设，实践"三个代表"重要思想指明了方向。同时，也为我们加强企业党的先进性建设提出新的任务和要求。加强企业党的先进性建设必须抓住发展第一要务，落实科学发展观。因此，两级党委和领导班子必须把管理的先进性放在党的先进性建设的重要位置，努力提高自身的管理水平，支持、帮助经营管理人员提高管理能力，在管理能力上与时俱进，促进企业改革稳定发展。

2. 要站在加强党的执政能力建设的高度，来认识管理问题

要认真学习落实中央关于能力建设的决定。对于加强党的执政能力建设，结合企业实际，集团党委和公司党委提出了五条要求，公司党委全委扩大会议提出了八项任务。要落实这些要求和任务，都与我们的管理水平密切相关，都要通过我们加强管理去落实。可见，胜任管理工作，精通管理业务，重视管理工作，是每个党委成员和领导班子成员的基本功，是提高党的执政能力的重要途径。

3. 要站在以人为本，全面、协调、可持续发展的高度，来认识管理问题

在学习科学发展观的过程中，我们提出了统筹兼顾，整体推进的任务。在实践中我们如何统筹主导产业和基础产业、强势企业和弱势企业、对内盘活和对外扩张、经济效益和员工生活水平、三个文明建设的共同进步，在很大程度上要靠加强管理来实现，认真谋划，精心

布局，按照计划，积极推进，狠抓落实。这样，才能实现我们公司的科学发展的目标。

4. 要站在国有资产保值增值的高度，来认识管理问题

我们作为国有控股公司，其基本职能是向股东负责，保证国有资产的真实、完整、安全与效益，实现国有资产的保值增值。因此就要开拓经营，强化管理。经营和管理是一个问题的两个方面，缺一不可。离开经营，谈管理，管理就没有对象；离开管理，谈经营，经营的目标就不可能实现。管理的失败必然导致经营的失败。因此我们必须把经营和管理密切结合起来，在经营中加强管理，以管理促进经营，实现国有资产的保值增值。在效益逐年增长的基础上，不断提高职工的生活水平。

二、正确认识公司管理工作的现状，肯定成绩，重视存在问题

公司成立三年来，各方面的工作都有很大进展，改革发展稳定成绩显著，有目共睹。公司党委全委扩大会议总结了十条成就。这与公司的管理工作密切相关。从总体上看，公司管理的基本状况是好的，成绩是主要的。我们每年都要讲管理问题，这说明我们对管理十分重视。而且，管理工作每年都有新的进步。但是，我们对公司管理的水平不能估价过高，在成绩面前也不能自满。要正确估价公司管理的现状，正视存在的不足，找出存在的问题。在这次会议上，党委、董事会、经理层、工会的报告和大家讨论中，在肯定成绩的同时，都谈了存在的差距和问题，这些差距和问题，都与管理相关。分析公司的管理状况，主要存在七个方面的问题：

1. 对市场体制和现代企业制度下加强管理的必要性和紧迫性认识不足，存在重经营轻管理的倾向

在计划体制下，我们也讲管理，但当时企业的主要职能是完成上级下达的任务，我们国有企业处于垄断地位，管理的思想和模式与市

场体制下的管理有质的区别。市场体制的基本特点是竞争，是优胜劣汰，是成本的竞争，管理的竞争。在建立现代企业制度以后，要依法依规，要分权、分责、制衡，国有资产要保值增值。工作既要按程序办事，又要提高效率。这就对管理提出了新的要求。但是很多同志不习惯、不熟悉市场条件下现代企业制度所要求的管理思想和模式。有的单位没有把管理工作列入党委和领导班子重要的议事日程，重经营，轻管理，把经营和管理割裂开来，导致一些单位经营水平不高，漏洞较大收益不高，甚至亏损。我们的管理不能失控，否则就会产生腐败分子。管理要跟上，领导人员不能掉队，不能出问题。

2. 我们的管理能力还不适应新形势、新阶段、新任务的要求

在党委全委扩大会议上，我们对形势进行了全面分析，在经济全球化、科技革命日新月异、企业只有进行自主创新才能生存发展的新形势下，我们的管理能力还远远不适应时代的要求。在我们公司进入发展型、战略性调整阶段以后，要做强主导产业，做实基础产业，搞好结构调整，为建立多元投资的现代企业做准备。我们要引来好的股东，要靠物质上的准备、管理上的准备，管理要强，控制力要强。你做强了，才会有人跟你合作。我们的能力状况、管理水平远远不适应公司发展新阶段的要求。

3. 当前的管理工作还不够适应经营工作的需要

要认真解决亏损问题，连续三年亏损的企业不能存在，扭亏无望的企业领导不能任职。与民用煤有关的单位要认真核算，降低成本，努力扭亏。再从公司经营工作的总体状况来看。全公司的经营收入与成本费用相比，仍然不够平衡。虽然，我们公司的财务和资金状况处于良好态势，但是开发收入和政策性收入是十分宝贵、有限和不可再生的。这些资金主要应该用于投资和发展，如果不严加控制，后果是非常危险的。李京来同志在报告中对成本费用问题进行认真分析，并提出了相应措施，这个问题必须引起大家的高度重视。其问题的根本原因还是管理问题。当前，企业管理水平低，管理落后是制约企业经营工作的关键环节。提高管理水平，是实现收支平衡、提高效益的根

本途径。

4. 对规章制度缺乏执行力

一些同志有法不依，对制度执行不力。其原因一是素质不高，不懂管理，不熟悉规章制度；二是明知故犯，从局部利益出发，不执行规章制度，比如工资总额从其他项目列支问题，工程项目竣工投入使用后不能及时转固问题，小金库问题等等都是缺乏执行力的表现。要遵纪守法，不能跟法律挑战，不能跟纪律挑战。要严格在法律和纪律规定的范围内活动。各单位要分析一下在执行公司的制度方面有什么问题。

5. 部分领导人员履职的自觉性不高，不能尽职尽责，管理松懈

有的对于租金和贷款该要的不要，该收的不收。口头上讲以财务为中心，但实际上并不懂或不掌握财务状况，工作抓不到点子上。要加强对租赁合同的管理，克服在合同管理上的随意性。

6. 公司下属的二级单位对三、四级企业管理不到位

亏损企业大都是三、四级小单位。管理不严，以包代管是个突出问题，致使有的单位财务状况不规范，工作粗放，产生漏洞。个别单位资金账外循环，违犯财务纪律，对国有资产的安全带来威胁。

7. 工作制度不健全，工作流程不清楚，管理层次不明确是个突出问题

在现代企业制度下，在信息化建设日益加快的情况下，企业的管理方式发生了很大变化。但是有些工作制度不适应新体制的要求，有的工作流程不顺畅，有的管理层次不明确，责任制不落实，影响了工作效率。

三、采取得力措施，增强"金泰恒业力"，把公司的管理水平提到一个新阶段

在 2003 年我们提出了"金泰恒业观"以后，为什么又要提出"金泰恒业力"，这里面有我们深层的考虑。理论是重要的，但关键是

要看行动；纲领是重要的，但关键是要抓落实；"金泰恒业观"是重要的，但关键是要有"金泰恒业力"。要把理论落实到实践中，需要坚韧不拔的毅力，做出非凡的努力。一份正确的纲领，要付出百分之百的汗水，才能变成现实。我们党建党83周年，之所以取得伟大成就，不仅是因为纲领正确，还是因为战争年代无数先烈用鲜血和生命，在和平建设时期共产党人以高度的事业心和责任感实践了党的宗旨和纲领。这是要付出代价的。党的十六大确立了"三个代表"重要思想的在全党的指导地位，随后三中全会提出深化改革，四中全会提出执政能力建设，最近胡锦涛同志提出加强党的先进性建设，今年全党要深入学习贯彻"三个代表"重要思想和保持共产党员先进性教育活动，最近中央又下发了反腐倡廉实施纲要。从这一历史线索来看，说明我们党不仅具有理论的品格，更具有实践的品格。把理论和实践结合起来，这是我们党的一贯作风。贯彻党的优良作风，深入思考我们公司新时期、新阶段、新体制、新任务的实际，考虑公司产权制度、产业结构、经营格局将要发生重大变化的实际，考虑我们公司党的建设和经营管理的现状，提出增强"金泰恒业力"就更加紧迫、必要和及时。通过建设"金泰恒业力"这一重大工程，对于增强企业的合力、动力、能力、核心竞争力、免疫力，防止腐败，建设和谐、健康、理性发展的现代企业，意义更显得十分重大。今后的管理工作都要紧紧围绕树立"金泰恒业观"，增强"金泰恒业力"来进行，要用有没有"金泰恒业力"作为实践的标准来检验管理工作的成效。

1. 各级领导班子要高度重视管理工作，充分认识管理工作的重大意义

要从实践"三个代表"重要思想、落实科学发展观、提高执行力、提高经营水平，实施低成本扩张，提高市场竞争能力，早日把公司做强做大等方面来认识管理工作的重要性。我们不仅要从业务、专业方面来认识管理问题，还要从党性、党风、思想道德、政治水平、精神面貌、核心作用等方面来认识管理问题。今年上半年公司各个层次的领导班子，都要认真研究分析自身的管理状况，提出改进的措施。6 月份左右，公司董事会要听取经理层和各单位产权代表的汇报，党委要听取基层党组织的汇报，经理层要听取各单位经营者的汇报。要通过狠抓教育和落实，形成人人讲遵守制度、人人讲开源节流、人人讲成本费用、人人讲投入产出、人人讲提高效益的大好局面。

2. 要正确认识我公司企业管理所处的水平和管理工作的基本内涵

我们的管理水平之所以不能估价过高，这是与我们所处的历史阶段相联系的。我们国家现在仍然处于社会主义的初级阶段，我国建立社会主义市场经济体制取得初步成效，仍处于攻坚阶段，市场体制还不够完善，不够成熟。国企改革任重而道远。我们公司成立三年，而且基层改制还没有完成，传统体制的惯性仍然存在，这就决定了我们企业界，包括我们公司的管理水平必然处于初级阶段，处在一个比较低的水平上，我们的管理还是落后的。相比发达国家、先进企业、跨国公司的管理，我们差距还相当之大，须付出多年艰苦的努力，才能逐渐赶上。我们必须不断增强"金泰恒业力"，提高管理能力，提高经营水平，才能在市场竞争中生存和发展。当前我们虽然有一些成绩，但更要看到差距，居安思危，决不能骄傲自满，不思进取。

要提高管理水平，就要对管理的基本含义和内容有所了解。所谓管理，是指同别人一起，或通过别人使活动完成得更有效的过程。管理注重效率，更注重结果，注重实现预定的目标。管理的职能包括计划、组织、领导和控制。当代管理学说丰富多彩，流派众多。主要有管理过程流派，侧重说明管理实务；管理科学流派，侧重进行定性和定量的分析；组织管理流派，侧重组织过程的研究；行为科学流派，侧重从心理学、社会学角度研究管理；经验管理流派，侧重于管理经验的研究运用。近 30 年来，由于企业文化热潮的兴起、信息化技术的影响，文化管理、信息化管理方兴未艾。学习管理学，还应该掌握这样的四条发展线索，一是科学化、理性化线索；二是人道主义、以人为本的线索；三是管理过程的线索；四是实证分析，强调实践的线索。广大经营管理者都要在工作中认真学习管理理论，掌握管理的思想和方法，提高管理能力和水平。

3. 要明确管理的层次，各司其职，履行责任

管理的层次从横的方面看，涉及社会、技术、经济、政治、文化等方面，可以说，人类的社会生活，大都在管理过程中有所反映；从纵的方面看，管理的层次，分为高层、中层和基层管理。高层主要是决策、中层承上启下、基层具体操作。管理是一个系统，每一个层次都有自己的职责，它们相互联系、相互制约、相互影响。因而明确管理层次非常重要。在以往的工作中，管理层次不清，越级请示、相互扯皮、相互推诿、职责不清、效率不高的情况时有发生。今年要认真解决这个问题。要把管理层次分清楚，职责搞明确，公之于众，为搞好管理奠定基础。要按照层次，落实责任。不能把日常经营问题上升为法律问题。要依法、依规、依程序、依制度开展工作。

4. 遵守制度和流程，增强执行能力，加强检查和考核

制度建设是一项带根本性的建设。要依靠制度进行管理。今年是管理年、制度建设年、制度执行年。对于以往行之有效的制度要坚持，需要完善的进一步修订。抓紧建立工作流程，保证管理工作有条不紊的展开。公司的二级企业要管好所属的三、四级企业，要严格按制度办事，执法必严，有错必纠。防止以包代管。要抓好规章制度的宣传学习，要利用制度汇编和信息技术开展学习，中心组学习要把政治理论的学习与业务工作、制度的学习结合起来。提高基层领导人员的素质。对于各级领导班子成员要抓好离任审计、届中审计、年度审计，对于三、四级企业领导人也要如此。对于在审计、考核中发现的问题，要与任免挂钩、与收入分配挂钩，决不能马虎从事，对于出现的问题决不能姑息迁就。

5. 要认真研究有关财务工作问题，加强财务人员队伍建设

在现代企业制度下，财务人员对国有资产保值增值负有重要责任，公司有关领导和相关部门对财务工作、财务负责人的管理体制、提高财务人员素质等财务工作的重大事项，要认真研究，提出工作方案，结合基层改制、领导人员聘任一起推进。各单位要重视审计人员队伍

建设，加大内审力量，加大审计工作的力度。

6. 以管理为依托，提高营销水平，增加销售收入，降低成本费用，尽早扭转"吃老本"的局面

尽管我们公司的经济形势比较好，也有一定数量的自有资金。但是存在收支不平衡的状况是非常危险的，"吃老本"不是长久之计。其根本出路是强化营销管理，培养、引进一批富有开拓精神的营销人才，结合经营结构调整，增加销售收入。各级经营管理人员也都要在营销上下功夫，努力开拓市场。另一方面，要大力降低成本费用，认真执行公司党委宣布的八项纪律。在生产经营、施工过程中要认真核算，在确保质量的前提下，千方百计把成本降下来。对于在开源节流方面有突出贡献的，要给予重奖。同时，搞好资本运营也是开源节流的一个重要方面。公司资金结算中心的工作要加快推进，要早建立、早工作、早取得成效。要把成本控制和预算管理、落实"三重一大"制度、"阳光工程"、廉政建设结合起来，落实"四位一体"的监督机制，为生产经营提供纪律保证。

7. 坚持以人为本，大力推进民主管理

广大员工是搞好企业管理的根本动力和力量源泉。所以要坚持以人为本，推进民主管理。"金泰阖力，恒久睦强"，也是这个道理。因此，要千方百计调动各个方面的积极性，老同志给待遇，中年的压担子，年轻的给机会，全体员工给条件提高素质，公司上下形成合力，参与管理，致力于发展。根据管理的层次，每个同志都要找准自己位置，对号入位，履行职责。

管理工作要注重实效，要处理好"管和理"的关系，要先理、后管。首先要明理、知理、讲理、梳理，遵循客观规律。而后，才能敢管、会管、善管、管好、管顺、管出成效来。管理应该做到科学化、制度化、程序化、简约化、民主化、高效化。要把管理变成每个领导者和员工的自觉行动，才会达到人本管理、文化管理、有效管理的新境界，才能不断增强"金泰恒业力"。

在金泰恒业公司二〇〇五年度基建、房地产专业工作会议上的讲话

二〇〇五年三月三十一日

今天的会议非常重要，刚才爱东同志就 2004 年基建工作、开发工作做了总结，对 2005 年的工作做了安排，建裕副经理就整体的工作强调了四个方面的要求，工作安排比较细致，符合董事会的决策，也符合经理安排的工作目标，同时也符合党委的意图，所以，希望各个单位会后按照这个要求，认真贯彻落实执行。另一方面，由于基建、开发的工作非常重要，这次会议上职能部门、经理层对这方面管理进行了认真的了解、思考，拿出了调整的办法，我认为这点是今年工作会议关于加强管理、开展管理年要求的一个具体的、率先的体现。企业要做强做大，首先管理要强，我们的各项规章制度要适应、要完善，该调整的调整，该废除的废除，该完善的完善，这次是比较充分的。待董事会通过后下发，各单位要认真执行，现在属于试行或讨论阶段，希望大家提出意见。借此机会，在这次会上谈三点意见：

第一，充分认识基建和房地产业工作在金泰恒业公司中的地位和作用以及它的重要意义。为什么这么说？因为我们公司已经基本确立了金泰恒业公司的一个战略构架，也就说金泰恒业公司今后的发展方向已经确立了，即"以房地产业为龙头，以城市服务业为基础"。能使我们的企业生存和发展，因为我们在过去计划经济时期以及改革和转型时期充分发挥有利的土地、房屋资源，我们生存了。企业生存和发展有它的经营性、超前性和操作性。原煤炭总公司之所以能生存，

在很大程度上依赖于我们的资源。我不同意某些人说的，煤炭总公司之所以能生存就是因为有地。这是个现实，但是有地不一定能生存，这也值得思考，有许多企业拥有的土地资源比我们多许多，但是它们倒闭，我们却生存下来。我们包括区公司，利用有限的土地资源发挥了巨大智慧，在转变观念的前提下，采取了有力的措施，近十年来进行了有效的调整，金泰恒业公司成立三年来也进行了生存式的调整，使我们企业生存下来了。今后的发展，也要靠我们这种优势，提高效率，提高资源能力，这个意义非常重大。资源处置不好、升值不好、用不好、管不好，那么，退休的、在职的、内退的生存就成问题，就无从谈发展。所以我们要继承我们的传统，继承前三年调整的成果，后三年发展式的调整如何在这个基础上再进一步，很大程度上就在进一步盘活资产的情况下，使资产优良度加大，效益提高，做强做大。怎样加快现有土地盘活，几个重大项目如何启动，日常管理如何加强，都是我们面临的问题。今年的会准备得不错，体现了公司领导、董事会、经理层的意图、决策和工作目标。所以先从管理入手，在这方面要进一步提高认识。提高认识不能离开我们公司功能，也不能离开总公司的性质。公司性质是按现代企业制度基本框架建立起来的，一股独大确实没有解决，但是是按照这种框架建立起来的，我们的改制基本上算成功的。取得了这么一个资质，能经营了，但是我们必须要前进，改制要前进，管理要符合现代企业制度。提高认识首先是金泰恒业是个整体，必须要改变多级法人的这种态势。三年前我已经说了，但是要一步步来，今年要有突破性进展。先统一思想，把该办的事办了，该理顺的理顺，特别是土地出让金这件事。金泰恒业是一个企业，各个单位是企业的一部分，今后在经营上要走专业化之路，基础工作必须要做好，现在必须充分认识到，加强各个单位经营模式，分公司制是经营资产的一种模式。金泰恒业公司承担着资产管理的责任，这个责任是法律所赋予的。各个单位是过渡的法人，资产管理责任在公司。

　　房屋、土地的权属管理是企业基础管理的重要内容之一，房屋、土地产权不实和流失将会对企业造成较大的影响和损失，必须要加强管理。另外，加强土地、房屋权属的管理，理顺产权关系，这是建立现代企业制度的基本要求，否则很难发展，很难协调力量，这次会议从管理的角度，对房屋、土地权属管理的要求提议很好。但是，必须要把握几个方面，一个是公司对原有的管理办法进行了调整，明确了房屋、土地产权管理的要求，以及对涉及房屋、土地权属管理也做了明确规定，虽然是试行，也要求各单位认真的执行，特别是董事会通过之后，要检查执行情况。再有结合房屋、土地权属管理，强化产权代表的责任，各单位一把手都是产权代表，这种责任必须要强化，必须要履行，资产要保值增值。从管理办法的角度，对涉及到房屋、土地出售、拆迁、投资入股、置换、合作等事宜必须按程序办，公司负有资产管理的责任，这种程序是科学管理的突出特征，没有程序就谈不上管理，它可以抑制许多问题，可以按照健康的轨道，按照公司的发展战略发展，这个程序必须明确，必须执行。关键是提高认识，履行这种程序，履行这种职责，而且是要积极的。

公司的房地产管理办公室作为房屋、土地的职能部门要建立必要的工作制度、管理程序，要加强房屋土地权属的日常管理，加强监督检查，及时向公司汇报房屋、土地权属变更的情况。制度制定了，各单位都要按照这个制度去执行，此次下发的制度都是以前所明确的，对某些环节上进行了调整，但原则没有变。公司领导班子、党委还要抽出一个月的时间，在管理这个问题上，不仅是房地产管理，其他方面的管理也要专门搞一次活动，在活动中发现问题，解决问题，提高认识。

按照公司对房地产权属变更的要求，按期完成房地产权属变更工作，这里要强调几点：首先，要明确责任。基层单位党政一把手负责，列入年度考核，确定专职人员进行工作。其次，去年在这里开会时要求今年5月底完成，这个时间不能变，各单位要认真保质保量按照公司的要求，按照时间的要求加快完成。再次，有房产证、土地证的要求在5月31日完成，无权属证明的房产、地产、有争议的房屋土地要加快办证工作，力争在 10 月 31 日之前完成，有较大争议的，一时难以办证的届时到公司备案。这点要向宣武、崇文、丰台等做得好的单位学习。这项工作党政一把手要重视，今年也要考核，改制的工作也是一样，今年也要这样做，否则有些政策性的问题，期限到了就很难享受优惠政策。资产过户工作各单位必须要加快进行，因为现在时间比较紧。在这方面有些单位不太积极，金泰恒业是一个整体，各单位都是整体的一部分。产权变更工作将作为行政一把手、主管以及具体办事人员的一项考核指标。专职监事、各单位行政一把手、党委书记都必须起到作用，5 月底之前必须完成。公司职能部门负责协调市里工作，各单位负责协调区里的工作，责任要落实。

第二，加强预算管理，严肃投资计划。加强预算管理是现代企业制度管理的一项重要环节，是企业进行正常经营和发展的需要，是科学化管理的一个特征，要提高严肃性，注意在实践中落实，公司的重大投资计划和年度预算计划是经公司董事会通过，具有法律效力，具有严肃性。预算最终误差太大，如果不是我们的基础工作没做好，就是执行能力的问题。对重大资本的支出，投资的支出，经营的支出，预算一定要准确，包括人员的编制也要有一定的预计。列入重大投资计划的预算项目，必须要先进行预算申报。未经公司批准的项目不能实施，严格控制预算外投资。不能因为动机是好的，就违法违纪，违背程序。现代企业制度依据是《公司法》，各项管理制度、各项管理内容是有法律依据的，不能把日常经营问题上升到法律问题。投资要有可行性研究报告。对列入重大投资计划的变更和未列入重大投资计划进行增补的项目，要建立一套完整的审核、审批程序，包括可行性论证的审核、项目投资预算的审核和阳光工程审核程序。要加强预算工作的执行力，各单位对已列入重大投资计划和年度预算的项目要有计划的实施和安排，确保预算的执行。这符合公司战略的需要，符合公司发展的频率，因为这些项目需要公司的资金支持。要做细致的分析，对项目的可行性论证，项目的效益分析和预测，获得资金的方式和支出，是否能够按期完成，以及组织保证、建设保证、资金保证进行分析。今后，如果哪个项目搞砸了，要追究责任，国资委也制定了一系列内控文件，包括投资失败、坏账处理等，都要进行问责，责任人要承担一定的责任，目的是为以后更健康的发展。

第三，加强基建工程的管理，严格执行建设工程管理办法和管理流程。加强基建工程的管理是非常必要的，对工程的质量、造价、安全、进度方面的管理从上到下都应该重视，由于工程项目投资比较大，周期也比较长，经营风险的不确定性，资产变现慢等原因，必须加强项目前期的管理和可行性的分析，回避投资风险。前期项目的分析、市场的定位，都非常重要，必须要下大力量。设计、定位都做完了，再调整就很难了。

工程建设容易产生腐败，应保持我们队伍的廉洁，所以履行项目审批的各项手续必须完备，严格执行阳光工程审核手续。这么多年来，我们这么多工程都没有出现大的问题，包括质量、安全，也没发生腐败的问题。按程序办事就是保证我们队伍不出现问题，不仅是腐败问题，其他问题也不能出现。我们长期合作的队伍，一定要公开透明。不管哪个领导介绍的合作对象都可以，但一定要按程序办，按制度办。严格执行建设工程管理办法和管理流程。公司管理部门加强管理力度，加强对项目实施过程中的监督和检查，发现问题要及时纠正。加强管理实际上是对在这个领域工作的同志们的爱护。各单位对施工项目建立实施机构，人员到位，责任到位，按程序和管理办法要求实施，施工期间加强对工程项目的施工安全、施工文件、工程施工合同和材料、设备供货合同的管理，不允许出现问题，出现问题就要问责。一厂国益大厦在这方面做得是不错的。

我就重点强调这三个方面，集中到一个意思是基建及房地产工作是公司发展潜力比较大的一项工作，涉及到企业的发展和生存。大家一定要有高度的政治觉悟，从责任心的角度出发，把这项工作做好。

在公司青年人才联谊会年会上的讲话

二〇〇五年五月

　　今天，我们召开公司青年人才联谊会年会暨五四表彰大会，首先我代表公司党委、公司董事会、公司领导班子，向服务于企业、贡献于企业的同志们和青年朋友们表示衷心的感谢，向受到表彰的单位、同志们表示祝贺。刚才，春杰同志代表青年人才联谊会理事会向大会作了年度工作报告，上一年度，联谊会理事会、秘书处、各分会和各位会员都做了大量的工作，希望你们继续按照联谊会工作章程，按照新的工作部署，一如既往，认真开展工作，不断丰富青年人才联谊会的工作内容，凝聚青年人才力量，服务企业，服务青年人才，为实现公司"高起点、新跨越、大发展"的战略目标作出新的贡献。

　　青年是推动社会历史进步的一支重要力量，人才问题、青年优秀人才问题已经上升为关系党和国家继往开来、兴旺发达的战略问题，是关系我们党、国家、中华民族的命运和未来问题，没有优秀青年人才队伍，我们的发展事业就后继无人，这同样也是目前我们企业发展所面临的最突出问题之一。经过三年来的生存型、适应性调整，我们企业已经进入发展型、战略性调整阶段，企业发展进入了一个新的关键时期，公司产权制度和产业结构将发生重大变化，今年乃至今后三年，我们企业必须完成加强党和改进党的建设，深化改革，确保现金流量的充实、健康、安全，确保企业安全、和谐、稳定等五大任务。同时，在资产总量、净资产水平、销售总额、利税总额、结构调整上要创造五个新水平，实现以上任务和目标，急需一批忠诚于企业、才干出众的年轻同志充实到领导干部队伍中来、充实到企业高级专业人员队伍中来，公司党委的任务艰巨，在座的青年朋友们责任重大。

借今天的机会，我简单谈几点意见：

一、青年人才应追求更高的境界、坚持正确的方向，勇于实践，争做企业发展的先锋

社会和企业的发展需要的是有才干的青年，是德才兼备的青年，是高素质的青年人才，青年人才朋友们一定要在努力学习和实践中，不断提高自己，完善自己，在思想上追求高境界，能力提高上坚持高水平，个人价值的实现上体现高标准。

（一）要坚持思想上始终与党保持一致，努力成为清醒坚定的青年马克思主义者

首先，青年人才要尊重历史、尊重人民，在思想上与党保持一致。"相信谁、依靠谁、为了谁"是一个哲学基本问题，同时又是一个人的世界观、人生观、价值观的根本问题，回答这一问题，要靠历史的选择，人民的选择。

历史之所以选择我们党，人民之所以选择我们党，归根到底就在于我们党的先进性。中国共产党所具有的先进性，是因为我们党在革命、建设、改革的各个历史时期，总是代表中国先进生产力的发展要求、代表中国先进文化的发展方向、代表中国最广大人民的根本利益，并通过制定正确的路线方针政策，切实履行人民交给的职责，担当起时代赋予的历史任务。

中国共产党的先进性得到了人民的肯定、历史的肯定。战争年代，中国共产党以自己正确的路线纲领和英勇无畏的献身精神，赢得了人民群众的真诚拥护，胜利地完成了领导反帝反封建的革命任务，当之无愧地确立了时代先锋的地位。新中国成立后，中国共产党领导建立了社会主义基本制度，以无私奉献的高尚人格和模范行为，在社会主

义事业特别是改革开放和现代化建设进程中创立了新的功绩。80 多年来，我们党虽然也走过曲折的道路，但都是自己纠正了错误，因而经受住了各种风浪的考验，始终受到人民群众的拥护。中央决定，从2005 年 1 月开始，在全党开展以实践"三个代表"为主要内容的保持共产党员先进性教育活动，这是我们党在革命、建设、改革取得伟大胜利基础上，用"三个代表"重要思想武装全党的重要举措，是提高党的执政能力、巩固党的执政基础、完成党的执政使命的重要举措，是实现全面建设小康社会宏伟目标、推进中国特色社会主义伟大事业的重要举措。

中国人民接受中国共产党的领导是郑重的历史选择，人民的选择，是中国人民从长期奋斗历程中得到的最基本、最重要的结论，是历史的结论，也是人民的结论。青年人才只有在政治上、思想上、行动上与党保持一致，才是尊重历史、尊重人民的正确的选择。

其次，青年人才要追求更高的境界，努力成才、尽快成才，做坚定的青年马克思主义者。青年人才要以更高的标准，严格要求自己。要努力用马克思列宁主义、毛泽东思想、邓小平理论，特别是"三个代表"重要思想武装自己，按照青年马克思主义者的标准学习、掌握"三个代表"、身体力行"三个代表"。要树立共产主义远大理想，坚定建设中国特色社会主义的信念，树立科学发展观，投身全面建设小康社会的伟大实践。要实现理论认识上的与时俱进，以开阔的视野和发展的观点，用马克思主义指导实践，逐步成长为经得起任何风浪考验的青年马克思主义者。要不断解放思想，从传统观念中解放出来，从落后的工作方式中解放出来，从畏难发愁的情绪中解放出来，磨炼顽强的理论勇气和实践勇气，努力成才，尽快成才，做实践开拓的马克思主义者。

（二）要做出资者认可、市场认可、组织认可、职工认可的人才

党管干部是我们党的干部工作的根本原则，革命化、年轻化、知识化、专业化是干部工作的根本原则，德才兼备、注重实绩、群众公认和任人唯贤、公道正派是选拔任用干部的基本原则。在我们企业，

"出资者认可、市场认可、组织认可、职工认可"是干部"四化"方针和德才标准的具体体现。"出资者认可、市场认可、组织认可、职工认可"不仅是企业人才标准，也是人才的成长规律，同时也是青年人才成长的方向。

四个"认可"相互联系，是人才素质能力的统一体，体现了对人才素质能力要求的不同方面，只有四"认可"人才才是我们企业需要的人才。

出资者认可就要求能理论联系实际，对企业忠诚，有谋事之策、干事之才、成事之力，按照科学发展观要求和正确政绩观要求，在实践中创造出突出政绩。

市场认可就要求在工作业务上有真才实学，讲学习、善学习，不断丰富知识，提高能力。

组织认可需要在政治方向、政治立场、政治观点、政治纪律、政治鉴别力、政治敏锐性上始终保持清醒和坚定，在重要原则问题上分得清是非，在重要关头和各种风浪中经得起考验。

职工认可就需要密切联系群众、求真务实、埋头苦干、艰苦奋斗、开拓创新且具有高尚品德和人格，严于律己、清正廉洁。

四个"认可"是有机统一整体，缺一不可。脱离出资者认可就没有发展的实践基础；脱离市场认可就可能固步自封，企业就难以发挥优势，就缺乏市场竞争力；脱离组织认可，我们的发展就没有保证，就有可能偏离正确的发展轨道；脱离职工认可，我们就没有存在和发展基础。"认可"既是人才成长的检验标准，同时又是人才成长的过程。"认可"是结果和过程的统一体。青年人才作为公司领导人才和专业人才队伍建设的第三梯队，要努力在实践中提高自己，严格要求，在争取认可的过程中，得到认可。

（三）青年人才要敢当大任，在企业发展中勇挑重担，争做企业发展的先锋

2004年12月，公司党委对公司成立三年以来的全面工作进行了认真的总结，在肯定工作成绩的基础上，认真分析了我们在工作中的不足，并总结出我们还存在十个方面的不适应，这里我简单向大家进行再次说明：

一是我们的认识距离"三个代表"重要思想和科学发展观的要求有差距，思想的先进性不够，在观念上不适应；

二是公司的主业不强、不突出，燃料经营的销售收入仍占较大比重，房地产业的主导作用还没有发挥出来，使公司的长期发展受到影响，在落实发展战略上不适应；

三是公司体制创新的任务繁重，距离以股份制为主要形式的混合所有制经济的要求相距甚远，在体制上不适应；

四是企业负担沉重，非经营性人员和资产压力较大，成本费用过高，在低成本扩张方面不适应；

五是公司发展的基础仍然比较脆弱，层次多，资源分散，距离大而强、小而优的标准仍有差距，在规模效益上不适应；

六是人事、劳动、分配三项制度改革方面还没有突破性进展，在激励和约束机制方面不适应；

七是人才结构不合理，高层次人才、专业人才仍十分匮乏，在人才队伍建设方面不适应；

八是传统体制的惯性比较大，法人治理结构不到位，制度和工作流程不完善，与现代企业制度的要求不适应；

九是在全面、协调、可持续发展方面有差距，从整体上看，经营管理的水平还有待提高，主导产业和基础产业、骨干企业和一般企业、强势企业和弱势企业发展不够平衡，在科学发展方面不适应；

十是在科学管理、文化管理上差距较大，考核制度不科学、不先进，导致一些工作进展缓慢，在工作的效率和质量上不适应。

以上这十个不适应，是我们当前和今后要逐步解决的问题，这些问题的解决，同时要靠大家的共同努力，为此，这里我请青年人才朋友们努力做到以下几点：

一是大家要深入到企业的各项工作中去，了解企业历史，了解企业现状，看到企业发展的优势，发现企业发展的不足，勤于思考问题，弘扬优良传统，不断与时俱进。要以自力更生、艰苦奋斗的创业精神，脚踏实地的求真务实精神，胸怀全局、为企业奋斗的奉献精神，积极投身到企业的各项建设中去，立志成才，努力奉献。

二是要勤于学习，不断创新。青年人朝气蓬勃，正在兴旺时期，是我们企业最积极、最有生气的力量。一定要珍惜大好时光，发愤学习、刻苦钻研、只争朝夕，打牢人生成长进步的根基。既要坚持不懈地用邓小平理论和"三个代表"重要思想武装自己的头脑，努力树立正确的世界观、人生观、价值观，又要刻苦学习现代科技文化知识，努力掌握适应企业发展需要、服务企业的技能和本领，不断提高综合素质。要积极学习和借鉴，不断推进科技创新、文化创新、制度创新。积极投身到企业的各项建设中去，在创新中使金泰恒业的发展兴旺发达，实现我们企业"高起点，新跨越，大发展"的战略目标。

三是要勇挑重担，勇立新功。公司全面推进"高起点、新跨越、大发展"的战略目标为广大青年创业发展提供了广阔的舞台。青年人才要勇挑重担，讲奉献、比才能，讲科学、比干劲，讲管理、比效益，立足金泰恒业为你们提供的发展这个大舞台，把推动企业发展和实现自身价值联系起来，积极投身到各项建设事业中，以实干创造业绩、赢得"认可"。

二、青年人才联谊会工作要立足于服务企业、服务青年人才，不断推进工作创新

（一）通过青年人才联谊会，增强金泰恒业力、构建和谐企业

企业知识、资源的合力是我们金泰恒业力、和谐企业的重要组成部分，同时也是我们构建和谐企业的重要方面。企业所拥有的知识是企业竞争优势的重要决定因素，企业不仅是资源的集合体，而且是知识的集合体，包括企业发现市场和识别市场机会的市场知识、开发新

产品满足市场需求的科研开发能力、将个人创新整合到新产品中去的能力等等。青年人才是掌握企业知识的特殊群体，因为青年人才的特点，青年人才所具备的知识具有强大的理论性、实践性和生命力。由于我们企业处于特殊的发展时期及产业结构和经营业态的特点，青年人才虽在各自单位、岗位发挥重要作用，但是专业涉及广，比较分散，难以形成知识、资源合力。要形成知识、资源合力，一靠组织，二要充分发挥青年人才联谊会的作用。一方面要通过公司人才联谊会将青年人才群体联系起来，组织会员之间进行经营、管理和技术的合作与经验交流，从而加强公司人才队伍建设，改进人才队伍管理，提高青年人才综合素质，促进青年人才健康成长。另一方面要通过青年人才联谊会做好公司同青年人才之间的沟通，使青年人才了解公司的整体状况、企业发展改革情况以及我们急需解决的主要问题，激发青年人才为企业发展贡献力量，实现青年人才的联业、联志，与企业共发展。

（二）抓住工作重点，认真组织好调研工作

要将调研工作作为做好联谊会工作，发挥联谊会作用的重要载体，切实抓紧、抓好。调研工作一方面可以更好地锻炼青年人才，为企业发展献计献策，发挥青年人才的聪明才智，施展才能，贡献企业，实现个人价值。另一方面通过调研，我们可以更好地了解企业情况，了解企业职工、青年人才关心的问题，提高公司的经营管理水平。此外，通过调研可以更全面地发现、培养青年人才。

2004 年青年人才的调研，总体上不错，但也存在这样那样的问题，有的调研报告切题不准、有的调研报告不能客观反映企业实际、对企业经营管理工作没有实际的意义，有的会员甚至都没有进行调研，这样不行，因为你们没有履行会员的职责。因此，要对联谊会会员 2005 年的调研工作严格要求，调研工作要实行各分会会长负责制，调研要围绕基层单位的工作，情况要实，能够真实、客观反映所在单位的实际情况；青年人才要有好的调研作风，调研决不能务虚，不能敷衍了事，走马观花，要摸实实在在的情况，抓实实在在的问题，提实实在在的措施；调

研报告的质量要高，要有理有据，分析透彻，见解深刻。

（三）要进一步加强联谊会组织建设

任何组织要更好地发挥作用，必须有好的机制做保证，对于青年人才联谊会工作，机制建设同样重要。新的年度，要针对我们工作中出现的问题，在调研的基础上，围绕更好开展联谊会工作和青年人才的特点，提出相应的措施，加强管理，建立起相应的激励和约束。

此外，要重视对联谊会工作开展内容和方式的研究，创新工作思路，通过联谊会使我们企业形成和创造更广泛的人才成长环境，形成充满活力的用人机制，把优秀人才凝聚到我们企业的各项事业中来。

三、各级组织应牢固树立科学人才观，落实好党管人才，把企业人才工作推向更高的水平

（一）要树立科学人才观

确立科学的人才观，是抓住和用好重要战略机遇期、应对人才竞争的必然要求。目前世界各国特别是发达国家都在实施人才强国战略，把人才资源开发作为参与新世纪国际竞争的根本举措。我们决不可掉以轻心，必须紧紧抓住机遇，积极主动参与人才竞争，努力使人才工作迈上新的台阶。

确立科学人才观，是实现企业"高起点、新跨越、大发展"战略目标的必然要求。本世纪头 20 年，是我国全面建设小康社会、开创中国特色社会主义事业新局面的重要战略机遇期。小康大业，人才为本。人才为本必须观念先行。科学人才观就是人才资源是第一资源，人才资本是第一资本，开发人才资源是第一动力的高度概括。只有确立科学的人才观，才能造就企业高素质劳动者、高素质的专业人才和一批拔尖创新人才，才能使我们企业的发展真正体现科学发展观的要求，真正使我们企业在激烈的市场竞争中立于不败之地。

此外，确立科学的人才观，是适应企业发展新阶段人才工作发展的必然要求。如果我们的人才工作不与市场接轨，不能以第一位资源的观念、稀缺资源的观念、市场基础配置的观念对待人才工作，就不可能在激烈的市场竞争中取得人才竞争的主动权，就不可能增强企业的市场竞争力，这是一个关系企业发展、战略目标实现的重大问题。

（二）要认真落实党管人才，在管宏观、管政策、管协调、管服务上下功夫

坚持党管人才原则，是我们党适应改革开放和社会主义市场经济发展的新形势，着眼于改革和完善党的领导方式和执政方式、增强党的执政能力做出的重大决策。党管人才，主要是管宏观、管政策、管协调、管服务。

管宏观。这是指职能而言。人才的主体是用人单位和社会，而不是党委和政策。党管人才，只能是宏观管理，而不能是微观管理；只能是管大局、战略、政策、环境等，而不能是管具体"人头"。在社会主义市场经济条件下，市场在各种资源配置中都起着基础性作用。因此，党对人才的宏观管理和综合协调，必须充分发挥市场在人才资源配置中的基础性作用，正确处理好党管人才与市场配置人才资源的关系。一方面，要健全和完善人才的竞争激励、流动调配等多种机制，促进人才智力与资本、项目等生产要素的最佳组合；另一方面，要通过多种手段和方式，引进和培养企业重点或紧缺人才，逐步改善人才结构，营造人才发展的良好环境。

管政策。这是指手段而言。制定政策，就是要在准确把握企业人才情况和认真总结人才工作规律的基础上，把握人才工作的正确方向，明确发展目标，坚持分类指导，研究制定人才工作的发展规划，推进制度建设，逐步建立符合企业特点的人才工作机制。要盘活人才存量，优化人才配置，做到专业配置合理，学历层次、年龄梯次、能力梯次搭配合理。要进一步加大在专业技术人才建设的投入，建立起科学有效的激励机制。通过机制建设，实现人才资源使用效率的最大化。

管协调。这是指管理运行的方式而言。我们企业人才分布在权属企业的 100 多个单位，由于人才分布的广泛性和人才管理部门的多重性，人才工作必须要由党来统筹，实现权属管理和组织管理的统一。要在党组织的统一领导下，充分发挥人才工作各相关单位的职能作用，整合各个方面的力量，充分调动各方面开展人才工作的积极性和主动性，形成党委统一领导，组织部门牵头抓总，相关单位、部门各司其职、密切配合，社会力量广泛参与的人才工作新格局，形成开展我们人才工作的强大合力。

管服务。这是指管理的效能而言。人才工作的最终结果，都是通过对人才的优质高效服务，来促进社会、企业的进步和人才的全面发展。要以爱才之心、识才之智、容才之量、用才之艺，把人才工作的重点更多地放到搞好服务上来，积极主动、满腔热情地为吸引、培养和凝聚人才当好"后勤部长"，通过诚心诚意办实事，尽心竭力解难事，坚持不懈做好事，去感召和凝聚各类人才。要努力营造"尊重劳动、尊重知识、尊重人才、尊重创造"，有利于优秀人才脱颖而出的氛围，形成鼓励人才干事业、支持人才干成事业、激发人才干大事业的良好环境。

（三）要不断开拓新思路，提出新举措，创新新方法

一是在人才的培养上，要有战略眼光，舍得花力气、下功夫、出本钱，处理好发挥现有人才和引进人才的关系，充分调动和保护各类人才的积极性、主动性、创造性，使人才忠诚于企业发展，与企业共发展。

二是在人才的使用上，要不唯学历、年龄、职称，不唯不是不讲，要适应企业发展的需要，要充分信任，放手使用，从各个方面为人才施展才能、实现抱负提供舞台。

三是要加强青年人才队伍建设，增强培养、使用青年人才的紧迫感和责任感，建立和完善有效的留住青年人才、使用青年人才的机制，为大胆起用青年优秀人才创造条件。

先行一步打好基础

——在金泰恒业公司党员先进性教育准备工作和落实集团公司审计整改方案会议上的讲话

二〇〇五年五月十一日

根据集团公司党委和我们公司党委的部署，今天召开了全公司党员先进性教育准备工作和落实集团公司审计整改方案的专题会议。这次会议很重要，公司领导班子成员和各单位党政主要负责同志都出席了会议。姜春杰同志对如何做好准备，提前到位，"明确四个主题，做好五项准备，坚持四个结合"，做好党员先进性教育的准备工作做了全面部署。章琳同志对落实集团公司审计整改方案提出了指导性意见。大家都要认真贯彻落实。根据当前形势和公司实际，下面我讲几点意见：

一、要充分认识党员先进性教育"做好准备，提前到位，先行一步，打好基础"的重要性

姜春杰同志在讲话中提出了"做好准备，提前到位"，这样一个很重要的命题，并从三个方面进行了论述，使大家明确了当前做好党员先进性教育工作的目的意义和方法步骤。按照国资委和集团党委的要求，我们公司下半年要正式开展党员先进性教育，那么，为什么我们要先行一步，进行准备呢？

1. 做好准备，是全面落实"三个代表"重要思想的需要

党的先进性建设是关系到马克思主义政党生存发展的根本性问题。

在世界政治风云变幻，科技革命日新月异，经济全球化浪潮迅猛发展的新形势下，我们党能不能适应形势，驾驭全局，保持先进性，巩固执政地位？我们企业党组织能不能与时俱进，在市场条件下有大的作为，指导企业有更大的发展？这是摆在我们全体党员和各级领导班子面前的一个根本的、严肃的重大课题。我们只有扎实深入地学习"三个代表"重要思想，抓好党的先进性建设，我们党的事业才会长盛不衰，我们公司才会"金泰双赢，恒久立业"。

2. 做好准备，是加深理解和实践科学发展观的需要

以人为本，全面、协调、可持续发展的科学发展观，是新时期、新阶段的重大战略思想。我们如何以人为本，调动广大员工的积极性、创造性？如何突出重点，统筹兼顾，走生产发展、生活富裕、生态良好、团结和谐的文明发展之路？这首先是摆在我们广大党员和党员领导干部面前的重大课题。因此，我们先行一步，认真学习和实践科学发展观，我们才能肩负起神圣的历史使命和庄严的社会责任。

3. 做好准备，是转变经济增长方式，提高经济增长质量的需要

三年多来，我们公司的经济有了一定的增长。但是经济增长方式粗放，增长质量不高是个突出问题。所谓粗放型的经济增长方式，主要是依靠物质要素的投入来增加产品数量，实现经济的增长，其增长的质量是不高的。而集约型的经济增长方式，主要是依靠要素质量改进和优化配置来提高产量与产品质量，实现经济增长，这是提高经济增长质量的必由之路，是防止经济大起大落，保持经济又快又好发展的根本途径。全党以经济建设为中心，企业更是如此。我们在党员先进性教育准备中，先行一步，找出经济工作中存在的差距，实现经济增长方式的转变，提高经济增长的质量，就更有利于体现党的经济工作中心，抓好党的工作重点，就会起到"牵一发而动全身"的目的。

4. 做好准备，是为下半年更有针对性地开展先进性教育打好基础的需要

先进性教育最根本的是提高认识，解决问题。所以进行准备就要把问题找够，把主要问题抓准。但是，要找准问题，分析原因，是要

开动脑筋，下大力气的，不是一朝一夕的事情。常言道，认识自己最困难。要认识自己，找准问题，就必须认真准备，深入思考。这样在正式开展教育之后，就能很快入题，进入情况，抓住要害，进行整改。我们准备得越充分，教育的成效就会越明显。

二、准备工作要联系实际，狠抓落实

要在学好文件，提高认识的基础上，密切联系企业实际，狠抓落实。

1. 要把教育准备的成效，落实到加强党员队伍建设上

保持共产党员先进性教育活动，其活动的主体是全体共产党员。包括党的领导干部在内的全体党员，都要积极投身到这项活动中来。各单位要组织党员认真学习中央的意见精神，联系党员队伍建设的实际，找准问题，积极整改。中央的意见对党的建设存在的问题列举了四条。各单位也要进行认真总结，把党员队伍中存在的问题进行系统疏理，早整改，早见效。

2. 要把教育准备的成效，落实到加强领导班子和党员干部队伍建设上

这次教育活动，虽然不提领导干部是重点。但对领导班子和党员干部要求更高，领导班子和党员干部要处处走在前面，起到表率作用。教育准备工作中各级领导班子和党员干部，要从所肩负的使命出发，对照党章，"三个代表"重要思想和科学发展观，找出差距，解决问题，促进工作。

3. 要把教育准备的成效，落实到制度建设上

今年是管理年，制度年，制度执行年。要按照今年职代会和工作会议的部署，认真查找在管理上、在制度的执行上存在的不足和差距。对于以往制定的各项制度，要进行汇总。对相关制度的拟定部门和责任部门，对其制度的执行情况要进行全面检查考核。各单位、各部门也要对制度的落实情况进行全面自查。公司党委、董事会、经理层要

通过分别听取汇报，达成共识，针对重点问题，落实责任，进行整改。

4. 要把教育准备的成效，落实到强化预算管理上

在教育准备工作中，企业党组织必须紧紧围绕经济中心开展工作，要把全面预算工作列入党委、各级领导班子、各个职能部门重要的议事日程。自从我们公司专题召开全面预算工作会议以来，预算工作有了很大进展，但是也存在一些问题。一是去年基本建设预算由于宏观调控等原因，仅完成预算的50%；二是去年业务招待费预算750万元，实际支出802万元，超预算50余万元；三是预算还不够全面、准确，财务预算、业务预算、基建预算、劳资预算等方面还缺乏全面、系统、真实、可靠的把握；四是预算的控制作用发挥得不够好，对预算的执行力和严肃性还有差距，对于预算目标的分解与责任不够落实，对于预算的考核不够严格，奖惩力度还不够。今后，要下大力气解决这些问题。要依据预算的真实性、全面性、科学性、严肃性的原则，制定预算，执行预算。控制要严格，决策程序要科学，审批手续要健全，考核要到位，奖罚要分明。

5. 要把教育准备的成效，落实到国有资产的保值增值上

我们作为国有控股企业，实现国有资产的保值增值是首要的责任，也是企业党组织的中心任务。党员先进性教育要进一步增强广大党员的事业心和责任感，促进国有资产的保值增值。在这方面我重点强调四个问题：

一是现金流量问题。分析我们公司的现金流量，目前从总体上讲，收支是平衡的。但是从结构上分析就不容乐观。我们的现金流主要有三部分构成：有经营性的现金流，筹资性的现金流，投资性的现金流。而衡量现金流是否健康有效，主要是看经营性的现金流量。要采取得力措施，提高经营管理能力，使经营性现金流持续、稳定、健康增长。

二是投资回报问题。其主要是指净资产收益率。总的分析可以看出，我们的投资回报率并不高，净资产收益还比较低。这里面固然有企业负担沉重的历史遗留问题，但是也确实存在固定资产投资收益不高、存在所属全资企业、控股企业、参股企业投资收益也不高的问题。

因此今后的投资回报问题，两级党委和领导班子要高度重视，对投资问题要认真论证，科学民主决策，争取投资一个，见效一个，并努力获得较高的回报。今后的投资方向，要符合公司的发展战略，要重点支持能够对发展战略作出重大贡献，并且收益较高的重点企业、重点项目。对于投资建成、投入运营的项目，要大力提高营销水平，开源节流，挖掘潜力，强化管理，争取更大的投资回报。

三是应收款项问题。应收款项如果不抓紧催款，有很大风险。全公司的应收款项当中有应收货款，应收租金、应收回的股金。这些应收款项数额较大，涉及面广，而且是隐性的问题，从利润上反映不出来。利润掩盖了应收款项的矛盾。但从现金净流量上来分析，就容易发现问题。应收款项不落实，导致死账、呆账，使我们的家底越来越薄，经营的本钱越来越少。就像农民种地，连种子都借出去，收不回来，那还了得！只有等着饿死！这种状况是非常危险的。其主要原因是相关领导和人员的责任心问题，履职能力问题和决策程序不健全、赊销轻率、追缴催收措施不得力、督促检查、考核奖惩不到位问题。各单位在教育准备工作中要认真检查在应收款项方面存在的问题。针对问题，明确责任人、责任部门、责任主管，采取多种措施，抓紧追缴催收，并且与奖惩挂钩、与任免挂钩，从而把应收款项降到最低限度，把企业的损失降到最低限度。

四是费用控制问题。目前，从我们公司的经济结构来看，我们是一个微利行业，不是一个具有自主知识产权、高毛利率的企业。我们压缩进货成本空间不大。但控制费用却有很大的余地。在经营费用、管理费用、财务费用方面，仍有潜力可挖。在差旅费、会议费、业务招待费、办公费方面都有一定的压缩空间。要切实注意解决好工资福利费用和效率的矛盾，我们既要关心职工生活，又要通过劳动、人事、分配制度改革，加强对人的管理，对工资福利费用的管理，尽量以合理的、较少的支出带来比较高的效率和效益。全公司各个部门、各个单位都要在教育准备工作中，认真查找在费用控制方面的不足，针对问题，制定措施，积极整改。

三、要把先进性教育的准备工作同抓好审计整改工作结合起来，以教育促进审计整改，从整改看成效

去年底集团公司对我的任期经济责任进行了审计。审计报告肯定了我们在第一任期取得的成绩：一是积极探索新的体制和机制，规范法人治理结构；二是强化管理，加大结构调整力度；三是围绕公司发展战略，大力培育主导产业；四是加大资本运作力度，盘活存量及不良资产；五是坚持以人为本，落实科学发展观，优化了用工制度。审计报告通过对财务状况及经营绩效进行分析，认为我们公司目前的资本结构比较合理，资产运营状况、偿债能力、发展能力逐年好转。这些积极评价是对我们工作的肯定和鞭策。审计报告同时还指出了存在的问题和处理意见。刚才章琳同志提出的整改方案，各单位要认真执行。

1. 提高认识，正视问题，积极整改

集团公司审计提出的主要问题，包括部分单位存在较大数额的应收款项。有的未能按合同规定及时收取租金；有的发放工资性收入漏计工资总额，漏提附加费用；有的单位应付账款等债务未及时进行清理；一些单位未能正确核算收入、成本、费用，造成损益不实等等。这些都对公司资产安全、公司可持续发展造成了不利影响，要下力气，认真进行整改。

一是要站在维护国有资产安全的高度，正视问题，认真整改。我们作为国有控股公司的产权代表，其基本职能是向股东负责，要维护好国有资产的安全，保证国有资产的安全运营。可是，部分单位存在较大数额的应收款项。有的未按合同收取租金，有的资金管理不严，有的库存商品亏吨，有的固定资产产权办理不及时。这些问题，影响了国有资产的安全，要切实抓好整改。

二是要站在国有资产保值增值的高度正视问题，认真整改。部分单位收入、成本、费用、利润计算不真实，主要表现在，为了追求经

营目标的实现，多计收入，少提折旧，少计成本费用。这些问题的存在，在不同程度上造成企业当期经营成果不真实，甚至形成潜亏，要切实抓好对这些问题的整改，真正实现国有资产的保值增值。

三是要站在确保公司全面、协调、可持续发展的高度，正视问题，认真整改。在学习科学发展观的过程中，我们提出了统筹兼顾，整体推进的任务。要通过解决上述问题，确保公司的规范管理，做到统筹兼顾，整体推进，科学发展。

2. 针对差距，找出原因

分析在审计中发现的问题，其原因：

一是对现代企业制度下加强管理的必要性和紧迫性认识不足，存在重经营轻管理的倾向。

二是部分单位领导人员履职的自觉性不高，责任心不强，管理松懈。

三是工作制度不健全，内部控制不到位，工作流程不清楚，管理层次不明确。

四是对规章制度缺乏执行力。

五是部分单位领导人员业绩观不正确，只关注局部利益和眼前利益，忽视了全局利益和长远利益。

六是公司所属部分二级单位对下属企业管理监控不到位。工作粗放，产生漏洞，对国有资产的安全带来威胁。

3. 针对问题，采取措施，加强管理

一是各级领导班子要高度重视管理工作，充分认识管理工作的重大意义。

二是要正确认识我公司企业管理所处的水平。克服无效管理，实现有效管理。

三是加强制度建设，做到有法可依。

四是增强执行能力，做到有法必依。

五是强化责任意识和履职意识，自觉提高管理水平。

六是加强财务管理和财会人员队伍建设，提高素质，增强能力。

七是加强监督、检查，为企业经营提供纪律保证。要加强对所属各级单位的监督、检查，进一步完善"四位一体"的监督机制，为生产经营提供纪律保证。专职监事要监督所属单位对审计问题的整改落实情况，要确保被监督单位切实执行公司的整改方案。要进一步加大审计工作的力度，对于各级企业负责人要抓好离任审计、任中审计，要将审计的关口前移，提高审计的时效性，公司所属二级单位要承担起对下属企业的审计责任。

八是将监督、检查结果与考核挂钩，提高监督、检查结果的转化利用水平。要将监督、检查结果与考核挂钩，与人事管理挂钩、与收入分配挂钩。对于查出的问题，要认真纠正处理并追究责任，不姑息迁就。对于此次审计中披露出来的问题，要与各单位第一任期兑现考核挂钩，对于存在较大数额应收款项、不能按合同规定及时收取租金、当期经营成果核算不真实，形成潜亏等对企业负面影响较大的单位，要重点关注。各单位也要进一步明确有关人员的责任，将本单位所出现问题与有关责任人的聘用及收入分配考核挂钩，做到有经济处罚，有责任追究。

其他没被审计的单位也要对照审计报告及整改方案认真进行自查，在自查过程中发现有类似问题或其他问题要及时纠正，并积极采取防范措施，避免今后再次发生类似问题。

四、几点要求

1. 高度重视，加强领导

公司党委和各单位党委、总支，都要把教育准备工作列入重要议事日程。不能因为是准备工作就马虎松懈。各单位党组织都要根据公司党委的总体部署，结合实际做出安排。党组织的主要负责同志是第一责任人，要亲自抓；要按照责任分工，具体抓；要做到思想落实、组织落实、时间落实，措施到位，认真抓。

2. 率先垂范，为人表率

这次教育活动虽然不提领导干部是重点，但是各级领导同志要切实发挥榜样作用，为党员做出表率，让群众见到效果。在个人自觉接受教育的同时，领导班子集体要组织专题学习，找到差距，积极整改，加强思想作风和组织建设，加强能力建设。

3. 密切联系实际，抓住经济工作中心，转变经济增长方式，提高经济增长质量

教育要注重实效。要通过教育准备，不断加深对中央意见精神的理解，提高学习实践"三个代表"重要思想和科学发展观的自觉性和责任感。要围绕经济工作中心，切实解决在国有资产保值增值方面存在的突出问题，把经济增长同深化体制改革统一起来，同完善机制统一起来，同调整经济结构、优化产业结构统一起来，同推动科技进步，进行自主创新统一起来，同提高劳动者素质统一起来，同增强投资结构的合理、有效性统一起来，同搞好审计整改统一起来。从而更好地转变经济增长方式，提高经济增长质量，落实公司发展战略。

4. 要通过教育准备工作，进一步树立"金泰恒业观"，增强"金泰恒业力"，加强企业文化建设，提高企业的核心竞争力

要通过教育准备进一步树立"金泰双赢，恒久立业"的雄心大志和哲学精神，积极推进"金泰阖力，恒久睦强"的实践活动。要通过教育和研讨活动，把我们公司的企业哲学和行为准则，变为推动企业科学发展的强大动力，为实践"三个代表"重要思想作出更大贡献。

关于对党的先进性和实现途径的思考与研究

二〇〇五年七月三十一日

　　党的建设是一项"伟大工程"；在新的历史时期，要"全面推进党的建设新的伟大工程"；"开展先进性教育活动，是推进党的建设新的伟大工程的一项基础工程"。伟大工程、新的伟大工程，党的建设新的伟大工程的一项基础工程，中央领导同志关于党的建设具有重大历史意义、现实意义和具有理论高度、严密逻辑的这些精辟论述，给了我深刻的启发。我深刻地体会到，从思想建设入手，开展以实践"三个代表"重要思想为主要内容的保持共产党员先进性教育活动，的确是推进党的建设、党的先进性建设这项伟大工程、新的伟大工程的基础工程和基础工作。"基础不牢地动山摇"。只有高质量地建设好基础工程，把基础搞扎实，才能从根本上加强党的建设和党的先进性建设。"伟大工程"和"基础工程"的紧密联系，在我脑海里留下了深刻的印象，使我对党员先进教育的重大意义，党员先进性教育与党的先进性建设的关系有了新的思考和认识。

　　在7月8日京煤集团公司第一批先进性教育活动动员大会以来，我按照京煤集团党委的要求，带领金泰恒业公司党委一班人和机关党员，积极投入到了先进性教育中来。我学习了《保持共产党先进性教育读本》、学习了胡锦涛同志、曾庆红同志、贺国强同志、刘琪同志的重要讲话，听取了集团党委领导倪文驹同志讲的党课和于新华同志的形势报告，参加了集团党委、金泰恒业公司党委、自己所在党支部的讨论。我感到收获很大，对教育活动的重要性和必要性、指导思想和目标要求、指导原则、总体安排和方法步骤、组织领导有了明确的认识，不断提高了参加教育的自觉性和责任感。在学习动员阶段，我收获很大，受教育很深。自己的提高是多方面的，下面主要就党的先进性和实现途径谈几点体会：

一、关于党的先进性的基本内涵

学习胡锦涛同志讲话，学习这次先进性教育活动的一系列重要文件，我体会到，党的先进性内涵应该包括七个方面：

1. 党的组成人员的先进性

也就是党员队伍的先进性。我们必须把党员质量放在首位，不断提高党员素质。广大党员要站在时代前列，做人民群众可以信赖的先锋和模范。每个共产党员具有先进性，全党才会具有先进性。

2. 党的思想理论的先进性

党的思想必须是先进的，其行动才会是先进的。党的思想理论必须从实际出发，符合社会进步的要求，受到人民群众的拥护。要符合时代性，把握规律性，富于创造性，具有与时俱进的品质。要在和其他政党的比较中，在思想理论上显示出无可比拟的先进性。在当代，邓小平理论和"三个代表"重要思想，是党的思想理论先进性的重要成果和基本标志。

3. 党的实践的先进性

党的先进性重在建设，重在实践。只有在正确理论指引下，在实践上具有先进性，才会实现党的先进性建设的目标。我党诞生以来，把马克思主义的基本原理同中国的实际结合起来，开展了新民主主义革命和社会主义现代化建设的伟大实践，开展了不断加强党的自身建设的伟大实践，保持了党的生机和活力，使党的先进性不断提高到新境界。

4. 党的第一要务的先进性

党的先进性建设，历来同党的中心任务相联系，党的中心任务是经济建设，第一要务是发展。马克思主义最重视发展生产力。在和平建设时期，只有坚持科学发展观，把经济建设搞上去，党的先进性才会有牢固的物质基础，才会真正体现出党的先进性建设的根本宗旨。

5. 党的能力的先进性

党性强，还要有能力，才能进行党的先进性建设。我们党的杰出领导人，都是才华出众，能力超群的卓越领导者，所以率领全党、全军和全国人民取得了革命和建设的辉煌胜利。党的先进性建设需要很强的能力。在当代，就是要有"三个代表"的能力，具有科学发展的能力，具有执政兴国的能力，具有建设和谐社会的能力。党的能力是先进性的，才能肩负起党的先进性建设的光荣使命。

6. 党的形象的先进性

进行党的建设，形象问题非常重要。在战争年代，共产党员为了人民的翻身解放，抛头颅，洒热血，在人民群众心中树立了高大的英雄形象。在新的历史时期，在和平年代，在市场经济条件下，一些共产党员在廉洁自律方面出了问题，严重损害了党的形象。因此，加强党风廉政建设，加强党的形象建设，是党的先进性建设的重要方面。

7. 党的自我改进，自我更新的先进性

历史在发展、社会在前进，党的工作必须和时代同步，经常进行自我改进，发现自身的缺点和不足，不断地进行自我更新，才能在新的历史条件下，在复杂多变的困难情况下，肩负起自己的历史重任，体现出自身的先进性。

二、关于企业党组织先进性的内涵

我认识到，企业党组织具有党的先进性的共性，也应该有自身特点和含义。我认为企业党组织先进性的内涵有以下五个方面：

1. 企业党组织在观念上的先进性

要把"三个代表"重要思想落实到基层，企业党组织就要在认识观念上适应"三个代表"重要思想的要求，提炼出适应时代和企业实际的认识理念，以指导企业党组织的先进性建设和企业的全面工作。金泰恒业公司成立三年来，我们陆续提出了六大理念：一是公司成立之初提出了"大而优，小而强，难而进，劣而汰"的发展与调整理念；二是公司第一次党代会提出了"高起点，新跨越，大发展"的指导方针；三是在五年规划和十年发展战略中提出了"以房地产业为主导，以城市服务业为基础"的战略构想；四是在 2003 年工作会议上和 2004 年党委扩大会议上分别提出了"金泰双赢，恒久立业"的"金泰恒业观"和"金泰阖力，恒久睦强"的"金泰恒业力"，从理论和实践的结合上提出了企业的核心理念；五是在 2004 年党委扩大会议上我提出了"金泰哲学思想、经营思想、管理思想、战略思想、和谐思想、人才思想"六大思想体系，以指导企业党建和经济工作新实践；六是我在金泰恒业公司机关党员先进性教育活动动员会上，要求总部党员以"党性强、有能力、善经营、会管理、懂专业、能创新、有业绩"为条件，自觉投身到党的先进性建设中去。随着形势的发展和实践的深入，不断提出金泰恒业公司的思想理念，有利于指导企业党组织的先进性建设。

2. 企业党组织在职能上的先进性

我认为企业党组织在职能上要体现先进性，就要做到"发挥核心作用，坚持科学决策，实施战略指导，精通经营管理，工作责任落实，不断提升扩张，加快企业发展，资产保值增值"。在教育动员中，我要求金泰恒业公司总部党组织按照这八句话来进行先进性建设。大家认为符合企业实际，具有理论性和可操作性。

3. 企业党组织在经济方面的先进性

企业是经济组织，企业党组织必须保证企业经济工作的完成，实现资产的保值增值，体现先进生产力的要求。在我们国家经济上还比较落后的情况下，企业党组织肩负起领导经济工作的责任，不断地追求先进性，为国家的经济建设做贡献，就能为企业党组织的先进建设提供坚实的物质基础。

4. 企业党组织在文化方面的先进性

企业党组织代表先进文化前进的方向，就能为经济工作提供强大的精神动力和智力支持。我们在京煤集团企业文化的指导下，建设独具特色的企业文化，不断进行文化创新，提高广大党员的文化素养，以思想文化、科技文化、制度文化、团队文化，不断丰富企业文化的内涵，使党组织的先进性建设就具备了可靠的文化根基。

5. 企业党组织在宗旨上先进性

为人民服务是党的宗旨，立党为公，执政为民，是"三个代表"重要思想的本质，要加强企业党的组织的先进性建设，就必须坚持党的宗旨，为广大职工群众服务，提高为人民服务的本领。其核心是提高效益，加快发展，为职工谋利益。落实了党的宗旨，企业党组织的先进性建设就会有最广泛的群众基础，这是其他政党所做不到的。

三、关于党的先进性实现的途径

党的先进性要靠建设来实现，那么怎样进行建设呢？这就要认真研究党的先进性的实现途径问题。胡锦涛同志在讲话中指出，开展党的先进性建设，就是要通过推进思想建设、组织建设、作风建设和制度建设来实现。通过做好经常性工作与适当的集中教育来实现。根据我自己的学习体会，党的先进性实现的途径：

1. 开展先进性教育活动，抓好基础工程

要抓好集中教育和长期教育两个环节。当前我们开展的先进性教育活动，是坚持用"三个代表"重要思想武装全党的重大举措，是实现全面建设小康社会宏伟目标的重要保证，是推进党的建设新的伟大工程的一项基础工程。抓好党员先进性教育，通过提高党员素质，加强基层组织、服务人民群众，改进各项工作，有利于进一步推进党的先进性建设。在抓好集中教育的同时，对教育常抓不懈，建立党员受教育的长效机制，就更有利于党的先进建设的持久性、稳固性。

2. 抓好"转化、贯彻与落实"

胡锦涛同志指出，要把党的先进性要求转化为全党的实际行动，贯彻到党的全部执政活动中去，落实到发展先进生产力、发展民主政治、发展先进文化、构建和谐社会、实现最广大人民的根本利益上来，推动社会全面进步，促进人的全面发展。"转化、贯彻与落实"这三个概念非常重要，其实质是要求真务实，党的先进性要有实际行动，要贯彻到党的全部工作去，要落实到发展这个第一要务上来。理论要指导实际，教育的成果要转化为实践，要用实际来检验教育的效果。这样党的先进性建设才会见到实效。

3. 与时俱进，综合创新

党的先进性不是与生俱来的和一劳永逸的。要实现先进性，就必须与时俱进，不断创新。就要从我们党所处的时代和当时的历史条件出发，不断提高党的建设水平。如果只满足于过去先进，今天就会落后；如果只满足于今天先进，明天就会落后。因此，党的先进性建设，要有持久性，要不断攀登新的高峰。在完成新的历史任务中不断提高自己，在同其他政党的比较中找到自己优势和不足，不断地完善自己、发展自己。这里我要强调一下综合创新问题，党的建设是一项伟大工程，具有系统性、综合性、整体性，只抓某一方面都不行，必须全面抓，所以要适应时代需要，综合创新，全面建设。不断进行理论创新和工作创新，不断改进党的领导，改进党的执政方式和工作方式，使党永远处于时代的前列，站在群众的前头，发挥先锋模范作用。

4. 由党员的先进，达到全党的先进

党员是全党的细胞和组成部分，只有党员都是先进的，全党才会是先进的。因此开展党的先进性建设就要从党员抓起，使每个党员具有先进水平。开展党员先进性教育，正是党的先进性建设的重要途径。

5. 廉政、勤政、善政，密切党同人民群众的血肉联系

要建设具有先进性的党组织，全体党员和各级党组织必须端正党风，廉洁自律，勤政为民，具有执政的本领，被人民群众所信赖，这样进行党的先进性建设才会有坚实的群众基础。

6. 落实科学发展观，千方百计把经济工作搞上去

党的先进性建设历来同党的中心任务相联系。在新时期，就是要牢牢地抓住经济工作这个中心，坚持以人为本，全面、协调、可持续发展的科学发展观，把经济实力搞足，用发展的办法解决前进

中的问题，不断提高人民群众的物质文化水平。这样，党的先进性才有可靠的物质基础，社会的进步才有物质保障。在综合国力的比较和竞争中，才会有胜利的把握。

四、关于企业党组织先进性的实现途径

企业党组织党的先进性建设的实现途径具有全党先进性建设实现途径的共性，同时也有企业党组织自身的特点：

1. 要增强党员意识和党性观念

在市场经济条件下，在利益多元化的影响下，党员和党的干部要时刻不能忘记自己的身份和自己的职责，不能把自己看成一个普遍的生意人和买卖人，也不能把自己看成是生意场上的普通老板和打工者。要时刻牢记自己是一个共产党员，是一个党员干部。什么该做，什么不该做，要有明显的是非标准。在大是非面前，要立场坚定、旗帜鲜明，不能落后于形势，落后于群众，要时刻立足于先进性的位置。

2. 要树立远大理想，保持良好的状态

共产党员、党员干部要有坚定的理想信念，勇于为党的事业献身，为党的目标奋斗，为保持党的先进性而努力工作。在有坚定的理想信念的同时，还要有好精神状态和工作状态，有创业的激情和工作的热情。如果得过且过，委靡不振，没有好的状态，再远大的理想也难以实现，也就无法搞好企业党的先进性建设。

3. 要抓好领导班子建设和党员队伍建设

要抓住领导班子建设这个关键，建设奋发有为的领导层。有了先进的领导班子，企业发展就有思路，企业稳定就有希望，企业改革就能积极推进。广大党员在生产经营第一线，抓好党员队伍建设，就有利于发挥基层党支部的战斗堡垒作用，发挥共产党员的先锋模范作用，完成生产经营任务，更好地体现党的先进性。

4. 党委要发挥政治核心作用，保证国有资产的保值增值

党委要把握好企业的政治方向，通过全面加强企业党的建设，保

证经济工作的正常运行，保证法人治理结构各层次的人员充分发挥作用，保证国有资产的完整、安全与效益。自己作为金泰恒业公司的党委书记、董事长，就要把党的先进性建设落实到民主科学决策上；落实到发展先进的生产力、建设先进的文化、为职工群众谋利益上；落实到企业以人为本，全面、协调、可持续的发展上；落实到提高履职能力，建设和谐企业、追求先进的经营管理上；落实到时刻保持共产党员的形象，密切同职工的血肉联系，团结带领党员职工保证国有资产的保值增值上。从而，以党的先进性建设，促进企业的先进建设，加快企业发展的步伐。

以党员先进性教育为契机
大力推进下半年和今后一个时期的经济工作

——在北京金泰恒业有限责任公司二〇〇五年
上半年经济工作会议上的讲话

二〇〇五年八月二日

刚才，李京来同志对今年上半年的经济运行情况进行了总结，对下半年的经济工作进行了部署，我完全同意。根据当前形势和我们公司经济工作的实际，下面我讲几点意见：

一、党员先进性教育活动，是推进下半年和今后一个时期经济工作的强大动力

当前公司总部正在按照集团党委的部署，开展教育活动。公司各单位上半年也进行了教育的各项准备工作，从 10 月份开始也将正式启动教育活动。我们要抓住这个有利时机，加速推进下半年和今后一个时期的经济工作。

1. 从"三个代表"重要思想的基本内容来看，我们必须把经济工作放在中心位置，切实取得成效

"三个代表"重要思想的头一条就是中国共产党必须始终代表中国先进生产力的发展要求，这里核心是讲经济问题。关于先进文化的前进方向，关于最广大人民的根本利益，也都离不开经济这个基础和经济这个中心。由此看来，我们必须按照"三个代表"重要思想的要

求，牢牢抓住经济工作这个中心任务，抓住发展这个第一要务，坚持科学发展观，集中精力把经济工作搞上去。这是做好一切工作的基础，也是我们的本职工作和神圣使命。

2. 从党员先进性教育活动的指导思想、目标要求和基本原则来看，我们必须以教育活动推动经济工作，进而加强企业的全面建设

从指导思想上看，我们要抓住学习实践"三个代表"重要思想这条主线，就必须指导实践，推动经济工作；要把握保持共产党员先进性这个主题，就必须立足岗位，搞好经济工作；要明确提高党的执政能力这个着眼点，就必须从根本上重视经济工作；要坚持党要管党，从严治党，就必须以党的建设指导和促进经济工作。

从教育活动的目标要求上看，要提高党员素质，就必须在提高政治素质的同时，提高从事经济工作的素质，增强经营管理的能力；要加强基层组织，就必须把党组织建设成为政治方向明确，能够领导经济工作的坚强核心；要服务人民群众，就要提高为人民服务的本领，搞好经营，提高效益，从根本为职工群众谋利益；要促进各项工作，在企业，首先是促进经济工作，使企业健康稳定发展。

再从这次教育活动"五个坚持"的指导原则上看，坚持理论联系实际，务求实效，在我们公司主要是联系党员的理想信念，经济工作实际，在增强党性，搞好经营管理上取得实效；要坚持正面教育，认真开展批评与自我批评，就是要围绕党性问题和经济工作，加强学习，提高水平，互相帮助，振奋精神，理清思路；要坚持发扬党内民主，走群众路线，就要围绕企业经济工作大局，广泛听取各方面的意见，集思广益，共谋发展；要坚持领导干部带头，发挥表率作用，就是领导干部要从自己肩负的职责出发，在学习上带头，在经济工作上做出榜样，让职工群众满意；要坚持区别情况，分类指导，就要根据不同企业、不同单位的情况，分别进行帮助指导，要通过教育，使赢利企业更上一层楼，使亏损企业扭亏为盈，改变面貌。

通过综合分析，我们可以清楚地认识到，党员先进性教育活动的指导思想、目标要求和基本原则都与党的中心任务密切相关，都与经

济工作紧密相连。所以，这次教育活动，是推进下半年和今后一个时期经济工作的有利时机，我们要抓住这个大好机遇，围绕经济工作中心，加强企业的全面建设。

3. 从党员先进性教育这项基础工程、保证工程、群众满意工程来看，我们必须充分认识这三大工程对经济工作的巨大促进作用

我认为，之所以党员先进性教育是加强党建的基础工程，是因为坚持用"三个代表"重要思想武装全党，是使我们党永葆先进性的重要基础建设，是奠定党的理论基础、增强党的阶级基础和群众基础，增强执政党的能力基础，夯实执政兴国的经济基础的必要措施。

所谓保证工程，是指通过党员先进性教育，保证党员的理想信念不动摇，保证党组织的战斗力不削弱，保证党的性质不改变颜色，保证党的事业与时俱进，国力强盛，经济发达，永远立于不败之地。

所谓群众满意工程，是指按照中央的要求是否解决了群众反映最强烈，通过努力能够解决的突出问题，是否在解决涉及群众切身利益的实际问题上有新进展，群众是否满意，作为衡量教育活动成效的重要标准。

综合分析这三项工程，都与我们的党性观念和经济工作密切相关。这三项工程的基础和中心，实际是经济问题、实力问题和发展问题。由此可见，紧紧抓住先进性教育这个有利时机，努力建设基础、保证和群众满意工程，对于推动今后的经济工作必将产生深远的影响。

所以，这次先进性教育要牢牢抓住取得实效这个关键，把先进性教育的成果，落实到广大党员和党员干部的理想信念上、工作的责任心和事业心上、能力建设上、廉政勤政上、作风和形象上。主要是落实在政治素质的提高和从事经济工作的本领上。这里讲的政治素质，就是在原则问题上不能犯错误，在大是大非面前要立场坚定，旗帜要鲜明，什么该做，什么不该做要有严格的是非标准，要严守纪律，令行禁止。提高政治素质，必须解决好理想和状态问题。一个党员、一个党员干部、一个领导班子，要有理想，也要有好的状态。没有理想不行，没有好的精神状态和工作状态也不行，所以要经常想一想，我

们到底处在一个什么状态上，是处在一个具有奋斗激情的状态上，是处在一个具有强烈工作热情的状态上，还是处在一个得过且过、水平较低的状态上。每一个同志都要找准自己的位置，借这次教育活动的东风，找准自己的突出问题，看准自己所处的状态，分析评议，积极整改。只有这样，才能达到促进各项工作的目的，才能把我们的经济工作搞上去。

二、对当前经济形势的分析与判断

要做好下半年和今后一个时期的经济工作，必须认真分析公司所处的内外部形势，不能盲目乐观，也不能悲观失望。要根据对形势的判断，提出今后的任务。

1. 我们公司面临的有利条件

经过三年多的艰苦努力，我们已经由生存型、适应性调整阶段，进入了战略性调整、发展的新的阶段。国家宏观经济政策的实施，对我们的工作，特别是房地产开发带来一些困难。但是，也有有利的方面，一些小的公司，由于实力不足，退出了市场竞争。而我们作为大的国有控股公司，实力较足，信誉较高，有政府和银行的支持，能够保存下来，正常开展工作，而且有积极进展，这本身就是一个有利的条件。

具体分析我们公司的有利形势：一是三年来利润年年增长；二是亏损企业大幅度减少；三是上半年销售收入同比增长37%，这反映了我们公司经营规模的扩大和经营能力的提高；四是公司的偿债能力进一步增强，财务状况优秀，基础扎实，前景乐观。

2. 影响我们公司发展的不利因素

通过上述分析，可以看出我们的优势，鼓舞我们的信心，但也不能盲目乐观，也要对存在的问题进行客观的分析。

一是房地产业的主导作用还没有充分发挥出来，燃料的销售收入仍占公司销售收入的60%，奠定房地产业的主导地位还要做出长期艰苦的努力。

二是经营管理水平还比较粗放。

三是一些单位的赢利状况不好。

四是费用增幅较大。

五是人均创利水平比较低。其主要原因是运营成本高，管理层次多，管理链条长，营销能力不足。

六是应收款项还在增加，清欠的任务非常紧迫和艰巨。

三、以管理为突破口，乘势而上，战胜困难，全面完成今年的各项经济指标

1. 强化战略管理，坚持主导产业和基础产业两手抓，两手都硬

三年来，我们坚持"以房地产业为主导，以城市服务业为基础"的战略构想，房地产业和城市服务业都有了较大发展，但是房地产业的主导作用还没有充分发挥出来，还没有取得关键性的突破。城市服务业的基础作用还比较薄弱，分散经营、管理粗放，品牌效益和规模效益不足，专业化管理水平不高，缺乏市场竞争能力。因此，我们要在继续重视燃料经营的情况下，认真落实企业发展战略。一把手抓房地产业，一手抓城市服务业。坚持两手抓，两手都硬。要实现主导产业和基础产业两个轮子一齐转，两个翅膀一齐飞。要达到这个理想境界，就要解决发动机和方向盘的问题。发动机是广大党员骨干和员工的素质和能力问题，方向盘是领导班子特别是党政一手的理想、信念和状态问题。因此，要抓住党员先进性教育这个有利时机，努力解决发动机和方向盘的问题，使主导产业和基础产业相互促进、协调发展、共同进步。

2. 要强化营销管理，提高收益水平

我们公司和各单位之所以存在投资收益不高，人均创利水平比较低，有为数不少的亏损企业，品牌效益和规模不突出等问题，其中一个重要原因是营销管理不到位，营销水平比较低。所以要高度重视营

销问题，要大力推行扁平化管理，减少管理的层次，缩短管理的链条，把得力的骨干充实到销售第一线，不断提高广大员工的营销水平，多创效益、减少亏损，不断提高收益水平。

3. 强化全面预算管理，增强工作的预见性和控制力

要进一步增强预算的全面性、全方位、全员参与的意识。不仅财务部门要重视预算，各级领导班子、领导成员、各个部门、各个单位、全体员工都要纳入到预算网络中去。要坚持预算的先进性、指导性和可操作性，建立全面、严格、规范的预算管理体系，增强预算的执行力和控制力。切实解决开支超预算、预算目标不能如期实现和对预算执行不力问题。要通过强化预算管理，促进企业的全面工作。

4. 强化资金管理，保证重点，化解风险，提高收益

虽然我们公司的财务状况比较好，资产负债率不高，资金速动比率处于良好状态。但企业越发展，资金就越紧张，这是一个普遍规律。由于公司投资开发的力度加快，资金需求的压力非常大。我们要千方百计筹措资金，压缩费用，开拓经营，扩大财源。要严格控制对开发性、政策性收入的支出，保证重点项目的资金需求；要加强对全公司各单位资金的调度使用，加快公司资金管理中心建立运行的步伐；要增强公司的融资能力，善于借贷经营，化解风险，提高收益；要采取得力措施，提高投资回报率，降低成本费用，解决费用总额增长过快的问题；亏损企业要全面加强管理，开拓市场，尽快扭亏为盈，扭亏无望的，要坚决予以关闭。民用煤大额度的亏损，要格外引起重视，积极采取措施，扭转亏损局面。实现保本和微利经营。同时要履行好我们政治职责，保证质量，保证市场供应，搞好售后服务，让居民满意，让市政府放心。

5. 加强赊销管理，继续加大应收款项的力度

我在多次会议上强调过应收款项问题，也采取了一些措施，但是效果并不明显，老账没有减，新账在增加，对这个问题我非常担忧，大家更要引起高度重视。企业赊销是个普遍现象。但是，在市场经济初期，在诚信缺失的不利环境下，加强赊销管理是个严肃的大问题，

要把客户是否有诚信，应收款项是否有保证作为首要因素来考虑，合同要严密，催收要及时。办企业不仅要看利润，还要看现金流是否健康充实。因此，经营中要对赊销的风险有充分估计。针对应收款项继续增加的问题，要进一步落实清欠责任制，要把清欠工作和经营者、直接和间接责任者的任免、去留、收入、奖惩挂钩。同时要对合同等历史资料进行一次认真清理，制定新的催收方案，规范合同管理，争取应收款项能够尽快足额收回，尽可能地减少损失。

6. 强化产权管理，严格遵守产权变更的原则和程序

随着改革的深入，现代企业制度的完善，产权问题越来越引起人们的重视。当前，有的单位产权管理不太规范，在股权的转让和收购方面，没有经公司批准，就进行操作，这涉及到国有资产的管理问题，属于违规行为，要坚决予以纠正。今后，凡涉及到产权、股权的变更问题，都要履行程序，经公司批准，属于重大事项还要报请集团批准。大家都要按照法规和程序办事，以保证国有资产的真实、完整和安全。

今年下半年的任务非常繁重，在公司各大单位改制为分公司以后，将面临新的运行机制和管理模式，大家都要认真研究在分公司建立以后的管理问题，力戒无效管理，坚持有效管理，实施高效管理，追求文化管理。大力推行管理的专业化、精细化、科学化，以管理促经营，以改革促发展，以党员先进性教育为契机，为全面推进企业的先进性建设而努力奋斗。

关于对金泰恒业公司党委领导班子先进性标准的认识

二〇〇五年八月十日

最近以来，金泰恒业公司党委领导班子全体成员都参加了党的先进性大讨论。我们认为，党委领导班子的先进性标准、时代特征和实现途径有以下几个方面：

一、关于党委领导班子先进性标准的内涵

1. 勤奋学习，在思想上体现先进性

刻苦学习"三个代表"重要思想和科学发展观，学习政治和业务知识，坚定理想信念，坚持与时俱进，具有创业的激情和做好工作的热情，具有良好的精神状态和工作状态。具有提升扩张，加快发展的雄心大志，具有振兴金泰恒业的信心和决心。

2. 方向明确，在政治上体现先进性

在政治上同党中央保持高度一致，同集团党委保持高度一致。时刻按照党员领导干部的标准严格要求自己，坚定政治方向，严守政治纪律。在企业，党的中心任务是经济建设，这是最大的政治。所以党委领导班子要履行产权代表的责任，实现国有资的保值增值。

3. 求真务实，在促进企业发展中体现先进性

要抓住发展这个第一要务，以改革促发展，以经营管理促发展，以稳定促发展，以调动员工的一切积极因素促发展。以科学发展观为

指导，坚持以人为本，实现全面、协调、可持续发展。努力做到主业精、辅业兴、核心强，不断提升扩张，加快发展。

4. 科学决策，在落实企业发展战略上体现先进性

要集中集体智慧，深入调查研究，加强论证，防范风险，提高决策水平。认真落实本公司"以房地产业为主导，以城市服务为基础"的战略构想，坚持主导产业和基础产业两手抓，两手硬。做到主导产业和基础产业两个轮子一齐转，不断充电、加油、增加动力，努力把发展战略落到实处。

5. 强化管理，在提高经营水平上体现先进性

抓住管理这个永恒的主题，克服无效管理，实施有效管理，推进高效管理，追求文化管理，促进生产经营。在公司各单位改制为以分公司为主体的企业格局之后，认真研究在分公司体制下的管理模式、管理方法问题。要以市场为导向，提高营销水平，努力多创效益。民用煤经营，努力做到保本微利，保证质量，搞好售后报务，让市民满意，让政府满意。

6. 抓住关键，在党的全面建设上体现先进性

要抓住党的建设这个关键，以加强领导班子建设为核心，全面加强党的思想、组织、作风、制度和能力建设。以改革的精神加强党的建设，以党的建设指导和促进企业的全面建设。

7. 服务职工，在建设和谐企业上体现先进性

坚持立党为公，执政为民，坚持全心全意依靠职工办企业的方针。提高效益，改善职工生活；深入群众，关心职工疾苦；加强教育培训，提高职工岗位能力。要把职工呼声作为第一信号，把职工要求作为第一选择，把群众满意作为第一标准，真正建设群众满意工程，努力建设和谐企业。

8. 廉洁自律，在作风上体现先进性

领导班子成员要一身正气，两袖清风，清正廉洁，塑造良好的形象。同时要领导好反腐败斗争，努力建设"阳光工程"，大力加强企业的廉政建设。

9. 争创一流，在工作业绩中体现先进性

实践是检验先进性的标准，党委领导班子要努力创造一流的工作水平。要按照分工、各负其责，抓好自己分管的工作。同时要相互支

持，相互配合，抓好企业的全面工作，出色地完成各项经济指标，保证企业的改革、发展、稳定。

二、关于党委领导班子先进性的时代特征

在讨论先进性的时代特征时，大家一致认为，以下"八个符合"是党委领导班子先进性重要的时代特征：

（1）符合"三个代表"重要思想的要求，坚定的党性原则具有时代性；
（2）符合科学发展观的要求，落实发展战略具有科学性；
（3）符合建设和谐社会的要求，统筹兼顾具有全面性；
（4）符合市场经济体制的要求，深化改革具有主动性；
（5）符合经济全球化的要求，经营管理具有开放性；
（6）符合科技进步的要求，开拓创新能把握规律性；
（7）符合党的执政地位的要求，能力建设具有紧迫性；
（8）符合现代企业制度的要求，依法依规办事具有自觉性。

三、关于党委领导班子先进性的实现途径

1. 保持良好的精神状态，发扬八种精神
（1）坚定理想信念，永葆青春的革命精神；
（2）与时俱进，永攀高峰的创新精神；
（3）求真务实，以发展为己任的主人翁精神；
（4）立党为公，执政为民的公仆精神；
（5）认真履职，振兴金泰的奋斗精神；
（6）艰苦奋斗，建设金泰的实干精神；
（7）锐意进取，完善金泰的改革精神；
（8）团结协作，双赢金泰的和谐精神。
2. 党委要发挥政治核心作用，保证国有资产的保值增值
党委要把握好企业的政治方向，通过全面加强企业党的建设，保

证经济工作的正常运行，保证法人治理结构各层次的人员充分发挥作用，保证国有资产的完整、安全与效益。要把领导班子的先进性落实到民主科学决策上；落实到发展先进的生产力、建设先进的文化、为职工群众谋利益上；落实到企业以人为本，全面、协调、可持续的发展上；落实到提高履职能力，建设和谐企业、搞好企业的经营管理上；落实到时刻保持共产党员的形象，密切同职工的血肉联系，团结带领党员职工保证国有资产的保值增值上。从而，以领导班子的先进性建设，促进企业先进性建设，加快企业发展的步伐。

3. 要抓住领导班子建设这个核心，建设奋发有为的领导层

有了先进的领导班子，企业发展就有思路，企业稳定就有希望，企业改革就能积极推进，各项工作就有保证。

4. 要加强公司总部建设，实施总部重塑，强化总部职能

党委领导班子的先进性建设，要通过总部来落实、来执行、来体现。总部机关的建设主要围绕"坚持五个追求，实施六个重塑，强化四个效能，提高五个素质"来进行，即追求先进的思想，追求先进的体制，追求先进的方法，追求先进的科技，追求先进的企业；要重塑总部的功能，重塑总部的机制，重塑总部的管理，重塑总部的形象，重塑总部的作风，重塑总部的服务；进一步强化总部各部门的功能互动，智能互联，资源共享，协同服务。进一步转变作风，提高效率。要不断提高总部团队与每一个党员的思想政治素质，人文与科学素质，岗位业务素质，综合创新素质，经营管理素质。

5. 加强能力建设

党委领导班子要抓住能力建设这个重点，通过学习、通过实践、通过调查研究、通过深入群众、通过复杂艰苦环境的锤炼提高能力。以能力的提高，实现自身的先进性。

6. 加强企业文化建设

用先进的文化武装党委领导班子，提高文化素养，奠定文化根基。要用京煤集团的文化理念统一思想，建设独具特色的金泰文化。树立京煤文化观和金泰恒业观。以企业文化建设，来推动和实现党委领导班子的先进性建设。

关于第二期党员先进性教育专题辅导讲课的提纲

二〇〇五年九月一日

在全党开展以实践"三个代表"重要思想为主要内容的保持共产党员先进性教育活动，是党的十六大做出的一项重大决策。为此，中央于去年11月份专门下发了活动意见。京煤集团公司作为第二批开展活动的单位，7月8日正式启动，将用五个月的时间分两期展开先进性教育活动。集团公司四个机关先期进行。学习动员阶段已经结束，现已进入分析评议阶段。与此同时，我们公司各单位的教育活动相继展开。

一、要充分认识开展先进性教育活动的重大意义

党的先进性是党的根本特征，是党的生命所系、力量所在，事关党执政地位的巩固和执政使命的完成，关系到党的生存、发展与壮大。在全党开展这次教育活动，不仅对党和国家的长治久安会产生重大而深远的影响，而且对增强企业党组织的凝聚力和战斗力，推进企业发展也将产生积极重大的作用。

1. 搞好教育是巩固党的执政地位的迫切需要

从上个世纪80年代末以来，世界上一些曾经执政多年的大党、老党先后丧失了执政地位。特别是原苏联共产党的垮台和苏联的解体，引起了我们党的高度重视。苏联曾是世界上第一个共产党执政的社会

主义国家，在有 20 万党员的时候夺取了政权，在有 200 万党员的时候打败了德国法西斯，并与世界头号霸主美国平起平坐，而在有 2000 万党员的时候却丧失了执政地位，并分裂成多个国家。如果从党的自身方面找原因：一是苏共在思想理论建设上没有处理好坚持马克思主义与发展马克思主义的关系，丧失了意识形态领域的主导权；二是没有把经济建设搞上去，没有让人民群众真正享受到经济发展的实惠；三是没有把党组织和党员队伍建设好，特别是没有把领导班子和干部队伍建设好。而归根结底是不能与时俱进，丧失了党的先进性，最终被人民群众所抛弃。这一深刻教训警示我们，一个政党过去先进，不等于现在先进；现在先进不等于永远先进。而一旦丧失先进性，党就要丧失执政地位，甚至走向毁灭。因此为了巩固党的执政地位，我们一定要坚持与时俱进，践行"三个代表"重要思想，不断加强党的先进性建设，这不但是非常必要的，也是非常紧迫的。

2. 搞好教育是提高党的执政能力的迫切需要

建党 80 多年来，我们党所处的历史方位发生了两大转变。一是从领导人民为夺取政权而奋斗的党，成为领导人民掌握政权并长期执政的党；二是从受外部封锁和实行计划经济体制的党，成为对外开放和发展社会主义市场经济体制的党。由于历史方位的变化，党的中心任务也发生了变化。当前党的中心任务是进一步解放和发展生产力，以经济建设为中心，走中国特色社会主义道路，全面建设小康社会。而在实施这一中心任务的过程中，我们当前正处在一个关节点上。纵观世界各国的历史发展经验，国民生产总值在人均达到 1000 美元至 3000 美元时，是一个发展机遇和矛盾凸显共同存在的关键时期。此时有两种前景：一种是正确把握这一时期的特点，适时进行政策调整，促进社会和谐发展，顺利实现国家的工业化和现代化，保持社会经济持续快速发展的势头；另一种是忽视这一时期的特点，协调不好社会各种利益关系，从而出现贫富悬殊、失业人口增多、城乡和地区间差距拉大、社会矛盾加剧等问题，导致经济社会徘徊不前，甚至出现社会动荡和经济倒退。我国 2003 年人均 GDP 已突破 1000 美元，正处在这一关键时期。是否能够顺利渡过这一关键时期，这对我们党的执政能力提出了重大考验。党中央非常重视这一时期的特点，适应国内外形势的新变化，按照所处的新的历史方位，提出了加强党的执政能力建设的新要求。同时已经在实施科学发展观、构建和谐社会、城市拉动农村、工业反哺农业、扩大社会保障覆盖面、关心弱势群体等多方面出台了若干有利的新政策，使我国的社会经济继续保持了快速发展的良好势头。邓小平同志曾说过，干好中国的事情，关键在党。而在党的关键是要具有驾驭整个社会经济不断快速发展的执政能力。同时我们也要看到，党的执政能力水平的提高，要靠党的基层组织的领导能力的提高来支撑，要靠千千万万共产党员的先进性来保证；党的各项路线方针政策的落实，也要靠党的基层组织政治核心作用的发挥和战斗堡垒作用的增强来支撑，也要靠千千万万共产党员的先锋模范作用来保证。因此对全体党员进行先进性教育是非常必要和非常及时的。

3. 搞好教育是加强和改进党的自身建设的迫切需要

自党的十一届三中全会以后，我们党坚持了马克思主义与时俱进的优秀品质，总结和创造出了"三个代表"重要思想，不断加强和改进党的自身建设，使党的先进性不断得到加强，党组织和党员的作用得到了充分发挥。但同时也存在着一些不容忽视的问题。正如中央的活动意见中指出的：有一些党员理想信念动摇，党员意识淡薄；一些党员干部事业心和责任感不强，思想作风不端正；一些党员领导干部思想理论水平不高、解决复杂矛盾的能力不强，有的甚至以权谋私、腐化堕落；一些党的基层组织战斗力不强，不能有效发挥作用等。这些问题在我们单位也有不同程度的表现。这次教育活动正是解决问题，进一步加强和改进党的自身建设的大好时机。

4. 开展先进性教育，是加强党员能力建设，提高投资收益，实现国有资产保值增值的需要

我们是企业党员，我们的企业是国有控股公司，我们所肩负的责任就是维护企业政治稳定，促进企业经济发展，国有资产保值增值。这就要求我们共产党员有很强的能力，以能力建设保证国有资产的安

全与效益。

5. 开展先进性教育，是建设先进的企业文化，树立"金泰恒业观"，增强"金泰恒业力"，强化企业文化竞争力的需要

市场竞争是经济实力的竞争，但其核心是文化的竞争。有经济实力靠的是什么？靠的是文化，靠的是先进的思想文化、制度文化、科技文化、管理文化。开展先进性教育，提高共产党员的文化素质，用京煤集团基本的文化理念统一思想，树立"金泰双赢，恒久立业"的雄心大志，实践"金泰阖力，恒久睦强"的行为准则，继续深化改革，开拓经营，强化管理，就一定能够不断开创企业先进性建设的新局面。

二、要认清党的先进性的基本内涵和实现途径

胡锦涛同志指出："加强党的先进性建设，始终是我们党生存、发展、壮大的根本性建设，抓住了先进性建设，就抓住了党的建设的根本，就抓住了加强党的执政能力建设，巩固党的执政地位的关键"。"加强党的先进性建设，是加强和改进党的建设的长期任务和永恒课题"。

那么怎样来认识党的先进性和实现的途径呢？

1. 关于党的先进性的基本内涵。党的先进性可以从这样七个方面来理解

（1）党的组成人员的先进性。也就是党员队伍的先进性。我们必须把党员质量放在首位，不断提高党员素质。广大党员要站在时代前列，做人民群众可以信赖的先锋和模范。每个共产党员具有先进性，全党才会具有先进性。

（2）党的思想理论的先进性。党的思想必须是先进的，其行动才会是先进的。党的思想理论必须从实际出发，符合社会进步的要求，受到人民群众的拥护。要符合时代性、把握规律性、富于创造性、具有与时俱进的品质。要在和其他政党的比较中，在思想理论上显示出无可比拟的先进性。在当代，邓小平理论和"三个代表"重要思想，

是党的思想理论先进性的重要成果和基本标志。

（3）党的实践的先进性。党的先进性重在建设，重在实践。只有在正确理论指引下，在实践上具有先进性，才会实现党的先进性建设的目标。我党诞生以来，把马克思主义的基本原理同中国的实际结合起来，开展了新民主主义革命和社会主义现代化建设的伟大实践，开展了不断加强党的自身建设的伟大实践，保持了党的生机和活力，使党的先进性不断提高到新境界。

（4）党的第一要务的先进性。党的先进性建设，历来同党的中心任务相联系，党的中心任务是经济建设，第一要务是发展。马克思主义最重视发展生产力。在和平建设时期，只有坚持科学发展观，把经济建设搞上去，党的先进性才会有牢固的物质基础，才会真正体现出党的先进性建设的根本宗旨。

（5）党的能力的先进性。党性强，还要有能力，才能进行党的先进性建设。我们党的杰出领导人，都是才华出众，能力超群的卓越领导者，所以率领全党、全军和全国人民取得了革命和建设的辉煌胜利。党的先进性建设需要很强的能力。在当代，就是要有"三个代表"的能力，具有科学发展的能力，具有执政兴国的能力，具有建设和谐社会的能力。党的能力是先进性的，才能肩负起党的先进性建设的光荣使命。

（6）党的形象的先进性。进行党的建设，形象问题非常重要。在战争年代，共产党员为了人民的翻身解放，抛头颅，洒热血，在人民群众心中树立了高大的英雄形象。在新的历史时期，在和平年代，在市场经济条件下，一些共产党员在廉洁自律方面出了问题，严重损害了党的形象。因此，加强党风廉政建设，加强党的形象建设，是党的先进性建设的重要方面。

（7）党的自我反思，自我完善的先进性。历史在发展、社会在前进，党的工作必须和时代同步，经常进行自我反思，发现自身的缺点和不足，不断地进行自我完善，才能在新的历史条件下，在复杂多变的困难情况下，肩负起自己的历史重任，体现出自身的先进性。

2. 关于党的先进性实现的途径

党的先进性要靠建设来实现，那么怎样进行建设呢？这就要认真研究党的先进性的实现途径问题。胡锦涛同志在讲话中指出，开展党的先进性建设，就是要通过推进思想建设、组织建设、作风建设和制度建设来实现。通过做好经常性工作与适当的集中教育来实现。根据我们的学习体会，党的先进性实现的途径，可以从六个方面来认识：

（1）开展先进性教育活动，抓好基础工程。要抓好集中教育和长期教育两个环节。抓好党员先进性教育，通过提高党员素质，加强基层组织、服务人民群众，改进各项工作，进一步推进党的先进性建设。在抓好集中教育的同时，对教育常抓不懈，建立党员受教育的长效机制，就更有利于党的先进建设的持久性、稳固性。

（2）抓好"转化、贯彻与落实"。胡锦涛同志指出，要把党的先进性要求转化为全党的实际行动，贯彻到党的全部执政活动中去，落实到发展先进生产力、发展民主政治、发展先进文化、构建和谐社会、实现最广大人民的根本利益上来，推动社会全面进步，促进人的全面发展。"转化、贯彻与落实"这三个概念非常重要，其实质是要求真务实，党的先进性要有实际行动，要贯彻到党的全部工作去，要落实到发展这个第一要务上来。理论要指导实际，教育的成果要转化为实践，要用实际来检验教育的效果，这样党的先进性建设才会见到实效。

（3）与时俱进，综合创新。党的先进性不是与生俱来的和一劳永逸的。要实现先进性，就必须与时俱进，不断创新。就要从我们党所处的时代和当时的历史条件出发，不断提高党的建设水平。如果只满足于过去先进，今天就会落后；如果只满足于今天先进，明天就会落后。因此，党的先进性建设，要有持久性，要不断攀登新的高峰。在完成新的历史任务中不断提高自己，在同其他政党的比较中找到自己优势和不足，不断地完善自己、发展自己。这里要强调一下综合创新问题，党的建设是一项伟大工程，具有系统性、综合性、整体性，只抓某一方面都不行，必须全面抓，所以要适应时代需要，综合创新，全面建设。不断进行理论创新和工作创新，不断改进党的领导，改进党的执政方式和工作方式，使党永远处于时代的前列，站在群众的前头，发挥先锋模范作用。

（4）由党员的先进，达到全党的先进。党员是全党的细胞和组成部分，只有党员都是先进的，全党才会是先进的。因此开展党的先进性建设就要从党员抓起，使每个党员具有先进水平。开展党员先进性教育，正是党的先进性建设的重要途径。

（5）廉政、勤政、善政，密切党同人民群众的血肉联系。要建设具有先进性的党组织，全体党员和各级党组织必须端正党风，廉洁自律，勤政为民，具有执政的本领，被人民群众所信赖，这样进行党的先进性建设才会有坚实的群众基础。

（6）落实科学发展观，千方百计把经济工作搞上去。党的先进性建设历来同党的中心任务相联系。在新时期，就是要牢牢地抓住经济工作这个中心，坚持以人为本，全面、协调、可持续发展的科学发展观，把经济实力搞足，用发展的办法解决前进中的问题，不断提高人民群众的物质文化水平。这样，党的先进性才有可靠的物质基础，社会的进步才有物质保障。在综合国力的比较和竞争中，才会有胜利的把握。因此，企业党组织要实现先进性就要做到四个必须：

一是必须增强党员意识和党性观念。在市场经济条件下，在利益多元化的影响下，党员和党的干部要时刻不能忘记自己的身份和自己的职责，不能把自己看成一个普通的生意人和买卖人。也不能把自己看成是生意场上的普通老板和打工者。要时刻牢记自己是一个共产党员，是一个党员干部。什么该做，什么不该做，要有明显的是非标准。在大是非面前，要立场坚定，旗帜鲜明，不能落后于形势，落后于群众，要时刻立足于先进的位置。

二是必须树立远大理想，保持良好的状态。共产党员、党员干部要有坚定的理想信念，勇于为党的事业献身，为党的目标奋斗，为保持党的先进性而努力工作。在有坚定的理想信念的同时，还要有好精神状态和工作状态，有创业的激情和工作的热情。如果得过且过，委靡不振，没有好的状态，再远大的理想也难以实现，也就无法搞好企业党的先进性建设。

三是必须抓好领导班子建设和党员队伍建设。要抓住领导班子建设这个关键，建设奋发有为的领导层。有了先进的领导班子，企业发展就有思路，企业稳定就有希望，企业改革就能积极推进。党员要加强党性修养，即理论修养、文化技术修养、思想作风修养和组织纪律修养，不断进行自我教育，自我改造和自我完善。广大党员在生产经营第一线，抓好党员队伍建设，就有利于发挥基层党支部的战斗堡垒作用，发挥共产党员的先锋模范作用，完成生产经营任务，更好地体现党的先进性。

四是必须发挥政治核心作用，保证国有资产的保值增值。党委要把握好企业的政治方向，通过全面加强企业党的建设，保证经济工作的正常运行，保证法人治理结构各层次的人员充分发挥作用，保证国有资产的完整、安全与效益。要把党的先进性建设落实到民主科学决策上；落实到发展先进的生产力、建设先进的文化、为职工群众谋利益上；落实到企业以人为本，全面、协调、可持续的发展上；落实到提高履职能力，建设和谐企业、追求先进的经营管理上；落实到时刻保持共产党员的形象，密切同职工的血肉联系，团结带领广大职工保证国有资产的保值增值上。从而，以党的先进性建设，促进企业的先进建设，加快企业发展的步伐。

三、要牢牢把握这次先进性教育活动的指导思想、目标要求、指导原则和方法步骤

这次先进性教育活动的指导思想是：以邓小平理论和"三个代表"重要思想为指导，认真贯彻党的十六大和十六届三中、四中全会精神，树立和落实科学发展观，坚持党要管党和从严治党方针，紧密联系各单位改革发展实际和党员队伍现状，以学习实践"三个代表"重要思想为主要内容，引导广大党员学习贯彻党章，坚定理想信念，坚持党的宗旨，增强党的观念，认真解决党员和党组织在思想、组织、作风以及工作方面存在的突出问题，促进影响本单位改革发展稳定、涉及群众切身

利益问题的解决，不断增强党员队伍和党组织的创造力、凝聚力和战斗力，为加快本单位发展提供坚强的思想、政治、组织保证。

这次先进性教育活动的目标要求是：提高党员素质、加强基层组织、服务人民群众、促进各项工作。

这次先进性教育活动的指导原则是：坚持理论联系实际，务求实效；坚持正面教育为主，认真开展批评与自我批评；坚持发扬党内民主，走群众路线；坚持领导带头，发挥表率作用；坚持区别情况，分类进行指导。规定动作要到位，自选动作要创新。

这次先进性教育活动的具体安排和方法步骤：公司各单位的教育活动，从 9 月初开始到 11 月底基本结束。

第一阶段是学习动员。要重点抓好五个环节：一是要抓好动员部署；二是要认真组织好学习；三是要突出学习重点，重点学习必读书目和文件，同时要认真撰写读书笔记和心得体会；四是要组织开展好"新时期共产党员保持先进性的具体要求"和"共产党员与提升扩张、加速发展"的大讨论。

第二阶段是分析评议。要重点抓好五项工作：一是要抓好骨干力量培训；二是要多渠道听取意见，广泛开展谈心活动；三是要认真撰写好党性分析材料；四是要开好专题民主生活会和专题组织生活会，开展批评与自我批评；五是要坚持实事求是地提出评议意见。

第三阶段是整改提高。要重点抓好三个环节：一是制定整改方案；二是要认真进行整改；三是要向群众公布整改情况。

三个阶段都要坚持进度服从质量的原则，每个阶段结束后，必须经督导组同意方可转入下一阶段。

四、几点要求

1. 要切实加强领导，健全制度，确保先进性教育活动扎实有效的开展

一是要建立领导机构；二是要建立实施方案报批制度；三是要建

立督查制度；四是要建立领导人员联系点制度；五是要建立考勤制度；六是要建立职工群众监督评价制度；七是要建立信息沟通制度。

2. 要准确把握党员先进性的内涵

保持党员先进性教育活动，首先要明确先进性的时代内涵。而要把握党员先进性的时代内涵，一是要认真学习这次活动所要求的必读书目和文件，深化对"三个代表"重要思想的理解，努力把握其理论精髓，领会其精神实质，从中把握住先进性的共性要求，在坚定理想信念和党员宗旨意识方面下功夫。二是要结合本企业、本部门和本岗位的具体实际进行深入思考，把握住保持先进性的个性要求，在充分体现不同群体、不同岗位党员的先进性上做文章，使党员的先进性从宏观和微观上实现统一。

3. 要切实找准问题并有效加以整改

一是要切实找准问题。二是要切实解决问题。三是要建立解决问题的长效机制。

4. 领导人员要切实发挥出带头表率作用

切实做到"五个带头"。一是要带头自觉深入学习，联系实际。二是要带头讲党课、讲心得。三是要带头查找问题。四是要带头开展批评与自我批评。五是要带头进行整改。

5. 要切实做到"两手抓"、"两不误"、"两促进"

开展先进性教育活动的目的是为了促进工作。开展这次活动，必须集中一定时间、拿出相当精力，在客观上确实存在着工学矛盾，在对待活动和日常工作上一定要做到统筹兼顾、合理安排。既不能因工作忙而不认真对待先进性教育活动，也不能因搞先进性教育活动而放松了日常的安全生产和经营管理工作。切实做到以先进性教育活动有力推进企业的各项工作，用各项工作的成果为先进性教育活动创造更好的环境和条件，确实取得"两手抓"、"两不误"、"两促进"、"双丰收"的良好效果。

认识先进性　对照先进性　落实先进性

——北京金泰恒业公司在京煤集团公司保持共产党员
先进性教育活动结束总结大会上的发言提纲

二〇〇五年十月十一日

集团公司四个单位机关，历时三个月的保持共产党员先进性教育活动，以今天的大会为标志，已基本胜利结束。领导满意、党员满意、群众满意，成就非凡，整改在即。三个月的深刻教育，终生受益；三个月思想收获，终生难忘；三个月的回顾反思，终生牢记；三个月的整改提高，要持久开展下去。三个月时间虽短，但收益巨大，影响深远。

三个月来，我们金泰恒业公司总部机关在市委督导组的指导关怀下，在集团公司党委和先进性教育活动领导小组的领导和帮助下，深入开展了以实践"三个代表"重要思想为主要内容的保持共产党员先进性教育活动，落实了三个阶段各个环节的任务。我们抓住主线，突出主题，明确着眼点，坚持正确工作方针；党委重视，加强领导；正面教育、自我教育为主，认真开展批评与自我批评；发扬民主，走群众路线，开门搞教育；注重实效，边学边改、边议边改、边整边改；加强舆论引导，典型宣传；围绕中心，坚持"两不误，两促进"；调查研究，分类指导。从而保证了教育活动健康有序展开。使机关党员提高了对开展先进性教育活动重大意义的认识，加强了对"三个代表"重要思想和科学发展观的理解，深化了对党的先进性内涵，时代特征和实现途径的认识。对照先进性标准，找到了本公司在发展战略的落实方面有差距，在党建工作方面有差距，在解决职工群众关注的热点问题方面有差距三个方面的突出问题。针对这些突出问题，我们制定了十条整改方案。公司党委、机关党委，以及各个支部、每个党员都制定了整改方案和整改措施。目前，我们正在认真筹划，积极整改。

大家一致反映，这次教育活动的确是加强党的建设和企业全面建设的大好契机，的确是巩固党的执政地位、提高党的执政能力，加强公司党的能力建设，实现提升扩张，加快发展的迫切需要。通过教育夯实了基础工程，强化了保证工程，建成了群众满意工程。达到了抓住关键，取得实效的要求，实现了中央"四句话"的总体目标。

在教育活动基本结束之后，我们要按照市委督导组和集团党委、领导小组的部署要求，结合金泰恒业公司的实际，要做到以下三点：

一是要继续深入地学习"三个代表"重要思想和科学发展观，认真全面贯彻今天总结大会的精神，巩固教育成果，落实整改方案，做好"回头看"工作，牢牢抓住取得实效这个关键，在取得实效上继续下大功夫，用大力气。

二是要落实保持共产党员先进性的长效机制，落实公司整改方案的长效机制，按照胡锦涛同志关于党的先进性建设的论述，关于共产党员做到"六个坚持"的要求，不断深化认识先进性，经常对照先进性，认真落实先进性，努力推进党建创新，为党的先进性建设做出长期不懈的努力，以党的先进性建设指导和促进企业的先进性建设。

三是要把先进性教育的成果落实到国有资产的保值增值上。认真做好今年度和今后一个时期的经营管理工作，圆满完成各项经济指标，大力推进企业的改革稳定发展，不断提升扩张，加快发展，实现"金泰双赢，恒久立业"！

立足"四个坚持" 构建和谐企业

二〇〇五年十一月二十八日

构建和谐社会，实现美好生活，是人类孜孜以求的理想目标，更是中华传统文化的价值取向。党中央根据新世纪新阶段我国经济社会发展的新要求，以及我国社会出现的新趋势新特点，在对传统文化中的"和谐"精神进行扬弃的基础上，与时俱进地提出和阐述了"构建社会主义和谐社会"的科学论断，并明确指出，我们所要建设的社会主义和谐社会，应该是民主法治、公平正义、诚信友爱、充满活力、安定有序、人与自然和谐相处的社会。

构建和谐社会，是一项庞大的系统工程，既要从宏观上把握，又要从微观上落实。企业作为经济活动的微观主体，社会有机体的组织细胞，构建和谐企业显然已成为构建和谐社会的重要组成部分和根本要求，没有和谐企业，就没有和谐社会。作为企业的经营者或负责人来说，应当全面理解构建和谐社会的深远意义，并为此作出应有的贡献。

构建和谐社会不单单是政府的责任，同时也是社会公众的责任，企业经营者队伍作为一个影响日益巨大的社会群体，负有更大的责任，这是历史的要求。

企业经营者把企业做强、做大，创造更多的社会财富，提供更多的就业岗位，为构建和谐社会创造出坚实的物质基础，这是企业经营者的经济责任。把企业办成社会形象良好的企业，友好公众、友好环境、友好员工，是企业经营者直接的社会责任。企业经营者的责任还体现在取之于社会，反馈于社会，随着企业发展壮大，通过资助各类公益事业或弱势群体，为社会的和谐稳定作贡献。

关于如何构建和谐企业这个命题，我有如下体会：

一、坚持用发展的眼光看问题、用发展和改革的办法解决问题，这是构建和谐企业的基石

树立科学的发展观，归根结底是要抓发展。用发展的眼光看问题，用发展的办法解决问题，这是我国改革开放和现代化建设的一条重要经验，也是建设和谐社会的必然要求。作为国有企业，构建和谐企业的关键在发展。

我认为，发展就是将企业做强、做大、做久，使企业成为构建社会主义和谐社会的重要力量，使之成为创造社会财富的源泉。这是国企发展的目的，也是实践"三个代表"的基本要求。邓小平同志早就说过：贫穷不是社会主义。这句话的内涵是说：富裕才是社会主义。靠什么富裕？发展才能富裕。只有通过发展，才能解决一些疑难问题。对于企业来讲，一个企业的历史就是一部不断发展壮大的历史，发展增强了企业实力，创造了社会财富，解决了职工就业，维护了安定团结，营造了和睦氛围，发展应该是企业孜孜追求的目标。

我认为，作为企业的一名主要领导者，必须具有把握全局的能力，如何才能做到这一点？我体会到：就是要努力创造和谐与发展的大好局面。企业的和谐与发展相辅相成。和谐是基础，发展是关键。企业没有和谐的环境，什么事也干不成。如果不发展，和谐就成为一句空话。在和谐的前提下发展，用发展的成果实现更高层次的和谐，实现和谐与发展的良性循环，企业的前景就十分广阔。

二、坚持以人为本，构建和谐的企业内部环境

胡锦涛同志指出，构建社会主义和谐社会，"必须坚持以人为本，

始终把最广大人民的利益作为党和国家工作的根本出发点和落脚点，在经济发展的基础上不断满足人民群众日益增长的物质文化需要，促进人的全面发展；必须尊重人民群众的创造精神，通过深化改革、创新体制，调动一切积极因素，激发全社会的创造活力；必须注重社会公平，正确反映和兼顾不同方面群众的利益，正确处理人民内部矛盾和其他社会矛盾，妥善协调各方面的利益关系。"和谐企业，是和谐社会的题中应有之义。不容置疑，构建和谐企业必须坚持以人为本。

我认为，理解胡锦涛同志的指示精神，企业要坚持以人为本，关键要做到两点，一是为人发展，二是靠人发展。

构建和谐企业，一方面，企业要把最广大人民的利益作为根本出发点和落脚点，通过解放生产力、提高竞争力、创新发展，做大做强，创造更多的物质财富，为构建和谐社会作出应有贡献。同时要求企业强化社会责任感，既要注重经济效益，又要关注社会效益，切实做到诚信立业、依法经营、服务客户、回报社会、造福大众。这是和谐企业为人发展的层面。

另一层面，是靠人发展。职工是企业发展的动力源泉，人员流程是执行力的核心之首。没有职工就没有企业。"企业最大的成本是拥有一批没有充分发挥能力的职工，企业最大的潜力是把职工的积极性充分调动起来。"构建和谐企业必须依靠职工，必须突出职工的主人翁地位，尊重职工、关心职工、保护职工、发展职工，企业在立足自身改革创新，跨越发展过程中，既要注重赢得投资者满意、客户满意，又要重视内部职工的满意，既要注重维护企业的外部形象，又要维护企业的内部和谐。

坚持以人为本，维护企业的内部和谐，保证企业的职工满意，这是我们公司构建和谐企业的主题。正是秉持了这样的理念，工作中，我们着重抓了以下四个环节：

1. 建立充满活力的"用人机制"

一是坚持内部培养与外部引进并重。一方面对现有职工坚持定期和不定期培训制度，不断提高职工的业务素质和技能水平，以适应企业发展的需要；另一方面，认真贯彻公司《关于人才引进的管理办法》，除新分配到企业的大中专毕业生外，企业所需人才坚持从社会上引进，一年一聘，解决了人才能进能出的问题。

二是加强后备干部的培养。成立"青年人才联谊会"，直接在公司党委领导下，有目的地对35岁以下后备人才重点培养，通过研讨交流、调研评比、以老带新等形式开展分组定期活动，在工作中，敢于施压，敢于委以重任，加速年轻干部的成长速度，培养合格的可用之才，收到切实的成效。现在，在公司总部和所属企业，一大批高级和中级管理人员、技术骨干活跃在各个重要岗位，为公司的持续发展提供不竭的动力。

三是实行职务和职称双激励机制。根据人才的不同特点，适宜安排领导岗位的，在职务上予以提升激励；适宜在专业岗位做出突出贡献的，在技术职称上给予高聘。做到各尽其能，各得其所。

四是建立退出通道。建立了辞职、离岗休养等政策，为新老交替，后备人才成长进一步创造了条件。

2. 健全公平的分配制度

立足于既体现公平又体现效率的有企业自身特色，努力实现企业与职工双赢的目标，建立新的工资、薪酬制度。制定了新的、更为科学的考核办法，根据岗位、能力、贡献，实行多种分配形式，解决了收入有高有低的问题。对高度市场化的岗位，尤其是引进的专业人才，执行基于市场的薪酬模式——你在市场上值多少钱，就拿多少；对企业高级管理人员，实施基于绩效的薪酬模式——你作出的贡献大，年薪和奖励就高，并积极探索长效激励机制；对一般管理人员，制定岗位工资制度——在什么岗位，拿什么钱；针对技术人员，体现以技能为主的薪酬制度——你有多大本事，你就挣多少。

3. 营造安定的工作、生活环境

金泰恒业公司由原来的北京市煤炭总公司改制而来，通过改制四年来的努力，基本走出生存型、适应性调整阶段，进入战略性调整、发展的新阶段。各项经济指标显示公司已经步入稳步、持续发展的时期，公司主营业务成功转型，不断创造出新的工作岗位。近来，我们提出"稳员增效"的思路，这就为职工提供了充足和较为安定的工作岗位。

公司在有力步入房地产业的同时，没有忘记改善自己职工的住房条件。通过争取政策集资建房和对有贡献的干部职工准予成本价购房等政策，改善职工的住房条件，进一步提高了广大职工的工作积极性。

三、坚持诚信立业，构建和谐的企业外部环境

破除你死我活的旧竞争观念，树立和开展竞合取得双赢或多赢的新观念。实行道德经营，坚持企业自律和行业自律，以诚信为本，坚持实事求是、互相信任、互相体谅和互相支持，实现企业与企业、企业与市场、企业与消费者、企业与环境的和谐，取得双赢或多赢，为企业创造良好的生存与发展环境。

为做到严守信誉，真正按照社会主义市场经济的法则经营，我们公司注重以下三方面的细节工作：一是对所属企业经营者加强教育，使其真正树立起正确的经营思想，既对自己负责，对企业负责，又要对他人和社会负责；二是建立健全规章制度；三是理顺体制，加强管理。

四、坚持和谐的企业文化，是构建整个和谐企业全过程的精神支持和政治保障

企业文化是企业在市场竞争中立于不败之地的重要砝码，是凝心聚力、加快发展的重要途径。没有优秀的企业文化，便不会有卓越的企业。这是世界上优秀企业一致的认识。如同一个没有高尚品格，没有积极向上的心态的人，就决不是一个杰出的人。

在企业发展进程中，企业文化作为思想政治工作的崭新载体越来越得到企业重视。《中央组织部、国务院国资委党委关于加强和改进中央企业党建工作的意见》指出：党组织要加强对企业文化建设的领导，把企业文化建设融入企业管理，思想政治工作和精神文明建设的

全过程。

金泰恒业成立以来,我们认真总结提炼了本公司独具特色的企业文化。金泰恒业公司企业文化的形成,主要体现了两个方面的结合:即经营者个人文化和企业人文环境的相互融合,是一种辩证的和谐统一。现在看来——我们的企业文化,正是具有显著时代特征的、和谐的企业文化。

一是确立了"金泰双赢,恒久立业"的"金泰恒业观"。内容包括"三个统一、三个面向、五个追求",即整体效益和全局稳定的统一,巩固基础和与时俱进的统一,以人为本和科学发展的统一;面向世界,面向首都,面向大众;追求全局成功、追求经济效益、追求长远发展、追求员工富裕、追求先进文明。这是我们公司的核心理念和企业哲学。其精神与内容,以其独特性,不可模仿性得到了广大员工的认同,具有强大的凝聚力。

二是确立了"金泰阖力,恒久睦强"的"金泰恒业力"。阖:是阖家幸福的"阖",从这个阖字,就可以看出我们公司的合力、和谐,热火朝天、致力于发展的实践场面。上述的"金泰恒业观"属于哲学理想层面,而这里的"金泰恒业力"属于实践行为层面,是要我们集中全公司的力量,和睦和谐,致力企业做强做大,持续发展。"金泰恒业力"包括企业的生产力、文化力、竞争力、创造力、执行力和凝聚力。只有"金泰阖力,恒久睦强",才能实现"金泰双赢,恒久立业",公司才能基业长青、永续发展。在"金泰恒业观"指引下的"金泰恒业力"是指经营管理的实践活动,行为规范、工作能力和行动力量。"金泰恒业观"和"金泰恒业力"体现了我们金泰恒业公司精神力量和物质力量的有机结合,体现了理论和实践的相互统一,体现了同心同德、自强不息、厚德载物的中国文化精髓。

《左传》上说:"亲仁善邻,国之宝也"。让我们弘扬中华传统文化中的"和谐"理念和新时代的企业家精神,肩负起历史赋予的责任,致力于社会主义和谐社会的建设,为我国和我市经济社会的健康与可持续发展,为金泰恒业公司的做大做强作出更大的贡献!

落实科学发展观　加强党的先进性建设努力开创二〇〇六年企业全面工作的新局面

——在北京金泰恒业有限责任公司一届十二次党委全委扩大会议上的讲话

二〇〇五年十二月一日

在 2005 年将近结束，2006 年即将到来的时候，我们召开一年一度的党委全委扩大会议。这次会议的主题是：传达贯彻党的十六届五中全会精神，落实科学发展观，以党的先进性建设指导和推动企业的先进性建设。这次会议的任务是：对 2005 年企业全面工作进行简要回顾，根据新形势、新任务的要求，提出 2006 年和今后一个时期党的建设和经济工作的总体思路，为明年初的工作会议做准备。

2005 年，我们在集团党委和公司党委的领导下，以"三个代表"重要思想、科学发展观为指导，认真贯彻去年底和今年初的党委扩大会和工作会精神，努力做好我们第二届任期第一年的各项工作。今年以来，全公司党的建设进一步加强，特别是经过第一期总部机关、第二期公司各单位开展的保持共产党员先进性教育活动，进一步提高了学习实践"三个代表"重要思想、科学发展观、建设和谐社会、和谐企业的自觉性。通过针对突出问题，制定、落实整改方案和措施，党的建设、企业重点工作、党群干群关系正在出现新的起色。在先进性教育活动的推动下，党的宣传思想工作、企业文化建设，各级领导班子建设，经营管理者队伍、人才队伍、党员队伍建设，党风廉政建设，老干部工作，工会和共青团工作都取得了新的成绩。企业经营管理有新的突破，销售收入、利润指标达到历史最高水平。到年底，将圆满完成各项预定经济指标。公司改制进展顺利，到目前，公司各大单位已有 16 家顺利改制为分公司。企业管理进一步加强，重大投资项目进展较快，公司资产更加优良，经济效益普遍提高，职工生活进一步改善，公司整体局势稳定，发展步伐加快，为做好明年的工作奠定了坚实良好的基础。

一、关于当前形势和任务的分析

党的十六届五中全会通过的第十一个五年规划的建议，在肯定以往巨大成就的基础上，对形势和任务进行了全面分析。这对我们有深刻的启示。因为，我们公司的生存与发展不可能脱离宏观形势和环境。当前，我们公司面临一个很重要的发展机遇期。

一是公司两级领导班子经过第一届任期的严峻考验，第二届任期头一年的大胆探索，思想更加成熟起来，把握总体局势，进行经营管理的能力进一步增强。特别是经过保持共产党员先进性教育活动，使我们对公司发展的基本态势和走向认识更加明确，思想和行动更加统一。

二是公司"以房地产业为主导，以城市服务业为基础"的发展战略，正在得到广泛的认同，公司几个大的工程项目相继开工、建成和投入运营，公司的资产规模和资产质量进一步提升。燃料经营收益良好，房地产租赁经营效益提高，饭店旅游进步明显，城市服务业稳步上升，"金泰城"、"百子湾"等重大项目正在取得重大进展，预期收益良好。

三是公司体制改革顺利推进，退管中心、物业管理中心、资金结算中心的建立和即将建立，为今后进行经济结构的战略性调整，提升全公司的专业化管理水平，继续深化体制改革，进而为建立多元投资的股份制经济实体，创造了有利条件。

四是我们有一支品德优良、工作扎实的企业领导者队伍、人才队伍、党员队伍和员工队伍，这是最重要也是最根本的条件。在这些有利条件基础上，正值"新北京、新奥运"大好时机，我们公司也将乘势而上，再创佳绩。

在看到机遇和优势的同时，也要对公司面临的困难和挑战有清醒的认识。

一是投资规模过大，资金紧张。资金紧张是市场经济发展中的普遍问题，企业越是发展，就越感到资金不足，我们也不例外。可以说，资金紧张是公司面临的一个带有普遍性的突出问题。这几年我们投入了大量资金进行工程建设，形成了一批优良资产，我们的资产贡献率是大的，收益是长期稳定的。但我们的现金存量也相应大幅度减少。虽然我们的资产负债率不算太高，但现金的偿债能力却严重不足，而且这些贷款都是短期多笔贷款，一旦有一笔贷款不能到期偿还，我们的信誉将受到严重影响，整个资金链条将会受到严重威胁。所以资金紧张问题，必须引起两级领导班子高度的重视。

二是应收款数额过大。是造成资金紧张的重要原因之一。

三是费用过高。各项成本控制余地不大，但费用弹性较大，是可以控制的，费用增长过大，形成资金紧张。

四是营销能力不强。当前，我们公司的资产是优良的，而且资产总量每年都在增加，但是我们的赢利水平是很低的，这里面有历史包袱沉重的原因，也与我们的经营能力不强有一定关系。

五是经营性的现金流量不足。

六是与先进性要求相比，公司党的建设还有差距，我们的思想观念、人才结构、能力建设、专业化水平都有不足，都需要在明年做出巨大的努力。

党的十六届五中全会通过对形势的分析，对坚持以科学发展观，统领经济社会发展全局，提出了"六个必须"的指导原则，即必须保持经济平稳较快发展；必须加快转变经济增长方式；必须提高自主创新能力；必须促进城乡区域协调发展；必须加强和谐社会建设；必须不断深化改革开放。这六个必须，是针对全国讲的，也是针对我们讲的。按照中央六个必须的要求，明年我们的主要任务是，按照公司发展战略的要求，采取坚决有力的措施：必须科学安排资金，开拓经营，加快发展，努力缓解资金紧张的状况；必须狠抓应收款项和预付款项的回收落实，加快资金周转，实现资金的良性循环；必须扼制费用过高过快增长的局面，转变经济增长方式，建设节约型企业；必须提高经营能力，提高投资回报和赢利水平；必须严格控制开发性收入的支出，依靠综合持续创新，加强经营管理，继续深化改革开放，确保现金流量的充实健康；必须加强党组织的能力建设和先进性建设，实施党建创新，提供有效的政治保证，凝聚职工共同奋斗，实现国有资产保值增值。

二、认真学习贯彻党的十六届五中全会精神和市委九届十次会议精神，切实把思想认识统一到科学发展观上来

明年，我们公司党的建设和经济工作的指导思想是：在京煤集团党委和公司党委的领导下，以邓小平理论和"三个代表"重要思想为指导，全面贯彻落实十六届五中全会精神，以科学发展观为统领，切实发挥两级党委的政治核心作用，以落实公司发展战略为目标，以提高经济效益为中心，继续巩固和扩大公司发展的良好势头。以发展和改革的办法解决前进中的问题。要增强政治意识、大局意识、责任意识、危机意识。坚持以人为本，切实转变发展观念，创新发展模式，提高发展质量，突出重点，统筹安排，实现公司全面协调可持续发展。坚持以党的先进性建设指导和推进企业的先进性建设。

前面我对形势任务，机遇和挑战进行了认真分析。全国宏观环境的变化在我们公司也会受到相应的影响。我们公司面临的问题也是宏观环境的一个缩影。所以贯彻党的十六届五中全会精神、市委九届十次会议精神不仅具有普遍意义，而且在我们公司也具有十分现实的意义。我们解决面临的困难和问题，和全国全市一样，思想理论武器是科学发展观，有效的办法是科学发展观，前进方向和具体思路也

是科学发展观。解决问题的答案，更在落实科学发展观之中。离开了科学发展观，来考虑问题和安排工作，就脱离了时代要求和公司的客观实际。认真分析我们公司一些问题的自身原因，一个重要的方面就是对科学发展观认识不深、落实不够，党组织的先进性建设存在差距。所以明年的经营管理工作、宣传思想工作、组织人事工作、纪检监察工作、工会共青团工作都要围绕落实科学发展观，提高认识，积极努力。

要按照科学发展观办事，两级党委领导班子就要从政治的高度、全局的高度来认识科学发展观。要教育广大党员、干部、职工充分认识到，科学发展观是我们党关于社会主义建设指导思想的继承和发展，与邓小平理论、"三个代表"重要思想，具有一脉相承的关系。理解和落实科学发展观要把握这样五点：一是科学发展观继承了发展是硬道理的思想，同时又强调发展必须是科学发展；二是科学发展观继承了社会主义生产目的理论，提出了以人为本的发展理念，这是科学发展观的核心；三是科学发展观继承了两个文明一起抓的思想，提出了经济、政治、文化、社会"四位一体"，全面推进的新要求；四是科学发展观继承了讲平衡、按比例的发展经验，提出了"五个统筹"，协调发展的新观念；五是科学发展继承了讲效益的优良传统，提出了建立节约型社会和以自主创新促发展的可持续发展的新观念。把握了这样几点，就能进一步加深对"三个代表"重要思想和科学发展观的理解，从政治和理论的高度来认识我们面临的形势任务，正视存在的问题，提出解决的办法，理清发展思路，真正掌握指导发展的世界观和方法论，从而加强党组织和企业的先进性建设。

所以，明年公司的一切工作，都要统一到落实科学发展观上来，统一到落实公司发展战略上来，夯实战略基础，确保战略重点，努力实现公司资金状况和经营状况的根本好转，资产负债率进一步降低，要搞清我们公司资产负债率的应有水平。现金流量要进一步充实、健康，经营管理能力进一步增强，使公司全面建设纳入以人为本，全面协调可持续发展的轨道。

三、依据公司发展战略，合理安排资金，控制投资规模，确保重点工程资金需求，采取得力措施缓解资金紧张的局面，切实保证公司可持续发展

资金是企业的血液，解决资金的困难，是企业工作的重中之重，是保证公司可持续发展的基本保证和关键环节。四年来，我们相继投入，对原有工程项目进行了改造完善，并相继建成了一批品质优良的经营性资产，壮大了公司的实力，改善了企业形象，安排了职工就业。但是，另一方面，这些不动产投资大、回报慢，造成资金的固化和沉淀，流动资金大幅度减少，影响了公司的还贷能力。而且这些不动产，有一部分是靠贷款形成的，这就更进一步加重了偿债的负担。因此，明年一定要科学安排资金，保证资金链不能断，保证能够及时还贷、续贷，能够正常开展经营活动。两级领导班子在明年缓解资金困难所要做的工作：

一是要增强贷款必须归还本金观念。前些年贷款比较容易，手续简便，本金还不上，办个手续，就可以续贷。但是现在首先要还清本金，然后才能续贷，而且续贷还不一定能批下来，即使能批下来也还要等一两个月，这就增加了现金可能断流的风险。因此，公司两级领导班子都要高度重视及时归还本金的工作，确保公司的信誉和正常的资金需要。要知道，有了贷款并不是胜利，不能固化在实物资产上，长期收不回本金，更不能花光吃净，贷款使用要创造效益，才能形成利润，还本付息，及时续贷，形成良性循环。两级领导班子要高度重视，科学安排，对贷款归还本金的工作决不可掉以轻心。

二是充分发挥资金结算中心的作用。组建资金结算中心，是要对公司的资金统筹管理，提高资金周转率、利用率，形成拳头，保证把好钢用在刀刃上。

三是贷款规模要适度。贷款规模不能仅按需要设定，还要根据偿还能力来贷款，超过偿还能力的贷款，给企业带来的风险极大。年初，

我们的贷款数额将有所增加，而且都是一年以内的短期贷款，还款压力很大。所以明年要严格控制贷款规模。新贷款之前，就要设计好还款的途径，没有还款能力的不能贷款。贷款要用于效益好，周转快的项目上，确保本息的偿还。特别是要控制靠贷款搞工程，形成不动产，资金固化、沉淀，不能使资金在流动中保值增值。今后，凡是投资收益率低于银行贷款利率的项目都不能上马，相关部门要严格把关。

四是资金安排要以落实公司发展战略为依据，确保重点资金需要。我们公司的房地产业，以往土地出让、资产变现和自我开发、不动产经营的模式已经结束或即将结束。今后，就是要以房地产开发为龙头，把开发形成的房产，作为商品，进入流通领域。这样，资金回笼快，赢利额度大，而且是用预售的房款进行滚动开发，一般不会形成资金的固化，所以要大力支持。"金泰城"、"百子湾"项目是我们的重点项目，事关公司的战略全局，事关我们偿债能力的大幅度提高。所以要从各方面，特别是在资金上给予大力支持。相关部门和单位要做好工作，克服困难，化解风险，对重点项目加快推进。同时，还要认真研究房地产开发的可持续发展问题，提前做好土地储备，为后续项目打基础。各单位以自有资金搞开发，优势互补合作开发，我们也给予支持，但是要分清轻重缓急，服从服务于公司战略全局的需要。

四、提高公司各业的经营能力，千方百计增加销售收入，提高赢利水平，实现公司全面发展

在今年半年工作会上，我们提出了主导产业和基础产业一齐抓，两个轮子一齐转，两手抓，两手都硬的指导方针，这是符合科学发展观要求的。明年和今后一个时期，要继续深化对公司全面发展的认识，突出重点，统筹兼顾，全面提升房地产业、燃料经营业、物业管理业、饭店旅游业、城市服务业的管理水平和营销能力。

一是要认真处理好房地产开发与经营的关系，加快实现房地产产品的变现能力，加快资金回笼，提高赢利水平，防止资金的固化。

二是进一步开拓燃料市场。燃料经营，是我们的战略基础，目前仍占公司销售收入的60％。要予以高度重视。但是燃料经营预付款项和应收货款数额较大，有一定的潜在风险，所以经销中心和燃料油公司近期内要对强化燃料经营的基本思路和预付、应收款项的风险，进行分析，形成专题报告，报经理层和董事会，以利明年初的工作会议对强化燃料经营，发挥传统优势，开拓燃料市场，做出统筹安排。要继续履行好首都民用煤保供的政治责任，加强质量控制，搞好售后服务，让市民满意，让市政府放心。

三是强化物业租赁经营。物业租赁经营是公司重要的经济支柱之一，是公司发展战略的重要组成部分，是必不可少的经济增长点，要在以往成绩的基础上，再上新台阶。经过前一个时期的调查分析，我们基本掌握了租赁经营的情况，摸清了底数，找到了问题，明年要有针对性地采取措施，提高租赁收益，提高出租合同履约率。

四是提升饭店旅游业的水平。饭店旅游业，要以服务为基础、以销售为龙头、以名牌为核心，发挥高端酒店的带动作用，发挥宾馆、旅店各自的优势，打造金泰名牌，增加销售收入，提高收益水平。城市服务业是安排职工就业，稳定企业局势的重要环节，要不断提高服务各业的管理和经营水平，提高市场竞争能力。

公司两级领导班子和分管领导，要加强调查研究，认真分析公司各业的经营管理现状，认真研究国内外同行先进企业的经营管理思想和模式，找到差距，深入研究，拿出方案，进行综合系统创新，做先进性的追求者和实践者，努力推动公司各业全面发展。

五、加强全面预算工作，统筹安排，保证公司协调发展

全面预算工作是公司的一项重要工作，与落实科学发展观密切相连，是使公司各项工作正常开展、健康运行、协调发展的基本保证。全面预算，事关公司发展大局，是各级领导人员的基本功、必修课。各级领导人员，特别是两级领导班子成员要充分认识预算工作责任的

全面性，预算内容的全面性，预算操作流程的全面性。要充分认识预算工作的指导功能、控制功能、平衡功能。全面预算工作不是可有可无，可抓可不抓，而是必不可少，必须不断加强。企业越发展，预算工作就越重要。公司全面工作的协调，首先预算要协调。要通过执行落实公司全面预算管理办法，实现公司协调发展。为了做好全面预算工作，要安排专门时间进行教育培训，提高做好全面预算工作的自觉性。

六、继续深化改革，完成分公司的改制工作，落实分公司经营管理办法，把分公司做强，把公司总部做实

明年要克服困难，积极推进，基本完成分公司改制工作。要按照分公司经营管理暂行办法的要求，完成经营模式由"多级法人、统一汇缴、独立核算、自负盈亏"，向"一级法人、授权经营、独立核算、保值增值"的转换，在"党的关系不变，人事任免不变、经营格局不变，分配格局不变"工作原则指导下，公司对分公司实施委托授权经营管理。要按照规定，公司该管的要管好，该授权的充分授权，该放开要放开，权力和责任要相匹配，要充分发挥公司和分公司两个积极性。按照分公司模式运行，公司和分公司的联系更加紧密，肩负的共同责任更加一致，推动公司向前发展的力量更加集中，落实公司发展战略的目标更加统一，共享公司发展成果，实现共同成长的基础更加牢固。随着专业化管理的提升，广大经营管理者会有更广阔的发展空间，会有更多更好的成长机会。同时，随着改革的深化也对两级领导班子把握全局的能力、综合协调能力、经营管理专业化的能力，依法、依规、依程序办事的能力、持续创新的能力提出了新的更高的要求。因此，我们要把思想统一起来，把力量凝聚起来，共同致力于公司科学发展。

为了开创公司和分公司以及各有限责任公司协调高效运行的新局面，进一步创新发展模式，提高发展质量，明年要继续推进公司总部

重塑，要实施体制创新，推进功能重塑；实施运行模式创新，推进管理重塑；实施评价激励创新，推进机制重塑；实施企业文化创新，推进素质形象重塑；实施关联系统创新，推进作风重塑；实施细节管理创新，推进服务重塑。通过总部创新重塑，树立总部的权威，提高服务领导、服务基层、服务群众的本领，实现总部决策中心，指挥中心、利润中心的功能。

在完成分公司改制的情况下，要实施人事制度改革的新突破，其重点是要推进从职务管理向岗位管理转变。要依据人才与薪酬市场化的原则，对公司所需岗位进行分析，以岗定责、以岗定薪。依据岗位要求、资产规模、能力贡献获得报酬。这是对传统观念、传统的人事管理和分配制度的一次深刻革命。职务管理弊端很多，职数有限、企业状况、岗位状况差别很大，平均分配很不利于积极性、创造性的发挥。因此，对以往的职务管理进行深刻的变革，大力推进岗位管理，依据不同的岗位，不同的责任、不同的企业与资产状况、不同的能力贡献，制定不同的薪酬标准，势在必行。公司董事会相关专业委员会，经理层、相关部门要对新体制下的人事制度改革和激励约束机制进行深入研究，上半年要拿出比较科学、全面、可行的实施方案，包括试点方案。要站在建立和谐社会，促进企业和谐发展的高度，积极而又稳妥地推进劳动、人事、分配三项制度改革，充分调动各个方面的积极性。要通过严格、公正、公平的考核，保证新体制的有效运行。

七、适应科学发展观的需要，进一步提高企业管理水平

要充分认识到，科学发展观就是社会主义发展观，科学发展观就是指导我们公司全面进步的发展观，科学发展观对发展的意义、目的、内涵、方法都做了新概括。那么我们坚持什么样的方法论才能把科学发展观落到实处呢？其中很重要的一点，就是要加强管理，实施科学管理，推进有效管理，追求高效管理，向文化管理的新境界迈进，把落实科学发展观作为我们公司管理工作的出发点和落脚点。围绕以人

为本，全面、协调、可持续发展的新的指导思想，围绕公司发展战略，来检验我们公司管理的成效和得失。明年两级领导班子都要创新管理观念，转变管理方式，切实把管理的重点转移到落实科学发展观和公司发展战略、年度工作目标上来。

一是要加强战略管理，夯实战略基础，抓好战略重点。继续贯彻"大而优、小而强、难而进、劣而汰"的结构调整和总体发展思路，本着有所为有所不为的原则，打造新的工作格局，把主导产业做强做大，把基础产业做实做好，把分战略、子战略落到实处。当前，加强战略管理的关键，是要把有所为有所不为中，关于不为的内容搞清楚，分析透，不为的内容敢于大胆放弃。这样，为的内容才能突出出来，才能抓住主要矛盾，全力打造新的工作格局。明年，要认真研究资金整合、资源整合、资产整合、业务整合问题，着力实现公司长远发展和整体效益、整体实力、整体稳定的统一。

二是加强决策管理。要规范决策的流程、责任和机制。决策的流程要正规、明晰、顺畅；决策的责任要到位、层次要分明、任务要落实；决策的机制要科学、合理，环环相扣，层层把关，逐级负责，注重实效。切实加强对重大问题的调查研究，特别是重大投资决策前的调查研究。要广泛发扬民主，改进作风，群策群力，保证决策的科学性。对于决策的执行情况要加强督促检查，增强决策的执行力，防止出现议而不决，决而不行，行而无果的无效决策。

三是要加强费用管理，建立节约型企业。费用增长过快，费用增长和利润增长不匹配，是制约公司发展的重要环节，明年的预算工作要把各项费用严格控制在合理、可行的范围之内，不允许突破。要坚决执行公司制定的人才引进管理办法，实行用工社会化、市场化。日常经营管理活动要厉行节约，反对铺张浪费，大手大脚，坚持勤俭办企业。关于费用控制问题，各位主管领导要分头组织相关部门拿出具体办法，而后形成方案，以利执行落实。

四是加强信息化管理，推进管理扁平化，提高管理效率，降低管理成本。信息化是手段，是工具，信息化要服务于管理，服务于经营，要通过信息化建设提高经营管理的水平。要大力推广、熟练掌握信息技术。逐步建立以信息化为重要手段的科学决策和经营管理工作流程。采取多种形式加强沟通，缩短管理的链条，规范工作流程，提高工作效率和质量。

五是要突出管理重点，要切实围绕"现金流量问题、销售总额问题、投资回报问题、产权事务和产权代表管理问题、全面预算问题、重大工程问题"等，实施管理创新。抓住重点，带动全盘。

六是坚持依法治企，强化法律意识，保障规范运行，防范法律风险。落实公司法律事务管理办法，加强公司法律事务制度建设，强化法律事务机构和法律工作人员队伍，加强对合同管理人员的培训工作，要特别注意防范合同风险。妥善处理历史遗留问题，加强对聘用律师的监督和管理，做好涉诉案件工作，维护公司的根本利益，努力把各种风险降到最低限度。

七是继续加强赊销管理。目前预付款项和应收款项数额仍然偏大，要遵循诚信交易的原则，进行经营活动，特别是在当前资金倍加紧张的情况下，更要重视赊销管理。此次会议结束之后，凡是有应收款项的单位，都要有分析报告，有清欠计划，由主管领导牵头进行落实，明年上半年进行考核检查，有奖有罚。

八、加强党的先进性建设，推进党建创新，巩固和扩大先进性教育活动成果，为落实科学发展观提供坚强的政治保证

落实科学发展观，党的建设是关键。要充分发挥两级党委的政治核心作用。党的宣传思想工作要围绕党的十六届五中全会精神和科学发展观，利用一报一刊和各种宣传工具，进行舆论引导，推广先进经验，加强教育培训和政治思想工作，激发创业热情，增加精神动力，提供智力支持。努力建设学习型企业、和谐企业、创新企业，增强企业的凝聚力、向心力。

要把党的宣传思想工作同加强企业文化建设紧密结合起来，要在

京煤集团企业文化思想的指导下，深入宣传、研究、落实"金泰恒业观"和"金泰恒业力"，建设独具特色的企业文化体系，按照公司总部五楼雕刻的"金泰恒业铭志"的总思路、总要求，分公司、各基层单位，要继续深化对企业文化的认识，以不同风格、不同特色、符合自身实际的企业文化，推动企业发展。思想的统一实际上是文化的统一，行动的统一实际上是文化的自觉。我们要以文化的综合持续创新，推进企业经营管理的综合持续创新，要把党建文化和企业文化紧密结合起来，把"金泰恒业铭志"刻在墙上、印在心中、落实到行动上，提升党员和职工的精神境界和行为动力，更加自觉地落实科学发展观和"金泰恒业观"。

党的组织人事工作要从新体制需要出发，加强领导班子建设、经营管理者队伍建设、人才队伍建设、基层组织建设和党员队伍建设。两级党委要高度重视能力建设。要加强理论和专业知识的学习，提高贯彻科学发展观的能力；完善体制机制，提高驾驭全局的能力；加强统筹协调，提高处理利益关系的能力；加强作风建设，提高务实创新能力，提高领导班子的整体素质，努力建设复合型的经营管理者队伍。继续推进完善领导人员能上能下机制，采取自然淘汰、过失淘汰、比较淘汰、末位淘汰等措施，建立退出通道，增强领导人员队伍的生机和活力。按照实事求是，好中选优，备用结合的原则，加强后备干部队伍建设。深化人事制度改革，加强三支人才队伍建设。依据发展战略，制定人才建设规划，加大人才市场化管理力度，完善人才激励约束机制。加强基层党组织建设，结合改制，做好换届选举工作。加强党员的管理教育，发挥基层支部的战斗堡垒作用和共产党员的先锋模范作用。切实做好老干部工作。

加强党风廉政建设，认真落实中央关于《建立健全教育、制度、监督并重的惩治和预防腐败体系实施纲要》，结合实际，贯彻标本兼治，综合治理，惩防并举，注重预防的方针，健全和完善党风廉政建设领导体制、工作机制和思想道德教育的长效机制、企业健康运行的制度体系、权力运行的监控机制，搞好效能监察，为公司发展提供政治纪律保证。

要认真贯彻市委关于推进基层党建工作创新的意见，认清意义，明确总体要求和主要任务，履行工作职责，改进工作方式，增强服务群众的功能，加强自身建设，扩大党建工作覆盖面，改善工作条件，加强组织领导，切实把党的工作重点放到凝聚群众共同奋斗上来。要进一步丰富、完善和深化"五关心五联系五服务"活动，做到关心企业发展、关心党员群众、关心特困职工、关心老干部、关心领导骨干；公司领导联系基层，公司部室联系基层部门，分公司党委联系支部，支部联系班组，党员联系群众；各级党组织为党员、群众服务，坚持全面服务，主动服务，重点服务，及时服务，高效服务。要通过党建创新，把"三个代表"重要思想和科学发展观落实到基层。

要进一步巩固和扩大保持共产党员先进性教育的成果。先进性教育要出理论成果、物质成果、制度成果。先进性教育要和先进性的经营管理结合起来，找到差距，积极整改，努力建设先进性的企业。先进性教育活动的结束，正是先进性建设的开始。要认真落实整改方案和措施，按照责任领导、责任部门、整改时限，完成解决突出问题和群众关心的热点问题的任务。要按照中央关于建立健全长效机制的通知精神，从加强党员学习培训方面，扩大党内民主、严格党内组织生活方面，联系群众方面，党建工作督导检查方面建立健全长效机制，为加强党的先进性建设提供制度保证。

要自觉地在贯彻科学发展观的实践中，坚持以人为本这个核心，深刻理解人是发展的根本目的，也是发展的根本动力，要一切为了人民群众，一切依靠人民群众，始终保持同人民群众的血肉联系，立党为公，执政为民，贯彻全心全意依靠职工群众办企业的方针。两级党委要切实加强对工会、共青团工作的领导，抓好企业的民主管理工作，集体合同到期的重新签订工作、职工培训工作、扶贫济困长效机制的落实工作，民心工程建设和经济技术创新活动，努力加快推进集资建房工作，尽早缓解有些职工的住房困难。要坚持稳员增效，提高职工的岗位技能和择业能力，多为职工提供就业岗位。热情关心特困职工、特困党员。要重视共青团组织建设，扎实推进"政治型、学习型、服务型"团组织建设。团组织要建立和完善与新形势相适应的思想教育体系，以提高企业经济效益为中心的建功实践体系，以青年成长成才为着力点的服务育人体系，引导团员青年与企业共发展，激励青年的奉献和创造精神，培养具有时代特色和金泰恒业特点的青年人才队伍，壮大党的后备力量。

明年是贯彻落实科学发展观，统一思想和行动之年；是加强党的先进性建设，全面提高党员和员工素质之年；是在新体制下，强化管理，保证企业健康运行之年。在这样一个重要的年份，要努力打造"金泰恒业之魂"，公司五楼石刻的"金泰恒业铭志"，就是"金泰恒业之魂"的确切表述。"三个代表"重要思想、科学发展观，"金泰恒业观"、"金泰恒业力"是"金泰恒业之魂"的核心内容。"金泰恒业之魂"是我们的灵魂和精神动力，在我们企业中，打造"金泰恒业之魂"就要是做到：

坚持搞好企业的理想信念；坚持改革进取的精神状态；坚持永不自满的良好心态；坚持持久旺盛的工作激情；坚持艰苦奋斗的优良作风；坚持团结协作的光荣传统。我们要牢牢记住"金泰恒业铭志"这246个金光闪闪的大字。牢牢把握发展大局，突出工作重点，坚持综合持续创新，团结职工共同奋斗，努力开创2006年党的建设和企业全面工作的新局面！

自主创新　大有可为

二〇〇五年十二月七日

　　"立足科学发展，着力自主创新，完善体制机制，促进社会和谐"。这是党的十六届五中全会提出的重要战略部署，是实现中华民族伟大复兴的必由之路。也是在大量核心技术受制于人，影响我国健康发展，使我国经济安全受到巨大威胁的情况下，争取我国生存发展稳定主动权的重大国策。没有自主创新能力，处处被动，国家发展很难持久。企业也同样如此。

　　那么我们公司是否也需要提高自主创新能力呢？我认为完全必要。有的同志认为，我们是基础产业，谈不上核心技术，我们会的别人都会，我们能干的别人都能干，没有必要进行自主创新，自主创新也创不出什么名堂来。我说，自主创新，大有可为，在我们行业，自主创新完全有可能，也非常必要。比如像美国的零售巨商沃尔玛公司，还有像可口可乐、百事可乐这样的卖百货和"卖水"的行当，为什么一枝独秀，行销全世界？他们有什么核心技术呢？表面看来是没有多少。但细分析起来，他们的自主创新能力是很强的。一是他们有很先进的管理思想、管理方法和管理技术，这也是需要很强的自主创新能力的；二是他们有很强的营销思想、营销策略和营销技术，他们的市场定位很准，市场细分很到位，这也需要进行自主创新，不创新他们就到不了这一步；三是他们都有自己的核心能力，他们的战略思想、人才队伍、企业文化是别人很难学到手的。

　　从而可以看出，无论是什么行业，都要进行自主创新，无论是技术含量多少，都必须下功夫进行自主创新，这样才能提高市场竞争力。

　　要提高我们公司的自主创新能力，一是要认真研究和推广卓有成效的管理模式，要在学习先进的管理思想和方法的基础上，进行消化吸收，结合公司实际，提出新的管理思路，在实践中不断丰富完善；二是进行文化创新，大力加强公司的团队建设，要大力弘扬"金泰恒业观"和"金泰恒业力"，全力打造"金泰恒业之魂"，凝聚人心，凝聚力量，锻造在市场竞争中刚健顽强的铁军；三是发挥房地产业的龙头作用，打造企业名牌。要采取得力措施，集中力量把公司主业做强做大，增强公司的核心能力，其他业务可以外包，可以请别人去做，但公司的核心能力、核心业务决不可能外包，要亲自来做，而且要通过自主创新不断增强公司的核心能力，扩展核心业务。要把企业的品牌建设搞好，要想尽办法创名牌，扩大公司的无形资产，把优良的无形资产转化为可靠的有形资产。要充分发挥好企业的名牌效应。

　　让我们大家都来重视企业的自主创新，让我们都来做自主创新的实践者和推动者。

围绕落实科学发展观和公司发展战略把公司的自主创新能力提升到新境界

——在北京金泰恒业有限责任公司一届四次职工代表大会暨二〇〇六年工作会上的报告

二〇〇六年一月十日

在春节到来的前夕，在这辞旧迎新的时刻，我们满载着丰硕的成果，在今天，隆重召开公司一年一度的职代会暨工作会议。这次会议是在党的十六届五中全会精神指引下，在全公司保持共产党员先进性教育活动基本结束后，正在加强党的先进性建设和企业先进性建设的新形势下召开的。开好这次会议，对于我们深入学习实践"三个代表"重要思想，落实科学发展观，落实集团党政的工作部署和公司党委全委扩大会议精神，在2006年，进一步加强企业的全面建设，有着十分重要的意义。

下面，我代表公司董事会，向大会做报告。我报告的主题是：围绕落实科学发展观和公司发展战略，把公司的自主创新能力提高到新境界。

一、关于2005年董事会工作的回顾

2005年，公司董事会依据公司章程和股东会赋予的工作职责，按照"三个代表"重要思想和科学发展观的要求，坚持以市场为导向，以落实公司发展战略为目标，以改革为动力，以加强管理为有效途径，

认真履行董事会的决策职能。一年来，经过法人治理结构各个层次的努力，经过广大职工代表、经营管理者和员工的辛勤劳动，圆满完成了各项经济指标。销售收入、利税指标、资产总量、所有者权益均达到历史最高水平。改革改制、房地产开发、物业租赁经营、燃料经营、饭店旅游、城市服务业成效显著。企业局势稳定，发展态势良好，职工生活进一步改善，为 2006 年企业乘势而上、和谐发展，奠定了雄厚、坚实的基础。

一年来，公司董事会坚持向股东会高度负责，向员工高度负责，把企业全面建设的先进性、发展的科学性放在首位，紧紧围绕"以房地产业为主导，以城市服务业为基础"的战略构想，开展工作，努力创新。

（一）把握战略方向，实施正确决策

目前，我们公司已经基本完成了生存型、适应性调整的基础工作，已经进入了战略性调整，发展的新时期、已经进入了战略性突破、战略性展开、战略性扩张的新阶段。在这样一个新时期、新阶段，只有适应新形势，做出新的决策，才能肩负起历史赋予我们的艰巨任务，使公司沿着既定的战略目标大踏步地前进。因此，我们牢牢把握公司发展的战略走向，相继做出了，"主导产业和基础产业两个轮子一齐转，两个成果一齐抓"，"突出战略重点，夯实战略基础"和把"公司总部做实，把分公司做强"的重大决策。在实际工作中牢牢抓住现金流量问题、收支平衡问题、重大投资与回报问题、改革调整问题，以及领导班子建设这些关键环节。大力支持经理层、监事会，进行创造性的劳动，国有资产实现了保值增值。

（二）规范运行，加强制度建设

我们按照公司治理结构的要求，坚持分权、分责、制衡，规范运行。董事会依据发展战略，在重大项目投资、重大结构调整，体制机制改革方面认真决策，年内召开股东会 1 次，董事会 7 次，专业委员

会 11 次，重点项目重点工作专题会 10 次，审议通过了 9 项基本管理制度。保证了公司权力机构、决策机构、监督机构、执行机构，依法、依规、依程序、依制度有效运行。

（三）抓住战略主导，实施重点投资

"大而优，小而强，难而进，劣而汰"的战略结构调整思路，是公司投资模式的基本依据。因此，董事会紧紧围绕把主导产业做优，把主导项目做强的思路，知难而进，回笼资金，大胆淘汰、关闭亏损企业，消灭出血点，切实把资金集中在战略主导方向上。几年来公司相继投入、完善、建成了一批优质的工程项目，使公司有了一批市值较高的可经营性优良资产，增加了公司的资产总量，改善了企业形象，增加了就业岗位，充实了发展后劲。

（四）打造品牌物业，提升租赁经营水平

目前，公司自主投资和合作开发形成的物业经营性房产总面积和销售收入大幅增加，形成了一系列"金泰"品牌的高品质写字楼和租赁经营项目，我们大力整合房产租赁资源，提升金泰物业规模效益。金泰大厦、金泰富地大厦分别获得了"北京市优秀管理大厦"称号，并通过了相关国际质量管理体系认证。

（五）提升档次，强化城市服务业

为提高宾馆饭店经营管理水平，金泰绿洲大酒店整建制划归海博分公司管理，三星和四星级酒店整合，有利于提高酒店的整体市场竞争能力。各个普通服务网点坚持星级管理，星级服务，突出特色，吸引客源。公司建立的"宾馆饭店网络化资源共享平台"，正在发挥积极作用。去年宾馆饭店营业收入上升。华夏航空服务公司机票销售收入增长。

（六）强化燃料经营，发挥传统优势

认真履行了民用煤保供的政治责任。经销中心大力开辟首都和外

埠两个市场，销售收入和利润创历史新高。燃料油公司优化股本结构，实施仓储、批发、零售、配送一条龙服务，油品销售收入增加，效益良好。

（七）严格把关，加强投资决策管理

董事会建立了严格的"项目论证决策责任制度"。在投资决策中，严格履行8条论证程序，层层论证把关，层层签字负责。决策过程中，项目部门、项目单位、专业部门、投资委员会、经理层反复论证，并聘请社会专门机构和外部专家提供咨询，提高了董事会科学决策水平。

（八）狠抓决策落实，增强执行力

董事会坚持重点工作、重点项目，重点推进。董事会制定了《听取2005年重点工作、重点项目落实情况日程表》，按照日程要求，定期听取了19项重点工作、重点项目汇报，并提出了推进工作的具体意见。对专项工作，专项推进。如审计工作、预算工作、改制工作、权属变更工作等，都召开了各单位党政一把手参加的专题会议进行部署，统一思想，明确责任，强化执行，狠抓落实。

（九）深化改革，完善体制机制

2005年，董事会明确提出了深化改革的思路：一是权属三级国有企业全部改制分公司；二是原则上对四级和五级国企依法、依规、按程序注销；三是对三级国企控股、参股的有限责任公司的投资，转为金泰恒业公司投资。公司上下协调一致，共同努力，目前已有16家完成分公司改制。整顿、清理小企业工作也有效展开。同时，董事会批准通过的《分公司经营管理暂行办法》下发执行。"物管中心"、"退管中心"和"资金管理中心"相继挂牌运行。人事、劳动、分配三项制度改革有新的进展。

（十）突出重点，加强管理

一是强化全面预算管理，董事会年内召开了两次全面预算工作会议，大力提高各级领导层搞好预算工作的自觉性；二是强化法律事务管理，成立了法律事务专门机构，审议通过了《合同暂行管理办法》、《法律事务管理办法》；三是强化产权事务管理，房地产权属变更登记和产权代表管理有新的成效。

2005 年，董事会的工作取得了一定成绩，但是也有一定差距和不足。主要是：董事会工作距离先进性和科学发展观的要求仍有一定差距。法人治理结构各个层次在观念的先进性，决策的先进性，经营管理的先进性方面，还有大量的工作要做。管理粗放，资金紧张，费用较高的问题比较突出。这些问题都需要在今年加以认真解决。

二、关于 2006 年董事会的工作任务

2006 年，公司董事会要按照去年底党委全委扩大会确立的指导思想和"六个必须"的总要求，坚持向股东会高度负责，向员工高度负责，努力开展工作。为完成销售收入和利润等各项经济指标，实现公司科学发展，提供决策保证。今年，董事会的工作，主要从"五增强五创新"入手，强化意识、实施决策、自主创新、推动企业提升扩张、加快发展。

（一）大力增强先进性和科学性的意识，在提高核心能力上自主创新

大家知道，"三个代表"重要思想的核心，是坚持党和国家的先进性；科学发展观的性质，是坚持发展的科学性；科学发展观，是指导发展的世界观和方法论。由此可见，增强先进性和科学性的意识，是我们搞好党和国家建设，搞好企业建设的理论基础和根本动力。当前，在我们各个方面的工作，还处于初级阶段的情况下，用先进性和

科学性的标准来衡量和推动企业的全面建设，就更为现实和迫切。因此，今后我们的一切工作，都要把落脚点放到先进性和科学性方面来，要按照先进性和科学性的标准，按照集团公司"三项重要工程"建设的总要求，把我们公司办成一家学习型企业，自主创新型企业。今年，董事会和专业委员会要组织专门力量，研究落实公司的自主创新问题，以自主创新，提高企业的核心能力。

（二）大力增强战略意识，在战略管理上自主创新

前几年，我们主要是解决生存和适应问题，战略问题并不十分突出和紧迫。进入新时期、新阶段之后，新情况、新问题大量涌现。我们如果不从根本入手，不从战略抓起，问题就会接连不断，无从解决。所以，在新时期、新阶段，要大力增强战略意识，树立战略目标，把握战略方向，抓住战略重点，夯实战略基础，用好战略资金，凝聚战略人才，搞好战略调整。在战略管理上自主创新。没有战略管理的自主创新，其他具体工作都无从谈起。

所谓战略意识，就是时时刻刻想到战略，一切工作服从战略，要站在战略全局的高度来认识、安排当前和今后的一切工作。

所谓战略目标，就是要把公司做强、做大、做实、做久，实现"金泰双赢，恒久立业"，为建设特大型、多功能、综合性、强势企业集团做贡献。

所谓战略方向，就是要把金泰恒业公司办成主业突出、特色显著的名牌企业。把房地产业，特别是房地产开发业打造成一流的房地产开发商。大力增强房地产租赁经营、燃料经营、饭店旅游、城市服务业的品牌影响力，市场扩张力。

所谓战略重点，就是鼎力支持房地产开发业，从做大项目向做大产业转变，使房地产产品进入流通领域，实现资金的良性循环，大幅度提高投资收益。

所谓战略基础，就是要发挥传统优势，努力建设现代服务业，向高品质的服务要效益。

所谓战略资金，就是要提高自有资金的使用效率，提高融资能力，强化投资回报和资金积累，为战略重点和现代服务业提供强有力的资金支持。

所谓战略人才，就是采取多种形式，运用市场规则，聚集吸引对公司发展战略具有强大支撑力的中高级人才，实施人才兴企。

所谓战略调整，就是要依据战略目标和战略方向，进行要素整合，提高专业化、规范化、现代化的经营管理水平。

今年，我们要通过强化战略意识，通过战略管理的自主创新，抓住要害部位，抓住关键环节，力争早日从战略全局上刷新金泰恒业的全貌，实现科学提升，理性扩张，加速发展的目标要求。

（三）大力增强结构优化意识，在深化企业改革上自主创新

一个企业有好的结构，才能有好的功能；有好的组合，才有快的发展。如果在一个企业，一类问题或诸多问题反复出现，"按下葫芦，浮起瓢"，那就说明，在结构上出了问题，那就要从源头入手，进行结构调整，深化改革。当前，我们公司结构性矛盾比较突出，诸如战略结构、产业结构、资金结构、人才结构、部门结构、区域结构等等。今年董事会的工作，就是要针对制约公司发展的结构性问题，继续深化改革。一是要组织专门力量，对公司结构性问题进行深入研究，提出思路，做出决策；二是找准优化结构的突破口，抓住关键环节，逐步展开；三是从各个产业的实际出发，首先从优化产业结构做起，把优良资产向优势企业、优势人才集中，减少和关闭亏损企业，消灭出血点，真正在提高效益上见到实效；四是建立新的激励约束机制，推进岗位管理，优化人才结构；五是切实解决管理人员和营销人员比例失衡的问题，强化营销力量，强化培训力度，提高营销水平。今年要通过资金、资产、资源、业务、人员、产业等方面的结构调整，切实解决制约公司发展的瓶颈问题。

（四）大力增强有效管理意识，在企业管理上自主创新

针对企业管理比较粗放的问题，今年要大力倡导有效管理。管理，只有符合发展战略才会有效；只有具备先进性、科学性、具有文化的自觉，才会有效；只有符合企业实际，严格管理，才会有效。所以，公司董事会，法人治理结构各个层次的人员，以及各单位、各部门都要召开专门会议，组织专门力量，对自身的管理现状进行分析，针对问题，提出有效管理的举措。

公司董事会今年要重点抓好：一是全面预算管理。今年要抓好全面预算管理的专题培训。抓好全面预算管理制度的落实。坚持预算工作责任的全面性、预算内容的全面性、预算操作流程的全面性，充分发挥全面预算工作的指导功能、控制功能和平衡功能。二是产权事务管理。进一步推进房产、土地权属变更工作，努力解决产权不清的问题。认真研究、制定在分公司、控股公司、参股公司不同体制下的产权管理办法。要强化对产权代表的管理，搞好产权代表的选拔委派，规范产权代表的请示、报告制度，建立健全对产权代表的激励约束和监督机制，落实产权代表的责任，以保证国有资产的真实、安全、完整。三是法律事务管理，认真落实公司法律事务管理办法，坚持依法治企，保障规范运行，防范法律风险。四是制度管理。今年要把公司内控制度汇编成册，强化执行，强化监督与考核。强化"四位一体"监督机制的落实。认真研究制定科学全面的考核制度，调动各个方面的积极因素，创造良好的内部环境。

（五）大力增强服务意识，在保证和谐发展上自主创新

全心全意为人民服务，是党的宗旨；立党为公、执政为民是"三个代表"重要思想的本质；以人为本，是科学发展观的核心；为客户提供优质服务，是企业的职能。因此我们必须强化服务意识。在实践中坚持服务群众、凝聚员工共同奋斗；服务客户，创造价值；争取客户，扩大服务领域；开拓市场，赢得客户信赖。不断创新企业为员工

服务，员工为客户服务的水平，确保企业和谐发展。

从我们公司的经营性质来分析，增强服务意识更为重要。我们公司的"五业"，主要是流通和服务行业，可以说，是广义上的服务业。打造具有现代服务水准的金泰恒业，是我们的神圣使命，我们的服务观念、服务能力、服务水平，必须有大幅度的提高。所以，我们必须以服务员工、服务客户，作为我们的基本任务和开展工作的切入点，以先进性、科学性、现代化的服务理念和方法为支撑，努力建设和谐发展的创新型企业。通过服务水平的提高，提高我们公司的市场竞争力。

围绕落实公司发展战略
全力打造"金泰恒业之魂"
为全面建设创新型企业而努力奋斗
——在北京金泰恒业有限责任公司一届四次
职代会暨二〇〇六年工作会结束时的讲话

二〇〇六年一月十一日

此次职代会和工作会议，在大家的共同努力下，完成了预定的各项议程，取得了圆满成功。为了在科学发展观指导下，贯彻落实好中央关于"建设创新型国家"的号召，加强"创新型企业"建设，贯彻落实好这次会议精神，下面我讲几点意见：

一、用科学发展观和公司发展战略统一思想，充分认识全力打造"金泰恒业之魂"的必要性和重要性

公司成立四年来，我们制定了十年发展战略，并相继提出了"金泰恒业观"和"金泰恒业力"，确立了公司的文化思想和实践准则，力图从理论和实践的结合上解决问题，加快企业发展。这一思想理论的提出，在行业内外产生了良好的影响，在公司内部达成了广泛的共识。那么，在去年12月1日的党委扩大会议和这次职代会和工作会议上，为什么我们又着重提出全力打造企业之魂呢？这里有我们更深入的思考。

大家知道，我们公司成立四年来，克服重重困难，完成了生存型、适应性调整的艰巨任务，进入了战略性调整、发展的新阶段。去年，随着形势的发展，用科学发展观来分析企业的现状，虽然我们公司的资产总量大幅度增加，发展态势良好，但是资金紧张、费用增长过高过快，收支不够平衡，赢利能力不高等问题，也突出地表现了出来。其根源何在？解决的出路在哪里？对这个问题，我们必须有清醒的认识，并需要做出严肃的回答。经过认真分析，大家普遍认为，其根源就在于我们对科学发展观认识不足，落实公司发展战略有差距。其根本出路就是要在科学发展观指引下，牢牢抓住"以房地产业为主导，以城市服务业为基础"的战略构想，坚持用发展和改革的办法解决前进中的问题，坚定不移地在建设创新型国家的大潮中，努力建设创新型企业，走主业更强，基础更牢，效益更好的道路。离开了科学发展，自主创新，落实公司发展战略这条根本道路，我们就根本无法应对当前严峻的挑战，和解决当前制约企业发展的一系列重大问题。

正是基于这种战略性考虑，我们把"金泰恒业观"和"金泰恒业力"进一步深化，进一步明确两者的结合点，提出全力打造"金泰恒业之魂"这个非常关键的命题。毛泽东同志讲具体情况具体分析是马克思主义活的灵魂。江泽民同志讲，创新是一个民族进步的灵魂。党的十六届五中全会和昨天召开的全国科学技术大会，又提出了自主创新和建设创新型国家的伟大号召。由此看来，我们提出全力打造"金泰恒业之魂"这个命题，对于我们公司是非常重要，也是非常符合实际的。一个人、一个单位、一个企业要是没有灵魂，简直是不可想象的。具体到我们公司，这个灵魂就是我们的金泰恒业铭志，所表述的企业文化，所包含的企业发展战略。就是我们建设创新型企业的理想信念和战略目标。"金泰恒业观"和"金泰恒业力"的结合点、着力点、出发点和归宿，都必须落实到企业发展战略上，不能有丝毫的偏差。否则，我们就会迷失方向，就忘掉了大事。这个问题看似简单，但做起来并不容易。比如，美国时代公司董事会主席兼首席执行官摩尔指出，效率并不是最重要的，最重要的是方向。把钟表忘掉，但要带上一个罗盘。你将来的方向要比你目前做事的效率更重要，你要始终不停地盘算长远战略。由此可以看出方向和战略的重要性。我们今后所有做的工作，集中一点，就是要把企业发展战略落到实处，树立强烈的战略意识、创新意识、目标意识。今后我们的人力、物力、财力、精力都要集中到落实发展战略上来。要专注战略，不能走神，不能丢魂，不能分心，要排除一切干扰，把发展战略落实好。

二、强化"发展和效益"的观念，为"金泰恒业之魂"注入新的活力

大家知道，科学发展观和建设和谐社会，是我们党的两大战略思想。科学发展观是指导发展的世界观和方法论。构建和谐社会，五中全会讲了七项任务，完成这些任务是为了发展，其工作的前提和基础也是发展。由此可以看出发展的极端重要性。全党全国是这样，我们企业作为经济组织更是如此。

因此，落实科学发展观、建设和谐社会两大战略，在我们企业，必须牢牢抓住"发展和效益"这个第一要务。必须以发展保和谐，以和谐促发展。这个发展不是一般的发展，而是科学发展，高质量的发展，是又好又快的发展。企业和谐也不是一般的和谐，而是在发展和效益基础上的和谐。要按照客观经济规律办事。这是科学发展观、构建和谐社会对企业的本质要求。

通过以上几个报告，大家对公司的情况有了清楚的了解。我们有机遇也有挑战，而且挑战是巨大的。我们取得了很大的成就，但存在的困难和问题也是很明显的。如果我们不以公司企业文化所包含的理想信念、战略目标、"发展和效益"为企业之魂，勇敢地应对挑战，加快解决这些问题，我们也就走进了死胡同。所以，我们必须以"发展和效益"为中心来统筹安排企业的工作。要着眼发展抓重点，认真核算抓效益。今年要根据全面预算工作确定的各项指标狠抓落实。

同时，我们还必须认真解决公司目前存在的结构性问题：一是要

通过改革，对结构进行优化，以利正常运行。二是要通过科学的程序、规范、制度、准则来保证企业结构的正常运行。使管理工作简便化、秩序化、量化，提高工作效率与运行质量。反之，如果不按规矩和制度办事，就会出现混乱。这也是需要大家引起重视的一个问题，与"发展与效益"也密切相关。至于非结构性问题，则需要认真决策，当机立断。

在这里，我要特别强调一下，进入市场问题。我们企业在市场当中，但我们的思想和工作，在很多方面还没有进入市场，还没有用市场标准来衡量企业的全面建设。我们的观念还比较陈旧，我们的工作标准还不完全符合市场要求，工作效率和赢利水平还不高，体制和机制还不够先进。因此，要进一步深化改革，加快我们的思想和工作，进入市场的步伐。

在实际工作中，各位领导同志既要总揽全局，又要养成善于分析的习惯。都要认真思考、分析一下自己主管的工作或本单位的基本走向，找到优势和不足，认真履行职责，敢于突破常规，努力建设创新型企业，进行创造性劳动，要在发展和效益上尽早抓出成效来。

三、强化战略支撑和产业支撑力，牢牢抓住打造"金泰恒业之魂"的基本内容

大家一致认为，我们公司"以房地产业为主导，以城市服务业为基础"的战略构想是正确可行的。今年，就是要明确这样一条总思路：一是要尽全力做强做大房地产开发业；二是要进一步提升物业租赁经营的收益水平；三是要发挥传统优势，开拓燃料市场，保持物流和现金流的充实、健康和平衡，获得实实在在的收益；四是要强化营销，提高饭店、旅游业的市场竞争能力；五是搞好城市服务业，扩大职工就业领域，提高赢利水平。下面我重点讲一讲房地产开发战略、品牌战略、自主创新战略和人才战略问题。

关于房地产开发战略。通过房地产开发，把房产作为商品，进入

流通领域，获得较高的利润，这是我们首要的战略选择。这是一个高投入高回报，资金周转快，效益高的行业。要真正把房地产开发作为公司的重点产业来做，要加快实现从做项目到做产业的转变，要抓紧形成房地产开发的产业链，实现开工一批，出售一批，储备一批的均衡发展。现在就要抓紧考虑，2008 年以后房地产开发怎么办。因此，在抓好当前重大项目的同时，今年就要抓紧进入一级土地开发市场，提前做好土地储备。稍微晚一步，今后就可能没有项目可做，产业链就可能断档，发展战略就可能落空。资金不足怎么办？公司就要加大资金投入；依托现有项目，争取长期贷款；引进战略投资者，实施阶段性股权融资。要依据自身的核心能力和显而易见的业绩与期望收益，吸引更大、更好的战略投资者，达到双赢的目的。因此，作为从事房地产开发的领导者和广大员工，就要努力提高八种能力，即总揽房地产开发全局的能力，市场营销能力，产品创新设计能力，成本优化控制能力，融资能力，物业客户服务能力，团队建设能力与严守诚信的能力。坚持提高这八种能力，不断加快房地产开发的步伐，在 2007 年我们的房地产开发收入就会达到或超过公司销售收入的 50% 以上，那样，房地产业的主导作用就显现出来了，我们的战略构想就有了基础，我们的日子就好过了。今后，随着土地储备的陆续开工、竣工、出售，循环往复，长此以往，我们的扩张能力就会越来越强，公司的战略重点才算落到了实处。我们公司现有的若干问题，才有希望从根本上得到缓解和解决。专注重点，抓住龙头，加快推进，持续创新，是我们重要的战略思考和战略安排。

关于品牌战略。我们公司各业都存在一个品牌建设问题。为了提高市场竞争能力，创企业名牌的任务已经提到公司发展的日程上来了。比如，怎样提高我们的燃料经营、写字楼和物业经营租赁的水平？如何提高酒店、饭店、城市服务业的赢利水平？品牌是一个很重要的方面。你的品牌越好，你的客户就越多，你的收益越高。品牌建设是一个系统工程，涉及到企业的各个方面。我们要从传统企业向品牌企业发展，从品牌企业向名牌企业提升。品牌建设需要做大量艰苦细致的工作。需要和国内外同行进行比较，进行量化分析，并且要找出自己的特点和优势，使先进标准本土化。目前我们公司已经有了一些档次比较高的饭店和写字楼。要发挥这些高端项目的示范作用、扩散作用和带头作用。一些单位的硬件受限制，但软件上、服务上可以向高端水平看齐。同时，中低档项目也要发挥自己的优势，如无星宾馆，星级管理、星级服务，也可以创出很好的品牌，创出自己的名牌，办出我们金泰恒业的特色。公司两级领导班子成员都要根据自己分管的工作，认真分析企业的现状和市场环境，进而提出公司各业品牌建设的思路，做出规划，逐步实施。

关于自主创新战略。提高自主创新能力是党的十六届五中全会提出的一项重要战略任务，事关我们国家的前途和命运。有的同志认为，自主创新主要是指高新技术，我们都是基础产业，我们会的人家都会，自主创新谈不上。这种认识是片面的。企业是自主创新的主体，企业自主创新是技术与管理、经营和组织的良性互动与结合，决不仅仅是个技术问题。比如像星巴克咖啡、沃尔玛公司、可口可乐这些卖水和卖小百货的行当并没有多少高新技术，但为什么他们的门店开遍了全世界？我认为，就是因为他们重视了创新，他们是创新型的公司，有很强的自主创新能力，而且这些能力是别人难以模仿和别人难以达到的。我们公司也不能甘于落后。也必须进行自主创新，要创新观念，创新管理，创新制度，创新文化。从企业目前的情况看，我们的一切都是处于初始阶段，一切都在刚刚起步，观念是落后的，机制是落后的，管理也是落后的。集中到一点，人的能力是落后的。面对这些问题，两级领导班子成员和广大职工代表，都要从实际情况出发，认真研究自主创新问题。要通过自主创新能力的提高，改变我们当前多方面比较落后的状况。当前，进行自主创新，不是要不要抓的问题，而是必须认真抓的问题。自主创新是世界的潮流，全国各地、各个企业都在落实五中全会精神，都在进行自主创新，而且企业是自主创新的主体，我们慢一步，就会大大地落后，就会造成极大的被动。公司两级领导班子要采取得力措施，要组织很强的力量，进行创新研究，拿出具体方案，狠抓落实。

　　关于人才战略。落实人才战略，首先要搞好劳动人事分配三项制度改革，调动广大领导人员和员工的积极性。几年来，我们在这方面做了大量工作，但是还不到位。如果我们的劳动人事分配制度不和市场接轨，早晚要被拖垮。今年，很重要的一项改革任务就是要努力推进岗位管理，实现由职务管理向岗位管理转变，进一步调动经营管理者和职工的积极性、创造性。按经济规律办事，按市场体制的要求办事，更好地实现责任、权力和待遇的有机结合，进一步增强企业的合力、活力和动力。这是落实公司发展战略的紧迫要求。所以，实行岗位管理，就是每一个岗位都和发展战略、企业目标联系起来。要依据发展战略，设计好业务流程；依据业务流程，确定组织结构；依据组织结构确定岗位要求，进而拟定岗位说明书，把岗位的责任、权力和激励约束机制确定下来。把各个岗位的工作都真正纳入到公司发展战略的轨道上来。

　　岗位管理就是要强化竞争。要通过内部和外部的竞争，使各级各类人才脱颖而出，优秀人才能留得住，一般人才有合适的岗位，能力低下的人自己就想走。从而，在全公司范围内，形成一种内部环境透明，政治环境健康，经济环境公平，工作环境奋发向上的良好局面。通过营造这种大好局面，充分体现出人才战略和岗位管理工作对战略目标、重点工作强大的支撑作用。可以设想，如果我们公司每个岗位都能为发展战略、重点工作和企业目标作出卓越的贡献，我们又有好的激励约束机制予以保证，我们就会大踏步地前进。

四、强化刚健有为，励精图治的企业家精神

　　这是落实公司发展战略，打造企业之魂的重要内容。在一定意义上说，企业的命运掌握在企业家手中。领导者的精神状态，直接关系到发展战略的落实和企业的兴衰成败。因此，必须不断锤炼和打造刚健有为、励精图治的企业家精神。

　　高度的工作热情和永不满足的创业激情，这是市场体制对每一个企业领导和骨干提出的基本要求，也是企业家应具备的基本素质和必备条件。缺乏这种精神，企业就无法在市场上生存。和计划体制不同，市场体制是一个充分竞争的环境，优胜劣汰是一条无情的规律，大浪淘沙，势不可挡。企业的兴衰不存在一条不可逾越的鸿沟，甚至是一夜之间，企业就可能出现不可挽回的局面。我们企业目前的状况，也不能盲目乐观。在这种充满挑战和危机的环境下，我们不能做沉默的羔羊，要与狼共舞，像一头勇猛的狮子，积极地投入到激烈的市场竞争中来。要在严酷的竞争环境下，全力打造"金泰恒业之魂"，练就一身钢筋铁骨。在明年和今后一个时期，就是要在企业内部通过改革，努力创造一种有利于竞争的环境。通过鼓励竞争，大浪淘沙，锤炼一种自强不息、奋发有为的企业性格和企业家精神。

　　刚健有为，励精图治，就是要有勇有谋，善于分析、善于比较，和社会上同行业的平均水平比、和国内外先进的企业比，找到差距，迎头赶上。我记得姜春杰同志在先进性教育中说过这样一句话：先进性是比出来的。他说得非常好。有比较才有鉴别。只有进行比较才知道我们的销售利润率，成本利润率，费用利润是多少，和别人比有多大的差距。这样，才能激励我们奋起直追。

　　当前，打造"金泰恒业之魂"，就是要抓紧打造刚健有为的企业家精神，勇于竞争，奋发图强，把党员先进性教育焕发出来的积极性落实到追求先进的观念，先进的管理，先进的制度等方面，以开放的姿态迎接挑战，在严酷的市场磨炼中健康成长，在严密的分析、判断、改进中提高本领，力争早日使自己成为一名成熟的企业家。

　　我建议大家在业余时间认真读一读《狼图腾》这本书，这本书可以给我们很深的启发。其意义就在于告诫我们不能贪图安逸，只有与狼共舞，才能"锤炼出自己刚毅顽强的性格，才能掌握自己的命运"，《狼图腾》的精神，中华民族自强不息的精神，和我们的"金泰恒业之魂"牢牢地结合在一起，就会产生强大的精神动力。

　　我们要紧紧围绕落实公司发展战略，牢牢抓住工作重点和企业目标，继续巩固和扩大党员先进性教育的成果，按照先进性教育要出物质成果、理论成果和制度成果的要求，继续抓紧研究和实践，全力打造"金泰恒业之魂"，履行责任、狠抓落实、自主创新，为把我们公司全面建设成为创新型企业而奋斗！

研究金泰恒业　创新金泰恒业

——在二○○六年北京金泰恒业公司春节团拜会上的祝辞

二○○六年一月二十四日

　　一年来，我们金泰恒业公司以"三个代表"重要思想和科学发展观为指导，认真贯彻"以房地产业为主导，以城市服务业为基础"的战略构想，房地产开发、物业租赁经营、燃料经营、饭店旅游、城市服务业都取得了突破性进展，公司资产总量、优良资产、净资产、销售收入、利税指标都创历史最高水平。特别是经过保持共产党员先进性教育活动，进一步激发了我们以党的先进性建设指导和推动企业先进性建设的高度自觉性，全公司又出现了新的面貌。下半年，经过学习贯彻党的十六届五中全会精神，召开公司一届十二次党委全委扩大会议，今年1月10日、11日召开职代会和工作会议，使我们对形势和任务有了新的认识，对企业又有了新的研究，进一步理清了思路，鼓舞了信心，凝聚了力量，为今年公司的科学发展奠定了坚实的基础。我们相信，今年的金泰恒业，必将是一个又好又快发展的金泰恒业，是一个再创辉煌的金泰恒业！

　　借这次团拜会的机会，我要提出"研究金泰恒业，创新金泰恒业"这个重要的命题。近来，公司召开了两次大规模的会议，总结了去年的工作，提出了今年的任务，但这仅仅是开始。要实现公司的全面提升扩张，实现全面预算工作所确定的各项指标，推进公司发展战略的落实，还要进行认真的思考，进行深入的研究。因为，实践是复

杂的，工作是具体的，任务是艰巨的，困难是很多的。先进性教育的
结束，只是先进性建设的开始。两次大会的结束，只是认识和工作的
开端。只有继续进行深入的思考与研究，进行富有开创的工作，才能
把今年的任务完成好。所以，今天我要提出"研究金泰恒业，创新金
泰恒业"的任务。

一、要充分认识"研究金泰恒业，创新金泰恒业"的重要性

要建设创新型国家，首先就要加强研究。要建设创新型的企业，
更要加强研究。研究是创新的前提，创新是研究的结果。在研究中创
新，在创新中研究，实现研究与创新的互动与循环，是实现公司科学
发展的强大动力。我这里，之所以强调研究金泰恒业，是指要更加深
入地认识企业的现状与未来。

"请认识你自己"，这是古希腊雕刻在一座神庙上的名言，这句名
言对于推动西方文明不知发挥了多大的作用！"人贵有自知之明"，这
是我们中华民族的名言，这句名言对推动华夏文明也不知发挥了多大
的作用！通过这两句举世闻名的警句名言，按照历史和理论的逻辑，
推导出"研究金泰恒业"这个命题，旨在深化我们对企业自身的认
识，更好地认识"企业自己"。

为了认识自己，几年来，我们进行了认真研究，并在此基础上相
继提出了"大而强，小而优，难而进，劣而汰"的结构调整思路；提
出了"以房地产业为主导，以城市服务业为基础"的战略构想；在企
业文化建设中，提出了"金泰恒业观"和"金泰恒业力"；在最近召
开的党委扩大会、职代会和工作会议上我们又提出了全力打造"金泰
恒业之魂"，反复强调要把企业文化和实际工作的着力点、落脚点，
切实放在落实企业发展战略上，坚定不移地走金泰恒业特色之路。这
是我们公司成立四年来对企业自身认识和工作的基本线索。但这仅仅
是高度概括和粗线条的，但是怎样落到实处，还必须进行更为深入的

研究，也就是说要更深入地研究金泰恒业，更深刻地分析、认识企业自己。

我们金泰恒业是现代企业制度，我们的任务是建设符合首都功能的现代服务业，公司今后的资产状况要逐步由债务化转变为资本化，进而发展为证券化。如何为实现这个目标打好基础？如何引进战略投资者，进而建立一家有广阔前景的股份制上市公司？什么时间才能实现这个目标？工作要分几步走？这些问题都需要我们做认真研究。要通过研究，进一步创新工作思路，创新经营管理方略，创新体制机制，不断提高投资收益，尽早把公司做强做大，为引进战略伙伴打好基础。

我这里之所以强调研究金泰恒业，还有一个思想方法的提升问题。大家知道，东方文化与西方文化是有差异的，西方人过圣诞节，中国人过春节，这就是差异。所以我借今天春节团拜会的机会，讲一讲中国文化与西方文化的互补问题。中国文化的主要特点是整体思维，和谐精神，这是我们的优势。但解析不够，缺乏深入的分析精神，影响了科学技术的发展。而西方文化的主要特点是分析思维，提倡竞争，这是他们的优势。西方人通过深入精细的分析与竞争，促进了科学技术的进步。但是西方文化整体思维不够，和谐精神有欠缺。运用中西方文化的差异与互补，研究金泰恒业，就是要在思维方式上来一个大的转变。特别是在经济全球化、建设现代企业制度、建设现代服务业的情况下，要各取中西方文化之长，补中西方文化之短，既要善于进行整体思维，提倡和谐，又要善于进行精密分析，鼓励竞争。我们就是要通过这样整体加分析、和谐加竞争的思维模式，来研究金泰恒业，分析金泰恒业。我们作为东方大国的企业，作为刚刚进入市场体制的国有控股企业，更要特别注意解决我们在办企业过程中分析不够，分析不透，分析不深的问题。当前，我们的大方向、总思路是明确了。今后一个时期，就是要把总思路具体化。提高研究能力，提高分析能力，采取精密解析的思想方法和工作方法，把分战略、子战略研究好、制定好、落实好。为公司发展战略提供强有力的支撑，为长远发展打下坚实的基础。这是我们所有在职的同志们的神圣使命，也是向老领导、老同志，向历史、向企业负责的重要表现。

二、要研究金泰恒业，创新金泰恒业，就要认真研究企业在新时期的新特点、新方法

当前，我们公司已经进入了战略性、发展型调整的新时期；进入了战略性突破、战略性展开、战略性扩张的新时期；进入了专业化经营要理顺，专业化人才要集中，专业化管理要推进的新时期。在这样一个新时期、新阶段，其工作特点和要求，与前一个阶段大不相同。所以今后要着重抓好这样五项工作：一是千方百计保证房地产开发的新突破；二是千方百计保证金泰现代服务品牌的新提升；三是千方百计保证基础产业的高效益；四是千方百计保证现金流量更健康；五是千方百计保证专业化经营的再推进。这五个"千方百计"和公司前两次大会的精神是高度一致的。也是我在前两次大会结束后深入思考、研究的结果。这里也是在强调要求，各位在职的同志，要把这五个"千方百计"，作为"研究金泰恒业，创新金泰恒业"的主要课题。要确实做到，总体把握，分析透彻，方法科学，措施具体，工作到位。我们在职的各位同志务必做到一点。这也是我的新春寄语。

三、要研究金泰恒业，创新金泰恒业，就要认真坚持以党建创新，指导和推进企业综合持续创新

党建创新的关键在领导班子、各位现职领导和骨干同志。因此，两级党委要发挥政治核心作用。各位在职的主要领导要高度重视研究金泰恒业。要组织研究力量，增强研究能力，提高研究水平，提高分析问题和解决问题的能力，切实把基层党建创新的重点放到凝聚群众共同奋斗上来。这里要特别提一下，这个"群众"的概念在企业工作中，内容是广义的，其中包括公司内部的员工群众，也包括与我们公司有营销关系的客户。为群众、为顾客提供优质服务，与党建创新、

企业创新大有关系。所以我们凝聚群众共同奋斗，就是要凝聚员工和客户共同奋斗，实现共同的价值，做到双赢互利，共同成长。

以上，我借春节团拜会的机会谈了一下，我最近以来"研究金泰恒业，创新金泰恒业"的若干思考，和大家共勉。同时，这也是一个有实在内容的春节序曲！更希望我们大家携起手来，在新的一年里，共同谱写一部辉煌的"金泰恒业交响曲"，共同演奏一部"金泰双赢，恒久立业"的华彩乐章！

在二〇〇六年度基建、房地产专业工作会上的讲话

二〇〇六年三月六日

　　今天，我们公司召开了基建、房地产专业工作会议。爱东同志对去年的工作进行了总结，对今年基本建设工作、开发工作进行了安排。建裕同志结合去年的工作和今年工作安排，就重点工作提出了具体、深入的要求。他们的讲话全面、细致，符合公司发展战略，符合今年工作会议精神。此次会议是一个至关重要的专业工作会议，因为基本建设、开发工作是我们的龙头产业，会议之后，各单位要结合实际，认真落实此次会议精神。下面，我讲四点意见。

一、进一步认清形势，理清思路，大力提高落实公司发展战略的自觉性

　　我公司成立以来，上下共同努力，进行了认真、细致、坚韧不拔的调整，取得了显著成绩。为今后发展打下了坚实基础。

　　一是资产规模扩大，资产质量提高。近五年，新增大量建筑面积，再加上原有的经营面积，我们目前的经营规模是很可观的。

　　二是生存基础比较扎实。我们之所以能够生存，是因为我们从原煤炭总公司就开始调整，到现在仍在不懈努力，进行调整，使我们的生存有了保证。我们有了一大批能够带来现金流、带来效益的资产。我们的资产之所以称为优良资产，唯一的标准就是市场标准。否则，

资产再多也没有意义。

三是通过开发、调整，树立了企业形象，增强了融资能力。各区公司调整得比较早，直属公司近几年调整得比较快，有了楼宇、饭店、商业，以此，才能从银行贷来款。虽然这种现金流是有代价的，但这也是企业健康发展的标志之一。由于融资能力增强，所以开发进展较快，落实以房地产开发为龙头的发展战略有了保证。

四是要充分认清当前资金紧张的现状，用好用活有限的资金，确保资金的安全与效益。当前，我们开发工作的最大特点是资金短缺、资金紧张。以往我们通过开发有了一定资产，但只解决生存问题，与发展还有很大距离。今后发展最需要的是资金。今后的发展方向，土地、房地产开发应是面向市场，进入市场，滚动开发，形成利润。如果资金固化，利润不高，成本很高，不能赢利那是非常危险的。如果写字楼全部是银行贷款，那么赢利的压力就非常大。所以，一个很重要的调整方向是，银行的钱可以用，但是不能用在固化资产上，要用在滚动开发上，用在一些合作项目上。

今年的预算项目董事会已经批准。"百子湾"项目有所突破，取得开发权。"金泰城"项目进展较快，包括各单位的一些项目都付出了积极的努力。但是，项目一旦启动就需要大量的资金。公司发展特别需要资金，这是一个重要特点。我们从集团融资，时间一年，资金压力得到缓解。给"金泰城"项目的时间就是一年，投资必须收回。"百子湾"项目需要资金，海淀晟通大厦主体完工，后期同样需要资金。资金紧张是我们当前的突出问题，面对这种挑战，我们必须科学安排使用好资金。要认真测算风险与效益的平衡关系，把风险降到最低限度。我们对资金的安排使用必须高度重视，我们花一分钱都是有成本的，银行贷款到期要还本付息，特别是短期贷款，如果不能如期还贷，那么企业的形象会受损，信用度就会降低。

五是要对企业当前的效益状况有清醒的认识。我们公司经营工作的一个突出特点是效益不高、收益不高，这要引起大家高度重视，其原因是多方面的。其中城市服务业是微利行业，经营规模不大，人员包袱沉重，管理水平不高，机制比较落后造成了效益较低。另外，近几年，在生存式调整中，要消化不良资产，所以效益不高。在生存式调整结束后，下一步就是要想办法提高效益，做合格的国有企业，向优秀企业、先进企业、卓越企业迈进。这就需要我们从多方面做起，包括制度创新、改革创新。在房地产开发成本、预算执行、经营费用、管理费用、财务费用方面加强控制，加大效益空间，逐步把企业做强做大。

六是企业要逐步进入市场，走多元化发展之路。要做好五年、七年乃至十年规划，制订今后企业如何发展，如何把资产变成资本，如何把资本变成债券，建立真正的现代企业制度的规划，这是企业发展的基础。这次政府工作报告对国企提出要建立现代企业制度，以市场为衡量标准。今后，我们要朝这个方向去努力。我们的用人制度、分配制度必须要适应市场，人才招聘不再具有固定身份，人家市场化了，我们也要市场化，所有的人员招聘都要市场化，老人老办法，新人新办法，这样才能减小人员的包袱，这个问题必须要解决。劳资部门要严格执行，如有违反就是违纪。分配制度也是一样，收入就是要有高有低。

当前，效益不高跟我们的资产有关系，因为饭店、写字楼、包括其他城市服务业，除了房地产开发，我们的收益是有限的，再加上我们一些落后的产业，效益不高而成本较高。近几年，我们甩掉了不少包袱，不良资产在消除，但按国资委的标准测算效益确实不好。我们行业有我们行业的特点，这两年还可以这样说，可是不能长期这样说，你的资产占有量那样大，要么就效益好，要么就把国有企业职工养活好，这两条都不占，必须要调整，养人你养不住，效益又不高，资产有什么用？新建的项目三年没有效益，必须进行调整。所以，效益不高是一个系统性的问题，要认真分析，认真研究。

七是管理模式的提升问题。包括用工制度、人事制度、分配制度等，总体来说我们是落后的，惯性仍在起作用。今后，要明确形势，进一步理清思路，深化改革，搞好管理，为房地产开发、基本建设、落实发展战略奠定基础。要紧紧把握当前的形势，发扬成绩、迎接挑战，发展式调整要逐步走向市场。金泰地产是多元化公司，必须要进入市场，"金泰城"项目本身就是进入市场。

八是要走低成本扩张之路，低成本有两个方面：一方面我们有了好的信誉，好的合作伙伴愿意和我们合作，使我们的经营发展得快一些。另一方面是我们的品牌，过去用我们的资金、资产赚钱，现在要用我们的人力资源去赚钱，用智力去赚钱，这叫低成本的扩张。上次董事会已经决定将金泰物业与华阳恒新合并，开始进行逐步的整合，减少层次，减少管理成本，面向市场，进入市场，打出我们优秀的品牌。以什么为标准，标准只是一个"硬件"，真正体现实力的是到市场上拿下多少万平方米，要靠市场的评价标准。金泰物业也一样，要建立一个品牌，逐步把物业整合为经营性物业，不但要把我们的物业管好，同时要走向市场，拿下几十万、上百万平方米，拿得越多就证明你的影响力就越大，赢利能力就越强。物业管理中心与此不同，它管理的是非经营性资产，只能是降低成本，搞好服务。但是其他的经营性物业则必须要走向市场，低成本扩张。酒店也是一样，我们把品牌搞好了，不仅把我们的酒店管理好，创造品牌，还要管理别人的酒店，让别人用咱们金泰的品牌，物业公司也要树立我们的品牌。市场竞争能够竞争到位，朝阳的华夏公司在这方面就做得不错，人不多，六七亿的营业收入，这就是真的市场化运作，这就是城市服务业的亮点，这就是面向市场，华夏公司的用人机制是符合市场的，这就是标准。今后我们的发展式调整，就是要走低成本扩张之路。由于资金紧张，加大投入房地产开发已经不太现实，滚动式开发还可以接受，只要我们能够承受，只要我们能够融资，我们就要把房地产开发搞好。但是形成固化的物业一定要慎重，走合作之路，走低成本扩张之路是今后发展方向。包括金泰地产与三亚的合作也是一种回避风险的方式，是一条可行的路子，而且发展很快。先进的理念要通过机制体制引进来后进一步的树立，金泰地产的董事会与我们的董事会就是不一样，他们的理念就是先进的，以收益和利益为标准。我们应该认清形势，树立紧迫感、危机感，走创新之路，创新体制，创新机制，创新城市服务业的产品，把房地产业开发战略真正落到实处。

二、强化房地产的产权管理

产权权属管理的意义非常重大，两年多来我们做了大量工作。公司的经理层、主管部门、具体操作人员经过千辛万苦，取得了政策支持。各个单位开始逐步重视这项工作后。特别在去年，工作有了很大的起色，权属变更、更名工作超额完成任务，大家积极努力，应该给予表扬，优秀的、表现突出的同志也应该给予奖励。金泰恒业公司成立以后，跟过去的煤炭总公司不一样了，它现在是一个企业，对于一个企业而言，应该整体运作，如果这个基础工作跟不上，今后开展各项工作都会受到制约。所以，这项工作的意义特别重大。现在我们要全力以赴抓好扫尾工作，有产权证的要全部变更完毕，能够办理产权证的要抓紧办理，不能办理的要确保我们的利益，把相关的材料收集好。当前，我们面临的任务还很艰巨，要按照既定的目标把今年的工作完成。

三、严格执行公司的管理制度，强化预算的约束力

一是要按照现代企业制度的要求，依法依规开展工作。现代企业制度运行中很重要的一个特点就是预算，凡是没有预算的、不进行预算的经营都属于违法行为。中央之所以把现代企业制度的建立作为国有企业改革的一个重要方面，因为它是一个相互制衡的体系，这是现代企业制度很重要的特点。公司相关重大事宜，特别是有关投资的事，不会是一个人说了算，过去是党委集体研究、集体负责，现在是董事会集体决策、个人负责。股东会、董事会、监事会这几个层次的职责非常清楚，而且各有各的责任，它们是一种制衡关系。从《公司法》代替《企业法》，前一个历史阶段就结束了。现代企业制度要求各负

其责，运转要科学，监督要有力、到位，它是一种制衡的体制，遇到任何事情都要认真听，认真理解，不懂的要问，这是新的体制所决定的。现代企业制度很重要的一个特点就是依法、依规、依程序办事，这个特点必须要把握住。

二是党员先进性教育要促进先进性建设。最近，在先进性教育活动中，我们提出先进性教育要促进企业先进性的经营管理，其中很重要的一点就是要把我们的制度规范化，我们公司有了一个制度的汇编，希望大家认真学习。学习它是为了提高我们的能力，理解公司的基本工作思路与要求，对这些制度要清楚，执行要严格。

三是认真解决存在的结构性问题。如果同样的问题反复出现，说明我们的管理问题是结构性问题。现代企业制度规定，是谁的工作就由谁来做，这样企业发展起来才能健康，我们要共同努力来克服在制度落实方面所存在的问题。我们的认识要有所提高，制度要执行，责任要追究。只有在追究上下功夫，这样的执行力度才能有所加强。我们在先进性教育中提出要建立长效机制，那么到底什么叫机制，只有制度不叫机制，它要有贯彻执行的内容，还要有考核的内容，如果只有几个议题也不是机制。比如说在维护职工群众的利益上建立长效机制，国家政策明文规定的职工群众的保险没有上，如果将来发生问题最后还是要追究责任，不但要给补上，还要处罚领导。贯彻《公司法》也是一样，这次《公司法》很重要一个特点就是在经营管理中造成重大损失的，不但要给处分，而且还要罚款。所以当企业领导人风险巨大，企业搞不好，职工过不去，股东也过不去，也对不起党组织，而且有了损失之后，不但要受处理，还要受处罚，所以风险很大。在企业制度运行中，要依法、依规、依程序办事，虽然效率受点影响，但这是法律规定的。《公司法》中很重要的一点就是公司章程，给我们留了很大的空间，对于我们来说公司章程就是法，谁违反章程谁就是违法。比如不按规定开董事会，不通过法律途径来解决问题，就要追究责任。我们的公司章程是有法律效力的。我们要有一种认识，就是要把惯性的、不够自觉的东西提高到违法这个高度来认识，那么就能够更自觉一些。制度要求的环节很清楚，不按制度办事就是违法。权力不是个人的，而且要依照程序办事，提高执行制度的自觉性，提高责任追究自觉性。一种体制，一个机制，不是说一句话就叫机制，也不是弄一个制度就是一种机制，要真正地执行运转起来，才能成为机制，要研究它是什么性质、什么制度，怎么考核、怎么追究，这样一整套下来一以贯之、有效运行才会成为一种机制。预算的执行必须要严肃，去年比前年有进步，希望今年能搞得更好，执行更有力。

四、廉政建设要与房地产开发同步

我们公司各级党政组织高度重视廉政建设和阳光工程，这几年成绩明显，没有发现问题。基本建设工作、房地产开发工作很容易出问题。中央、北京市反腐败斗争，这也是个重点。这个问题要得以解决，必须要上下公开、透明，要按市场规律办事，按程序办事。对外按市场规律办事，对内党员干部要求严格。这样，我们就能降低这方面的风险。一个工程，谁都可以推荐队伍，但是最后的结果要看市场标准，要看预算标准。不管干什么工程，工程造价都是有一定规律的，如果某个工程的造价相差很多，且没有特殊情况说明，那肯定会出问题。

廉政建设，一个是思想上要高度重视，要正确认识监督，相关人员要主动接受监督，廉政建设要与开发同步。另一个就是要把有效的制度建立起来，包括效能监察。我们在廉政建设上有很大的投入，监督的力度也最大，我们这支队伍非常不错。在公司这几年调整当中，我们做出了很大的努力，作出了很大的贡献。公司的形象发生了变化，资产也发生了一些重大的变化，生存的基础打牢了，公司的形象变好了，这都是大家共同努力的结果，我们要保持这股积极向上的劲头不能松劲，不能失足。把基本建设、阳光工程建设、廉政建设都抓出成效来，为落实公司发展战略作出更大贡献。

培育特色企业文化　做强做大金泰恒业

二〇〇六年五月

北京金泰恒业有限责任公司是国有控股的以房地产业为主导、以城市服务业为基础的多元化、跨行业经营的大型企业。2001 年 11 月 28 日，由原北京市煤炭总公司正式改制而得名。作为一个集燃料经营、房地产开发、物业管理、饭店旅游和城市综合服务"五业"于一体的新型企业，凭借着自身所具有的广泛性经营网络、多元化经营载体、跨行业经营平台、雄厚技术力量等优势，培育了独具特色的企业文化，确立了以"金泰双赢，恒久立业"为核心内容的企业价值观；构建了核心文化与多元文化相结合、以核心文化统领多元文化的企业文化新模式；形成了以企业文化力提升核心竞争力的新格局，使蕴藏在企业发展中的智力因素、精神力量、文化支持都发挥出了最佳效能。

一、实施金泰恒业企业文化战略的依据

金泰恒业公司的前身是北京市煤炭总公司，在长期的发展中曾经形成了优良的文化传统，当年广大煤炭职工发扬"辛苦我一个、温暖千万家"、"自尊自强、服务奉献"的企业精神，为首都工业用煤和百姓生活用煤作出巨大的贡献。

随着改革开放的进程和经营结构的调整，公司在传承优秀文化底蕴的基础上，挖掘先进的文化理念和雄厚的技术力量，打开了公司永

续经营的新天地。企业经营能力和队伍整体素质都发生了极大的变化。

伴着市场竞争的国际化和经济发展的全球化，金泰恒业公司领导班子形成了共识：要想得到稳步协调可持续发展，必须实现传统文化向现代文化的转变，解决思想观念这个"总开关"，才能真正实现以文化力提升核心竞争力的战略构想，才能进入高层次发展境界，从而立于不败之地。

在这一理念的指导下，公司于2003年制定出台了《企业文化建设战略规划》，提出"十年三阶段五大主题四措施"的实施方案，为企业全面发展奠定了坚实的理论基础和行动指南，为提升核心竞争力提供了智力支持和精神能源。

二、金泰恒业企业文化系统的内涵

面对巨大的改革压力，金泰恒业公司十分注重以文化力提升企业核心竞争力，坚持继承传统和与时俱进相统一的原则，逐步形成了个性化的企业文化系统的内涵。

1. 在精神文化方面，确立了企业核心价值观、企业精神和企业理念。理念的形成是历史文化的积淀，也是一个不断发展、渐进的过程

公司在第一次党代会上确定的"金泰恒业观"，以"金泰双赢，恒久立业"为核心内容，涵盖了"三个统一"（集体效益和全员稳定的统一、巩固基础和与时俱进的统一、以人为本和科学发展的统一）、"三个面向"（面向世界、面向首都、面向大众）、"五个追求"（追求全局成功、追求经济效益、追求长远发展、追求员工富裕、追求先进文明）的深刻内涵，构成了企业文化的核心和难以模仿的企业价值观；之后推出的"金泰阖力，恒久睦强"为目标的"金泰恒业力"，涵盖了和睦和谐、基业长青、永续发展、同心同德、自强不息、厚德载物的深刻内涵，构成了独具特色的企业文化力；被员工称之为"金泰恒业魂"的260字言《金泰恒业公司铭志》，表达了企业文化的深

邃精髓和崇高境界。

金泰恒业公司在实践中还逐渐培育了十个优秀理念：一是"视昨天为落后、视停滞为倒退、视骄傲为大敌"的发展理念；二是"追求效益是经营的永恒主题"的营销理念；三是"不讲借口是执行力的最佳表现"的执行理念；四是"能力及创造是人才的基本条件"的人才理念；五是"注重过程更注重结果"的评价理念；六是"需要就是工作"的服务理念；七是"竞争是企业生机和活力的源泉"的竞争理念；八是"以人为本、以质为根、以信为荣、以客为尊"的市场理念；九是"不能发现问题是最大的问题，而解决问题是管理的关键"的管理理念；十是"忠诚共同事业、建设美好家园、创造和谐环境"的最高理念。经过近两年的有效宣灌和积极践行，企业理念的知晓覆盖面达到95%以上。

2. 在物质文化方面，确立了企业视觉识别系统

首先是集合全员智慧确立了企业标识，以"金泰恒业"首字母"JTHY"四个变形元素构成平面与立体多视觉空间，寓意金泰恒业公司多元发展的主题，由红、灰双色块的组合造型，寓意多元与整体的统一，显示了积极向上、健康热烈、多元和谐、整体发展、形成合力的深刻含义。该标识设计简洁、形象鲜明，整体和谐统一，具有现代感，易记忆、易识别、易传达给企业的关系者和团体。公司的英文全称"BEIJING GOLDEN TIDE CO.，LTD."直译为金色的湖，寓意永不熄灭的财富。其次是集中全员才智勾画了一棵显示出旺盛生命力的"金泰恒业树"，这棵企业树蕴涵了凝心集智、和衷共济、共创辉煌、传承生命的文化力量。第三是集聚全员愿望配置了彰显个性的企业徽章。第四是发动员工集体创作了"金泰恒业之歌"。第五是利用高科技手段搭建了企业信息平台和传媒网络，连通了企业与社会、企业与员工、员工与员工之间交流的桥梁。第六是舍得投资彻底改善经营环境和工作环境，树立了全新的企业形象，目前已经形成6个金泰冠名的星级以上大酒店和16个骨干型宾馆饭店，构成了金泰恒业公司强有力的效益支撑。

3. 在行为文化方面，侧重了引领优良工作作风、行为方式和职业道德，使企业在长期生产经营中形成、积累、提炼的无形资产成为员工的自觉行动

公司坚持在企业文化建设中培养"求真务实、真抓实干"的作风、"艰苦奋斗、厉行节约"的作风。公司结合企业实际，分别制定了高层管理人员、中层管理人员、基层管理人员、生产员工、服务员工的行为规范以及日常行为礼仪规范，指导各单位抓住关键性岗位建立了考核监督机制，使金泰恒业倡导的工作作风、行为方式以及道德规范，在实践中发挥了重要的导向、约束和激励作用，成为全员的自觉行动。

三、金泰恒业企业文化体系的发展、提升及特点

金泰恒业公司根据自身使命和特点，按照现代企业制度的要求，培育和提升了个性化的企业文化体系，即以宣灌"金泰恒业观"为核心、以提升"金泰恒业力"为目标、以打造"金泰恒业魂"为最高追求，以培育"十大理念"，深化"四种文化"和"四个序列"活动为载体，履行"创造财富、服务社会、惠泽员工"的企业使命，把金泰恒业公司建设成特大型多功能综合性现代强势企业集团。

1. 通过深化凝练企业精神活动提升企业品质

"挑战自我、创意无限"的企业精神，体现了金泰恒业公司的群体之志。公司通过内部报刊、板报橱窗、网络传播和绘制企业文化手册等文字形式，展开了宣传攻势；通过班子成员与员工的对话的交流，形成了舆论引导攻势；通过理论研讨和座谈会的讨论形式，营造了积极谏言献策、注重成果转化的氛围；通过领导示范和典型引路等形式，培育和树立了一批践行企业精神的先进企业和典型人物。这些喜闻乐见的宣传手段，将员工的思想与行为有效地引导到了企业锁定的目标上。

2. 通过深化营销理念活动提升企业追求

"追求效益是经营的永恒主题"的营销理念，为员工提供了企业

信念和价值导向。公司在践行营销理念的过程中，不失时机地灌输了振兴中华的共同理想、以人为本的管理思想、科技兴企的发展思路、开拓创新的改革精神、追求卓越的竞争意识、诚信求赢的服务态度、合法求利的效益观念、艰苦创业的优良传统和走向世界的战略眼光。近年来，公司本着"大而优、小而强、难而进、劣而汰"的战略原则，具有了一批市值较高的可经营性优良资产，增加了就业岗位，夯实了发展后劲；公司自主投资与合作开发而形成的物业经营性房地产，形成了一批高品质写字楼和租赁经营项目，金泰大厦、金泰富地大厦获得"北京市优秀管理大厦"称号，并通过相关国际质量管理体系认证；公司所属的华夏航空服务公司的销售额，占领了位居首都机票代理业务第二名的显要位置，为公司赢得了抢眼的市场份额。公司多门类城市服务业年经营额不断攀升；公司煤炭、燃料经营能力也都明显提高；公司贷款信誉和融资能力显著增强。

3. 通过深化规范企业道德活动提升服务水准

"服务社会、造福大众"是金泰恒业公司员工的行为规范，是参与竞争必不可少的道德力量和内在要求。公司针对企业经营门类多、网点分散、岗位繁多、对象不同等特点，对规范道德建设提出了"诚信敬业为宗旨、强化职工道德修养"的总体要求，并以创建文明示范窗口活动为载体，采取了各具特色的适应市场的营销策略，体现了"一切为客户着想、千方百计创一流"的企业道德规范，使连续 8 年的文明示范窗口挂牌活动显示出旺盛的生命力；以规范建章建制活动为载体，强化了制度的约束力量和激励力量；以引进知名企业先进管理模式为特征，发掘各自潜能，优化个性化服务品质，初步形成了向外扩张服务的格局。

4. 通过深化塑造企业形象活动提高知名度

随着首都环境治理和燃料结构的调整，公司经营方向发生重大变化，跃升为主导产业的房地产业及多门类经营项目缺乏足够的市场份额，其知名度还不足已被认知。针对这一窘况，公司确立了"不懈努力、超越自我、抢占市场、冠名塑形"的工作方针：①通过编制《金泰·企业文化手册》，引导全员树立竞争意识，培育团队精神，追求精良服务，遵循游戏规则，实现了企业信念与员工信念的同频共振。②通过开展以"金泰杯"冠名的系列主题教育活动，灌输和培育金泰恒业公司的团队意识，增强了员工自豪感。③通过对企业、对经营项目统一冠名，提升了金泰恒业知名度。截至目前，以金泰海博、金泰绿洲为标志的 6 个星级以上的酒店，以金泰福龙、金泰万博苑食府为骨干的 16 个酒楼餐馆，均已实现了统一冠名、统一服务标准、统一配送小件服务用品，市场知名度已经得到初步彰显。④通过实施ISO9001 质量标注和 ISO14001 环境标准认证工程，提升了租赁经营和物业管理水平，形成了以金泰大厦、金泰富地大厦、金泰开阳大厦、金泰国益大厦、金泰银丰大厦、金泰冠德大厦为主体的"金泰品牌效应"，物业管理业在拓展物业顾问合同方面突破了 71 万平方米的面积。

　　四个序列深化活动的开展，实践了"金泰恒业观"所要求的深刻内涵，体现了文化的凝聚力、管理的推动力、品牌的支撑力、形象的彰显力。可以说，金泰恒业公司自改制至今，是具有奠基意义、立足长远发展、培育金泰特色文化的四年，所体现的成果决不仅仅是物质上的收获，更难能可贵的是政治、思想与文化上的经验与收获。

四、与企业文化建设配套的制度创新、组织创新、管理创新

1. 通过培育"创新文化"，推进了制度创新工程

　　创新意味着与传统的决裂和向未来的挑战，金泰恒业公在把握思想"总开关"方面，坚持了一年一度领导干部政治理论培训班制度，形成了勤于思考、勤于实践的浓厚氛围；在加快产权制度改革方面，实施了优良资产重组与配置、公司产权界定、授权委托经营等战略措施，推动了改革和改制进程；在调整经营结构方面，对分散在 27 个下属单位的 130 余家小公司和 400 个小门店，分别采取了消灭"出血点"、重新界定产权、强化产权代表管理、增加注册资金、充实优秀人才等有效措施，使公司的地产开发业、燃料经营业、物业管理业、

饭店旅游业和其他城市服务业"五业"均呈现了强劲势头和品牌效应；在深化三项制度改革方面，实行了劳动用工的社会化和合同制，解决了人才能进能出。实行了工资与薪酬考核的多种分配形式，解决了收入有高有低。实行了职务与职称双激励机制、领导人员任期制和聘任制、规定班子成员职数、总部"一部一长制"、重点工程公司领导负责制、管理干部退出通道制等措施，解决了干部能上能下等棘手问题，营造了讲责任、讲能力、讲贡献、讲发展的良好局面。

2. 通过培育"团队文化"，推进了组织创新工程

金泰恒业公司以培育"团队文化"为切入点，推进了各组织之间的联动发展和力量组合。一是实施产业整合、资源整合战略，实现了由"以煤为主、多种经营"向"以房地产业为指导、以城市服务业为基础"的战略转移，使企业获得了新的商机；二是实施共享信息资源、分享发展成果战略，利用高科技手段构建五个支柱产业的信息平台连通了内部信息网络，新开发的财务、基建、劳资、物业租赁、旅游等应用软件提高了办事效率，新投资设置的视频会议室提高了会议质量，新成立的资金结算中心在集中调度内部资金、控制贷款规模、优化融资结构、降低信贷风险方面发挥了重要作用，新组建的物管中心实现了非经营性资产的剥离与管理，新设置的法律事务部等组织结构强化了以法律手段规避风险的意识和能力。

3. 通过培育"员工形象文化"，推进了管理创新工程

金泰恒业公司以培育员工形象文化为突破口，加大了管理创新工程的力度。首先是按不同类别分层次进行了多形式的学历教育、政治理论灌输和行为引导。在抓好经营管理者队伍建设方面建立了精干高效的干部队伍，完善了领导干部绩效考评体系，并配之以组织部、审计部、纪检监察、专职监事"四位一体"的监督机制，营造了积极创效并合法经营的优良环境；在抓好专业技术人才、骨干人才、高级技术工人队伍建设方面，建立了系统教育培训制度，使学历教育、专业人才继续教育、岗位技能培训、职业资格认证培训等都取得明显成效，既大胆引进外来人才"借脑融智"，又盘活内部现有人才存量，形成

了门类齐全、优势互补的人才群体机制，成为连续五年夺得集团教培目标管理奖牌的优秀单位；公司还十分重视员工理念引导，舍得投资组织外出学习考察，引进新的营销策略，有效培育了员工努力寻求市场、捕捉商机的竞争能力，为强化特色服务打下了坚实基础；公司还通过庆典活动、新项目竣工仪式等不失时机地检验管理创新的成果，发挥了内聚员工、外扩影响的重要作用，增强了员工集体荣誉感；公司通过组织岗位技术创新活动、思想政治工作和党建创新活动的成果发布，还发掘了一大批先进典型群体和优秀个人，有效体现了管理的新突破。主要体现在：通过对产权代表的管理，国有资产得到了保值增值；通过强化企业全面预算，降低了成本费用；通过对现金流的管理，加大了应收账款的回收力度，使经营性现金流得到了持续、稳定、健康的增长；通过对投资回报的管理，加快了公司整体前进的步伐。

金泰恒业的企业文化建设，在推动改革发展、提升队伍素质、增强综合实力方面发挥了巨大作用，强大的金泰恒业文化建设体系构成了内聚人心、外塑形象的力量整合。公司成立四年来，资产总量增长近 10 亿元，利润每年以 10% 的速度递增，展现了良好的发展势头。

全面提高青年管理人员素质
为落实公司发展战略提供人才保证

——在北京金泰恒业有限责任公司优秀青年
管理人员培训班上的动员讲话

二〇〇六年六月五日

根据中央、市委和集团党委关于大规模培训干部的文件精神，结合我们公司发展战略的要求，在持续推进全公司两级领导班子和各专业岗位新老交替的重要时刻，在继续深化改革、为公司进行股份制改造做准备的历史进程中，在公司各业专业化管理加快推进的情况下，我们公司从今天开始，进行为期一周的优秀青年管理人员脱产培训。培训的主题是，按照先进性和科学性的标准培养青年管理人才，为金泰恒业的和谐发展提供人才保证。培训的任务是：经过学习、听课、讨论和外出参加考察，提高政治理论水平，加强思想作风建设，提高实际工作能力，进一步加强公司的青年在职和后备人才队伍建设。在今天的动员会上，我主要讲以下几点意见：

一、要充分认识，加强优秀青年管理人员培训的重要意义

我们这次培训班，不是一般意义的青年培训班，而是优秀青年管理人员培训班，其特点就在于优秀与管理者两个方面。所谓优秀，就是说在座的都是企业的精英和骨干，是在政治和业务素质方面都比较

突出的拔尖青年人才。所谓管理者，就是指担任领导职务和在重要岗位上、具有培养前途的青年人才。从参加培训人员的特点，就不难看出，我们这次脱产培训，意义非同寻常。

1. 加强优秀青年管理人员培训，是增强先进性和科学性意识的迫切需要

我在年初的职代会和工作会议上就着重强调了增强"先进性和科学性意识"的问题，并进行了阐述和说明。这次培训的主题，也不可能脱离年初会议的指导思想。同样提出要"按照先进性和科学性的标准，培养优秀青年管理人才，为金泰恒业的和谐发展提供人才保证"。抓住了这个主题，就抓住了时代特征、总体要求和企业需要。

所谓先进性的标准，就是要按照"三个代表"重要思想中关于先进生产力、先进文化、先进的群众理念的要求指导思想和行动，党的建设、领导班子建设、青年人才队伍建设必须定位在先进性上，一般化不行，落后更不行，所以必须进行培训，要用先进性的标准换脑筋，解放思想，武装头脑。

所谓科学性，就是按照科学发展观的要求，要实现发展的科学性。我们国家发展要依靠科学性。青年人才的成长也要讲究科学性。以人为本，全面、协调、可持续发展，是一个科学的整体，青年人才的发展也在其中。所以这次培训要把增强科学性作为首要的课题。

按照先进性和科学性的要求从事企业的全面建设，是在座的各位优秀青年的历史重任，大家一定要明确这个首要问题。

2. 加强优秀青年管理人员培训，是增强战略意识的迫切需要

这一点我们可以从邓小平理论中得到深刻的启发。一位研究邓小平理论的专家，有这样一段论述，他指出，从邓小平同志十几年来的一系列重要讲话和谈话中可以看到，目标问题是他谈论最多的内容之一，几乎每次都要提到。我们特别注意到，他的许多重要思想，都是围绕着战略目标问题展开和阐发的。认识到这一点，对于全面系统地理解建设中国特色社会主义思想十分重要。有一位外国评论家指出，邓小平领导的中国，提出 70 年的长期目标，提出到 21 世纪中叶的战

略设想，在世界上是绝无仅有的。从中可以看出，邓小平同志作为一个战略家的伟大所在。邓小平同志为什么要提出这样长期的战略目标呢？政治理论界认为，近代中国的仁人志士所为之奋斗的，无非是要完成两大任务：一个是结束中国四分五裂状况，争取国家的独立、民族的解放；另一个是彻底摆脱贫困，使中国强盛起来。这两大历史任务都历史地落在中国共产党人肩上，更落在了青年一代肩上，要改变中国的落后状况，至少需要上百年的时间。所以长期发展战略至关重要。

这一番论述，是要阐述这样一个观点，我们要努力用邓小平同志的战略思想武装青年的头脑，要把公司"以房地产业为主导，以城市服务为基础"的战略构想落到实处。

年初，我为什么强调公司的战略转变？为什么着重指出我们公司已经基本完成了生存型、适应性调整的基础工作，已经进入了战略性调整、战略性展开、战略性扩张的新阶段？为什么提出"金泰恒业之魂"，决心要把公司一切工作的立足点、着眼点、出发点和归宿都落实到公司发展战略上来？这些，都是受到邓小平同志战略思想的深刻启发，使我们进行了深入思考，提出了"金泰恒业之魂"这个重要的命题。有了"金泰恒业观"、"金泰恒业力"，这还是比较宏观的，仍不够深刻，本质还不够突出。而"金泰恒业之魂"就进一步抓住了关键，抓住了本质。所以，公司今后所有的工作都要围绕"以房地产业为主导，以城市服务为基础"这个战略思想、战略目标展开。特别是我们青年同志，胸中有战略，行动才有方向，工作才会抓住关键，抓到点子上。我们学习、研究邓小平理论，学习他的战略思想，目的也就在于此。

3. 加强优秀青年管理人员培训，是增强金泰恒业意识的迫切需要

我们在金泰恒业公司，并不等于就有了金泰恒业的意识。正像我们在地球上，并不等于有全球意识；在中国，并不等于对中国、对中国文化和国学有深刻的了解一样。正确认识我们自己，搞清我是谁、为了谁、依靠谁、我站在哪里、我要往哪里去？这些问题，不仅是哲

学家们永远关注的大问题，也是我们青年同志必须破解的难题。我今天提出增强金泰恒业意识，也就是要努力解决这个问题。树立金泰恒业意识：

一是要在"实"字上做文章。中国人和西方人不一样，西方人信仰上帝，而中国人敬鬼神而远之，鬼神崇拜始终不占主导地位。中国人最讲实际、实效。所以我们要实事求是地认识公司和员工队伍，包括青年队伍的现状，找到自身的优势和不足，明确工作重点和发展方向，把公司做实。

二是要在"金"字上做文章。"金"就是效益，就是实力，就是发展。要抓住经济中心、经济效益不放，抓住发展第一要务，加快企业发展的步伐。

三是要在"泰"字上做文章。"泰"就是稳定，就是和谐，就是团结，要努力建设和谐企业，促进企业和谐发展；中国人盖房子，总是要刻上"泰山石敢当"，总希望自己的住所稳如泰山，我们希望企业和谐稳定，也是这个意思。

四是要在"恒"字上做文章。"恒"就是永久、持久，要有恒心决心，要勇往直前，自强不息。老子的"道德经"第二章对"恒"字就有精辟的论述，他认为，只有要素互补，不断革新，才能做到永恒。

五是要在"业"字上做文章。所谓"业"字就是我们的事业、产业、业绩，要有事业心、责任感，要全身心地投入到金泰恒业的事业中去，为企业的振兴建功立业。

六是要在"强"字上做文章。建设中国特色社会主义的目的就是为了祖国的繁荣富强。我们建设金泰恒业的目的也是为了把企业做强，只有强了，才有竞争力、凝聚力和生命力。对"强"字，古代春秋战国时期与孔子齐名的墨子，就有非常精辟的论述。墨子说："强必富，不强必贫；强必贵，不强必贱；强必饱，不强必饥；强必暖，不强必寒"。墨子"强力从事"的原则，不仅是对强者的一种肯定，而是主张以劳动为手段来争取个人的幸福生活，反对不劳而获的剥削和腐败行为。树立金泰恒业意识，在"强"字上做文章，一方面要把企业做强，在做强的基础上做大；另一方面要奋发图强，依靠诚实的劳动，廉洁自律获得报酬。否则，就强不起来，就是强了也会垮掉。有一句俗话说得好，"上帝让你灭亡，首先让你疯狂"。如果你暂时看起来很强，但如果忘乎所以，为所欲为，忘记了党的宗旨和纪律，没有"八荣八耻"的崇高境界，"强"也会变成弱。所以，强又和泰相联系。一个强者，必须有宁静的心灵和坚定的原则性、纪律性，这样，才能致远、致强。

以上我说了增强金泰恒业意识的六个字，要在"实字、金字、泰字、恒字、业字、强字"上做文章，这六个方面是一个系统工程，是一个问题的六个方面，相互联系、相互依存、相互制约，彼此都统一到金泰恒业的全部工作中来，但又各有侧重和不同的内容，大家要完整准确地进行理解。

二、当前，加强优秀青年管理人员队伍建设的基本途径

这次培训班，要使大家充分认识自身面临的任务，认清全面提高素质的道路和方法。

1. 加强理论修养，进一步认识中国特色社会主义理论的新发展和治国方略的新举措

广大青年同志要做学习型的优秀管理者。优秀是一个相对的概念。你在公司内部是优秀的，但放到全市、全国，乃至全球来说，你就不一定是优秀的，或许还是落后的。在座的各位，距离经济全球化要求的本领差距有多大？距离我国现代化建设的要求有多远？距离公司发展战略的要求差距有多少？距离胜任本职岗位的要求差距有多少？大家都必须对这些问题有清醒的认识。所以大家不能背上优秀的包袱，要看到差距，抓紧学习，进行补课，奋起直追，全面提高素质。

首先，大家要提高政治理论素质，加强党性锻炼，增强党性观念。要继续加倍努力学习马列主义、毛泽东思想、邓小平理论、"三个代表"重要思想。不知广大青年是否认真读过《共产党宣言》。《共产党

宣言》是美国中学生的必读书目之一。马克思在西方世界是公认的最伟大的思想家。所以大家要从马克思主义的基本著作读起，要有一个读书计划。要按照邓小平同志说的，读书要精、要管用，要掌握基本原理，特别是要掌握实事求是的精髓、先进性的核心、与时俱进的关键、执政为民的本质和科学发展的战略思想。一句话就是，要通过学习，掌握科学的世界观和方法论，坚定信念，提高能力，艰苦奋斗。

在当前，进行理论学习，就是要认真学习胡锦涛同志的七个重要观点：

一是科学的发展观。以人为本，全面协调可持续发展的思想，是指导我国发展的世界观和方法论的集中体现，在发展问题上，胡锦涛继承和发展了邓小平理论和"三个代表"重要思想。

二是建设社会主义和谐社会的思想。我们面临诸多矛盾，要认真加以解决。要实现人与社会和谐、人与自然和谐、人与人之间的和谐以及个人心身之间的和谐。要坚持民主法治、公平正义、诚信友爱、充满活力、安定有序、和谐相处这六大原则。

三是建设创新型国家的思想。为了解决科学技术过分依赖发达国家，受制于人，不利于国家安全和长远发展的问题，必须提高我们国家自主创新能力，要从建设创新型企业，培育创新型人才，进行创新型思维方面入手，争取用15年时间进入创新型国家行列，我们也要把金泰恒业建设成为创新型企业。

四是建设社会主义新农村的思想。从我们党走农村包围城市，武装夺取政权的正确道路，到农村联产承包责任制，从我国改革首先从农村开始，再到努力解决"三农"问题，胡锦涛同志提出建设社会主义新农村，这是对我国乡村建设理论的重大丰富和发展。

五是加强党的先进性建设的思想。先进性建设是党的根本性建设，要以党的先进性建设指导和推动先进性国家建设，引领企业的先进性建设，这是我们面临的一项重要任务。

六是坚持走和平发展道路的思想。努力为我国的发展创造良好的国际环境。

七是加强马列主义理论建设和理论指导的思想。胡锦涛同志高度重视马克思主义理论研究和建设。我们党从 2004 年起实施了马克思主义理论研究和建设工程，参加该工程的学者，直接的 500 人，间接的 5000 多人，工程涉及和要解决的问题是：坚持马克思主义在意识形态领域的指导地位、繁荣和发展哲学社会科学、着力研究马克思主义中国化的理论成果和现实重大问题、加强马克思主义理论人才队伍建设。实施马克思主义理论研究和建设工程是关系中国社会主义前途命运的基础工程、战略工程、生命工程。我们大家来参加培训，也是这伟大工程的一部分。大家通过培训，要很好掌握以上七个重要的理论观点，以指导我们企业和广大青年的政治思想建设和管理工作。

2. 在改革开放的情况下，要对中西方文化的特点有深入了解，以取长补短，综合创新，提高文化素质

我在春节团拜会上，简要讲述过中西方文化的比较问题。今天要再详细讲一讲。

因为，作为文化青年不可不知道中西方文化的差异问题。中国传统文化产生与发展的经济基础是"以农立国"的农业经济。由于中国幅员辽阔、资源丰富，从而产生了以家庭为中心的自给自足的农耕经济，产生了以伦理道德为核心的中国传统文化，即所谓的政治道德化，道德政治化。人们更多地强调道德、修养、服从、中和等等。

而西方文化产生于欧洲，欧洲位于欧亚大陆的西部，海岸线漫长曲折，涉及多个国家、民族，且多天然优良港湾，适于发展海洋贸易和海洋运输。欧洲土地面积小，和我们中国大体相当。平原少、山地多，发展农业条件较差。古代欧洲人自始就注重利用海洋优势，发展海洋贸易和海洋运输等商品经济。古希腊、罗马就发展出了当时世界最发达的商品经济。商品生产和商品交换成为古代欧洲经济的一大特色。商品经济的特点是互通有无，具有开放性和外向性，由此产生的文化也就具有了外向性和开放性的特点。西方文化开始走的就是向外部世界寻找的道路。古代欧洲人向外部世界寻找，并对这种寻找过程及其结果进行计算，就产生了自然科学。而"商品经济又是天生的平

等派"，所以西方文化的两大成就是科学与民主。中国的农耕文化和西方的海洋文化看来是有明显差异。但也不能绝对化，中国也有陆上丝绸之路和海上丝绸之路，也有商品、贸易。在汉唐以至以后，中国是世界上最发达强盛的国家，世界性的交流也是非常发达的。我在这里只是说明中西文化的主要差异。

中西文化是两个平行发展的文化系统，各有千秋、各有优劣。中国文化"以人为本，刚健有为，贵和尚中，讲求实际"的基本精神和主要内容，对于中国民族与人民的生存与发展起到了巨大的指导作用和凝聚功能。比较中西文化的主要差异，大体有这样十个方面：

一是清静与运动。中国人多讲宁静致远，有"天不变，道亦不变"的名言，更有老子的无为而治，以静制动，以柔克刚的学说为代表；西方文化更偏于运动，以古希腊"一切皆流，万物皆变"的观念为代表，起源于古希腊的奥运会为例证，说明西方人具有运动精神，探险精神。

二是和平与斗争。中国人讲"和"为贵，而西方更讲求斗争，更有"战争是万物之父，也是万物之王"的观点，而两次世界大战的策源地是在欧洲也就不足为怪了。同时，市场竞争也是西方文化的产物。

三是平均与非平均。中国文化崇尚平均，平均主义大锅饭，是特定的农耕文化的表现。而西方的贸易和工业文明，造成了巨大的经济差别，是很不平均的。

四是直觉思维与逻辑思维。中国人的思维方式更多的以经验性的直觉为主，强调体验、顿悟、察觉，非理性成分较多。而西方文化更强调逻辑，西方逻辑学的发达就是很好的说明。

五是综合与分析。中国人善于综合，总体把握，讲天人合一，天时，地利人和。西方文化讲究分析，分析哲学、解析几何、微积分等等就是很好的例证。

六是修身养性与科学实验。爱因斯坦在总结西方文化成就时曾说：西方科学成就应归功于两大因素，即亚里士多德创立的形式逻辑和近代兴起的科学实验活动。而中国的逻辑学与科学不够发达，而修身养性的学问非常发达。

七是模糊与精确。从中国的长衫大褂与西方的西服，就可以看出来，中国人有"差不多、大概"的思维定式，而西方数学发达，靠精确的计算进行思考、生产、工作和决策。

八是整体与个体。中国大一统的观念、万物一体的观念，形成了中国传统文化的整体观和集体主义精神。而西方强调以个人为中心，由此产生了人权观念、民主观念、自由观念、法律观念等等。

九是性善与性恶。中国人更多强调性善论，认为"人之初，性本善"。虽然荀子提出了性恶论，但后来并不占主流。而西方文化则主张性恶论，正如基督教所说的，人生是有罪的，因为人类的始祖亚当与夏娃偷吃了禁果。著名德国哲学大师黑格尔认为，主张性恶要比主张性善好得多。

十是人治与法治。在治国形式上，中国传统文化偏重于人治，因为儒家有"明德慎罚"的思想。主张"礼治、德治"，由此必重"人治"，认为"为政在人"、"有治人，无治法"等等。而西方文化则更重法治，亚里士多德就有"法治高于一人之治"的论断，法有三项原则，即法治代表理性的统治，法治以民主共和为基础，法治内含有平等、自由、善德等社会价值。

以上我从十个方面论述了中西方文化的差异。中西方文化是平行并列两种不同的文化，都有其优秀的方面，也都有其不足的方面。在一定程度上也有其共同之处。今天我讲中西方文化的差异，是要大家站在先进文化的高度，对中西方文化进行分析比较，取长补短，融会贯通，博采众长，综合创新，提高青年同志的文化素养。从而使大家认识到，"西方文化中心论，东方文化保守主义"都是错误的。唯有"文化综合创新"才是正确的文化态度和文化道路，以进一步激发大家学习中西方文化，进行综合创新自觉性。

从严格意义上讲，马克思主义是西方文化的产物，但不是西方文化的全部。我们维护马克思主义的指导地位，是要把马克思主义同中国革命和建设的实际结合起来，不是要抛弃中国优秀传统文化，也不是搞教条主义、本本主义。马克思主义的中国化，产生了毛泽东思想、邓小平理论、"三个代表"重要思想和科学发展观，这正是"综合创新"的产物。苏联的教训，中国前进道路上"左"和右的教训，都是脱离实际的，都不是进行"综合创新"的结果。同样也违背了马克思主义的基本原理，违背了中国文化善于融会贯通、注重实效的精髓。我们建设金泰恒业也是一样，就是要发挥中西方文化各自的优势，走正确的文化道路，保持博采众长的文化心态，把马克思主义、中西方优秀文化和公司的实际结合起来，开辟出一条"综合创新"的新路。从而实现公司的振兴。

3. 要树立新的管理思想，不断改进管理方法

作为优秀青年管理者培训班，培训的对象是管理者。因此，进一步丰富管理者的管理知识也十分必要。在掌握一般管理知识的情况下，要对新的管理思想有所了解，以指导管理实践，为提高经济效益服务。

计划、组织、领导和控制是西方现代管理的四大基本职能，它是以知识、计划和策略为核心的管理，可以称之为知识管理或战略管理。除知识管理外，现在新兴的八维管理还包括文化管理、信息管理、艺术管理、权变管理、执行管理、核心管理和第一资源管理。

一是文化管理。文化管理是要保证正确地做事，它为组织确立一套做事的行为价值标准，以比判别哪些事应该做，哪些事不应该做；哪些事是第一重要的，哪些事是第二、第三重要的。组织的文化即组织的个性，其不同的文化，形成组织不同的志向、动力、追求和激情。文化管理在企业管理中居于核心地位。例如，沃尔沃、奔驰和丰田三家汽车制造商的制造技术难分高下，但企业文化各不相同。沃尔沃把安全放在第一位，奔驰把豪华放在第一位，丰田则把经济放在第一位。不同的文化决定了它们不同的追求和不同的资源优化配置顺序，由此形成了不同的产品个性和核心竞争力。从一定的意义可以说，它们产品的垄断力或卖点来自文化个性而不是技术优势，因为它们各自的技术优势和产品个性是追求个性文化的结果而不是原因。

二是信息管理。信息管理的核心是了解事物确定性的程度，力求

做真实可靠的事。事物具有确定性程度的信息，是决策的基本依据。没有信息，做事就是盲目的。盲目地做事，天大的本事也是白搭。完全信息叫做确定，部分信息叫做风险。准确可靠的信息是科学决策的前提。

三是知识管理。知识管理是强调如何以正确的方法做事，它以计划为起点，以战略为核心。当代西方管理强调知识和理性。凡是做事的正确方法都是知识，知识告诉我们用正确方法做事。策略、制度、流程和技巧等管理手段都属于知识管理的范畴。知识管理追求效率，它以文化和信息为前提，以理性、普遍性和客观性为基础。也就是说，在事情本身是错误的、不确定的、没有普遍性的，以及在决策是主观、非理性的情况下，知识管理没有用武之地。由于知识具有普遍性、通用性和可学性，所以知识管理不可能长期保持垄断，创新是保持知识管理领先地位的唯一途径。

四是艺术管理。艺术管理是要能因人而异，用人性、自然、简单、和谐的方法有效激励下属努力工作。人性有理性和共性的一面，又有非理性和个性的一面；前者用科学管理有效，后者用艺术管理才有效。一旦管理失去对被管理者的非理性和个性的敏感，它就不能用特殊的方法激励和领导特殊的人群。艺术管理的境界是人性、自然、简单、和谐，如果运用得当，就会取得奇效。

五是权变管理。权变管理是要能随环境的变化而变通地做事。文化、信息、知识和艺术都是随着时空和情境的变化而变化的。如果环境变化了却不知道变通，文化、信息、知识和艺术就会成为僵化无用的东西。环境会改变文化，改变人的价值判断，过去正确的事情现在可能是错误的。知识会随时空变换而陈旧，信息也会随环境而变化。同样，环境变化也会改变艺术的标准和方法。所以权变管理强调随环境、条件变化而变化。

六是执行管理。执行管理是通过对文化、信息、知识、艺术和权变五种执行力的协调管理，以达到整体执行力的最大化。执行力是一个整体而非单维度的概念，上述五种管理与执行力之间的关系类似于木桶原理（木桶的容量由最短的那块木板决定），其中任何一种执行力的缺失都可能导致整体执行力大打折扣甚至全部丧失。没有文化执行力，难以保证做正确的事情，其他几种执行力就可能失去意义；没有信息执行力，意味着决策失去了信息依据，此时的知识执行力等于零，而文化、艺术和权变执行力则会大打折扣；没有知识执行力，意味着用错误的方法做事，其他执行力就会失去效率基础；没有艺术执行力，意味着不能因人而异地有效激励和领导人们积极工作，其他执行力必会事倍功半；没有权变执行力，意味着做事僵化教条，这就大大增加了其他执行力失败的几率。由此可见，管理的整体执行力是各种执行力平衡协调发展的综合结果。

七是核心管理。企业管理必须以财务管理为核心。因为公司经营的过程和结果都要反映到财务上。资金是企业的血液，资金是企业所有工作运动的起点和终点。企业生存离不开资金，企业发展离不开资金，企业要生存和发展就必须有效地使用资金。财务管理又叫公司理财或资产价值形态管理，企业筹资、投资、资本运营、利润分配，以及采购、仓储、生产、销售、货币回笼任何一个环节都离不开财务管理活动。坚持以财务为核心，是管理者的一种素质、一种理念、一项基本功。不懂财务管理就不是一个合格的管理者。

以财务管理为核心，要坚持抓好全面预算工作，要发挥预算的指导功能、控制功能和平衡功能，要完成年初确立的各项预算指标。要从全局、整体的效益出发，确定投入与产出的比例，产出必须大于投入，要把效益放在第一位。要重视资金的平衡，资金的流入和流出，在总量上要平衡，在结构也要平衡。我们公司在资金流入与流出的结构上存在一定问题。这种资金结构不平衡的状况，对我们的经营造成了巨大威胁，大家要引起高度重视。因此，大家在经营管理工作中一定要抓住财务管理这个核心不放，牢牢抓住效益、资金平衡、全面预算这些关键环节，为公司发展战略和经营目标服务。

八是第一资源管理。人才资源是企业的第一资源。企业所有的工作都要人去做。人才队伍的状况决定着企业的兴衰成败。我们一定要认真贯彻中央关于进一步加强人才工作的决定，要充分认识到实施人才强国战略是一项重大紧迫的任务；要以能力建设为中心，大力加强人才培养工作；要搞好人才的市场配置，促进人才合理流动，加大对人才的有效激励和保障；要突出重点，加强高层次人才队伍建设；要推进人才资源整体开发，优化人才结构，实现人才工作协调发展；要坚持党管人才原则，努力开创人才工作新局面。根据中央精神，结合公司实际，要大力推进人才兴企战略，要按照市场认可，出资人认可、员工认可的标准选拔使用人才。要把政治素质放在第一位，按照德才兼备的标准选拔使用人才。一个人才首先对党要忠诚，对企业要忠诚。如果不忠诚，就是再大的本事也不能重用。所以广大青年首先要加强思想道德修养，加强党性锻炼。要以能力建设为重点，通过教育培训，竞争上岗，岗位管理，优胜劣汰等方式为人才的脱颖而出创造条件。

在八维管理中，文化是统帅，信息是前提，知识艺术和权变是手段，执行力是结果，财务价值管理是核心，人力第一资源管理是关键。大家都要认真研究这八维管理问题。

三、几点要求

1. 通过培训，大家要处理好权力和事业的关系

作为管理者，大家手中都有一定的权力，但这个权力不是个人所有，我们不同于私企老板。作为党的干部，大家都是执政党在基层的管理者，我们的权力是党给的、人民给的、员工给的，我们的权力只有和党的事业、公司的事业联系起来才有意义。所以大家一定要把手中的权力与企业资产的性质联系起来，为实现国有资产的保值增值作贡献。工作中不能搞个人说了算，把功劳都归于自己，独断专行，骄傲自满，脱离群众。要想到党的事业、组织的信任，员工的支持，没有这个基本的前提，个人将一事无成。所以我们青年同志一定要增强党性观念，摆正自己的位置，团结周围的同志，带领职工群众，把自己担负的任务完成好。

2. 通过培训，大家要处理好责任和战略的关系

我们所有的工作都要围绕公司发展战略展开，大家的责任都要和公司的发展战略联系起来。大家在自己的岗位上，都要明确我们是党派来的，是股东派来的，是董事会和经理层派来的，都要把自身工作纳入到公司发展战略的轨道上来。与发展战略密切相关的岗位，我们就要加强。与发展战略关系不大的岗位，就要调整掉。管理人员队伍要精干高效。因此，广大青年同志要认真研究公司战略，落实公司战略，深化完善公司战略，以自身的努力为实现公司的战略目标而努力。

3. 要通过培训，把思想作风建设提高到新水平

既然是脱产培训，就要排除干扰，集中精力，把培训搞好。要把听课和学习马克思主义基本理论结合起来，和学习党章结合起来，和学习"八荣八耻"结合起来，和讨论研究结合起来，和学习管理知识结合起来。通过一周的学习，进一步提高大家的政治思想水平，提高遵守政治纪律、组织纪律、工作纪律、党的工作制度、企业规章制度的自觉性。从而，使大家更加严格要求自己，廉洁自律，奋发有为，为金泰恒业的科学发展，贡献青春和力量。

在纪念建党八十五周年
暨"争优创先"总结表彰大会上的讲话

二〇〇六年六月三十日

今天，我们在这里隆重集会，热烈庆祝中国共产党成立 85 周年，表彰先进基层党组织、先进党支部、优秀共产党员和优秀党务工作者。

中国共产党自 1921 年成立以来，经历了 85 年的光辉历程，为民族的解放、社会的进步和人民的幸福，英勇奋斗。在新民主主义革命胜利之后，特别是改革开放以来，建设中国特色社会主义的伟大事业，又取得了举世瞩目的丰功伟绩。我们公司在集团公司党委和公司党委的领导下，党的建设进一步加强，企业发展步伐进一步加快，职工生活水平进一步改善。

在过去的一年里，我们公司按照上级党委的部署，认真组织开展了以实践"三个代表"重要思想为主要内容的保持共产党员先进性教育活动。通过集中教育及回头看工作，达到了"提高党员素质、加强基层组织、服务人民群众、促进各项工作"的目的，促进了企业文明建设水平的提高。

新世纪、新阶段，党的先进性建设对企业党组织提出了新的、更高的要求，对企业的先进性建设提出了更高的标准。

去年，市委、市委组织部、市国资委党委先后下发了《关于推进基层党建工作创新的意见》（以下简称《意见》）和《关于适应现代企业制度要求，充分发挥国有企业党组织政治核心作用的意见》。这两个《意见》是在"三个代表"重要思想指导下，对全市基层党建工作、国有企业党建工作新鲜经验的总结和概括，有着广泛的实践基础，是今后一个时期指导我们党建工作的重要文件。为更好地贯彻两个《意见》精神，公司党委开展了一系列学习研讨活动，各基层党组织结合本企业实际，卓有成效地开展了一系列工作。

在今后一个时期，为了更好地学习党章，执行党章，贯彻落实科学发展观，更好地贯彻落实市委、市国资委《意见》精神，下面，我讲六点意见。

一、推进党建创新，就要用党章规范党员的思想和行为，从根本上加强党的建设

2006 年 1 月 24 日，中纪委、中组部、中宣部联合下发了《关于贯彻落实胡锦涛同志在中纪委第六次全会上的重要讲话精神，深入学习贯彻党章的通知》，对全党学习贯彻党章提出了新的要求，我们要认真学习这个文件，进一步增强学习贯彻党章的自觉性和坚定性，全面推进党的建设新的伟大工程。要坚持把学习贯彻好党章，落实到党的思想理论建设、组织建设、作风建设、制度建设和能力建设之中，落实到每个党员、每个党组织的全面工作之中，自觉做学习党章、遵守党章、贯彻党章、维护党章的模范，进一步加强和改进党的工作，促进企业的全面建设。

二、推进党建创新，就要在发挥党组织的政治核心作用，凝聚党组织的政治资源方面，加强探索和实践

企业改制后，党组织的职能从占有、支配资源到加强思想政治领导，发挥政治核心作用；从直接组织、领导发展，到引领、服务发展；从分配利益到维护、整合、协调利益。这要求企业党组织要将权力意识转到责任意识上来，真正转到发挥政治核心作用，把握政治方向，凝聚职工群众共同奋斗，保障和监督的职能和作用上来。

　　党制定的正确的路线、方针和政策，并将党的主张、意志转化为国家法律法规，是党组织最重要的政治资源；按照民主集中制组织起来的基层党组织，充分发挥先锋模范作用的党员队伍，是企业党组织最重要的组织资源；工会、共青团组织是党团结凝聚职工群众，增强党的阶级基础，扩大党的群众基础最重要的基本资源；我们一系列的民主管理制度是人民当家作主和依法治国有机结合的产物，是党组织根本的制度资源。

　　认清以上政治资源、组织资源、基本资源、制度资源、政策优势，有效动员、组织和扩充好这些资源，发挥党的政治优势，凝聚强大的政治力量，就能充分发挥好党组织的政治核心作用。

三、推进党建创新，就要在党建工作的结合方式方面，加强探索和实践

　　市委《关于推进基层党建工作创新的意见》中，把改进工作方式，作为基层党组织推进创新的一个主要方面。将适应经济社会管理体制、治理模式的变化，规范党组织与经济、行政、自治组织的工作程序，健全党组织工作制度和工作机制，保证党组织职能的有效发挥，作为改进基层党组织工作方式的主要内容。落实市委这一工作要求，对我们企业党组织工作有十分重要的现实意义。目前，摆在我们面前需要解决的有两个问题：一是企业党组织的工作体系，如何更好地适应现代企业制度和法人治理结构的要求；二是企业党组织的工作程序如何更好地适应企业开展经济活动的要求。解决这两个问题，需要我们在以下四个方面进行积极探索和实践：

　　一要积极探索和实践加强党建工作，与企业改革、发展、稳定的结合方式。要围绕中心，服务大局，围绕落实科学发展观、构建社会主义和谐社会、和谐企业来加强党的建设。同时，通过加强党的建设来保证科学发展观的落实与和谐社会、和谐企业的构建。

　　二要积极探索和实践加强党建工作，与维护好、实现好、发展

好职工群众利益的结合方式。加强党组织建设的切入点和基本任务就是服务群众，整合利益，凝聚职工群众，组织共同奋斗。企业利益主体是多元的，利益来源的渠道是多样的，企业党组织一定要承担起服务群众、协调利益的职能。要把服务群众作为工作的切入点。研究建立群众利益的表达机制、沟通机制、协调机制。要及时掌握、研究、解决群众反映的突出问题，使党组织成为各种利益整合的组织与平台。

三要积极探索和实践加强党建工作，与法人治理结构结合方式。要建立起发挥党组织政治核心作用，与法人治理结构有机结合的党建工作运行机制。要按照职责明确、统分结合、交叉衔接、相互制衡、有效运转的机制，建立健全相应制度。

四要积极探索和实践集中教育，与日常教育的结合方式。先进性建设是一个永恒的课题，集中教育活动结束转入先进性建设经常性工作后，要借鉴吸收先进性教育活动中，创造的好经验、制度化成果，保持先进性建设的长效机制，不断提高党建工作水平。

四、推进党建创新，就要在提高企业党组织协调利益关系方面，加强探索和实践

和谐企业是和谐社会的基础。构建和谐企业，要求党组织认真协调各方面利益关系。党组织要注重调查研究，分析和把握利益结构、利益关系的发展变化，统筹各个方面的利益关系和利益要求，团结起来，共同促进企业发展，共享改革发展成果。

党组织的先进性要体现在对利益的协调上。正确处理和协调企业内部各利益群体之间的关系，维护各方权益，是企业党组织的重要职能。企业党组织要以党的路线方针政策和国家法律法规为依据，以有利于企业健康发展为标准，认清各方面的利益，把握企业大局，制定工作目标，整合各种资源，广泛凝聚力量，做好化解矛盾工作，成为融合各方关系的黏合剂，密切员工和企业关系的润滑剂。

五、推进党建创新，就要围绕落实科学发展观与构建和谐企业，把工作重点放到凝聚职工群众共同奋斗上来

在推进党建创新工作中，落实科学发展观，以科学发展观指导我们的创新工作，就能充分体现"围绕中心、服务大局、拓宽领域、强化功能"的要求，就能够体现保持党的先进性的主题。

科学发展观，对于国家来说，是为了人民发展，依靠人民发展，让人民在发展中共享成果；对于企业来说，则是实现、维护、发展好职工群众利益。

构建和谐企业就是用正确的理论、路线，科学的组织形式、工作方式，为企业发展创造良好的和谐环境，为职工创造和谐环境，达到提高企业竞争力的目的。构建和谐企业，在当前就要求企业党组织以解决职工群众最关心、最直接、最现实的利益问题，实现、维护、发展好职工群众利益，凝聚职工群众共同奋斗。

凝聚职工群众共同奋斗，是落实科学发展观、构建和谐社会、和谐企业的要求，是社会主义市场经济条件下，企业党组织职责和履行职责方式的重大转变。凝聚群众共同奋斗，就必须坚持六个"共同"。

一是坚持共同理想。它包括贯彻党的路线、方针、政策和坚定中国特色社会主义的信念，形成符合企业实际，凝聚职工群众共同利益、体现我们党的主张的核心价值观，把党员群众凝聚在党的理想、信念之下。

二是整合共同利益。在市场经济条件下，不仅党组织与群众利益发生了变化，也出现了不同群体利益共存的新格局。企业党组织是各种利益的交汇处和焦点所在。党组织要发挥自身优势，认真整合、协调好各种利益关系。

三是引领共同目标。党组织代表各个方面的利益，要把共同的利益融会到发展目标之中，使发展目标代表职工群众根本利益，代表企业各个方面的利益。

四是组织共同治理。就是领导组织职工群众，依法当家作主，健全各种民主管理制度，领导群众共同治理企业，共同推进企业全面发展。

五是动员共同创造。就是尊重劳动、尊重知识、尊重人才、尊重创造，用发展目标把职工群众组织动员起来，共同创造幸福生活。

六是实现共同发展。让职工群众共享改革发展成果，实现事业发展与人的发展协调推进。

六、要通过推进党建工作创新，努力将企业党组织先进性建设提高到新的水平

一是通过党建工作创新，贯彻落实好党对企业党组织的总体要求。

要坚持以邓小平理论和"三个代表"重要思想为指导，围绕中心，服务大局，拓宽领域，强化功能，以保持党的先进性为主题，以实现好、维护好、发展好职工群众根本利益，保持同人民群众的密切联系为核心，明确工作职责，改进工作方式，加强自身建设、改善工作条件，增强企业党组织的影响力、凝聚力、战斗力，成为贯彻"三个代表"重要思想的组织者、推动者和实践者，为企业科学发展提供坚强的人才和组织保证。

二是通过党建工作创新，企业党组织要全面落实各项工作职能。包括：

凝聚干部职工，组织共同奋斗。

推进企业改革，保证新体制运行。

落实科学发展观，提高企业核心竞争力。

协调企业内部各方面利益关系，维护职工合法权益。

领导思想政治工作，推进企业文化建设。

三是通过党建工作创新，使企业党组织发挥政治核心作用的内容、方式更加规范、明确。

坚持党组织领导成员同法人治理结构中的经营管理人员"双向进

入、交叉任职",实现在推进企业发展上管理主体的一致性。

明确决策内容,规范参与程序,完善决策机制,围绕决策方案,科学参与重大问题决策。

坚持党管干部、党管人才的原则,建立健全企业负责人管理体制和机制。建立健全适应现代企业制度要求,组织配置和市场配置相结合的分层分类管理体制和选任机制。

加强和改进思想政治工作,用共同理想和企业文化凝聚人心。坚持思想政治工作与企业文化建设有机结合,树立企业核心价值观。

坚持企业民主管理制度,维护职工合法权益。坚持职工代表大会、厂务公开为基本形式的企业民主管理制度,依法保障和维护企业各方面利益。

加强对工会、共青团等群众组织的领导。支持工会、共青团等群众组织依照法律和各自的章程独立自主创造性地开展工作,充分发挥群众组织联系群众的桥梁和纽带作用。完善群众工作机制,服务职工群众。

落实稳定工作责任制,切实化解、控制影响企业改革、发展的不稳定因素。

四是通过党建工作创新,切实使企业党组织参与企业重大问题决策更加科学。

包括两个方面的内容:

参与企业重大问题的决策内容要明确。

参与决策的途径和方式要科学。

五是通过党建工作创新,切实加强企业党组织对企业人才工作的领导。

要坚持党管人才,将人才资源作为提高党的执政基础的首要资源。人才在企业竞争中越来越具有决定性的作用,人才资源已经成为最重要的决定性资源。企业党组织要成为人才之家,凝聚人才、吸引人才和开发人才,实施人才强企,发挥人才在企业发展中的作用。

要加强对企业选人用人原则、标准、程序以及人事制度改革的指导，通过制定政策、营造环境、整合力量、提供服务，为人才提供更多的发展机遇和发展空间。

要充分发挥党组织优势，为人才工作提供坚强的保证。要按照管宏观、管政策、管协调、管服务的要求，营造各类人才发挥作用的良好环境，发挥总揽全局、协调各方的作用，实施创新工程，整合开发人才资源，形成企业人才强大合力。

要围绕造就高素质的经营管理者队伍、高素质的专业技术人才队伍，建立健全人才培养、使用、考核、激励、约束机制，以人才战略的实施保证企业战略目标的实现。

六是通过党建工作创新，凝聚职工群众共同奋斗，切实奠定党的工作基础。

按照服从整体利益、尊重个体利益、协调群众利益、发展共同利益的原则，切实实现好、维护好、发展好职工群众的切身利益和根本利益。

建立职工群众利益表达和协调机制，拓宽反映职工群众意见的渠道，提高服务职工群众的能力、水平，用党员的模范行动和党员领导者的以身作则来影响、团结职工，扩大党的群众基础。

指导和引领企业文化建设。坚持共同理想，形成核心价值观。整合各种资源，实现文化力和生产力的良性互动。把握正确导向，形成健康向上的价值取向。

七是通过党建工作创新，切实加强自身建设。

要改进党员教育管理。要创新党组织活动方式方法，增强活动效果。要根据新时期的中心工作以及不断变化的客观形势和社会实践，增强党员教育内容的时代性。

要强化服务党员工作。建立经常性了解党员学习、工作、生活情况的制度，通过谈心、走访、慰问、解决实际问题等方式，为党员的学习、工作、生活提供服务。

要健全党员民主权利的保障机制。要结合企业党组织的实际，认真贯彻《中国共产党党员权利保障条例》，尊重党章规定的党员各项权利，建立相关制度。实施群众评议党员、党员评议支部、下级党组织评议上级党组织的评议制度，拓宽民主渠道。

八是通过党建工作创新，进一步加强制度建设，完善企业党组织的工作体系。

建立健全企业党组织政治核心作用与法人治理结构有机结合的党建工作运行机制。构建以政治领导、组织保证、制度建设、目标管理为要素的机制框架。形成思想政治领导、利益关系协调、健康学习成长、综合素质考评和人才资源管理等方面的工作机制。

建立健全组织配置与市场配置有机结合的经营管理者的选拔、任用、考核机制。建立健全适应现代企业制度要求，组织配置和市场配置相结合的分层分类管理体制和选任机制，推动企业建立和完善选聘、评价、考核、激励、约束机制。

建立健全提高思想政治素质与提高技术业务素质有机结合的政治工作双向互动机制。创新企业文化建设、思想政治工作的手段，拓展内容，提高水平，使企业的思想政治工作和企业文化建设相互融合，为企业改革和发展创造良好的氛围，提供强大的精神动力。

建立健全使"党员长期受教育、永葆先进性"的长效机制。要将保持共产党员先进性教育活动转变为党员先进性建设的长期工作，加强党员教育培训，扩大党内民主，严格党内组织生活，不断提高党员先进性。

建立健全治标与治本有机结合的反腐倡廉长效机制。把教育、管理、监督有机结合起来，建立起对企业人、财、物的有效监督管理机制。进一步加强党风廉政建设，促进企业的全面工作。

我们要认真履行党的章程，在科学发展观指导下，以党的先进性建设为主题，不断推进党建创新，切实发挥党组织和党员作用，组织和带领广大员工，为实现公司的战略目标，同心、同德、共同奋斗！

以科学发展观为指导
加强党的先进性建设
把公司发展战略落到实处

——在北京金泰恒业有限责任公司
半年工作会议上的讲话

二〇〇六年七月二十七日

在今天的会议上，李京来同志对今年上半年的工作进行了总结，对下半年的任务作了部署，我完全同意。会议之后，要认真贯彻落实。

最近以来，在学习科学发展观的过程中，我在认真思考一个问题：科学发展观是指导发展的世界观和方法论。那么，我们公司如何运用这个世界观和方法论来指导企业发展呢？我们的具体措施应该是什么呢？

在思考中，我认为，科学发展观是在深入研究了当今中国和世界若干诸多矛盾的情况下提出来的。这诸多矛盾，实质上是若干重大关系。而科学发展观，正是基于对这诸多矛盾的认识，提出了处理好这些重大关系的重要战略思想。我体会到，落实科学发展观，坚持以人为本这个核心，实际上是要坚持全心全意为人民服务的宗旨，以最广大人民的根本利益为本，要处理好不同群体之间的利益关系问题。以人为本体现了立党为公、执政为民的本质要求，体现了坚持发展为了人民，发展依靠人民，发展成果由人民共享的根本目的，体现了促进经济社会发展与促进人的全面发展的辩证统一关系。

全面协调可持续发展，是科学发展观的基本要求。以科学发展观指导发展，必须始终把经济建设摆到中心位置。这实际上是讲，要处理好经济建设与政治、文化、社会建设的关系问题。我们必须牢牢抓住经济工作这个中心不放，带动和促进其他工作的发展。五个统筹，实际上是讲要处理好城乡、区域、经济社会、人与自然、国内发展和对外开放五大关系。同时，还要正确处理当前发展和长远发展、局部利益和全局利益、发展的平衡与不平衡、政府和市场等若干重大关系，促进经济、政治、文化、社会又好又快地发展。

通过以上分析，可以看出，科学发展观是实事求是地认识与处理当今中国若干重大关系，更快更好地建设中国特色社会主义的学说。

那么，科学发展观所确立的世界观和方法论，会给我们什么启示呢？我认为，当前，要把我们金泰恒业的工作继续推向前进，就是要以科学发展观为指导思想和理论武器，认真处理好我们公司面临的七个方面的重大关系：

一、要认真处理好党的先进性建设与企业先进性建设的关系，要以党的先进性建设指导和推进企业的先进性建设

要加强党的先进性建设，就要认真学习胡锦涛同志纪念"七一"的重要讲话精神，要牢牢把握我们党加强先进性建设的五条历史经验：一是加强党的先进性建设，必须准确把握时代脉搏，保证党始终与时代发展同步；二是必须把最广大人民的根本利益作为党全部工作的出发点和落脚点，保证党始终与人民群众共命运；三是必须使党的理论和路线方针政策与时俱进，保证党的全部工作始终符合实际和社会发展规律；四是必须围绕党的中心任务，保证党始终引领中国社会发展进步；五是必须坚持党要管党、从严治党，保证党始终具有蓬勃生机和旺盛活力。

学习胡锦涛同志纪念"七一"讲话精神，就要充分认识加强党的先进性建设，必须始终抓好党员队伍先进性建设这个基础工程：一是

保持党员队伍的先进性，根本在于增强广大党员的先进性意识，激发其自我教育、自我提高的内在动力；二是重点在于解决党员队伍中存在的突出问题，不断增强党员队伍整体的先进性；三是关键在于完善制度和机制，把党的先进性要求，转化为党员自觉遵守的行为准则。

学习胡锦涛同志的纪念"七一"讲话精神，就要充分认识到今后党的先进性建设的主要任务：一是要紧密结合贯彻落实科学发展观的实践加强党的先进性建设；二是要紧密结合构建社会主义和谐社会的实践加强党的先进性建设；三是要紧密结合加强党的执政能力建设的实践加强党的先进性建设；四是要紧密结合保持党同人民群众血肉联系的实践加强党的先进性建设。

我们公司两级党委要围绕学习胡锦涛同志的重要讲话，以及最近中央下发的关于党建长效机制的四个重要文件加强党的先进性建设，发挥党委的政治核心作用。要认真处理好党的先进性建设与企业先进性建设的关系，要用党的思想建设引领先进的企业文化；要用党的组织建设引领先进的团队精神；要用党的作风建设引领先进的经营方略；要用党的能力建设引领先进的企业管理；要用党的制度建设引领企业不断深化改革。

要处理好党的先进性建设与企业先进性建设的关系，两级党委就要认真研究企业先进性的标准是什么？最近以来，经过思考，我认为企业的先进性应该有这样七条标准：一是公司治理结构和领导班子具有先进性，公司治理结构能够有效运行，领导班子能够管方向，出思路，抓落实。公司总部和分公司有很强的执行力。这是企业先进性的前提。二是发展战略和规划具有先进性，知道我们干什么，怎么干，主业清楚，多元化清晰，企业定位准确，保证措施得力，这是企业生存发展的纲领，至关重要。三是要有好的效益，和同行业相比处于上游和良好水平，赢利能力强，职工收入增加，大家在企业有幸福感。四是有好的机制，企业各个层次有效运转，管理制度有效落实，激励约束机制有效实施，各项工作真正进入了市场。五是有好的体制，体制先进才能引来战略伙伴，才能在资本市场上融资，靠资本市场融资，成本低，额度大，是加快发展的有效途径。六是在经营管理上是先进的，有一支忠诚企业的经营管理者队伍和高素质的员工队伍，有好的经营项目和有效的管理，全局稳定，运转正常，收益较高。七是有好的企业文化，能够用先进的企业文化统一员工的思想和行动，企业有好的观念，有好的形象和品牌，有与时俱进的变革精神，有持久的发展后劲。

以上企业先进性的七条标准，是我经过认真思考形成的，大家可以深入研究，不断丰富完善。今后，两级党委在抓好党的自身先进性建设的同时，要牢牢抓住发展第一要务，切实围绕企业先进性建设的问题，发挥政治核心作用，切实抓出成效。

二、要处理好落实发展战略与工作支撑力的关系，要通过卓有成效的工作，把公司发展战略落到实处

要落实好公司发展战略，就要对公司发展战略进行充实修订。搞好战略性调整。通过战略性调整实现专业化、规模化、标准化、品牌化和集约化的经营管理，实现低成本扩张，增强核心竞争力，提高经济效益。我们组建"三个中心"就是战略性调整的先期准备工作。"三个中心"要组建好，运行好，不断总结经验，充实完善。要搞好战略性调整，就要进一步增强战略意识，把思想和行动统一到公司的发展战略上来；就要突出重点，抓大放小，明确主攻方向，抓住关键部位和主要环节，积极运作；就要坚持把公司做强做大，先做强，后做大，以强促大，以大保强；就要优化资源配置，把资金、资产、人才配置到主要战略方向上来；就要深化体制机制改革，进行组织变革，为落实发展战略提供体制机制和组织保证；就要制定好结构调整方案，强化执行，落实责任，激励约束，严明纪律，稳步推进。要通过战略性调整，进一步提高公司的现代化建设水平。

大家一致认为，我们公司"以房地产业为主导，以城市服务业为基础"的战略构想是正确的，在实践中是可行的，成效是显著的。但

是用科学发展观的要求来检验，用新形势的要求来衡量，处理好发展战略与工作支撑力的关系，仍然是摆在我们面前的一个重要课题。在今年职代会和工作会议上，我们之所以提出"金泰恒业之魂"，也就是这个道理。要处理好战略与支撑力的关系，就要强化六大支撑力：

一是强化主导产业的支撑力。要把房地产开发放在首要位置，确保两个重点项目顺利实施，取得预期收益。同时要做好土地储备工作，实现由做大项目向做大产业转变，保证房地产开发的可持续发展。房产租赁经营和物业管理要提高使用效率，提高收益水平，要采取有效措施，切实解决单位面积租金较低的问题。

二是强化基础产业的支撑力。城市服务业是我们公司的生存基础，也符合首都的功能定位。要发挥我们公司网点众多，遍布全市的优势，认真研究发展物流配送的新模式。要借鉴国内外物流配送的成功经验，抓紧论证，尽快拿出可行性方案。要进一步创新发展城市服务业的新模式、新途径。

三是强化分战略支撑力。要在对公司总体战略进行修订完善的基础上，制定公司各业以及重点工作的分战略，各项分战略要简明扼要，目标清楚，步骤分明，措施得力，便于执行和落实。

四是强化资金支撑力。资金是企业的命脉和血液，是落实公司发展战略的核心要素。资金紧张是我们当前面临的一个突出的问题。所以公司两级班子都要高度重视资金问题。要严格控制开发性收入的支出，今年和今后一个时期，要对开发性收入的支出情况进行严格考核，有奖有罚。要控制费用的支出，大力建设节约型企业。要大力推行集约经营和精细化管理，要把有限的资金用在刀刃上，用在关键部位。要严格控制固定资产投资规模，固定资产投资收益低于银行贷款利率，不能立项，不能上马。今后资金的主要投向是主导产业，以获得较高的投资回报，把资金盘活，加快资金周转。

五是强化全面预算支撑力。要切实发挥全面预算工作的指导功能、控制功能和平衡功能，落实全面预算责任制。对于完不成预算指标和超过预算指标的问题，要分析原因，明确责任，维护预算的原则性和严肃性。

六是强化人才支撑力。当前我们公司的人才队伍建设，正处在一个新老交替的重要时期，要抓紧培养、选拔、使用优秀青年人才，加强后备人才队伍建设。重视培养，提高能力，是对人才最大的关心。要大力加强经营管理者队伍、专业人才队伍、高技能人才队伍建设，为落实公司发展战略提供坚强有力的人才支撑。

三、要处理好专业化经营和区域经营的关系，坚持条块结合，切实发挥各个方面的积极性

我们公司有房地产开发、物业租赁、燃料经营、饭店旅游和其他城市服务业五大板块，专业性很强。要加强行业管理，大力推进专业化经营；关于门类众多的城市服务业，点多面广，贴近市场，贴近顾客，便于分散管理，宜于进行区域经营。所以要发挥各自的优势，把专业化经营和区域经营结合起来，充分发挥总部各事业部和分公司两个积极性。

为了把专业化经营搞好，坚持突出重点，抓好大产业，抓住大项目，做专做精。要搞好结构调整，对资产、对业务、对人才进行整合。要把业务相同或相近的项目，向优势企业、优秀人才集中，发挥规模优势，坚持做成精品，降低成本费用，发挥品牌效应。要加紧培养、引进专业化人才，提高专业化经营的自主创新能力。要结合分战略的制定，提出专业化经营的方案，积极推进实施。

各分公司要切实加强对所辖区域企业的指导和管理。要充分发挥各经营网点的区位优势，密切的客户关系优势，经营灵活的优势。并借鉴发达国家便利店、廉价店、特许经营等方式，提升经营档次，提高服务水平，提高赢利能力。为公司发展奠定坚实的基础。

公司的专业化经营和区域经营，都要以为首都居民及用户提供优质的现代服务为己任，都要建立良好的公共关系。我们必须利用一切内部和外部的积极因素，来促进发展。公众意识是现代经营思想的重要标志。我们制定目标和政策，从事经营管理，都必须高度关注公众

利益，了解公众意见，加强与公众的沟通，满足公众的需求。以此扩大社会影响力，提高企业的竞争力，树立良好的形象，提高经济效益。

四、要处理好销售收入和经济效益的关系，切实保证现金流的健康充实，保证取得真实的利润

我们坚持以经济工作为中心，那以经济工作为中心的动力是什么？是经济效益，是取得利润。所以我们企业必须以效益和利润为中心，离开了这个中心，就不称之为企业。在实际工作中我们必须处理好，销售收入和经济效益的关系。当然，我们作为老国企，历史包袱沉重，也是利润较低的重要原因。但是利润增长的潜力还是比较大的。我们不仅要重视销售收入的增长，更要注重经济增长的质量，注重利润的增长。

要处理好销售收入和经济效益的关系，就要高度重视现金流问题。在经营方面，现金的流入大于流出，利润才是真实的。但是，有的单位应收账款数额较大，合同应收款不落实，导致现金流出大于流入。这样的利润就是虚的。不真实的利润要坚决杜绝。分管领导和各单位都要高度重视应收账款和合同应收款问题，要切实保证现金流的健康充实，保证取得真实的利润，取得实实在在的效益。

要处理好销售收入与利润的关系，就要大力控制成本和费用的增长。要完善和落实成本费用控制责任制。从公司总部和各分公司都要确定一个成本费用控制的指标，并用激励约束机制予以保证。在实践中，我们想办法开拓经营，增加销售收入。同时，又加强了管理，降低了成本费用，那我们的赢利水平就会不断提高，我们的积累就会增加，就会逐渐扭转资金紧张的局面。

五、要处理好业绩与考核的关系，坚持用公平公正的考核体系对业绩进行衡量，进一步增强事业心和责任感

以往，我们也制定了初步的考核办法，对工作起到了一定的促进

作用。但是，仍存在平均主义的倾向，标准比较模糊，项目不够全面，办法不够科学，不利于积极性创造性的发挥。

今年下半年要组织力量对原有的考核体系进行修改完善，要依据先进性的标准、科学发展观的要求，以及企业的资产规模、投资回收水平、现金流的健康状况、开发性收入的使用情况、销售收入和赢利能力、对预算的执行情况，以及发展后劲、廉政勤政、安全工作等等各方面工作的落实情况，进行全面、公平、公正、客观的评价，以此作为分配、奖惩、处罚的标准，进行严格考核。从而，起到不用扬鞭自奋蹄的引导激励作用。

六、要处理好综合与分析的关系，要把系统综合与深度分析结合起来，以科学的思维方式指导企业发展

大家知道，东西方文化的差异，就是综合与分析的差异问题，东方文化的思维方式是综合的、整体的；西方文化的思维方式是分析的、具体的。这与中国的逻辑学不发达密切相关。缺乏科学、严密的分析精神，是中国传统文化的重大缺陷。由此，制约了我国科学的发展。这样一种缺陷在我们公司也同样存在。因此，处理好综合与分析的关系非常重要。在综合的前提下进行分析，在分析的基础上进行综合，才是正确的思维方式。

几年来，我们对公司的发展态势和突出矛盾的综合判断是正确的。但是由于深度分析不够，特别是定量分析不够，在实际工作中具体措施不到位，解决矛盾的针对性不强，影响了工作的进展。

今后，要强化对经济工作的全面分析。要建立起全方位的经济分析体系，即公司上上下下、方方面面、各经济运行单位、各职能管理部门都要开展经济活动分析。不仅要有综合分析，还要有专业分析；总部各主要管理部门要有分析，公司各主要业态也要有分析，各权属单位也要开展分析。不仅要有财务分析，还要有经营分析、业务分析、部门分析、岗位分析。不仅要有年度分析、半年分析，还要有季度分

析、月份分析。不仅对以往有历史的分析，也要有对现状和未来有具体的分析。经济活动分析要做到能够说清具体情况，指出存在问题，能够找出问题原因，能够提出解决问题的对策。

大家知道，马克思主义是西方文化的产物，马克思的分析精神是举世公认的，一部《资本论》，通过对商品和货币的分析，得出了资本主义必然灭亡的结论。马克思主义同中国革命的实际相结合，产生了毛泽东思想。《毛泽东选集》第一篇文章就是《中国社会各阶级的分析》，第二年之后又写出了《湖南农民运动考察报告》，对中国的国情进行了极为深刻具体的分析。正是基于这种分析，才有效解决了中国革命的一系列重大问题。从而指引中国取得了新民主主义革命的伟大胜利。解放以后，毛泽东又发表了《论十大关系》，对一些重大关系分析十分透彻。"三个代表"重要思想、科学发展观正是基于综合与分析这样科学的思维方法，才富有伟大的理论和实践的指导意义。我们要把分析与综合结合起来，以科学的思维方式指导实践。

七、要处理好结构调整与建设和谐企业的关系，坚持以人为本，善待员工，确保企业和谐发展

坚持金泰双赢，和谐发展，是我们公司几年来的一条重要经验。既重视发展，又重视稳定，是恒久立业的基本前提。当前，在公司进行战略性调整的过程中，不仅有资产、资金的整合问题，也有业务和员工的整合问题。特别是要调整、关闭亏损企业，消灭出血点。结构调整，是为了更好地和谐发展，所以一定要处理好结构调整与建设和谐企业的关系，要以调整促和谐，以和谐促调整。在调整中要坚持以人为本，善待员工，保证员工分流、安置、再就业的顺利进行，使员工不下岗，有事做。要根据被调整单位和被关闭亏损企业的员工状况，做好员工安置方案，用其所长，使员工各得其所，共享公司的发展成果。

为了提高员工的就业自助能力，要加强对员工的培训。全公司及

各单位的培训计划，要认真落实。要适当加大员工培训的投入，根据
岗位需要和企业未来的发展，多培养各个层次的实用型专业人才。

　　要继续认真贯彻落实公司关于党建创新的意见和"五关心、五联
系、五服务"的文件精神，切实把党组织的工作重点放到凝聚群众共
同奋斗上来，努力联系群众、宣传群众、组织群众、服务群众、团结
群众共同创造幸福生活。要把党组织和工会、共青团组织办成党员之
家、职工之家和青年之家。要重视老干部工作。认真解决党员、职工
的实际困难，要倾听群众的呼声，广泛发扬民主，群策群力共同致力
于企业和谐发展。

　　我们要在科学发展观指导下，认真处理好上述七个方面的重大关
系，努力用党的先进性建设指导和推动企业的先进性建设，努力完成
下半年的各项经济指标，为全面落实公司发展战略，作出更大贡献。

强化全面预算工作
为落实公司发展战略提供有力保证

二〇〇六年十月十日

最近以来，我对金泰恒业公司的预算工作进行了较为深入的调研和思考，形成了一些思路。

一、前一个时期金泰恒业公司预算工作的基本经验

我们公司成立之初，就认真抓了全面预算工作，而且每年都有新的进步。金泰地产和富地分公司取得的经验，就是预算管理成效的重要体现。回顾前一个时期公司的预算工作，其主要经验有以下几个方面：

1. 领导重视，抓认识

几年来，公司两级领导班子都高度重视全面预算工作，并列入了两级党委、法人治理结构各个层次、分公司领导班子重要的议事日程。公司每年的工作会议都强调预算问题。我们召开了预算工作专题会。开展了预算工作的专题培训。公司每年都要对预算工作进行总结检查，上个月公司董事会还专门听取了"预算工作情况"汇报。在每次会议上，我们都从提高全面预算工作的认识入手，讲意义，讲作用，讲方法，提要求，抓思想转变。特别是把预算工作和落实科学发展观、落实公司发展战略联系起来，和建设和谐企业，提高经营管理能力，加快公司发展联系起来。由于领导重视，认识不断提高，预算工作有了一定起色，取得了一定成效。

2. 组织落实，抓制度

为了抓好预算专项工作，董事会成立了预算委员会。公司有专职人员负责预算工作。各单位也建立了预算机构，有专兼职人员从事预算工作。在机构人员落实的基础上，公司制定了全面预算管理制度，各单位也相继制定了预算管理制度。做到了有章可循，从组织建设和制度建设上，保证和推动公司各项经济工作，逐步纳入到全面预算管理的轨道上来。

3. 全面编制，抓执行

几年来，预算编制每年都有新进展，预算内容全面了，覆盖面广了，范围宽了，项目更细化了。我们不仅有年度和半年预算，而且有季度和月份的预算，时间细分更具体了，准确性也有了提高。在抓好预算编制的基础上，我们认真抓了预算的执行，抓了预算落实的严肃性，抓了预算的协调和平衡，抓了执行过程的分析和控制，抓了问题的纠正、解决。同时，我们还认真抓了对预算执行结果的考核，在考核中不仅有奖励，还有处罚，有效维护了预算的严肃性和原则性。

几年来，在预算工作中，我们坚持领导重视，抓认识；组织落实，抓制度；全面编制，抓执行。这三条基本经验在今后要继续坚持，发扬光大。

二、预算工作存在的主要问题

总的看来，我们公司的预算工作虽然有一定的成绩，取得了一些经验，但这只是初步的，在预算管理上面存在的一些问题，还必须认真加以解决。

1. 预算工作发展不够平衡

有的单位搞得比较好，有的单位差距比较大，问题比较多，从而影响了我们公司预算工作整体水平的提高。

2. 预算编制粗糙

有的单位预算编制的科学性、准确性不高，有漏洞，有偏差，出入比较大，难以实施与执行。

3. 预算工作不够全面

有的单位只是少数几个人、个别部门参与了预算工作，不是全员性、全方位地进行预算管理，没有把各部门、各班组以及全体员工组织起来，积极投入到预算工作中去，缺乏整体协调，预算管理的覆盖面存在空白点。

4. 在预算的执行上严肃性不够

有的单位不是按照预算确定的目标、要求去落实，使预算外支出、超预算的情况时有发生。有的单位预算目标没有分解到各部门、各班组、责任目标不明确，考核不严格。有的只奖不罚，失去了考核的意义。

5. 思想认识不高，重视不够

有的单位预算工作落实不好，执行不力，关键在于领导不重视，有的单位主要领导很少过问，抓得不紧。有的认为过去没有预算也照样运行，预算可有可无，多此一举。

以上在预算工作中存在的五个问题，在不少单位不同程度地存在，我们要引起高度重视，认真加以解决。

三、对预算工作的要求

1. 要用科学发展观统领预算工作

科学发展观是当代马克思主义的新发展，是指导发展的世界观和方法论，同时也对我们的预算工作指明了方向。我们企业要科学发展，首先预算要科学，科学的预算是实现公司科学发展的重要前提。科学发展观的核心是坚持以人为本，我们要搞好预算工作，也要坚持以人为本，要依靠与发动广大员工进行预算管理。同时，预算工作的目的是为广大员工谋利益，加快企业发展。我们公司要坚持全面发展，就要坚持全面预算，不能有空白点、不能有漏洞，要突出重点，统筹兼顾。我们要坚持协调发展，首先预算要协调，不能顾此失彼，要坚持综合平衡，总体和谐。我们要坚持可持续发展，就要坚持预算的可持续性，从而保持公司发展的后劲，使公司能够长期稳定地发展。并且要通过全面预算的平衡功能、协调功能、控制功能，为可持续发展提供坚强保证。由此可见，搞好全面预算工作与落实科学发展观密切相关，与实现企业的科学发展紧密相连，我们一定要用科学发展观统领公司的全面预算工作。

2. 要从公司发展战略的高度来认识预算工作的重要性

大家一致认为，我们公司"以房地产业为主导，以城市服务业为基础"的发展战略是正确的，当前公司房地产开发、房地产经营管理、城市服务业发展的强劲势头正在充分证明这一点。今后，我们公司要把发展战略进一步落到实处，要把公司做强做大，就必须不断强化全面预算工作。公司发展战略指出了公司发展的方向和长期目标，是全面预算工作的根本依据。全面预算工作要把这一长期目标分解到每年去落实，要把发展战略融入到全面预算工作中去，通过预算来保证战略的实现。如果预算工作搞不好，我们就会陷入极大的盲目性，企业就会失控，就会面临极大的风险，企业发展战略就难以落到实处。

同时，全面预算工作要突出重点，统筹兼顾。我们公司的战略重点是房地产业，主要是指收益较高的房地产开发业，这是我们公司赖以生存与发展的关键所在，是公司获得充足的现金流、获得巨大效益的关键所在。所以预算工作一定要抓重点、保重点，要为公司的发展战略服务，特别是要为房地产开发提供强有力的支撑。公司的房地产开发单位与部门更要高度重视全面预算工作，要以全面预算的科学编制和有效实施，保证企业战略重点的实现。在确保战略重点的同时，预算工作要为燃料经营业和城市服务业提供有力保证，使公司的基础产业得到健康发展，使城市服务业的品牌效应与经济效益不断提高。

3. 要通过加强全面预算工作，提高企业的现代管理水平

坚持全面预算是市场经济体制的客观要求，是企业自主经营、自负盈亏、自我发展、提高市场竞争力的重要措施。坚持全面预算，坚持定性和定量的分析，坚持用数字说话，坚持预算编制的科学性、准

确性、实用性和可操性，是现代管理的重要方面，是建设现代企业的必由之路。在当今市场经济发展的大潮中，企业如果没有预算或预算搞不好，仅靠拍脑门、靠主观想象，脱离先进性、科学性、现代管理的轨道，其后果是非常危险的。所以，我们要坚持用预算来规划、引领、部署、落实全年的工作，用预算来协调、控制、指导全年的工作，不断提高企业的现代管理水平。

4. 要切实在预算的全面性上下工夫

我们讲的预算是全面预算，是以科学发展观为指导的预算，是以经济效益为中心的预算。不是片面的、单打一的预算。所以一定要坚持预算的全面性。一个完整、有效的全面预算管理，能对企业管理起到事前预测、事中纠偏、事后激励的作用。它不但能为企业管理提供精准的信息，还能有效地防范和控制经营风险和财务风险，保障经营目标和战略目标的实现。

全面预算管理要求企业生产经营管理的各个方面都要纳入预算管理。业务预算、基建预算、劳资预算、用人用工预算、产权管理预算、财务预算等共同构成企业的全面预算。因此，全面预算管理工作不单纯是财务部门的职责，而是企业综合的、全面的管理。全面预算工作要覆盖到企业的每个角落和每一个职工。预算要延伸到最基层，指标要层层落实，要落实到班组、个人，形成人人有目标，有任务、有责任的局面，如果企业每个职工都树立了预算的意识，都掌握了预算的本领，都能认真地执行预算，企业发展就有了坚实的基础。

要坚持预算的全面性，就要把企业的各项经济工作都纳入预算工作的范围。企业生产经营的各个环节，都要由预算来平衡和控制，不能有空白死角，不能漏项。企业所有的收入和支出、资金的流入和流出，都要由预算来平衡、协调、监督和控制。不允许有预算外的收支，不允许有预算外的现金流入和流出，小金库、账外账要坚决杜绝。

5. 要抓好预算的执行与考核

预算的执行与考核是两个紧密相连的重要方面。预算编制出来，就具有权威性，必须坚决执行。同时考核又是预算执行的关键环节，如果不考核，预算就会流于形式，难以落实。考核不仅要奖励，还要处罚，只奖不罚就失去了考核的意义。当前考核要十分注意并坚决纠正只奖不罚的倾向，要认真维护考核的原则性、严肃性和实效性。

6. 两级领导班子要进一步提高认识，切实加强对预算工作的领导

预算工作搞得好不好，认识是前提，领导是关键。我们公司在预算上存在的五个问题，这些问题固然与具体工作有关，但主要是认识和领导问题。所以要搞好今后的预算工作，必须从提高认识和加强领导入手。两级领导班子要把预算工作作为企业管理的必修课、基本功，列入教育培训与自学的重要科目，学深学细。要把预算工作作为一件大事，列入领导班子经常的、重要的议事日程。各单位党政一把手要亲自抓，经常过问，切实负起责任。

明年和今后一个时期的预算编制工作，要以科学发展观为指导，要体现先进性标准的要求，要把经济效益放在第一位，把握好资金流入与流出的平衡。关于经营性的现金流问题，流入要大于流出。不能做支出大于收入的预算，不能做吃老本的预算，不能做没有资金保证的预算，不能做寅吃卯粮的预算。对于投资预算，要进行认真论证研究，要量力而行，进行风险控制，坚决不能做超出控制能力的投资预算。要通过科学的预算把投资风险控制在最低限度。

今后的预算工作，要体现科学发展观的指导思想，要从实际出发，全员参与，全面编制，突出重点，坚持综合平衡，狠抓落实，为实现公司的发展战略做出不懈的努力。

在公司成立五周年暨"时代先锋，感动金泰"主题演讲会上的讲话提纲

二○○六年十一月二十八日

我们公司已经走过了五年的光荣历程，这五年是我们学习实践"三个代表"重要思想和科学发展观的五年；是我们按照现代企业制度，依法依规治理企业的五年；是我们不断加强管理，开拓经营，国有资产保值增值的五年。五年来，我们实现了由"以煤为主，多种经营"，向"以房地产业为主导，以城市服务业为基础"的战略转变，房地产业发展势头强劲，城市服务业的收益进一步提高。公司的健康发展，标志着我们已从生存型、适应性调整阶段进入了战略性、发展型调整的新阶段。

我们公司的企业文化建设也取得了巨大进步。我们已经由"辛苦我一个，温暖千万家"的煤炭供应文化，转变为以"金泰双赢，恒久立业"为核心内容的金泰文化。最近，我们公司被评为全国优秀企业文化建设先进单位，我们公司独特的企业文化，不仅在北京市，而且在全国企业界都产生了良好的影响。我们公司经济形势喜人，文化建设成绩突出。职工对企业的满意度和幸福感进一步增强，我们为此而感到振奋和自豪。同时，在新的历史时期我们又面临新的形势和任务。

胡锦涛同志的科学发展观、构建和谐社会的思想对今后我们企业的全面建设指明了方向，同时也提出了新的更高的要求。在今后五年乃至今后更长的时期，我们公司要完成五大战略任务：

一是要按照科学发展观的要求，认真思考和研究企业的未来。要坚持以人为本，突出重点，统筹兼顾，深化改革，加强管理，大力推进企业又快又好地发展。我们要以新的思路，在科学发展的道路上取得新成就。

二是要按照构建和谐社会的要求，努力建设和谐企业。要坚持以经济建设为中心，抓住发展第一要务，把构建和谐企业摆在更加突出的位置。要充分认识到构建和谐社会、和谐企业是一个不断化解矛盾的持续过程，我们要始终保持清醒头脑，居安思危，正视矛盾，化解矛盾，最大限度地增加和谐因素，最大限度地减少不和谐因素，不断促进社会和企业和谐发展，努力实现我们公司"金泰双赢，恒久立业"的理想和目标。

三是要按照公司发展战略的要求，做强主导，夯实基础。要尽早做强做大房地产业，要把住宅地产、租赁地产、商业地产、旅游地产的开发建设推向新阶段。要夯实城市服务业的基础地位，提升城市服务业的品牌效应和规模效益。要把广大员工的思想和公司的各项工作都纳入到公司发展战略的轨道，支持公司战略目标的早日实现。

四是要加强全面预算工作。各级经营管理者和广大员工都要高度重视全面预算管理工作。要不断提高对全面预算工作的认识，特别是主要领导要亲自抓。要通过认真执行与落实每个年度的预算目标，保证公司发展战略的落实。

五是要建设独具特色、行之有效的企业文化。我们公司虽然被评为全国企业文化建设先进单位，但不能自满。今后要认真思考与研究我们公司进入优秀企业、卓越企业的文化建设问题，建设和谐企业的和谐文化问题。要通过进一步加强企业文化建设，为公司的长远发展提供精神动力和智力支持。

前五年成绩卓著，形势喜人；后五年任重而道远，催人奋进。我们要在科学发展观指引下，牢固树立金泰恒业观，增强金泰恒业力，凝聚金泰恒业魂，努力把公司的全面建设不断推向新阶段！

坚持科学发展观
构建和谐企业　建设金泰文化
切实把公司发展战略落到实处

——在金泰恒业公司二〇〇六年党委扩大会议上的讲话

二〇〇六年十二月七日

今天，召开一年一度的公司党委扩大会议。每年的年尾岁末，在公司务虚会的基础上，召开党委扩大会议，简要总结以往的工作，提出来年的工作思路，统一领导层的思想，为明年初的职代会和工作会议做准备，这是我们公司的优良传统，体现了党组织的政治核心作用，收到了很好的效果。今后，要继续坚持，发扬光大。

这次会议的任务是，按照中央、市委落实科学发展观、构建和谐社会和公司发展战略的要求，提出明年和今后一个时期内公司和谐发展的思路和目标。

这次会议的主题是，"突出主导，夯实基础，做专做精，和谐发展"，把 2007 年公司全面建设推向新阶段。

2007 年公司的主要经济预算指标，鉴于公司发展战略的有效落实，经营管理水平的提高，良好的资产基础，两个重大项目的进展与收益，2007 年要完成销售收入 29 亿元，比 2006 年增加 45%；利润完成 1.1 亿元，比 2006 年增加 10 倍。公司上下都要为实现这一目标而努力奋斗。

依据这次会议的任务、主题和明年的经济指标，2007 年工作的指导思想是：在集团党委和公司党委的领导下，坚持科学发展观，构建和谐企业，推进党建创新，建设金泰文化，坚持发展第一要务，落实企业战略，完成各项经济指标，努力创建高效、和谐、员工具有幸福感的优秀企业。

2006 年，我们在集团党委和公司党委的领导下，认真学习落实"三个代表"重要思想和科学发展观，抓住发展第一要务，以经济效益为中心，全面加强党的建设。切实发挥两级党组织的政治核心作用，以党的先进性建设引领和推进企业先进性建设。党的宣传思想工作进一步加强，科学发展观和公司发展战略日益深入人心。企业文化有新的突破，我们公司被评为全国和北京市企业文化建设先进单位。党的组织人事工作有新的进展，领导班子建设、党员队伍建设、人才队伍建设、人事制度改革、老干部工作逐步推进。党风廉政建设不断加强，"四位一体"的监督机制发挥了有效作用，教育、制度、监督机制进一步健全。党委加强了对经济工作的领导，依法依规开展工作。加强了对工会共青团工作的领导，维护了员工的合法权益，发挥了员工的主人翁作用。青年队伍的政治、思想、组织、作风建设有新的起色，党的后备力量进一步充实。公司经济形势很好，房地产业发展势头强劲，城市服务业的效益进一步提高。今年完成销售收入 20 亿元、利润 1000 万元的预算指标是有充分把握的。

回顾 2006 年，成绩显著，形势喜人；展望 2007 年任重而道远，光荣而又艰巨。所以，目前大家都在认真思考明年怎么办？在这里我要提出一个问题：明年，要把公司的发展战略进一步落到实处，要完成销售收入 29 亿元，利润 1.1 亿元的艰巨任务，做到又快又好地发展，我们工作的切入点是什么？要着重解决哪些问题？经过务虚会深入研究，我们深深感到，明年，必须进一步从深层次上解决问题，要从端正思想方法，改进思维模式，注重理论思考入手，指导企业发展。有了正确的思想路线，有了强有力的理论支撑，我们的困难就会迎刃而解，我们的工作就会收到事半功倍的效果。所以，今天我主要运用十个理论观点，就明年和今后一个时期的工作讲以下几点意见：

一、掌握"精髓论",运用实事求是的观点来认识我们面临的形势和任务

实事求是是马克思主义的精髓,解放思想,实事求是,与时俱进是对马克思主义实事求是精髓理论的新发展。所以我们必须运用实事求是的观点,对我们面临的形势和任务进行分析。如果脱离实际,不能正确地认识公司的内外部环境,不能作出正确的判断,我们就会陷入极大的盲目性。

当前我们公司内部好的形势是,战略目标提前实现,和谐企业稳步发展,改革调整初见成效,党的建设蓬勃展开,职工生活稳步提高。

同时,我们也面临新的外部环境。一是经济全球化的浪潮对我们提出了新的挑战,跨国公司大举进入首都,对首都服务业带来巨大冲击,我们的服务网点高度分散、规模小、收益低,对我们公司的城市服务业带来巨大压力;二是以前企业推动国家改革,现在是国家规范企业改革,国资委成立后,进一步加大了企业改革的步伐,企业间的合并、重组不断推进,对企业的监管更加严格,企业必须早日做强做大,不然就有可能被兼并、淘汰;三是过去的企业改革在探索阶段,摸着石头过河,允许失败。现在企业的改革和工作,要依法依规,企业出了问题要追究责任,这对企业领导者提出了更高的要求。

运用实事求是的观点进行分析,概括地讲,我们的主要问题是:主导产业不突出,专业化水平低,规模效益差。所以,这次会议的主题,确定为"突出主导,夯实基础,做专做精,和谐发展"。明年的工作就是要掌握实事求是的精髓,大胆实践,探索规律,围绕这个主题做文章。

二、掌握"发展论",强化管理,推动企业科学发展

掌握"发展论",就是要深入学习实践胡锦涛同志的科学发展观,

以人为本，推动企业全面协调可持续发展。在半年工作会上，我们提出要处理好"七个方面"的重大关系，要继续坚持。在此基础上，明年和今后一个时期，要从建设管理平台入手，夯实管理基础，促进企业科学发展。

一是以预算为核心的财务资金平台。要继续加强全面预算工作，要切实解决预算不全面、执行不严肃的问题，要按照明年预算工作的要求全面落实。要发挥公司资金管理中心作用，提高资金使用效率，对于公司内部的资金，要统一方向，统一规划，统一调度，统一使用。重点用好贷款资金、开发资金、政策返还资金、折旧资金。适度使用银行资金，资产负债率要合理。要保证正确的资金使用方向，好钢要用在刀刃上。要尽力争取两年以上的长期贷款，贷款资金重点支持住宅开发，自有资金支持各单位自主开发。要加强对开发收入使用情况的考核，对吃不吃开发收入的单位考核要有区别，对经营者的奖惩要到位。公司要加强对折旧资金的统一管理，使用好这笔资金。二是人力资源平台。要实现人力资源的最佳配置，加强公司所需人员的引进、培养和管理，搞好专业人员的综合使用。依据市场化要求，改进身份管理，全面调动各方面人才的积极性。三是审计平台。要适应审计工作不断强化的新要求，加强对审计工作的领导，长期没有审计的单位要安排审计。四是专业化平台。专业经营，看准了就要推进，要创品牌求效益。品牌战略明年要作为一个重点项目，制定三年规划，加以落实。五是效绩考核平台。公司要专门设立考核部，履行考核职能，要坚持科学、全面的考核。要坚持每月一次的政工例会制度，推动政治工作任务的落实。六是企业文化平台。建立企业文化建设的长效机制，为企业发展提供强有力的文化支撑。七是改革调整平台。要继续深化企业改革，要深入研究今后公司的体制改革和组织变革问题。公司的经营板块要明确，条块结合要合理，亏损企业要关闭。要从股权设置上加强公司的控制力，分公司领导班子成员在相关联企业持股问题，要妥善解决。"劳动、人事、分配"三项制度要进一步完善，激励约束机制要到位。八是信息化平台。要大力推进企业的信息化管理水平，提高掌握信息化技术的能力，运用好行业内外的信息资源，提高工作效率。要采取切实可行的措施，夯实企业的管理基础，提高管理水平，促进企业科学发展。

三、掌握"和谐论"，为建设和谐社会、和谐企业作贡献

关于掌握和谐论，就是要认真学习和实践党的十六届六中全会通过的《中共中央关于构建社会主义和谐社会若干重大问题的决定》和北京市市委《关于构建社会主义和谐社会首善之区的意见》，结合公司实际，努力建设和谐企业。

"和谐"思想，是中国优秀传统文化的重要内容，中国的"和"文化博大精深，源远流长，"家和万事兴"、"和为贵"、"君子和而不同"这些名言都为大家所熟知。胡锦涛同志关于建设和谐社会的论述，中央、市委的决定和意见是中国优秀传统文化和马克思主义相结合的产物，是对马克思主义的新发展。中央的决定有八个方面，市委的意见有九个方面，我们都要全面掌握。

结合公司的实际，我们要起草下发公司关于建设和谐企业的意见，大家要认真落实。

学习中央、市委的文件要从企业特点出发，我们要建设和谐企业，要抓住这样八个特点：一是要抓住发展第一要务，以发展保和谐，以和谐促进发展；二是以党内和谐、领导班子和谐带动企业总体和谐；三是法人治理结构，民主政治建设要健全完善；四是依法经营，安全有序，充满活力；五是出资人、经理人、员工、客户价值同时实现；六是资源要素充分利用，实现良性循环；七是同时创造经济效益和社会效益，实现可持续发展；八是独特的企业文化凝聚员工共同奋斗。总之，企业要和谐，首先要坚持科学发展，要以经济效益为中心，加强管理，开拓经营，多创效益，奠定和谐的物质基础，同时多方面做好工作，确保公司安全，实现和谐发展，为建设和谐社会作贡献。

四、掌握"战略论"，认真落实公司发展战略，修改完善发展战略

所谓战略，是指导战争全局的计划和策略。而企业发展战略是借用了"战略"这个军事术语，从而形成了企业战略管理的理论体系。要增强战略意识，掌握战略理论，执行落实公司发展战略，我建议大家认真读一读毛泽东同志在 1936 年 12 月写的《中国革命战争的战略问题》这篇著作。毛泽东同志讲，战略问题是研究战争全局的规律性的东西。学习毛泽东同志的战略论，学习企业管理的战略论，可以给我们深刻的启发。

2001 年，我们根据公司发展全局的需要，制定了十年发展战略。实践证明，这个战略是正确的。五年来，我们公司的资产总量、净资产量、销售收入和利润都有大幅度的增长，企业的改革发展稳定都取得了好的成绩，正在实现跨越式的发展，就是因为我们有一个好的战略，这个战略还要坚持下去。

同时，根据形势和公司发展的实际，我们要组织力量对发展战略进行修改完善。要对战略目标措施和分战略进一步具体化。

根据公司的战略安排，未来五年要形成一个品牌、三大经营、五个板块的格局。一个品牌是：增强品牌意识，统一企业标志，树立企业形象，全力打造金泰恒业品牌。三大经营是：总部经营、区域经营和专业经营。总部要变管理型为管理经营型总部。各分公司发挥区位优势，开拓经营，扩大就业，稳定队伍，提高效益。专业经营是：依据产业性质进行结构调整，实行专业化管理，提高专业化经营水平。五个板块是：房地产开发、物业管理、饭店旅游、燃料经营、其他城市服务业五业并举，全面发展。

今后，随着战略的落实，公司要坚定地走"以房地产业为主导，以城市服务业为基础"的发展之路，逐步推进组织变革，进一步建立适应市场的组织框架，对资产、资金、资源、业务进行整合，提高规

模效益，打造"航空母舰"，增强核心能力，提高市场竞争力和抗风险的能力。

今后，公司上下的思想和行动都要统一到公司发展战略上来。对公司发展战略不认同的是不合格的班子，执行力不强的也是不合格的班子，我们首先要进行宣传教育，进行思想的统一。思想迟迟不端正、影响工作的，要采取组织措施，以保证战略的执行力和战略任务的落实。

要保证公司发展战略的实效性、稳定性和可持续性，就要抓住两大命门，一是经营性的现金流要充实、健康，经营收入要大于支出，要有实实在在的效益；二是要有坚实、充分的偿债能力。我们的贷款都是短期贷款，要是有一笔不能及时足额偿还，资金链条断裂，企业就有破产的危险。所以公司的负债率不能太高，像我们这样的企业60%的负债率比较稳妥，要留有充分的余地，保证贷款的偿还。实际上，效益和偿债能力密切相连。效益提高了，才会有充足的现金用于还贷。要科学安排好资金，保证及时还贷。开发资金的使用必须严格控制，应收款项以及合同应收必须认真催收落实。要严格管理，努力解决经营性亏损问题。这是事关公司存亡的战略问题，我之所以讲这两大命门也是这个道理。

要实施品牌战略。所谓品牌，就是要以企业产品和服务的高品质，树立企业良好形象，得到公众的认同，以获得高效益，高回报。品牌是企业的无形资产，是一笔宝贵的财富。明年和今后一个时期，我们要认真研究与实施企业的品牌战略，要制定品牌建设规划，认真落实。前一个时期，我们在品牌建设上取得了一定成绩，金泰品牌有了一定的知名度，但这仅是初步的。今后，要依照品牌建设规划，有计划、分步骤、有意识、高度自觉地进行金泰恒业品牌的塑造、宣传、推广、维护和扩张，提高公众对企业的信任度和社会的美誉度。

企业的品牌是形式和内容的高度统一，是内在品质和外在形象的高度统一。所以我们在提高经济效益，搞好内部建设的同时，还要采取多种形式进行企业形象的塑造。要努力把金泰恒业建设成一家名牌企业，让公司成为市场上、公众心目中一颗闪亮的金泰之星。

五、掌握"重点论"，在"突出主导，夯实基础"上下大工夫

要坚持两点论和重点论的统一，既讲两点论又讲重点论是唯物辩证法的重要观点。我这里之所以强调重点论，是因为有一些同志对公司"以房地产业为主导，以城市服务业为基础"的战略构想，认识还不够明确。回顾改革开放以来公司的历史，我们在煤炭经营遇到生存危机的时刻，以高度的智慧，走出了一条以房地产开发，带动城市服务业发展的正确道路。当初，公司和各单位各显神通，有效开发了各自的土地，形成了大量可经营性房产和资金，为城市服务业的发展提供了良好的基础，使我们逐步走出了困境，赢得了主动。从而，也使我们在实践中不断加深了对房地产开发重要性的认识。随着认识和实践的深化，我们逐渐形成了"以房地产业为主导，以城市服务业为基础"的战略构想。目前，已经实现了开发自有土地向开发业外土地的转变，"金泰城和百子湾"的成功运作就是显著的标志。

用辩证的思想方法进行分析，任何事物都是有主有从，抓任何工作都必须突出重点，不可能平分秋色。"突出重点，统筹兼顾"，是我们公司发展战略的重要理论基础。

我们公司之所以要坚持以房地产业为主导，以房地产开发为重点：一是发展房地产业是我们已经走过的正确道路，以此，使我们摆脱了"以煤为主"的生存危机。二是房地产业的发展带动了城市服务业的发展，为安排职工就业，稳定企业局势提供了可靠的物质基础。三是房地产业的发展促进了城市服务业的进步，符合首都的功能，锻炼了职工队伍，提高了公司的市场竞争能力。四是房地产业特别是房地产开发，可以为公司提供高额的利润，可以使我们获得大量充实、健康的现金流，加大公司发展的后劲。五是发展房地产业是我们的优势所在，符合市场需要，这是一个历史性的机遇，千万不能错过，我们必

须乘势而上，否则就要犯历史性的错误。六是我们公司的房地产开发已经进入成长期，我们已经有了两个重大项目作支撑，我们已经具备由项目建设向产业建设发展的条件，当前的任务是要不断扩大战果，向纵深推进。七是我们以房地产业为主导，以城市服务业为基础，是鉴于城市服务业是微利行业，规模效益不高，分散经营，但市场覆盖面广，有利于扩大职工就业，这是我们生存的基础。而我们的房地产业是高投入、高回报、快发展、大扩张的行业。我们必须突出房地产业的主导地位。

我们公司的房地产业，包括住宅地产、租赁地产、商业地产、旅游地产和物业经营。掌握重点论，我们以房地产业为主导，其中也有重中之重，住宅地产的开发是重中之重，我们必须紧紧抓住不放。要为公司主业的发展提供政策、舆论、资金和人才支持，倾全力支持主业，力量不能分散。要加强对税收的研究与策划。当前在两个重点项目建设的同时，要抓紧进行调研、论证，做好土地储备，为后续开发做好准备，以实现办大项目向办大产业的转变。与此同时利用租赁、商业、旅游地产的开发建成，抓好城市服务业发展壮大，在做专做精上下工夫，加强管理，提高效益，进而支持主导产业的健康发展。

六、掌握"专精论"，大力推进专业化经营

所谓"专精"，就是要在做专做精上下工夫，大力推进专业化经营。在现代社会化大生产情况下，社会分工越来越细，市场细分越来越具体，像过去全能式、"百科全书式"的人物和企业会越来越少。企业必须在市场经济这个大系统中找到自己的位置，这也就是所谓定位问题。我们公司的"五大经营"板块，在抓住重点的同时，必须在做专做精上有新突破，才能在市场上站住脚，有扩张力。当前，在市场日益饱和、产能过剩的情况下更是如此。我们只有做专，才有可能做精，只有做精了，才会有真正的专业化。只有在一个领域里借鉴国内外的先进经验，做深入的研究和经营，才会做出大的成绩，才会成

为一流的企业。在企业结构调整中，我们要贯彻"大而优，小而强，难而进，劣而汰，专而精"的调整思路，"专而精"是后加的，这是对原有调整思路的丰富与发展。现在看来"专而精"更加重要，既专又精才能做到大而优，小而强。所谓难而进，劣而汰是要为"专而精"扫清障碍，铺平道路。

当前，公司存在着一大批改革初期设立的生存型、安置型企业。这些企业为我们的生存贡献过力量，但规模小、行业杂、布局散、占用资产量大、收益低的问题，制约着我们公司的进一步发展。

在明年和今后一个时期的工作中，要按照做专做精的思路进行结构调整和组织变革。要实现房地产开发、物业经营、燃料经营、旅游饭店、城市服务业的专业化经营和管理，要在实现国际化、标准化、规模化、规范化、专业化上做文章。特别是公司的主导产业更要走专业化经营的道路，只有做专做精，才会成长为主导产业，才会发挥主导作用。

要履行好我们公司煤炭保供的政治责任，民用煤供应，要保证质量，降低成本，搞好服务。要做好冬煤供暖应急储备工作。继续开拓燃料市场，提高专业化经营水平。

纵观企业发展史，有一般企业、优秀企业、卓越企业和伟大企业之分。优秀企业是地区一流，卓越企业是国家一流，伟大企业是世界一流。我们公司要向优秀企业、卓越企业努力，把金泰恒业办成伟大企业是我们的美好梦想。我们就是要有这样的雄心壮志。要实现我们的雄心壮志，就是要坚持"专精"的理论和路线。

七、掌握"关键论"，以党的先进建设引领企业的先进建设，以党建创新引领企业创新

邓小平同志说，办好中国的事情关键在党。我们体会到办好我们国有企业的事情关键也在党。要通过发挥企业党组织的政治核心作用，基层支部的战斗堡垒作用和共产党员的先锋模范作用，把党的任务和

经济工作落到实处。

要认真学习贯彻胡锦涛同志关于党的先进性的论述，巩固和发扬党员先进性教育的成果，落实中央、市委关于党建长效机制的文件精神，贯彻市委、市国资委党委、集团党委党建创新的意见。党组织要明确自身职责，着眼于凝聚员工共同奋斗；推进企业改革，保证新体制运行；落实科学发展观，提高企业核心竞争力；协调各方利益关系，维护职工合法权益；领导思想政治工作，推进"三项工程建设"。要努力发挥党的先进性建设对企业先进性建设的引领作用。

要加强党的宣传思想工作，大力宣传科学发展观和构建和谐社会理论，坚持正确的舆论导向，办好"一报一刊"。加强教育培训，利用"两会"载体，创新思想政治工作。领导企业文化建设。做好党的组织工作，适应市场经济和公司专业化经营的需要，加强领导班子建设，努力建设奋发有为的领导层。加强基层党组织建设，坚持党管干部，党管人才。改进对专业人才的管理，深化人事制度改革，加大各级各类人才的培养、引进、交流和使用力度。坚持全面调动人才的积极性、创造性，老同志要给待遇，中年人要压担子，年轻人要给舞台。加强后备干部工作，努力培养一批年轻优秀的接班人。选拔一批年富力强的人才进班子。实现干部的新老交替。做好老干部工作，重视发挥老干部在企业和谐发展中的作用。

明年，公司党委要换届，领导班子也任期届满，要做好党委的换届选举工作，做好董事会、经理层、监事会成员的选举聘用工作。做好基层经营者的聘用工作。要提前做好各项工作的筹备。

要加强党委对总部建设和分公司建设的领导。按照公司总部重塑的意见，积极推进。切实发挥分公司在专业经营、区域经营中的作用，加强分公司领导班子建设，在委托经营中加强管理，提高效益。要加强产权代表的管理，坚持依法依规办事。加强对公司控股参股企业的管理。适应分公司体制管理的需要，加强对分公司领导班子成员的管理、使用、交流、考核等项工作。

做好党的纪律检查工作，加强党风廉政建设。按照标本兼治、综合治理、惩防并举，预防为主和落实《实施纲要》的要求，以保证国有资产的安全、促进国有资产保值增值为目标，推进党风廉政建设责任制度落实，强化源头治理。落实一岗双责责任机制，权力制衡的决策机制，财务监督的内控机制。重点提高领导人员的执政为民和廉洁自律能力。发挥"四位一体"的监督效能。落实《关于建设工程大宗物资采购管理试行办法》，建设"阳光工程"。2007年，各级党组织和领导班子，要把教育、制度、监督的重点放到三级、四级经营实体上，各单位要结合实际，采取有力措施，确保廉政勤政建设落到实处，使企业有一个良好的内部环境，从而促进经济工作。要坚决杜绝账外经营和小金库问题，问题一经发现要严肃查处。

八、掌握"法治"论，依法治企，坚持在法律规定的范围内开展经营活动

市场经济是法治经济，现代企业制度是依法依规。公司法律工作是企业经营管理的重要组成部分，其主要任务是推动公司依法治理、保障规范运作、防范法律风险。各级经营管理者要高度重视法律工作，千万不可掉以轻心。今后要认真贯彻落实公司《法律事务管理办法》、《合同管理暂行办法》两个文件，确保公司经营管理活动的合法性，防范和化解法律风险，保障法律信息的真实与畅通，维护企业健康运行。

要做好经济合同的管理工作，公司对合同的审核、订立、批准，依《公司法》的规定，其权限按照公司制定的程序办理。总部专业经营部门、分公司应当建立健全合同管理制度，配备合同管理人员，生效的合同应当指定合同执行人、责任人。对已经生效的合同要登记编号，逐个建立档案，与合同有关的文书也要附在合同卷内归档。合同不能继续履行的，必须予以解除。不能达成解除合同协议的，应当立即启动仲裁诉讼，请求仲裁，以化解合同风险。

要严格按照法律程序办理法律纠纷案件的应诉工作。改制前大部

分公司是独立的企业法人，独立承担民事责任。改制后，取消了法人资格，所有的民事责任都要由公司承担。各分公司发生案件，法院传票、法律文件都要送达总部，由公司总法律顾问通知涉案的公司。鉴于诉讼案件工作的特点，各分公司党政领导是处理案件的第一责任人。要和公司总法律顾问密切配合，做好工作。各级领导必须要强化大局意识，从战略出发考虑问题，为总体目标调整原有思维模式、工作思路和工作方法。

九、掌握"人本论"，坚持全心全意依靠职工办企业的方针，加强对工会共青团工作的领导

我们讲的"人本论"是科学发展观讲的以人为本，要坚持一切依靠人民，一切为了人民，从群众中来到群众中去的唯物史观和群众路线。要坚持以人为本，就要坚持党的宗旨，坚持全心全意依靠职工办企业的方针，加强党对工会共青团工作的领导。工会工作要坚持服务大局，服务基层，服务职工，维护职工的合法权益。通过广泛开展群众性的经济技术创新、劳动竞赛、合理化建议、节约挖潜创效活动，促进企业发展。要坚持民主管理、民主监督、民主决策的原则，落实党委统一领导、行政主体到位、工会主动配合、职工积极参与的厂务公开体制和机制。坚持为员工办实事，解难事，做好事。继续开展以"转观念，强素质、谋发展"为主题的教育活动，加强对员工的教育培训，提高员工的岗位技能和自主择业能力。继续开展"五关心、五联系、五服务"的活动，扶贫济困送温暖，实施民心工程。要贯彻落实《企业工会工作条例》，加强工会自身建设，把工会办成员工之家。

重视青年工作和团组织建设。加强教育引导，提高政治素质，把青年团员凝聚到公司发展战略上来；围绕企业中心工作，提高青年能力，发挥青年作用，为企业多作贡献；关心青年，服务青年，培养青年，为青年人才脱颖而出创造良好环境；坚持以党建带团建，做好团干部的教育、培养、选拔、任用，不断壮大青年骨干力量，发挥党的

后备军和助手作用。

十、掌握"金泰恒业文化论"，进一步深化企业文化建设

我们公司被评为全国和北京市企业文化建设先进单位，这不是偶然的。虽然我们公司的企业文化建设初见成效，放在全市、全国还是特色突出，引人入胜，反响良好。但我们不能飘飘然，自我陶醉，不思进取。大家要继续深入研究与建设企业文化。

我这里讲"金泰恒业文化论"，不是泛泛而谈，而是要把"金泰恒业文化"作为一个重要的概念来解释和理解。"金泰恒业文化"是一个系统，我们已经确立了"金泰恒业观、金泰恒业力、金泰恒业魂"，并为大家所认可，这是金泰恒业文化的主要内容。但还不是"金泰恒业文化"的定义。所谓"金泰恒业文化"就是"金文化"、"泰文化"和"恒久文化"的集合体。所谓"金文化"就是发展和效益的文化，要坚持科学发展，千方百计把效益搞上去，这是企业的神圣使命；所谓"泰文化"就是和谐稳定的文化，正像中国古典文化所讲是一种"万物亨通，吉祥安泰"的局面，要精诚团结，坚持理想，寻找突破，力求发展；所谓"恒久文化"就是长盛不衰、不断变革、可持续发展的文化，要切忌盛极而衰的历史教训。总之，"金泰恒业文化"，是"金文化、泰文化、恒久文化"的集合体；是三位一体，三足鼎立的文化思想和文化观念。"金泰恒业文化"可以简称为"金泰文化"。今后要加强宣传，加深理解，深入研究。"金泰文化"有定义、有内容，有层次，就更富有逻辑之美，顺理成章，便于理解。

明年和今后一个时期，要按照集团党委"三项工程"建设的要求，逐项认真落实；要继续大力宣传京煤集团主体文化，宣传金泰恒业特色文化，弘扬各单位的具体文化，研究提炼与实际工作相结合的分支文化，努力为企业发展提供精神动力和智力支持。

最后，我想结合这次会议的主题，讲一讲运用毛泽东同志"集中优势兵力，打歼灭战"的军事战略思想办企业的问题。我们这次会议

的主题定为"突出主导，夯实基础，做专做精，和谐发展"，是经过深入思考的。要实现这个主题，我上面讲了十个理论观点，提出了若干办法。再集中概括一下，就是要按照毛泽东同志抓住主要矛盾的哲学思想，贯彻毛泽东同志"集中优势兵力，打歼灭战"的军事战略思想，落实我们公司"集中优势力量，干大项目，办大产业"的企业战略思想。以此来实现这次会议的主题。可以设想，如果我们把企业大发展的希望寄托在分散经营的商业网点上是不现实的，这样做不可能实现公司利润数千万元、上亿元的增长。而只有"集中优势力量，干大项目，办大产业"，主要是集中资金、人才，进行房地产开发，现在两三年建一个金泰城、百子湾，今后一年开发两三个金泰城、百子湾，而后转战全市、全国，打运动战，打阵地战，打大仗，打硬仗，打漂亮仗，长此以往，我们公司才会发生质的变化，才能真正实现跨越式的发展。否则，我们的生存危机就会重新到来。只有集中优势力量，搞好房地产开发，大进军，大发展，才能有大胜利。在"集中优势力量，干大项目，办大产业"的战略思想方面，大家要统一认识，统一行动，全力支持，要牢固树立全局一盘棋的意识，切不可三心二意。这是一个重要的战略安排，事关公司的全局和命运，事关每一个领导者和员工的眼前利益、根本利益和长远利益，事关城市服务业基础地位的巩固，大家都要引起高度重视。在抓好房地产业的同时，公司各业也丝毫不可忽视，更要锐意进取，创效益，快发展，以争取更大的成绩、更大的光荣。

我们要坚持科学发展观，构建和谐企业，建设金泰文化，突出主导，夯实基础，把我们公司做专、做精、做强、做大，提高经济效益，改善职工生活，共同努力谱写和谐发展的新篇章！

抓住机遇　科学发展　再塑辉煌

——在北京金泰恒业有限责任公司一届五次职工代表大会暨二○○七年工作会上的报告

二○○七年二月一日

一、关于 2006 年董事会主要工作

董事会充分发挥在企业日常经营管理中的决策作用，认真落实公司发展战略，推动企业快速发展。2006 年共召集股东大会 1 次，召开董事会 3 次，专业委员会及其他相关会议 10 次，听取重点工作、重点项目汇报 12 次，审议通过管理规定 6 项，作出重要决议 40 项，审议通过机构设置、人事任免 9 项。法人治理结构的有序运行，保证了公司能够依法、依规、依程序地推进深化改革，加速企业调整、优化结构和健康发展。

（一）经济目标全面实现

2006 年，经过公司上下的共同努力，全面完成了年度预算目标和各项考核指标，企业规模和经济效益实现了持续快速增长。这些企业战略性、全局性、基础性指标的圆满实现，充分说明公司发展已进入到了一个新的高度，为金泰恒业公司进一步走上持续健康发展道路打下了比较坚实的基础。

（二）战略发展形势喜人

全面协调可持续发展是科学发展观的基本要求。结合集团发展战

略的总体要求，立足金泰恒业公司实际，我们着重做了以下工作：

一是强化主导产业的支撑力。我们把房地产开发放在了首要位置，确保两个重点项目顺利推进。金泰城·丽湾项目开盘销售，金泰枫景项目在顺利开工的同时，产品销售的各项准备工作正在紧张进行。为稳健地推进主导产业的发展，我们超前做好土地储备工作，董事会开会专题研究，筛查储备项目，良中选优，使我们不断增强了由做大项目向做大产业转变的信心，保证房地产开发的可持续发展。

二是强化基础产业的支撑力。城市服务业是我们公司赖以生存的基础，吸纳员工就业的优势突出，也符合首都的功能定位。公司在大力推进城市服务业规模化、专业化、标准化和品牌化的研究中，积极借鉴国内外的成功经验，围绕发挥公司网点众多，遍布全市各个区位的优势，若干项目方案正在论证，如开发经济型酒店的工作已经步入实施阶段。

三是从战略高度进一步统合资源。组建"北京金泰恒业燃料有限公司"，扩大了煤炭燃料经营规模。成立"北京金泰物业管理有限公司"，与市场接轨形成了多种业务多种类型的物业管理综合实体，2006 年金泰物业管理公司获得中国物业管理行业北京地区 10 强物业管理企业，提高了房屋租赁和物业管理的专业化水平。

对旅游饭店业整体发展进行了初步统合，业内饭店宾馆实行统一冠名，这些调整变化带来的是专业化规模经营效益的提高，形成了新的经营空间，整体提升了金泰恒业旅游饭店业的品牌效应。

（三）改革改制全面推进

金泰恒业公司现有分公司 19 个，全资子公司 18 个，控股子公司 32 个，参股公司 17 个。按照国资委及集团要求，金泰恒业公司以改制工作为重心，进一步理顺投资关系，认真清理三级、四级公司。

一是清理三级、四级小企业，整顿控股和参股有限责任公司。在企业改制中，今年有 6 家有限责任公司由四级企业变为三级企业，减少了企业层次。截至 2006 年年末，共注销三级、四级小国企 28 家，解散小有限公司 11 家。

二是以股权转让形式收回投资。已经完成转让的 3 户。

三是理顺投资关系，清理子公司之间存在的交叉持股现象。在解决历史遗留问题过程中，由京煤集团收购 2 家公司的 300 万股权，由金泰恒业公司收购 5 家控股子公司持有的相关股权，进一步优化了产权结构。

四是收购有限公司中自然人持有的股份。为防止国有资产流失，解决历史遗留问题，金泰恒业公司收购了 4 户控股子公司中自然人所持有的股份。

（四）管理水平全面提升

一是加强固定资产折旧管理。我公司近年来固定资产投资规模不断扩大，取得了可观的经营收入。这些资产在为公司带来丰厚回报的同时，发生的各项税费，维护成本等也是公司经营中不可忽视的重要影响因素，董事会反复要求固定资产及时转固，固定资产折旧费及时提取，而且拟定了固定资产折旧费管理办法草案，为公司今后发展打下了较好的基础。

二是加强长期投资管理。董事会十分关注、重视对长期投资的管理。董事会明确要求：投资决策必须履行程序。重大投资项目要经过严格论证，防止盲目投资给企业造成经济损失，如果项目投资失误，要进入责任追究程序。为此，董事会建立了严格的"项目论证决策责任制度"。在投资决策中严格履行 8 条论证程序，实行了项目投资的层层把关、层层签字负责。截至 2006 年 12 月末，金泰恒业公司对外长期投资总额 2.7 亿元。

三是加强全面预算管理。董事会为提高预算编制的准确性和执行预算的严肃性，2006 年先后两次召开全系统领导干部预算工作专业会议。董事会、监事会、经理层作为重点工作听取了财务预算、工资预算、基本建设项目预算执行情况的汇报，强调全面预算管理工作的重要意义，讲评《全面预算管理办法》实施情况，组织预算执行较好的单位进行经验交流，指出预算管理工作中存在的问题，并对下一步预算管理工作提出了要求。公司适时对预算执行情况进行监控，保证将公司的各项财务收支纳入预算管理体系，及时掌控可能对预算执行结果产生影响的重大事项，通过全公司共同努力，全年预算目标得到了较好的落实。

四是加强内部审计管理。1. 加强制度建设。2006 年公司把整理、修订和完善内部控制制度作为一项重点工作来抓。出台了《北京金泰恒业有限责任公司管理文件汇编》，使公司的各项经营管理有章可循。

2. 加强监察审计队伍建设。公司审计部与纪检监察部合署办公，健全了以专、兼职人员为主的内部监察审计队伍，为进一步加大审计监督力度提供了组织保证。

3. 加强内部审计及监督检查工作。加强内部审计及监督检查工作，是确保国有资产保值增值的重要手段。2006 年，公司对企业盈亏的真实性，债权债务的真实性，税费缴纳情况以及劳动工资情况等开展了自查和抽查，强化了内部审计的监督力度，有效保证了国有资产的安全。

4. 发挥"四位一体"内部监督工作机制的作用。2006 年 8 月，对下属分公司、控股子公司进行了联合检查，检查的主要内容是会计信息质量、资产管理情况、房屋租赁情况、应收账款情况、党风廉政情况和厂务公开情况等，检查小组已就检查中出现的问题，向有关企业下达了限期整改的通知。

五是加强对亏损企业管理。加大了亏损企业的扭亏力度。采取解体分流、合并重组等方式，使亏损企业有序退出，通过艰苦细致的工作，使亏损企业大幅减少，户数从董事会第二任期之初的 28 家减为目前的 5 家。

（五）企业和谐建设不断进步

2006 年，我们把构建和谐企业作为企业战略发展的重要工作，通过坚持和完善职工代表大会制度、厂务公开制度，创建和谐企业制度，为和谐金泰建设打下了坚实的基础。同时，我们把代表广大员工根本利益，努力为员工送温暖、办实事作为构建和谐企业的重要标志。一年来，我们建立了扶贫济困长效机制，认真落实领导干部帮扶联系制度，对全公司领导干部与困难员工的联系状况进行了重新调查，并做了较大范围的调整，使各级领导干部能够更好地在扶贫济困工作中履行职责发挥作用。2006年，我们共实施了70项民心工程，内容包括改善生产生活条件，扶贫济困送温暖，员工培训，企业文化建设和丰富员工文化生活等，累计投资达600多万元。值得一提的是，作为董事会第二任期民心工程重要标志之一的集资建房工作已经取得了阶段性的成果，正在积极推进。

在过去的一年里，公司内部安全、稳定。在改革重组分流工作中，充分考虑到员工切身利益，妥善解决员工安置问题；加大了对困难企业的帮扶力度；总部建设充分发扬民主，有关改革的3个文件在酝酿过程中，广泛征集总部每位员工的意见。通过各方面的共同努力，企业民主、团结、和谐的氛围日益浓厚。

2006年已经结束，从2001年11月28日公司成立到今天，我们已经走过了五年的光辉历程，通过五年的艰辛调整和不断发展，我们实现了历史性的进步。

五年来，我们怀着高度的历史责任感，以对股东负责，对企业负责，对员工负责的紧迫感，刚健有为，励精图治，重点办了10件大事：

一是：成功地挂牌改制，建立了现代企业制度的基本框架，为今后发展做了体制上的准备。

二是：召开了公司党代会，制定了公司五年规划和十年发展战略，确定了公司新的领导集体，为今后发展做了战略和组织上的准备。

三是：原区公司组织人事工作实现了垂直管理，做到了管人与管资产的统一，为今后发展做了资源上的准备。

四是：不断深化改革，产权关系逐步理顺，改制成功到位，分公司和有限责任公司运转良好，为公司发展做了治理结构上的准备。

五是：以小的增量盘活大的存量，资产增值，为今后发展做了资产方面的准备。

六是：金泰国益、金泰富地、金泰开阳等一批重大项目相继建成并投入使用，金泰城·丽湾、金泰枫景开工建设为今后发展做了实力方面的准备。

七是：制定公司发展战略，确立了主导产业，房地产业进入快速成长期，实现由做大项目向做大产业的转变，为今后发展做了龙头方面的准备。

八是：统一城市服务业的金泰品牌，优化资源配置，提高服务档次，为今后发展做了品牌方面的准备。

九是：确立了"金泰恒业观"、"金泰恒业力"、"金泰恒业魂"为核心的金泰恒业品牌文化，为今后发展做了精神方面的准备。

十是：实施了公司总部重塑，实现从管理型向管理经营型的转变，为今后发展做了能力方面的准备。

从 2001 年到 2006 年，我们走过了不平凡的五年，这五年的发展历程，是公司综合实力明显增强的五年，是战略稳健推进的五年，是探索创新的五年，是全体员工奋力拼搏的五年。这五年所取得的进步，是"三个代表"重要思想、科学发展观先进理论引领的结果，是集团公司正确指导的结果，是各位股东同人共同努力的结果，是经理层高效管理开拓进取的结果，是全体员工忘我工作的结果，是离退休老同志理解与支持的结果。借此机会，我代表公司董事会，向为金泰恒业公司发展与壮大给予热情支持的各位领导，向作出突出贡献的经理层成员，向辛勤工作在各个岗位上的全体员工和所有离退休老同志表示衷心的感谢和崇高的敬意！

二、关于 2007 年董事会的工作

（一）目前的形势和任务

2007 年，是我们国家发展和改革进程中十分关键的一年，也是首都筹备奥运会的决战之年。受奥运经济及消费上升的拉动，房地

产业在首都经济中的支柱地位将继续持续。奥运会的举办必将极大地促进城市服务业发展，这为我们提供了重要商机，同时也提出了新的挑战。

今年两税合一改革方案出台，全国人大即将审议通过"企业所得税法"，将统一内外资企业所得税为25%，减轻了国有企业税负，为我们降低经营成本创造了有利条件。

经过五年的拼搏和奋斗，我们公司房地产开发、物业租赁经营、燃料经营、旅游饭店、其他城市服务业都取得了突破性的进展，公司资产总量、优良资产、净资产、销售收入、利税指标都创造了历史最高水平，这是我们乘势前进的有利因素。

在分析有利条件的同时，我们必须以清醒的头脑特别关注宏观经济调整中对公司发展的不利因素：2007年，随着投资和出口两大经济引擎放缓，我国经济将从高速增长期向结构转型期过渡，经济运行的均衡点会发生微妙变化，产能集中释放，供过于求的矛盾逐步显现，能源原材料价格开始回落，这对我们燃料经营是个考验。

随着国企改制基本到位，我们原来享受的许多优惠政策已不复存在，这就要求我们必须以更加自主创新的精神面对市场。

中央在"国六条"的基础上，还将继续出台政策加强对房地产市场的合理引导和有效调控，这对我们集中精力做强做大主导产业提出了更高的要求。

我们自身发展中还存在着许多问题：主导产业需要进一步夯实，城市服务业的专业化规模化水平需要进一步提升，资产的有效运作能力需要进一步加强，科学管理水平需要进一步提高，产权代表管理工作还需要进一步强化等等。

因此，作为董事会要正确分析、清醒认识在公司发展道路上存在的各种有利和不利因素，及时把握宏观经济形势和环境变化，准确掌握自身的实际情况，抓住良好的发展机遇，适时调整完善公司发展战略，这是我们必须积极思考解决的问题。

（二）2007 年董事会的主要工作

1. 稳中有快地推进发展战略的实施

金泰恒业公司的战略思想是：高起点、新跨越、大发展，以房地产业为主导，以城市服务业为基础，不断进行经营创新和产业结构调整。通过资产重组和资金整合，实施产业结构的整体优化和提升扩张，实现跨越式发展。2001 年，在金泰恒业公司成立之初，我们根据公司长远发展的需要，制定了十年发展战略，不仅设定了一个振奋人心的奋斗目标，而且保证了公司各个任期经营发展的连续性，提高了公司可持续发展的品质。五年的实践证明，这个战略是正确的，在这个发展战略指导下，我们公司基本完成了生存性调整，正在实现跨越式发展，基于已经有了一个好的发展战略，我们必须制定措施，使这个战略得到一以贯之的落实。同时，根据形势和公司发展实际，我们要对发展战略进行修订完善，战略目标、战略框架和分战略要进一步具体化：

我们把未来五年的战略目标细化为战略构想、战略安排和战略推进三部分：

（1）战略构想：未来五年——要确立房地产业的主导地位；城市服务业要走上专业化规模经营的道路；产业结构调整要日趋合理；资本布局要适应市场需求；股权结构要进一步得到优化。

（2）战略安排：未来五年——要形成一个品牌、三大经营、五个板块的格局。一个品牌是：增强品牌意识，统一企业标志，树立与推介企业形象，全力打造金泰恒业品牌。三大经营是：总部经营、区域经营和专业经营。五个板块是：房地产开发、物业管理、旅游饭店、燃料经营及其他城市服务业。

（3）战略推进：未来五年——要重点抓好四个推进，采取行之有效措施，确保公司发展战略的实效性、稳定性和可持续性。①目标推进：收入总额、利税总额、员工收入进一步增长。②品牌推进：要用五年的时间，以优质的产品和优良的服务打造金泰恒业知名品牌，以品牌的提升推动企业战略实施。③体制推进：要用五年的时间，建立规模适当、跨度合理、链条缩短的经营管理体系，不断进行体制创新，要在2011年前基本实现一体化运作、集约化发展、精细化管理的科学发展模式，用最适合的经营管理体制配比最优化的企业发展模式。④文化推进：以培育"金泰恒业观"、实践"金泰恒业力"、打造"金泰恒业魂"为目标，要用五年的时间，基本形成金泰恒业整体文化体系，提升主体文化、健全分支文化、推广品牌文化，把文化建设的独特魅力融入到企业经营发展的各个方面中。

我们要在公司战略指引下，认真解析风险与效益的平衡制约关系，寻找机遇积极引进战略合作伙伴；通过经济增加值的考核，提高单位资本收益；研究把资产进化为资本，把资本进化为融资手段的有效途径，早日实现公司从资本市场融资的远景目标。

2. 不遗余力地做好重点房地产项目建设的推进工作

公司的房地产开发通过多年积累，尤其是五年来的重点突破，已经渐入佳境，进入成长发展期，有了两个重大项目作支撑，有了一支善于攻关、敢打硬仗、拼搏进取，对企业忠诚的经营者和管理人员队伍，有了一定的资金运作能力，有了持续开发的项目储备，按照公司战略发展的总体规划，我们已经具备了由项目建设向形成主导产业转变的基本条件。当前主要任务是不遗余力，积聚优势，扩大战果，向纵深挺进，尽快形成大的投资回报，为全面完成公司今年经营指标提供有力的保障。

金泰城·丽湾和金泰枫景两个优势建设项目，是落实公司发展战略的龙头工程，对培育公司核心竞争力具有重大意义，其运作事关公司战略全局，其收益事关2007年公司经营目标实现，重要意义不言而喻。2006年我们取得了一个又一个阶段性的突破，成绩来之不易。2007年我们要集中精力，鼓足干劲，排除干扰加快项目进度，保证建设质量，加强成本控制，及时解决可能出现的问题，成功运作，尽快形成投资回报。

在重点项目开发建设的基础上，我们要继续做好项目储备调研工作，董事会已经确定怀柔、营口项目作为接替项目进行开发，对丽泽商务区和彤翔分公司公建项目，作出了进行土地一级开发的决策，形成了开发一批，销售一批，储备一批的良性循环态势，奠定了房地产业可持续发展的基础，进而把住宅地产、租赁地产、商业地产、旅游地产的开发建设推向一个新阶段，带动城市服务业的发展壮大。

3. 深化企业改革，进一步优化企业组织结构

企业改制改革工作是落实公司整体发展战略的重要手段，关系到公司经营发展整体走向，是实现战略目标的体制保证。在企业改制取得阶段性成果，确保分公司各项工作协调高效运转的基础上，2007 年要着力做好以下工作：

一是按照战略规划要求，缩短投资链条，逐步推进扁平化管理。继续做好清理三级、四级小企业工作，同时解决好改革初期形成的生存型、安置型小企业问题，对规模小、布局散、竞争力不强、管理费用高、赢利水平低的小企业进行坚决清理整顿。

二是逐步推进组织变革，进一步建立适应市场的组织框架。在逐步推进企业专业化管理和规模化经营过程中，适时适度做好企业重组整合工作，有效统合资源，优化企业组织结构，坚定地走"以房地产业为主导，以城市服务业为基础"的发展道路。

三是继续做好企业股权调整工作。逐步解决目前存在的循环投资和交叉持股等问题，按照集团公司理顺产权关系的要求，继续进行清理和整顿，通过调整优化股权结构，增强金泰恒业公司对小企业的控制力。

4. 提升管理品质，以一流的管理水平促进企业发展

战略是方向，发展是核心，管理是保障。管理不仅是无限趋近于优化值的过程，更是企业进步的内动力。今后企业管理每年要搞一个主题，解决相对薄弱环节，着力提升管理品质，以一流的管理水准促进企业发展。2007 年的管理主题是：夯实基础，做专做精。公司上下都要围绕这一主题，结合各自实际，强化管理，优化绩效。

（1）全面预算管理。预算管理是科学管理的第一步，是战略管理的具体体现，是企业管理的核心内容，预算就是量化和具体化的战略，

没有预算的落实，战略就会落空。我们要按照落实公司发展战略的要求，把预算编制好，执行好，落实好。

我们要着力加强全面预算管理工作。要在总结几年来预算工作经验的基础上找差距，突出解决思想认识不到位；预算编制涵盖面不全；预算管理不细；预算考核不到位等问题。

预算管理是一个动态控制过程，要确保全面预算的有效实施，就要制定措施对预算责任主体的执行情况进行实时跟踪，按照"真、全、细、严、新"五字方针，提高全面预算管理质量，两级领导班子要进一步提高认识，切实加强对预算工作的领导，要坚决维护预算的严肃性、权威性，以考核机制为保障，落实预算责任，提高预算执行刚性，使2007年的全面预算管理再上新台阶。

（2）资金管理。资金是企业从事各项经营活动的基本要素，是企业发展的首要资源。加强资金管理，提高资金运营效益，保证现金流不断链，才能使企业在激烈的市场竞争中立于不败之地。2007年将是公司资金用量较多的一年，同时也是大额资金流转最频繁的一年，要充分发挥公司"资金管理中心"作用，加强资金的统一管理和调控，拓宽融资渠道，坚决保障房地产开发重点项目资金需求，要将公司内部资金最大限度地用到公司发展项目中，力求最大程度地降低外部融资成本，优化资金运作，从而提高公司整体资金使用效益。要构建以预算为核心的财务资金平台，加强与金融机构联系，保证公司主要项目及经营发展的资金畅通，防范资金风险，保证现金流充实健康，保证坚实充分的偿债能力，保证现金链条松紧适度，要通过全体员工的努力奋斗取得实实在在的效益和净现金流，为企业各项工作的开展提供有力支撑。

（3）品牌管理。品牌是企业的无形资产，是企业形象的体现，是我们创造的宝贵财富，是市场对我们传承多年经营水平以及商品服务的认可。2007年要强化对金泰品牌的管理，要构建专业化平台，加快专业经营步伐，创品牌求效益。品牌战略作为今年的一项重点工作，要制定三年规划，有计划、分步骤、有意识、高度自觉地进行金泰恒业品牌的塑造、宣传、推广和扩张，采取多种手段和形式进行企业形象的塑造，在市场上打造金泰恒业知名品牌，努力把金泰恒业建设成为一家名牌企业。

第一步是进行品牌的推广。在搞好品牌定位、品牌设计的基础上，强化对品牌的管理，以优势产品、优质服务、良好的品牌形象，赢得市场和客户的认可，提高金泰品牌的知名度。第二步是做好金泰品牌的经营。在形成部分知名品牌后，通过统合扩张，达到经营金泰品牌的目的。第三步是提高金泰品牌的核心价值。使产品、服务与品牌形成良性互动，用无形资产推动有形资产增值，提高有形资产在市场中的竞争力。第四步是以金泰品牌为载体，向市场去展示金泰文化，增强公司的社会影响力、扩张力和吸引力。总之，要通过加强品牌管理工作，提升金泰恒业公司在统合扩张过程中的核心竞争能力。

（4）风险管理。风险与经营相伴而生，没有处理和化解风险能力的企业，是不具备可持续发展能力的企业，我们要把控制和防范经营风险当做一件大事来抓。要加大对难点问题的突破力度，着力解决好金岛、银都历史遗留问题。要加大对法律诉讼的解决力度，最大限度维护企业利益。要加强对应收账款的管理工作，落实责任制，采取有效措施，积极清理应收账款，确保公司利益不受损失。

（5）考核管理。考核管理是监督经营工作绩效和加强执行力的重要手段。为推进公司战略全面实施以及各项经营管理目标的顺利实现，公司出台的《考核管理办法》，将建立起一整套的科学评价体系，加强董事会对经理层的考核，对执行预算的考核，对经营者的考核，对重大项目及事项的考核。考核要按照点、线、面分级分类管理，要把经营收入和开发收入区别对待，原有指标体系要有所调整，要增加净资产收益率的权重。考核要与公司"四位一体"内部的监督机制相得益彰，实施多角度全方位的考核监督，确保国有资产保值增值，确保股东利益实现。

（6）人力资源管理。树立人力资源是"第一资源"的价值观，实现人力资源的合理配置。要进一步优化公司组织架构，推进岗位管理，强化职责管理；要规范劳动力管理，严格控制企业计划外增员；要进一步加强薪酬管理，完善激励与约束机制；要敞开引进渠道，疏通退出通道，依据市场化要求，全面调动各方面人才的积极性，为公司发展提供坚强的人才保障和智力支持。

5. 进一步规范现代企业制度的运行

有效的公司治理是现代企业制度建设的核心。而法律赋予的职权决定了董事会在治理结构中处于关键地位。公司董事会必须建立以市场取向为基点的企业运行机制，提高董事会运行效率和科学决策的水平，从而提高法人治理结构的生命力。

（1）依法、依规、依程序进行决策。依法履行职责。董事会的决策水平，对促进企业发展、维护股东利益至关重要。因此，董事会要按照《公司法》的要求认真履行职责，集中精力规划未来。各位董事要提高参与企业经营管理的素质和能力，独立、充分、明确发表自己的主张，对董事会的决议承担决策责任。

加强决策论证。依法、依规、依程序发挥股东会、董事会、专业委员会、经理层在决策论证中的作用。

董事会在决策中要把握企业发展速度与发展质量的平衡。在追求企业快速发展的同时，要高度关注企业的发展质量，明确决策所需的资源和能力，权衡决策可能带来的利弊得失，把握决策的正确方向，使企业的决策建立在科学、可行的基础上。

董事会在决策中要把握企业收入成长与利润成长的平衡。要在追求企业高速成长的同时，更要注重企业成长的深度效益，也就是经营利润的健康成长，要讲求国有资产的回报率，要从根本上解决一些单位经营收入还不能支撑经营费用的问题。

（2）认真执行产权代表管理制度。按照国资委国有资产管理新体制的要求，要切实强化公司对国有资产的管理工作。公司董事会委派到各有限公司的产权代表，要按照"产权代表暂行管理办法"和"会议报告制度"的要求，严格履行产权代表的职责。

产权代表必须按照《公司法》、公司章程赋予的职能以及所在公司章程的规定，在充分体现出资者意志的总要求下，在本公司正确执行和行使股东权利，履行各自职责，维护出资人的经济利益。按照这个要求，产权代表必须增强五个意识：增强资产保值增值意识、投资收益意识、企业发展意识、股东权益意识、依法依规意识。特别是作为各公司首席产权代表的董事长，在认真履行董事会决策职能的同时，必须树立战略发展的眼光，在把握企业战略发展上下工夫，以主要精力谋划企业发展方向。

6. 创建和谐企业新水平

构建和谐企业是促进金泰恒业公司健康和可持续发展的重要推动力，当前金泰恒业公司正处于重要的发展时期，构建和谐企业应着力把握以下六条标准：一是实现各类资源和要素的充分利用与良性循环；二是实现同时创造社会效益与经济效益并可持续发展；三是实现出资人、经理人、员工价值与企业价值的同时体现；四是实现企业法人治理结构、民主政治的健全与完善；五是实现依法经营、诚信和谐、充满活力的经营环境；六是实现以独特的和谐文化凝聚员工共同奋斗。

按照党的十六届六中全会决定和市委九届十二次全会精神，结合公司实际，我们即将下发《关于构建和谐企业的若干意见》，对今后一个时期建设和谐企业工作作出了重要安排。2007 年我们将从三个方面入手着力抓好和谐企业建设：一是健全利益诉求信息渠道，创建和谐企业的氛围；二是做好民心工程，为员工办好事解难题；三是完善扶贫济困长效机制，帮扶困难员工群体。

今年构建和谐企业将具体围绕八个活动载体开展工作：

一是宣传舆论载体：通过《金泰时讯》、《金泰论坛》、《金泰信息》、金泰局域网和各类简报等内部传媒，引导企业热点、宣传企业战略、疏导员工情绪，提高舆论引导能力。

二是民主互动载体：通过"半小时论坛"、"班前恳谈会"、"领导干部接待日"，健全利益协调机制、诉求表达机制、矛盾调处机制和权益保障机制。

三是发展创新载体：通过务虚会、项目论证会、主题征文和课题调研等载体，集聚创新智慧、汇合创新力量、吸收谏言良策，不断提高科学决策水平。

四是关心爱民载体：通过五关心、五联系、五服务、五询问等工作制度，使面向广大员工的便民利民服务、面向下岗转岗人员的保障服务、面向特殊群体的救助服务得到落实。

五是扶贫济困载体：通过建立"扶贫济困"基金制度，开展"为困难员工子女金秋助学"、"扶贫济困解难事"、"温暖和谐进万家"等活动，使企业保险、企业救助、企业福利及"送温暖工程"的保障体系日臻完善。

六是参政议政载体：通过各级职代会、厂务公开、效能监察等活动，为员工搭建参政议政和谏言献策平台，使员工的主体地位和首创精神得到充分体现。

七是沟通协调载体：通过各种会晤、对话、谈心，鼓励员工创新实践，宽容员工的创新挫折，调动一切积极因素，营造协调各方关系、服务企业大局的主流舆论氛围。

八是创先评优载体：通过"金泰杯·文明示范窗口创建"、"岗位技能竞赛"、"经济技术创新"、"十佳青年评选"、"功勋经营者和功勋员工评选"等活动，健全评比、表彰和激励机制，形成积极健康向上的企业主旋律。

2007年任务光荣而伟大，工作繁重而艰巨。董事会全体成员有信心，有能力，在各位股东和全体员工的大力支持下，与监事会、经理层紧密协调配合，聚精会神谋发展，全力以赴抓落实，不断提升企业的核心竞争力，为打造金泰恒业新辉煌而努力奋斗。

弘扬"金泰恒业成功文化"
大力加强人才队伍建设
——在北京金泰恒业有限责任公司一届
五次职工代表大会暨二〇〇七年工作
会议结束时的讲话

二〇〇七年二月二日

此次职代会和工作会议圆满完成了预定的各项议程，就要结束了。在讨论中，大家对会议报告给予了充分的肯定，而且提出了很多宝贵的建设性意见。将这些意见概括起来进行分析，我认为，其中关键的一点是人才问题，或与人才问题有关。所以，我下面主要就企业的人才队伍建设讲几点意见：

一、要进一步提高对人才队伍建设重要性和紧迫性的认识

中央关于人才工作的决定强调指出：人才问题是关系党和国家事业发展的关键问题，人才资源已成为最重要的战略资源，实施人才强国战略是党和国家一项重大而紧迫的任务，我们必须大力开发人才资源，走人才强国之路。中央关于人才工作的决定，是我们做好人才工作的根本依据和强大动力。我们一定要继续深入学习中央的决定，不断提高对人才工作重要意义的认识，加快提高人才工作水平。

为此，在这次会议上，党委的工作意见，进一步强调了人才问题，大家要引起高度重视。同时，在党委的工作意见中，姜春杰同

志代表党委提出了要建设"金泰恒业成功文化"的思想，大家普遍反映，这个新思想，深谋远虑，有创意，有高度，深受启迪，受益匪浅，意义重大而深远，更有利于推进企业的长远建设和人才工作。"金泰恒业成功文化"，是我们贯彻京煤集团主体文化的新成果，是对"金泰恒业文化"的新发展。所谓"金泰恒业成功文化"就是"金泰恒业人在成绩面前永不自满，追求卓越，不断争取新的更大成功的思维方式和行为习惯"。其实，人才问题和"金泰恒业成功文化"密切相关。毛泽东同志说过"政治路线确定之后，干部就是决定因素"。同样，要使我们公司基业长青，保持永续的成功，在战略确定之后，人才就是决定因素。人才是建设"成功金泰"的决定因素，"金泰恒业成功文化"是指导我们解决人才问题重要的思维方式和文化理念。当前在新的形势下，要保持公司强劲发展的良好势头，要争取新的更大成功，弘扬"金泰恒业成功文化"，做好人才工作就显得更加紧迫和重要。

1. 要从企业所处的时期上来看人才工作的重要性和紧迫性

大家知道，我国改革开放20余年经济强劲增长，成就喜人。最近，当代著名经济学家吴敬琏提醒大家：我们在欢庆成就的时候，也应当清醒地看到，中国经济和中国企业还处在"少年时期"，我国企业作为真正的企业，只是改革开放以后才从无到有地发展起来的，企业管理水平不高，创新能力不强，整体看来还很稚弱，在面临挑战过程中会面临很多困难。可以讲，我们公司成立仅仅五年，也就是只有"5岁"，一个五岁的企业，取得了一些成绩，但仍然是"少年时期"，成长时期，我们只是在万里长征的道路上走出了一小步。我们正处于这样的"少年时期"，就不能骄傲自满，要保持清醒的头脑，看到我们的差距和不足。其中，我们最大的差距，就是人才上的差距。可以讲，我们的人才队伍建设更是处于"少年时期"，我们要成长，要发展，就必须把人才工作放在重要的议事日程上来。

2. 要从企业发展所处的阶段上来看人才工作的重要性和紧迫性

我们公司进入了跨越式发展的新阶段。与这个新阶段的要求相比，我们公司的人才队伍明显不适应新阶段、新任务的要求。大家一致认为，在公司范围内，高素质的人才总量不足、专业水平不高、结构不合理的问题非常突出。所以，我们必须对人才问题引起高度重视。

3. 从公司发展战略落实的成效上来看人才工作的重要性和紧迫性

五年来，我们公司取得了一定进步，目前正在按照"以房地产业为主导，以城市服务业为基础"的战略构想稳步推进。但是公司发展战略落实的成效仅仅是初步的，房地产业的主导地位刚刚在确立，还没有形成大的产业规模。城市服务业分散经营，规模效益和品牌效益不突出，基础地位还不够牢固。今后一个时期，要真正把公司发展战略落到实处，最重要的是要解决人才问题。在实际工作中大家普遍感到，研究型人才、创新型人才、复合型人才、专业型人才与实干型人才都比较缺乏。如果人才问题不加快解决，发展战略的落实就会成一句空话。

4. 从公司适应首都经济发展的基本走向上来看人才工作的重要性和紧迫性

最近以来，发展创意产业或文化与综合创意产业的思想正在成为理论界、文化界和企业界的热门话题。所谓创意产业，是以创意创新为核心，以知识资本的运作为手段的产业，是现代经营与服务的高端组成部分。像北京、上海这样发达的大城市，正在提出建设"创意之都"、"研发之都"、"创意之城"、"设计之城"，大力发展"人文产业"的战略规划。最近，深圳市则提出要把文化产业作为支柱产业来发展。这就是要在建设创新型国家、创新型城市过程中，选择一条经济文化化，文化经济化的高端发展路线，以保证未来建设国际化大都市，始终具有强大的竞争力和可持续发展的动力。特别是首都作为文化中心更是如此。我们作为首都的企业，必须对首都经济的基本走向有清醒的认识。所以，适应首都创意经济的发展，服务首都文化中心的功能，建设"创意金泰、创新金泰"的任务就明显地摆在我们面前。这个思想和我在去年春节团拜会上提出的"研究金泰恒业，创新金泰恒业"的思路有高度的一致性。所以，我们的房地产业和城市服务业必须有充分的创新和创意，增加人文经济附加值，才会更有竞争力。要问，最近以来，金泰丽湾的房子为什么卖得那么"火"？就是因为他们有创意，他们坚持把创新作为核心能力，而且请国外的设计师参加创意，增加了人文价值，满足了客户的精神需求。所以，才有了更高的收益。我们企业的创新和创意从哪里来？我们的研发能力和研发成果从哪里来？当然是从人才当中来。人才是创新创意的主体，离开了人才就谈不上创新创意，企业的发展就谈不上有新的动力。首都是文化中心，是人才之都，是创意之都，我们是首都的企业，要建设"创新金泰、创意金泰"，加强研发工作，增强发展后劲，就必须不断开辟人才工作的新局面。

二、关于当前公司人才队伍建设状况的分析

我们公司自成立以来，就高度重视"三项工程建设"，重视人才工作。这五年，我们公司之所以能够健康成长，经济效益和全面建设之所以每年都要上一个新台阶，目前，公司之所以能够进入跨越式发展的新阶段，都与我们重视人才工作密切相关。同时，也要清醒地看到，我们的人才工作距离新形势、新任务的要求还有很大差距，人才问题还在很大程度上制约着企业的发展。

1. 有的领导班子和领导人员关于"人才强企"的观念树得还不够牢

有的领导人员精神不够振奋，忧患意识、危机意识、紧迫感不足，还没有全身心地投入到事业当中去。因而看不到在人才方面的差距，没有把人才工作放到战略位置上去抓，作为关键的任务去完成。所以对人才工作抓得不紧，领导不力，在选才、用才、育才、容才、招才的观念上，与激烈的人才市场竞争形势不适应。在工作机制上不利于人才的成长、选拔、使用和凝聚。在人才的管理上存在管人和用人、管人和管事相脱节的现象。

2. 目前公司人才素质结构不尽合理

公司的专业技术人员总量不算少，但总体文化水平偏低，高学历人才偏少，人才素质结构不尽合理。

3. 目前符合企业发展战略需要的高级专业人才相对匮乏

目前公司具有高级职称的人才专业分布很不合理，其中与公司发展战略相匹配的高级专业人才明显不足。特别是受过正规学术训练、有丰富实践经验的经营管理专业、房地产经济专业、建筑专业、酒店管理专业、物业管理专业、财务专业、人力资源等专业的高级人才更是缺乏。这个问题在明显制约着公司总部经营、区域经营和专业经营水平的提高。

4. 目前复合型经营管理人才总量不足

在两级领导班子和若干控股公司范围内，有一些领导人员只熟悉党务工作，而不懂经营管理，也有一些熟悉经营管理，但不熟悉党务工作、缺乏政治工作能力，或党性观念不够强。由于复合型人才不足，制约了企业的全面发展和整体水平的提高。

产生上述问题的原因，主要是对人才工作的战略地位认识不足，在管理机制上不适应市场经济的要求，人才工作还没有完全和市场接轨。由于历史的原因，我们的人才状况存在先天不足，数量规模不大，质量不高，后备人才相对缺乏。针对上述问题和原因，我们要采取有效措施，迎头赶上。

三、两级领导班子要站在科学发展观和构建和谐社会、和谐企业的高度，切实加强对人才工作的领导

我们党的科学发展观和构建和谐社会的思想对人才队伍建设提出了新的更高的要求。我们要以人为本，人才队伍建设是关键。我们国家和企业要全面协调可持续发展，首先要有可靠的人才保证。建设和谐社会和谐企业，如果缺乏人才或不能充分发挥人才的作用，那么社会和企业很难和谐。所以我们必须站在新的理论高度来认识人才问题，抓好人才工作。

1. 突出重点，加强领导班子建设

加强人才队伍建设，重点在班子，基础在职工队伍素质。要有好的士兵，更要有好的元帅。企业要发展，思想要统一，组织要保证，工作模式要先进，关键在领导班子建设。领导班子要把提高政治素质

放在首位,要增强党性,要把理想信念、价值观、权力观、利益观统一到党的章程、党的准则和党的纪律上来。要增强法治观念、纪律观念和按照工作程序办事的观念。要克服拜金主义、极端个人主义的影响,构筑牢固的思想道德防线。要解决精神状态问题,克服不思进取,图安稳、求安乐的惰性影响,增强事业心责任感,树立创新观念,牢牢把握机遇,全身心地投入到事业中来。要切实解决思想观念陈旧的问题,我们的思想观念和工作必须和市场接轨,要在发展战略、企业文化、工作目标上具备认同感,共同致力于企业和谐发展。

要提高领导班子和领导人员的政治素质,就要认真学习胡锦涛同志在中纪委七次全会上关于全面加强新形势下领导干部作风建设的八条要求,大力加强作风建设。

每一个领导人员都要做党风廉政建设的表率。要严格依法办事,遵守政治纪律、组织纪律和工作程序。要坚决杜绝小金库、账外经营和自作主张违纪、违规的问题。要把自己的行动严格限制在法律、纪律、制度和工作程序的范围内,自觉接受各方面的监督,严格自律,防止发生问题。

在加强思想政治建设的同时,还要进一步加强领导班子和领导人员的能力建设。当前能力建设的重点:一是提高领导人员的综合能力,党务领导人员要熟悉和精通经营管理,经营管理人员也要具备党务工作者的素质。二是提高领导人员的专业能力,公司产业五个板块,专业性很强,其中又有若干门类,分工很细,这就要求领导人员根据分工不同,在做专、做精上下工夫。加强教育培训,刻苦钻研业务,使自己尽快成为一个适应岗位需要的合格的专业工作者。三是提高领导班子的整体合力。领导班子成员各有所长,各有所短,要搞好领导班子的合理配置,优化结构,优势互补,使大家统一在一个战略目标之下,共同为之奋斗。要以领导班子的和谐,带动全公司的和谐。在明年党委和领导班子选举换届中,要选拔一批政治素质和能力素质较好,年富力强的优秀人才进班子。大力加强后备干部队伍建设,以顺利实现领导班子成员的新老交替。

2. 提高认识，树立适应市场经济选人用人的新观念

一是强化"人才资源是第一资源"的观念，树立"抓人才就是抓效益，抓效益首先要抓人才"的战略思想，大力倡导"人才效益"；二是强化"人才竞争是高端竞争"的观念，产品和服务的市场竞争，本质是人才的竞争，所以要站在更高的层次上，参与人才市场的竞争，提高企业的核心竞争力；三是树立"人才是创新载体"的观念，我们办企业表面上看，是在出售产品和服务，但实质上，是在对你的文化和创意进行经营，我们作为首都的企业，身处文化中心，更应该重视人才在创新中的主导地位；四是强化"不求所有，但求所用"的观念，坚持把组织配置和市场配置结合起来，把引人和引智结合起来，为企业发展服务；五是树立"岗位成才、专业成才"的观念，全身心地投入到自己的事业中来，立志岗位成才，胜任职责要求。

3. 制订方案，确定人才管理的目标

一是确定和完善人才机制目标，要使人才的引进、培养、选拔与使用机制进一步完善，逐步建立起管理制度比较完备，工作措施比较健全，逐步形成充满生机和活力的人才工作局面；二是确立人才资源总量目标，公司总部和各个分公司、专业公司都要在认真分析人才状况的基础上，提出未来五年各级各类人才需求要达到的目标，要根据事业的发展和效益状况，逐步解决人才短缺的问题；三是确定优化人才结构目标。公司的人才结构目标要与发展战略和组织变革目标相匹配。其年龄结构、文化素质结构、专业岗位结构、能力结构，以及"三支人才队伍"的数量结构，都要认真规划，加以落实。

要树立正确的用人标准：德才兼备，德要体现政治素质和企业特点，要符合国企发展的要求，这里面重要的是要体现对企业的忠诚度。选才要突出绩效标准，绩效往往是德才兼备在实践中的综合体现，是用人量才的主要标准，企业效绩应得到出资人和市场的认可，这是人才最基本的条件。

4. 创新管理模式，实施对人才的统筹管理

随着改革的深入，企业间的重组并购在所难免。当前中央国企正在加快推进重组步伐，地方国企也同样如此。我们公司要在国企的重

组并购中生存和发展，必须早日做强做大，才能站稳脚跟，有生存与发展的余地。因此，我们必须依据公司发展战略的要求，大力推进"人才兴企"战略。一是坚持党管人才的原则，继续深化人事制度改革。党管人才主要是管宏观，管政策，管协调，管服务。要坚持用事业造就人才，用环境凝聚人才，用机制激励人才，用制度保障人才，要切实把人才优势转化为产业优势和竞争优势。针对当前公司人才分散、素质不高、结构不够优化的问题，公司要实施对人才的统筹管理。要把人才集中到主要战略方向上来，优秀人才要向优势企业、优秀经营者集中，发挥人才合力。二是坚持出资人、市场、组织、员工四认可的原则，建立新的考核机制。要通过有效的激励约束，调动人才的积极性、创造性，新成立的公司考核部要拟定新的考核办法，要指导和帮助分公司和基层的考核工作，通过科学全面有效的考核，激励人才更好地发挥作用。三是要建立企业和人才的双赢模式，做到企业和人才共成长，做到企业价值和人才价值的共同实现。四是努力创造一个优秀人才能够脱颖而出的环境。人才资源开发是企业发展的生命之源，掌握利用人才资源已成为企业管理的重要内容。优秀的人才要走向合适的岗位，在于有一个科学的机制。传统的人才管理应向新的、适应市场经济规律要求的人才开发管理机制延伸，形成新的工作格局。对人才要做到政治上关心，工作上重用，事业上激励，生活上体贴，感情上接近。做到老同志给待遇，中年人压担子，年轻人给舞台。要大力加强青年人才队伍和后备人才队伍建设。要按照中央要求，在重大建设和科研项目经费中划出一定份额用于人才开发，提高人才投入的效益。要把"以人为本"的观念贯穿到人才工作的各个方面。五是要把人才队伍建设和职工队伍建设结合起来。我们不仅要有好的元帅，也要有好的士兵，在加强人才队伍建设的同时，必须牢牢树立全心全意依靠职工办企业的方针，要在职工中大力倡导人人都可以成才的观念，加大教育培训的力度，不断提高职工的岗位技能和就业择业能力。要使高素质的人才牢牢植根于职工群众中之中，要使职工群众成为人才成长的源泉和基地。要使全公司各级各类人才紧密团结，精诚合作，共同为企业发展尽职尽责。

　　各位代表、同志们，纵观中华民族的文明史，就是一部人才发展史。中国文化之所以延绵不断，具有持久旺盛的生命力，就是因为历代贤才和仁人志士，不断进行文化综合创新的结果。中国历史上重视人才，求贤若渴的典籍不胜枚举。在春秋战国时期，齐国之所以长期处于领先地位，与齐国思想开放，重视人才密切相关，比如管仲曾是齐桓公的仇敌，但齐桓公得知管仲是个奇才，不计前嫌，特行沐浴三次的大礼，迎接管仲远道而来，并拜为齐国宰相，由于管仲的辅佐，齐国更加强大，成为春秋霸主。管仲的治国、用人、经济等思想早于孔子一百多年，早于秦国商鞅三百多年。管仲的思想也被后人称为"管仲学派"，成为中国文化宝库中的重要源泉。

　　齐国虽然非常强大，但后来秦孝公任用商鞅为重臣，实行变法，秦国很快强大起来。后来秦王嬴政任用李斯、韩非为重臣，加快了统一六国的步伐，最后秦国打败齐国建立了秦王朝。秦始皇统一中国，功劳很大，但秦王朝仅存 14 年，秦始皇死后仅两年就迅速灭亡，而秦末陈胜、吴广领导的农民起义也只延续了 6 个月。毛泽东同志在研究秦末这段历史时指出："秦末陈胜、吴广的起义失败有二误，一误是他们成功忘本，杀了旧时的伙伴，脱离了本阶级群众；二误是他们用人不当，脱离了共患难的干部。"陈胜、吴广失败后，历经楚汉之争，后被西汉王朝所替代。

　　历史是现实的一面镜子。回顾春秋战国这段历史，我们可以受到深刻的启发。可以使我们更加深刻地认识到建设"金泰恒业成功文化"的重要意义，也可以使我们更加充分认识到人才工作的极端重要性。正所谓"得人心者得天下，得人才者得天下"宝贵的历史经验。从中更可以体会到坚持"两个务必"、"八个坚持八个反对"、"八荣八耻"、加强作风建设，其伟大的历史意义和现实意义之所在。

　　我们要大力加强人才队伍建设，紧密地依靠广大职工群众，在成绩面前始终保持清醒的头脑，谦虚谨慎，不骄不躁，共同建设"金泰恒业的成功文化"，在和谐发展的道路上不断争取新的更大的成功！

让"金泰恒业成功文化"深入人心

——在北京金泰恒业有限责任公司二〇〇七年春节团拜会上的祝辞

二〇〇七年二月十五日

2006 年，我们在集团公司的领导下，广大经营管理者和职工群众开拓经营，强化管理，努力奋斗，圆满完成了各项预算指标。投资回报水平进一步提高，现金流量更加充实健康，国有资产实现了保值增值。我们认真落实公司"以房地产业为主导，以城市服务业为基础"的战略构想，房地产开发、燃料经营、物业管理、旅游饭店、城市服务业都取得了新的进展，公司发展势头强劲，效益提高，职工收入增加，生活改善，公司上下一派和谐稳定的大好局面。

在 2007 年，我们要认真学习实践科学发展观，努力构建和谐社会和谐企业，落实集团公司的工作要求，宣传贯彻公司职代会和工作会精神，同心协力，建设"金泰恒业的成功文化"。

一、要建设"金泰恒业成功文化"，就要明确"金泰恒业成功文化"的基本含义

这就是"金泰恒业人在成绩面前永不自满，追求卓越，不断争取新的更大成功的思维方式和行为习惯"。金泰恒业公司成立之后，我们每年的职代会和工作会议都提醒大家要记取历史的经验，在胜利的时候要谦虚谨慎，不骄不躁，稳步扎实地向前迈进。经过五年的思考

与实践，使我们逐步形成了"金泰恒业成功文化"的新思想、新理念，在贯彻京煤集团主体文化与建设金泰恒业文化的进程中又有了新成果、新动力。"金泰恒业成功文化"必将在我们公司的发展史上谱写出长盛不衰、永续发展的新篇章。

二、要建设"金泰恒业成功文化"，就要明确"金泰恒业成功文化"要达到的目标

其目标是：金泰恒业公司要向着优秀企业、卓越企业的目标扎实迈进，要以伟大企业为榜样，超越今天，超越明天，超越梦想，为建设特大型、多功能综合性现代强势企业集团而努力。要实现这个目标，就要有全球化视野、有世界性眼光，就要凝聚各个方面的力量，集中多方面的智慧，修改完善发展战略，采取有效措施，尽快把金泰恒业做强做大，实现又好又快的发展。

三、要建设"金泰恒业成功文化"，就要明确"金泰恒业成功文化"所要遵循的原则

一是坚持实事求是与时俱进的原则，要坚持一切从实际出发，遵循客观规律，讲实际，办实事，求实效。二是坚持全心全意依靠职工办企业的原则，要以人为本，广泛发扬民主，建立新的激励约束机制，充分调动各个方面的积极性。三是坚持和谐发展的原则，认真落实发展战略，突出重点，统筹兼顾，内部提升，外部扩张，全面把握，整体推进。四是坚持深化改革的原则，要搞好结构调整，推进组织变革和体制机制改革，不断提高经营管理水平，提高融资能力，提高赢利水平，引进战略伙伴，为股份制改造做准备。五是坚持安全第一的原则，要及时对企业面临的各种风险进行评估，把风险降到最低限度，在确保企业安全的基础上，谦虚谨慎，不骄不躁，奋发有为，不断提高发展质量，加快发展步伐。要通过坚持这五项原则，保证企业永续

经营，不断攀登新的高峰。

四、要建设"金泰恒业成功文化"，就要以新的姿态迎接北京第二次现代化的到来

当前，根据中国现代化战略的研究成果，第一次现代化的 10 个指标中，在北京、上海有 9 个指标已达到第一次现代化的水平，即北京第一次现代化程度已超过 90%，已达到中等发达国家的水平。这就是说，北京就要迈进或已经迈进第二次现代化的门槛。所谓第一次现代化，是指从农业时代向工业时代、农业经济向工业经济、农业社会向工业社会、农业文明向工业文明的转变过程及其深刻变化。所谓第二次现代化是指从工业时代向知识时代、工业经济向知识经济、工业社会向知识社会、工业文明向知识文明的转变过程及其深刻变化。第二次现代化的特点是知识化、分散化、网络化、全球化、创新化、个性化、生态化、信息化等。第一、第二次现代化是紧密相连的，在同一国家和地区，第一次现代化奠定了第二次现代化的物质和社会基础，第二次现代化在许多方面是对第一次现代化的消除和"反向"，在某些方面是继承和发展。两次现代化的协调发展就是综合现代化。从上述概念可以看出，北京作为全国的文化中心，作为国际化的大都市，在很多方面已经具备第二次现代化的特征。在这种情况下，我们就更要大力推进传统经营向现代经营转变，推进传统管理向现代管理转变，企业的全面建设要向信息化、知识化、全球化、创新化的方向发展。

我们公司要迎接、适应首都第二次现代化的到来，在开拓经营、强化管理的基础上，就要高度重视研发创新工作。目前，我们国家的研发支出已超过日本，4 年后将超过欧盟，7 年后将超过美国。我国的研发支出正以每年 20% 的速度增长。我国著名的华为公司 2004 年以来，每年都从销售额当中拿出 14% 投入研发创新。看到全国这样一派创新研发的热潮和自主创新的大趋势，我们也要进行深入研究，提出对策，迎头赶上。也要加强对创新研发的领导，加大创新的投入，重

视人才工作，为建设"成功金泰"创造条件，提供保证，为建设创新型企业而努力工作。从而，使企业获得不竭的发展动力，使我们不断取得新的更大成功。

我们要在新的年度，继往开来，开拓创新，以建设"金泰恒业成功文化"的新姿态，把 2007 年企业的全面建设不断提高到新水平！

加强制度建设　坚持规范运行

——在北京京煤集团公司产权
代表会议上的经验介绍

二〇〇七年三月二十日

　　邓小平同志说过，制度更带有根本性。俗话说，没有规矩不成方圆。那么，在市场经济体制条件下，在现代企业的运行中，制度的根本性表现在哪里呢？

　　我作为金泰恒业公司的产权代表，深深体会到，制度的根本性主要体现在五个方面：

　　一是制度是依法依规治理企业的根本依据。没有制度，或制度执行不力就谈不上依法依规，大家各行其是，我行我素，企业就会一片混乱，企业就不会有生命力。

　　二是制度建设是企业的一项根本性建设。企业建设有很多方面，但制度建设是基础，任何一项建设都要在制度规定的范围内进行，离开了制度建设，其他建设都谈不上。

　　三是制度建设反映了企业的根本利益。企业制度把自身的长远利益和眼前利益，全局利益和局部利益，股东利益、经营管理者的利益、员工利益和客户的利益统一起来，用条文的形式固定下来，有所遵循，有利于避免各种偏向，有利于各得其所，有利于保证企业全面、协调、可持续发展。

　　四是坚持制度是加强管理，提高经营水平的根本途径。加强管理是企业永恒的主题。有了制度约束可以使坏人变成好人；没有制度约束也可能使好人变成坏人。有了好的制度企业即使有了大的人事变动，也可以正常运行。坚持制度管理，就能使生产经营顺利进行，达到预期的目标。

五是加强制度建设，坚持规范运行是产权代表的根本责任。产权代表要履行股东会的决议，执行股东的意志，使股东的资产保证增值，必须用制度来保证法人治理的有效运行，用制度来保证各项工作的完成，如果没有制度保证，要想履行好产权代表的责任是不可能的。

基于上述五点认识，我们从金泰恒业公司成立之日起，就认真抓了制度建设，并在实践中不断提高认识，不断地制定、完善企业各项制度。到2005年年底，公司制度体系共分为11大类，58项制度规定，汇编成册，印发执行。2006年以来，又根据形势发展，制定了14项有关制度文件。

一、关于公司制度建设的主要特点

制度建设涉及企业的各个方面，但并不是企业所有的工作、每一个细节都要有明确的制度条文，因为人是活的，有很大的主观能动性，情况千变万化。所以制度建设要有系统思维，要抓住主要环节，抓住主要矛盾，规范企业行为。我们公司制度建设的特点，大致有"4个突出"：

1. 突出股东权益，以制度保证国有资产的安全和效益。我们是国有企业，产权代表的基本责任是保证国有资产的保值增值，使股东的权益得到保障。所以制度建设必须围绕落实股东权益进行。坚持围绕实现国有资产的保值增值进行设计和思考。我们这样做效果很好。

2. 突出规范运行，坚持依法依规办事。市场经济是法治经济，现代企业制度的特点是，公司治理结构清楚，决策层、执行层、监督层，责职明确。但是，在公司成立之初，我们并不明确怎样做，感到无从下手。所以我们就组织力量边学、边干边定制度，仅2002年就制定了17项基本制度，以后陆续增加，到2005年制度体系基本完成。比如，为了更好地发挥董事会和经理层的作用，做到有章可循，我们不仅制定了董事会和经理层议事规则，而且还制定了董事会和经理层工作细则。从而，使工作逐渐纳入了正轨，工作有条不紊地逐步展开。

3. 突出重大事项，实施严格管理。在制度建设中，我们坚持做到有针对性、有实用性和可操作性，使企业的重大事项，严格归入制度管理的范围内。如企业的高管人员管理制度、分公司管理制度、投资管理制度、预算管理制度、基本建设管理制度、财务管理制度、薪酬管理制度、审计监督管理制度、法律事务管理制度等，都是企业必不可少的重大事项，这些制度的制定和执行，保证了企业顺利有效运行，化解了风险，避免了失误。又如，为了保证投资决策的正确性和可行性，防止决策失误，我们专门建立了"项目论证决策责任制度"，共有 8 项论证程序，2 个责任书，实行了项目投资的层层论证把关、层层签字负责。由于制度严格，责任落实，保证了项目投资决策的正确性和决策执行的有效性。

4. 突出重点工作，及时听取汇报，督促检查。为了及时掌握公司重点工作的进展情况，提高工作效率，我们在坚持工作制度的同时，还制定了听取重点项目、重点工作落实情况日程表。如 2006 年，我们就召开了 11 次专题会议，听取了房地产开发推进情况、预算执行情况、改制工作、分配制度改革等等重点项目、重点工作的汇报。为了引起大家的重视，汇报会不仅有董事会成员，还有经理层、监事会、公司总部各部室的负责人参加。我们不仅听汇报，还提出具体要求，当场答复能够马上解决的问题，并专门下发会议纪要。这样做，大家反映效果很好，对重点项目、重点工作的推动很大。

二、关于制度建设的几条经验

1. 要以制度建设促进思想观念的转变。对于思想观念的转变，宣传教育重要，制度也必不可少。制度具有强制性、约束力，制度变了思想必须跟着变，不变就会受到惩罚。在一定意义上说，有什么样的制度，就会有什么样的思想和观念，这符合唯物论的反映论。如预算制度，以往大家对预算工作并不怎么重视，认为可有可无，开始布置预算工作，一些单位简单应付，很不全面。自从我们在 2005 年建立了《全面预算管理制度》以后，我们逢会必讲，还召开专门会议安排部署，进行专题培训，从而使大家不断提高对全面预算工作的认识，思想观念有了很大转变，预算工作水平不断提高。

2. **要切实增强制度的执行力。**有了制度，不执行或执行不力，再好的制度也是一纸空文。为了增强制度的执行力，我们采取的措施：一是抓关键。有了制度关键是各级领导者要带头执行，为此，我们制定了《产权代表管理办法》、《关于不胜任现职领导人员的认定标准与调整办法》、《分公司经营管理办法》、《审计监督管理制度》，这些制度都对企业负责人提出了明确要求，有利企业各项制度的落实；二是对制度进行细化，便于执行。为了更好地履行出资人职责，加强国有资产的管理，规范对基层权属单位的管理，我们专门制定了《关于加强对公司控股、参股企业管理的有关规定》，我们不仅明确了公司直接管理单位的工作制度，而且明确了授权分公司进行管理的基层单位的工作程序，明确了产权代表和分公司负责人的具体责任，使大家便于遵循和执行；三是建立了公司考核部。有了制度，还要对制度的执行情况进行考核，才能切实体现制度的执行力。今年，我们公司专门成立了考核部，目前正在调查研究，积极准备起草更加科学、全面、有效的考核制度。考核部的建立，公司上下反响很好。特别是各级经营管理者有了新的活力和压力。这对于公司各项制度的落实，保证国有资产的安全与效益会产生更为积极的作用。

3. **制度建设要与时俱进，不断地进行制度创新。**随着形势的发展，一些制度需要进一步补充完善，有些则需要重新制定，比如公司章程，我们就根据新的《公司法》进行了修改重新印发。又比如，对于企业收到政府拨给的搬迁补偿款有关财务处理问题，是个大问题，事关公司发展的后劲和资产安全，为了保证这项资金的正确入账、列支使用，防止资金的流失和擅自挪作他用，我们除原有制度外，又专门下发了《拆迁补偿款会计核算的补充通知》，作了 8 项规定，从各个方面防范风险。为了坚持依法治企，防范法律风险，我们不仅聘任了公司的法律总顾问，而且制定了《法律事务管理办法》、《合同管理办法》等一些相关重要文件，由法律总顾问先行把关，法律总顾问不签字，我就不签字，从而避免了漏洞，化解了风险。自从 2006 年以来，我们从实际出发，又增加了 14 项制度。比如根据公司房地产开发与基本建设的发展，为了防止出现问题，建设阳光工程，我们专门制定了《建设工程大宗物资采购管理办法》，有 27 条规定，我们还召开专门会议进行了部署。

4. 要将制度不断上升为制度文化，将制度管理逐渐上升为文化管理。所谓制度文化，是要将遵守制度，按制度办事转化为一种思维方式和行为习惯，具有高度的自觉性和主观能动性。几年来由于不断加大了对制度的宣传和考核，遵守制度逐渐形成了一种文化自觉。比如，对于开发收入的管理，由于我们年年强调，年年狠抓，吃开发收入的单位越来越少。几个大单位基本上解决了吃开发收入的问题。坚持从大局出发，减少开发收入的支出，已经成为一种文化自觉，成为一种按制度办事的自觉行动。又比如，对基层产权代表的管理，大家不仅在遵守制度方面有了自觉性，而且还坚持对制度的超越性，力争多作贡献，超额完成经济指标，多创收，多交利润。所以今年我们打算开展评选功勋经营者和功勋员工的活动，把制度文化和文化管理引向深入。

三、加强制度建设的几点效果

1. 加强制度建设，实现了国有资产的保值增值。由于制度的规范性和约束力，为国有资产的安全与效益提供了有效的制度保证。

2. 加强制度建设，加快实现了体制变革。由于制度建设的推进，各级经营管理的责任感和事业心普遍增强，工作效率不断提高，公司制度改革的进程不断加快，公司成立之初，在体制上是多级法人，统一汇缴，独立核算，自负盈亏。公司下属的三级、四级企业众多，管理较为困难。经过积极努力，公司体制到目前已基本理顺，建成了比较规范的现代企业制度，公司目前的体制框架是：一级法人，授权经营，独立核算，保值增值，公司所属单位120户，分公司20户，全资子公司10户，控股公司23户、参股公司35户，其他及分支机构32户，公司状态一目了然。

3. 加强制度建设，产生了"连锁"效应，带动了一系列管理办法的出台，提高了民主决策水平，促进了企业管理。比如：项目论证决策责任制度的建立，进一步强化了投资项目的管理。公司董事会、经理层围绕项目论证决策责任制度的要求，相继建立、完善了若干与项目投资管理有关的制度办法，先后出台了《产权代表管理办法》、《长期投资管理办法》、《预算管理若干意见》、《关于加强开发性收入资金管理的规定》、《房地产管理办法》、《工程设计管理规定》、《工程预决算管理办法》、《工程、房屋、土地管理办法》、《经济责任审计办法》、《经济责任追究管理办法》、《合同管理暂行办法》等等，强化了对项目投资全过程、多方位的管理和监督。项目的论证决策工作是关系到规避投资风险和获取投资回报的可靠保证。由于项目论证决策责任制度的8条论证程序得到了很好的坚持，大大提高了项目投资过程中民主决策的水平。项目部门、项目单位、公司专业部门、公司投资委员会、公司经理层反复论证，层层把关，必要时聘请社会专门机构和外部专家提供咨询服务，最后提出较为成熟的方案，供董事会决策参考。这种民主化的决策方式，加大了项目调研的力度，保证了项目定位的准确，提高了董事会决策工作的效率，也有效地防止了决策的失误。更重要的是使企业员工，尤其是领导人员有了强烈的战略意识、发展意识和资产质量意识，在项目投资决策时做到了不仅追求企业当期的收益，更要追求企业持续稳定健康的发展。

4. 制度建设推动了企业发展战略的实施。公司制度建设与发展战略相得益彰，相互促进，相互提供保证。公司发展战略，为制度建设提供了方向和依据。制度建设为发展战略提供了运行模式和保证措施。

几年来，通过制度建设，公司发展战略落实的成效日益显现。公司房地产业步入市场并日趋居于龙头地位；物业管理业实现了规模化管理和市场化运作，提升了服务层次；饭店宾馆业开始推出统一品牌，为实现资源共享，提高规模效益，正在进行积极的探索；其他城市服务业立足各自优势，竞相发展；燃料经营在履行保供职责的基础上也取得了较好的经济效益。公司以房地产业为主导，以服务业为基础，多种经营，全面发展的战略经营格局正在逐渐形成。

　　几年来，我们公司在制度建设上取得了一些成效，但这仅是初步的，有些制度还要进一步修改完善，有的要进一步细化，公司各单位发展也不够平衡。今后我们有决心把制度建设搞得更好，进一步履行好产权代表的责任。

在二〇〇七年度基建、房地产专业工作会上的讲话

二〇〇七年三月二十日

2006年基建开发管理工作取得了很大的成效，为企业的发展打下了重要的基础。

几年来，我们公司所有的工作都是依据企业发展战略进行的，也与土地开发和基建工作密切相关。不管是我们主持开发的大项目，还是与别人合作开发相关的项目，诸如商业、旅游、住宅、写字楼开发建设都离不开土地，都离不开基建工作。近年来，基建工作是非常出色的，特别是在2006年，各项工作都有了很大的进步。公司两个大的开发项目，的确起到了龙头作用。基建项目的开发，使我们的城市服务业基础逐渐坚实起来，生存的基础逐渐夯实了，企业的效益有了保障，企业的发展有了基础，企业发展有了标志。

今后企业的生存还有一些特点，如彤翔分公司合作开发商城，会成为城市服务业的新亮点。百子湾的开发最终形成的大厦，将会成为公司城市服务业、租赁经营、物业管理又一新的标志。海博分公司，以合作项目获得现金，形成1万多平方米建筑，固定成本高，生存的基础差，要扩大建筑规模，在同样的固定成本下，其生存发展就有了更大的空间。公司各单位的写字楼、旅馆（包括合作开发和自己开发的），基建部门都做了大量的工作，为企业打下了生存基础，同时，为企业健康发展、良性循环起到重要作用，在历史上是功不可没的。

还有其他的管理工作，如土地出让金的返还，为企业的发展提供了坚实的基础。另外，企业信息化的建立，为企业的开发管理工作理清了思路，我们有多少土地、多少资金、建筑规模是多少、可经营建筑是多少、非经营建筑是多少都清楚了。过去是靠人脑，现在靠电脑进行记录，为企业的长期发展奠定了坚实的基础。

去年的拆迁工作成效显著，为企业的发展赢得了空间、赢得了实力。总之，去年基建管理开发工作围绕企业发展战略，在管理上起到了基础性的作用，打好了生存基础。在发展上，通过开发大项目，赢得了良好的企业形象。希望今年继续努力，实现工作会议的目标，实现公司的健康发展。

但是，在取得巨大成绩的同时还存在着不足，有客观原因、主观原因、历史的惯性和认识的差异。其表现在以下几个方面：

一是虽然基本管理制度比较完善，但是有些单位不严格遵守制度，不履行程序，擅自开工建设。

二是公司管理部门管理不严，处理不够严格。公司总部从主管领导到部门领导都有制度执行不严的问题、认识不高的问题、爱面子的问题、怕得罪人的问题。各位领导一定要注意按照科学发展观看问题，一些规定、制度，要自觉认真地执行，按程序办事。凡是不按照规定的，特别是基建上，很容易出问题。

三是全面预算管理工作有待加强，虽然近几年基建工作进步很大，但在全面预算管理方面不够细致，还要加强预算审核的力度。把管理工作上升到依法依规的高度，都不能违法，都要按照制度规定坚决执行，决不能各行其是。

关于2007年工作安排，要站在企业发展战略的高度，来审视基建开发工作。今年公司工作会议提出了要完善发展战略，今后公司要突出什么？调整要依据什么？发展的重点是什么？要认真思考和研究。我们提出要坚持一个品牌、三大经营、五个板块，这就是公司发展战略的基础框架。

一、突出品牌作用

一个企业没有品牌的概念，没有品牌的保护、设计和管理，这个企业就不是强的企业，也不是具有市场竞争力的企业，也不可能是一个长久的企业。我们要特别重视品牌。对品牌的管理、维护，对品牌内容的设计，对品牌的日常管理等要特别重视，无论是租赁业务、酒店服务业、商业、地产开发业，都要强化品牌管理，要有品牌的内容、品牌内涵以及外在形象。这是今年董事会重点研究讨论的课题之一，要制定具体政策，完善战略。公司品牌要管理起来，做好对外品牌宣传工作的统一性，这是一个重大的挑战。

特别是在公司基建开发上更要注重品牌效应。使消费者听到这个品牌能知道什么意思。品牌是企业今后发展的重要因素，直接影响到企业的发展和市场竞争能力。我们要用几年的时间，把金泰做成知名的品牌，建议基建部门组织有关人员进行讨论，初步制定发展企业品牌的标准。今后不论是做什么，都要有金泰统一的标准。一个品牌做好了，对企业的影响是很大的。通过品牌维护，使其保持下去，才能使企业更好地生存与发展。今后不管我们哪个板块，都要有品牌意识，要制定标准，协调统一。品牌对外是一个牌子，一个标志，对内是不同的板块，一样的服务标准。在标准上要体现金泰品牌，打出金泰品牌。不注重品牌的企业，就是没有生存意识的企业、就不是合格企业。如果我们的品牌是知名品牌，在市场上就能够融资，低成本的融资。在基建开发上，要实践、要提炼，为公司的品牌建设提供基础。

二、关于三种经营模式

金泰恒业是一个企业，在经营模式上要形成总部经营、区域经营、专业化经营。总部经营要讲究权威、协调力量，提高竞争力。区域经营要有各自的特点。专业经营，要实现科学化的管理、专业化的经营，取得效益最大化。在集中的管理下，取得良好的效益。燃料经营，今后也要统一管理，统一经营，要把力量、业务整合起来，从管理中求效益，也是我们增收的一条渠道，做到经营管理统一化。要把我们自己的物业公司利用起来，包括物业、酒店、写字楼，都由一个公司来管理，形成一个品牌的管理系统。各个分公司都要按照一个标准来管理，统一标准与制度。经营部门的领导要给予高度的重视，今后在人才整合上、规范化经营上、组织变革上、管理再造上要体现一个品牌、三个经营模式和五个板块。

职工的利益要保证，职工的收入不一定本年要增长多少，要有一定的增长幅度，但关键是职工的福利保证要跟上。今年要实行年金制，各单位要搞好测算，做好年金制度的准备工作，在今年下半年实现年金制度。同时，要保证退休职工和内退人员的利益，特别要保证职工的长远利益。不要光比今年拿多少钱，要比我们的今后保障怎么样。其次，今年住房公积金的比例也要提高。前提是企业有效益，如果企业亏损，就自动降下来。今年职工收入要有适度增长，但职工长远的利益要切实保证。今后我们的职工，要让其看得起病，有特殊困难的能渡过难关，生活质量要高，增加在企业的幸福感，这就是企业追求的目标。职工工资增长比例一定要控制，牵扯到职工的长远利益问题和根本利益问题，要坚决地执行，使企业发展更健康，使职工更具有凝聚力。企业品牌效应要更好，五个板块要发挥出更大的效益，国家利益、企业利益都要得到保证，职工的根本利益要得到保证。

三、公共维修基金要落实好，内退人员住房公积金也要有保证

包括年金的制度、住房公积金的制度都要按计划落实。对于取暖费、医药费的报销等制度，各单位要按照上级单位的规章制度执行，不能否定上级的政策，侵害职工的利益。如医药费的报销、物业费的缴纳等。领导干部要理解科学发展观的宗旨，不能为了维护企业的利

益，违反有关规定。在多年的改制中，各单位制定了很多制度，但是，企业的规定不符合上级规定的要一律作废。

四、建设工程大宗物资采购统一管理各单位要严格执行，积极配合工作

公司制定建设工程大宗物资采购管理办法，不是只为了减少资金投入的问题，同时是一个制度的问题，制度的建设是带有根本性的问题。采用集中采购，物资的质量是有保证的，同时也明确了责任。统一采购触及到某些人的利益问题，如果是这样的话，制定的制度就更为正确了。各个单位要严格执行，不执行的要根据规定严肃处理。同时还可以照顾各单位的长期合作伙伴，提供出来让其来参与，但是要按照市场价格和市场质量的要求进行招标，确保企业的利益不受侵害。建设工程大宗物资采购，这套机制健全以后，也是对我们各位领导干部的一种保护。

在今后的基建管理、开发工作中要加强执行力，坚定信心，努力克服困难，提高工作效率。把基建管理、开发工作做得更好，真正为企业的战略提供坚强保证。

以优异成绩迎接公司党代会胜利召开
努力开创企业党建和各项工作新局面

——在金泰恒业公司纪念建党八十六周年暨
"争优创先"总结表彰大会上的讲话

二〇〇七年七月一日

今天我们召开党员大会,纪念建党86周年,同时对本年度的"争优创先"活动进行表彰。

一年来,各基层党组织和广大党员,积极投身到企业党的建设和经济工作中,通过多种载体和方式,充分发挥政治核心作用、战斗堡垒作用和先锋模范作用,有效地推动了企业的改革、发展、稳定与和谐,提高了企业的文明建设水平,开创了公司各项工作的新局面。企业党组织的思想建设、组织建设、作风建设、制度建设在不断创新中得到了加强,党员先锋模范作用得到很好的发挥。

在"争优创先"过程中,各基层党组织通过开展"五关心、五联系、五服务"、"党员先锋模范岗"、"党员群众手拉手"、"比学习,看奉献;善思考、重实干;勇创新,促发展"等多种行之有效的活动,充分调动广大党员的积极性。公司广大党员一方面积极投身到企业改革、发展、稳定各项工作中,提高了企业效益和信誉,在为企业中心工作服务中有效地发挥了自身作用;一方面以传帮带的形式,影响和带动职工,密切了与职工群众的联系,保持了企业稳定,为公司"高起点、新跨越、大发展"战略思想的实施奠定了坚实的基础。

同志们,2007年是深入贯彻落实科学发展观、积极推进社会主义和谐社会建设的重要一年，是以党的执政能力建设和先进性建设为重点，扎实推进党的建设新的伟大工程的关键一年，党的十七大要在下半年胜利召开，当前，我们的主要任务是，要在深入学习贯彻市第十次党代会精神基础上，扎实做好公司党委换届的思想和组织准备工作，这是目前我们企业党建工作的重中之重，今后一段时间，我们党的建设的各项工作，都要围绕它来进行，针对下一步工作，我简单谈以下几点意见。

一、要以深入学习邓小平理论、"三个代表"重要思想和科学发展观等重大战略思想为重点，进一步做好党员及党员领导人员的理论武装

坚持用马克思主义理论武装全党、指导实践，在实践基础上创新，是我们党永葆先进性的根本保证。公司一次党代会以来，我们始终坚持以正确的理论为指导，紧紧围绕企业经济建设中心开展工作，积极推进企业科学发展、和谐发展、创新发展，用党的建设引领企业建设，有力地推动了企业的全面工作。

企业发展一步，理论学习就要跟进一步，当前这一时期，我们更要注重组织党员及党员领导人员，深入学习邓小平理论，学习"三个代表"重要思想，学习十六届六中全会精神和市十次党代会精神，学习科学发展观等重大战略思想，不断增强贯彻落实党的基本理论的自觉性和坚定性。要引导党员及党员领导人员把学习认识问题、分析问题、解决问题的收获转化为指导、改进工作的行为准则，切实做到思想上有新提高、实践上有新进步。

二、树立正确的工作价值观，进一步加强党员领导人员作风建设

观念决定行动。科学的世界观、人生观、价值观和正确的权力观、地位观、利益观，是党员领导人员坚定理想信念、践行党的宗旨的根本思想保证。世界观、人生观、价值观体现到党员领导人员的领导行为和管理活动中，就是工作价值观。

党员领导人员的工作价值观必须和我们党"立党为公，执政为民"的执政理念相匹配，必须和推进企业发展和保证"高起点、新跨越、大发展"的发展理念相匹配，必须要以马克思主义世界观、人生观为基础，与社会主义荣辱观相统一，与我们金泰恒业的核心价值观相统一。领导人员只有树立了正确的工作价值观，才能真正认同和接受党的理想信念、党的理论路线、方针、政策，才能真正解决好政治信仰和政治立场的问题，才能在履行自身的工作职责过程中，不断加强自身的党性修养和政德建设，自觉提高领导和构建和谐企业的本领。

领导人员树立正确的工作价值观，必须要通过加强理论学习，保证政治忠诚，增进个人道德修养，严格遵守胡锦涛总书记提出的"八个方面的良好风气"，解决好自身价值定位、价值取向、价值目标、价值标准问题，切实将个人的价值，服从、统一、协调于企业的价值和职工的价值。

树立正确的工作价值观，党员领导人员一定要牢记"两个务必"，要实现好、发展好、维护好职工群众的根本利益，要切实为职工群众办实事、做好事、解难事，要重实际、说实话、求实效，要艰苦奋斗、勤俭创业、励精图治。党员领导人员一定要将树立正确的工作价值观，体现到我们当前的工作当中，体现到"六好领导班子"的创建活动中，通过树立正确的工作价值观，提高我们企业的各项工作水平。

三、认真贯彻市国资委《关于建立健全企（事）业单位党委抓党建工作责任制的意见》，进一步加强党的基层组织建设和党员队伍建设

上半年，国资委党委制定和印发了关于抓党建工作责任制、党委会议事规则和发挥党代表闭会期间作用三个文件，这三个文件，是保持共产党员先进性教育长效机制的重要举措，各基层党组织要高度重视，认真抓好文件的学习，并全面加以落实。要通过完善工作制度和议事规则，进一步健全和完善党建工作责任制，形成一级抓一级、一级带一级的工作局面；要通过认真完善党委会议事规则，进一步提高党组织议事能力和参与决策水平，使党组织进一步增强功能、焕发活力，充分发挥凝聚人心、推动发展、促进和谐的作用；要通过切实发挥党代表闭会期间的作用，拓宽党内民主渠道，调动广大党员参与党内重大事务的积极性，使党员在联系群众中团结和凝聚群众，增强党组织的凝聚力、创造力和战斗力，为企业改革发展目标的实现提供坚强的组织保证。

四、发挥政治核心作用，创造企业持续发展的和谐环境

努力创造企业持续发展的和谐环境，是社会、企业和员工的需要。和谐离不开强有力的物质保证，各级党组织要按照科学发展观的要求，统一意志，统一思想，以经济建设为中心，参与经营，促进管理，提高效益，实现企业持续、快速发展，为构建和谐企业提供强有力的保证。要强化思想政治工作，针对员工普遍关心的问题，深入细致地做好政策宣传、解疑释惑、增强信心的工作，为创造持续发展的和谐企业奠定扎实的群众基础。

要坚持以人为本，积极营造良好的人际关系和人文环境，引导员工实现自身价值，维护好他们的根本利益。要妥善处理和化解企业内部各种矛盾，维护改革、发展、稳定、和谐大局。要善于用民主的、说服教育的、相互沟通的方法做好思想政治工作，解决好各种矛盾冲突，在稳定中抓改革、抓发展、促和谐。

一次党代会以来，公司党委始终坚持以发展的眼光审视企业党的建设，努力使公司党的建设各项工作体现时代性、把握规律性、富于创造性；始终围绕企业的中心任务推进企业党的建设，一心一意谋发展，聚精会神抓党建，努力形成企业党的建设与经济工作紧密结合、

相互促进、共同发展；始终不断改进和加强党的建设，在继承中创新，在创新中发展。使企业党的建设和经济建设不断取得新的成就，有效地保证了我们的企业顺利实现了由生存到发展的转变，为今后五年的战略发展实现了良好的开局。在这个时期召开党代会，更要加强宣传教育工作，鼓舞人心，振奋精神，营造氛围，各基层党组织要运用多种形式，广泛宣传几年来各单位改革和建设取得的成绩，要进一步做好关心群众的工作，认真解决群众关注的热点、难点问题，促进企业和谐，努力营造公司党代会召开的良好环境。

各基层党组织要把迎接党代会召开与做好当前各项工作结合起来，认真贯彻公司各项工作部署，把各项发展思路、改革措施落实到改革、发展、稳定各项工作中。要进一步弘扬奋发有为的精神状态，切实加强领导班子和领导人员、人才队伍建设、基层党组织和党员队伍建设，以良好的工作业绩和工作状态，迎接公司党代会的召开。

五、迎接党的十七大，确保公司二次党代会胜利召开

将要召开的党代会，是公司经济发展进入关键阶段召开的一次十分重要的会议。筹备召开好这次会议，是公司党委当前的主要任务。

同志们，按照一次党代会提出的战略思想，几年来，我们坚持与时俱进，开拓创新，把握核心，突出重点，始终坚持并紧紧围绕"高起点，新跨越，大发展"这一指导方针，一以贯之，无所动摇，使企业发展达到一个新的高度，形成了喜人的战略发展形势，良好的经营管理状态。正是公司一次党代会战略思想的落实，才形成了我们今天的"金泰"品牌；才形成了我们今天的"三大经营"；才形成了我们公司"五个板块"的经营格局。企业发展的历史和实践证明，党代会对公司发展的引领作用是巨大和无可替代的。

一次党代会后的五年，是企业完成战略调整期的五年，是积蓄力量，顺利使企业步入战略发展期的五年，经过五年的实践，我们的看待发展的"视点"远了，关注问题的"层次"高了，处理问题的"能

力"强了。但同时，国家、北京市和集团公司的发展形势，给我们提出了更高的发展要求。我们企业战略发展阶段所面临的急需解决的实现房地产可持续发展问题；旅游服务业迈向国际化的问题；资源整合优化的问题；如何加强党的建设、加强领导班子建设、强化执行力、搞好三支队伍建设，为公司做强做大提供人才保障问题等，需要我们通过党代会进一步完善公司发展的战略思想，确定明确的工作思路。

　　即将召开的党代会，是加强企业党组织建设，引领企业发展的一次重要实践。是我们落实胡锦涛同志"四个坚定不移"的一次重要实践，我们要振奋精神，树立实现优秀企业，追求卓越企业的雄心壮志，圆满完成党代会各项任务，做好充分的思想和组织准备，保证公司实现科学发展、和谐发展、创新发展，继往开来，以新的姿态、新的发展目标、新的战略步骤做好今后的各项工作。

　　我们要共同努力，以良好的精神状态和工作成果，迎接党的十七大，确保公司党代会的胜利召开，开创企业党建和各项工作的新局面！

组织的重组与变革：
JT 公司组织变革案例研究
——北京大学光华管理学院
EMBA 毕业专题报告

二〇〇七年七月

论文摘要：

本文运用经济学、管理学相关理论，通过对 JT 公司战略演化的思考和组织进程的剖析，力求把握企业发展的脉络，理清企业组织调整的方向和路径。

本文首先对 JT 公司的背景资料作了详细介绍，回顾了该公司业务结构调整历程、企业战略变化、房地产业发展的三步走战略，以及已进行的若干次组织结构调整过程。

本文指出目前 JT 公司组织架构中存在的六大问题：一是产业分散，资产收益率低；二是物业经营实际收益低于市场应有经营收益；三是基层企业各自为政，集团协同效应难以体现；四是主业不突出，规模不经济；五是人力资源结构不合理；六是企业冗员负担大，离退休人员包袱沉重。针对以上问题，展开对 JT 公司发展战略的深入思考。回顾了公司走过的从单一产业（煤炭经营）、无序多元化（多种经营）、非相关多元化（五业并举）、有限不相关多元化（"房地产业为主导，其他城市服务业同步发展"）的战略历程。对非相关多元化进行了反思，建议调整 JT 公司的发展战略，走相关多元化之路。

本文重点研究了 JT 公司与战略调整相适应的组织重组与变革，对公司的业务流程进行再造，对公司的组织结构进行重组，变分散管理为集中管理，实行集团——控股公司的组织结构。主张实施内部资源一体化策略，重点发展房地产开发主业，进行专业管理的调整，进行企业盈亏结构的调整，建设精干的总部，适时地进行人事制度改革，建立与战略相适应的新的企业文化。

本文结合 EMBA 所学的管理理论对 JT 公司的战略调整和组织变革问题作了较为完整的阐述和分析，并结合工作的实践，对推进组织变革过程作了几点理论思考，供老师同学们共同探讨，批评指正。

关键词：战略调整；组织变革；结构重组

1　研究对象的背景介绍

1.1　企业简介

JT 公司的前身是北京市煤炭总公司，承担着全市工业和民用煤的保供责任，是北京市政府确定的煤炭应急储备单位。2000 年与北京矿务局重组，成立北京京煤集团。2001 年 11 月原北京市煤炭总公司在全面继承和发展北京煤炭流通行业建制、职能的基础上，改制为初具现代企业模式的有限责任公司，正式挂牌成立。JT 公司注册资本84242.45 万元，北京京煤集团有限责任公司为控股股东，持股96.38%。2005 年公司全年平均从业人员 6114 人（包含内退人员 1350人），在岗人员 4696 人，离退休人员 7618 人。

原北京市煤炭总公司历来以煤炭经营为主并相应建立了与煤炭经营相适应的煤炭储运、加工、销售等严密的组织结构。随着经济社会的发展和人民生活水平的提高以及国家能源政策的变化，特别是北京环境治理力度不断加大、主要城区居民搬迁，导致煤炭销量逐年锐减（见图 1-1）。

1.2　业务结构调整历程

面对煤炭经营主业萎缩的困境，公司充分利用自身优势，开展二次创业，进行了艰苦的产业转型工作。

第一阶段是 1992~1999 年的生存型应急性调整阶段。

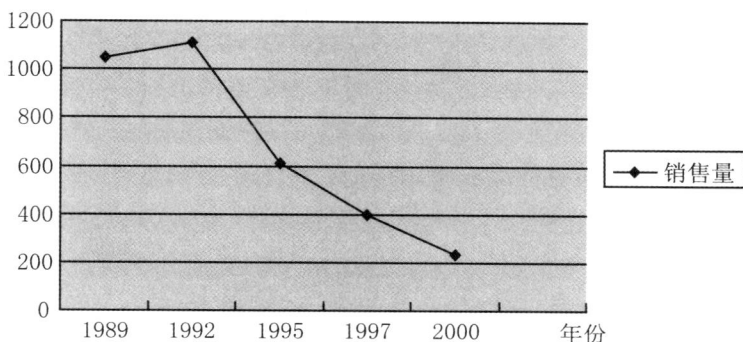

图 1-1　原煤炭总公司主要年份煤炭销售量的变化（单位：万吨）

资料来源：北京煤炭总公司 2000 年年度工作报告

　　这一阶段主要是为求生存而进行的应急性改革，提出了"以煤炭经营为基础，大力发展多种经营"发展思路，以煤炭经营布局调整为先导，"精干主业，搞活副营"。原北京市煤炭总公司作为煤炭流通主渠道，由于煤炭储运、加工、销售需要大面积占地，在原有的土地政策下，历史地形成了丰富的土地资源。这为日后的经营结构调整奠定了坚实的基础。原北京市煤炭总公司把盘活土地资源作为经营结构调整的关键突破口，大力发展房地产业，取得了可喜的成绩。

　　以 1992 年参加市政府组织赴港招商，引进外商开发金岛花园为标志，房地产开发业拉开序幕，很快形成了煤炭、燃料油、房地产和多种经营四大支柱产业。

　　第二阶段是 2000～2002 年的发展型战略性调整初级阶段。

　　通过适应性调整，总公司逐步摆脱了煤炭经营为主的业务结构，对房地产业内部进一步细化分工，形成了房地产开发业、燃料经营业、物业管理业、饭店旅游业以及其他城市综合服务业"五业并举"的经营格局。公司提出"大而优、小而强、难而进、劣而汰"的发展思路。

　　第三阶段是 2002 年至今深化发展型战略性调整阶段。

　　公司以更加积极主动的姿态推动经营结构调整，并于 2005 年使非煤产业收入超过煤炭经营业，经营结构发生了具有历史意义的重大变化，形成"以多种经营为基础，以房地产业为主导，其他城市服务业同步发展"的新格局。

1.3　房地产业发展的三步走战略

　　原北京市煤炭总公司把盘活土地资源作为经营结构调整的关键突破口，大力发展房地产业，取得了可喜的成绩。

　　1992 年市政府组团赴港招商引进两家港资公司，合作开发北京银都中心项目和北京金岛花园项目，并与中国烟草总公司合作开发南二环陶然宾馆项目。由于 20 世纪 90 年代初房地产开发在国内尚属新生事物，中方一般无力独立开发房地产项目，主要是以土地使用权入股，中外双方按比例分成（建筑面积）。虽然政府要求成立合资公司，但一般在合资协议后面都签订一个合作分成的补充协议。实际上，开发主体是外方。在长期的合作过程中，由于我方无法实质参与项目的运作，外方在提前收回投资的情况下，采用多种方式从公司转移资金从事其他投资，我方分成部分的建筑物往往被甩在后边，并且由于施工企业垫资施工，使合资公司欠有巨额外债。类似的违规操作还有很多。我方利益无法得到有效保证，锻炼队伍的目标更是无从谈起。

　　经过长期合作，原北京市煤炭总公司认识到这种合作方式的致命缺点，遂决定调整房地产业发展思路，初步形成了房地产业"合作开发自有土地，自主开发自有土地，投资开发业外土地"的"三步走"发展战略。在这一战略的指导下，房地产业取得蓬勃发展。

　　第一步，下属各单位充分发挥自身积极性，以土地使用权入股为基本条件积极展开对外合作。先后合作开发了怡美家园、当代城市家园、美丽园、珠江骏景和珠江罗马家园等有代表性的住宅开发项目，形成了 JT 大厦、JT 国益大厦、JT 富地大厦、JT 海博大酒店、JT 绿洲大酒店等一批资产优良的经营性物业。通过开发土地资源，企业基本摆脱了生存危机，获得了宝贵的发展资金，积累了一批房地资产，积累了人才和新鲜的经验，初步形成了企业新的经济运行平台。

第二步，成立了 JT 公司控股的下属专业开发公司——JT 地产，独立运作房地产开发项目。JT 地产公司自诞生之日起便担负着服从和服务于行业结构调整、盘活存量资产、发展支柱产业、培养专业队伍的重任。JT 地产成立后，充分利用行业土地资源优势，成功运作了"新天第公寓"、"JT 职工住宅楼"和"新新天第"三个房地产项目，总建筑面积达 15 万平方米。

第三步，随着 JT 公司的土地资源日益稀缺，JT 公司决定以 JT 地产公司为运营载体，实施完全市场化地开发运作，积极介入外部土地的开发。2003 年 9 月 16 日成功签约丽泽商务核心区 JT 城项目，总建筑面积达 42 万平方米，总投资达 25 亿元，掀开了投资开发业外土地的新篇章。此外 JT 地产公司还在怀柔区投资 450 万元控股成立了北京 JT 兴业房地产开发有限责任公司，兴建"JT 苑"住宅项目，作为投资北京卫星城建设的试点；投资 4300 万元参股三亚旅业有限公司，开发三亚滨河城市花园项目，拉开外埠开发的序幕。

目前 JT 地产自主操盘运作的"金泰城·丽湾"项目已经高调开盘，取得了良好的销售业绩，获得《新京报》2006 年度十大标杆楼盘、《北京晚报》2006 明星楼盘等一系列殊荣，奠定了北京西南区域第一盘的市场地位。以该项目的成功运作为标志，房地产开发业已经成长为新兴主导产业。

1.4　组织调整

1.4.1　明确企业边界

原北京市煤炭总公司成立于 20 世纪 50 年代，是国有大中型燃料流通企业。由于历史的原因，原北京市煤炭总公司分三种模式对所属企业实施管理，简称"一企三制"。第一种模式是对人、财、物实施全方位管理的企业 17 家，简称直属企业。第二是模式是党群工作、干部人事工作由当地区委区政府负责，其余全部由总公司实施管理的企业 9 家，简称区公司。第三种模式是总公司负责劳动工资、安全生产、经营业务指导，其余全部由当地政府实施管理的企业 7 家，简称县公司。从中可以看出，原北京市煤炭总公司的管理边界是十分模糊的，根本无法实施全面有效的企业管理。

为解决这种人财物管理权限相分离、权责不对等的局面，2002 年经请示市委组织部和市工业工委，决定对这一问题进行彻底解决。以文件批复为标志，区公司和部分县公司彻底划归 JT 公司所有。其余县公司划归当地政府管理。所属企业合计 26 家。JT 公司终于有了清晰的产权边界。

1.4.2　组织机构若干次调整

一、2005 年为适应房地产业为主导产业的发展需要，提出总部重塑。

二、2006 年内完成全部企业的分公司、子公司改造。但这种分公司制管理体制还只是一种过渡状态，为进一步的组织变革打下基础。

三、2006 年又进行了组织结构调整。成立人力资源部、资产运营部、法律事务部等部门。

2　企业组织架构中存在的问题剖析

2.1　产业分散，资产收益率低

由于原有经营结构中所属基层企业具有很大的自主权，因此在转型过程中，各下属公司进行了分散的转型尝试，形成了百花齐放的经营格局，公司在饭店旅游、房地产开发、物业经营、城市综合服务业（如餐饮、航空代理、小型超市、出租汽车、菜市场等）等行业中形成小而散的经营格局。

JT 公司 30 亿元的总资产，15 亿元的销售收入，只有 1000 万元的利润，企业存在着很大的结构性问题。

2.1.1　燃料经营是政治性亏损业务

由于公司是北京市政府确定的北京市煤炭应急储备单位，一直承担着北京市民用煤供应工作。2003 年民用煤价格放开之前，公司每年都承担着大额的政策性亏损。仅 2001～2003 年期间，财政批准用公司的资本金弥补煤炭经营亏损就达 6000 万元。由于民用煤售价事实上关乎北京市的社会稳定，2003 年民用煤售价放开取消补贴后，公司基于政治责任和社会责任，不可能从民用煤垄断经营中谋取利润，而是采取了依据进货成本逐步提高煤价、减少亏损的政策，有力地保证了价格放开后民用煤市场的稳定。2005 年民用煤业务亏损约 800 万元。

2.1.2　旅游饭店经营是经营性亏损业务

公司旅游饭店业 2004 年利润总额实现 75 万元，2005 年略有亏损140 万元。但行业从业人数超过千人。考虑到安置企业职工的因素以及旅游饭店业综合社会平均收益率处于亏损状态，应该说公司旅游饭店业的总体经营要好于社会平均水平，但作为企业的一项业务明显缺乏竞争力。

2.1.3　房屋租赁和房地产开发是公司赢利业务

房屋出租业务和房地产开发业务 2004 年、2005 年分别实现利润总额 7640 万元和 3537 万元。这两个业态是公司利润的主要来源，正是这部分利润弥补了其他业务的经营亏损。

2.1.4　非经营性资产负担十分沉重

计划经济时期企业形成了大量的非经营性资产，这些资产关系到很多职工的日常生活，虽然从经营角度不能带来经济利益，还要为此付出维修、改造、供暖、物业等成本，但这也是无法推卸的社会责任。如职工宿舍就有楼宇 80 栋，面积达 35 万平方米，近 5000 户，每年要贴补 1000 万元左右。这也是影响资本收益率的另一个客观原因。

2.2　房屋租赁实际收益低于市场应有经营收益

公司持有型物业经营已成为了公司重要的收入来源，但其实际收益受多种因素的影响，低于市场应有的经营收益。

房屋租赁整体情况（截止到 2006 年第二季度）

● 房屋总面积：74.6 万平方米

● 可出租面积：59.9 万平方米

● 已出租面积：54.8 万平方米

● 整体出租率：91%

2005 年租赁收入：20002 万元

其中：

（1）非写字楼租赁项目

●定义：平房、市场、临建等，大多是原来的煤厂改建而成。

●总面积：32 万平方米

●2005 年租赁收入：6845 万元

●平均租金：0.56 元/天 * 平方米

（2）写字楼：B 类

●定义：可出租面积在 3000 平方米以下，自主经营的写字楼

●总面积：2.8 万平方米

●2005 年经营收益：1054 万元

●平均租金：1.55 元/天 * 平方米

（3）写字楼：A 类

●定义：可出租面积在 3000 平方米以上，自主经营的写字楼

●总面积：18.2 万平方米

●2005 年经营收益：8620 万元（租金及物业管理费）

●平均租金：1.95 元/天 * 平方米

A 类写字楼 2005 年经营情况（见表 2－1）

物业经营收益低于市场的重要原因是经营分散，专业化水平低。各经营性物业虽然产权已划归 JT 公司，但实际经营权还在各分公司改制前所成立的控、参股有限责任公司手中，经营收入也因企业人员分流、负担企业的各项费用而就地消化，其收益并没有真正体现出来。公司目前还未形成专业的物业经营体系。

表 2 - 1　A 类写字楼 2005 年经营情况

项目名称	总面积 （平方米）	年收入 （万元）	出租率	平均租金 （元/天 * 平方米）	物业公司
JT 大厦	46355	4000	96%	3. 15	JT 物业
富地大厦	25921	1600	85%	2. 15	富通物业
开阳大厦	14850	610	90%	1. 66	自管
新天第底商	23834	552	98%	2. 85	国益物业
五根檩写字楼	3720	305	100%	2. 27	自管
五环写字楼	7906	297	93%	1. 72	自管
华云酒店 2 部	4254	252	99%	1. 93	自管
华云酒店 3 部	3909	222	99%	1. 65	自管
通华苑饭店	2810	202	96%	2. 09	自管
怡美 20 号楼	4424	164	95%	1. 30	富通物业
商之苑	7130	418	97%	2. 56	汇丰恒基

资料来源：JT 公司 2005 年年度房地产调研报告

2.3　基层企业各自为政，集团协同效应难以体现

根据发展战略对权属企业进行了积极的改制和整合，截至 2006 年 6 月，公司共有总部 1 户（包括已经完成改制的 17 家分公司）、三级控股公司 54 户、四级及四级以下控股公司 19 户。合计共有经济实体 90 户。但这种分公司制管理体制还只是一种过渡状态，为进一步的组织变革打下基础。

虽然公司通过制定战略导入、贯彻制度、人事调配和文化整合做了大量工作，但基层企业各自为政的局面没有得到根本改变，基层企业还是习惯于"占山为王"、"自由自在"地生活。各基层企业的"活法"也基本相同，有煤炭经营、有房产经营租赁收入、有物业公司，五花八门分散经营的服务业网点。经营格局"大而全小而全"，成本费用高居不下。

目前 JT 公司为多级法人并存的松散组织，未实现集团运作，主要表现是：

（1）从资产结构上，表现为多级法人经营同一资产，多级机构管理同一项目，有的达到 5~6 级，管理链条过长，难以监控。

（2）管理控制体系不科学，该分权的未实现分权，该集权的未实现集权。总公司多为原行业行政管理机构演变而来，不能成为对主业有较强支配功能的核心企业。

（3）母子公司主业经营结构趋同，同业竞争严重。市场竞争格局层次性不强，金字塔层次竞争格局远未形成，有母子公司之间、子公司与子公司之间同业竞争的现象。

（4）公司下属的二级单位对三级、四级企业管理不到位。全公司大小企业 109 户，22 户亏损，占所属企业的 20%，这 22 户亏损企业，大都是三级、四级小单位。管理不严，"以包代管"是个突出问题，致使有的单位财务状况不规范，工作粗放，产生漏洞。个别单位资金账外循环，违反财务纪律，对国有资产的安全带来威胁。

2.4　主业不突出，规模不经济

JT 公司的销售收入、资产规模属中型企业范畴，却被动地进入诸多行业，并形成"五业并举"的局面，将有限的人力、物力、财力分散在各业务中，难以获得规模经济效益与交易费用的节约，难以形成在各业务领域的竞争优势（见图 2-1）。

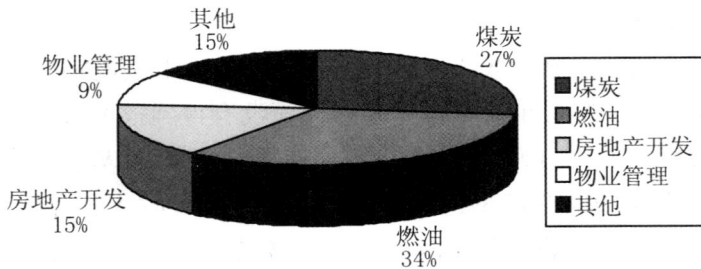

其他 15%
物业管理 9%
煤炭 27%
房地产开发 15%
燃油 34%

图例：
■ 煤炭
▨ 燃油
▤ 房地产开发
□ 物业管理
■ 其他

图 2-1　JT 公司 2001 年营业收入比例

资料来源：JT 公司 2001 年年度汇总报告

以房地产开发业为例，借助宏观调控的契机，主流的开发商借助资本市场快速做大。万科的 2005 年销售收入过 139.5 亿，利润 13.5亿，2006 年截至第三季度，新增土地储备已超过 1000 亿平方米建筑面积。而 JT 公司的房地产业务 2006 年只有一个开工项目和一个待开工项目，分别由 JT 地产公司和 JT 公司房地产事业部两个单位经营，2006 年预计收入仅为 3 亿元，2006 年预计利润 1500 万元，目前尚无可进入开发程序的土地储备。尽管随着前期储备项目的成熟开发，2007 年、2008 年的预计销售收入和销售利润会有较大增加，但以目前的发展速度，与主流开发商的规模差距在快速拉大。

主业的不突出，难以形成规模经济效益，是导致下属企业亏损面大，资产收益率低的根本原因。企业在各项业务上都难以集中优势，迅速扩大市场份额，降低成本，提高企业综合竞争力。

2.5 人力资源结构不合理

2.5.1 高专业素质的人才缺乏，总体专业素质偏低

2001 年年末公司共有职工 7734 人，其中大学、大专学历的 1113人，研究生以上学历仅 26 人（见图 2 - 2）。

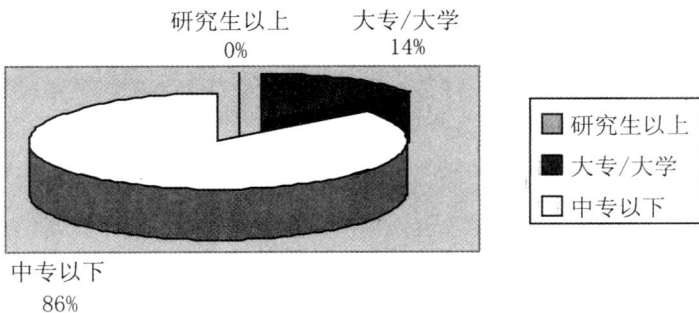

图 2 - 2　2001 年年末公司人才构成图

资料来源：原煤炭总公司 2001 年年度工作报告

2.5.2 缺乏与公司转型所需的人才

公司缺少转型和发展急需的相关专业人才，特别是缺少高级经营

管理人才、资本运营人才、高级财务管理人才、主导产业的市场营销
人才和行业管理人才。

2.6　企业冗员负担大，离退休人员包袱沉重

从公司成立至今的几年时间里，员工人数在逐年精减，从成立之
初的近 9000 人逐步减少到 2005 年底的 6000 人，压缩近 1/3。尽管如
此，人员负担还是比较沉重，人工成本开支在企业成本费用中平均占
到一半。

3　JT 公司发展战略的深入思考

企业管理解决两个问题，一是"做正确的事"，二是"正确地做
事"。"做正确的事"比"正确地做事"更为重要。战略的制定就是要
企业"做正确的事"。（DO RIGHT THING）——彼得·德鲁克

3.1　公司原有的战略过程

前文提到 1992～1999 年是公司的生存型应急性调整阶段。这一阶
段为求生存而进行的应急性改革"以煤炭经营为基础，大力发展多种
经营"发展思路；2000～2002 年的发展型战略性调整初级阶段，公司
逐步摆脱了以煤炭经营为主的业务结构，形成了房地产开发业、燃料
经营业、物业管理业、饭店旅游业以及其他城市综合服务业"五业并
举"的经营格局。第三阶段 2002 年开始的发展型战略性调整阶段，形
成"以多种经营为基础，以房地产业为主导，其他城市服务业同步发
展"的新格局。［引自 JT 公司发展战略（2001～2010 年）］

通过三个阶段的调整，公司走过了从单一产业（煤炭经营）、无
序多元化（多种经营）、非相关多元化（"五业并举"）、到有限非相
关多元化（"房地产业为主导，其他城市服务业同步发展"）的发展历
程。对企业的战略进行深入的思考，并不是脱离原有历史环境对原有
战略的否定，而是对原有战略的扬弃，是哲学意义上的"否定

之否定"。

3.2　对非相关多元化的反省

20世纪90年代几乎所有的中国公司都或多或少地进行着非相关多元化的努力，而几乎所有公司的危机与衰亡都与公司的非相关多元化扩张战略有关。

当时有不少企业的非相关多元化经营成功是因为具备了良好的外部环境：首先，当时是短缺经济时代市场空间很大；其次，企业的生产经营以"扩大规模，提高产能"为核心，市场竞争体系尚未真正建立起来，绝大多数行业竞争疲软，行业壁垒尚未形成，这些都为新成员或新产品的进入提供了契机。因此，在这特定的外部环境下为企业的多元化经营提供了土壤。

对于今天的企业而言，外部环境已经发生了巨大变化。短缺经济在绝大多数领域基本结束，大部分行业生产相对过剩。企业如果无视环境的变化，坚持非相关多元化，会给企业带来更大风险。

近些年，非相关多元化经营所导致企业失败率的大幅度提高，就证明了这个道理。战线拉得过长，主业模糊，各项业务间的协调不够，最终导致企业的失败。近几年，国内外兴起主业集中，回归主业的潮流，昭示着企业对过渡非相关多元化的反省。

3.3　从无序多元化到有限多元化

从自发的多种经营到"五业并举"，再到以房地产业为主导的公司发展战略的制定，是企业经营从被动适应到主动调整的巨大转变。从无序多元化到以房地产业为主导的有限多元化是经营思想上的一大进步。

在2001版的战略中，提出以城市服务业为基础，较多地考虑了企业已形成的多种经营的现状，兼顾了现有经营体系中各行业人员的要求，具有一定的模糊性。试图用城市服务业来对小而散的产业格局进行概括，并以此来统一思想，最大限度地减少来自组织内部的对战略调整的阻力。

但是 2001 年制定的发展战略还是多少受到当时历史条件、经营环境、管理思想的约束。在 2001 版的战略中，提出了房地产为主导，但没能明确房地产业的内涵和外延，对房地产业进行更加深入的剖析，没能深刻地阐述房地产业中房地产开发，物业经营、物业管理之间的关系，没能更具体地阐述房地产业做强做大的实现路径。

3.4 确立主业明晰的相关多元化战略

我们认为，科学的思路是在突出核心竞争力的基础上，围绕主导产业，重点发展 2~3 个具有高度相关性和协同性的产业群，形成在主业上的规模集聚和竞争力塑造，打造主导产业的竞争优势，从而实现企业的发展壮大。培养和壮大核心竞争力是至关重要的。稳定而具有相当竞争优势的主营业务，是企业利润的主要源泉和生存基础。公司战略从有限多元化向主业明晰的相关多元化的调整至关重要。

3.4.1 战略的调整——波士顿矩阵（BCG）分析

从前文对问题的剖析中我们可以看出，公司赢利的业务只有物业经营、房地产开发业，而燃料经营、其他城市服务业均为微利和亏损行业。结合对行业发展阶段和前景的判断，我们可用波士顿矩阵来分析公司的业务组合：房地产开发，物业的经营、管理是"现金牛"业务，需保持稳定，强化专业运营水平；其他分散经营的城市服务业项目是"瘦狗"业务，应逐渐退出；燃料经营是问题行业，虽不赢利，但因政治性原因暂时还应保留，伺机退出。

建议将 JT 公司的发展战略，由"以房地产业为龙头，以城市服务业为基础的现代企业"调整为"以房地产开发为主导、持有型物业经营管理为基础、其他城市服务业为补充的大型城市运营商"。JT 公司的战略目标是：通过今后 10 年的努力，力争把企业发展成为在本地区领先的优秀企业；再通过 10 年的努力，将企业发展成为全国领先的卓越企业。企业的发展愿景是"将企业发展成为影响人类的伟大企业"。

3.4.2　房地产业的相关多元化

房地产业的多元化（见图 3－1）。

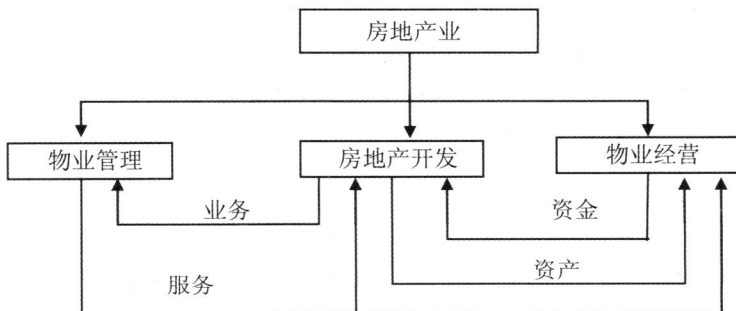

图 3－1　房地产多元化分析图

房地产业分为房地产开发业、物业经营、物业管理三大类业务。

（1）房地产开发业。房地产开发业有两个类型的物业：一类是销售型物业，一类是持有型物业。销售型物业指开发目的是用于销售的物业，如用于销售的住宅、写字楼、商业、车库等；持有型物业指开发目的是为了长期持有、为公司提供永续现金流的写字楼、商业、酒店、高尔夫球会、商务会所等经营性资产。

目前，随着开发企业越发重视在风险和收益之间求得平衡，国内的开发企业也越发倾向于增加持有性物业的比例。房地产开发业是高风险、高回报的行业。通过开发销售型物业，获得较高的风险收益，树立开发企业品牌。通过开发持有型物业为 JT 公司提供经营性的物业。

（2）物业经营。经营性物业可以为企业带来稳定的现金收益，同时通过 REITS（房地产投资信托基金）等资产证券化方式为企业提供开发所需的资金。

资产证券化（Asset Backed － Securitization）通常就是指将一组流动性较差的资产经过一定的组合，使这组资产能产生可预计且稳定的现金流收益，再通过一定的中介机构的信用加强，把这些资产的收益权转变为可在金融市场上流动的、信用等级较高的债券型证券的过程。

其实质是融资者将被证券化的资产的未来现金收益权转让给投资者，而资产的所有权则不一定转让。

资产融资作为一种与股权和债权不同的企业融资方式，并能够获得广泛的认可，主要是基于以下几个特点：

首先以资产信用替代企业整体信用，有可能降低企业融资成本；其次开辟了新的融资渠道，实现了企业资产价值的充分利用；最后资产融资实现了表外融资，有利于优化企业的财务结构。

（3）物业管理。房地产物业管理是与房地产开发、房地产经营高度相关联的业务，专业化、高水平的物业管理有利于提升品牌的美誉度和客户的忠诚度，提高房地产开发和房地产经营的收益水平。同时物业管理是劳动密集的产业，有助于消化 JT 公司的大量冗余员工，是扩大就业、保持企业稳定的有效途径。

4　JT 公司的组织变革

"一个战略方向出来之后你跟上了战略行动很重要，战略方向只是一种说法，可是战略行动才是真正的做法，这会牵涉到资源的重新分配。"——INTEL 公司前任总裁安德鲁·葛洛夫

4.1　组织变革

所谓组织变革，是指组织结构在合理设计并实施之后，随着企业外部和内部环境的变化，而对组织结构中不适应的地方进行调整和修正，甚至是对整个组织进行重新的构架。

组织结构变革的原因多种多样，大体可来自于：

（1）企业经营环境的变化（比如政策环境、市场环境等）；

（2）企业内部条件的变化（比如人员条件的变化、管理条件的变化等）；

（3）企业本身成长的要求。

JT 公司的组织变革正是基于上述各种原因的共同要求，为做到外

部适应和内部整合，适应生存与发展的需要所做的战略性调整。

4.2　组织与企业战略之间的关系

企业战略的调整是引发组织变革的最根本、也是最主要的原因。

4.2.1　企业的总体战略对企业的组织战略有着重要的影响，往往起着决定性的作用

JT 公司从单一煤炭经营主业向多种经营，再向以房地产为主导的多元化发展，企业的组织结构也会由简单的直线制变化到复杂的事业部制、战略事业单位制等，企业在部门结构上也会不断地进行调整。

4.2.2　组织也制约着企业战略

组织最重要的功能就是要为贯彻总体战略提供一个实施平台，任何战略目标最主要的载体就是其组织系统。当它不能与总体战略相匹配的时候，它就会起破坏作用；反之，就会起到保证和促进作用。

不难看出，组织战略和总体战略要形成一种匹配和平衡的关系。当两者的关系变化、发展破坏了这种平衡的时候，企业就会陷入混乱，甚至于陷入一种行将崩溃的危机；而两者之间的平衡发展，却经常能够使企业的组织资源比较有效地支持企业的总体战略。企业的总体战略也往往能够在一个富有弹性的、具有包容力的企业组织结构框架中，不断地寻求对环境制约的突破和自身的发展。

要实现 JT 公司的战略调整，必然要对组织结构进行调整。但这种调整也必然基于原有组织的渐进式的调整。

4.3　JT 战略同心圆

JT 公司的企业观里有个"JT 战略同心圆"理论，战略处于企业的核心地位，是指导企业行为的准则，企业的组织设计、人才培养、绩效考核、财务管理、文化建设、品牌经营都围绕着企业战略展开。企业战略调整，这 6 个管理的子项也要随之调整，这样才能保证战略得以贯彻实施。其中组织的调整首当其冲，组织变革是实施战略调整的基础和保证（见图 4-1）。

图 4 - 1 JT 战略同心圆分析图

资料来源：JT 公司 2005 年年度规划纲要

4.4 业务流程再造和组织结构的重组

基于"以房地产开发为主导，持有型物业经营管理为基础，其他城市服务业为补充的大型城市运营商"，这一以房地产业内相关多元化为主的战略构思，JT 公司应适时作出与之相适应的组织结构调整。

4.4.1 JT 公司的组织形态

（1）变分散管理为集中管理。如前所述，JT 公司原有组织结构较为混乱，原来的"一企三制"，在国资委的领导支持下，得以将各区县公司资产所有权、业务管理权、人事任免权统一至 JT 公司，从而为进一步的资源调配打下了基础。进而 JT 公司逐步取消了下属区域性经营的公司的独立法人资格，改制为总部下属的分公司，对下属企业实行"削藩"，为进一步的组织结构调整打下良好的基础。

（2）集团—控股公司的组织结构。JT 公司最终拟采用集团—控股公司的组织结构。这样的结构设计有利于企业的扁平化管理，提高决策效率；有利于明晰业务结构，推进相关多元化战略；有利总部与下属经营单位之间集权和分权关系的建立，完善内部管理；有利于资源的合理调配，做强做大主业。

目前各大集团企业都在削减产业数量，强化产业整合，集中资源做强做大主导产业，通过成立控股公司，重组旗下资产，提高下属企业的竞争力。2006 年 11 月 10 日，招商局集团旗下"招商轮船"发布招股说明，这是继港口（深赤湾）、地产（招商地产）、金融（招商银行）等之后，又一个核心产业整合上市。招商局集团的整合之路，万科的做减法之路，海尔坚持走相关多元化之路等著名企业的典型案例，对国有控股的多元经营的 JT 公司有着重要的借鉴意义。

（3）JT 公司的组织结构。第一，在房地产主业的三个专业领域成立控股公司。

JT 公司已在房地产开发领域控股成立了 JT 地产公司，在房地产开发领域已具备较强的市场竞争能力；在物业管理领域成立 JT 物业公司；利用上述两公司整合公司在两个领域的资源，成立 JT 资产管理公司，统一管理 JT 公司旗下经营性物业。

重点培育公司在主导行业——房地产业的竞争能力。让 JT 公司控股的专业经营公司发挥制度、管理、人才优势整合 JT 公司的资源，在专业领域上形成规模效应，打造公司在房地产开发、经营、管理上的核心竞争力。

第二，对传统业务领域或分散经营的业务领域实行事业部管理。

燃料经营业务是 JT 公司的问题业务，但由于传统政策性因素和员工安置因素，暂时难以退出。与此同时，在长期的燃料经营中，公司已形成一套行之有效的管理办法，可以说公司原有管理体制就是为其服务，可将原有的燃料经营职能整合成立燃料经营事业部来承接原有由 JT 公司总部承担的管理职能，并整合全市燃料经营资产。

其他城市服务业上历史形成了小而散的格局，同时又是公司应坚决退出的瘦狗行业，可成立多种经营事业部负责其他城市服务业中资产管理和处置，指导实施在这一领域的有步骤地退出（见图 4 - 2）。

（4）"撤退"更需要一种大智慧。多数情况下，"撤退"行动都是一种被迫的行为。另外一种情况是企业在进行战略选择或战略调整的时候，需要对企业经营方向进行适当的调整或修正，主要包括如何调整业务结构，并对企业资源进行重新配置的过程。**战略"撤退"**是企业战略转型过程中需要经常涉及的一个重要课题，是**调整公司未来发展重点和方向**的关键战略活动。这种撤退是"以退为进"的高级战略行动。

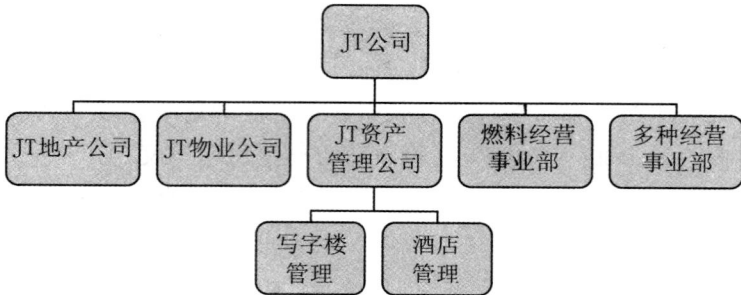

图4-2　JT公司管理机构分布图

资料来源：JT公司员工手册

诺基亚原来是一家跨行业的企业集团，后来才进入通信行业。在20世纪80年代末奥利拉执掌帅印后力排众议，推动了以移动电话为中心的专业化发展战略，把原来的造纸等业务出售或独立出去，逐步将诺基亚从原来的联合体企业转变为专业化的移动通信设备和基础电信设备制造商。

对于JT公司而言，在战略转型的过程中，如果能够成功地退出非主导产业，对战略的实施将具有决定性的意义。具有远见的战略"撤退"有时候需要更大的勇气和智慧。

4.5　实施内部资源一体化策略

4.5.1　资金整合

一是根据H形组织结构，将JT公司改造成为集团控股公司，各业务单位成立产业子公司，实现公司内部有限资金的整合，以资本为纽带实现系统内部资金的统一使用，发挥资金合力。避免多个单位争夺项目、多个项目争资金的情况发生。

二是成立财务结算中心。作为各单位资金的统一管理机构，中心行使内部银行、集中投资及财务结算枢纽的职能。各所属控股子公司和分公司的规模资金流转均需经过结算中心（公司），以达到资金统一使用的目的。在条件成熟时，将以中心为基础成立财务公司。

4.5.2　不动产资源整合

为了解决目前不动产管理散乱的问题，按照资源统一管理的原则，公司将把分散在各单位的房产证与土地证统一过户到总部，形成不动产的资产整合和统一管理，同时落实不动资产的租赁行为和租赁价格。这样，不仅可以解决资产边界不清的问题，准确掌握资产的动态，充分发挥整体效益，而且可以取得公司资产价值的最大化。

4.5.3　网点资源与业务整合

公司所属各单位在转型过程中均形成了相对独立的业务，同时形成了相对集中的如物业管理、宾馆饭店、商业流通等业务领域。这些网点资源和业务要形成合力，就必须按照市场经济和产业发展的规律，以及规模效益的原则，按公司战略和组织结构对现有网点资源与业务连接为一体进行合理整合。网点资源的租赁经营的收入已成为保持公司稳定的稳压器，公司在转型过程中，如何兼顾基层员工的利益和资产经营规模效益之间的矛盾要高度重视。

4.5.4　以"增量"带动"存量"，减少整合过程冲突

整合的目的是提高资产的整体效益，难点是解决主要经营者的利益，关键是做到企业利益、职工利益和经营者利益相一致。

整合模式主要有两种：第一种是通过资产整合启动业务整合，通过业务整合推动人员整合；第二种是业务整合，通过业务整合带动资产整合，以资产整合带动产权整合。中国改革有两条重要的成功经验：一是在发展中解决历史问题；二是在通过"增量"来带动"存量"。鉴于历史的体制沿革原因，为了减少因利益冲突导致的消极后果，整合以汲取中国改革的成功经验，在未来的主导产业中培育有竞争力的新兴企业，通过新兴企业的发展来带动存量资产的整合。

通过整合，分散的资源将形成有机整体，使公司真正成为具有强大作战能力的联合舰队。

4.6   重点发展房地产开发主业

JT 公司资产收益率不高的一个主要原因就是主导产业不突出，缺乏一个强有力的利润来源。在资源有限的情况下，决不能四面出击。实行资源集聚战略，将资金集中投入房地产业中的主导产业—房地产开发业，通过房地产开发业的做强做大，培育企业的核心竞争力，从而实现资金、资产、品牌的良性循环，实现开发、经营、管理的良性互动。

4.6.1   房地产业的最后机会

行业周期示意图（见图 4 - 3）。

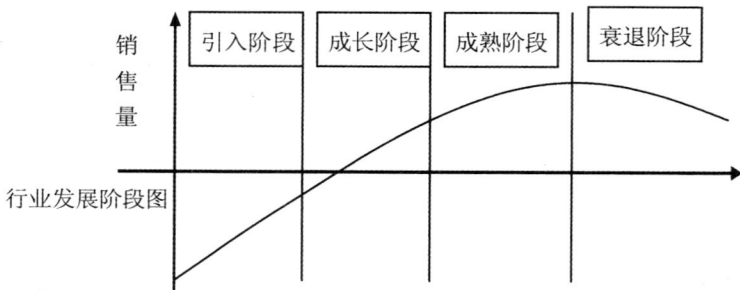

图 4 - 3   行业周期示意图

资料来源：JT 公司 2001 年十年战略规划纲要

每个产业都有自身的发展阶段，不同阶段有不同的特点，而这直接决定着进入企业的成本、利润和风险。目前北京房地产开发供给量不断增加、市场销售量不断提升，行业规模开始形成，并快速增长，正处于成长期的后期。

房地产开发行业所处的时期表明该行业还有一段高速发展时期，但很快进入成熟期，而成熟期的特点是市场需求趋于稳定，竞争将空前激烈，并形成行业寡头。因此，北京房地产开发是一个成长潜力大而竞争激烈的行业。

中国的市场经济发展已进入新的阶段，在各行业都形成一批竞争力很强的企业，随着 WTO 的过渡期的结束，外资企业也加快了进入中国的步伐，各个企业都在收缩战线，避免四处出击，集中财力物力培育自己的核心产业。

　　房地产由于地域性强、政策限制多等行业特点，外资还未大规模进入，但是行业中万科、金地、合生、富力等大企业正在加速扩张，小企业逐步被淘汰，伴随着宏观调控的加强，行业洗牌的速度明显加快，市场集中度快速加强，品牌壁垒正在形成。

　　JT 公司现阶段如果不能在房地产开发业上集中投入，形成竞争优势，将会永远失去房地产业的进入机会，从而颠覆以房地产为主导的公司战略的实施，使企业重新回到生死存亡的边缘（见表 4 - 1）。

表 4 - 1　北京房地产开发行业的基本特征说明

市场规模	总体销售量不断增加，豪华住宅/普通商业住宅/经济适用房/商业写字楼等市场细分化趋势明显。
市场增长率	市场增长率年均 30% ~35% 左右。
公司数量	截至 2002 年 12 月，全市大约有 300 家具有相当规模的房地产开发企业，比较知名的品牌有北京城建、中关村、华远、万科、万通、华润、珠江等。
行业集中度	截至 2002 年 12 月，行业 10 强的集中度为 64.5%，行业集中度为中等偏高。
垂直整合度	81.3% 的房地产开发企业是项目开发与物业管理于一体，真正实现融项目开发、物业管理、房屋租赁、咨询服务、不动产中介为一体的企业极少。
多元化程度	产品形成系列多元化的企业为 100%；产业多元化的企业约为 65.4%。
进入难度	尽管投资额很高，但投资方式多样化，因此，进入的壁垒并不是特别高。
退出难度	因总体投资规模大，退出的壁垒比较高，退出的难度比较大。
规模经济	属于资本密集型行业，规模效益明显。
产品差异化	产品的同质化程度越来越低，个性化、细分化是发展趋势。
品牌认可度	消费者对品牌的认可度越来越强，品牌认可度的核心是价值体现和个性体现。
赢利水平	行业平均销售利润率约为 20.7%。

资料来源：中国房地产协会/清华大学房地产研究所/中房集团/厚土机构/搜房研究院

4.6.2 JT 公司的房地产开发业

如何理解处于主导地位的房地产开发业呢？基于 JT 公司的实际，我们认为房地产开发业分为一次性开发与专业开发。一次性开发由公司总部及所属各单位利用自身土地资源通过开展对外合作或基建立项的形式完成。

一次性开发是一种过渡状态，完成这个过程后，即转入物业经营管理业；专业开发由专业开发公司即 JT 地产公司承担（见图 4-4）。

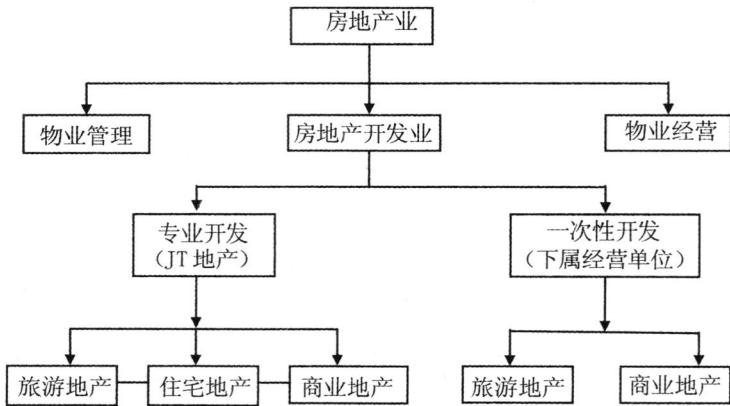

图 4-4 JT 公司房地产开发业务构成图

需要说明的是，尽管房地产业根据经营的业态也分为住宅地产、商业地产、旅游地产等，但是由于房地产开发和经营大都是相互融合的，在一个项目中往往既有住宅又有商业，旅游地产通过游乐、高尔夫等项目的经营来带动住宅、商业的销售和经营，因此可根据房地产项目的开发、经营、维护、交易的生命周期来划分业务领域，这样实现规模经营，有利于资源的整合，有利于生产流程的组织调整。

这样一个划分，有助于比较清晰地描述公司房地产业的发展状况，比较准确地分析当前房地产业所存在的问题，更好地推动房地产业的持续快速健康发展。

4.7　进行公司机构的调整

4.7.1　进行公司总部的结构调整

公司目前的总部是成建制地继承了原有煤炭经营的单一业务时期的机构设置，这一在原有条件运作有效的管理机制，正成为战略调整后，组织变革和战略落实的重要阻力。几年来，公司总部依据形势的需要和发展战略的要求进行了一些调整，但是在对公司发展战略进行修改完善之后，深化公司总部的结构调整也势在必行。

公司总部应进行与相关多元化战略和"集团—控股公司"的组织形态相一致的组织调整，强化职能部门的统筹能力。总部要负责对各事业部进行授权，监测各事业部的经营活动和绩效；总部要在各经营单位之间配置资源，强化管理，提高多单位的经营创效能力。总部要强化产权要务管理，法律要务管理、资金管理、人力资源管理、预算管理，特别是要强化考核工作。并从事战略性计划工作，对各单位的战略方针、资金调度进行统一决策。如此一来，一方面总部可以从烦琐的日常事务中解脱出来，着力策划公司长期发展战略；另一方面各经营单位与市场联系紧密，便于掌握市场动态和适应市场变化。

总部不应该参与具体经营业务，总部是企业的战略决策中心、资源调配中心。各下属控股公司和事业部是企业的利润中心、成本中心和经营中心。

在纵向关系上，按照"集中指导、分散经营"的原则，处理总部与经营单位之间的关系。各单位受公司总部的战略安排和年度预算的指导，负责完成利润计划的责任，接受总部各职能部门的管理和协助。

在横向关系上，要各公司和各事业部均为独立核算、自主经营；各经营单位间的经济往来遵循等价交换的市场原则。

4.7.2　进行分公司结构的调整

在各区公司取消独立法人资格后，目前按照授权分地域对公司控股的若干企业进行管理。随着资源和业务的整理，在各控股公司划归专业公司管理后，分公司主要负责对区域内与主营不相关网点的管理，深入研究这些网点的经营、退出、重组等，并保证员工就业和企业局势的稳定。

4.7.3　进行专业化的调整

按照专而佳的经营结构调整思路，要强化房地产开发业、物业、经营业，物业管理业的专业化管理。要在总部建立专业管理部门，要对各公司充实专业人才，要对各专业化公司经理班子的结构进行优化，以适应专业经营的需要。从长期发展战略着眼，使专业人才队伍不断充实、更新，实现递次配备与正常的新老交替。保持专业人才队伍的稳定和可持续发展。公司各个小的公司由各专业化公司兼并。业务不同无法兼并的先维持后退出。

4.7.4　对公司下属单位的盈亏结构进行调整

公司下属100多家企业，大多数企业赢利。经过努力，虽然由22家亏损减少到8家亏损，但比例仍然过高。因此，要决心消灭出血点，关闭撤销亏损企业，要想办法把亏损企业减少到最低限度。对关闭企业的员工给予妥当安置，使他们不下岗，有事做。该领导班子成员，对造成亏损有责任的或交流降级使用，或内部退养。

4.8　适时地进行人事制度改革

4.8.1　与组织变革相适应的人力资源变革

建立与战略相关人才机制是保证战略实施的关键，战略的成功在于执行，执行的关键在人才。德鲁克认为："所谓企业管理最终就是人力管理；人力管理就是企业管理的代名词。"为了生存和发展，企业必须获得和保留其生产经营过程中不可或缺的人力资源。

目前，公司的激励约束机制明显缺乏整体性和系统性，从而影响了激励约束机制的长远绩效。为了适应新形势、增强企业的内聚力，保持事业长盛不衰，公司要实施人力资本工程，建立全面、系统的激励约束机制。包括主要经营者的年薪制和股权激励及其考核体系、关键员工的股权激励、全员的目标管理体系以及员工身份的社会化。

（1）主要经营者年薪制。为了充分调动主要经营者的积极性和创造性，让经营者更加重视长期行为，根据效率优先、兼顾公平的收入分配原则，对所属子公司和分公司实行主要经营者年薪制。

（2）主要经营者和关键员工股权激励。为了强化企业经营者的长远发展意识，使经营者和企业利益共享、风险共担，形成风险共同体，因此，应对各子公司主要经营管理者和关键员工实行股权激励。

（3）实行全员目标管理，优胜劣汰。全员目标管理机制就是根据企业目标，制定公司部门标准和员工岗位标准，运用刚性与柔性相结合的综合考评，规范、控制、激励全体员工在一定时期内达到规定的工作标准，取得出色业绩。

将目标管理列入对员工的选聘过程中，明确规定年度达到一定标准的优先聘用，并作为选聘中层以上管理人员的先决条件；凡年度不达标的，无资格应聘，已聘用的应终止聘用合同。

（4）实行员工、人事管理社会化，推进人员结构合理化。根据国家有关规定，在国有企业改制过程中要遵循的一个重要原则是企业负债与富余人员跟着资产走，如果不能跟着资产走，则要在净资产中作必要的抵扣。因此，公司组建负债管理中心与富余人员管理中心，专门处理有关事务。

为了保护和照顾退休、内退及长期患病职工的利益，公司将根据有关规定对于退休职工的医疗费、内退及长期患病的职工安置费进行核定后，从相关企业改制时的净资产中予以扣除并单独记账，作为公司的长期负债在以后年度中逐年支付。

4.8.2　加速人力资源开发，建设强大的人才基础

针对经营管理、资本运营、高级专业人才缺乏的现状，公司应以内部挖潜与外部引进相结合的方式逐步形成庞大的人才队伍。这种系统的人力资源开发战略主要包括以下内容：

（1）内部培养与外部招聘相结合。加强公司员工的培训，注重自身人才的培养、使用，保证优秀组织文化的传承性，增加企业的凝聚力。同时向外重点引进资本运营、公司理财、战略策划、房地产开发与经营、宾馆饭店、物业管理等专业人才，快速提升公司的专业化运

营水平。

（2）加强后备人才的选拔和培养。大胆使用忠诚于企业、文化水平高、专业素质过硬的年轻人才，在新的主导产业快速形成年轻人才队伍，带动企业的发展。要适时调整中高级管理人才结构，坚持自然淘汰与强制淘汰相结合，加速建立职业经理人队伍。

（3）组织考核与市场评价相结合，注重过程考评，树立绩效意识，建立优胜劣汰机制，实现赛马场上相骏马。

（4）逐步建立与所在行业市场水平接轨的工资薪酬体系，设计长期激励方案（如持股计划、期权激励等），留住企业骨干员工，吸引社会精英人才。

4.9　建立与战略相适应的新的企业文化

企业文化是以企业管理哲学和企业精神为核心，凝聚企业员工归属感、积极性和创造性的人本管理理论，同时，它又是受社会文化影响和制约的，以企业规章制度和物质基础为载体的一种经济文化。企业的品牌是凝聚在产品与服务中的企业文化，是企业文化的外在表现。

随着公司的改制、重组、转型，传统的企业文化已经不能适应今天的竞争形势，新时期、新行业需要新的企业文化为精神支撑，因此，企业文化的创新势在必行。根据战略调整，公司提出"多换思想少换人，不换思想就换人"的指导原则，促使企业文化的发展与战略调整的步伐相适应。

JT公司一直重视企业文化和品牌建设，力求通过企业文化和品牌的建设不断提炼企业文化的精髓，不断提升企业文化的品质，形成积极向上的企业价值观，凝聚全体员工的理想意志；并通过持续不断的宣传贯彻，在员工灵魂深处产生强大的内在驱动力，通过产品和服务将JT文化传导给我们的客户，努力把JT建设成为利益相关者（股东、员工、客户）共同的物质和精神家园。

在社会构面上，JT公司强化了企业文化建设，提出"JT双赢、恒久立久"的企业文化，培育了"超越自我、争创一流"的企业精神；

弘扬"为首都经济建设服务、为首都人民生活服务"的企业宗旨；倡导"服务首都、造福大众"的企业道德；完善了"以人为本、以质为根、以信为荣、以客为尊"的企业经营理念；正在实现"二次创业、再铸辉煌"的企业目标。管理层在实际工作中认真践行企业文化，努力让企业文化为每一个员工所接受、所信服，成为企业上到最高层领导，下到最普通员工所认同的经营原则和行为准则，从而使组织变革有了理论指导和前进方向。

通过公司企业文化创新，有力支持了JT公司的战略转型和组织变革。从而实现利润的提升，使企业已有的资源发挥出了应有的效益和实现了国有资产的保值增值。

5　组织变革中的几点理论思考

5.1　组织变革与控制权机制调整

JT公司在进行从以燃料经营为主导到以房地产业为主导的战略结构调整中，不可避免地要遇到来自原有控制权机制的强大阻力。

控制权机制是总体企业制度的一个有机组成部分。企业的制度特征主要有两个方面：首先，从社会生产的组织形式上看，企业是一种特定的分工形式；其次，从社会经济的产权结构看，企业表现为一种特殊的权利分配形式。这种权利分配形式既涉及股东和经营者之间的委托—代理关系的确立，也涉及两者之间的权力和利益的分配。公司治理结构的核心问题是如何在不同的企业参与人之间分配企业的剩余索取权和控制权。

根据传统理论，私人企业的自利行为会导致过度的市场进入和重复建设。国有经济消除了企业间的利益冲突，从而可以更好地通过"关、停、并、转"或企业间的"兼并"来解决这些问题，实现资源的最优配置。但现实的情况是，一些在私人企业间很容易实现的增强效率的兼并，在国有企业间很难进行。当前国有企业兼并中的困难，主要表现为被兼并方的在职经理。在职经理的反抗当然不是中国的独特现象。即使在市场经济国家，当面临被兼并的威胁时，在职经理也要通过各种各样的办法来反兼并。但由于"公有制经济中的兼并障碍来自控制权的不可有偿转让性（或曰控制权损失的不可补偿性）"（张维迎），导致国有企业在职经理对兼并的反抗要严重得多。许多增强效率的兼并常常由于在职经理的反对无法进行。

当然，国有企业经理的控制权损失完全不能得到补偿当然是一个极端的假定。在现实中，补偿也可能发生。比如说，被兼并方经理可能被安排在其他企业继续担任经理职务，或者提拔到政府部门任职，或快到退休年龄，以优厚的条件提前内退。此时，只要该经理在新的位置上得到的控制权收益与货币收益之和大于或相当于，或略小于原岗位得到的控制权收益与货币收益之和，该经理就不太会拒绝被兼并。

5.2　企业经营者要调整"作战地图"

在原有体制下，由于该行业比较艰苦，享受政府很多优惠政策，基层企业管理者与员工的收入都较高。企业没有明确的经营压力，企业经营者用的是"政治家的地图"，更多地强调平衡、协调、稳定。JT公司领导与基层企业领导之间是一种类似俱乐部会员式的关系。从2002年开始的组织变革就是要建立与企业的经营职能相适应的组织体系和激励办法，企业的经营者要用"企业家的地图"来经营企业，企业经营的目标要回归企业的本源——"以赢利为目的"。

5.3　内在报酬与外在报酬并重

形式构面，是指企业的正式书面文件针对某项工作所界定的基本任务、绩效要求、行为规则等。形式构面对员工的影响是：工作有什么好处，员工的绩效如何被评估，员工所得的报酬是什么，报酬与绩效有什么关系？

心理构面，是指属于隐而不现的构面，它包括员工和管理者之间的信任与依赖而产生的相互期待的互惠承诺等感情因素。虽然心理构面通常不会明文化，但其支撑着员工对个人与公司目标的承诺。心理构面对员工影响：员工实际必须努力工作到什么程度？员工的努力可以带来什么样的外在报酬和内在报酬？这些报酬是否值得？

社会构面，是指企业宣言、口号等与管理层实际行为之间是否一致，事关企业能否创造一种前提架构以激励员工作出长期的承诺。在组织变革中一旦产生冲突、沟通中断时，受到影响最严重的企业关系是社会构面。这个构面一旦失去信用最难修复。社会构面对员工的影响：员工的价值观是否与组织与其他人类似？决定"谁在企业里可以得到"的真正规则是什么？

从三个构面看内在报酬和外在报酬。形式构面是外在报酬，外在报酬管理者了解得最清楚、使用得最普遍的激励方式，包括金钱、福利、竞争、表扬以及社会接纳。我们最容易控制外在报酬，它在我们的管理者权力范围内，我们可以通过外在报酬的调整来影响员工的表现。在运用外在报酬的同时不要忘记内在报酬的重要性，内在报酬的运用不如外在报酬普遍，但它是与人类内心活动分不开的一种报酬。内在报酬的特点：（1）无法直接控制。（2）内在报酬与员工绩效之间看不出直接的可见的关系。但内在报酬有时更为深刻地影响着员工的行为和企业的绩效。在外在报酬的改革取得一定进展时，内在报酬的研究显得尤为重要。员工和组织契约关系不要只注意形式构面，同时要注重心理构面和社会构面。如果这两个构面不加以考虑，那制度规章再细也达不到预期效果。

5.4　变革的阻力与变革的决心

组织和成员抵制变革，从某种意义上说是积极的，它使行为具有一定的稳定性和可预见性。如果没有阻力的话，组织行为会变得混乱而随意。但变革的阻力也有显而易见的缺点，它阻碍了组织的进步。

变革的阻力来源于个体阻力和组织阻力。个人阻力源自于基本的人类特征，如知觉、个性和需要。概括起来有 5 种抵制变革的原因：

习惯、安全、经济因素、对未知的恐惧、选择性信息加工。

组织就其本质来说是保守的。抵制变革的组织阻力主要有 6 个原因：结构惯性、有限的变革点、群体惯性、对专业知识的威胁、对已有的权力关系的威胁、对已有的资源分配的威胁。

作为组织变革的推动者，尤其是企业的主要领导者，要充分认识到组织变革的困难，以百倍的信心、坚定的意志和高超的驾驭能力推动组织变革，从而实现企业经济效益的提高、资产的保值、增值，使 JT 公司全面、协调、可持续地发展，使公司发展战略真正落到实处。

结束语

JT 公司的战略调整和组织变革的问题研究，来源于实际的已经发生、正在发生和将要发生的管理实践活动。作为 JT 公司的董事长，笔者希望通过北大光华 EMBA 的学习，通过本毕业论文的撰写，在梁钧平教授的指导下，运用所学理论知识对这一管理实践过程进行深入的思考、剖析，并能够学以致用，以利于 JT 公司的事业在管理科学的指引下得以更大的发展，为中国企业管理水平的提高作出微薄的贡献。作为国有企业集团的整体转型，JT 公司的实践有其代表性和典型性，笔者也希望通过本文的写作，为管理学院的同学们提一个可供探讨的真实案例，作为对光华管理学院的一个回报。

在此感谢，在学期间的光华的老师与同学们！

参考文献

1. 菲利普·科特勒著，梅汝、梅清豪、张桁译：《营销管理分析、计划、执行和控制》（第 9 版），上海人民出版社。
2. 胡铭：《公司治理结构研究》，中国财政经济出版社。
3. 梁钧平："企业组织中的圈子文化——关于组织文化的一种假说"，《经济科学》，1998 年第 6 期。
4. 梁钧平：《人力资源管理》，经济日报出版社 1997 年版。
5. 梁钧平：《人力资源管理讲义》及参考文献。

6. 迈克尔·波特著，陈小悦译：《竞争战略》、《竞争优势》，华夏出版社 1997 年 1 月第 1 版。

7. 张维迎：《企业的企业家 – 契约理论》，上海人民出版社和上海三联书店 1995 年版。

8. 张维迎：《企业理论与中国企业改革》，北京大学出版社 1999 年版。

9. 张维迎：《产权、激励与公司治理》，经济科学出版社 2005 年版。

10. 张志学：《组织行为学讲义》及参考文献。

认真学习胡锦涛同志在中央党校的重要讲话 做好下半年工作 以优异成绩迎接党的十七大和 公司第二次党代会胜利召开

——在北京金泰恒业有限责任公司 二〇〇七年半年工作会议上的讲话

二〇〇七年七月三十日

在胡锦涛同志在中央党校的重要讲话发表不久，在党的十七大、公司第二次党代会胜利召开之前，在公司经济迅猛发展，企业和谐稳定的重要时刻，召开了公司半年工作会议。刚才李京来同志对上半年工作进行了总结，对下半年工作作了部署，我完全同意。下面我讲几点意见：

一、以胡锦涛同志在中央党校的重要讲话为指导，认真筹备好公司第二次党代会

胡锦涛同志在中央党校的重要讲话，是党的十七大重要政治准备、思想准备和理论准备。胡锦涛同志关于毫不动摇地坚持和发展中国特色社会主义的观点，指明了我们党的政治方向，体现了坚持和发展的统一，我们不仅要毫不动摇地坚持中国特色社会主义，而且要毫不动摇地发展中国特色社会主义。在坚持的基础上发展，在发展中做到更好的坚持；只有坚持，发展才有正确的方向；只有发展，才能不断增

强坚持的基础。坚持和发展，相互联系，相互依存，相互促进，二者丝毫不能离开。我们作为共产党人，在各种思想相互激荡的情况下，必须有正确的指导思想，必须毫不动摇地坚持和发展中国特色社会主义，而不是用其他什么"主义"取而代之。这个原则问题不能有丝毫的动摇。

胡锦涛同志关于"四个坚定不移"的论述，我们要认真学习，加深理解：坚定不移地解放思想，坚定不移地改革开放，坚定不移地科学发展、社会和谐，坚定不移地全面建设小康社会。这四个坚定不移，不能有丝毫的动摇，这对于保持党和国家事业发展大局至关重要。

对于科学发展观的基本含义，胡锦涛同志作了深刻论述，他指出：科学发展观第一要义是发展，核心是以人为本，基本要求是全面协调可持续，根本方法是统筹兼顾。科学发展观对于我们依靠职工、突出重点、统筹兼顾、整体把握、全面推进企业建设有着重要指导作用。

胡锦涛同志关于对形势的分析、关于对改革开放的论述、关于坚持党的基本路线、关于经济又好又快地发展、关于民主政治建设、关于文化建设、关于社会建设、关于党的自身建设和反腐败斗争的论述，对我们做好下半年工作，筹备好第二次党代会，都有重大的指导作用，我们要认真学习，深刻领会。

要筹备好公司第二次党代会，就要把党委工作报告和纪委工作报告起草好、修改好。党委工作报告要认真回顾前五年的工作，总结基本经验，提出今后五年的工作思路。今后五年，要"以全面贯彻落实科学发展观，构建和谐企业，落实金泰恒业战略，为建设特大型、综合性、多功能性现代强势企业集团而奋斗"为主题。坚持"一个指导思想，二个保持、三个率先、四个阶段、五个突破"的战略方针，即坚持以邓小平理论、"三个代表"重要思想和科学发展观为指导思想，保持科学健康和谐的发展态势，保持团结奋斗成功的精神状态，在京煤集团和全国同行业中率先实现企业发展方式的转变，率先实现人均创效的一流水平，率先实现和谐企业的目标，按照建设成长、知名、优秀企业、追求卓越四步走战略，在国际化、品牌化、集团化、网络化、资本化经营方面有新突破，推动公司科学发展、和谐发展、创新发展，超常发展。通过全面加强党的建设，为企业进步提供坚强保证。

依照上述精神，在做好党代会两个报告起草的同时，要认真研究加强领导班子建设和人才队伍建设问题。要选出政治上强、有一定的思想理论水平、形象好、职工信得过、有能力的领导班子。党代会之后，要做好董事会、监事会、经营层和各权属单位经营层的换届工作，进一步加强领导班子建设，推进公司又好又快地发展。

二、完善落实公司发展战略，强化战略管理

近来，我们正在组织力量对公司发展战略进行修改完善，以适应新形势、新情况、新任务的要求。

1. 关于公司的发展方向。"以房地产业为主导，以燃料经营和旅游饭店业为支撑，以现代城市服务业和关联产业为基础"是我们要坚持的战略方向。这是对以往"以房地产业为主导，以城市服务业为基础"战略构想的丰富和发展。主导产业要抓住不放，传统优势要充分发挥，新兴产业要加快发展，网络优势和关联产业要进一步振兴。突出重点，综合协调，全面发展，整体推进，这是我们的总思路。

2. 关于公司的发展阶段。在提前实现公司战略任务后，今后五年和更长一个时期的四个战略阶段要更加明确。一是从生存到成长阶段；二是从成长到知名阶段；三是从知名到优秀阶段；四是实现优秀追求卓越阶段。今后要按照这四个战略阶段积极推进。

3. 关于公司的发展目标。经过五年的努力，要把公司建成年销售额50亿元以上的特大型企业，公司总资产、净资产、利税总额、人均收入，要在京煤集团、全国同行业达到一流水平。

4. 关于发展中的品牌建设。品牌的准确定义是：基于顾客的品牌资产。品牌对于培养顾客忠诚、培养顾客偏好，体现企业价值有重要作用。可口可乐饮料，只有10%的成本，其余90%都是品牌价值，由此可见品牌的重要性。金泰城·丽湾、金泰先锋的楼盘销售火暴，效

益可观，金泰恒业的品牌效应极大，其他代销楼盘，有金泰品牌，马上身价倍增，销售一空。品牌出效益、品牌出信誉、品牌出竞争力。所以要加强品牌保护，搞好品牌管理，实施品牌战略。

5. 关于突出资本运作，策划国际化经营。北京是国际化大都市，我们必须适应这一国际化趋势，在国际化经营中有所作为。要充分发挥公司资金结算中心的作用，以财务公司的模式进行运营；要对房地产业进一步增资扩股，向全市和外埠扩张；要抓紧研究进入资本市场方案，引进有实力的战略伙伴，到资本市场上去融资，以解决当前资金不足和银行贷款成本过高的问题。在企业国际化经营方面要组织力量，加紧研究，拿出方案，积极推进。

6. 坚持全面经营，要把生产经营、资产经营、资本经营有机结合起来。我们对生产经营比较熟悉，要认真搞好。同时要重视资产经营。没有资产经营，企业没有质量，没有资本经营，企业没有希望，我们多一种经营就多一种力量。只重视生产经营，不重视资产经营，资本经营不行。我们要搞好资产经营，为生产经营提供保证。要搞好资本经营，支持有条件的企业上市，上市之后，融资成本低，制度先进了，公司会有更大的发展。

关于公司发展战略修改稿，定稿以后要在领导层进行学习贯彻，进一步统一思想，把公司的工作都纳入到战略规划中来。我们的思想、组织要保证这个战略的实现。

三、下半年重点工作，要加快推进，提高质量

1. 积极有效地运作好重点项目，难点问题要加快解决好。公司两个大的房地产项目，要高度重视，按照既定方案，积极推进。项目和土地储备要有条不紊地展开。物业管理和酒店经营，要以国际化标准，树立品牌，开拓市场。燃料经营要发挥传统优势，扩大市场占有率，同时要高度关注收支平衡和应收货款问题。关于一些历史形成的难点问题，要按照计划，协调力量，尽快圆满解决好，要千方百计化解风

险，保证企业的效益与安全。

2. 改革改制要迈出新步伐，继续进行结构调整和组织变革。要根据"一个品牌、三大经营、五个板块"的战略格局，进行经济结构调整，进行资源整合、业务整合、专业整合、公司总部机构改革。总部经营要有高度，总部主要是进行资产和资本经营。区域经营要有活力，各区优势不同，要突出自身特点，发挥优势。专业经营要有规模，要走专业化之路。要使公司的经济结构和组织结构与公司发展战略相适应。

3. 积极发展关联产业，走与房地产业密切相关的多元经营之路。发挥公司网络优势，大力促进公司主导产业和现代城市服务业科学发展。在搞好公司房地产开发的同时，要搞好经营性物业和持有型物业的开发管理，创造效益。我们公司的商业网点，都是在自有房产基础上形成的，有很强的低成本优势、区位优势和网络优势，经过整合、升级、改造、可以建立强大的营销网络，可以在现代城市服务业中有很大的作为。我们公司的商业地产、租赁地产、旅游地产要形成网络优势，提高规模效益与市场竞争力。同时为房地产开发提供资金支持，形成房地产开发与房地产经营和服务业的良性循环。

4. 继续强化全面预算工作，完成年度经济指标。全面预算工作，是保证公司战略实现的可靠途径，年度预算有保证，公司战略才能逐步落实。所以要根据年度全面预算的要求，确保圆满完成或超额完成年度指标。

四、实施人才兴企战略，建立与战略发展相适应的人才保障机制

要推动公司国际化、品牌化、集团化、网络化、资本化经营，要在五年内进入全国特大型企业之列，要在首都经济中有所作为，人才是关键。所以要大力实施人才兴企战略。经营管理人才、专业人才、高技能人才，要壮大队伍，提高素质。公司的人才结构，要与公司的

战略布局与专业门类相适应，与企业未来的发展相适应。

加大内部人才开发与外部人才的引进，坚持产学研相结合的方针。利用首都人才、智力密集的优势，与首都文化中心的功能相协调，把公司内部人才与外部人才使用结合起来，优势互补，互利双赢，从而使公司人才的知识结构、专业结构、能力结构、年龄结构，得到进一步优化。该留的留住，该用的用起来，标准要掌握好。

加强后备干部、后备人才队伍建设，加大优秀年轻人才的引进、培养、提拔、重用、交流力度。按照市场机制，引进社会人才。加大教育培训力度，为人才成长创造条件。加强各级领导班子成员和人才队伍的梯次配备，做到老同志给待遇，给荣誉；中年人压担子，当主力军；年轻人给舞台，给机会。激发人才活力，鼓励人才脱颖而出。

五、把科学发展观、建设和谐社会思想落到基层，指导企业各项建设

学习科学发展观，首先要抓住发展这个第一要义，抓住以人为本这个核心，全面协调可持续这个基本要求，统筹兼顾这个基本方法，推动企业科学发展。

努力建设和谐企业，为和谐社会作贡献。我们是企业，是经济组织，企业和谐应有自身的特点。首先要以发展保和谐，提高经济效益是企业和谐的前提和基础。通过建设和谐企业，为企业发展创造良好环境，企业不和谐，发展就会成一句空话。要讲求效率与公平，创造和谐的劳动关系；要鼓励创新与创造，尊重支持员工的奉献精神，把企业办成和谐的员工之家；要大力实施民心工程，共建共享，提高员工的生活质量，形成和谐的人际关系；要依法治企，规范运作，强化管理，各司其职，相互支持，形成和谐的治理结构；要以领导层的和谐带动企业全局的和谐。要在和谐的基础上，把各项工作提高到新水平。

六、加强党的先进性建设，突出抓好领导班子建设

党的先进性，突出表现在领导班子的先进性上。企业要发展，领导班子是关键。要切实围绕坚持和发展中国特色社会主义，"四个坚定不移"，落实公司发展战略这些重大理论和现实问题，发挥两级党委的政治核心作用。

1. 领导班子建设，要与企业改革同步，与组织变革同步，与公司发展战略相适应。两级班子要始终做到思想清醒、政治坚定、作风务实。要选拔一批优秀年轻干部进班子，进一步增强班子的生机和活力。要进一步充实后备人才库。要交流一批干部，做到优势互补，让干部在新环境中锻炼成长。对因改革和年龄不能进班子的人员，给政策，给待遇，给关心，给予尊重。

选拔什么人进班子，是个旗帜问题。要坚持德才兼备标准，要选对企业忠诚的人，用实在人，用有能力的人。要选善于想事、干事、干成事的人，提倡务实精神，领导班子要是个干事的班子。

2. 贯彻中央、市委的要求，抓好领导班子的廉政建设。对于利用职权为自己和家庭谋取不正当利益的问题，要严肃查处。要继续加强教育、制度、监督的防腐败体系建设，坚持"四位一体"的监督机制，建设"阳光工程"。

3. 对有关领导人员所犯错误，要吸取教训，引以为戒。一是在政治思想上一定要清醒，不清醒肯定要出问题；二是对于党规党纪、规章制度要坚持，不坚持，肯定要出问题；三是对于自己要严格要求，放松要求，肯定要出问题；四是厂务、政务要公开，不公开，违规操作肯定要出问题。大家都要从中吸取教训，不能越过党的原则、财务纪律、民主集中制这个根本界限，一旦越过这个根本界限，肯定要受到应有的惩处。

七、大力加强文化建设，强化文化管理

首都是政治中心、文化中心、国际交往中心，我们身处这个中心之内，不可能脱离这个中心独立存在。我们所做的一切工作都与这三个中心相联系。所以我们公司一定要高度重视文化建设，以适应首都三个中心的功能。我们公司虽然是经济组织，但文化是经济的源泉和基础，文化与经济具有互根性，互为因果，相互支撑。一个没有文化的企业是不可能存在的。在知识经济时代，人文经济的特点非常突出，首都人才智力密集，作为文化中心，首都文化经济的分量占有更大的比例，与其他地区有明显差异。所以我们要努力建设学习型企业，大力加强公司的文化建设。以文化的差异化战略，提升公司的品牌效应，提升公司的持续竞争力。我们公司的房地产业这几年获得超常发展，为公司提供了巨额利润，其背后的原因是什么？我分析，就是文化的支撑力的问题，有文化支柱，有文化品位，就有明显的差异化，销售业绩就明显不同于其他地产公司。今后在差异化战略上做文章，是我们公司发展的重要途径之一。这是首都经济、文化中心的必然要求。抓住了这个差异化，就抓住了战略管理的重要环节之一。

加强公司的文化建设，就要加强文化管理。形成党委引领协调，党政共同负责，行政主体到位，部门协同配合，领导率先垂范，全员共同参与的领导格局和运行机制。按照文化管理责任制的要求，落实公司范围内高中层领导人员及总部部室文化管理的职责，领导分工明确，行政主体到位。分公司和公司控股的有限公司对于文化管理，要区别企业体制，要统一标志、统一文化、统一执行。各个业务部门，要密切结合自身实际，提炼总结分支文化，更好地指导实际工作。公司要专门印发一个企业文化管理的规定，各单位遵照执行。

科学管理、有效管理、文化管理，代表着不同的管理风格和管理层次，三者相互联系，相互支持。要实施科学管理，注重有效管理，向文化管理的境界迈进。文化管理是管理的最高形态。文化管理更强

调文化的自觉和习惯的养成，所以要建设学习型企业，做学习型领导与员工，提高文化素养，使管理成为一种思维方式和行为习惯，以达到"无管理的管理"、"无为而无不为"的境界。

八、改革完善分配机制，实施更加有效的激励约束

关于改革完善分配机制问题，要根据科学发展观、构建和谐企业、稳定劳动关系、维护劳动者合法权益的要求，进一步整顿分配秩序，推进市场化改革。

搞好人力资源配置，严格控制企业人员编制，合理调剂岗位余缺，增进员工就业。

推进分配制度改革，完善员工薪资结构，实行科学公平的薪酬制度。

1. 收入分配宏观调控的重点，应放在收入"高"、"低"这两头。对于层面上的高收入不能简单限制，而应推进市场化改革；对一般员工中的低收入者，包括农民工、内部退休职工、待岗职工等，应根据企业实际、社会平均收入，逐步提高他们的收入。

2. 要逐步确立岗位工资、绩效奖励、辅助工资为结构的岗位薪酬制度。要根据公司发展战略的要求，按照房地产开发、燃料销售、物业管理租赁、饭店旅游餐饮、城市服务业"五大板块"产业分类，探索研究市场公平的薪酬分配制度。

在权属单位，统一岗位工资标准，规范辅助工资标准；在企业完成经营目标的基础上，依据经济效益增长幅度，激活绩效奖励收入。

3. 加强薪酬收入管理，体现制度约束。依法依规管理薪酬支付形式与标准。尤其要对企业层级岗位之间、普通员工与经营者的收入差距进行研究，给予合理的定位，促进分配公平。

充分考虑员工福利，做好员工激励，建立内部职位管理制度，做好员工职业生涯规划，培养员工主人翁精神和献身精神，增强企业凝聚力。

在现有绩效考核制度基础上，参考先进企业的绩效考评办法，实现绩效评价体系的完善与正常运行，并保证与薪资挂钩。从而提高绩效考核的权威性、有效性。

大力加强员工岗位知识、技能和素质培训，加大内部人才开发力度，为公司"五大板块"产业配置与储备人才。

加强工资预算管理，体现工资预算的完整性与准确性，增强预见性，较好地发挥薪酬管理的调节作用。

根据公司战略发展需要，适时推进公司退管工作进程。年底前，各分公司单位的退管工作方式要取得实质性的进展。

根据集团公司"年金制度"实施意见，做好权属单位年金制度建立与管理。

九、加强安全工作，强化风险管理

要把安全工作列入党委、行政工作首要的议日议程，常抓不懈。

1. 坚持例会制度，严格检查考核。要不断增强安全意识。安全不保，一切皆输。所以始终要把安全放在第一位，例会制度要坚持，检查考核不能松懈。安全问题要"严"字当头，狠抓责任制的落实，做过细的工作。要把安全隐患消灭在萌芽状态，做到防患于未然。

2. 突出安全的五个重点：一是防汛工作；二是消防工作；三是食品安全；四是交通安全；五是人员密集场所的安全。各单位都要从各自的实际出发，抓好重点，全面防范。

3. 加大安全投入，及时解决问题，追求安全实效。没有安全就没有一切。所以安全的投入要保证，要舍得花本钱保安全。对于安全隐患或要解决的问题，要及时采取措施。自身解决有困难，要逐级上报，齐心协力，尽快解决。要以务实的作风，保证安全措施的落实。

4. 防止出现结构性问题，严格落实安全责任制。如果一个问题反复出现，那就是结构性问题，结构性问题，要通过责任制来解决，谁的问题谁负责。结构性问题存在于正常的业务流程中，如果严格按流程、规则办事，问题完全可以解决，所以责任制非常重要。而一些非结构性问题是难以预料的，具有很大的偶然性，所以各级领导和广大员工要更加警惕小心。要投入一定的精力对非结构性问题，进行研究、防范，降低风险，保证安全。

十、几点要求

在党的十七大召开前夕，党的创新理论不断地系统化、明朗化，十七大的舆论准备正在深入展开，所以大家要加强学习，增强政治敏锐性，以适应新形势、掌握新观点，作出新判断，不断提高思想认识水平。

在公司第二次党代会前夕，我们也要进行多方面的准备工作，一些基本工作思路和战略思考，要逐步披露，和大家达成共识，工作报告要和大家一起共同修改。所以要提前进入情况，共同学习，认真研究，准备充分，圆满完成第二次党代会筹备的各项任务。

公司从去年以来，发展异常迅猛，形势比较好，收益也比较好，在这种情况下更要谦虚谨慎，稳健操作，以扎实的步伐，大踏步地前进。同时也要看到我们面临的机遇和挑战。我们自己和自己相比有了长足的进步，但是要和先进的企业相比，我们差距还是相当大的，我们的事业还是处于起步、成长阶段。特别是进行国际化经营，进入资本市场，还没有迈出实质性步伐，我们入门的准备和力量还明显不足。所以我们的头脑要清醒。要不断克服困难，加强研究，拿出方案，开创工作的新局面。

我们要在科学发展观指引下构建和谐企业，落实金泰恒业战略，传达贯彻好这次会议的精神，以努力建设特大型、多功能、综合性强势企业集团的优异成绩，迎接党的十七大和公司第二次党代会胜利召开！

全面贯彻落实科学发展观　加强党的建设
实施金泰恒业战略　为把公司建设成为
现代强势和谐企业而奋斗
——在中国共产党北京金泰恒业有限
责任公司第二次代表大会上的报告

二〇〇七年九月十日

中国共产党北京金泰恒业有限责任公司第二次代表大会，是在党的十七大召开前夕，北京市第十次党代会之后，集团公司和我们公司第一次党代会以来，企业建设取得重大成就，并面临新形势新任务情况下，召开的一次重要会议。

这次会议的主题是：以邓小平理论和"三个代表"重要思想为指导，全面贯彻落实科学发展观，加强党的建设，组织党员率领员工，解放思想，与时俱进，同心同德，落实发展战略，推动企业又好又快地发展，为把公司建设成为现代强势和谐企业而努力奋斗。

下面，我代表中国共产党北京金泰恒业有限责任公司第一届委员会，向大会作报告。

一、过去五年的工作回顾

公司第一次党代会以来，我们在京煤集团党委领导下，高举邓小平理论和"三个代表"重要思想伟大旗帜，认真贯彻党的十六大以来的路线、方针、政策，落实市委、集团和公司党代会精神，以科学发展观为统领，坚持"高起点，新跨越，大发展"的指导方针，谱写了金泰恒业全面建设的新篇章，主要有十项成绩：

1. 思想建设不断提升

科学发展观和京煤集团文化观、金泰恒业观在广大党员和员工的思想上牢牢扎根。党的创新理论指导着我们进行新的理论和文化探索。公司关于企业建设理论的基本概括、关于在实践中要处理好若干重大关系、关于要重点掌握的十个理论观点，以及在京煤集团文化指导下的金泰恒业文化体系，如金泰恒业观、金泰恒业力、金泰恒业魂、金泰恒业成功文化，以及各单位总结提炼的各具特色的文化理念，有效促进了公司的思想建设。

2. 经济指标超额完成

——资产总额从 2001 年到 2006 年年末增长 70%。

——收入总额从 2001 年到 2006 年年末增长 134%。

——利润总额从 2001 年到 2006 年年末增长 115%。今年比去年增长近 10 倍。

3. 后续发展准备充分

公司通过五年调整、建设，初步建立了现代企业制度的基本框架，法人治理结构运转正常，基本制度趋于完善，为今后发展做了体制上的准备。

制定了公司第一个十年发展战略，确定了公司新的领导群体，为今后发展做了战略上、组织上的准备。

整合了资源，理顺了关系，凝聚了力量，做到了管人与管资产统一，为今后发展做了资源上的准备。

股权结构趋于合理，产权关系逐步理顺，改制基本完成，分公司和有限责任公司运转良好，为今后发展做了结构上的准备。

以小的增量盘活大的存量，公司资产总量 5 年来增长 70%，为今后发展做了资产方面的准备。

金泰大厦、金泰国益、金泰富地、金泰开阳等一批重大项目相继建成投入使用，金泰城·丽湾、金泰先锋开盘销售，效益可观，为今后发展做了经济实力上的准备。

确立了房地产为主导产业，房地产业进入快速成长期，为今后发展做了产业方面的准备。

统一金泰品牌，优化资源配置，提高经营档次，为今后发展做了品牌战略方面的准备。

确立了以"金泰恒业观、金泰恒业力、金泰恒业魂"为核心内容的企业文化，为今后发展做了思想动力方面的准备。

实施了公司总部重塑，实现了从管理型向管理经营型的转变，为今后发展做了能力提升方面的准备。

4. 发展战略落到实处

坚持"以房地产业为主导，以城市服务业为基础"的战略构想，提前实现了第一次党代会确定的战略目标。

出色地履行了首都燃料供应的政治责任。民用煤供应市民满意，政府放心。煤炭应急储备到位。以市场为导向，强化了销售。燃油经营建立了有效的激励机制，配送服务成效显著。

房地产开发形势喜人。经过合作开发业内土地，独立开发自有土地和独立运作开发业外土地三个阶段的战略转变，一批项目先后竣工和投入运营。房地产土地和项目储备积极推进。

物业租赁成效显著。物业经营借鉴国际知名企业经验，突出自身特色，提升管理资质，出租率逐年提高，接收业外项目，收益明显。金泰物业公司承接金泰城·丽湾和金泰先锋物业管理后，为打造公司房地产业的品牌正在进行有益的探索。

旅游饭店业健康发展。金泰海博和金泰绿洲两个饭店整合之后，市场定位更加清晰，销售收入节节攀升。金泰之家经济型连锁酒店挂牌运营，工作有序展开。航空服务机票销售收入逐年增加。

城市服务业运行平稳。汽车销售、厨房设备、敬老院、商品贸易等工作均有新的进展。城市服务业在安排职工就业、提供稳定收入、保持全局稳定方面发挥了重要作用。

5. 改革改制卓有成效

建立了分公司和有限公司双线并行的新体制。实现了经营模式由"多级法人、统一汇缴、独立核算、自负盈亏"向"一级法人、授权经营、独立核算、保值增值"的转换。坚持精心筹划，对三级、四级小企业和公司控股、参股企业进行清理整顿，共注销小企业和亏损企业42家。目前有分公司20家，控股公司33家，参股公司36家。深化了劳动、人事、分配制度改革。

6. 管理水平显著提高

重点加强了战略管理、产权事务管理、法律事务管理、投资管理、资金管理、全面预算管理、内部审计管理等。各项基础管理得到加强。

7. 企业和谐氛围浓厚

高度重视和谐企业建设，发展经济，提高效益，保证和谐；坚持以人为本，发扬民主，保障员工就业，提高生活水平，促进和谐；实施民心工程，扶贫济困，送温暖，办实事，维护和谐，努力营造良好环境。

8. 群众工作基础牢固

加强了对工会、共青团工作的领导。坚持全心全意依靠职工办企业的方针，维护职工合法权益，坚持职代会制度，厂务公开制度。开展群众性经济技术创新活动，进行职工培训，开展劳动竞赛与合理化建议活动、送温暖活动，把工会办成职工之家。重视共青团组织的政治思想和组织建设，开展适合青年特点的教育培训活动，活跃青年生活，提高青年素质。

9. 职工生活明显提高

在经济效益增长的同时，职工人均收入由2001年的17300余元，增长到2006年的31700余元。职工住房状况进一步改善，集资建房有序推进。各项社保资金、保险费用得到落实。为保证年金制度实施，每年企业增加支出1530万元。扶贫济困、送温暖、走访慰问五年共支付资金1078万元。

10. 党的建设全面加强

坚持党建创新，党委的政治核心作用、党支部的战斗堡垒作用、党员的先锋模范作用得到充分发挥。党的先进性建设成果突出，长效机制得到落实。

加强党的基本纲领、基本理论、基本路线，基本经验教育。坚持理论联系实际。办好一报一刊，《金泰时讯》出版 128 期，《金泰论坛》出版 8 期。思想政治工作进一步加强。企业文化建设被评为北京市和全国先进单位。

党的组织工作与企业改制同步展开，加强了领导班子、人才队伍、党员队伍、后备人才队伍和总部、分公司建设。注重能力建设和执行力建设。老干部的政治和生活待遇得到落实。广泛引进各类人才，企业人才底盘增厚。加大教育培训投入，建立竞争机制，优秀人才脱颖而出。

落实党风廉政建设责任制，构建惩治和预防腐败体系，加强教育，完善制度，强化监督，党风建设和反腐倡廉工作明显加强。坚持"四位一体"的监督机制，建设"阳光工程"，干部党员廉洁自律意识进一步加强。

过去的五年，是我们励精图治、团结奋斗的五年；是我们改革创新、成长壮大的五年；是落实公司战略、企业全面发展的五年；是各级党组织和全体党员，发挥政治核心作用、战斗堡垒作用、先锋模范作用、为企业发展作出突出贡献、党的建设不断加强的五年。在此，我代表公司党的第一届委员会向在座的各位领导、各位老同志、全体党员代表，并通过你们向公司全体员工致以崇高的敬意和衷心的感谢！

回顾过去五年的工作，我们的基本经验是：

——必须以科学发展观为统领，始终牢牢抓住发展这一第一要务。发展要突出主导，重点突破，全面把握，整体推进。要用发展的办法解决前进道路上的问题。五年来，正是由于抓住了发展这个第一要务和关键环节，切实发挥了房地产业的主导作用、燃料经营的传统作用和城市服务业的基础作用，从而使我们争取了发展的主动权。

——必须以党的先进性建设引领企业的先进性建设，始终把党的建设和经济工作紧密结合起来。要用党的思想建设引领先进的企业文化建设；用党的组织建设引领先进的团队建设；用党的作风建设引领先进的经营管理水平；用党的制度建设引领不断改革创新；用党的能力建设引领企业不断提高持续竞争优势。抓住党的先进性建设与经济工作的结合点，加快了企业发展步伐。

——必须加强"三项重点工程"建设，始终创造性地开展工作。按照集团党委的要求，把企业文化建设、创建学习型组织、人才工程建设"三项重点工程"放到重要位置上来抓。我们体会到，企业文化是基础，学习型组织是载体，人才队伍是保证。"三项重点工程"一起抓，公司五业大发展。

——必须有搞好企业的坚定信念，始终用公司发展战略统一思想和行动。五年来，我们遇到了重重困难，遇到了多种挑战。但是，我们有搞好企业的坚定信念，有强烈的事业心和责任感，所以能够不断地战胜困难，勇往直前。工作中，坚持用发展战略统一思想和行动，目标明确，措施得当，管理有力，使企业走上了健康发展之路。

在肯定成绩和总结经验的同时，也要看到面临的困难和挑战。主要是：公司刚刚步入成长期，结构调整的任务比较繁重，规模效益不突出，竞争力不够强；经营管理比较粗放，赢利水平不够高；战略支撑力不够强，产权制度改革有待突破，企业整体素质亟待提高，体制机制改革还需深化。这些问题，要引起重视，加以解决。

二、今后五年的指导思想、战略安排和奋斗目标

未来五年和今后一个时期，是我们继往开来、承先启后、加快发展的重要时期；是为实现企业发展战略创造条件、奠定基础的重要时期；是实现公司科学发展、和谐发展、创新发展、超常发展的重要时期。

在这个时期我们面临很多大好机遇。党的十七大即将召开，十七大精神必将为公司党建和改革发展提供强大精神动力。市委十次党代会，使我们更加明确了首都企业的历史责任。明年举行的奥运会是重要商机。我们必须抓住机遇，乘势而上，开辟工作新局面。

同时，我们也面临新的挑战。随着经济全球化的发展，全国经济发展方式的转变，市场体系的完善，我们必须进一步增强国际化意识、

发展意识、竞争意识和忧患意识，加快提高企业竞争能力。当前，国家经济体制深刻变革、社会结构深刻变动、利益格局深刻调整、思想观念深刻变化。我们必须进一步解放思想、统一认识、深化改革、加强管理，适应新形势需要。

未来五年和今后一个时期，我们的指导思想是：在京煤集团党委领导下，以邓小平理论和"三个代表"重要思想为指导，认真学习和贯彻党的十七大和市第十次党代会精神，全面贯彻落实科学发展观，构建和谐企业，加强党的先进性建设。坚持科学经营的战略思维，坚持"以房地产业为主导，以燃料经营和旅游饭店业为支撑，以现代城市服务业和关联产业为基础"的战略方向。落实一个企业品牌、三种经营模式、五个经济板块的战略格局。保持科学健康和谐的发展态势，保持团结奋斗成功的精神状态。在企业发展中，努力实现发展方式的转变，努力创造经济效益的一流水平，努力创建和谐企业，努力实现国际化、品牌化、网络化、资本化经营的新突破。全面加强战略管理，用五至十年时间将金泰恒业公司建设成为主业精、辅业兴、核心强的现代强势和谐企业。

以上指导思想，必须用公司战略予以保证。

1. 关于金泰恒业的战略目标

资产总额、净资产、收入总额、利润总额再上一个新的台阶。职工人均收入年递增8%左右。

2. 关于金泰恒业的战略原则

准确定位的原则——明确企业职能和战略方向；产业关联的原则——各产业之间相互关联，相互支持，相互提供保证；长短结合的原则——确定分期实现的程度和指标；扬长避短、优胜劣汰的原则——发扬优势，趋利避害；市场导向的原则——遵循市场规律，勇于参加市场竞争与合作；分步推进的原则——积极而又稳妥地按计划分步落实战略规划。

3. 关于金泰恒业的战略步骤

在未来五年和今后一个时期，要实施四步走的发展战略：第一步从生存到成长；第二步从成长到知名；第三步从知名到优秀；第四步从实现优秀到追求卓越。今后五年要扎扎实实地走好前三步，在更长一个历史时期实施从优秀到卓越的转变。

第一步从生存到成长。企业首先要生存，然后才能成长，生存战略是企业的基本战略。因此，公司首先要生存好。要继续增强忧患意识、危机意识，开拓经营，强化管理，多创效益。在生存的基础上加快成长。

第二步从成长到知名。目前，公司已经进入了快速成长期，要倍加努力，使金泰恒业成为知名品牌，在本市和全国有一定知名度。

第三步从知名到优秀。优秀企业是本地区的一流企业。要经过五年左右的时间，把金泰恒业建成全国同行业、首都企业界的一流公司，达到优秀企业的水平。

第四步从实现优秀到追求卓越。卓越企业是全国的一流企业。在五年之后和更长一个时期内，要实现优秀，追求卓越，要有把金泰恒业建成全国一流卓越企业的雄心壮志和实际行动。

4. 关于金泰恒业的战略格局

坚持一个企业品牌、三种经营模式、五个经济板块的战略格局。一个企业品牌，就是"金泰恒业"这个品牌。全力打造金泰恒业的金字招牌，以品牌战略获得高效益，促进大发展。

三种经营模式，就是总部经营、区域经营和专业经营。总部经营就是发挥总部投资中心、资产和资本运营中心的功能，实现国有资产保值增值。区域经营就是发挥各分公司的区位优势、项目优势、资源优势、网络优势，分区管理，扩大财源。专业经营就是按照专业，分门别类，走专业经营之路。

五个经济板块就是房地产开发、物业经营、旅游饭店、燃料经营、城市服务业五个板块。

为保证"一个企业品牌、三种经营模式、五个经济板块"战略格局的落实，要通过八大战略工程予以保证。一是观念创新工程，强调观念的与时俱进和思维方式的不断革新；二是体制创新工程，加大产权制度改革力度，构建权责清晰的管理体系；三是人才聚集工程，以内部挖潜与外部引进方式，加强人才队伍建设；四是绩效管理工程，建立全面系统的激励约束机制，深化分配制度改革；五是企业文化工程，以企业文化创新，以共同的文化理念，增强公司整体活力；六是管理升级工程，创新管理思路，改进管理方式，更新管理技术，不断加强信息化建设；七是"业务持续管理工程"，针对企业风险，建立完善的业务持续发展计划，逐项认真落实；八是党建工程，党委管方向，抓大事，出思路，依靠全体员工推进企业健康发展。这八大工程是公司战略的可靠保证。

三、突出经济工作重点，开创企业发展新局面

认真学习胡锦涛同志在中央党校的重要讲话，依据"四个坚定不移"的讲话精神，指导企业具体实践。今后五年乃至更长一个时期，在经济工作方面，要坚定不移地在八个方面取得新突破。

1. 坚定不移地推进经济结构调整，在集约化经营上有新突破

根据"以房地产业为主导，以燃料经营和旅游饭店业为支撑，以现代城市服务业和关联产业为基础"的战略方向和做专做精的要求，积极而又稳妥地推进经济结构调整，逐步形成五大经济板块。

要形成房地产开发业板块，切实发挥其主导和龙头作用。努力践行"创造新品质，引领新生活"的地产愿景。坚持以创新求生存，以创新促发展，以创新谋超越。不断提升产品优化设计能力、市场营销能力、成本控制能力、客户服务能力、融资能力和团队建设能力。房地产业要坚持相关多元发展，以房地产开发为先导，写字楼、饭店、旅游为基本业态，物业管理提供增值服务。按照项目升值潜力，政策支持合力，合作伙伴实力，品牌控制能力四个标准，搞好土地与项目储备，加快形成房地产开发的产业链。

要形成物业经营业板块，持有性物业租赁，要加快资产整合力度，通过物业管理整合，带动资产整合。整合后的持有性物业，达到管理规范，收益率高，市场化充分，品牌化突出的目标。主动寻求资本运

营的途径和方式，实现主导产业的超常发展。通过持有性物业的资本化运作，改变单纯依靠抵押贷款融资方式，支持主导产业发展。通过优势资源集中，提高资产创效能力。区域性经营物业租赁，要规范合同，化解风险，挖掘潜力，提高出租率和经济效益。物业管理，要按照国际化标准进行运作，建立和壮大物业管理团队，重点抓好金泰大厦、金泰富地、金泰国益、金泰开阳等重点物业项目的管理，做出精品，打造品牌。在接管金泰城·丽湾、金泰先锋和社会物业项目后，要以高品质的服务，为房地产业树立新形象，展示新风采。

要形成燃料经营业板块。认真履行好民用煤保供的政治责任，精心组织，保证质量，搞好服务，让市民满意，让政府放心。担负起北京市煤炭应急储备的责任。发挥传统优势，巩固扩大燃煤和燃油市场，参与市场竞争，强化销售，搞好资金回笼，实现收支平衡，不断提高效益。

要形成旅游饭店业板块。抓好高档酒店、经济型酒店和中低档旅店的管理，整合业内旅游饭店资源，扩大经营规模。经济型连锁酒店，借鉴先进的经营模式，加快推进管理创新，在管好业内酒店的基础上，运用连锁加盟、特许经营、战略联盟、业务合作等形式，向业外复制扩张。经济型酒店要形成自己的特色，营造良好氛围，吸引消费群体。

要形成城市服务业板块。城市服务业是员工就业与发展的重要载体，是公司和谐稳定的重要环节。公司传统服务业要逐步向现代服务业转变，运用信息技术和现代经营管理模式，形成服务网络，体现首都现代服务业的品质和功能。华夏航空服务公司要继续提高销售收入，提高利润水平。金泰开元汽车销售和出租汽车、厨房设备、养老院、商业门店等各类服务业，都要在提高竞争能力和经济效益方面再上新台阶。

2. 坚定不移地强化品牌建设，在市场影响力上有新突破

"用五年时间，全力打造金泰恒业品牌"，是根据公司现状和资源情况，站在战略高度提出的。五个经济板块要全面进入目标市场，培育核心产品，形成产业优势，带动相关产业的发展。以品牌推动战略实施，加快实现公司战略目标。

品牌管理是一项长期工作，必须统筹规划，制定措施，落实品牌管理领导责任制。推进品牌资源整合，规范品牌运作模式，将品牌建设、品牌管理贯穿于整个经济工作之中。坚持以发展形成品牌，以管理打造品牌，以精品塑造品牌，以文化提升品牌，以服务促进品牌，以效益巩固品牌。

"金泰恒业"品牌享有专用权，具有排他性和独占性，是市场竞争的重要手段，是公司物化劳动和活劳动成果的高度凝结，是公司重要的无形资产。加强品牌保护，维护品牌形象，防止在品牌注册范围和区域内发生侵权行为，是品牌建设的一项重要工作。要综合运用法律、行政和经济手段，保护公司品牌不受侵害。

3. 坚定不移地强化资本运营，在融资上市方面有新突破

充分发挥公司资金结算中心的作用，集中财力办大事；骨干企业进一步增资扩股，增强资本控制力；抓紧研究落实上市融资方案，优化股权结构，用三至五年时间完成主导产业上市，解决发展资金、发展动力、发展后劲问题。抓紧研究公司实施国际化战略问题，利用国际资源、国际资本支持企业发展，大力推动企业国际化进程。

4. 坚定不移地强化网络优势，在规模化经营上有新突破

我们公司要走与房地产业密切相关的经营之路，在进行房地产开发的同时，要搞好物业经营管理的市场定位和市场扩张。我们公司有四百多个地块、八十余家企业和四十多个民用煤供应网点，有很强的区位和网络优势。要对这些网络进行分析论证、改造升级，以信息技术和现代管理手段为依托，大力发展关联产业，以形成强大的现代城市服务网，使金泰恒业成为优秀的现代城市服务运营商。

5. 坚定不移地强化企业管理，在文化管理上有新突破

管理是企业永恒的主题。围绕计划、组织、领导、控制的基本职能，认真落实管理制度。高度关注现金流量、投资回报、收支平衡、赢利能力、偿债能力、发展后劲等问题，以保证持续竞争优势。

突出战略管理。战略管理是企业管理的重中之重。战略决定成败。要抓住战略分析、战略制定、战略执行三个关键环节，抓住差异化经营、专业经营、市场细分、成本领先和适应环境、快速反应这些核心

要素，发挥自身的资源优势、技术和组织的能力优势，在市场竞争中向着既定目标积极推进。

突出产权事务管理。落实产权代表管理制度，产权代表要履行责任，严守程序，严格纪律，依法依规开展工作。加强对产权代表的考核，进行有效的激励约束。加强对房产、地产和资源的管理，保护有形和无形资产，确保资产的安全与效益。

突出全面预算管理。切实发挥全面预算的指导功能、计划功能和控制功能。落实预算的全员性、全面性、全局性，维护预算的权威性、严肃性。以考核机制为保障，把预算方案落到实处。

突出法律事务管理。依法治企，规范运作。执行法律事务管理办法与合同管理办法，确保经营管理的合法性。保障法律信息的真实与畅通，保障企业健康有序运行。

突出风险管理。采取有效措施，防范和化解内部风险。增强企业实力，提高抵御外部风险的能力。提高危机处理能力。通过强化风险管理，把各种矛盾和问题解决在萌芽状态，保证全局的和谐稳定。

突出文化管理，加强企业文化建设。在加强基础管理的同时，更要重视文化管理，要用文化审视和提升各项经营和管理工作，用文化指导企业的全面建设。要使管理职能、管理制度、管理行为成为一种文化自觉意识，成为一种自觉的思维方式和行为习惯，成为一种非强制性的企业意识和经营管理活动。

大力加强企业文化建设，形成党委引领协调，党政共同负责，行政主体到位，部门协调配合，领导率先垂范，全员共同参与的领导格局和运行机制。坚持京煤集团主体文化，推行金泰恒业文化，树立金泰恒业观，增强金泰恒业力，铸造金泰恒业魂，弘扬金泰恒业成功文化。落实企业文化管理责任制和若干规定。要在教育培训、激励强化、严格要求、平时养成、勤于学习、实践探索方面有新进展，把企业管理和企业文化建设提高到新水平。

6. 坚定不移地深化三项制度改革，在市场化方面有新突破

劳动、人事、分配三项制度，要进行深度改革，按照市场化要求，

提升企业内在动力。贯彻效率与公平的原则，加强收入分配的宏观调控，既要推进分配的市场化改革，实施贡献与薪酬相匹配，进行有效激励和约束，又要着力提高低收入者的工资待遇。逐步确立岗位工资、绩效奖励、辅助工资相结合的岗位薪酬制度。按照行业特点，规范收入管理，体现市场因素。职工工资收入状况，要作为经营者业绩考核的重要内容。采取得力措施，激励经营者多作贡献，提高普通职工收入，促进企业和谐。

7. 坚定不移地强化人才队伍建设，在提高企业素质上有新突破

认真贯彻中央关于人才工作的决定，实施人才兴企战略。树立人才资源是第一资源，人才资本是第一资本的观念，加强经营管理人才、专业技术人才、高技能人才队伍建设，构建符合标准、规模较大、档次适中、结构合理、梯次配备、能力较强、作风扎实的人才工作新格局。把内部人才开发与外部人才引进结合起来，推进人才工作市场化进程。坚持用事业造就人才，用环境凝聚人才，用制度保证人才，老同志给待遇，中年人压担子，年轻人给舞台。把人才队伍建设和职工队伍建设结合起来，加大职工教育培训力度，促进企业整体素质提高。在未来五年，要培养造就100名合格经营者，1000名门类齐全、结构合理、梯次匹配的适用人才。

8. 坚定不移地实施科学经营，在赢利能力上有新突破

经营是企业的基本职能。要使企业科学发展，必须贯彻科学经营战略。要坚持生产经营、资产经营、资本经营、知识经营一起抓，协调配合，相互促进，全面发展。在搞好生产经营的基础上，资产经营要有新发展，要搞好资产的优化配置，搞好资产的有效整合，注重资产的规模效益，利用优良的资产，弘扬品牌，进行融资，经营获利。同时，研究制定资本经营方案，引进战略伙伴，进入资本市场，提高融资能力，实施低成本扩张。重视企业的知识经营，保护企业的无形资产，适应知识经济的要求，适应首都文化中心的功能，以知识经营、知识管理，促进企业加快发展。通过经营的综合创新，提高赢利能力。

四、落实科学发展观，推动企业科学发展，和谐发展，创新发展，超常发展

认真学习胡锦涛同志在中央党校的重要讲话，加深对科学发展观的理解。科学发展观，第一要义是发展，核心是以人为本，基本要求是全面协调可持续，根本方法是统筹兼顾。要坚持理论联系实际，把科学发展观落实到金泰恒业的全面建设之中。

1. 抓住核心内容，按照基本要求，掌握根本方法，推动企业科学发展

要抓住以人为本这个核心，按照全面协调可持续的基本要求，统筹兼顾的根本方法，推动企业科学发展。在实际工作中，要突出重点，统筹兼顾，全面把握，整体推进。房地产业，是我们的工作重点，要集中精力搞好。燃料经营和旅游饭店，是公司的重要支撑，要强力发展。其他城市服务业，要统筹兼顾。关于企业体制机制、人才结构、组织变革、经营管理等事关企业发展的重大问题，都要高度重视，不断提升。

2. 建设和谐企业，营造和谐氛围，实现共建共享，推动企业和谐发展

要坚持以发展保和谐，以和谐促发展。认真贯彻中央、北京市市委关于构建和谐社会的决定和意见，落实集团党委及公司党委有关和谐企业建设的文件精神，研究企业特点，准确把握构建和谐企业的实质和内涵。

以又好又快的发展保证企业和谐。企业和谐需要坚实的物质基础，要坚定不移地走科学发展之路，提高企业的自主创新能力，提高效益水平，增强企业实力，推进企业和谐发展。加大对构建和谐企业的投入，建立新的载体，通过舆论宣传、民主互动、相互关爱、扶贫济困、参政议政、沟通协调、创先评优等载体，理顺情绪，协调关系。坚持用发展和改革的办法解决前进道路上的矛盾和问题，激发企业活力，创造和谐局面。

大力弘扬社会主义核心价值观、金泰恒业价值观。以党内和谐、

领导班子和谐带动企业总体和谐；以科学的法人治理结构，依法依规办事，保证企业运行和谐；开拓经营，强化管理，使企业充满活力，实现内外部关系和谐；使出资人、经理人、员工各司其职，相互支持，各得其所，彼此利益和谐；创新体制机制，加强制度建设，保证企业结构和谐，推进企业和谐发展，使职工的幸福指数不断提高。

3. 坚持解放思想，深化改革，扩大开放，强化管理，推动企业创新发展

解放思想是精髓，改革开放是动力，强化管理是主题，综合创新是灵魂。要解放思想就要从满足现状，不思进取的旧观念中解放出来。要和先进企业比，和跨国公司比，找到差距，奋力追赶，勇于竞争。要树雄心、立大志，以加快成长为大，以故步自封为小；以致力优秀为大，以业绩平平为小；以追求卓越为大，以安贫乐道为小。解放思想，必须一切从实际出发。

深化改革，优化结构是落实公司发展战略的重要途径。要按照战略规划的要求，改革完善分公司体制，完善控股参股公司的治理结构。缩短投资链条，继续做好清理三级、四级小企业工作。解决好改革初期形成的生存型、安置型小企业问题。对规模小、布局散、竞争力不强、管理费用高、赢利水平低的小企业实施重组整合。

推进组织变革，逐步形成与房地产业密切相关的多元化经营格局。住宅地产、租赁地产、商业地产、旅游地产的开发，要为城市服务业提供坚实的物质基础，实现房地产业与城市服务业的共同发展，相互促进。要依据这一思路推进组织变革，进行结构调整，提高专业化经营水平。

适应经济全球化要求，扩大对内和对外开放，在国际化经营中有所作为。特别是物业管理、地产融资、旅游产业，都要有国际化视野和扎实、细致的工作。从现在起就要认真研究，制定事关国际化经营的规划与方案。

4. 强力推进"三项重点工程"建设，实施"四个扩张"，促进企业超常发展

集团党委大力倡导的企业文化建设、创建学习型组织、人才工程

建设"三项重点工程",是促进公司"四个扩张",实现超常发展的强大动力。"三项重点工程"基础越扎实,"四个扩张"越有力,就越能推动企业的超常发展。

资本扩张——继续盘活存量资产,发挥好资金结算中心的作用,利用好公司的网络资源,搞好项目和土地资源储备,吸引更多更好的战略合作者。加紧研究提出上市融资方案,以小的存量激活大的增量,以实现公司资本的超常扩张。

专业扩张——以公司五大经济板块为依托,突出重点,全面发展。五大经济板块要充分发挥各自的优势与专长,在做专做精上下工夫,以持续竞争优势,在专业市场和市场细分中占据有利地位,以实现专业经营的超常扩张。

地域扩张——适应经济全球化的新要求,立足首都,面向全国,走向世界。要在扩张首都市场的同时,积极开拓外埠市场。进而向国外发展,以实现经营区域的超常扩张。

规模扩张——要把公司做强做大,处理好做强与做大的关系,要先做强后做大。体制要强,管理要强,人才要强,实力要强。与此同时,注重规模效益,通过结构调整,重组并购,战略合作,以实现公司的规模扩张,实现公司超常发展。

五、全面加强党的建设,为落实金泰恒业战略提供坚强保证企业要发展,核心在党建;企业要成功,党建要先行

1. 加强党的思想理论建设,用马克思主义中国化的最新成果武装头脑,指导发展

深入学习邓小平理论、"三个代表"重要思想和科学发展观,学习党的十六大以来中央、北京市市委、集团党委提出的一系列重大战略思想。党的十七大召开之后,认真抓好十七大精神的贯彻落实。认真落实市委十次党代会精神。加强党员干部的思想教育和培训工作,坚持党委中心组学习制度,提倡刻苦自学。继续办好"一报一刊",

开展好党课教育活动，金泰恒业论坛活动，五强征文、文明单位、文明窗口评选活动。加强和改进思想政治工作。以学习型党组织建设，带动学习型企业建设。加强调查研究工作，针对企业发展重点难点，组织攻关。坚持把学习调研的成果转化为落实科学发展观，构建和谐企业的能力；转化为加强党的先进性建设，提高企业经济效益的能力；转化为落实公司发展战略，提高公司发展速度和质量的能力。

2. 坚持党的民主集中制原则，总揽全局，协调各方

要按照科学、民主、依法依规的原则发挥党委的政治核心作用。发展党内民主，推进党务公开，尊重和保障党员的民主权利。坚持党委常委议事规则，完善党内情况通报制度、情况反映制度和重大决策征求意见制度。建立健全常委会向党委会负责、报告工作和接受监督制度。积极探索党代会闭会期间发挥代表作用的途径和形式。研究探索党代会代表常任制的有效方式。通过坚持党的民主集中制，提高党委决策水平。

3. 加强领导班子建设和人才队伍建设

坚持党管干部、党管人才原则，树立正确的选人用人导向，要把那些政治上靠得住，工作上有本事，作风上过得硬，群众信得过的人才提拔到领导岗位上来。要按照市场认可、出资人认可、组织认可、员工认可的标准选好用好经营管理人才。优化领导班子结构，提高领导班子能力。加强教育培训，提高干部的政治素质和专业能力，使公司人才状况与企业实际工作相适应。加强年轻干部和后备干部队伍建设。深化人事制度改革，保持人才队伍的生机与活力。继续满腔热忱地做好老干部工作。

4. 大力推进党建创新，贯彻市委、集团党委党建创新意见

深入开展"五关心、五联系、五服务"活动，把服务群众摆在更加重要的位置，强化基层党组织服务群众的职能，完善服务群众的具体办法和工作制度，以服务群众的实效来增强自身的创造力、凝聚力和战斗力。真正重视、真情关怀、真心爱护广大一线党员和职工，积极主动地帮助他们解决困难，不断提高他们的素质和能力。巩固和发

展保持共产党员先进性教育成果，加强对党员的教育、管理和服务，全面贯彻落实中央关于保持共产党员先进性四个长效机制文件，使广大党员在各自工作岗位上充分发挥先锋模范作用。

5. 深入开展党风廉政建设和反腐败斗争

坚持党要管党、从严治党，贯彻标本兼治、综合治理、惩防并举、注重预防的反腐倡廉方针，落实党风廉政建设责任制。推进教育、制度、监督并重的惩治和预防腐败体系建设。加强党的作风建设，牢记"两个务必"，大力倡导胡锦涛同志提出的八个方面的良好风气，增强党员干部的忧患意识、公仆意识、节俭意识。抓住管人、管钱、管物等容易滋生腐败的环节，从改革体制机制入手，拓展从源头上防治腐败的工作领域。加强"四位一体"的监督机制和巡视工作。加强对权力运行的制约监督，加强对领导人员特别是主要领导人员的监督，把党内监督和各方面监督相结合，提高监督实效。抓好党员和领导人员的廉洁自律，加强党章和法纪、法规的学习教育，坚持关口前移，防微杜渐。教育领导人员不准为个人和家庭谋取不正当利益，时刻自重、自省、自警、自励，筑牢拒腐防变的思想道德防线，做到为民、务实、清廉。加强案件查办工作，严厉惩处腐败分子，保持党员队伍的纯洁，使各级党组织经受住改革开放和发展社会主义市场经济的考验。

6. 加强对工会、共青团工作的领导

充分发挥工会组织在构建和谐企业中的作用，积极引导工会组织，围绕企业大局，认真履行基本职责，以职工之家建设为载体，努力创建学习型、服务型、创新型工会，使工会组织真正成为党联系群众的桥梁纽带。加强共青团组织建设，不断创新团组织各项活动载体，努力增强青年工作的活力。充分发挥团组织是党的后备军作用，不断加强和充实党的后备力量，确保党的事业永续发展。

各位代表，公司成立以来，我们在科学发展观指导下，进行了一系列企业管理和发展的理论创新，有效地完成了第一次党代会的历史使命。当前，我们正站在一个新的历史起点上，企业管理和发展的理论创新更加必要。

　　我们要将科学发展观与金泰恒业的具体实践紧密结合，树立"科学经营，金泰大成"的理想信念。所谓大成，就是要在学问和事业上取得大成就。"科学经营，金泰大成"的内涵就是：

　　坚持科学经营的战略思维，一切依靠员工，一切为了员工，以生产经营为基础，以资产经营为保证，以资本经营为重点，以知识经营为源泉，立金泰大志，谋金泰大略，创金泰大业，实现优秀，追求卓越，创立大成。以企业价值、员工价值、市场价值的共同实现为新目标，为将金泰恒业公司建设成为主业精、辅业兴、核心强的现代强势和谐企业而奋斗。

　　我们要在京煤集团党委的领导下，高举邓小平理论和"三个代表"重要思想伟大旗帜，全面贯彻落实科学发展观，同心同德，开拓创新，共同建设金泰恒业的美好未来！

关于党的先进性建设
对企业先进性建设重大引领作用的若干思考

二〇〇七年九月十三日

　　企业党组织作为企业的政治核心，其先进性建设对企业先进性建设的引领作用至关重要。我们企业的党组织，是中国共产党的基层组织，党的先进性必须体现在基层党组织的先进性上。同时，我们又是企业，企业的党组织存在于企业之中，企业党组织在企业处于核心领导地位。企业党组织的先进性必须体现在企业的先进性上，两者的先进性不可分离。如果仅有党组织的先进性，而没有企业的先进性，党的先进性就是空洞的。如果仅有企业的先进性，而没有党的先进性，企业的先进性标准也是不高的。所以必须把党的先进性建设与企业的先进性建设紧密结合起来，实现共同进步，共同发展，进一步提高经济效益，履行好企业的使命。

一、要用党的思想建设引领先进的企业文化

　　党的思想建设与企业文化紧密相关。加强了党的思想建设，企业党的干部、广大党员有了较高的理论水平，才能实事求是地提出企业发展的思路，才能和员工共同总结提炼出符合企业实际的企业文化，用企业文化凝聚人心，从而形成强大的潜力与现实的力量，有力地支撑企业实现自己的战略构想。

　　要用党的思想统一，引领企业文化的统一。我们作为共产党员，指导

思想是统一的，思想不能是多元的。作为一家企业，企业文化也应该是统一的，也不应该是多元的。一家企业多元的文化，必然是分散主义，一盘散沙。因此我们必须用党的指导思想统一广大党员的思想，进而用企业文化统一广大员工的文化意识，带领员工建设共同的企业文化。

要由党的思想建设的深入，引领企业文化建设不断创新。随着建设学习型党组织、学习型企业的发展，广大党员与时俱进的意识，兴企富民的意识有很大增强。特别是近几年来，广大党员不断增强了先进性和科学性的意识，思想建设不断升华。与此同时，大大带动了企业文化建设的创新。企业文化建设和公司发展战略结合更加密切，企业文化正向各个管理分支延伸，形成分支文化；企业文化建设正向文化管理的境界提升，为实现优秀，追求卓越奠定文化底蕴。党的思想建设和企业文化建设共同深化，同步发展，同步创新，广大党员和员工的精神状态，才能一致起来，彼此之间才有共同语言，才能进行有效沟通，才能共同致力于企业的发展。

要用党的思想建设的经验，引领企业文化建设先进典型不断涌现。各单位党组织思想建设的经验，推而广之，必然会对企业文化建设有很大推动作用；党的思想建设的加强，必然对公司的文化建设有深刻的启迪；广大党员的深入思考，必然不断提高企业文化建设的水平。所以，要十分关注党的思想建设对企业文化建设的影响和放大效应，要使党的思想建设的经验，在企业文化上生根开花结果，是党的思想建设的典型，同时也成为企业文化建设的典型，两个典型要相互印证，相互促进，相得益彰。

二、要用党的组织建设引领先进的团队建设

企业党组织建设与企业的团队建设密切相关，党组织作为企业的核心骨干力量，必须把自己的能力扩展、输送、转化到员工中去，使企业员工形成一个坚强的团队，在市场中参与竞争，开拓经营。如果企业党的组织建设不能引领企业的团队建设，那党组织建设也难以见

到成效，缺乏团队精神的企业也很难搞好。

要用党的领导班子建设引领企业法人治理结构建设。党委在企业发挥政治核心作用，要统领全局，协调各方，要谋大局，出思路、抓落实。党委要依法依规开展工作，党委通过行使建议权和通过在企业法人治理结构中各个层次的党员作用，保证党委工作思路的贯彻执行。因此，党委首先要加强自身建设，要提高自身能力，保证决策的正确性。党委的政治核心作用发挥好了，才能够综合协调法人治理结构中各个层次的人员，各负其责，各司其职，相互制衡，积极工作，把力量都凝聚到企业发展上来。

要用党的干部队伍建设引领企业的人才队伍建设。企业党的干部队伍是企业的领导骨干，有了这样一支队伍，还远远不够，企业还必须有一支强大的人才队伍。党的干部不仅要精通和熟悉党的工作，还必须做精通业务的专才。同时，党员干部还要高度重视专业人才队伍建设和高技能职工队伍建设。要为人才队伍的成长创造条件。这样，党员干部队伍建设和企业人才队伍建设得到了双加强，才能为企业的先进性建设提供组织和人才保证。

要用党员的团结与先锋模范作用，引领员工队伍通力合作开拓经营。企业员工队伍要团结，首先党员队伍要团结。员工队伍在市场上有竞争力，党员的先锋模范作用至关重要。所以，在企业要不断加强对党员的管理教育，不断提高党员素质，实现党员的先进性，增强党内的团结，以此带动员工队伍的团结。使员工队伍成为一个坚强的团队。因此，在日常工作中，我们不仅要研究党员队伍的团结问题，而且要研究党员在企业团队建设中的作用问题，要使党员成为团队中的带头人、桥梁和纽带，要使党员队伍成为企业团队中的核心力量，这样企业的团队建设才有可靠保障。

三、要用党的作风建设引领先进的经营管理水平

党的作风建设不仅要体现在党员队伍建设上，也要通过党员的努

力推动经营管理水平的提高。如果党的作风建设与企业的经营管理工作毫不相干，党的作风建设也就脱离了实际。

要用党的思想作风建设引领企业先进的经营方略。党的思想作风建设的核心内容是坚持一切从实际出发，实事求是。在党的建设上离不开这一点，在经营管理上也离不开这一点。所以，各级党组织和广大党员，在经营管理中要带领员工坚持一切从实际出发，实事求是地分析形势和任务，这样，企业才会制定出符合实际的经营方略，才有提高效益的可靠保证。如果党的思想作风脱离实际，陷入空想，企业的经营是非常危险的。

要用党的工作作风建设引领企业在市场竞争中健康成长。市场经济是在相互竞争和比赛中成长的经济，如果没有竞争和比赛，死水一潭，企业就很难进步。企业党组织必须适应这个新形势。在市场体制下，党的工作作风要和提高企业竞争力联系起来，要和扩大市场份额联系起来，进行扎实有效的工作，这样才能引领企业成为市场竞争中的胜利者。

要用党风廉政建设，引领企业建设"阳光工程"。我党作为执政党，必须坚持立党为公，执政为民的本质。企业党组织必须加强党风廉政建设，才能有效地发挥政治核心作用。所以共产党员必须模范地遵守党规党法，执行纪律，廉洁奉公，为员工做出表率。与时同时，在企业建设特别是重大工程建设中，要加强对重点部位和重点工作的监督，加强审计检查，加强思想教育，严格防范各种漏洞的发生，共同建设"阳光工程"。

四、要用党的能力建设引领员工不断提高自身素质

新形势新任务要求企业党组织和党员必须不断加强能力建设。企业党组织和党员的能力建设，在企业整体建设中起着重要作用。各级党组织和党员要以自身的能力建设，带领和影响员工不断提高自身素质，提高员工的岗位能力和择业能力。

要用党员的学习能力引领员工刻苦钻研业务知识。在科技革命日新月异，知识更新不断加快的情况下，共产党员首先要做学习的模范，要认真学习政治理论知识、党建知识、科技知识和本职业务知识。要创造条件，争取机会，多参加教育培训。共产党员的能力要明显高于普通员工，这样大家才佩服你，才会具有引领作用，广大员工才会像共产党员一样刻苦学习，在本职岗位上作出突出贡献。

要用党员的创效能力引领员工不断提高效益水平。党员在生产经营第一线，要做创效的模范，要带领员工研究市场，开拓市场，服务客户，创造良好长期稳定的客户关系，以争得更多更好的效益。具有创效能力的共产党员，要为人师表，平等待人，要把自己的经验和能力传授给员工，要带领员工在市场中锻炼成长。要教育引导员工向管理要效益，节约挖潜，化解风险，不断提高效益水平。

要用党组织的创新能力引领员工努力建设创新型企业。创新是一个党和国家发展的不竭动力，也是企业长盛不衰的奥秘所在。因此共产党员要不断地解放思想，更新观念，要站在时代的高度、经济全球化的高度、企业发展战略的高度来思考问题，大力推进企业体制机制创新、管理创新、技术创新。共产党员做创新的模范，党组织做创新型的党组织，建设创新型企业才有希望。企业政治核心的创新和企业经营创新是一致的，两者必须紧密结合起来，才能以创新促进企业发展。

在京煤集团继续推进改革创新发展务虚会上的发言提纲

二〇〇七年十月二十五日

最近以来，我反复认真学习了胡锦涛同志的十七大报告。我深深感到，这个报告是指导我们党和国家沿着有中国特色社会主义道路又好又快发展的纲领性文件，也是指导我们企业保持坚定正确的政治方向，又好又快发展的纲领性文件。我们要把报告精神贯彻落实到企业的全面工作中去，实现国有资产的保值增值，以突出的业绩为中国的现代化建设事业做贡献。根据党的十七大报告精神，研究京煤集团改革创新发展的实际，明年以至今后一个时期的工作思路，我的初步想法有以下几个方面：

一、要高举中国特色社会主义伟大旗帜，就要深入贯彻落实科学发展观，依据集团三大战略发展格局，进行结构调整

企业要科学发展，首先结构要合理，结构优化问题是一个重大问题。进行结构调整要突出重点，综合协调，统筹兼顾，这符合科学发展观的要求。今后一个时期，在产业结构调整方面，要坚持两手抓，一手抓煤炭能源和房地产业，一手抓多种经营和城市服务业。煤炭能源和房地产业是集团的经济支柱，要以主要精力、下大力气抓好；多种经营和城市服务业是集团稳定和谐的重要基础，也不可忽视。三大战略格局、两手抓应该成为今后的一条重要思路和工作方法。

在产业结构调整中，要利用当前能源需求旺盛、房地产市场发展迅猛的历史机遇，尽快把煤炭能源和房地产业做强做大，体制机制改革要继续深化，管理要进一步加强，人才、资金要向煤炭业和房地产业聚集和倾斜。要发挥集团优势，抓住主要矛盾，抓好关键环节，着眼于提高持续竞争优势，集中主要精力提高煤炭业和房地产业的规模效益和赢利水平。在多种经营和城市服务业方面，要进一步提高开放水平，进行业务整合、资源整合，发挥网络优势、区域优势和整体优势。要利用现代信息技术和现代管理手段，对多种经营和城市服务业进行升级改造，运用连锁经营、特许经营、战略联盟等方式，进行市场扩张，要依据首都国际化大都市的特点，在国际化经营方面进行认真研究探索。

在产权结构和股权结构方面，一是要研究引进有实力的战略伙伴，进一步优化、强化企业的产权和股权结构，进一步促进治理结构升级，解决资金短缺、人才不足的问题；二是对骨干企业加快推进股份制改造，借助各方面的力量加快推进上市步伐，实现股权多元、公众化，以更好地解决发展资金、发展动力、发展后劲问题。

在资本结构方面，要实现实物资本、货币资本、股权资本、证券资本、人才资本、知识资本、品牌资本的优化配置。首都是文化中心，我们是首都的企业，企业的硬实力和文化软实力都要与首都的功能相协调，与提高市场竞争力的要求相协调。企业要在进入资本市场迈出实质的步伐；要实施人才兴企战略，在利用和充实人才资本方面有新举措；要创造和保护企业的知识资本、知识产权；品牌也是企业的重要资本，要加强品牌建设，以品牌赢得市场、提高效益。

二、要高举中国特色社会主义伟大旗帜，就要在促进国民经济又好又快发展中，提高自主创新能力，建设创新型企业，为建设创新型国家作贡献

一是要加强对建设创新型企业的领导，建立企业的创新体系。组

织力量进行调查研究，进行论证分析，提出企业自主创新的具体方案，认真组织实施；

二是加大对创新的投入，按照国家、社会、企业的通行比例提取研发创新经费，根据相应项目与课题，加大投入，专款专用，注重实效；

三是组织研发队伍，加强研发力量，把内部力量和社会力量结合起来，组织攻关，取得成果，提高效益；

四是创造良好环境，培养造就一批高水平的经营管理者和科技领军人才。重视教育培训，激发创新智慧，提高创新能力，培育创新成果，以创新促发展。

三、要高举中国特色社会主义伟大旗帜，就要坚持理论联系实际，大力推进企业全面建设

一是要以党建的改革创新引领企业全面建设的改革创新。要把贯彻党的十七大报告中关于以改革创新精神全面推进党的建设新的伟大工程的六项要求和市委、集团党委关于党建创新意见结合起来。用党的思想理论建设引领企业文化建设再上新水平；用党的执政能力建设引领企业党组织更好地发挥政治核心作用；用党内的民主政治建设引领企业民主管理和扁平化管理再上新台阶；用干部人事制度改革引领企业不断开创三支人才队伍建设新局面；用基层党组织建设，引领企业团队建设展示新风采；用反腐倡廉建设引领企业"阳光工程"再树新形象。在实际工作中，要把党建的改革创新与企业改革创新紧密结合起来，同步展开，相互促进，相得益彰。

二是统筹"四大文明"建设的新成果，大力提高全面、协调、可持续发展的自觉性。物质文明、精神文明、政治文明和生态文明，四大文明是一个高度统一的整体，必须全面抓好，不可偏废。在经济发展过程中生态问题、气候变暖问题日益突出，严重威胁着人类的生存与安全。我们集团及各权属企业对节能减排问题也有义不容辞的责任。

我们的主业是能源，要结合自身的特点进行深入研究。要认真研究能源的集约开采，深度加工，能源转换、物流配送，节约成本费用等问题。对新能源也要进行深入地探讨与研发。关于减排问题，要根据不同情况进行分类排队，找出具体问题，采取具体措施，认真加以落实，进行严格考核。我们企业在物质文明建设上要突出经济效益的提高，在精神文明建设上要突出思想道德水平的进步，在政治文明建设上要突出民主建设的加强，在生态文明建设上要突出节能减排、生态环境的改善。要通过四大文明建设促进企业科学发展、和谐发展、创新发展、安全发展。

三是高度关注和改善民生，以实际行动落实党的宗旨。党的十七大报告中讲的"五所"，学有所教、劳有所得、病有所医、老有所养、住有所居，对企业同样适用。在学有所教方面，要加强员工教育培训，提高员工素质，关心员工子女求学上进。在劳有所得方面，处理好效率和公平的关系，深化收入分配制度改革，一方面要推进分配的市场化改革，使贡献和收入挂钩，调动经营管理者和各类人才的积极性、创造性；另一方面要着力提高低收入者的收入，在企业效益增长的前提下，员工工资也要合理增长。在病有所医方面，要关心员工身心健康，适时组织体检，保证医疗费用落实。在老有所养方面，关心离退休人员包括内退人员的生活和各项待遇的落实，多为他们解决实际困难。在住有所居方面，要抓好集资建房工作，尽力解决员工的住房困难。要切实解决员工的就业、择业问题，在企业结构调整中，要坚持以人为本，善待员工，保证员工不下岗，有工作。要通过教育培训提高员工的岗位技能和就业、择业能力。要尽力帮助员工解决子女就业和家庭困难，满腔热情地做好老干部工作。

四是科学提升，理性发展，努力实现市场化、专业化、品牌化、相关多元化经营的新突破。在市场化方面，公司治理结构要更加适应市场要求，激励约束机制更能吸引人才、留住人才；在专业化方面，要按照专业经营的要求，对同类企业进行合并重组，注重规模效益；在品牌化方面，加强品牌建设、品牌管理、品牌保护，坚持以发展形成品牌，以管理打造品牌，以精品塑造品牌，以文化提升品牌，以服务促进品牌，以效益巩固品牌；在相关多元化经营方面，集团主导产业、支撑产业和基础产业要形成密切相关的产业链，各产业间要能够相互支持，相互提供保证。以煤炭为主业的相关多元化，上下游企业和关联产业，要坚持良性互动，在价值链上相互交融，管理上相互衔接。以房地产业为主的相关多元化，要坚持以房地产开发为先导和主导，同时搞好物业经营、物业管理和酒店服务。以房地产开发获得丰厚的利润，以物业经营租赁提供稳定的现金流，以物业管理提升品牌效应，以酒店经营推进市场扩张，树立企业形象。房地产开发还可为城市服务业提供优质的经营资产和经营场所，使城市服务业有牢固可靠的物质基础，具有低成本扩张能力。城市服务业还可为房地产业提供资金支持，形成相关多元的经营态势。城市服务业和多种经营也要形成关联效应，尽力改变分散经营、封闭运作的局面，要通过连锁经营，品牌运作，网络建设，进一步整合起来。

五是要坚持科学经营战略，提升经营档次和水平。所谓科学经营就是要在科学发展观指引下，进行全面协调可持续的经营。要坚持总部经营、区域经营、专业经营的新格局，坚持生产经营、资产经营、资本经营、知识经营全面推进的新变革。所谓总部经营就是发挥总部投资中心、资产和资本运营中心的功能，实现国有资产保值增值。区域经营就是发挥权属单位以及分公司的区位优势、项目优势、资源优势、网络优势，分区、分片管理，扩大财源。专业经营就是按照专业，分门分类，做专做精，做强做大，走专业经营、加速扩张之路。

要在搞好生产经营的基础上，资产经营要有新发展，要搞好资产的优化配置，搞好资产的有效整合，注重资产的规模效益，利用优良的资产，弘扬品牌，进行融资，经营获利。同时，研究制定资本经营方案，引进战略伙伴，进入资本市场，提高融资能力，实施低成本扩张。重视企业的知识经营，保护企业的无形资产，适应知识经济的要求，适应首都文化中心的功能，以知识经营、知识管理，促进企业加快发展。通过经营的综合创新，提高赢利能力。

　　六是继续强化"企业文化、创建学习型企业和人才工程"三项重点工程建设，要在企业的高层次建设上取得新成就。我认为，之所以三项重点工程建设是企业的高层次建设，是因为三项重点工程是管思想、管方向、管目标、管动力、管创新、管核心资源的关键工作，具有导向作用和战略意义。所以一定要站在战略全局的高度，把这三项工程建设好。

　　加强企业文化建设，要按照党的十七大报告的要求，为推动社会主义文化大发展大繁荣作贡献。要在建设社会主义核心价值体系、建设和谐文化、弘扬中华文化、推进文化创新方面有新举措。要按照集团公司企业文化建设的总体部署和工作格局，按照企业文化手册和分支管理文化的规范进行落实。按照责任制的要求，切实加强领导，行政主体到位，搞好检查考核。要用企业文化建设促进企业的文化管理，实现企业由经验管理、科学管理向文化管理的提升，坚持用文化的观点审视、指导和提升企业的经营管理工作。

　　关于企业文化的持续发展与改进：一是要把宣传党的十七大精神与宣传企业文化结合起来，把党的十七大精神贯穿渗透到企业文化中去，实现企业文化的与时俱进；二是在经济全球化形势下，立足首都国际化大都市的特点，进一步树立国际化思维与开放的文化意识；三是在资本市场快速成长的局势下，进一步树立企业向资本市场要效益的观念，向企业注入金融文化、证券文化、股份制改造文化的新内容；四是在企业整合过程中，也要注意文化的整合与交融、不断进行文化创新，要通过文化的整合，优势互补，形成更具凝聚力、竞争力的强势文化。

　　建设学习型企业，要把马克思主义的学习理论、中国传统的学习理论与西方的学习理论结合起来，把团队学习与个人学习结合起来。充分认识马克思主义中国化，西方管理理论本土化，温故知新、继往开来、继承优良传统，促进现代化的重要作用和意义。建设学习型企业今后要做的工作：一是用中国特色社会主义理论武装头脑，做到旗帜鲜明，道路正确，立场坚定，头脑清醒，行为端正，业绩突出；二是在坚持中心组学习制度的同时，仿效中央政治局集体学习的方法，请权威人士讲课，开阔眼界，丰富头脑；三是开展企业学习发展论坛活动，交流学习体会，对企业发展谏言献策；四是把专业性学习和复合型学习结合起来，使经营管理者既能提高专业工作水平，又能做复合型的领导者。使员工既能精通专业知识，又能做到一专多能，做复合型的人才；五是抓好典型，总结经验，推动学习型企业建设；六是注重实效，通过学习改变个人和集体的心智模式，把学习的效果落实到效益上、发展上。

　　人才工程建设，要用党的十七大精神重新分析、审视企业的人才工作，开创人才工作新局面。要认真贯彻十七大对人才工作的新要求和中央关于人才工作的决定，实施人才兴企战略。树立人才资源是第一资源，人才资本是第一资本的观念，加强经营管理人才、专业技术人才、高技能人才队伍建设，构建符合标准、规模较大、档次适中、结构合理、梯次配备、能力较强、作风扎实的人才工作新格局。把内部人才开发与外部人才引进结合起来，推进人才工作市场化进程。坚持用事业造就人才，用环境凝聚人才，用制度保证人才。老同志给待遇，中年人压担子，年轻人给舞台。对各级各类人才要从企业可持续发展出发，坚持重用一批，培养一批，储备一批，加强后备干部、后备人才工作。大胆起用和引进优秀年轻人才。把人才队伍建设和职工队伍建设结合起来，加大职工教育培训力度，促进企业整体素质提高。

在金泰恒业公司成立六周年
庆典仪式上的讲话

二〇〇七年十二月四日

今天，我们在这里隆重召开公司成立六周年庆典大会。此时此刻，虽然我们刚刚度过金泰恒业公司的诞生日，但欢庆的锣鼓声，仍然响彻在云霄，公司上下仍然是一片喜庆热烈的气氛，大家一直都沉浸在欢乐的海洋里。

6 年前的 11 月 28 日，北京金泰恒业有限责任公司冠名诞生。6 年来，金泰品牌初步确立，思想建设不断提升，经济指标超额完成，后续发展准备充分，发展战略落到实处，改革改制卓有成效，管理水平显著提高，企业和谐氛围浓厚，群众工作基础牢固，职工生活明显提高，党的建设全面加强。现在，我们正按照党的十七大指引的前进方向，按照公司第二次党代会的战略部署，高举中国特色社会主义伟大旗帜，在中国特色社会主义伟大道路上阔步前进。

为此，请允许我代表金泰恒业党、政、工、团，对今天前来参加庆典的集团领导、公司老领导、先进人物代表、各位嘉宾、同志们和朋友们表示最热烈地欢迎！对长期以来给予我们以鼎力支持和热情帮助的各位同仁，表示最衷心的感谢！

6 年来，我们以邓小平理论、"三个代表"重要思想为指导，全面贯彻落实科学发展观，在京煤集团党委和公司党委领导下，依靠广大员工，奋力拼搏，不断开创了公司全面建设的新局面。6 年来，公司资产总量增长近 1 倍，所有者权益增加 18%，收入总额增长近 3 倍，利润总额增长近 20 倍。在我们成功改制后，建立了现代企业制度的基本框架，法人治理结构运行顺畅，工作卓有成效；我们成功召开了两次党代会，确立了公司发展的指导思想和基本思路，顺利实现了领导班子的新老交替，相继确立了新的坚强领导集体；我们制定了公司五年规划和十年发展战略，今年又组织力量对公司战略进行了修订，并且认真地贯彻执行，有效保证了公司沿着正确的方向扎实推进；我们按照"大而优，小而强，难而进，劣而汰"的指导方针进行经济结构调整，相继建立了分公司和有限责任公司双线并行的新体制；公司第二次党代会进一步明确了"以房地产业为主导，以燃料经营和旅游饭店业为支撑，以城市服务业和关联产业为基础"的战略方向，正在逐步形成"一个企业品牌，三种经营模式，五个经济板块"的战略格局，目前正在按照四步走的战略安排，开拓经营，加强管理，向着建设现代强势和谐企业的目标大踏步地前进。

我们庆祝公司成立六周年，正值党的十七大闭幕不久，党的十七大使我们公司的发展有了更明确的方向，同时也对我们的工作提出了新的更高的要求。下面我借这次会议，讲三点意见：

一、认真学习贯彻党的十七大精神，掌握精神实质，理解报告内容，指导实际工作

要按照中共中央《关于认真学习宣传贯彻党的十七大精神的通知》要求，把我们的思想统一到党的十七大精神上来，把力量凝聚到实现党的十七大确定的各项任务上来。要充分认识学习宣传党的十七大精神的重大意义，全面准确学习领会党的十七大文件。要通过原原本本地学习党的十七大报告和党章，提高坚定不移地高举中国特色社会主义伟大旗帜，深入贯彻落实科学发展观的自觉性和坚定性。学习十七大文件要坚持理论联系实际，着眼武装头脑，指导实践，推动工作。各级党组织要把宣传贯彻党的十七大精神作为首要政治任务，摆上重要议事日程，切实加强组织领导，采取有效形式进行学习宣传，

以指导和促进企业的全面建设。

二、要把学习贯彻党的十七大精神与贯彻落实公司第二次党代会精神结合起来，以高度的自觉性推进公司发展战略的落实

我们公司第二次党代会，是在胡锦涛同志 6 月 25 日，在中央党校的重要讲话发表之后召开的重要会议。公司第二次党代会报告，符合胡锦涛同志 6 月 25 日讲话精神，符合党的十七大报告精神，符合时代要求和我们公司的实际。所以要把我们公司全体员工的思想和行动统一到党的十七大报告和公司第二次党代会精神上来。要明确公司发展的指导思想、战略目标、战略原则、战略步骤、战略格局；要突出公司经济工作重点，按照"八个坚定不移、实现八个新突破"的要求，积极组织实施；要以改革创新的精神全面加强党的建设。从而为推动公司科学发展、和谐发展、创新发展、超常发展提供坚强保证。为公司实现优秀、追求卓越，创立大成做出不懈的努力。

三、在成绩面前要谦虚谨慎，戒骄戒躁，迎接挑战，抓住机遇，依靠全体员工，高度关注民生，努力建设可持续发展的"绿色企业"，为"四大文明""四大建设"贡献力量

物质文明、精神文明、政治文明、生态文明，"四大文明"是当代中国文明建设的四个重大课题。特别是生态文明的提出，在气候变暖，影响人类生存与可持续发展的严峻形势下，更有其特殊的意义，节能减排，建设"绿色企业"的任务更加突出，我们作为能源供应与物流企业也义不容辞。"经济建设、政治建设、文化建设、社会建设"，这"四大建设"同样也是当代中国面临的重大任务，其中社会建设与民生问题联系更加密切。关注民生、重视民生、改善民生是社

会建设的首要任务，企业也义不容辞，所以我们要以人为本，建设企业。"四大文明"和"四大建设"既有联系又有区别，我们要把这"四大文明"和"四大建设"结合起来，加深理解。要突出重点，统筹兼顾，全面加以落实和解决。我们要认识到，经济是中心，物质是基础，政治是保证，精神是动力，文化是源泉，生态是前提，社会是家园，人类是根本。我们在实际工作中，要抓住这些要点，从总体上研究安排企业的工作，认真抓好各项具体工作的落实。

在新的形势下，我们要正确地总结过去，要以新的姿态迎接未来。在新的历史起点上，要谦虚谨慎，戒骄戒躁，奋力拼搏，开拓经营，强化管理，不断提高企业的可持续发展和赢利能力。

公司第二次党代会确立了从今年到 2012 年的具体奋斗目标。要实现这些目标，既鼓舞人心，又非常艰巨，但只要我们按照第二次党代会确立的"科学经营，金泰大成"的理想信念，坚持"从生存到成长，从成长到知名，从知名到优秀，从实现优秀到追求卓越"的四步战略，依靠全体员工扎扎实实地工作，落实"一个企业品牌、三种经营模式、五个经济板块"的战略格局，突出经济工作重点，逐年认真落实全面预算提出的各项经济指标，抓住机遇，乘势而上，化解风险，大力建设品牌金泰，市场金泰，活力金泰，和谐金泰，效益金泰，我们就一定能够实现公司的战略目标，使职工的收入和生活水平再上新台阶。

高举中国特色社会主义伟大旗帜
开创二〇〇八年金泰恒业科学经营的新局面

——在二〇〇七年北京金泰恒业有限责任公司
党委扩大会议上的讲话

二〇〇七年十二月十八日

在党的十七大和公司第二次党代会闭幕不久，我们在今天召开2007年公司党委扩大会议。这次会议，对于认真传达贯彻党的十七大精神，落实公司第二次党代会的战略部署，在两级领导班子第三届任期的开局之年，开创2008年公司科学经营的新局面有着重要意义。

2007年，我们在京煤集团党委的领导下，全面贯彻落实科学发展观，建设和谐企业。按照全面预算工作的要求，各项经济指标圆满完成，经营管理、经济结构调整、企业文化建设、体制机制改革、职工收入水平都有了新进展、新提高。通过学习党的十七大和公司第二次党代会精神，党的思想、组织、作风、制度和能力建设进一步加强。两级党委围绕国有资产的保值增值，在企业改革发展稳定中充分发挥了政治核心作用，党的先进性建设迈出了新步伐。重视老干部工作。加强了对工会、共青团工作的领导。为做好2008年的工作奠定了坚实基础。

关于2008年企业的全面建设，我们专门召开务虚会进行了研究，依据党的十七大精神和中央经济工作会议精神进行了广泛认真深入的思考。明年公司经济工作和党的建设的指导思想是：全面贯彻党的十七大精神，高举中国特色社会主义伟大旗帜，以邓小平理论和"三个代表"重要思想为指导，深入贯彻科学发展观，紧密围绕落实公司第二次党代会精神和公司发展战略，适应当前新形势新任务的要求，继续深化改革，调整结构，自主创新，强化管理，苦练内功，夯实基础，不断开创公司党的建设和科学经营的新局面。

依据以上指导思想和经济指标，明年的主要任务是以下几点。

一、全面贯彻党的十七大精神，大力增强高举旗帜、科学发展的自觉性和使命感

公司两级党委和广大党员要原原本本地学习十七大报告和党章修正案，要按照中共中央《关于认真学习宣传贯彻党的十七大精神的通知》要求，把全体党员和职工的思想统一到党的十七大精神上来，把力量凝聚到实现党的十七大确定的各项任务上来。要充分认识学习宣传贯彻党的十七大精神的重大意义，全面准确学习领会十七大文件的内容和要求。坚持理论联系实际，着眼武装头脑，促进公司发展战略和各项经济指标的落实。利用多种形式，开展十七大精神的学习宣传。加强组织领导，形成领导班子成员带头学，广大党员认真学，教育培训深入学的大好局面。从而使我们更加自觉地高举中国特色社会主义伟大旗帜，坚持中国特色社会主义道路，坚持中国特色社会主义思想体系，以落实科学发展观的自觉行动，推进我们公司"科学经营，金泰大成"理想信念的逐步实现。

二、依据中央经济工作会议精神，分析当前形势，适应新情况，抓住新机遇，迎接新挑战

我们要十分明确中央经济工作会议的新要求。明年，全国经济要坚持稳中求进，防止经济增长由偏快转化为过热，防止价格由结构性上涨演变为明显通货膨胀，要严格控制固定资产投资过快增长，实施从紧的货币政策，严格控制货币信贷总量和投放节奏，严格控制新开

工项目。防止房地产泡沫。我们要以此为背景，深入研究明年的经济工作走势。

在国资委系统，央企和地方国企重组步伐加快，运行更加规范，考核更加严格，要求标准更高，保值增值、注重收益的责任更重。

国企上市步伐加快，数量增加。新财务制度的实行，新劳动合同法的颁布，都对我们提出了新要求、新课题。

在京煤集团实施的三大战略格局当中，煤炭能源是主导，我们公司起支撑作用，煤炭能源和城市服务业两个轮子，我们是其中一个，在京煤集团战略中，有着举足轻重的地位。我们面临的任务十分繁重。

在我们公司发展的新时期，在领导班子第三届任期初始之际，也呈现出一系列的阶段性特征：一是在结构调整上，我们公司6年来进行了广泛而深刻的组织变革和结构调整，五大板块的格局基本形成。但是点多、面广、规模小、效益低的状况仍然存在。我们解决了生存问题，但强势发展困难仍然很多。二是在机制改革上，我们取得了一定成效，但是市场化导向仍有不足，激励约束机制仍不够全面科学，公司市场化运作的能力和水平仍有较大差距。三是在战略实施上，房地产业的主导地位日益显现。但是房地产开发受宏观调控的影响很大，不确定因素增多，在群雄并起的房地产市场上，我们的竞争能力仍比较薄弱。我们土地储备比较少，融资方式比较单一，规模效益仍不够突出。物业租赁有待于进一步优化客户资源，提升品牌形象，提高租金收益。物业管理有待升级扩张。燃料经营对公司销售收入贡献很大，但回收货款难度加大，现金流压力突出。经济型酒店经营，有了良好的开端，但全国经济型酒店快速成长的局势，对我们提出了新的挑战。城市服务业对于保证员工就业、稳定全局起了重要作用，但门类众多，相关性不强，收益不高，管理难度较大。城市服务业还没有形成真正的经营板块，规模效益不突出。

根据上述宏观形势和企业内部状况的分析可以认识到，我们有机遇也有挑战，有优势也有劣势，有压力也有动力。但总体上说机遇大于挑战，优势大于劣势，动力大于压力。我们要保持清醒的头脑，认真分析、准确判断形势，抓住机遇，乘势而上。要以高度的责任心千方百计化解风险，以科学经营的新姿态，推进企业综合创新，坚持"好"字当头，推进企业快速发展。

三、掌握解放思想的法宝，强化"六个意识"

毛泽东同志 1939 年 10 月在《共产党人发刊词》中指出："统一战线，武装斗争，党的建设，是中国共产党在中国革命中战胜敌人的三大法宝，三个主要的法宝。"在新的历史时期，我们还必须掌握解放思想这个法宝。胡锦涛同志在党的十七大报告中指出："解放思想是发展中国特色社会主义的一大法宝。"这"四个法宝"我们都要牢记。在新时期我们要掌握解放思想的法宝，就要强化以下六个意识：

1. 强化科学发展的意识

我国新时期最显著的成就，是快速发展。我们公司 6 年来利润增长了近 20 倍，最显著的成绩，也是快速发展。在新时期、新阶段，发展有了新要求、新特点，我们必须深刻把握面临的新课题，新矛盾，用科学发展观指导发展。公司五大板块要突出重点，统筹兼顾。要做强主导，做优支撑，夯实基础。房地产开发要适应形势，稳健操作。要立足北京，面向全国，开辟重点地域，搞好市场定位，增加土地储备，完成新一轮增资扩股，提高融资能力，加快上市步伐，争取早日进入资本市场，早日做强做大。关于房地产开发立足北京，怎么立足，要进行深入研究，要有具体措施，关于开辟重点地域，开辟一个地方、一个城市就要扎下根来，做出成绩来，做出品牌来，开辟一个地方就要干好一个地方、巩固一个地方，在此基础上进行适度扩张。旅游饭店业，特别是经济型酒店，要在快速发展的市场竞争中占有一席之地，要有敢当市场领先者的具体规划和实际行动。物业租赁和物业管理要强化品牌意识，为房地产开发提升品牌形象提供有力支持。物业租赁要在出租率满额的基础上，优化客户资源，提高租赁收益。加强对规模较小物业出租实体的管理、监督、指导。物业管理要与地产开发项目的要求和业主客户的需求相匹配，服务水平要进一步提升，市场扩张力要继续加强。燃料经营要发挥传统优势，扩大市场占有率，做到销售额、利润、回收货款的同步增长，切实化解经营风险。城市服务业符合首都的功能，具有广阔的发展前景。明年要组织专门力量，研究城市服务业板块发展问题。城市服务业也要注重专业经营，增强活力。要按照"专精强大"的思路在城市服务业中培育挖掘新的经济增长点，继续进行深度整合，向专业化方向发展。不具备增长潜力，扭亏无望，效益低下的经营项目要坚决有序退出。从而，使城市服务业实现由总括到细分，由分散到关联，由弱小到强大，由传统到现代的深刻转变，真正使城市服务业板块强大起来。

2. 强化自主创新的意识

党的十七大报告对"提高自主创新能力，建设创新型国家"提出了具体要求。两级党委和相关部门要对建设创新型企业进行认真研究，提出思路。我们公司虽然不是知识密集的科技企业，但也不可忽视创新的决定作用。为了提高公司的自主创新的能力，明年要抓的工作：一是要组织力量进行调研，找准建设创新型企业的切入点，研究提出公司的创新体系；二是突出创新的重点部位，集中突破，取得成就；三是加大对研发创新的投入，从经费上予以保证。加强调研，科学论证，注重实效，加强考核；四是建立激励机制，营造鼓励创新的环境，使全公司创新智慧竞相迸发，各方面创新人才大量涌现。

3. 强化产业关联意识

我们公司是个多元化企业，由于历史原因，经营实体之间联系不紧密，有的生存困难，发展空间很小，不符合公司的战略方向。今后一个时期，要按照相关多元化的思路，对一百多个经营实体进行梳理分析，把战略目标和财务目标高度统一起来，推进组织变革，进行业务整合，合并同类项，强化关联度。各产业之间在管理上要相互融合，在资金上相互支持，在资产上相互提供保证，在品牌上相互提升。通过强化关联意识，使公司各产业形成强大合力，提高企业整体竞争能力。

4. 强化合作双赢意识

万物一体，普遍联系是一条重要的哲学思想。合作双赢，共建共享是金泰恒业观重要的哲学理念。企业和政府、和社会组织以及利益相关者，企业和企业、企业自身各个方面密切合作，和谐双赢，才有广阔的发展前景。建立战略伙伴关系，已成为企业发展进步的一条重要途径。世界上大的公司一家平均战略伙伴在 30 个以上，有的企业多达 100 余个。所以我们要以开放的姿态寻求和政府的合作，与国内外大公司合作，和科研单位、大专院校合作。企业内部更要密切合作。我们公司在海南地产项目的合作，在辽宁地产项目的合作，彤翔分公司和地方共同开发的合作，都说明了合作双赢的重要性和必要性。

5. 强化依法依规的意识

我们的一切活动都要在法律的范围内活动。要按照法人治理结构的要求，规范运行。董事会专业委员会要充实人员，进一步发挥作用。新成立的公司，要依法制定工作制度，遵照执行。公司托管企业，按规定理顺管理体制，落实管理职能。要落实公司法律事务管理规定与合同管理办法。执行税法、劳动合同法和新的财务制度，执行节能减排的指标要求。产权代表要认真履行责任，公司相关部室要对各单位产权代表履职情况进行一次认真分析，针对问题，提出改进措施，进一步完善考核办法。

6. 强化风险意识

公司成立 6 年来，每次年度会议我们都从不同角度强调风险和危机问题，收到了很好的效果。正是由于我们平时保持了高度的警觉，采取了得力措施，才使我们不断地化险为夷，保证了企业健康发展。今后要继续强化风险和危机意识，按照"业务持续管理"的要求，全方位地化解风险，防患于未然，确保公司安全稳定发展。

四、按照公司发展战略的要求，抓好五项重点工作

1. 创建优秀，追求卓越，提升金泰建设标准

一是建设市场金泰。以市场为导向，适应市场要求，推进市场化

改革，以卓越的产品和服务提高市场竞争力，公司五业要敢于做市场的领先者和市场的开拓者。二是建设品牌金泰。按照第二次党代会确立的品牌建设总思路，落实公司品牌建设指导性意见和品牌管理制度，以品牌获得客户忠诚，以品牌扩大市场效应，以品牌塑造企业形象，以品牌提升企业品质。要像爱护眼睛一样爱护金泰的品牌。三是建设效益金泰。以提高经济效益为中心，全面加强企业管理，公司龙头企业要全力支持，骨干企业要大力扶持，强势企业要提供帮助，劣势和亏损企业要整合退出。四是建设和谐金泰。以公司战略引导和谐，以经济发展保证和谐，以"民心工程"促进和谐，落实公司建设和谐企业的意见，为企业科学发展创造有利条件。五是建设活力金泰。继续深化改革，建立新的激励约束机制。尊重知识，尊重劳动，尊重人才。广泛发扬民主，加强教育培训，提高员工素质，增强企业活力；六是建设绿色金泰。按照党的十七大报告关于必须把建设资源节约型、环境友好型社会放在工业化、现代化发展战略突出位置的要求，大力开展节约降耗、节能减排工作，并以此为契机，降低成本费用，保护生态环境，提高企业效益。七是建设安全金泰。根据企业特点，突出安全重点，把一切安全隐患消灭在萌芽状态。

2. 绘制"路线图"，做好骨干企业上市的充分准备

对于企业上市工作，公司第二次党代会提出了原则要求，明年要抓紧展开。资本运作是明年的重头戏，上市工作要作为重点，组织专门力量来研究。企业上市，有利于筹集资金，改善资产负债结构；有利于加快企业改制，实现体制机制创新；有利于产权主体多元化，分散投资风险；有利于加强对企业的监督，促进决策科学化、民主化；有利于扩大社会影响，树立企业的良好形象。为了做好公司上市准备，一是要搞好教育培训，重点是金融证券知识和政策的培训，宣传部和组织部要做好计划安排；二是地产公司、旅游饭店公司、物业租赁分公司三个单位，作为上市重点进行探索，这三个公司明年计划中都要有上市的工作设想，成熟一个上市一个。三是要组织内部力量和聘请外部专家分析公司现状，提出基本思路，以及上市时间进度表，分步

落实；四是慎重选择有资格的证券公司、会计师事务所、律师事务所和资产评估事务所开展专业服务，出具相关意见，相互配合，积极组织实施，力争早日抓出成效，早日实现上市融资的新突破。

3. 强化战略管理，提高企业核心能力

一是强化资源战略，要把公司的优势资源配置在主要发展方向上，特别是房地产开发上。要把公司的折旧资金、开发资金、变现资金严格管起来，加强考核。要把现金流管理作为资源战略的重中之重，列入各级领导班子考核的首要内容。二是强化全面预算管理，要在以往预算工作有明显成绩的基础上进一步提高预算工作水平，加强预算工作的执行力。财务工作要围绕落实预算目标，提高经济效益，抓好各项"平台"建设，增强财务工作的指导性和控制力；三是在公司战略指导下，各职能部门要制定措施，督促指导各业务单位，把战略任务落到实处；四是要把卓越的效率、卓越的品质、卓越的创新、卓越的文化和卓越的客户响应，作为具体目标，以国内外先进企业为榜样，实施标杆管理，大力提升战略管理水平；五是以全球化视野认真研究国际化战略问题。一些国际著名企业家指出：纯粹意义上的国内行业已经不复存在，你没有选择全球化，但市场为你做出了选择，这是你必须接受的。这些论述，也证明了我国改革开放政策的英明所在。作为金泰恒业也处在国际化、全球化的浪潮之中。公司第二次党代会提出了实施国际化经营新突破的思路。我们要下力气研究这个问题。在全球竞争战略当中，国际化是最低层次，其上逐次是多国本土化战略、全球战略和跨国战略，我们要从头做起，由低到高，逐步发展。如果我们不尽早考虑研究这个问题，就会落后于时代的潮流，就有被淘汰的危险。我们的旅游饭店业已经开始在国际化战略方面进行有益的探索，今后要继续深入下去。

要加强对公司三大经营模式运行规律的研究，不断提高经营质量。总部经营要有高度，专业经营要有规模，区域经营要有特点有活力，各有各的位置，各有各的特色，各有各的任务。明年三大经营模式都要具体化。总部经营要以资产经营、资本经营为重点，制定重大投资决策，提高投资收益。区域经营，以发扬地域优势、贴近市场、贴近顾客、搞好城市服务业为重点，大力发展、培育优势项目，增强低成本扩张能力，城市服务业要以强势项目为依托，敢于打破地域界限，实施网络化经营，推进连锁经营、特许经营。区域经营也要有做强做大的战略规划，要致力于培育若干强势企业，提高赢利能力。专业经营的重点，在于专业能力的提升，强化各经济板块的运营效果。专业经营也贯穿于总部经营、区域经营和各个经济实体的实际运作之中。我们都要通过学习和实践，加快提高自身的专业水平。

落实企业发展战略，是增强公司核心能力的重要途径。今年经过修订的公司战略，提出了战略管理的若干任务和相关保证工程，大家要认真研究落实。

4. 加强"三项重点工程"建设，全面提高企业素质

继续强化企业文化、创建学习型组织、人才工程"三项重点工程建设"，促进企业整体素质的提高。在京煤集团文化体系指导下，努力建设金泰恒业特色文化，推进企业文化管理。把建设"学习型党组织、学习型企业，做学习型员工"统一起来。通过学习转变心智模式，为企业发展提供精神动力和智力支持。大力实施人才战略，强化人才工程，培养和引进高素质人才。全面提高企业素质，一是要提高经营管理者的素质。经营管理者既要做复合型的领导人才，又要具备专业能力。公司五大板块，其中专业分工更为细致，所以更要突出专业能力的培养。今后教育培训的重点，要由学历教育向专业培训转变。二是要提高各级各类专业人才的素质。随着公司的发展，对专业人才的需求越来越突出，特别是上市工作的推进，金融证券等高级专业人士的需求，更是紧迫。所以要制定好人才规划，逐步加快解决人才短缺问题。三是提高职工队伍素质。开展教育培训是对职工最大的关心，是从根本上关心职工。加大职工教育培训的投入，提高职工的岗位技能和自主择业能力，使企业和职工共同成长。公司两个房地产开发项目，竣工交付使用后，需要更多的物业管理人员，物业管理公司要注意吸纳公司的内退和富余人员，经过培训再上岗。下大力气培养更多

的适应企业长远发展，有一技之长并忠诚于企业的高技能人才。立足当前，着眼未来，注重从优秀年轻的职工中培养选拔各类经营管理人才，提高企业整体素质。

5. 深化薪酬制度改革，建立新的激励约束机制

在企业发展中，要充分调动经营管理者和广大员工两个方面的积极性。要按照十七大的要求，"初次分配和再分配都要处理好效率和公平的关系，再分配更加注重公平"。我们企业作为市场主体，一方面要推进薪酬制度的市场化改革；一方面要逐步提高普通劳动者的收入。

高度关注民生，要在提高企业经济效益的前提下，使职工生活有较大改善。采取有效措施，把生活困难的职工数量，压缩到最低限度。公司28户特困家庭，要分类研究，重点帮助脱困。职工家庭不能因为经济困难孩子上不起学，看不起病。要让职工感受到在企业的温暖，要让职工得到企业改革发展的成果。

薪酬制度改革，是提高企业经济效益的重要途径，是职工的普遍要求。薪酬制度改革，要坚持定岗定编定责定薪。建立新的经济政策，制定新的考核体系，建立新的激励约束机制。坚持工资总额宏观调控、经济效益量化、保底争利提成，指标全员挂钩、管理考核到位的原则。在不同层面采取工资加重奖、工资加提成、基薪加提成的具体办法。在分配中把效率和公平统一起来。考核坚持真、细、严、实，做到基础材料翔实，日清、月结、季平衡、年终算总账，既要看当期效益，又要看企业后劲。要从公司不同行业和业务类型的实际出发，实行分类考核，做到公开公正。

在公司经营者薪酬管理办法和经营者业绩考核办法下发执行之后，其他岗位与员工的薪酬和考核制度也将陆续出台。经营管理者的收入和职工收入要相匹配，不能差距过大。收入分配上要向一线有突出贡献的职工倾斜。职工的分配情况要作为经营者考核的内容之一。要把薪酬制度的市场化改革和改善民生、对职工的深切关怀高度统一起来。要把经营管理者和员工的积极性全部调动起来，凝聚力量，鼓舞斗志，

加快企业健康发展。

五、以改革创新精神全面推进党的建设新的伟大工程，以党的先进性建设引领企业的先进性建设

中国特色社会主义事业是改革创新的事业，企业党组织要肩负起改革创新的光荣使命，就必须以改革创新精神加强自身建设。

在新的历史阶段，必须把党的执政能力建设和先进性建设作为主线，坚持党要管党，从严治党，贯彻为民、务实、清廉的要求。党的建设要突出重点。要以坚定理想信念为重点加强思想建设，以造就高素质党员、干部队伍为重点加强组织建设，以保持党同人民群众血肉联系为重点加强作风建设，以健全民主集中制为重点加强制度建设，以完善惩治和预防腐败体系为重点加强反腐倡廉建设。

1. 深入学习中国特色社会主义理论体系，提高理论素养

各级党组织和共产党员要认真学习由邓小平理论"三个代表"重要思想和科学发展观组成的中国特色社会主义理论体系。两级中心组的学习，要坚持制度，提倡刻苦自学。要利用"一报一刊"广泛进行理论宣传，进行正确舆论引导。利用公司网站、简报等形式广泛传播科学理论、公司信息和企业形象。坚持党课教育和日常学习制度。开展调查研究成果评选、金泰恒业论坛活动。坚持教育形式多样化，增强宣传效果。

2. 切实发挥党委的政治核心作用，加强领导班子建设、人才队伍和党员队伍建设

要以提高领导水平和工作能力为核心内容，勤于学习，勇于实践。认真落实市委党建创新意见和集团公司关于抓党建责任制等三个文件的要求，进一步提高党建水平。坚持民主集中制。实行党务公开，不断扩大党内民主。深化企业人事制度改革，引进市场机制，竞争机制，规范人才调入程序。加强基层党支部建设，加强党员管理教育，发挥党支部的战斗堡垒作用和共产党员的先锋作用。继续满腔热忱地做好

老干部工作。

3. 切实改进党的作风，着力加强反腐倡廉建设

坚持标本兼治、综合治理、惩防并举、注重预防的方针，扎实推进惩治和预防腐败体系建设。严格执行党风廉政建设责任制，加强廉政文化建设，加强效能监察，建设"阳光工程"，为企业发展创造良好环境。

4. 以党的先进建设引领企业的先进性建设

要把党的先进性建设落实到引领企业科学发展、科学经营、和谐、安全、稳定上来，落实到企业文化、团队建设、务实创新、强化管理、提高效益上来，使党的建设和企业全面建设相互促进，相得益彰。

5. 加强对工会共青团工作的领导

充分发挥工会组织在企业科学发展、科学经营、和谐企业建设中的重要作用。围绕大局，服务中心，履行职责。努力建设学习型、服务型、创新型工会。充分发挥工会组织作为党联系群众的桥梁和纽带作用。共青团组织要继续加强思想政治和组织建设，切实发挥党的后备军作用。

在新年度即将到来的时候，中央经济工作会议对我们的工作提出了新的更高的要求，大好形势来之不易，潜在风险不容忽视。在明年国家宏观调控情况下，我们要把思想和行动统一到中央精神上来。并且要超前研究，提前安排，适应形势，克服困难，开拓前进。

我们要认真贯彻落实党的十七大精神，高举中国特色社会主义伟大旗帜，在科学发展的道路上加快成长，以实现优秀，追求卓越，创立大成的新姿态，不断开创金泰恒业科学经营的新局面！

深入贯彻落实科学发展观
围绕科学经营实施正确决策

——在北京金泰恒业有限责任公司二届
一次职工代表大会暨二〇〇八年
工作会议上关于董事会工作报告

二〇〇八年一月三十日

一、2007 年董事会工作回顾

2007 年，金泰恒业公司董事会坚持向股东会负责，认真学习党的十七大精神，深入贯彻落实科学发展观，构建和谐企业，围绕落实公司发展战略，依法科学决策，发挥法人治理结构各个方面的积极性、创造性，实现了国有资产的保值增值。

一年来，公司董事会所做的主要工作是：

（一）建设学习型董事会，提高了决策水平

公司董事会成员坚持认真学习邓小平理论、"三个代表"重要思想和科学发展观。在党的十七大召开之后，认真学习十七大报告，积极参加教育培训，学习经营管理知识，学习各自分管的业务知识，不断地解放思想，转变观念，提高决策能力。一年来共召开董事会会议5 次，就48 个重要事项做出了正确决策。

（二）树立战略思维，组织力量修改完善了公司发展战略

董事会坚持从战略高度来审视企业发展的基本走向、现实状况和经营方略。根据形势和任务的变化，组织力量对公司发展战略进行了修订，进一步明确了公司的战略思想、战略目标、战略方向、战略原则、战略格局、战略步骤、战略任务和战略保证工程，得到了公司上下的广泛认同。

（三）坚持全面预算管理，切实保证公司战略逐步落实

全面预算管理是落实公司发展战略的可靠保证。几年来由于我们高度重视全面预算管理，企业建设扎实有序推进。去年，我们注重全面预算工作的提升、扩展和深入，更加注重预算的全面性、全局性、全员性、指导性和控制力。坚持做到有部署，有检查，有考核。及时听取重点工作汇报，进行督促指导，随时解决问题，认真总结经验，使预算工作上了一个新台阶。

（四）加强了对产权代表的管理，依法依规开展工作

认真落实产权代表管理办法和公司控股、参股企业产权代表的工作制度。对于重大事项，坚持预先沟通，达成共识；履行程序，请示报告；集体讨论，会议决策；检查考核，注重落实。由于产权代表认真履职，保证了国有资产的安全与效益。

（五）深化体制机制改革，推进了产业结构调整

为实施"一个企业品牌、三种经营模式、五个经济板块"的战略安排，公司制定了品牌管理制度，金泰恒业品牌的影响力逐渐扩大。为建立清晰的经营格局，采取吸收合并的方式构建了公司燃料经营板块；采取合署经营、委托管理的办法，构建了房地产开发板块；成立了房屋租赁分公司、物业管理有限公司，构建了租赁经营、物业服务板块；组建了旅游饭店公司，构建了旅游饭店板块。在专业化、规模

化经营方面迈出了新的步伐。截至去年年底，公司所属22家"三级"国企，已经完成改制19家，其余三家正在积极推进；几年来共清理注销三级、四级小国企28家，解散小有限公司、分支机构等27家，减少了管理层级，增强了内控力。

（六）突出重点，统筹兼顾，公司五业全面推进

公司全力支持房地产开发，公司两个重大项目去年售房到账16.7亿元。土地储备积极推进，辽宁营口项目已进入开发建设阶段。北京丰台区丽泽商务区4个地块、山西太原两个地块、海南三亚万宁市开发项目、辽宁沈阳沈北新区项目，正在进行前期准备工作，后续储备项目正在积极运作过程中。彤翔分公司、海博分公司的开发工作取得了突破性进展。公司物业租赁出租率达到98.2%。物业管理在负责业内项目管理的同时，积极参与市场竞争，已经接管了7个物业项目，市场开发能力和服务水平进一步提高。燃料经营对于公司销售收入有重大贡献，市场竞争力进一步增强。旅游饭店业两个高档酒店市场定位更加清晰，收入大幅度提高。经济型酒店正在实施扩张，进行资源整合，实现规模效益。城市服务业在安排职工就业，稳定企业全局方面作出了重要贡献。董事会高度重视风险管理，加强法律事务工作、重视合同管理办法的落实，重视欠款回收工作，重视安全防范，保证了公司战略的顺利实施和经营管理的正常展开。

回顾一年来的工作，董事会的主要体会：一是要在科学发展观指导下，抓住发展第一要务，以提高经济效益为中心，进行科学决策。只有把公司纳入科学发展的轨道，努力建设和谐企业，实施科学经营，企业才能又好又快地发展；二是要依法依规治理企业，对企业重大事项要进行科学论证，层层把关，依靠集体的智慧，化解风险，才能保证决策的正确性；三是全面预算管理要经常抓反复抓，坚决落实责任，狠抓执行，严格考核，才能把公司战略和各项经济指标落到实处；四是要坚持以人为本，一切依靠员工、一切为了员工，发展成果惠及员工，建立科学的激励约束机制，调动经营者和广大员工的积极性、创造性，才能确

保和谐稳定，不断加快公司健康发展的步伐。

2007 年董事会的工作取得了一定成绩，但是距离新形势、新任务的要求还有一定差距，主要是：公司各产业的市场竞争力还不够强，上市工作需要加快推进；董事会专业委员会作用发挥不够充分；公司深度改革需要认真研究实施；各产业间发展不够平衡，特别是城市服务业还比较分散，相关性不强、效益不高，规模效益不突出；高素质人才仍比较缺乏，人才队伍建设不够适应公司发展的迫切需要。明年，董事会要针对这些问题，采取得力措施，把公司的全面建设提高到新水平。

二、2008 年董事会的工作任务

2008 年，是党的十七大精神和公司党代会精神落实之年，是奥运举办之年，是公司两个房地产项目收盘、业主全面入住之年，是公司各业又好又快发展之年。在这样一个重要的年份，董事会要认真落实股东会的决策，按照公司党代会和党委扩大会确立的指导思想，全面贯彻党的十七大精神，深入贯彻落实科学发展观，紧密围绕落实公司第二次党代会精神和公司发展战略，适应当前新形势新任务的要求，不断提高决策水平，努力开创公司科学经营的新局面。

今年董事会的主要工作是：

（一）董事会坚持围绕科学经营，实施依法科学决策

党的十七大和中央经济工作会议对我们的工作指明了方向，并提出了新的更高的要求。在董事会第三届任期的开局之年，在面临国家加强宏观调控，防止经济增长由偏快转化为过热，防止价格由结构性上涨演变为明显通货膨胀，实施从紧的货币政策的新形势下，公司董事会要坚决服从国家大局需要，认真研究企业工作的基本思路，抓住机遇，迎接挑战，以改革创新精神，实施正确决策。

董事会要加强调查研究，对企业经营管理状况进行深度分析，找出制约企业发展的主要问题，制定措施，做出决策。公司董事会要指

导帮助权属单位董事会建章建制，依法治企，照章办事，履行程序，加强培训，大力提高各单位董事会成员的决策水平和专业工作能力。组织力量深入研究公司科学发展、科学经营的重大理论和实践问题，围绕增强公司整体竞争优势，形成具体思路，做出新的决策。围绕落实中央经济工作会议精神，适应宏观调控的大形势，在转变企业发展方式、自主创新、节约降耗、节能减排、关注民生、提高效益等重大问题上，进行深入研究，做出决策。

（二）强化"科学经营，金泰大成"的理想信念，组织力量制定落实公司战略的具体措施

"科学经营，金泰大成"的理想信念，是科学发展观在金泰恒业的具体化。董事会要牢牢把握"科学经营，金泰大成"的基本内涵，反复重温，研究强化。要把这一理想信念落实在董事会决策之中，落实在公司战略的保证措施之中，落实到各级领导者和广大员工的思想和行动上。要在这一理想信念指导下，认真组织各级领导者学习公司发展战略，落实公司发展战略。经过修订的公司战略，已经广泛征求过意见，股东会、董事会已经批准通过。各职能部门和业务单位，要依据战略的总要求，对各自所处的行业地位、内外部环境进行认真分析，对自身的资源、能力状况进行科学论证，制定具体的实施方案，并根据形势任务变化，不断修改完善，以卓有成效的实践，把公司战略落到实处。

（三）按照做强主导，做优支撑，做实基础的总思路，加强对公司五大板块工作的指导

要全力支持房地产开发业，全方位地强化房地产开发的主导和先导作用。房地产开发要立足北京，面向全国，开辟重点地域；牢牢巩固根据地，不断进行市场扩张。房地产公司要完成增资扩股，搞好土地储备，保证两个重点项目竣工后业主和谐平稳入住。对房地产公司实施股份制改造，要把房地产上市作为重头戏，优先安排。

燃料经营，首先要履行好民用煤保供的政治责任，完成煤炭应急储备的重要任务。燃料经营要发挥传统优势，开拓市场，强化营销。切实加强燃料经营的赊销和现金流管理。

旅游饭店业要进一步增强高档酒店的市场竞争力。经济型酒店要立足业内整合，着眼市场扩张，运用连锁、特许经营等方式壮大实力，打造品牌，提高赢利水平。航空机票代理服务、出租汽车、旅行社要在强化市场销售，降低成本费用，提高经济效益上下功夫。旅游饭店业要在国际化经营方面进行大胆探索，理清思路，勇于实践，力争早日实现国际化经营的新突破。

物业租赁要继续提高营销水平，优化客户结构，提高出租率，提高租金收益。物业管理要坚持高水平、多项目运作，继续提高市场竞争力。物业管理要适应公司两个重点项目竣工、业主入住的新要求，实现和地产开发工作的无缝对接，以规范、安全、高质量的服务，弘扬金泰品牌，扩大市场效应。

城市服务业要体现区域经营的特点和功能，发挥区域经营的优势和特长，把城市服务业做实做稳。城市服务业要通过深度整合，大力推进专业化经营、网络化经营、现代化经营。城市服务业中的重点项目，强势企业，要发挥带头作用，运用连锁、特许经营、战略合作等形式进行复制扩张。要通过调整改革，真正形成城市服务业板块，形成整体合力，实现规模效益。

（四）按照产业关联的原则，努力形成相关多元化的经营格局

公司各产业间、各个实体都要相互配合，实现资源共享，形成整体合力。继续调整产业结构，进行资产、资源和业务整合，形成战略匹配关系。逐步改变经营分散，管理困难，效益不高的局面。各个产业间要形成品牌共建共享、形象相互提升、经营各具特色的良好品牌形象；形成管理上相互融合、业务上紧密对接、能力上相互匹配的有利互动局面；形成资金上相互支持、资产上相互保证、价值链上紧密联系的健康互动态势。要通过贯彻产业关联原则，切实体现出金泰恒业相关多元化经营的企业格局，构建组织匹配、资源匹配、能力匹配和竞争力匹配的运行机制，增强企业的整体竞争优势。

（五）实施品牌战略，强化品牌管理

公司品牌建设，要认真落实公司下发的品牌管理指导性意见和具体实施办法。要对战略品牌管理进行深入研究。在今后一个时期要采取得力措施，使金泰恒业加快成长为知名品牌、优秀品牌、卓越品牌。以品牌获得高效益，以品牌促进大发展。

（六）创新三大经营模式，提升科学经营能力

总部经营、区域经营、专业经营是金泰恒业独特的商业模式，具有重大战略意义。总部经营要总揽全局、有高度，区域经营要有特点、有活力，专业经营要有规模、创造高效益。

总部经营要总揽全局、有高度。公司总部要成为经营决策中心、资产资本运营中心、投资中心，成为公司五大板块的协调中心。公司总部要站在战略全局的高度，引导公司进行科学经营，实现科学发展。

区域经营要有特点、有活力。区域经营和城市服务业密切相关，具有独特的区位优势。各个地区的骨干企业，要大力提高专业化和市场竞争能力。各区域之间要加强沟通，资源共享，优势互补，进行战略合作。区域经营要加快实现传统服务业向现代服务业的转变。区域经营也要有做强做大的雄心壮志和具体安排。

专业经营要有规模，创造高效益。公司五大板块是五个专业系统，经过整合已经具有一定的规模。要继续调整结构，深化改革，强化管理，苦练内功，开源节流，扩大规模。要以优秀、卓越的专业能力，扩大市场占有率，创造规模效益。

（七）认真筹划，以全面预算管理保证公司战略目标逐步加快实现

在以往全面预算工作有明显进步的基础上，今后预算工作要有新

提升、新举措。要抓认识，搞好教育培训，继续深化对全面预算工作战略意义的认识；要抓全面，公司各部门、各单位、各项业务、全体员工，以及各个时期的工作都要纳入到全面预算工作中来；要抓制度，公司相当一部分制度与全面预算密切相关，要通过建立、健全和执行规章制度，把预算工作落到实处；要抓执行，要坚决执行各项预算指标，维护预算的严肃性，无特殊情况，不准突破；要抓考核，对预算的执行情况要进行严格考核，采取有效的激励和约束，保证把预算管理落到实处。

（八）深化体制机制改革，不断增强企业的生机和活力

改革是发展的强大动力。今年企业改革力度要加大，产权制度改革要加强，法人治理结构要完善，权责清晰的管理体制要构建，分配制度改革要深化，产业结构要进行深度整合。要通过改革进一步激发企业活力。

要组织力量，制订计划，做好骨干企业上市的充分准备。公司要组织专门力量、专门班子、专门人员负责这项工作。地产公司、旅游饭店公司、房屋租赁分公司的股份制改造、上市准备工作，按照路线图积极推进。加强金融证券知识的培训，聘请外部专家提供咨询，聘请证券、会计、律师、资产评估事务所提供专业服务。要通过上市准备工作，促进管理的加强，企业整体素质的提高。

深化产权制度改革，优化股本结构。进行深入调研，引进信誉好，有实力的战略伙伴，利用社会资源，壮大企业实力，支持企业发展。稳妥地解决部分自然人在企业持股问题，切实化解股权和经营风险。对企业交叉持股、"血脉倒流"的股权状况进行认真分析，逐个解决，进一步理顺投资关系。

完善公司治理结构，保证规范有序运行。新组建的有限公司要依法建立新的决策机制、经营机制和监督机制。产权代表要切实履行责任。由分公司托管的有限公司，对托管单位负全责，维护出资人利益，切实加强领导，保证托管单位依法有效运行。

继续调整产业结构，优化资源配置，减少管理层级，缩短管理链条，推进管理扁平化。对扭亏无望、效益低下、规模小、不关联的弱势经济实体，采取不同形式关停并转，化解风险，减轻公司负担。

高度关注和改善民生，高度重视员工的分配和困难职工的救助问题。要在提高经济效益的基础上，更加注重提高职工收入水平，解决职工的生活困难。加快集资建房进度，对老旧职工住宅进行改造维修。保证职工各项福利，维护职工合法权益。争取利用政策，提高民生标准。采取得力措施，尽力使特困职工家庭脱困。

分配制度改革要深化，建立科学有效的激励约束机制。管理的重点在考核，考核的核心在分配。分配制度改革要坚持效率和公平的统一，坚持调动经营管理者和员工两个方面的积极性。职工的分配和收入增长状况要作为对经营者考核的重要内容。分配制度改革要按照总量宏观调控、经济效益量化、保底争利提成、指标全员挂钩、管理考核到位的原则，依据不同行业、不同岗位的贡献情况，采取工资加提成、加分红、加重奖等不同形式进行分配。要坚持对经营者和员工考核相一致、收入相匹配、政策双激励的有效办法，进一步增强企业凝聚力。

（九）加强董事会专业委员会建设，提高调研和咨询能力

董事会专业委员会是董事会必不可少的参谋和助手，是董事会的智囊团和思想库。公司董事会专业委员会，要根据形势任务的变化情况，调整充实人员，积极开展活动。要从实际出发，加强学习，研究业务，增强工作的预见性、前瞻性、先进性，不断提高调查研究和工作咨询的质量。

（十）努力推进金泰恒业文化大发展大繁荣，把公司自主创新能力提高到新境界

党的十七大报告指出："当今时代，文化越来越成为民族凝聚力和创造力的重要源泉。越来越成为综合国力竞争的重要因素"。要按

照党的十七大报告提出的关于建设社会主义核心价值体系、建设和谐文化、弘扬中华文化、推进文化创新的四项任务，按照十七大报告中关于"提高自主创新能力，建设创新型国家"的要求，通过推进金泰恒业文化大发展大繁荣，强化企业文化软实力，把自主创新能力提高到新水平。

要强化"三项重点工程"建设，增强自主创新的文化支撑力。集团公司大力倡导的"企业文化建设、创建学习型组织、人才工程建设"这三项重点工程都与文化密切相关，是推动企业自主创新的强大动力。要通过企业文化建设，唤起广大员工的文化自觉，以自主创新的文化精神，激发企业自主创新活力；要通过创建学习型组织，坚持用先进文化武装金泰恒业，以文化软实力，增强企业创造力和市场竞争力；人才工程的实质是文化工程，要把人才工程和文化工程统一起来，抓住人才工程的文化核心，大力实施人才兴企战略、文化制胜战略，依靠人才的文化功力和实践能力开辟企业自主创新的新局面。

要以文化的综合创新，引领企业自主创新，推进公司战略的落实。在改革开放的时代，各种文化相互激荡，国内国际文化相互借鉴交融。我们要坚持马克思主义为指导，中国优秀传统文化为主体，西方优秀文化为借鉴和补充，三位一体、综合创新的文化观，以高度的文化自觉，推进战略创新，推进企业体制机制、经营管理、产品技术的创新，促进董事会决策水平的提高。

要从文化建设入手，大力创建富有竞争力的管理文化。要抓住管理这个永恒的主题，把科学管理和文化管理密切结合起来，创新培育企业的竞争优势；加强教育培训，加大教育培训的投入，把学历教育为重点，转移到专业培训为重点方面来，各级领导者都要做具有专业特长的复合型管理人才。

实际工作中，以落实差异化战略、成本领先战略和快速反应战略为重点，开展调查研究，找出与先进企业的差距，有针对性地进行学习，大力推进标杆管理和创新管理。

以调研论文、内部报刊、金泰恒业论坛、合理化建议、民主管理、网络交流为载体，建言献策，使公司上下形成良好的文化互动和民主氛围。

公司同外界要进行广泛的业务和文化交流，主动走出去，请进来，开放包容、海纳百川，博采众长，充实和丰富金泰恒业文化，提高文化的综合创新能力，提高专业经营的综合创新能力，提高企业的自主创新水平，有效促进公司战略的落实。为早日把公司做强做大，加快成长，实现优秀，追求卓越，创立大成做出不懈的努力。

我们要在新的一年里，高举中国特色社会主义伟大旗帜，以落实科学发展观的实际行动，按照股东会的要求，把金泰恒业科学经营不断提高到新水平！

坚持以人为本　增强金泰恒业竞争力

——在北京金泰恒业有限责任公司二届一次职代会暨二〇〇八年工作会议结束时的讲话

二〇〇八年一月三十一日

公司二届一次职代会和本年度工作会议，在同志们的共同努力下，圆满完成了预定的各项议程，就要结束了。此次会议之前，召开了本年度党员代表会议，总结了 2007 年党的工作情况，部署了 2008 年党的工作任务。我相信，这两次会议之后，公司 2008 年的全面建设一定能够迈上新台阶、开创新局面。

在会议上，大家围绕报告内容进行了热烈讨论，提出了很多有宝贵价值的建议和意见。概括起来说，就是如何"坚持以人为本，增强金泰恒业竞争力"的问题。所以我今天就重点讲讲这个问题。

坚持以人为本，增强金泰恒业竞争力，是落实科学发展观，落实公司发展战略的迫切需要。科学发展观的核心是以人为本，以人为本是做好一切事情的基本前提和根本目的。我们公司作为企业，就要把以人为本落实到增强金泰恒业竞争力上，把以人为本贯彻到公司全面建设之中。什么叫以人为本，党的十七大报告有明确的定义，大家要认真学习。什么叫企业竞争力，就是企业一系列特殊资源组合，形成的占领市场，获得长期利润的能力。下面，根据科学发展观以人为本的要求，结合大家讨论的情况，我就坚持民本、扩大民主、关注民生、凝聚民心、集中民力，增强企业多方面的竞争力讲几点意见：

一、树立民本思维，增强金泰恒业体制机制竞争力

科学发展观，是以人为本的科学发展观。金泰恒业的体制机制，是以人为本的体制机制。只有建立和完善以人为本的体制机制，才能从根本上提高企业竞争力。因为人是在一定的体制机制中存在和活动的，没有好的体制机制，人的积极性、创造性就难以发挥出来。"以人为本"和"制度更带有根本性"，这两个马克思主义经典作家提出的根本问题，在理论和逻辑上是高度一致的，是互为因果、相互促进的。

在人类历史上，曾经历了以自然为本、以神为本、以统治者为本、以物为本、以货币为本的各个发展阶段。只是到了现当代，才进入了以人为本的时代。党的宗旨和十七大报告对以人为本的论述，就是关于以人为本最为精确的解读。党的十一届三中全会、改革开放近三十年来，正是我们党和国家坚持了以人为本，大力推进了体制机制改革，才取得了中国特色社会主义建设的伟大胜利。

几年来，也正是我们坚持以人为本，大力推进体制机制改革，才取得了利润比金泰恒业建立之初增长近20倍的好成绩。

我们自己和自己比有巨大进步。但是和新阶段、新任期、新年度的要求相比，特别是和国内外先进的大企业，和优秀的上市公司相比，我们民本思维的广度和深度，公司体制机制的竞争能力，都还有很大的差距。我们还必须付出繁重的劳动和艰辛的努力，进行大胆的探索。我们必须坚持以人为本，继续进行体制机制创新，才能进一步从根本上增强金泰恒业的竞争力。其中的工作重点，就是加紧做好上市的准备工作，以优秀的上市公司的标准，加强企业的全面建设。

公司上市，金泰恒业民本思维的内容就会更加广泛、更加深刻。上市公司不仅要依靠和为了全体员工，还要依靠和为了金泰恒业的股民，也就是金泰恒业的战略投资者。上市公司不仅要实现公司员工利益的最大化，还要实现股东利益的最大化。未来，要使金泰股票成为

证券市场表现不凡的"蓝筹股"，使广大股民都愿意购买金泰股票，使金泰上市公司能够吸引更多更好的战略投资者，那金泰恒业以人为本的工作就必须有新的提升，企业的竞争力就必须进一步增强。

上市准备工作的推进，必然伴随着企业体制机制的深刻变革。因为只有好的体制机制，才能吸引到更多高素质的人才，到金泰恒业就业、发展，才能取得股东、股民的信任，吸引到更多的资金，也才能为员工和股民带来更多的收益。所以，今年和以后几年，要抓紧深入研究、推进公司和相关权属单位的上市工作。以上市准备为契机，加大体制机制改革的力度，努力建设以人为本，体制机制先进的金泰恒业，增强公司体制机制的竞争力。

二、坚持扩大民主，增强金泰恒业组织资源竞争力

党的十七大报告指出："人民民主是社会主义的生命。"同样道理，民主也是金泰恒业的生命。更何况我们是国有控股公司，员工是企业的主人。企业有高度的民主，才会形成强有力的团队，才会有无坚不摧的组织资源竞争力。

党的十七大报告对"坚定不移发展社会主义民主政治"提出了六条要求，我们要结合企业实际认真落实。企业的民主政治建设，要坚持党的领导、员工当家作主、依法治企的有机统一。

再者，国际上一些著名公司，以民主形式，提高企业竞争力，也值得我们借鉴。一些著名案例告诉我们，发扬民主，有利于增强组织凝聚力，加强团队建设，化解在业务单元、职能部门间的壁垒，大大减少在管理学上最为反感的"主观主义成本"；发扬民主，有利于把各种好主意汇集起来，集思广益，化解风险，通过最佳实践，使企业组织资源竞争力得到持续改善；发扬民主，能够激励大家，节约降耗、节能减排，开源节流，从而把企业的资源效率发挥到最佳；发扬民主，就能更多地发现人才，为人才脱颖而出创造条件，建立一个富有竞争力的组织；发扬民主，就能给大家以倾诉衷肠的机会，不断发现矛盾，

解决矛盾，缓解心理压力，减少不和谐因素，把每个员工的积极性、创造性调动起来；发扬民主，有利于集体决策、民主科学决策，保证决策符合实际，顺民心、合民意，凝聚群众力量，建立一个强有力的企业组织，把公司资源竞争力发挥到最好水平。

三、高度关注民生，增强金泰恒业重点要素竞争力

党的十七大提出要"加快推进以改善民生为重点的社会建设"，并提出了六条要求，我们要认真落实。企业是社会的细胞，民生问题不仅是社会建设的重点，更是企业建设的重点。民生，就是人民的生计，如果一个社会连人民的生计都保证不了，这个社会肯定是危险的。同样，如果一个企业的民生困难重重，积重难返，市场竞争力肯定是一句空话。吃饱饭才有力量，生活好才有干劲。改善民生是增强金泰恒业竞争力的重点要素。要以民生促效益，以效益保民生。

关于民生问题，这次会议的几个主要报告都提出了明确要求，要认真加以落实。我这里强调民生问题，主要是把民生和增强企业竞争力联系起来，如果不把民生问题落实到提高企业竞争力上，企业在激烈的市场竞争中败下阵来，我们还有什么资格谈民生！如果不把提高企业竞争力作为改善民生的物质前提，那就背离了党的宗旨和办企业的目的。所以我们一定要从政治的高度，从企业全局的高度，来认识民生与增强企业竞争力的关系。要以改善民生为切入点，凝聚员工共同奋斗，把所有的力量都集中到提高企业竞争力上来。在竞争中推进企业进步，进而不断提高民生的质量和水平。

当前，随着认识的深化，对民生和竞争力关系，还要深入研究。作为企业，民生、竞争力、社会责任三者越来越密不可分。公司作为社会的企业公民，其社会责任也是义不容辞的。各级领导班子成员，都要做"具备社会意识的战略领导人"，要将社会责任，纳入公司的核心价值观，认真履行企业公民的社会责任。这样做有利于落实党的宗旨，弘扬金泰恒业品牌；有利于扩大公司的社会影响，树立企业公

民的良好形象。这样，也大大有利于提高企业竞争力。

例如国际上有的公司设立了慈善基金会，支持社会上抚养孤儿的家庭，资助奖学金项目；还有个著名公司在另一家企业因意外不幸，恢复生产期间，特意为这家停产企业所有雇员支付工资达数月之久，以致好评如潮。

这些著名案例都启发我们，金泰恒业作为一个企业公民，履行社会责任，关注社会民生，千方百计为公众、为客户谋利益，创造公众和顾客价值，其战略意义和战略效益，不是用货币就可以衡量的，其市场竞争的潜在力量，其品牌的巨大影响力更是不言而喻的。

所以说要把民生问题作为提高金泰恒业竞争力的重点要素来抓。金泰恒业的民生工作不仅需要关注、改善企业内部民生，还要为社会民生、顾客民生作出重大贡献。从而，把我们金泰恒业，办成一家具有卓越民生品牌竞争力的特色企业。

四、全力凝聚民心，增强和谐金泰的差异化竞争力

"凝聚民心、和谐金泰、差异化"，这是三个密切相关的重要概念。只有凝聚民心，才能建成和谐企业，和谐企业不是千篇一律，必须具有差异化，才有市场竞争力。所以我们必须全力凝聚民心，建设和谐企业，提高企业的差异化竞争能力。

民心的向背决定企业的生存与发展，更决定企业竞争力的高下。因此，我们在满足员工基本物质需求的同时，也要着力满足员工的精神需求。关心员工的职业发展与成长，把员工的生涯设计与企业愿景统一起来，把员工的发展希望寄托在企业的发展希望之中。给广大员工以更多学习培训、增长才干的机会。采取多种形式，给员工创造施展才华的舞台。各级领导者要加强调查研究，尽力多发现人才、培养人才、起用人才。加强人才的调整交流，增强人才对新环境的适应能力，加快人才的成长。关心员工的心理健康，做好深入细致的思想工作和人文关怀，建立与疏通反映民心民意的渠道，随时倾听员工的要

求和呼声，缓解员工的心理压力，加大"民心工程"投入，多为职工办好事、办实事，使大家心情愉快地工作。

在市场竞争条件下，凝聚民心，建设和谐企业，必须落实到企业的差异化竞争力上。要凝聚民心，就要使广大员工具有创造之心，具有创新之意。要采取一切措施，把员工的创新精神焕发出来，把员工的新创意凝聚起来，为建设和谐企业贡献力量。建设和谐企业，不是千人一面，盲目从众，人家干啥我干啥，而是和而不同，独具特色。只有和谐企业的差异化才有竞争力。房地产开发，产品雷同，但只有挖掘差异化，才有新的卖点；物业租赁，只有差异化服务，才能吸引和留住特定的客户；经济型酒店，市场竞争激烈，发展很快，要靠差异化进行市场扩张；城市服务业，区域经营特色显著，要靠差异化，培育品牌，提高竞争力。

要提高金泰恒业的差异化经营能力，就要通过凝聚员工的创造之心，创新之意来实现。在一定意义上说，这是一个更高层次上的"民心工程"。因此，我们要努力把全体员工的信心、决心和雄心凝聚到建设"差异化金泰"的方向上来。那我们公司的竞争力就会大大加强。

我们坚持以人为本，必须坚持"实践第一"的观点，不尚空谈，身体力行。要把民本、民主、民生、民心工作都贯穿到"集中民力"上来。这个"集中民力"，就是团结一致，同心协力；就是突出重点，集中"兵力"；就是排除干扰，集中精力；就是凝聚客户，扩大市场影响力。

坚持"民本、民主、民生、民心、民力"，这"五民一体"的思维和实践方式，是金泰恒业落实以人为本的科学发展观的重要特色，是提高金泰恒业竞争力的根本动力。

我们要坚定不移地高举中国特色社会主义伟大旗帜，在新的一年里坚持以人为本，抓住"差异化、成本领先、快速反应"这些竞争力的关键环节，把金泰恒业的全面建设不断推向新阶段！

在北京金泰恒业公司二〇〇八年
春节团拜会上的祝辞

二〇〇八年二月一日

在我们深入贯彻党的十七大精神，贯彻刚刚结束的 2008 年公司党代会、职代会和工作会议精神，在大地复苏，万象更新的时候，我们在这里欢聚一堂，隆重举行戊子年鼠年春节团拜会。

2008 年已经到来，新年度最重要的是认真贯彻党的十七大精神，坚持科学发展，开辟金泰恒业科学经营的新局面。那么怎样才能做到这一点呢？我认为最根本的就是要解决好企业发展的导向问题，企业导向正确，发展目标才会顺利实现。所以借今天这个机会，我重点讲讲企业发展的导向问题，也就是关于金泰恒业的政治导向、市场导向、战略导向、顾客导向、创新导向和文化导向问题。

1. 关于金泰恒业的政治导向。我们必须善于从政治上看待问题。我们是国有控股企业，我们的政治使命是坚持科学社会主义，坚持中国特色社会主义。我们要按照党的十七大报告的要求，做到手中有旗帜，前进有道路，心中有真理，实践有事业，专业有特长。这样，我们才不会迷失方向，才会把真才实学用到点子上。我们金泰恒业才会紧紧团结在中国特色社会主义伟大旗帜下，牢牢扎根在社会主义中国这块伟大的土地上，使企业有存在发展的根基和理由，从而更好地肩负起国有控股企业的政治使命。

2. 关于金泰恒业的市场导向。企业是市场的细胞。我们是在国内和国际市场上运作，我们必须按市场规律办事，如果违背了市场规律，走回头路不可能，企业发展也不可能。所以，我们必须适应市场的要求，坚持市场导向。如果我们真正有了驾驭市场的能力，能够在国内、国际，甚至全球市场上游刃有余，那我们金泰恒业的前景就更加不可限量。为什么一些百年企业、百年老店长盛不衰，就是因为他们经历了市场血与火的考验，掌握了在市场上生存与发展的主动权。所以，我们金泰恒业的一切工作都必须纳入到市场体系中来。可以设想，如果我们未来几年金泰股票成功上市，在资本市场上大显身手，广大股民买到金泰股票如获至宝，那金泰恒业肯定会发生翻天覆地的变化，那肯定不是今天的金泰恒业。因此我们要大力地研究市场，适应市场，奋力地开拓市场，沿着社会主义市场经济这条光明大道坚定不移地走下去。

3. 关于金泰恒业的战略导向。之所以我们金泰恒业有今天，这是各位老领导、老同志奠定基础，艰苦创业的结果，也是我们坚持深入探索，实施正确战略的结果。可以说，我们金泰恒业的胜利，就是正确战略导向的胜利。如果金泰恒业建立之初，没有一个好的战略，肯定没有今天的好局面。企业战略有常规性战略和创新型战略，有理性战略与非常规性战略相结合的战略，我们要把这些战略风格的优点都吸收进来，不断丰富我们的战略思想，推动公司又好又快地发展。

4. 关于金泰恒业的创新导向。为什么自 20 世纪以来，经济学大师熊彼特的创新理论，受到国际社会的如此重视？为什么现在经济学界和企业界从重视一般经济增长到倍加重视创新导向，就是因为科技革命以人们难以预料的速度发展，一般经验、传统式的经济增长，已经远远不适应当代经济社会的发展。所以，我们必须把金泰恒业的发展模式，由重视一般的增长转变到高度重视创新发展方面来。要加大企业研发的投入，大力培养引进创新型人才，在创新导向的思路下，再度刷新金泰恒业的全貌。

5. 关于金泰恒业的顾客导向。在国际上，有一些著名的，以产品为导向的公司，但是由于忽视顾客不断变化的需求，忽视科技创新对人们需求的强烈冲击，结果这些大公司被一些以顾客为导向的微型公司所打败。这就告诉我们，金泰恒业要走的道路必须是以顾客为导向的道路。要研究以人为本、以顾客为本的新含义，研究市场需求，研究客户心理，跟踪快速变化的市场，把顾客满意升华到实现顾客价值，把实现顾客目前价值升华到实现顾客可持续的价值。坚持这样一种顾客导向，我们公司五大经济板块的经营管理水平、效益状况肯定会有一个新的更大的飞跃。

6. 关于金泰恒业的文化导向。我们金泰恒业是一个企业文化底蕴很深的企业，从原煤炭总公司到金泰恒业，企业文化一直在全国、全市有很好的影响，从"辛苦我一个，温暖千万家"的煤炭供应文化，到在京煤集团文化指导下的"金泰双赢，恒久立业"的金泰恒业文化，都发挥了不可取代的作用。特别是公司第二次党代会又提出了"以知识经营为源泉"的重要概念，其中文化导向的含义是非常深刻的。一个企业的组织、资源、能力、创新、客户，都要从文化这个源泉中产生出来。一个企业的效益表面上看起来是货币，但其中的文化资源、文化导向，比起这些货币来价值会更高。只要有了文化根基，企业的文化根脉没有断，我们必然能够崛起。因为现在是一个以人为本、以知识为本、以文化为源泉的时代。所以，坚持以党的基本路线为根本的文化导向，形成高度的文化自觉，金泰恒业一定会建设成为一家优秀、卓越的现代公司。

金泰恒业的政治导向、市场导向、战略导向、顾客导向、创新导向和文化导向，这六大导向集中到一点，就是高举中国特色社会主义伟大旗帜，在中国特色社会主义伟大道路上，在中国特色社会主义伟大理论指导下，按照公司的战略安排，增强目的性和方向感，以符合实际的政策和策略，大力实施"金泰恒业持续管理"，就一定能够不断开辟金泰恒业科学发展、科学经营的新局面！

用中国特色社会主义理论体系武装头脑，增强金泰恒业"创新执行力"，大力推进"四好"领导班子建设
——在北京金泰恒业有限责任公司纪念建党八十七周年暨"争优创先"总结表彰大会上的讲话

二〇〇八年七月一日

今天，我们公司隆重召开了纪念建党87周年暨争优创先总结表彰大会，并结合公司实际，对"四好"领导班子创建活动进行了部署，公司各级党组织和广大党员，要向受到表彰的先进集体和个人学习，大力推进公司党的工作。鉴于公司当前面临的形势和任务，下面，我重点就高举旗帜，科学发展，增强金泰恒业"创新执行力"，深化"四好"领导班子建设讲几点意见：

增强金泰恒业创新执行力，是我们学习十七大精神的新成果，是今天会议提出的一个重要课题。为什么我们要提出这个课题？因为，执行力这是管理学上的一个普通概念，大家都比较熟悉。但是如何去执行，在思想方法上和工作方法上却是一个悬而未决的问题。

自从20世纪中叶美国经济学家熊彼特从技术进步的角度提出创新理论以来，自从北京大学哲学教授张岱年从文化的角度提出综合创新理论以来，创新问题就成为理论界和经济社会各界讨论的热门课题。历经半个多世纪，时至今日，创新问题，已成为社会的主旋

律之一。而今天，我们把创新和执行力紧密结合起来进行思考、进行安排和部署，提出增强金泰恒业创新执行力这个新课题，也就显示了我们学习党的十七大精神的深度和落实公司战略的力度，也显示了我们公司企业文化体系不断丰富发展的新认识、新亮点和新举措。

一、要深刻理解增强金泰恒业创新执行力的基本内涵

所谓创新执行力，就是要在创新中执行，在执行中创新。要创造性地执行公司战略，以创新精神执行公司的各项部署，不断开辟金泰恒业自主创新，科学经营的新局面。在实践中要用党的创新理论指导我们贯彻落实党的十七大精神、中国特色社会主义理论体系、公司战略和"四好"领导班子建设的部署。创造性执行党的路线方针政策和公司第二次党代会精神，完成各项预算目标。在思想理论、战略规划确定之后，唯有创造性执行，才能克服困难，达到预期的目标。

因为思想理论、战略规划，只是一种设想，一种希望，并不是最终结果，在实践中并没有现成的答案。唯有从实际出发，依靠广大群众的智慧和力量，创造性地去执行既定的方案，才会收到预期的结果。

二、培育金泰恒业创新执行力，是落实党的十七大精神和公司战略的迫切需要

继续解放思想，坚持改革开放，推动科学发展，促进社会和谐，是党的十七大主题的重要内容。如何创造性地执行十七大关于继续解放思想的要求，努力建设能够解放思想的领导班子？这就要求我们不断地挑战自己，超越自己，把自己的思想从已往的思维模式中解放出来，提出新思想、新理念、新思路。如何创造地执行十七大关于坚持改革开放的要求？这就要求我们努力建设坚持改革开放的领导班子，

不断地找出制约企业发展的重大问题，采取得力措施，加以解决，开创改革开放的新局面；如何创造性地执行十七大关于推动科学发展，促进社会和谐的要求？这就要求我们不断地推进企业科学经营，协调各种利益关系，坚持效率与公平相统一，促进企业和谐，为企业发展创造良好环境。

要落实十七大关于促进国民经济又好又快发展，提高自主创新能力，转变发展方式，发展民主政治，加强文化建设，推动社会建设，以改革创新精神推进党的建设的要求，两级领导班子提出具体措施，认真执行是关键。所以当前工作的重点是：要从企业实际出发，不断增强创新执行力，切实把十七大精神落实到企业，落实到基层。我们能否做到高举旗帜，科学发展，既要看理论素养是否有提高，更要看创新执行力是否有增强。这是四好领导班子建设的重要标准。

要落实公司发展战略，也必须有创新执行力。有了一个好的战略，只是成功了三分，而创新执行力要占七分。公司战略只是提出了思路，但并没有解决分战略、子战略和战术、策略问题。在战略推进过程中会遇到很多预想不到的问题。这就要求我们进行创造性的劳动，采取符合实际，灵活机动的战略战术和策略方法，实现预定的目标。如果在战略执行中，缺乏创造性，缺乏探索精神，方法和策略不得当，发展战略也会落空。所以说，在四好领导班子建设中，必须坚定不移地以创新精神执行战略。在执行战略中进行大胆创新。这也是衡量领导班子和领导人员是否优秀、合格的基本标准之一。

同时还要看到，我们处在信息时代，外部环境变化非常之快，甚至出乎意料。因此，一种叫做快速反应的战略应运而生。要适应这种快速反应战略，适应这种创新型的战略，创新执行力就显得更加必要。连战略都是创新型的，执行力就不可能是保守型或常规型的。执行力也必须是创新型的。唯有这样，执行力才能和创新型战略相匹配。否则，执行力就会脱离实际，脱离战略，而成为一种阻力或离心力。

当前，我们公司面临多方面的新挑战，受国家宏观调控、货币从紧政策的影响，房地产市场出现了更多的不确定因素，资金紧张的局面会进一步加剧。随着首都总部经济的扩张，写字楼市场竞争将日益加剧，我们公司的房屋租赁也会遇到新的困难。在物业管理方面，我们公司专业人员的数量、档次、结构、规模与国际、国内先进企业相比都有一定差距。在经济型酒店建设方面，面临激烈的市场竞争，我们公司经济型酒店的总量、标准、扩张能力都有不足。燃料经营在赊销管理、现金流的健康、充实方面，还要做出更大的努力。城市服务业，在发挥区域经营优势，对同类专业进行整合，在连锁经营、特许经营，做专、做精方面，还缺乏深入的研究，思路还不够清晰。在成本费用控制方面，面临物价上涨因素，节能减排、节约降耗、开源节流的任务更加艰巨。目前，我们正在进行上市的准备工作，但面临的困难也不少，路线图还不太清楚。公司一个品牌，三大经营模式，五个经济板块战略格局的推进，还需要做更多更细的工作。

面对上述问题，都没有现成的答案。都需要领导班子成员进行深入地研究、艰辛地探索和大胆地实践。也就是说，要有创新执行力，要进行创造性的工作。要以创新的精神去执行，要在执行中进行大胆的创新。不断创新观念，创新思路，创新体制机制，创新实践。要把执行的起点当成创新的起点，要把执行的过程当成创新的过程。要克服被动执行，懒于思索，"等靠要"的精神状态，不断开辟领导班子建设的新局面，开辟对公司战略创新执行的新境界。

三、培育金泰恒业创新执行力，是领导班子能力建设的核心内容

加强能力建设，这是对领导班子的基本要求，也是我们经常强调的重大问题，围绕能力建设，我们公司有一系列的研究成果。然而，富有金泰恒业特色的能力建设又是什么呢？我认为，创新执行力应该是金泰恒业能力建设的特色，这也是对金泰恒业领导班子能力建设的更高要求。

1. 增强八种基本能力，是增强创新执行力的基本前提

目前，我们公司正站在新的历史起点上。那么在这个历史起点上，领导班子能力建设的基本起点又是什么呢？我认为要具备八种基本能力。即，认真研究金泰恒业和本单位的实际，总揽全局，思想解放，善于提出新思路，要具有思考能力；注重调查研究，具有强烈的信息意识，善于进行综合分析，进行快速反应，具有把握机遇的能力；工作目标清楚，方法得当，处事稳健，安排周密，具有计划和策划能力；善于决策，意志坚定，百折不挠，具有组织指挥能力；善于调动各方面的积极因素，团结合作，互利双赢，具有综合协调能力；具有群众观点，善于向群众学习，向周围的同志学习，及时教育引导群众，具有沟通能力；坚持为人师表，严于律己，宽以待人，高瞻远瞩，具有影响能力；以德为先，忠实于党的事业，忠实于企业，做老实人，办老实事，注重实效，具有忠诚能力。要通过提高这八种基本能力，增强各级领导人员的创新执行力。

2. 要增强科学经营的事业心和责任感，大力培育想干事，能干事，干成事，干大事的工作作风

切实把科学发展观落实到企业的科学经营上。要坚持以人为本，生产经营、资产经营、资本经营、知识经营全面协调，可持续发展。坚持又好又快，好字为先，加快发展。要切实把中国特色社会主义伟大旗帜高举起来，深入学习，提高理论素养。要想干事，想干事就是有理想，要有把金泰恒业做强做大的信心和决心；要能干事，能干事就是有本领，要把能力建设作为领导班子建设的重点，要用有能力的人才，要用能干事的人才，能干事的上，不能干事和搞不团结的要进行调整；要干成事，干成事就是注重实效，要用事实说话，用成绩说话，要用实践来检验领导班子的能力，要通过考核，进行科学评估，进行有效的激励和约束；要干大事，干大事就是要按照公司战略的要求，识大体，顾大局，创大业，艰苦奋斗，谦虚谨慎，廉洁自律，勤俭节约，以求真务实和只争朝夕的精神，实现优秀，追求卓越，创立大成，推动公司战略加快圆满落实。

3. 切实履行领导班子的政治、经济、文化、社会责任，提升领导班子总揽全局的工作水平

履行领导班子的政治责任，就是要切实发挥党委的政治核心作用，用中国特色社会主义理论武装头脑，指导工作，保证企业改革稳定发展的正常进行，保证公司战略落到实处，保证国有资产保值增值；履行领导班子的经济责任就是要按照全面预算的要求，完成各项经济指标，保证现金流的健康充实，保证欠款的按期如数回收，保证各项合同的正确履行，把各种风险降到最低限度；履行领导班子的文化责任，就是要在京煤集团主体文化指导下，全面贯彻金泰恒业文化体系，推进企业文化管理，履行领导人员文化管理责任制，把学习型金泰恒业的建设推向新阶段；履行领导班子的社会责任，就要切实担负起企业的社会责任，履行企业公民的职责，要和政府及利益相关者建立良好的互利双赢关系。为公司职工创造良好的工作环境，尽力保证员工的就业，加强员工培训，提高员工素质，增强员工的就业择业能力。关心员工的身心健康。在提高经济效益的前提下，逐年提高员工的收入水平。全力帮助员工解决生活困难，不断增强员工在企业的幸福感。要使员工和企业共同成长，要为员工实现自身价值创造条件，搭建平台，以企业价值和员工价值的共同实现，促进企业健康发展，不断为社会建设作出新贡献。

4. 大力增强领导班子的专业化运作水平，不断增强企业的市场竞争力

当代管理学界一致认为，在经济全球化日益推进的情况下，一般的经营管理已明显不适应新挑战的需要。要在当今的全球经济中生存，关键是要通过世界级的运作，在市场竞争中占有一席之地。我们公司第二次党代会也提出了国际化运作的目标。因此，我们要按照当代管理学的基本要求，通过高水平的运作，提高金泰恒业的创新执行力。我们公司的品牌建设，经营模式、五大板块，都要通过高水平的运作，提高效益，扩大规模，提高竞争力。我们公司的房地产、旅游饭店、物业经营管理、城市服务业、燃料经营都要找到自身的差距，瞄准世

界级运作的标准，不断改进和提升。在城市服务业中诸如厨房设备、养老院这些具有鲜明特色的项目，要进行深入研究，加大投入，向国际化水平迈进。

但事实上，我们的领导班子距离世界级的运作水平，距离世界级的创新执行力，还有相当的差距。我们在这方面怎么办？一方面我们要加强教育培训，进行新一轮的思想解放；另一方面要引进人才、引进智力，进行体制机制创新，加快创新执行力的提高，向着世界级的运作水平进行不懈的努力。

在实际工作中，各级领导班子在提高综合能力的同时，主要是要根据自身职责分工的要求，根据各个经济板块的业务性质，大胆探索，进行世界级的专业化运作。要做到这一点，就要聘请世界级的专业人士，借助社会力量，遵循市场规律，加快提升领导班子的创新执行力。

面对现实，实际上我们公司各个方面的工作都是处在初级阶段，这和我们的国情是一致的。我们要坚持一切从实际出发，逐步实现从初级、中级到高级阶段的发展，努力地实现优秀，追求卓越。我们处在初级阶段，但是我们平时的工作标准不能低，要向最好的方面努力，要向先进看齐，一步一个脚印，扎扎实实地向前走，不断提高创新执行力的水平。

增强金泰恒业创新执行力，这是对金泰恒业文化体系的进一步丰富和发展，是新时期、新阶段对领导班子建设的新要求，这个理论在教科书上是没有的，这是我们结合自身实际，进行独立创造的结晶和实践的体会。大家都要认真研究这个问题，在实践中不断进行总结提升。从而通过增强创新执行力，把"四好"领导班子建设和公司党的工作不断推向新阶段。

强化科学经营的战略思维　突出重点工作
为落实科学发展观作出新贡献

——在北京金泰恒业有限责任公司
二〇〇八年半年工作会议上的讲话

二〇〇八年七月十八日

在我们深入贯彻党的十七大精神，积极准备迎接奥运，弘扬抗震救灾精神，落实公司第二次党代会的各项部署，实施公司战略，在中国特色社会主义伟大道路和金泰恒业科学经营之路上阔步前进的时候，我们公司召开了2008年半年工作会议。会议上，李京来同志总结了上半年的经济工作情况，部署了下半年经济工作任务，海泽宽同志部署了奥运会期间的安全保卫工作，我完全同意。

上半年我们在党的十七大精神指引下，公司全面预算工作胜利推进，经济工作运行平稳，重大项目资金安排从容周密，投资回报明显提高，各项经济指标全面完成；我们积极适应国家宏观调控的新形势，迎接挑战，抓住机遇，调整思路，公司全面建设保持了健康发展的良好势头；公司经济板块进行战略整合之后，规模效益日益显现，成效突出。

在房地产开发方面，北京两个重点项目收益可观，外埠项目积极推进，工作成效显著，确实发挥了公司发展的主导和先导作用；物业租赁，出租率提高，收益增加；物业管理，实现了与房地产开发项目的良好对接，提升了金泰品牌，业内项目管理水平提高，市场拓展有新的成效；旅游饭店业，在国际旅游服务方面进行了大胆探索，初战告捷，信誉提高，新客户陆续跟进。高档酒店和经济型酒店经营良好；城市服务业的规模、档次、特色、竞争力日益突出，区域经营与专业经营的结合日益紧密。北方金泰汽车销售、售后服务综合指数考核名列全国第七、北京地区第一；厨房设备、养老院经营特色突出，很具发展潜力。区域经营对城市服务业发展贡献突出，对稳定公司全局，发挥了不可替代的重要作用。

和谐企业建设继续推进，坚持以经济效益为中心，效率与公平相统一，分配制度改革成绩显著，考核进一步科学规范，员工工资收入增长，生活改善，工作效率提高，公司上下局势稳定安全和谐。坚持以改革创新精神指导党的建设，领导班子建设、人才队伍建设、基层组织建设进一步加强。保证了思想认识统一，决策正确，预算落实，达到了国有资产保值增值的目标。加强了对工会共青团工作的领导，维护职工的合法权益，建设和谐的职工之家，职代会制度、厂务公开制度得到有效落实。共青团组织的思想政治建设进一步加强。

在肯定上半年工作的同时，也要看到和预见到下半年和今后一个时期我们面临的新形势、新情况、新挑战和新机遇。今后要更加深入地贯彻落实党的十七大精神和公司第二次党代会精神。完成年初职代会和工作会议的各项部署。高举中国特色社会主义伟大旗帜，以出色的工作成绩迎接奥运，弘扬抗震救灾精神，推进公司科学发展，企业和谐，效益提高。

为此，下面我主要就公司坚持走科学经营之路，突出重点工作，深入落实科学发展观讲几点意见。

一、深入贯彻党的十七大精神，坚持科学经营的战略思维，充分认识做好下半年重点工作的重要性和必要性

今年下半年是一个非常重要的特殊时期。党的十七大精神要深入贯彻落实，国家宏观调控力度加大，举世瞩目的奥运会在京举行，抗震救灾进入重建阶段。我们公司以第二次党代会为标志，已经进入了

一个新的历史时期和新的发展阶段。当前我们面临新的重大考验和新的历史机遇。我们在新的历史起点上，要继续深入学习贯彻党的十七大精神，坚持用中国特色社会主义伟大理论指导工作，真正把科学发展观落实到金泰恒业，落实到基层，落实到实际工作中去。

把科学发展观和公司实际结合起来，公司第二次党代会提出了"科学经营，金泰大成"的战略思想，贯彻这个战略思想，要突出重点，综合协调，整体推进。要牢牢地抓好重点工作，抓住主要矛盾。以此，带动公司全面协调可持续发展。要充分认识做好下半年工作的重要性和必要性。下半年，要坚决服从服务奥运会大局，为平安奥运作贡献；要保持正确的战略方向，确保全面预算目标实现；要保持现金流的充实健康、保证资金安全、合理正确使用；要继续深化改革，完善体制机制；要继续强化管理，降低成本费用；要以改革创新精神，全面加强党的建设，加强工会共青团工作。这些重点工作事关科学发展和奥运大局，事关公司前途命运和兴衰成败，事关公司每个员工的切身利益，万万不可掉以轻心。所以在这样一个特殊时期，务必加倍提高认识，高度重视，加强领导。把全体员工的思想和行动统一起来，把大家的积极性和创造性充分发挥出来，圆满完成下半年的各项工作任务。

二、以"平安奥运、和谐金泰"为主题，全力以赴，保安全、保稳定

举办奥运会，是中华民族的百年期盼，是海内外中华儿女的共同心愿。平安奥运是北京奥运会取得成功的最大标志，也是展现我国国家形象最重要的标志。我们要按照上级党政组织的要求，按照"平安奥运"的总体部署，和"安全第一、生产第二；安定第一，效益第二"的"双安"要求，突出工作重点，强化安全管理，按照万无一失，绝对安全的目标要求，周密部署落实安全稳定工作。

要站在讲政治、保稳定的高度，确保首都民用煤供应，煤炭应急储备和燃油应急储备任务的完成。确保在奥运之年出色地履行好我们

所肩负的政治责任，切实做到让市政府满意，让市民放心，真正经得起实践的检验。

要发挥党的政治优势，组织和带领广大员工，争当奥运精神的实践者，奥运工作的推动者，奥运平安的维护者。全力以赴，落实"双安"要求，以建设和谐企业的优异成绩为奥运会作出卓越贡献。

三、统筹安排，落实责任，确保年度预算目标全面实现

要按照年初职代会和工作会议确立的指标和这次会议对预算情况的分析部署，发扬成绩，找到差距，克服困难，保证各项经济与工作指标圆满完成。

要密切关注宏观形势，依据国家宏观调控政策，调整思路，努力适应，积极而又稳妥地向前推进。特别是房地产开发，在货币从紧政策的背景下，要头脑清醒，化解风险，妥善安排资金，多渠道融通资金，加快资金周转与回笼，提高投资回报率；确保房地产开发在复杂、困难情况下又好又快地推进。

资金是企业的血液，资金管理是企业管理的关键环节。公司对资金的使用，要统筹安排。要保证重点项目、重点工作的资金需求。必保在建重点项目的进行，必保燃料保供的完成，必保年度预算投资与回报计划的实现。保持适当的资产负债。对储备项目的投资，要根据项目潜力、资金情况、运作能力，进行认真分析，本着稳健推进，有所为，有所不为的原则进行取舍。

要确保现金流的充实、健康。加大欠款回收与合同应收力度。要继续落实责任，严格考核，确保应收款项按期如数收回。对于合同执行情况进行严格审核把关，对于合同应收，责任到人，奖罚严明，要把企业损失降到最低限度。

要关注奥运因素对经济运行带来的新情况、新特点。奥运会的举行，对我们公司的城市服务业将是一个有力促进和检验，要抓住机遇，强化营销，努力创效。同时，要认真分析奥运期间公司各个经济板块，

企业管理的环境因素、客源情况，有针对性采取对策，克服困难，扎实推进。要对奥运会以后的经济形势，进行认真分析研究，做出判断，制定预案，保证年度各项经济指标的全面完成，为来年的经济工作打下良好基础。

四、继续推进体制机制改革，大力增强公司的生机和活力

改革是任何一个社会组织保持旺盛生命力的根本大计，改革改制是公司战略的重要组成部分，是公司发展的重要保证和强大动力。下半年和今后一个时期，要继续优化权属单位的股权结构，做好股权调整，对盈利能力低下的企业进行清理、整顿。自然人股权转让，力争在年底完成。经过股权调整，切实增强股东的掌控能力，贯彻以我为主的经营方针，不断增强自主经营，自我发展的主动权，为把金泰恒业做强做大奠定体制基础。

对于骨干企业上市工作，要在总部的统一指导和协调下，组织业内和社会专业人士，进行深入研究。相关拟上市单位，要高度重视，加强领导，注重学习，提出方案，及早做出上市融资方案，制定出又好又快发展的路线图。

要把区域经营和专业经营结合起来，不断提升区域经营的专业化水平。区域经营对公司稳定发展贡献突出，功不可没。在此基础上，进一步提高区域的专业化水平，通过按业务分类，制定行业标准，进行专业整合，提升规模效益，增强市场扩张力。关于汽车经营、厨房设备、养老院及其他具有鲜明特色和广阔发展前景的城市服务业项目，要组织专门力量，进行深入研究，要借鉴国内外相关行业的经验，突破区域界限，在做专、做精、做强、做大方面，进行大胆探索。在体制机制方面进一步解放思想，有困难及时提请公司帮助协调，要在跨地区、国际化经营方面提出新思路，加快迈出实质性步伐。

要在今年分配制度改革取得明显成效的基础上，进一步完善激励约束机制。要加强对工资总额的宏观调控，规范分配秩序，理顺分配

关系，研究建立行政系列和专业技术系列工资待遇的双激励机制，制定企业宽带工资制度。

　　进一步强化考核工作，一个单位考核跟不上是最大的"短板"一个单位没有考核，再好的制度也会落空。因此，完善考核体系，各单位要成立考核委员会，明确考核负责人，企业党政主要领导要对考核工作负总责；建立从公司到各单位的三级考核体系，坚持考核的科学性和全面性；夯实考核基础，坚持刚性考核原则，加大考核力度，有功即奖，有过即罚；公司考核主管部门要制定经济责任追究制度，不断完善考核管理办法，发挥考核工作对公司建设的全面覆盖和重要推动作用，进一步调动员工的积极性。

五、认真落实"一个品牌，三大经营模式，五个经济板块"的战略构想，坚持综合创新，增强公司的整体实力

　　"品牌建设、经营模式、经济板块"是一个有机的整体，彼此相互支持，相互依存，相互促进。所以必须站在公司战略全局的高度，坚持综合创新，固本强基，全面提升。加强金泰品牌建设，贯彻公司品牌管理制度，按照实现优秀、追求卓越的目标，建设优秀品牌，打造卓越品牌。要实现总部经营、区域经营、专业经营的综合协调发展。总部经营要突出重点，区域经营要突出特色，专业经营要突出规模，三大经营要实现各自功能的良好互动，形成公司的整体合力。五个经济板块，要发挥各自的优势，增强市场竞争力。金泰地产板块要认真研究和适应国家宏观调控政策，在市场变化中寻求发展机遇，依靠正确的战略思想和战略决策，扎实稳健推进，切实发挥公司主导和企业主力军作用；金泰物业板块要为公司房地产业品牌作出突出贡献，物业管理既要有国际化标准，又要有本土化特色，更要有金泰恒业文化特点，要以优秀卓越的服务赢得市场和业主认可；物业租赁要在集中优势资源后巩固出租率，提高资产创效能力；金泰国旅板块要进一步扩大开放，走出国门，既要占领高端市场，又要增强经济型酒店的扩

张力；金泰燃料板块，要抓住燃料市场需求旺盛的机遇，强化营销，确保货款回收，取得实实在在的效益；城市服务业板块，要发挥区域经营优势，专业经营特点，规模经营方向，提高赢利水平。

在科学发展观指导下，按照科学经营的战略思维，按照综合创新的思想方法，妥善处理好主导产业、支撑产业和基础产业的关系。按照做强主导，做优支撑，夯实基础的总思路，推进公司全面、协调可持续的经营。我们公司是一个多元化经营的大公司，在战略上和单一经营的专业化公司有本质的区别。"一花独放不是春，百花齐放春满园。"如果我们只是把希望寄托在某一个经济板块上，缺少回旋的余地，这就是一个风险。公司各个战略单元只有全面、均衡、协调经营，个个都是"真老虎"，个个都是"金刚钻"，个个都有竞争力，整个公司才会"身强体壮"，才能达到可持续发展的目的。在今年公司预算的利润当中，房地产开发形成的利润要占80%。房地产开发，受国家宏观调控政策影响大，不确定因素多，要坚信金泰地产领导班子和员工的能力，但对前进道路上的困难，也要有充分的估计。公司房地产开发业要战胜千难万险，努力向前推进。同时，公司其他四个板块的经营管理能力和赢利水平也要加快提高。尽管支撑产业和基础产业大多是微利行业，与房地产开发大不相同。但绝不能因为利润率低而放弃追求。除房地产开发以外的各个产业，要全面地化解风险，向加强管理要效益，要向降低成本费用要效益，向市场扩张要效益。公司各产业间要相互支持，相互协同，坚持相关多元化战略。公司各个战略单元、经济实体，都要建设成为管理水平高，经营能力强，具有创效水平的先进企业。要使整个公司的每个细胞都充满生机和活力，真正走上科学经营之路，达到科学发展的新境界。

六、弘扬伟大的抗震救灾精神，关注民生，艰苦奋斗，转变作风，大力建设和谐企业

我们要向抗震救灾的英雄模范学习，要把抗震救灾焕发出来的民

族精神、奉献精神引导到关注民生，艰苦奋斗，转变作风，建设科学发展的和谐企业上来。各级领导班子成员要以良好的精神状态，肩负起振兴金泰恒业，为民造福，改善民生的神圣使命。国有企业的经营管理者要甘当公仆，不断提高经营管理能力和专业化工作水平。要在政治上成熟，专业上精通，全面过硬，经得起考验。要艰苦奋斗，勤俭节约，切实抓好节能减排，节约降耗工作，采取得力措施降低成本费用。开展送温暖活动，关注和解决职工的生活困难。抓好集资建房工作，改善职工住房条件。要取信于民，提高各级领导班子和领导成员的公信力，一切依靠员工，一切为了员工，严守向职工的承诺，严格履行工作责任制，老老实实做人，干干净净做事，廉洁自律，服务奉献，做党的宗旨的忠实执行者和实践者。

七、以改革创新精神，加强党的建设，加强对工会共青团工作的领导

继续深入学习党的十七大文件，深入研究与企业建设相关的重大问题，用中国特色社会主义理论指导企业又好又快地发展。坚持学习制度，提倡刻苦自学，坚持理论联系实际。深入开展"四好"领导班子创建活动，增强领导班子的创新执行力。国企领导人员要讲党性、讲原则，率先垂范，建好班子，带好队伍。加强经营管理人才，专业技术人才和高技能人才队伍建设。加大人才教育培训投入，制定和落实人才教育培训计划。加强战略人才储备，依据公司战略格局，分门别类，制定和落实战略人才储备名单。按照市场机制和公司需求，引进人才，引进智力。逐步提高新进企业大学生的待遇。提高企业引进人才的档次，优化企业人才结构。加强人才交流，为人才成长创造条件。把贡献突出的人才及时提拔到重要岗位上来。继续加强基层党组织建设和党员队伍建设。

加强党的纪检监察工作，以完善惩治和预防腐败体系为重点，加强反腐倡廉建设。以贯彻落实反腐倡廉建设责任制为龙头，不断增强

企业领导人员的廉洁从业意识。以开展效能监督，阳光工程为突破口，不断增强各级纪检组织围绕中心服务大局的能力。

加强对工会共青团工作的领导。工会组织要坚持主动、依法、科学维权，坚持企业民主管理、厂务公开。在"当好主力军，建功在金泰，和谐促发展"活动中，激发职工创新精神，扩大工会组织影响。努力为职工办好事、解难事、办实事，使工会真正成为职工信赖的职工之家。共青团要进一步加强思想政治建设，发挥好党的助手和后备军作用。

我们要在党的十七大精神指引下，坚定不移地走科学经营之路，以优异的成绩迎接奥运会在北京胜利召开！

在与北京汽车工业控股有限责任公司
签订战略合作框架协议签字仪式上的讲话

二〇〇八年八月二十八日

在金秋送爽的美好时节，在举国上下欢庆第 29 届奥运会在北京圆满胜利召开之际，我们与北京汽车工业控股有限责任公司的合作也将掀开崭新的历史篇章！

北京汽车工业控股有限责任公司与我公司均为北京市大型国有企业。已有 50 多年历史的北汽控股经过长期艰苦的改革调整，特别是从 2006 年开始，北汽控股按照"推进集团化发展，实现跨越式发展，努力成为首都经济高端产业重要支柱"的发展思路，掀开了北京汽车工业集团化发展的崭新历史篇章！北汽控股更进一步提出要在国内汽车行业"保四争三"，争取进入世界 500 强的宏伟战略目标！我们为能够与有如此远大抱负的企业合作备感荣幸！我们对北汽控股的美好明天充满期待！

我们北京金泰恒业有限责任公司 2001 年 11 月 5 日从原北京市煤炭总公司改制成立，以房地产业为主导，以燃料经营和旅游饭店业为支撑，以现代城市服务业及关联产业为基础，企业发展态势良好。正在努力打造金泰恒业品牌，正在推进总部经营、区域经营与专业经营三种经营模式，正在做强房地产业、燃料经营业、物业经营业、旅游饭店业和城市服务业等五个经济板块。金泰恒业公司在巩固已有改革成果的基础上，正在按照集团发展、专业经营、相关多元的发展思路，加速推进企业跨越式发展目标的实现！

北汽控股的发展空间无论是在广度上，还是在深度上都在以前所未有的力度加速扩展！这为包括我们在内的众多企业带来广阔的发展空间。我们愿意积极参与到北汽控股相关产业的合作中来，定位于服务，专注于服务，努力提供尽善尽美的服务，在提供优质、高效、专业、贴心服务的过程中，壮大企业规模，提升企业核心竞争力，实现企业的新的更大的发展。

我们北京金泰恒业有限责任公司在房地产业、酒店管理业和城市服务业相关多元化领域中推进改革较早，已经形成了相当规模的经营性资产，已经积累了比较厚实的专业人才团队，我们正在向万科地产、中国国旅、香格里拉等专业领域的龙头企业学习，加速成长，努力向优秀企业、卓越企业的目标迈进！我们愿意与北汽控股分享在这些领域的从业经验，共同携手推动双方相关业务领域的全面快速发展！

北汽控股公司与我们公司的历史背景相似，改革思路相近，发展道路相近，发展战略相近，企业文化相近，这使我们在无形中有了很多共同语言。我们两家企业高层交往频繁，兄弟情谊深厚，已经建立了非常宝贵的互信关系。而且，我们已经与北汽控股进行过成功的商业合作，业务能力已经受到他们的充分肯定。这些，都为我们的合作打下了非常坚实的基础。我们的合作一定能够心有灵犀，高度默契。而且，我们的业务领域与北汽控股互补性强，双方合作能够迅速扩大双方的业务领域，延伸双方的产业链条，为双方带来新的商业机遇。

坚持相关多元化经营战略　促进公司科学发展

二〇〇八年九月

管理大师德鲁克说过，企业管理要解决两个问题，一是"做正确的事"；二是"正确地做事"。"做正确的事"比"正确地做事"更为重要。战略的制定就是要企业"做正确的事"。由此，我公司相关多元化战略应运而生。

一、公司原有的战略过程

我们北京金泰恒业有限责任公司由原北京市煤炭总公司改制而来。新中国成立以后主要负责北京市的煤炭供应，是家单一经营的老国企。改革开放以来，随着市场经济的发展，首都治理大气污染和经济结构调整，煤炭需要量大幅度减少，企业面临生存危机。

因此，我公司开始进行改革和战略调整，企业进入了生存型、应急性的调整阶段。这一阶段为求得生存，而进行应急性改革，确立了"以煤为主，多种经营"的方针。公司各单位各显神通，依据市场需要进行了分散转型，形成了百花齐放的经营格局，业务种类五花八门，小而散，多而杂，且互不相关。这种改革，基本上解决了生存问题。企业没有破产，员工没有失业。这个阶段可以称为生存战略阶段。

在此基础上发展，公司逐步摆脱了以煤炭经营为主的格局，形成了房地产开发业、燃料经营业、物业管理业、饭店旅游业以及其他城市综合服务业，"五业并举"的格局。公司进一步壮大，业态进一步明确，效益进一步提高。公司五大经济支柱基本形成，企业未来充满希望。这一阶段可以称为有限多元化战略阶段。

公司继续进行战略性调整，到目前，基本形成了"以房地产业为主导，以饭店旅游和燃料经营业为支撑，以城市服务业为基础"的新格局。公司主导产业、支撑产业、基础产业水乳交融，相得益彰，密切相关。目前正在实施的这一阶段，可以称为相关多元化战略阶段。

通过三个阶段的调整，公司走过了从单一产业（煤炭经营）、无序多元化（多种经营）、有限多元化（"五业并举"）到相关多元化（主导产业、支撑产业、基础产业相互依存，同步进步）的发展历程。

所谓相关多元化战略，就是克服公司各产业间彼此孤立、相互隔绝的壁垒状态，公司各个产业间形成相互协同，相互支持，相互提供保证，相互紧密关联的战略格局。以推动企业整体实力的增强，加快做强做大，走上科学发展之路。

二、对非相关多元化的反省

改革开放之初，几乎所有中国公司都或多或少地进行着非相关多元化的努力。而几乎所有公司的危机与衰亡都与非相关多元化的扩张有关。

当时有不少企业非相关多元化经营成功，是因为具备了良好的外部环境。首先，当时是短缺经济时代，市场空间很大；其次，企业的生产经营以扩大规模，提高产能为核心，市场竞争体系尚未真正建立起来，绝大多数行业竞争疲软，行业壁垒尚未形成。这些，都为新成员或新产品的进入提供了契机，为企业的多元化经营提供了土壤。

对于今天的企业而言，外部环境已经发生了巨大变化。市场体系已基本形成。企业如果无视环境和市场的变化，继续坚持非相关多元化，会给企业带来更大的风险。

这些年，非相关多元化导致企业失败率的提高，就说明了这个道理。战线拉得过长，主业模糊，各项业务间协调不够，最终导致企业的失败。近几年，国内外兴起主业集中，回归主业的潮流，以及大力弘扬专业精神，倡导专业主义，力求在业务上做专做精，昭示着企业对过度非相关多元化的反省。

三、从无序多元化到有限多元化

我公司从自发的多种经营到五业并举,是企业经营从被动适应,到主动调整的巨大转变。从无序多元化到有限多元化,是经营思想上的一大进步。

在改革开放的进程中，我们从多种经营到五业并举，较多地考虑了企业已形成的多种经营的现状，兼顾了现有经营体系中广大从业人员的要求和市场状况，在实践中收到了较好的效果。但是距公司产业相关多元化战略还有一定差距。

四、确立主业明晰的相关多元化战略

我们认为，办好企业的科学思路，应是突出核心竞争力。围绕主导产业，重点发展具有高度相关性、协同性的产业群，形成规模优势，实现规模效益，是企业做强做大的必由之路。

稳定而具有相当竞争优势的主营业务，是企业利润的主要源泉和生存基础。公司战略从有限多元化，向着主业明晰的相关多元化调整至关重要。因此，我们公司又相继确定了"以房地产业为主导，以旅游饭店和燃料经营业为支撑，以城市服务业为基础"的相关多元化战略。这个相关多元化包括两个层次：一是房地产业的相关多元化；二是公司各业整体的相关多元化。

五、房地产业的相关多元化

（一）房地产开发业

房地产开发业有两个类型的物业：一类是销售型物业；一类是企业自

己持有的物业。销售型物业，是指开发的目的是用于销售，如用于销售的住宅、写字楼、商业门店、车库等；持有型物业，是指开发的目的是为了长期持有，为公司提供永续现金流的写字楼、商业、酒店、高尔夫球会、商务会所等经营性资产。

目前，随着开发企业越发重视在风险和收益之间求得平衡，特别是在宏观调控政策影响较大的情况下，开发商越发倾向于增加持有型物业的比例。房地产开发业是高风险、高回报的行业。通过开发销售型物业，获得较高的风险收益，树立开发企业品牌。而通过开发持有型物业，是要为公司提供可经营性的优良资产。

（二）物业经营业

经营性物业，通过开发形成自有的房产，开辟各类商业项目，为企业带来稳定的现金收益，进而为房地产开发提供资金，实现房地产开发与房地产经营的良性互动循环。

（三）物业管理业

房地产物业管理是与房地产开发、房地产经营高度相关联的业务。专业化、高水平的物业管理有利于提升品牌的美誉度和客户的忠诚度，提高房地产开发和房地产经营的收益水平。同时物业管理是劳动密集型的产业，有助于消化公司的大量员工，是扩大就业，保持企业稳定的有效途径。

我们公司的房地产业，是由房地产开发、物业经营、物业管理组成的联合体，业务高度相关。因此，发展势头良好，运行稳定安全。如果仅仅有房地产开发业，那风险是相当大的。

六、公司各业整体的相关多元化

我们公司有主导产业、支撑产业和基础产业，不仅房地产业之间要密切相关，而且主导产业、支撑产业和基础产业间也必须密切相关。

其主要是资产相关、资金相关、品牌相关、政策相关和全局稳定发展相关。

（一）关于资产相关

我们公司改革开放以来，经过房地产开发，形成了大量的可经营性房产，这些优良资产为房屋租赁、饭店、旅游、城市服务业等150余家经营实体，提供了价值优良的经营场所和广阔的发展空间。企业依托自有资产进行经营，成本低、风险小、利润较高。

（二）关于资金相关

我们公司成立了资金管理中心，各单位大额度资金均由公司统一调度使用，保证了重点产业，重点项目所需的现金流。同时，也更好地发挥了资金的聚集效用。

（三）关于品牌相关

公司制定了品牌管理意见，公司各单位都冠以金泰品牌，在金泰品牌之下，各个产业又培育了各自的分品牌、子品牌，体现了各自的特点。公司品牌统一冠名，统分结合，体现了多元化企业品牌相关的战略安排。

（四）关于政策相关

国企离不开政策的支持，离不开政府的指导帮助。特别是煤炭能源的战略地位，政府更是高度关注。同时，政府的拆迁政策，治理污染、保护环境的政策都与企业息息相关。所以，我们公司与政府保持着良好的关系。我们担负着北京市能源应急储备的任务，政府在政策上给予了很大的支持。我们的房地产业与各地区政府都建立了良好的互信互利关系。我们进行拆迁、治理污染，政策落实也比较到位。由于能够争取政策，落实政策，做到了政府满意、市民放心。从而，为企业发展创造了良好环境。

（五）关于全局稳定发展相关

我们认为，一个多元化的大企业，与单一经营的企业有本质的不同。多元化企业必须全面协调，统筹兼顾，均衡发展，整体推进。如果一个多元化的公司，只是把希望寄托在某一个产业上，是相当危险的。特别是房地产开发业受宏观调控政策影响很大，不确定因素更多。所以，公司各业全面、均衡发展的重要性和必要性就更大。因而，我们公司按照综合创新的思想方法，按照突出重点，多元相关，全面稳定，和谐发展的战略安排，指导公司各业稳健运行。我们从首都的功能出发，坚持以城市服务业为基础，意义更是非同一般。这些商业门店，虽然规模都不太大，但遍布全市各个角落，是安排员工就业，提供发展资金，稳定全局的重要方面，城市服务业的基础地位必须不断巩固。因此，我们始终把城市服务业作为公司相关多元化战略的重要组成部分。

几年来，由于我们注重公司各产业内部的相关多元化和公司各产业间整体的相关多元化，增强了抗风险的能力和公司整体市场竞争力。

七、与相关多元化战略相适应的组织变革

与相关多元化战略相适应，我们公司的组织变革也在不断推进：一是建立了公司资金结算中心，建立了统一的财务体系，为公司相关多元化建立了财务平台；二是实行由公司统一领导的分公司制，改变了过去分散经营，各自为政的局面；三是进行业务整合，深化体制改革，建立了分公司与有限公司并行的新体制。我们相继建立了房地产开发业、物业管理业、旅游饭店业、燃料经营业方面的有限公司和房屋租赁分公司。将相同、相近和相似的产业合为一体。而高度分散的城市服务业门店则由各区分公司统一协调管理。这种统分结合，多元相关的组织形式，与多元相关的产业紧密配合，高度一致，有利于调动各个方面的积极性，有利于统一的组织领导和协调，有利于公司整体战略的实施。

关于企业以人为本诸要素的研究

二○○八年十一月四日

科学发展观的核心是以人为本，在企业贯彻落实科学发展观，也必须抓住以人为本这个核心。同时，企业是经济组织，企业有自身的特色。所以，在企业更好地贯彻落实科学发展观，就有必要对企业以人为本的要素，进行认真分析研究，以便更好地抓住科学发展观的核心内容，推进企业全面协调可持续地发展。

一、把握企业以人为本的成员要素，实现与其成员要素的无缝对接

坚持以人为本，在企业既有理论上的指导意义，又有实践上的重大客观作用。以人为本，在理论上由若干概念、判断、推理组成，在实践中必然由若干方面的人物组成。企业在实践的第一线，把握了企业以人为本的成员要素，就有利于企业更加全面地坚持以人为本，实现企业科学发展。那么，企业以人为本的成员要素到底有哪些方面呢？我初步认为：

1. 员工是企业以人为本的关键，是企业发展的根本动力。因此，我们必须一切依靠员工，一切为了员工，发展成果由员工共享，这样才能充分调动员工的积极性、创造性，共同致力于企业的发展。员工是组成企业的基本成员，员工是企业的核心和载体，没有员工就没有企业，所以办企业就必须抓住员工这个关键要素，坚持以员工为本。

从严格意义上讲，企业经营管理者也是员工，所以要树立"大员工"观念，坚持经营管理者要和普通员工共同奋斗，携手并进。

2. 客户是企业以人为本的源泉，是企业发展效益的提供者。企业以员工为本这不言自明。然而仅提以员工为本还远远不够，企业以人为本还必须延伸到客户，如果企业没有客户或顾客，企业的产品无人购买，企业就失去了存在的意义。所以企业必须以客户为本。企业要为客户提供最有价值的产品，要以客户价值的最大化为目标，站在客户的立场上想问题、办事情。客户关系管理是以人为本和企业管理的重要课题，要认真加以研究。

3. 供应商是企业以人为本的基础，是企业成本高下的重要因素。供应商在企业价值链的上游，企业作为供应商产品的购买者，必须和供应商建立良好的战略关系。在企业生产经营中，要找到最好供应商，要力争从供应商那里得到物美价廉的产品或服务。同时要为供应商提供咨询，帮助他们降低成本。供应商成本的降低，可以为企业自身成本下降，提供更大的空间。

4. 政府公务人员是企业以人为本的指导者，学好政策，用好政策，取得政策支持是办好企业的重要资源。政府作为公共服务部门，以人为本是他们的使命和职责。政府以人为本和企业以人为本是高度一致的。作为企业，特别是作为国企，取得政府人员的指导和帮助是必要的。政府公务人员是政策的制定者，他们对宏观情况比较熟悉，对政策有着完整的把握，他们在更大范围内贯彻着以人为本的原则。所以企业和政府公务人员保持良好的人文关系，共商以人为本大计，对于我们学好政策，用好政策，取得政策支持是大有帮助的。本公司成立以来，不论是和本地政府公务人员，还是和相关的外埠政府公务人员，都建立了良好的人文关系，取得了他们的指导帮助，有效地落实了政府的相关政策，共同坚持了以人为本的原则，有效促进了企业的发展。

5. 利益相关者是企业以人为本的必要内容，是企业生存与发展的必备条件。企业存在于社会上，必然要有广泛的社会联系，有着众多的利益相关者，如居民、社区、街道、银行、保险、医院、学校等等，企业要同多方面的人士打交道，企业和多方面有着利益关系。因此坚持以人为本，就要从多方面考虑利益相关者，不能仅仅从企业自身的利益着想。同时，企业还担负着自身的社会责任，企业要做道德高尚、遵守法纪的企业公民，要向社会高度负责。本公司建立以来，正是兼顾了多方面的利益相关者，才取得企业发展的主动权。

二、把握企业以人为本的价值要素，实现企业内外部诸方面价值的无缝对接

坚持以人为本，是社会和企业的核心价值观。那么在分析了企业以人为本的成员要素之后，再问其价值要素又是什么呢？因为，人人都有自身的价值导向和价值追求，企业就是要把这些正确的价值导向和价值追求整合起来、一致起来，形成同心协力的团队，共同致力于企业内外部的发展。这样，才说明企业在坚持以人为本方面有新的进展。我初步认为，企业以人为本的价值要素是：

1. 生存价值。生存战略是企业的基本战略。同样，生存也是个人的基本需要。生存在先，发展在后。所以企业经营管理者要高度关注员工及企业内外部价值链相关各个方面的生存问题，广义上说是民生问题。要高度关注企业的生存、员工的生存、客户的生存等等问题。在当前世界金融危机、世界经济衰退，对国内企业造成不利影响，危及单位和个人生存的时候，坚持以人为本，就要首先考虑其生存价值。我们金泰恒业公司保证员工就业，不下岗、有事做，关心困难职工，建设"民心工程"的经验就值得发扬光大。为客户着想，在客户困难的时候，租赁写字楼适当打折、价格从优，就是坚持了以人为本，关照了彼此的生存价值。

2. 发展价值。发展是任何一个有理想的单位和个人的价值追求，谁也不想总是停留在一个水平上。"和平与发展"是当代世界的主题，其含义是相当深刻的。用发展的办法解决前进道路上的困难，是相当

有战略眼光的。所以以人为本，必须高度关注以人为本各个成员要素的发展问题。要实现双赢和多赢，要做到企业价值和员工价值、客户价值等等相关者多方面发展价值的共同实现。这样，企业的发展才有了可靠的根基和保证。

3. 经济价值。也就是物质价值。企业以经济效益为中心，其经济价值的追求是必然的。坚持以人为本，首先要关注各个方面经济价值的实现和追求。企业自身在提高效益的同时，要提高员工的工资和福利水平。同时也要关心客户、供应商等等各方面的经济状况。客户购买我们的产品和服务，企业的经济价值存在于客户的经济价值之中。只有高度关注客户的经济价值实现，企业的经济价值实现才有希望。从中可以看出，坚持以人为本，以客户为本是何等的重要。其他利益相关者也是同样道理。

4. 精神价值。坚持以人为本，还必须关注人的精神需要。企业出售产品和服务，一方面具有物质意义，而且也是精神的载体。特别是城市服务业，其精神的因素更大。同时在知识经济、文化经济时代，其精神的价值更是不言而喻。所以坚持以人为本，还必须高度关注、尽力满足员工、客户等等企业相关者的精神需求，搭建彼此密切沟通的精神桥梁，共同建设和谐共享的精神家园。

5. 自身价值。"打铁先得本身硬"，企业自身价值的实现是坚持以人为本的前提，企业首先要把自己的事情做好，要关注企业员工价值的实现，企业效益的提高。企业自身管理加强了，员工素质提高了，发展健康了，才会有以人为本的底气和基础。

6. 他者价值。企业在实现自身价值、员工价值的同时，必须关心、尊重、支持、帮助企业相关方面的价值实现。"全心全意为人民服务"这是党的宗旨，广而言之也是办企业的宗旨。企业自身价值、员工价值的实现，孕育在客户、供应商等等相关方面的价值之中。企业员工在为自身创造价值的同时，也必须积极为他者创造价值，这是实现自身价值的基本途径，也是当代营销学的基本思想。人人为我，我为人人，互利双赢是办企业的基本准则，也是以人为本价值观的应有之义。

三、把握以人为本的层次要素，实现企业与各个层次人士的无缝对接

以人为本中的"人"是具体的，人和人群是有差异的，差异就是矛盾。坚持以人为本，就要在差异和矛盾中，把握人本位的层次要求，坚持人民群众当家作主，依靠人民群众的力量，为绝大多数人谋利益。

1. 建设强有力的领导层，增强掌握方向和总揽全局的能力。坚持以人为本，这首先是对各级领导者提出的要求。企业的各级经营管理者必须做以人为本的模范，密切和员工的血肉关系。要采取得力措施，努力调动各级领导者的积极性、创造性。同时要加强各级领导班子建设，发挥党委的政治核心作用，保持坚定正确的政治方向，总揽全局，协调各方，增强能力，廉洁自律，共同致力于企业的发展大计。

2. 建设强有力的核心层，培养造就一支"特别能战斗"的骨干队伍。要把企业的发展战略落到实处，必须层层抓落实，其中核心员工、核心客户、核心供应商的作用至关重要，所以要抓住重点不放，抓住骨干力量不放，这样才能发挥骨干的带头作用，把广大员工组织起来，向着一个共同的目标前进。

3. 建设强有力的专业层，大力营造人才辈出的良好环境。一个多元化的公司，有很多不同的专业，需要大量的专业人才。坚持以人为本，建设一支精通专业的人才队伍至关重要。所以要坚持人才兴企战略，大力培养起用专业人才，引进吸收专业人才，努力形成规模适中、结构合理、递次配备、人尽其才的良好局面。

4. 建设强有力的根本层，把广大员工群众的积极性创造性调动起来，真正发挥主人翁作用。人民群众是创造历史的根本动力。只有在共产党领导的国家里，在社会主义条件下，人民群众才会成为真正的主人，才有当家作主的权利。在国有企业更是如此，这是党的性质、党的宗旨决定的。所以，人民群众、广大员工是企业的主人，是企业

发展的根本动力之所在。我们必须贯彻全心全意依靠职工群众办企业的方针，支持职工群众当家作主，广泛发扬民主，依靠员工的聪明才智，加快企业健康发展。

5. 关心弱势层，努力创造条件，帮助困难职工脱困。坚持以人为本，强势阶层的作用是显而易见的。但我们也要把弱势群体、弱势员工、弱势群众的冷暖放在心上，要千方百计给他们送温暖，解决他们的实际困难。要给员工多创造就业机会，加强普通员工的教育培训，增强他们的就业择业能力，提高他们自助和助人的水平。

上述对企业坚持以人为本的成员要素、价值要素、层次要素进行分析，可以进一步深化我们对以人为本内容的把握和理解。可以更加客观、完整、准确、全面地贯彻以人为本的原则。可以使以人为本具体化，更具有可操作性，使我们的企业更有针对性做好以人为本的各项工作。从而，更好地发扬民主、关注民生，全面依靠、教育引导、组织动员、关心尊重员工群众和各方人士，把多种力量凝聚起来，综合起来，共同推动企业又好又快发展，不断为企业为落实科学发展观作出新贡献。

深入贯彻落实科学发展观
努力开创金泰恒业科学经营新局面
——在北京金泰恒业有限责任公司二届
六次党委全委扩大会议上的讲话

二〇〇八年十一月二十八日

今天，是北京金泰恒业有限责任公司成立七周年。值此，我们正在认真贯彻落实党的十七大精神，正在总结、弘扬平安奥运、企业双安的成功经验，正在树立和实施"人文北京、科技北京、绿色北京"三大理念，正在为深入学习实践科学发展观做积极准备。特别是正在面临新的、复杂世界经济形势和国内经济形势的考验。

正是在这个非常重要的时期，在年尾岁末的时候，我们今天在这里召开具有重要意义的党委扩大会议，研究和提出明年的工作思路。

这次会议和明年工作的指导思想是：在京煤集团党委领导下，以科学发展观为统领，认清形势，坚定信心，明确任务，把握工作重点和方法策略，通过加强党的建设，领导班子建设，人才队伍建设和员工队伍建设，实施金泰恒业科学经营战略，促进公司平稳较快发展。

这次会议的任务是，在面临世界金融经济危机，我国扩大内需，促进经济平稳较快增长的新形势下，认真分析公司内外部形势，找准普遍性和个性问题，采取得力措施，发挥优势，扬长避短，解决突出矛盾和问题，变危机为机遇，变压力为动力，变粗放为集约。动员和组织广大员工，确保完成今年和2009年的各项经济指标，进一步把公司做强做大，进一步改善民生，提高员工收入和生活水平。

2009 年经济工作的主题是，"巩固、强化、建设"六字方针，即巩固以往成绩，强化科学经营，建设综合创新的金泰恒业。

2009 年以深入学习实践科学发展观活动为契机，全面加强党的建设，引领企业的先进性建设。

一、2008 年的工作成绩和金泰恒业成立七年来的主要经验体会

2008 年，我们在京煤集团党委领导下，以党的十七大精神和科学发展观为指导，发挥党委的政治核心作用，发挥法人治理结构各个层次的积极性、创造性，依靠广大党员和职工，将全面完成年度预算指标。国有资产实现了保值增值。在奥运会和残奥会期间，企业双安工作成绩卓著；企业改革开放成效明显，经过结构调整，产业整合，公司五大经济板块业态更加清晰，规模效益日益显现；体制机制改革不断深化，有限公司和分公司双线并行的新体制有效运行；劳动人事分配制度改革有新的起色；建立了新的考核机制，职工收入明显增长；金泰品牌建设取得新成果；经营管理水平，企业、员工素质进一步提高。

2008 年，坚持以改革创新精神加强党的建设，党的十七大精神、中国特色社会主义理论日益深入人心。党的思想建设、组织建设、作风建设、能力建设、制度建设、廉政建设有新的成效。老干部工作扎实开展。党的先进性建设，对企业先进性建设的引领作用，不断强化。企业文化建设、文化管理上了一个新台阶。

加强了对工会共青团工作的领导，维护职工合法权益，职代会制度、厂务公开制度、民心工程、送温暖活动、经济技术创新活动有效展开。重视共青团组织的思想政治建设，增强了企业的生机和活力。

今天，在纪念公司成立七周年的时候，回顾七年奋斗历程，总结主要经验体会：

一是坚定的理想信念是企业建设的思想基础。七年来，我们坚持

高举中国特色社会主义伟大旗帜，勤奋学习，继往开来，不怕困难，以强烈的事业心和责任感精心谋划，稳健操作，勇于实践，推进了企业持续、健康发展。

二是建立现代企业制度，依法依规运行是企业进步的制度保证。七年来，我们逐步建立完善了法人治理结构，依靠先进的制度，保证了决策的科学性、执行的有效性、监督的可靠性，保证了国有资产的安全和效益。先进的企业制度，使金泰恒业的生产力状况发生了根本性的变化。

三是企业战略是保证公司发展的科学指南。七年来，我们相继制定了五年规划、十年发展战略，并适应新形势，组织力量对战略文本进行了修订完善，为公司实现优秀、追求卓越，提供了理论依据和实践途径。

四是强化管理是办好企业的永恒主题。七年来，我们重视基础管理，突出管理重点，管理水平上了一个大台阶。

五是企业文化是公司进步的精神支柱。七年来，我们逐步建立了独具特色的企业文化，以"金泰恒业观"为核心内容的金泰恒业文化体系基本确立，并深入人心，对员工行为产生了深远影响。

六是两级党委是企业坚强的政治核心。坚持加强党的建设、领导班子建设，党员队伍建设，全心全意依靠职工群众办企业，企业保持了健康发展的态势。

七是抓住发展第一要务，是解决一切问题的关键所在。七年来，我们一心一意抓经营，千方百计谋发展，公司实力不断壮大，抗风险能力不断增强，职工生活明显改善。当初一些看似难以解决的问题，随着公司的强劲发展，问题逐步得到解决，公司前景更加广阔。

八是坚持人才兴企是重大的战略举措。七年来，我们高度重视经营管理者队伍、专业人才队伍、高技能员工队伍建设。涌现了一批领军人物，专业人才茁壮成长，员工素质有明显提高。

九是安全稳定是企业发展的基本前提。七年来，我们注意调动各个方面的积极因素，抓和谐，保安全，促稳定，增效益，创造了良好的企业内部环境。

十是改革开放是振兴金泰恒业的必由之路。只有改革开放才有中华民族的伟大复兴。同样，只有改革开放才有今天的金泰恒业。实践证明，我们公司的一切进步，都与改革开放密切相关。我们七年来所走的正确道路，就是一条改革开放的阳光大道。

在今天的党委扩大会议上，在纪念金泰恒业成立七周年的时候，总结提出金泰恒业七年来发展的主要经验体会，对把握当前的经济形势，坚定信心，战胜困难，做好明年和今后一个时期的工作，落实长期发展战略有着重要意义。

二、深入学习中国特色社会主义理论，牢牢把握公司科学经营的战略精髓，促进公司科学发展

在公司第二次党代会上，我们提出了"科学经营，金泰大成"的战略思想，并且正在积极实施。科学经营战略，是我们学习中国特色社会主义理论的结晶，是科学发展观在金泰恒业的具体化。我们是企业，我们是经营实体，我们的职能就是经营，就是要创造更多的效益，服务社会，惠泽员工。要实现科学发展，企业就必须科学经营。所以学习中国特色社会主义理论，全面贯彻落实科学发展观，必须落实到金泰恒业科学经营上，要坚持以人为本，全面协调可持续地经营。

在明年和今后一个历史时期，我们要把深入学习中国特色社会主义理论，放在企业全面建设的首位，用科学发展观指导公司科学经营；用北京市建设"人文北京、科技北京、绿色北京"三大理念，指导公司"科学经营，金泰大成"战略目标的实现。

科学经营既是七年来公司战略的基点，又是今后公司的战略方向。因此，我们必须牢牢把握科学经营的战略精髓。

所谓科学经营，就是要坚持科学思维、科学规划、科学决策、科学运作和科学考核；坚持人本经营、理性经营、品牌经营、规模经营和创新经营；坚持科学和人本相关联，经营和管理相关联，改革和开

放相关联，产业之间相关联，稳定与发展相关联；坚持抓全面预算，抓现金流，抓重大项目，抓人才，抓效益和安全；坚持党的建设和发展战略对企业的导向、引领作用。把握科学经营的战略精髓，就是要明确这"五个坚持"，树立科学观念、突出经营特色、注重关联效应、找准重点环节，发挥引领作用。

在座的各位领导同志和广大经营管理者，掌握了金泰恒业科学经营的战略精髓，就有了正确的方向目标、方法和策略，就能战胜当前的困难与挑战，带领员工在科学发展的道路上不断迈出新步伐。

三、认清形势，坚定信心，明确任务，抓住机遇，以"巩固、强化、建设"为主题，把握科学经营的主动权

当前，世界金融危机，正向实体经济蔓延，世界经济正在出现衰退。受世界金融、经济危机影响，我们国家各地区和企业也面临诸多困难，市场状况发生了很大变化，我们公司各个经济板块的困难也在不断增加。面对新的形势，我们公司明年经济工作的主题是："巩固、强化、建设"六字方针。

1. 巩固

巩固就是巩固以往成绩，保证经济效益达到一定水平，确保完成年度预算指标。在外部形势变化的情况下，要主动应对，首先是要打牢基础，巩固阵地，保存和壮大实力。当前，虽然我们公司面临一些困难，有一些不利因素。但是对有利条件也要有充分的估计。一是国家扩大内需的政策，必将拉动经济平稳较快增长，这对我们公司是一个重要机遇，是公司发展的基本前提；二是我们公司的财务状况是历年来最好的，资产规模壮大，质量提高，是公司发展的坚实基础；三是我们公司的主导产业刚刚发展起来，两个地产项目，销售接近尾声，大部分资金已经回笼，我们仍有广阔的发展余地，在优胜劣汰的地产市场上，我们有信心，有实力，站稳脚跟，成长壮大；四是我们是多产业、多区域的经营格局，互补性强，具有化解风险的能力，生存有

保障，企业仍然可以健康生存；五是我们的燃料经营与应急储备，有贷款补贴政策的强力支持，燃料经营与扩张，回旋的余地较大，可以产生较好的收益；六是经过公司七年的发展，经过市场的洗礼和锻炼，能力和水平大有提高，已经积累了较为丰富的经验，前面总结的十条主要经验体会就是宝贵的财富。我们有信心、有实力、有能力战胜困难，完成明年的预算指标，巩固以往成绩，掌握生存与发展的主动权。

2. 强化

强化就是强化科学经营，求真务实，保证企业健康发展。要强化科学经营，首先要强化对风险的认识。企业是经济组织，不可能没有投资融资，不可能没有风险。如何化解各种风险，如财务风险、法律风险、人才风险、安全隐患等等，要进行认真分析研究，采取对策。这次世界金融危机，是资本主义的基本矛盾决定的，资本主义私人占有和社会化大生产之间的基本矛盾并没有解决，爆发金融危机有其必然性。另外，其重要根源之一，就是对金融市场监管不利，风险巨大，一触即发。这也要引起我们企业的强烈反思，要再度加强企业内部监管，完善内控制度，加强企业法律工作，严格合同管理，切实化解风险。

要强化对改革的认识。改革也是一场革命，只有改革才有金泰恒业的今天和明天。所以要继续深化改革，在体制机制、组织结构、业务流程等方面进行改革。改革要从实际出发，处理好改革发展稳定的关系，按照我国渐进式改革的模式，积极而又稳妥地推进。

要强化对开放的认识。全球化的重要特点就是开放，开放是先进企业的标志，开放和封闭是衡量企业先进与落后的分水岭。公司的投资融资、股份制改造、项目、用人、采购等等都必须开放。只有开放才有广阔的视野，才有信息，才能选择，才有合作，人才和战略伙伴才能进来，才能以少的存量激活大的增量，使企业拥有更多的资源。因此，要进一步破除封闭狭隘、夜郎自大的保守观念，以开放促发展。

要强化对机遇的认识。金融危机是世界性的，对我国也有影响。

一些企业抵御风险的能力不强，以致破产倒闭。这对别人是危机，但对我们可能是机遇。目前公司财务状况良好。去年，我们没有盲目摘牌拿地，保存了实力，争取了主动。大家对公司战略、文化、金泰大成的理想信念、发展前景有很高的认同度，这都是有利条件。当前房地产市场低迷，土地价格回落，现在买地、收购兼并成本较低，包括其他项目。我们要抓住投资的有利时机，看准了，在北京拿块地，在首都站稳脚跟，实施低成本扩张。敢于抓住机遇，进行投资，这是有信心的表现，是实力的表现，是进取的表现。在机遇面前既要积极又要慎重，留有余地，防止失误。当前，公司现金流的健康、安全、充实十分重要，投资决策要正确，应收账款要加快回收。有了充足的现金流，才能有抓住机遇的勇气和实力。

要强化对艰苦奋斗的认识。艰苦奋斗是成就一切事业的保证，是我们党的优良传统，也是一条重要的管理思想。特别是在当前复杂、困难的经济形势下，艰苦奋斗更加重要。明年的全面预算管理，要体现艰苦奋斗的精神，可控的预算要降下来，做好过紧日子的准备。苦练内功，精打细算，降低费用。意识要强化，制度要跟上，考核要到位。

要强化对重点工作的认识。明年要重点抓好全面预算工作，体制机制创新、提高管理水平和确保安全稳定。

明年的预算要本着实事求是的原则，科学制定，坚持增长速度和质量相统一，不片面追求年递增的高速度，要依据行业特点，特别是房地产开发的特点，实施稳健的投资预算。销售预算，特别是房地产销售预算，要确立新的销售模式，找一个最佳的时间进入市场，取得理想回报。

积极推进体制机制创新。制度问题是一个根本性的问题。好的企业制度是激发生产活力的关键因素。要建立先进的企业制度。公司和相关单位的法人治理结构要规范和完善。加强董事会建设，发挥董事会专业委员会的职能作用；提高经理层的执行能力和监事会的监督水平。按照专业化的要求，继续进行产业和项目整合。在以往五个经济板块的基础上，适当增加新的经济板块。继续做好相关单位的上市准备工作。落实完善企业的基本管理制度。深化劳动人事、分配制度改革。

牢牢抓住管理这个永恒的主题，夯实基础管理，实施科学管理，提升文化管理水平。加大教育培训投入，进行人事交流、引进管理人才、学习先进经验，提高管理者素质。适应信息化要求，掌握计算机、网络工具，提高信息化管理水平。适应经济全球化要求，提高国际化、专业化经营素质。研究推进连锁经营、特许经营的模式。管理的重点在考核，考核的核心在分配，要坚持刚性考核原则，建立完善考核体系，严格考核制度，强化定期考核和专项考核，在分配上予以体现，实施科学的激励和约束。

安全稳定是企业生存与发展的基础，必须高度重视。要大力弘扬平安奥运、企业双安工作的经验。以消防安全为重点，全方位抓好落实。对于不安全、不稳定因素，要解决在萌芽状态。

认真学习贯彻《企业国有资产法》和新《会计准则》。这两项重要法规都要在明年执行。《企业国有资产法》的颁布，对于维护国家基本经济制度，巩固和发展国有经济，加强对国有资产的保护，发挥国有经济在国民经济中的主导作用，促进社会主义市场经济发展有着重要作用。新的《会计准则》变以往以利润为核心，为以资产为核心，引入了市场价值、时间价值这些新观念。我们要认真学习领会，积极地贯彻落实。

3. 建设

企业发展重在建设。建设就是以建设效益金泰、和谐金泰、品牌金泰和活力金泰为新目标，把公司科学经营提升到新境界。

建设效益金泰。以人为本，发扬民主，关注民生，是建设效益金泰的出发点和落脚点。以经济效益为中心，注重社会效益和生态效益。向管理要效益，向降低成本费用，节约降耗，节能减排要效益。向科学决策、正确投资要效益。向调整结构，适度整合，收购兼并，扩大规模要效益。向做专、做精、做强、高质量、高水平运营，提高扩张力和市场竞争力要效益。

建设和谐金泰。我们公司是个多元化企业，主导产业、支撑产业、基础产业密切关联，要相互协调，和谐运行。提高企业经济效益要与增加职工收入相和谐，在企业经济效益增长的同时，进一步提高员工收入水平。坚持党的领导，职工民主参与和依法治企相统一。坚持公开、公正、公平、决策民主、制度透明的原则，协调多方面利益关系，密切党群干群之间的血肉联系，调动一切积极因素，维护安全稳定的大好局面。

建设品牌金泰。实施品牌战略，强化品牌管理。经过精心培育，金泰恒业的知名度、美誉度有了一定提高，和相关地方政府、企业的关系日益密切。我们能同国内最大银行工商银行建立长期、大额贷款关系，就是品牌建设在金融系统的良好反映。公司第二次党代会确立的"以发展形成品牌，以管理打造品牌，以精品塑造品牌，以文化提升品牌，以服务促进品牌，以效益巩固品牌"的要求，是公司品牌建设的指导方针，要长期坚持。

建设活力金泰。以管理升级保持活力，以改革开放激发活力，以提高企业和员工素质增加活力。建设活力金泰，五个经济板块的活力至关重要。在新的经济形势下，房地产开发要运筹帷幄，理性扩张，稳步扎实推进；物业租赁要积极培育金泰房产品牌，提高合同管理水平，发挥价格杠杆作用，对新老客户，适当采取优惠政策，提高出租率，提高单位面积租金水平；物业管理要按照国际化标准、金泰恒业特色、本土化模式，提高服务水平；旅游饭店业要提升高端酒店的经营水平，经济型酒店，要适度扩张，旅游业要扩大国内市场，逐步进入国际旅游市场；燃料经营业要发挥传统优势，民用煤要坚持保供、保质、保本经营，逐步实行物流配送的新模式，保证燃料应急储备，履行政治责任。在经营中要落实应收账款主体责任，防止发生新的、不正常的拖欠；城市服务业要向专业化、规模化方向发展，要逐步把汽车贸易、厨房设备、养老院、超市等特色项目做强做实。建设活力金泰，要使每一个板块、每一个专业、每一个项目都充满生机和活力。

四、以深入学习实践科学发展观活动为强大动力以改革创新精神全面加强党的建设

在全党开展深入学习实践科学发展观活动，是党的十七大做出的重大战略部署。我们要认真贯彻党中央、中共北京市委的动员大会精神。按照要求，我们企业的学习实践活动，要在明年3月份展开。在此之前和活动之中，我们要做好思想准备，组织准备和工作准备。按照上级要求，如期把学习实践活动深入扎实地开展好。

面对新的经济形势，按照胡锦涛同志的要求，把学习实践活动作为统一思想，应对挑战、解决矛盾的重大契机，进一步把党的政治优势和组织优势，转化为推动经济社会又好又快发展的强大力量，不断提高坚持改革开放、推动科学发展、促进社会和谐的能力，为实现全面建设小康社会奋斗目标，进一步奠定重要的思想基础、政治基础、组织基础。我们要加强学习，把中央和上级精神落实到金泰恒业，落实到效益平稳较快提高，全面加强党的建设上来。

党的思想建设，坚持用中国特色社会主义理论武装干部党员和职工，提高学习落实科学发展观的自觉性和主动性。坚持正确的舆论导向，办好"一报一刊"，发挥网络的正面教育引导作用。加强教育培训，加快知识更新。强化企业文化建设对公司员工的精神支撑作用。开展文明单位、文明窗口创建活动。以强有力的思想政治工作促进和谐企业建设。

党的组织工作，要切实发挥党委的政治核心作用，党支部的战斗堡垒和共产党员的先锋模范作用。全面加强领导班子建设，党员队伍建设，人才队伍建设和后备干部队伍建设。重视做好老干部工作。以党内民主促进企业民主管理。继续开展争优创先活动。党的组织工作要为落实科学发展观配好班子，建好队伍，选好人才，凝聚力量。

党的作风和廉政建设，要把党的三大作风发扬光大，做到"八个

坚持、八个反对"。按照"围绕中心，服务大局；改革创新，开拓进取；惩防并举，重在建设；统筹推进，综合治理；突出重点，分类指导"的整体要求，建立健全惩治和预防腐败体系，坚持党风廉政建设责任制，落实"七不准"。认真落实上级关于企业廉政建设的各项要求。加强效能监察，做好来信来访和案件查处工作，建设"阳光工程"。

加强对工会共青团工作的领导。工会要从企业全局和中心工作出发，找准定位，发挥优势。在生产经营中，彰显职工的主力军作用；在完善民主管理制度中，保障职工的知情权、参与权和监督权；在企业文化建设中，激发职工的学习创造热情，提高整体素质；在和谐企业创建中，最大限度地实现好、维护好、发展好职工的合法权益，确保发展成果与职工共享；在解放思想、改革创新中，建设学习型、服务型、创新型工会组织，把工会办成职工信赖的"职工之家"。共青团组织要把思想政治建设放在首位，做党的可靠后备军。团组织要发挥青年人才的优势，开展好符合青年特点的学习实践活动，团结带领青年为企业科学发展、科学经营作出新贡献。

站在新的历史起点
——在金泰地产十周年庆典上的讲话

二〇〇八年十二月十八日

在全国上下隆重纪念改革开放 30 周年之际，金泰地产也迎来了成立 10 周年纪念日。

10 年来，在京煤集团和金泰恒业公司党委领导下，金泰地产以党的十七大精神和科学发展观为指导，全心全意依靠全体职工，实现了从无到有，从小到大，从弱到强的历史性跨越。战功卓著，成绩斐然。实现了从单项目到多项目，从项目开发到城市运营，从北京金泰到金泰中国的根本性转变。不断创造发展奇迹，抒写了历史篇章，为落实京煤集团和金泰恒业公司发展战略作出了重要贡献。

回顾金泰地产 10 年发展的光辉历程，历史的经验值得借鉴：

一、必须坚持改革开放

改革开放落实在企业，就是要做好内部整合，外部适应。改革开放是决定当代中国命运的关键抉择。坚持内部整合、外部适应是你们成长壮大的最根本的原因。金泰地产今后特别要在建设开放型企业方面做出新的探索，继续当好改革开放的排头兵、实验田。

二、必须坚持战略导向

在宏观层面战略决定成败。10 年来，金泰地产认真落实把房地产业建设成为"集团公司的支撑产业"和"金泰恒业公司主导产业"的要求，按照"合作开发自有土地，自主开发自有土地，投资开发业外土地"三步走发展战略，不驰于空名，不骛于虚声，扎扎实实地坚持做强做大，实现了高质量的增长。

三、必须坚持市场化道路

像金泰地产这样处于完全竞争性领域的专业地产公司，必须充分发挥国企优势，按照市场化的要求，建立现代企业制度，健全完善公司治理结构，建立现代化的经营管理机制，才能够在市场竞争中居于优势地位。

四、必须坚持科学经营，理性发展

科学经营主要体现在战略思维、经营机制和落实执行上。既要富于开拓创新精神，又要坚持稳健发展。

五、必须持续不断地抓好人才队伍建设

金泰地产坚持理想信念，满怀激情创业，团队持续成长，形成了一支忠于企业、想干事、能干事、干成事的创业团队。领导班子政治合格、作风过硬；员工队伍工作务实、敢打硬仗。

这些宝贵经验我们一定要始终坚持，并且要进一步发扬光大。

我们已经踏上了新的征程。机遇蕴涵精彩，创新成就伟业。无论是金泰地产的发展，还是京煤集团、金泰恒业公司的发展，都已经进入了一个新的历史阶段，大发展的时机已经成熟。抓住机遇，迎接挑战，尽快做强做大，这是时代的要求，是历史的重任，也是全体京煤人的愿望。

金泰地产要按照京煤集团"新三步走"的要求，走"资产扩张"、

"资本扩张"、"资源扩张"的发展道路，实现集团公司跨越式发展的宏伟目标。要紧紧围绕金泰恒业公司"一个品牌、三种经营模式、五大经济板块"的战略发展格局，努力提升房地产板块的运营质量，切实发挥房地产开发业板块的主导作用。

当前，金泰地产要集中力量抓好在建项目和土地项目储备。完成增资扩股和股改，精心制定上市工作路线图。统筹协调好项目、资金、组织、人才和上市之间的关系，扎扎实实提高自己的核心竞争力。

新的发展形势已经赋予金泰地产更加神圣的历史使命！今后我们将一如既往，坚定不移地支持金泰地产公司新的更大的发展。我希望，金泰地产能够在错综复杂的房地产市场竞争中，坚定信心，抓住机遇，迎难而上，不断追求卓越，为使"能源主业、房地产和城市服务支撑业"成为集团公司发展战车之双轮、企业腾飞雄鹰之两翼，在金泰恒业公司战略格局中更好地发挥主导作用，作出新的更大的贡献！

在北京金泰恒业国际旅行社成立庆典上的致辞

二〇〇九年一月八日

　　今天是金泰恒业国际旅行社成立的日子。金泰国旅公司齐心协力，终于取得了对未来发展起决定意义的国际旅行社资格，精神可嘉，成绩可贺。

　　一年来，金泰国旅公司认真履行"一个品牌、三种经营模式、五个经济板块"的发展战略，加速整合业内旅游饭店资源，努力提高规模效益；加速提升经营管理水平，努力打造企业品牌，取得了可喜的进展。

　　在板块整合之前，华夏航空服务公司和金泰北斗旅行社经过长期的市场洗礼，都取得了很大的成绩，是区域经营中两个闪亮的经济增长点！这次，以取得国际旅游资质为契机，把金泰北斗旅行社和华夏航空服务公司重组，成立了金泰恒业国际旅行社。这不仅是国旅公司内部的业务整合，同时也是深化金泰恒业公司战略执行的重要步骤。成立金泰恒业国际旅行社，为加速旅游饭店板块的发展提供了坚持的体制基础，为旅游饭店业向专业化发展打下了坚实的基础。在此，祝愿金泰恒业国际旅行社和金泰国旅公司能够百尺竿头，更进一步，取得新的更大的发展！

　　前不久金泰恒业公司党委召开了二届六次全委扩大会，在认真总结2008年各项工作成绩的基础上认真分析了宏观经济形势，对这次全球性的金融经济危机正在向实体经济蔓延有清醒的认识和总体的把握，提出了"巩固、强化、建设"六字方针指导 2009 年工作。也就是要巩固以往成绩，强化科学经营，建设效益金泰、和谐金泰、品牌金泰和活力金泰。对旅游业的发展也提出了明确的目标，那就是 2009 年要扩大国内旅游市场，逐步进入国际旅游市场。在旅游业面临较大冲击形势下，完成这样一个任务无疑是十分艰巨的，希望我们能够以饱满的热情、坚定的信心、扎实的工作，迅速打开工作局面，谱写金泰恒业旅游业的新篇章！

新成立的金泰恒业国际旅行社，担负着落实金泰恒业公司发展战略，打造旅游品牌，发展新兴支柱产业的历史重任。使命神圣而崇高，责任重大而光荣，京煤集团、金泰恒业公司对你们寄予厚望！

关于金泰恒业国际旅行社未来发展，我提几点意见，并愿与你们共勉：

一是要确立标杆企业，向标杆企业看齐，有把金泰恒业国际旅行社建设成为优秀企业、卓越企业的信心和气魄。国际国内旅游市场竞争十分激烈，没有品牌就没有市场。希望你们认真研究国内外知名的旅游企业，根据战略高度、治理结构水平、职业经理人队伍建设和企业文化先进程度等标准选定自己的标杆企业。"下棋找高手，弄斧到班门。"在虚心向高手学习，与高手同台竞争的过程中加速提高自己。争取早日把金泰恒业国际旅行社建设成为优秀企业，在区域市场中处于一流水平；更要努力把它建设成为卓越企业，在全国旅游市场中居于领先水平。2009 年经营环境异常复杂，希望你们能够变危机为机遇，变压力为动力，开好头，起好步，扎实工作，理性发展，使金泰恒业国际旅行社起步之年打一个漂亮仗！

二是要按照现代公司治理结构规范运作，推动企业持续健康快速发展。好的公司治理是能够确保企业健康发展的制度基础。希望你们能够认真学习新《公司法》和公司章程，依法依规依程序办事。并据此建立有市场竞争力的管理机制。希望你们慢慢体会不断提高治理水平给企业发展带来的绵绵后劲！

三是要明确企业发展战略，专注于经营，致力于做专做精，扎扎实实提高企业的核心竞争力。在宏观层面上战略决定成败。金泰恒业国际旅行社要认真研究市场，确定自己的发展战略。首先要明确自己不干什么，避免什么挣钱干什么。国际国内旅游、会议会展、机票代理这几块业务相关多元，发展态势也不错，究竟应该怎么摆，更深层次的东西你们要认真研究，研究好了就是你们的发展战略。战略确定后就要深入研究如何把业务做专做精。在微观层面上细节决定好坏。做专做精实际上包括两个阶段，一是要专业化，二是要精细化，都要特别注意细节管理。这实际上是品牌建设的要害所在。希望你们从抓战略着眼，从做专做精着手，扎扎实实提高企业的核心竞争力，保持在旅游业的持续竞争优势！

鼓足建设强大金泰恒业的信心

——在北京金泰恒业有限责任公司
春节团拜会上的祝辞

二〇〇九年一月二十一日

2009年春节、牛年即将到来。寒冬就要过去，春天就在眼前。在这辞旧迎新、万物复苏的时刻，我们公司在这里欢聚一堂，隆重举行由集团公司领导、各单位主要负责同志、公司老领导、劳动模范、职工代表参加的春节团拜会。

一年来，我们在京煤集团党委领导下，公司党政工团和广大员工共同努力，国有资产保值增值实现了历史性突破。公司的经营管理、党的建设、安全稳定都取得了显著成绩，我们已经站在一个新的历史起点上。

在新的年度，我们面临着新的复杂的经济形势。世界金融危机正在向更广的范围蔓延，其最终的结果还有待历史去证明。面对危机，我们国家提出了"保增长、扩内需、调结构"的方针，正在实施积极的财政政策和适度宽松的货币政策。我们坚信，在中国特色社会主义理论指引下，深入贯彻落实科学发展观，贯彻中央经济工作会议精神和北京市的各项重大部署，我们一定能够战胜危机，克服困难，取得企业建设的全面胜利。

面对新的形势，在新的历史时期，京煤集团党委提出了"建设强大京煤集团"的战略目标，确立了京煤集团建设的总思路。并系统概括了建设强大京煤的思想方法、企业宗旨、商业模式、工作主题、基本任务、企业风格、关键因素和根本动力，为金泰恒业的发展进一步指明了方向，对公司的各项工作提出了新的、更高的要求。

一、在新的一年里，我们要坚定建设强大金泰的信心

建设强大京煤，需要我们每个单位、每个部门、每个员工都做出积极的努力。作为金泰恒业公司首先要树立建设强大金泰的信心。要充分认识到建设强大金泰与实现又好又快发展的关系。又好又快发展是科学发展观的本质要求，又强又大是科学发展观在京煤集团、金泰恒业的具体化。金泰恒业要坚持先做强后做大，边做强边做大，"强"字为先，"好"字为先，不断增强实力、扩大规模。

二、在新的一年里，要通过建设活力金泰，为建设强大金泰提供强大动力

要建设强大金泰，就必须让金泰恒业充满生机和活力，建设活力金泰是建设强大金泰的基本途径。要建设活力金泰，就要继续深化改革，扩大开放，提高企业的科技水平，经营管理水平和自主创新能力。要坚持以人为本，让公司每一个细胞都充满活力。

三、在新的一年里，要通过建设和谐金泰，为建设强大金泰提供可靠保证

要实现党群关系和谐、干群关系和谐、员工之间和谐、心身和谐、客户关系和谐、各方面利益相关联者关系的和谐。要把经营管理和员工的积极性、创造性都充分调动起来，把客户对金泰恒业的忠诚度进一步焕发出来。保安全、保稳定，为建设强大金泰提供和谐的企业环境。

四、在新的一年里，要在京煤文化指导下，弘扬以金泰恒业观为核心的企业特色文化，以金泰双赢，恒久立业的雄心壮志，为建设强大的京煤集团作出新的更大贡献

春天即将到来，但经济的寒冬还远远没有结束，金融海啸仍在扩散蔓延，我们必须保持百倍的警觉，以积极而又稳妥的姿态，保持公司平稳较快发展。我们要按照科学发展观的要求，坚定信心，抓住机遇，开拓进取，完成预算目标。以艰苦奋斗精神，早日把金泰恒业做强做大。信心比黄金更宝贵。我们要满怀着建设强大京煤、强大金泰的信心，去迎接更灿烂、更美好春天的到来！

认清形势　坚定信心　固本强基
建设强大的金泰恒业　开创科学经营新局面
——在北京金泰恒业有限责任公司
二届二次职工代表大会暨
二〇〇九年工作会议上的报告

二〇〇九年二月二十日

一、2008 年的董事会工作和董事会决策的原则

2008 年，公司董事会全面落实科学发展观，全力推进科学经营战略展开。在各级经营者和全体员工的共同努力下，圆满完成了决战奥运的双安工作，沉着应对国际金融危机和国内宏观调控带来的严峻挑战，经营管理工作坚持灵活机动，扬长避短，趋利避害，稳中求进，全面超额完成年度预算指标，国有资产保值增值；公司局势和谐稳定，上下齐心谋发展的愿望强烈；职工生活稳步改善，自信心和幸福感显著增强。

2008 年，公司资产规模持续扩大，企业效益再创新高，经济实力显著增强。

2008 年，公司董事会在国际形势复杂多变、国家进一步加强宏观调控的新形势下，一丝不苟地履行职责，依法实施科学决策，充分发挥了董事会在法人治理结构中的重要作用。一年来，召开股东会 1 次，召开董事会 3 次，专业委员会及其他相关会议 2 次，听取重点工作汇报 7 次，审议通过管理规定 13 项，审议通过机构设置和人事任免 3

项，对 51 个重要事项做出决策。事实证明，正是由于董事会的正确决策，经营层的创造性工作和全体员工的共同努力，金泰恒业公司经受住了做好平安奥运"双安"工作、维护企业和谐稳定的重大考验；经受住了应对动荡起伏的经济形势、规避发展风险的重大考验；经受住了保持发展良好势头、实现效益平稳增长的重大考验。

2008 年，公司"一个企业品牌、三种经营模式、五个经济板块"的战略思路全面展开，扎实推进，取得了显著效果。金泰品牌不断提升，总部经营重点突出，区域经营充满活力，专业经营做专做精，五个经济板块发展强劲。公司各个经济板块坚持相关多元发展，各种业态经营相互补充、协调运转的优势得到进一步体现。

房地产开发主业作用日益显现。金泰地产作为专业地产公司，坚持立足北京，科学提升，理性扩张，蓄势发展。在京各项目狠抓产品质量、项目收尾和入住后的客户服务工作，品牌形象日渐巩固，各项目收益对行业的贡献较大。已经正式立项的重点项目正在积极有序推进。后续储备项目充足。储备项目的调研论证已经成为金泰地产的一项基础性工作。其他各单位的自主开发也取得了显著成绩，正在形成新的优质存量资产。

物业经营管理板块运行质量不断提升。物业经营方面，积极统一服务标准，提高营销水平，提升经营性物业的形象，租赁收入稳步提高。物业服务和管理方面，在新接手的住宅项目中，实现了与开发企业的无缝对接和良性互动，金泰物业努力做"金泰品牌的捍卫者，地产产品的宣传者，产品品质的延续者，产品升值的依靠者"的目标正在逐步实现，"更新服务理念，强化服务意识，端正服务态度"的理念正在逐步推广。非经营性物业管理工作满意度提高。金泰品牌得到进一步彰显。

旅游饭店板块加速资源整合、做专做精。酒店和国际旅行社专业化发展的思路已经清晰，态势已经显现。公司范围内经济型连锁酒店统一为"金泰之家"品牌，新店加盟挂牌工作取得重要进展。国际旅行社业务取得新突破。华夏航空服务公司和金泰北斗旅行社重组为北京金泰恒业国际旅行社，并取得国际社资格，国际国内旅游业务加速发展。在会议会展方面，成功承办了公司战略合作伙伴的一系列重要会议，探索出专业经营中的新亮点。在航空机票服务方面，机票销售收入额度增加，在公司经营收入中所占的比例进一步提高。

燃料经营板块千方百计履行保供职责。民用煤供应做到供应充足，质量保证，服务到位。根据市政府要求，超前谋划，按质按量地完成了奥运期间民用煤和燃油应急储备工作。在奥运期间严格的交通管理条件下，提前安排农民工进京，采取"分票制"方式，圆满完成了奥运期间民用煤送煤到户工作。烟煤供应方面，积极开拓外埠市场，在北京市有关部门和河北省发改委的大力支持下，新建张家口发煤站。发煤站各项审批手续均已完成。还利用油库资源积极拓展仓储服务业务。

区域经营呈现专业化发展的良好态势。区域经营在城市服务业中占有重要地位，对稳定公司全局发挥重要作用。区域经营各单位按照公司发展战略、品牌建设和专业化发展的要求，在各有分工的基础上积极展开同业合作。写字楼、经济型酒店专业化发展态势良好。同时，汽车销售服务、厨房设备、养老院、超市等业态异军突起，加速发展，形成新的经营亮点，正在向专业经济板块转变。

2008年，我们深化体制改革，优化了内部运行机制。不断完善法人治理结构；进一步规范了权属单位的股权结构，稳妥地解决了部分企业交叉持股和自然人持股问题，理顺了投资关系，化解了投资风险。并通过股权关系的调整，提高了金泰恒业公司对所投资企业的控制力；劳动人事分配制度改革进一步深化，建立和完善了新的考核机制；开放型企业建设取得新突破，与北汽控股有限公司签署了战略合作框架协议。

2008年，我们坚持以人为本，巩固了企业和谐稳定局面。2008年是奥运年，安全稳定工作紧紧围绕"双安奥运"展开，圆满完成了"双安奥运"工作，为企业科学经营、科学发展创造了良好的环境。并将奥运期间好的经验和做法转化为长效机制，指导日常安全稳定工作。

日常工作决策是董事会的主要职能,科学决策是对董事会工作的基本要求。公司成立以来,之所以每年都上一个新台阶,在今年,经营指标实现了历史性突破,其重要原因是,董事会坚持了以下决策的原则。

一是科学决策的原则。董事会按照科学发展观和科学经营的要求,站在全面、协调、可持续发展的高度进行决策,避免了盲目性,把握了规律性,使公司始终在科学的轨道上健康运行。

二是战略决策的原则。战略决定成败,细节决定好坏。董事会决策重点从战略上考虑问题,收到了很好的效果。公司成立之初,我们制定了五年规划,又相继制定了十年发展战略,根据形势的需要,对十年战略进行了修订。对公司的战略思想、战略目标、战略原则、战略格局、战略重点,进行了全面部署。在实际工作中,实现了战略规划与战术策略的良好结合。

三是稳健决策的原则。稳健是金泰恒业董事会的重要风格特征。从公司成立之初到目前,公司面临很多新情况、新问题,由于我们坚持了稳健决策的原则,采取了积极稳妥、好中求快、边强边大、量力而行的工作方法,及时化解了风险,确保了企业的安全和效益。

四是依法依规的原则。公司董事会在决策中始终坚持依法依规,处理好决策、执行、监督的关系。坚持依法治企,成立了法律事务办公室,建立完善了法律事务管理制度,运用法律武器,维护了企业利益。

五是注重效益的原则。作为企业,赢利是首要目的,以取得最大效益为基本原则。我们在决策中坚持微观效益与宏观效益相统一,当前效益与长远效益相统一,经济效益与社会效益相统一,坚持有所为有所不为,选择投资重点,加强项目管理,强化预算执行,保证企业实现最佳的投资回报。

六是做专做精的原则。我们按照"大而优、小而强、难而进,劣而汰"的工作思路,认真谋划,分步实施,对企业经营业态,进行了有计划的调整。经营业态不断清晰,经济板块更加明确,专业化经营水平不断提升,竞争力不断提高。

　　七是以人为本的原则。董事会决策坚持发扬民主，关注民生，体现民心，重视民利，一切为了员工，一切依靠员工，发展成果由员工共享。把人才工作放在突出位置，在企业决策时，人才条件不具备，再好的项目也不上。企业改革的相关决策，把职工的切身利益和承受能力放在重要位置，谨慎决策，注重实效。

　　八是抓好落实的原则。对于董事会决策，我们加强督促检查，加强考核，抓好落实。董事会每年都确定一批听取重点工作汇报的议题，适时召开会议，做出决策。加强考核工作，确保董事会决策落到实处。

　　九是开放共赢的原则。我们以开放的思维，积极探索企业发展的新模式。通过开放，我们引进了专业人才、合作项目、战略伙伴和先进的管理经验，"强强联手、相互尊重、资源共享、互信双赢、共谋发展"已成为董事会决策的重要方面。

　　董事会正是基于以上这九条原则，通过广大经营管理者和全体员工的共同努力，谱写了金泰恒业科学发展、科学经营的新篇章。

　　2008年，董事会工作取得了一定成绩，但是距离科学发展观的要求、公司发展战略的目标、广大职工的期望，还有较大差距。主要表现在：一是治理结构要实现现代化，金泰恒业公司作为二级企业要实现股份化；二是板块整合要在广度上扩大范围，提高规模效益；在深度上向专精发展，提高专业化经营水平；三是各专业板块急需探索形成适合自己的商业模式；四是管理要向科学化发展，三项制度改革还要继续深化。以上不足，董事会将在今后的工作中认真研究解决。

二、关于2009年董事会工作思路和主要经济指标

　　2009年董事会工作的基本思路是：认真贯彻党的十七届三中全会和中央经济工作会议精神，全面落实科学发展观，按照建设强大京煤集团的要求和公司党委扩大会精神，认清形势，坚定信心，固本强基，科学经营，做强做大，在逆境中发现有利因素，在应对中培育新的增

长点，保持企业平稳较快地发展。

我们必须对经济形势有着清醒的认识、理性的判断和科学的把握。当前，世界经济环境中的不稳定、不确定因素明显增加，国际金融危机全面爆发，愈演愈烈，国民经济运行中长期积累的深层次矛盾和问题仍很突出。2009年公司发展面临着前所未有的挑战。

我们必须树立起克服经济危机不利影响的坚定信心。"信心比黄金还重要"。我们已经确定了一个好的战略，在上一轮经济周期中牢牢抓住了发展机遇，已经形成了相当可观的经济规模，有一个好的发展基础，有一个好的体制机制和商业模式，有一个凝心聚力的企业文化体系，特别是我们有一支好的干部职工队伍，这就是我们的信心所在。

我们必须按照党委扩大会"巩固、强化、建设"六字方针的要求，固本强基，苦练内功。固本就是巩固以往成绩，强基就是强化核心能力，从而建设效益金泰、和谐金泰、品牌金泰、活力金泰。

我们必须按照建设强大京煤集团的要求，做强做大金泰恒业。所谓做强，就是核心竞争力要强，所谓做大，就是经营规模要大。要掌握做强与做大的辩证关系，坚持先做强后做大，边做强边做大。强中有大，大中有强，强大一体，又强又大。金泰恒业公司追求经济高质量地增长。这符合科学发展观关于又好又快发展的要求。

我们必须认真落实"科学经营，金泰大成"的战略思想，坚持科学思维、科学规划、科学运作和科学考核；坚持人本经营、理性经营、品牌经营、规模经营和创新经营；坚持科学和人本相关联，经营和管理相关联，改革和开放相关联，产业之间相关联，稳定和发展相关联。

三、科学经营，做强产业理性扩张，实现企业又好又快地发展

2009年经营工作，要重点解决各经济板块、区域经营、新增经济亮点发展过程中面临的突出问题、共性问题和热点难点问题，从而开

创全局工作新局面。

1. 全面协调发展，着力做强做大各经济板块

房地产开发业，要坚持"理性扩张，稳健操作"。扩张就是要壮大经营规模，理性扩张就是要适度控制开发节奏。稳健操作就是要求项目运作"稳"字当头。在京两个项目销售工作，要根据新的经济形势，采取灵活的营销策略，加快资金回笼。外埠开发项目已经开工的，要在控制规模的前提下加快建设进度，避免停工损失；尚未开工的要暂停，避免投资损失。要按照政策引导，积极介入地方政府的保障性住房建设，抵御经营风险，获得稳定回报，稳定职工队伍，密切政企关系，提高品牌影响力。要善于抓住本轮经济危机中所蕴涵的发展机遇，低成本储备后续项目。公司各单位自主开发的项目，也要科学把握开发节奏，因势而动。

物业租赁和管理业，要不断提高专业化水平和市场竞争能力。物业租赁既要维持一定的租金水平，也要注重提高房屋入住率，保持人气兴旺。要拿出与客户"抱团取暖"的具体措施。要对规模较大的持有型物业，进行整体包装策划，打造"金泰房产"品牌形象，提高创效能力。物业管理要在板块整合、建立现代企业制度的基础上继续提高市场化服务管理水平，动脑筋，想办法，通过帮助开发企业提高产品附加值，广开财源，通过提高管理水平，细化"节流"措施，既要提高客户服务意识，更要提高客户服务能力，把物业经营管理发展目标落到实处。

旅游饭店业，要在板块整合不断深化的基础上加速形成规模效益。要努力提高现代企业的治理水平，为企业发展奠定坚实的体制基础和强大的内在驱动力。要在落实公司的发展战略的同时，制定旅游饭店板块的分战略。要加快公司旅游饭店资源更大规模、更深层次的整合，进一步推进公司旅游饭店板块的品牌化、规模化、专业化、标准化经营，研究和探索适合自己的连锁酒店的商业模式，形成自己的酒店服务管理标准和特色文化。要抓紧研究连锁酒店的品牌管理措施和管控模式。会议会展、航空机票服务、国际国内旅游要积极寻求更大的作

为。出租汽车和汽车租赁服务要在板块中坚持相关发展的方向。

燃料经营板块，要确保民用煤保供和燃料应急储备，履行好政治责任。烟煤经营要充分利用张家口新建的发煤站，积极拓展外埠市场，提高赢利能力。根据《北京市2009年在直接关系群众生活方面拟办的重要实事》，已经完成煤改电的区域，民用煤供应要有序退出；未完成改造的区域，在做好民用煤供应、型煤配送的前提下，深化整合供应网点资源，优化供应网点布局，提高资产创效水平。要适时适度调整民用煤价格。要严格控制赊销，并按计划清理以前年度应收账款。

其他城市服务业，要在专业化经营方面迈出新步伐。要严格管理，增收节支，开拓创新，展现活力。汽车销售服务、厨房设备、养老院、连锁超市等特色产业，要完善内部管理、提高员工素质、提升服务质量，扩大经营业务，力争在质和量上都有新的飞跃，既有效益又有规模，努力将其培育成为公司的后劲产业，力争形成新的专业经营板块。

2. 深化企业改革，深度整合资产

要认真学习2009年5月1日正式实施的《企业国有资产法》。按照《企业国有资产法》的要求，推动国有企业改革，规范企业治理结构，在完善体制机制方面取得突破。按照市场化的要求，积极稳妥地推进人事、劳动和分配制度改革，在完善激励约束机制方面取得突破。按照做专做精、做强做大的要求，继续推进专业化重组，盘活存量资源，在调整组织结构、优化资源配置方面取得突破。

对于相关企业上市准备工作，要积极稳妥地支持房地产开发、旅游饭店等经营业态的发展。已经先行一步的金泰地产公司要抓紧完成股份制改造。要组织专门力量，深入研究，拟定上市路线图，蓄力备战，择机上市。旅游饭店板块要扎扎实实地按照上市公司的标准，规范法人治理结构，规范经营管理行为，进行资源整合，提高企业经营管理水平。

在业内存量房地资源深度整合方面，要进一步解放思想，更新观念，有更大动作。对于有较大商业价值和较好发展前景的"优良"房地资源，要利用网络优势，向规模化、连锁经营方面发展；对于产权不清、地理位置不好、建筑结构较差、安全隐患较多的"不良"房地资源，要争取尽快变现；对于经营状况不理想、成长性不足、变现难度大的"鸡肋"资产，要尝试改变资产经营方向，谋求政策的支持。公司要制定相应奖励办法，支持鼓励房地资源深度整合。

3. 把握政策机遇，提高政策运用能力

加强对国家宏观经济政策的分析和预测，及时了解和掌握国家政策。并结合公司实际，把民用煤保供、污染扰民、企业搬迁、离退休人员管理等政策用足用好。把握政策尺度和机遇，充分发挥政策效应，把政策转化成企业财富，从而使企业能够借势发展。

四、努力提高科学化管理水平持续不断地提升管理品质

1. 强化全面预算管理，为建设强大金泰提供财务支持

要认真落实新的《企业会计准则》。要强调全面预算管理工作的权威性，科学制定预算指标，严格控制预算外开支。要树立过"紧日子"的思想，加强成本费用的控制，防止成本费用的盲目性、随意性，降低可控费用。要科学安排资金，提高使用效益，把有限的资金投入到重点板块、重点项目的运作上，把每一块钱都花到刀刃上。要积极拓展融资渠道，优化融资方式，搞好资本运作，保证公司战略重点对资金的需求。确保公司资金链安全。

2. 强化能力建设，为建设强大金泰提供能力支持

核心竞争力不仅表现为关键技术、关键设备或企业的运行机制，更为重要的是它们之间的有机融合，是各种能力的进一步提升。核心竞争力越强，则企业的整体竞争力也就越强。核心能力重在建设。很多专业板块刚刚整合完成，核心能力还处于初建阶段，必须下大力气加以建设。各单位要因地制宜，研究探索适用于本企业的核心能力体系，并坚持不懈地投入建设实践，使之最终成长为企业的核心竞争力。并在此基础上形成独具产业特色的商业模式。

3. 强化人才建设，为建设强大金泰提供智力支持

把员工教育和人才管理，放到建设强大金泰的大局中来抓。完善员工教育、考核、使用、管理相结合的激励机制，努力培养适应企业发展和市场竞争要求的知识型员工；进一步提高经营管理者推动科学发展的能力，要努力提高学习能力、思考研究能力、把握机遇的能力、科学决策能力、组织指挥能力、团结沟通能力、驾驭全局和复杂局面的能力、对内对外的协调能力、处理复杂利益关系的能力；积极推进人才"成百上千"工程，进一步加快专业人才培养，立足岗位培训，不断优化各类人才的年龄、专业和知识结构，以满足企业长远发展的需要；充分挖掘企业内部人力资源潜力，多方举措培养青年人才，大胆使用青年人才，充分发挥人才的专长，大力选树青年典型，发挥示范带动作用，为企业发展奠定坚实的人才基础。

4. 强化科学考评，确保建设强大金泰的决策落到实处

继续完善公司的薪酬和考核评价体系，夯实考核基础，突出考核机制的系统性；建立及时、畅通、真实、有效的考核工作信息渠道，突出考核信息的及时性和开放性；全面设计与突出重点相结合，准确定量与定性，既考核当前实绩又考核长远发展，突出考核指标及考核方法的科学性；坚持刚性原则，加大考核力度，突出考核工作的严肃性。以科学的指标、更严格的要求抓好考核，确保企业决策的有效落实。

5. 强化内部控制，为建设强大金泰保驾护航

企业发展，没有困难，没有风险是不可能的，效益是战胜困难、化解风险的回报。但风险一定要限定在可控制的范围内。当前我们要特别注意防范和化解投资风险、法律风险、人事风险。要通过完善的内控制度，努力建立与公司相适应的风险管理体系，从制度上化解风险，从组织设置上控制风险，利用法律手段防范风险，确保稳健经营和持续发展。

6. 强化文化管理，为建设强大金泰提供文化支撑

在京煤集团主体文化的指导下，完善公司特色文化。把刚性管理

与柔性管理和谐相容，创新文化管理方法，抓领导力、推动力、制度力、传播力和执行力，促进企业文化优势与竞争优势的和谐统一，使金泰恒业文化成为企业的灵魂，把我们的事业不断推向前进。

7. 强化安全管理，为建设强大金泰提供安全保证

坚持"安全第一、预防为主、以人为本"的方针不动摇，全面实现平安金泰的安全工作目标。发扬奥运精神，借鉴奥运期间的好经验、好做法，使其规范化、常态化；坚持安全教育，塑平安文化，营造安全文化氛围，不断提高全体员工的安全意识和安全素质；以消防安全为重点，全面强化安全责任、防控、应急处置落实到位，做到思想上不放松，措施上不脱节，落实上不出差；加大排查力度，快速消除安全隐患和各种不稳定、不和谐因素，把问题解决在未萌芽状态；强化信息安全，着力提升网络安全保障水平和应对信息突发事件的能力。

8. 强化品牌管理，实现建设强大金泰的目标

要深入研究企业品牌与子品牌的关系，协调处理好"金泰恒业"企业品牌与各企业、各项目子品牌的关系。要在继续提高"金泰恒业"品牌知名度的基础上有效提高"金泰恒业"品牌的美誉度，把"金泰恒业"塑造成为响当当的企业品牌和金字招牌。专业板块要做专做精，形成响亮的子品牌。企业品牌与专业板块子品牌要坚持统分结合，形成企业持续的竞争优势和品牌价值的最大化，避免单一品牌风险。品牌建设具有阶段性，当前要按照品牌战略的要求，重点做好统一品牌工作。专业经营和区域经营单位，要各司其职，共同维护好、发展好我们共同的品牌。

五、加强董事会自身建设，提高董事会决策水平

2009 年度，形势异常复杂，工作异常繁重，经营异常困难。董事会将在充分估计到困难和防范潜在风险的同时，以科学发展观为统领，以实现国有资产保值增值为己任，把董事会建设提到一个新高度。

董事会将更加注重学习和调查研究，提高决策能力。以学习开阔

视野、启发思维、充实自我、提高水平。密切关注、深刻分析经济形势变化，更加了解宏观经济发展的趋势，搞好专题研究和董事培训，对公司工作中的重点、热点、难点问题加强调研，把握改革发展的正确方向，提高做强做大金泰恒业的科学决策能力。

董事会将更加规范履职，健全完善机制。保证公司治理结构的运行更加严谨科学，而又充满活力，实现规范运作和高效决策的有机结合。加强各专业委员会的建设，完善各专业委员会工作流程，提升各专业委员会的工作效能，充分发挥专业委员会对董事会科学决策的智囊团作用。

董事会将更加锐意进取，开拓创新。结合公司实际情况，紧跟时代步伐，贴近市场节奏，在实践中突破约束、在探索中更新观念，大力推进管理创新，提高决策的前瞻性，提高决策的质量和水平。

董事会将更加解放思想，开放胸怀。以宽广的胸怀和开阔的视野，扩大开放领域，优化开放结构，提高开放质量，力求在扩大开放上取得更大突破。

"强大京煤理念" 重在落实

——在北京金泰恒业有限责任公司二届二次职代会和工作会议结束时的讲话

二〇〇九年二月二十一日

这次职代会和工作会议，经过大家的共同努力，圆满完成了会议的各项议程，就要结束了。这次会议是深入贯彻落实科学发展观，努力推进企业又好又快发展的会议；是认真回顾以往工作，总结经验，提出任务的会议；是面对世界金融危机，坚定信心，抓住机遇，转变企业发展方式的会议；是用"强大京煤理念"统一思想，促进企业又强又大成长的会议。我相信，这次会议之后，大家一定能够在科学发展的道路上不断迈出新步伐，金泰恒业也一定能够为建设强大的京煤集团作出新贡献。

根据这次会议的报告和大家讨论的情况，下面我重点就"强大京煤理念"重在落实，讲几点意见。

一、要深刻认识"强大京煤理念"落实的重要性和必要性

"强大京煤理念"在广大经营管理者、职工代表和员工中达成了广泛共识。当前和今后一个时期最重要的是，要把"强大京煤理念"真正落到实处。要全力以赴抓教育、抓执行，抓落实，抓效果。要用落实"强大京煤理念"的行动方案、实际工作、建设成果来检验我们的总思路。

"强大京煤理念"重在落实。抓落实，关系到京煤集团的前途和命运；抓落实，是所有组织和成员最为重要的工作。任何一种认识、理念、计划，都必须扎扎实实地落到实处。没有落实，再完善的纲领也是空话，再好的方案也不会实现。

我们说战略决定成败，主要是讲战略的执行和落实决定成败。一个好的战略，其目标的确定，只是占了成功的20%，而80%靠执行、靠落实。有了一个好的理念，只是成功的前提。要把"强大京煤理念"，变成强大的京煤集团，变成优秀卓越的企业组织，变成有巨大投资收益、有巨大品牌影响力、基业长青的现代国企，就必须持之以恒地抓好落实。

抓落实是今后一切工作的关键、一切工作的重点、一切工作的根本、一切工作的标准。要把抓落实变成一种观念，一种责任、一种意志、一种文化、一种习惯、一种经常持久的思维方式和行为指南。

要坚持战略，保落实；精细管理，促落实；坚决执行为落实；专心致志抓落实。"强大京煤理念"只有落到实处，才会出竞争力、出创造力、出生产力。我们京煤集团才会做强做大，更强更大。

我们每一个领导成员，都要做落实型的领导；每一个员工，都要做落实型的员工；每一个单位，都要做落实型的组织。要使注重落实成为全体京煤员工的文化自觉，成为加强管理的主要切入点。要把我们求真务实、履行责任、诚信经营、注重回报的实际工作都落实到企业科学发展，建设强大京煤的目标上来。

二、要切实把握落实"强大京煤理念"的根本出发点和落脚点

落实"强大京煤理念"，我们从哪里出发？我们要到哪里去？也就是说，我们落实"强大京煤理念"的出发点和落脚点是什么？这个问题必须搞清楚。这是我们办企业的立场、观点和方法，事关企业的方向和性质。

1. 我们必须以建设中国特色社会主义作为落实"强大京煤理念"的根本出发点和落脚点

我们在中国这块伟大的土地上搞建设，我们是在建设中国特色的社会主义。我们京煤集团的性质是首都的国有企业，是社会主义公有制的组成部分。

从这个立场和企业的性质来看，我们必须首先明确举什么旗，走什么路，企业由谁做主，发展依靠谁，为了谁这个根本问题。我们要建设强大的京煤集团，必须坚定不移地高举中国特色社会主义伟大旗帜，坚定不移地走中国特色社会主义伟大道路，坚定不移地学习贯彻落实中国特色社会主义理论。我们落实"强大京煤理念"，必须把所有的工作和行动统一到建设有中国特色社会主义的伟大事业上来。真正做到手中有旗帜，心中有理论，脚下有道路，生存有保证，发展讲科学，成功有平台。坚持职工群众当家作主，坚持依靠职工群众，发展为了职工群众。只有这样，我们才不会迷失方向，才会在纷纭复杂的形势面前，保持清醒的头脑，使落实"强大京煤理念"有可靠的政治保证、思想保证和作风保证。才能想干事，会干事，干成事，不出事。落实强大京煤、活力京煤、和谐京煤的企业宗旨，实现兴企富民的美好愿望，才会有坚实的基础和根本的前提。

2. 我们必须以坚持科学发展观作为我们落实"强大京煤理念"的出发点和落脚点

建设强大的京煤集团，必须用科学发展观来规划、来实践、来落实。要牢牢抓住发展第一要义，抓住以人为本这个核心，紧紧地依靠职工群众，保证企业全面协调可持续发展。

3月份将要开展的深入学习实践科学发展观活动，在提高认识的同时，就是要集中力量，解决影响和制约企业科学发展的突出问题，找出影响京煤集团做强做大、每个经济板块做强做大的突出问题。既要找出急需解决的重点现实问题，又要找出影响可持续发展远期的重大问题；既要找出显著性的问题，又要找出深层的隐性问题；既要找出在经营管理中的创效问题，又要找出在安全和谐稳定中的基础性问题。因此，在这次职代会之后，我们就是要以科学发展观为标准，按照"强大京煤理念"的总要求，来进行对照检查，解决问题。

此次会议结束之后，集团要召开专门会议，组织专门力量，抽出专门时间，来研究落实企业科学发展，落实"强大京煤理念"的问题。要围绕落实企业科学发展、建设强大的现代企业，做出专门规划、做出重大决策。组织人事部门、人力资源部门，要配合股东会的决策，着力选拔能够把企业做强做大的可靠人才，把他们输送到重点企业、重点岗位上来。

董事会要围绕落实"强大京煤理念"，做出日常工作决策。董事会要召集专门会议，组织专门人才，进行专题研究，形成具体决策，全力推进京煤集团和各个企业进一步做强做大。董事会专业委员会，要发挥思想库和智囊团作用，深入调查，超前研究，形成具体思路，及时提请董事会参考。

经理层要按照董事会决策，强化执行，增强创造性、体现主动性，把各项具体工作抓紧、抓好、抓实。

3. 要把建设"人文北京、科技北京、绿色北京"作为落实"强大京煤理念"的出发点和落脚点

我们集团地处北京，必须从北京的实际出发，依靠北京的资源提高效益。"人文北京、科技北京、绿色北京"三大理念，对我们提出了更高的要求，也是我们重要的资源。北京是文化中心，人才资源、科技资源全国独一无二，在世界上也是屈指可数。而且，首都又是个特大型城市，近来又在倾力发展京津冀首都经济圈。这个独特的区位优势，我们必须牢牢抓住。要全力把京煤集团建设成为具有强大创造、创新能力的企业集团之一。

建设绿色北京，更适合首都的功能定位，更适合世界绿色经济、绿色产业发展的潮流。我们必须增强战略的预见性和前瞻性，必须看到绿色经济的发展，对我们京煤集团造成的压力、动力和新的机遇。

在世界金融危机和经济衰退影响下，有专家认为，围绕清洁能源形成的产业群，有可能成为下一轮经济周期繁荣的支撑点。其理由：一是清洁能源产业，具备改变整个经济发展方式的功能；二是传统石

化能源的稀缺性越来越明显；三是清洁能源产业，最可确立国家的产业优势；四是清洁能源有助于保护生态环境；五是清洁能源产业具有广阔的市场前景。

我们京煤集团是煤炭企业，也是能源产业。我们必须从世界、全国、首都能源发展的总趋势中找到自身的定位，立足当前，放眼未来。我们必须跳出京煤看京煤，为建设绿色北京、绿色中国、绿色世界作出自身的贡献。

当前和今后相当一个时期，煤炭仍然是重要的战略资源，我们必须发挥传统优势，在确保安全的前提下抓好煤炭生产和经营。同时，必须加强研发力量，加大投入，培育新的经济增长点，体现多元化经营的特色，切实化解经营风险。

京煤集团要在绿色北京的建设中有更科学、更准确的定位，增强企业发展的可持续性。当前，能源（包括新能源）、房地产、城市服务业是京煤集团的经济支柱，是主要的营利点，要千方百计把经济支柱做强做大。并且，要加强资本积累、现金储备，超前研究规划，为参与绿色经济的发展与竞争奠定基础，增强实力。

三、要明确落实"强大京煤理念"的基本途径

有了好的世界观，还必须有好的方法论；有了"强大京煤理念"，还必须有实现"强大京煤理念"的基本途径，"过河就要解决船和桥"的问题。我认为，建设强大的京煤集团，必须从以下七个方面入手。

1. 强化标杆管理，实现优秀，追求卓越

有比较才有鉴别。建设强大京煤，必须有一个参照系，有一个标杆，有学习的榜样。榜样的力量是巨大的。所以，我们建设强大京煤，要以地区一流和全国一流企业为标杆，实施标杆管理。能源经营、房地产业、城市服务业、新的经济增长点和各个单位，都要找到学习的标杆。标杆明确，有了衡量的标准，就能把各项工作规范化、标准化、本土化。我们的工作有了可比性，就能找到差距，受到激励。才能急起直

追，实现优秀，追求卓越，实现又好又快地发展、又强又大地成长。

2. 强化战略管理，提升核心竞争优势

我们要吸取常规性战略和创新型战略各自的优势，既要"咬定青山不放松"，又要适应新形势，适时对战略进行调整完善，不断赢得竞争优势。

我们京煤集团，包括金泰恒业，是个多元化企业，要通过相关多元化、经营专业化、内部市场化，建立集团内部的供应链，实现资源共享，那企业的成本费用就会大大降低，就会具备更强的竞争优势。

多元化必须和企业战略相匹配，不符合战略的项目就是有效益的也不能上。落实企业战略要从自身的资源、组织、能力出发，首先搞清不做什么，然后再确定做什么。

集团各个专业板块，都要有"聚精会神，专心致志"的精神。坚持专业目标、专业战略、专业经营、专业机制、做专做精。我们集团有了强大的专业支柱，"强大京煤理念"就能真正落到实处。

3. 强化创新管理，在执行中创新，在创造中落实

落实"强大京煤理念"，我们已经有了很好的基础和前提。同时，未来如何又没有现成的答案，我们还必须进行艰辛地探索和实践。所以，广大经营管理者，要把执行的过程，当成创新的过程；要用创新的成果，来证实执行的成效。执行没有借口，创新没有止境。要把执行和创新结合起来，落实"强大京煤理念"。

我们所说的落实，绝不是一般意义上的落实，必须要统一到"强大京煤理念"上来，进行创造性的落实。对于集团范围内影响落实"强大京煤理念"的体制、机制和流程，我们要大刀阔斧地进行改革和改进。

4. 强化重点管理，统筹兼顾，整体推进

抓重点是一种大智慧，是一个领导者的基本功。两级领导班子都要从重点入手，以主要精力、主要时间、主要财力保证重点工作、重点目标的实现。在实践中要抓住重点企业、重点项目、重点投资，实施重点突破，不断向纵深发展。要抓住企业战略、全面预算工作、现金流问题、成本费用控制、人才问题、体制机制改革、民心工程、安

全稳定等重点工作，分工负责，相互配合，保证企业协调发展，实现高质量的增长。

5. 强化人本管理，真正调动全体京煤员工的积极性

企业的价值在客户，客户的价值在员工。要落实"强大京煤理念"必须强化人本管理，以员工为本。我们共产党人的宗旨是为人民服务，管理就是服务，我们的管理正是体现了党的宗旨。国际公认的管理大师德鲁克认为，管理的本质在于对人的研究。管理的核心就是人，这是管理学的基本思想。同时，管理学还十分强调人际技能，要善于沟通、理解人、尊重人、激励人、形成团队，共同完成任务。所以我们要通过人本管理，建设高素质的员工队伍，建设强大的人才队伍，以保证"强大京煤理念"的实现。

6. 强化考核管理，保证各项预算指标的实现，保证企业有充足的后劲，以建设强大的京煤集团

各级领导班子要高度重视考核工作，没有考核的管理不是真管理，考核弱化的公司办不成强大的企业。所以，我们历次会议的报告都反复强调考核问题。希望各级领导班子都把科学考核，切实重视起来。

7. 发挥党委的政治核心作用，保证"强大京煤理念"落实的现实性和长期性

"强大京煤理念"是我们学习科学发展观，进行认真思考、研究的结果。要把科学发展观落到实处，要突出京煤特色，就必须把落实"强大京煤理念"列入各级党组织重要的议事和工作日程，加强领导，深入研究，注重实践，见到成效。

党委要抓大事、谋全局，管方向，抓重点，"强大京煤理念"的落实，就是其主要的内容。在当前和今后一个历史时期，要通过加强党的思想、组织、作风、能力、制度和廉政建设，来保证科学发展观的落实，保证"强大京煤理念"结出更加丰硕的成果。

我们要紧密团结起来，在中国特色社会主义伟大旗帜下，以科学发展观为统领，牢记和落实"强大京煤理念"，开拓经营，锐意进取，为首都的现代化建设不断作出新贡献！

深入贯彻落实科学发展观
建设强大的京煤集团
为推进首都现代化建设作出新贡献
——在京煤集团公司中层以上
领导人员大会上的讲话

二〇〇九年一月六日

在 2009 年春节即将到来之际，我们召开集团中层以上领导人员大会。这次会议的内容是，集体学习胡锦涛同志在《纪念党的十一届三中全会召开 30 周年大会上的讲话》，传达贯彻市委十届五次全会精神，提出 2009 年和今后一个历史时期总的工作思路，把落实集团战略推向一个新的阶段。

这次会议是集团公司领导班子主要领导调整后，一次承先启后、继往开来、与时俱进、接力推进京煤集团全面建设的重要会议，是为 2009 年年初的党员代表会议、职代会、工作会提出要求，进行准备的会议。这个讲话稿，征求了集团公司党委常委意见，并作了修改，所以这个讲话也是集团公司常委意见。下面我讲四个问题。

一、高举旗帜，科学发展，建设强大的京煤集团

2008 年 12 月 18 日，胡锦涛同志《在纪念党的十一届三中全会召开 30 周年大会上的讲话》发表以来，我们认真反复学习了讲话全文，

受到了深刻教育。学习胡锦涛同志的讲话精神，要充分认识改革开放的重大意义和伟大成就，深刻认识改革开放的伟大历程，特别是要牢记我们党经过艰辛探索，总结出的"十个结合"的宝贵经验。

一是必须把马克思主义基本原理同推进马克思主义中国化结合起来，解放思想、实事求是、与时俱进，以实践基础上的理论创新为改革开放提供理论指导。二是必须把坚持四项基本原则同坚持改革开放结合起来，牢牢扭住经济建设这个中心，始终保持改革开放的正确方向。三是必须把尊重人民首创精神同加强和改善党的领导结合起来，坚持执政为民、紧紧依靠人民、切实造福人民，在充分发挥人民创造历史作用中体现党的领导核心作用。四是必须把坚持社会主义基本制度同发展市场经济结合起来，发挥社会主义制度的优越性和市场配置资源的有效性，使全社会充满改革发展的创造活力。五是必须把推动经济基础变革同推动上层建筑改革结合起来，不断推进政治体制改革，为改革开放和社会主义现代化建设提供制度保证和法制保障。六是必须把发展社会生产力同提高全民族文明素质结合起来，推动物质文明和精神文明协调发展，更加自觉、更加主动地推动文化大发展大繁荣。七是必须把提高效率同促进社会公平结合起来，实现在经济发展的基础上由广大人民共享改革发展成果，推动社会主义和谐社会建设。八是必须把坚持独立自主同参与经济全球化结合起来，统筹好国内国际两个大局，为促进人类和平与发展的崇高事业作出贡献。九是必须把促进改革发展同保持社会稳定结合起来，坚持改革力度、发展速度和社会可承受程度的统一，确保社会安定团结、和谐稳定。十是必须把推进中国特色社会主义伟大事业同推进党的建设新的伟大工程结合起来，加强党的执政能力建设和先进性建设，提高党的领导水平和执政水平、拒腐防变和抵御风险能力。

胡锦涛同志在讲话中强调指出，今后一定要坚持高举中国特色社会主义伟大旗帜，一定要坚持改革开放，一定要坚持抓好发展第一要务，一定要坚持戒骄戒躁、艰苦奋斗，不断开创改革开放和社会主义现代化建设新局面。我们必须充分认识到，以经济建设为中心是兴国之要，四项基本原则是立国之本，改革开放是强国之路，一个中心、两个基本点必须全面坚持。

以上是胡锦涛同志在《在纪念党的十一届三中全会召开30周年大会上的讲话》的核心内容，"十个结合"体现了中国特色社会主义的本质特征，凝结了新时期中国共产党人的不懈探索。各级领导班子和领导人员要认真学习，自觉坚持运用，这是我们搞好企业工作的前提。

2008年12月23日，中共北京市委召开了十届五次全会，刘淇同志、郭金龙同志作了报告。报告总结了2008年工作，部署了2009年任务。刘淇同志在阐述了今年工作的指导思想后，全面分析了形势，传达了中央精神，提出了十项任务：一是努力在加快发展方式转变和结构调整上取得新进展；二是努力在加快改革开放上取得新进展；三是努力在提高城市规划建设管理水平上取得新进展；四是努力在推动城乡一体化上取得新进展；五是努力在推进生态文明建设上取得新进展；六是努力在推动首都文化大发展上取得新进展；七是努力在推进社会主义民主政治建设上取得新进展；八是努力在切实解决民生问题上取得新进展；九是努力在推进社会建设和管理上取得新进展；十是努力在推进"平安北京"建设上取得新进展。同时强调要以改革创新精神全面推进党的建设。

郭金龙同志在总结了2008年经济社会发展情况后提出了八项任务。一是确保经济平稳较快发展；二是加快转变经济发展方式；三是促进城乡经济社会一体化发展；四是着力提升城市建设与管理水平；五是切实保障和改善民生；六是推动基本公共服务均等化；七是深入推进改革开放；八是确保首都安全稳定。

党的十七大精神，胡锦涛同志讲话精神，市委十届五次全会精神，对我们的工作提出了更高的要求。我们只有坚定不移地按照上级要求，"不动摇、不懈怠、不折腾"，建设强大的京煤集团，兴企富民，才能不辜负广大京煤员工的新希望、新期待；只有建设强大的京煤集团，才能站在先进行列，为巩固国有经济的主体地位，作出国有企业的应有贡献；只有建设强大的京煤集团，才能把落实企业战略推向新阶段。

二、认清形势，坚定信心，抓住机遇，充分运用好建设强大京煤集团的有利条件

目前，世界金融危机正在向实体经济蔓延。在面临困难的情况下，要认清形势，坚定信心，化危机为机遇，化压力为动力，充分运用好建设强大京煤集团的有利条件。

一是有科学发展观的指导，有国家积极的财政政策和适度宽松的货币政策，有"保增长、扩内需、调结构"方针的指引，我们集团的生产经营形势，一定会和全国一样，实现平稳较快增长。

二是在市国资委党委正确领导下，我们已经有了较为雄厚的物质基础，我们已经站在一个新的历史起点上。特别是京煤集团成立八年以来，经济实力越来越强，利润从几千万元增长到现在的 9 个亿，为我们继续前进奠定了基础。这是改革的结果，是解放思想的结果，是抓住市场的结果。

三是集团公司建立了比较完善的现代企业制度，建立了有效的法人治理结构，保证了企业健康有序运行。这八年来，我们制定的企业制度比较先进，在治理结构上各司其职、互相制衡、科学决策、监督有力，为我们建设强大京煤提供了有力的制度保证。

四是集团公司有一个符合企业实际，不断完善、发展的企业战略，并在执行中收到了好的效果。我们在战略发展问题上，通过调研，制定了一套切实可行的发展战略，通过认真贯彻执行，取得了很大的收益。企业不解决方向问题，必然出现风险。我们有发展战略，这很关键，今后要不断完善。

五是集团公司有一支适应市场、奋发有为的经营管理者队伍、专业人才队伍和高技能人才队伍，有一支具有主人翁精神、爱岗敬业的员工队伍，这是企业发展的根本动力。这八年如果没有高管人员、专业人才和高技能人才，没有他们的激情和能力支撑，我们就很难走到今天。人才队伍是我们发展的基础。没有合适的人，再好的项目也干

不成。

六是集团公司不断强化管理，推进管理创新，保证了生产经营的正常运行和整体局势的安全稳定。我们的管理，包括企业内控制度，都是保证企业健康发展的重要措施。我们还要加强风险管理。

七是集团公司不断深化改革开放，体制机制不断适应市场需要。在这方面我们也积累了不少经验，有一套东西，这也是我们的有利条件。

八是企业文化建设不断推进，京煤集团主体文化和各单位特色文化有效提升了经营管理。文化管理是最高层次的管理。几年来，集团公司企业文化建设取得了非常好的效果，对提高集团公司的知名度，乃至今后的品牌建设都将起到重要的作用。

九是集团党的建设不断加强，党组织的活力不断增强，引领推进企业先进性建设的作用更加显现。特别是通过"三讲"、"先进性教育"，我们在思想、组织、作风、制度建设上形成了一整套东西。这是我们企业党组织先进性建设的重要成果。

以上九条是建设强大京煤的宝贵财富和有利条件。我们要特别珍视，充分运用好这些条件。不但要运用好，还要发展好。中央经济工作会议要求我们：从变化的形势中把握难得的发展机遇，在逆境中发现和培育有利因素。只要我们认真深入地分析形势，做好这种辩证转化工作，我们就一定能够实现集团公司平稳较快地发展。

三、坚持又好又快地发展，明确建设强大京煤集团的总思路，开创国有资产保值增值新局面

今年和未来一个历史时期，建设强大京煤集团的指导思想是，在市国资委党委领导下，高举中国特色社会主义伟大旗帜，以邓小平理论、"三个代表"重要思想为指导，深入贯彻落实科学发展观，认清形势，坚定信心，抓住机遇，开拓进取，扎实工作，确保安全，以改革创新精神加强党的建设，在平稳较快发展中，不断开创集团建设新

局面。

京煤集团总的工作思路是：深入贯彻落实科学发展观，坚持和发展企业战略，建设强大的京煤集团，实现又好又快地发展，即以"高举旗帜、科学发展、构建和谐、综合创新、兴企富民"为思想方法；以建设"强大京煤、活力京煤、和谐京煤"为企业宗旨；以"面向市场、做专做精、相关多元、系统优化、注重回报、后劲充足"为商业模式；以"巩固基础、继往开来、锐意进取、安全稳定"为工作主题；以"抓效益、抓管理、抓改革、抓开放、抓民主、抓民生、抓安全"为基本任务；以"讲理想、讲战略、讲原则、讲大局、讲团结、讲协作、讲沟通，稳健运作，理性扩张"为京煤企业风格；以党的建设为关键；以广大经营管理者和全体员工的创造性劳动为根本动力，建设强大的京煤集团。

关于建设强大的京煤集团。深入学习、认真研究集团战略，建设"特大型、多功能、综合性现代强势企业集团"的战略目标，其核心就是"强大"二字，"新三步走"战略又进一步表达了建设强大京煤集团的思想。

我们要处理好强与大的关系，京煤集团要先做强，后做大，边做强，边做大，强中有大，大中有强，强大一体，又强又大。这符合科学发展观关于又好又快发展的要求。要坚持好字为先，强字为本。在好的前提下求快，在强的基础上做大。要坚持质量和速度的统一，实力和规模的统一。坚持先做强后做大，强是大的基础和根本，大是强的发展和延伸。如果只强不大，是小老板，小生意，在大市场上缺乏竞争力，这也不是真正的强；如果只大不强，是纸老虎，空有其名，力量不足，积贫积弱，就没有生命力，不可能基业长青，也不是真正的大。只有既强又大，既大又强，企业素质高，产品质量好，企业有规模，才能站稳脚跟，抵御风险，实现规模效益，具有强大的市场竞争力。

同时，强大具有地域性和阶段性。在一个地域，你可能是强大的，但与国内和全球比，可能是弱小的，所以要不断努力，实现更大范围的强和大，这就是我们追求的目标。我们说追求卓越、实现优秀，卓越就是全国一流企业，优秀是地区的一流水平。还有伟大企业，就是国际一流水平的企业。我们要有追求卓越的理想、目标和精神。在一个时期，你可能是强大的，但今天强大，不等于明天强大、永远强大，要与时俱进，不断地做强做大，做到可持续的强与大。在经济全球化的背景下，在长期的历史进程中，做强做大是一个全局性和历史性的艰巨任务，我们必须勇敢地肩负起这个任务。

关于把企业做强。就是政治上要强，体制机制上要强，人才队伍要强，管理上要强，核心竞争力要强，赢利水平要强，职工生活要强。之所以强调做强，是因为有些企业忽视做强，片面追求做大，没有把基础打好，管理落后、混乱，只知道贷款花钱，不知道还款，最终走向下坡，走向死亡，职工的利益付之东流，所以我们强调做强非常重要。当前，我们国家仍处于社会主义初级阶段，是发展中国家，我们集团也是处于起步阶段，是发展中的企业，这与我们的国情是一致的。我们集团曾进入过全国 500 强，这个成就是巨大的。但和本地区、本行业、全国乃至世界的先进企业比，和实现中华民族伟大复兴历史任务的要求比，仍有很大的差距。要清醒地看到我们企业存在的风险在哪儿、软肋在哪儿、短板在哪儿，对此，我们要有清醒的认识，否则就会走下坡，没有出路。所以继续把企业做强，仍然是当前和今后一个历史时期首要的艰巨任务。必须谦虚谨慎、再接再厉。

当前影响做强的因素还比较多，集团还有不够强的地方，不够强的单位。已经强起来的单位，要更好更强；有希望做强的单位，要积极奋进，尽快做好做强；不能做强、扭亏无望的单位，要逐步退出，保证整体健康。有些亏损单位历史上为集团公司发展作出过贡献，但是亏损不符合科学发展观。从经济角度讲，国企责任非常明确，企业必须要有赢利。当然有的项目实现赢利要有一个周期。但是，若干年来一直扭亏无望的就要退出。能够"止血疗伤"，退出也是发展。要按照科学发展观的要求积极地有序地退出，把我们的领导人员和职工安排好。

关于把企业做大。大是在强的基础上做大，是先强后大，又强又大，边做强边做大。大是在理想上要大，实力要大，事业要大，资金、资产、资源的底盘要大，高素质人才队伍要大，创新创效的本领要大，安全和谐稳定的覆盖面要大，高质量增长的规模要大，低成本扩张的气势要大，实现规模效益的平台要大，追求做强的魄力要大。在这个"大"字上，要体现理想、实力、规模、效益的统一，四个因素都不可偏废。这里我强调要有崇高的理想。我们入党时都说要实现远大理想。我们搞企业，也要有搞好企业的远大理想。要实现优秀，追求卓越，向伟大企业迈进。如果连这个理想都没有，还谈得上什么实现共产主义理想。作为一个领导人员，必须要把你管的那摊事干好。必须要有工作激情，有激情才谈得上能力，精神状态不行是领导人员最大的不行。认真研究集团实际，借鉴管理理论，落实集团战略，坚持"做强做大"，正是京煤集团的发展之路。要通过认真研究强与大的辩证关系，追求集团高质量的经济增长和全面发展。

那么，支撑建设强大的京煤集团的思想体系又是什么呢？我们要从思想方法、企业宗旨、商业模式、工作主题、基本任务、企业风格、关键因素、根本动力等方面进行认识和把握。

关于思想方法。办事情，干事业，其想问题的方法非常重要。我们京煤集团就是要坚持以高举旗帜、科学发展、构建和谐、综合创新、兴企富民为思想方法。坚持马克思主义的思想方法，坚持马克思主义中国化的思想方法，必须具有企业的特点。我们是企业，兴企富民必须是我们思考问题的出发点和落脚点。有了这个思想方法，我们就有了办事情的价值取向和想问题的思路导向。制定指标、安排工作的时候，必须把市国资委的要求和职工的期盼结合起来，把对上级负责与对企业负责结合起来，坚持实事求是，从实际出发。否则，企业受罪，职工利益受影响，也完不成任务。

关于企业宗旨。建设"强大京煤、活力京煤、和谐京煤"是我们的企业宗旨。建设强大京煤是目标，建设活力京煤是途径，建设和谐京煤是保证。

　　建设强大京煤，就要处理好强和大的关系，把所有的智慧和力量都集中到企业建设上来。建设活力京煤，就要继续解放思想，深化改革开放，内部调整，外部适应，使企业生机勃发，充满活力。企业充满活力来自改革，来自开放，来自体制机制不断创新。影响活力主要有两条，一个是体制，一个是分配。体制只有多元化，才更科学；分配不搞平均主义，才能调动积极性。总之，增强活力，要与市场接轨，进行体制机制创新，管理分配要适应发展的要求。建设和谐京煤，就要调整好多方面的关系，特别是利益关系，坚持利益和谐，整体和谐。坚持利益和谐，要把效率和公平统一起来，在分配上要合理、公开、公正、透明。要把经营管理者和员工两个方面的积极性都调动起来，经营管理者的收入要与企业的发展、行业特点、肩负的责任、取得的效益相匹配；员工的收入和生活水平，要在确保效益的前提下不断提高。我们职工过上美好的生活，要通过发展来解决。如果企业有了效益，职工收入不涨，那么你的效益是假的；如果没有特殊原因，企业亏损了还涨工资，那是对国有资产不负责任。要坚持领导人员和员工的价值共同实现；企业和员工、客户共同成长；员工的政治利益、经济利益、文化利益、社会利益同步实现；我们的员工在京煤集团要有依靠，有尊严，有归属感、幸福感和自豪感，要过上比较体面、幸福的生活。逐渐改变我们职工的生活面貌，使京煤职工和全国人民一样，向更高水平的小康社会迈进。

　　"强大、活力、和谐"三者是相互统一的整体，具有互根性、互补性，相互依存，相互促进，相互支持。因此，要全面协调，整体推进。这也是科学发展观的要求。

　　关于商业模式。商业模式是一种简约的商业逻辑，是把企业诸要素整合起来形成的运行系统。我们讲中国特色，国际上讲中国模式，"十个结合"就是中国模式的完美表述。企业作为营利组织，面对市场，必须有特定的商业模式。京煤集团也必须有一个独具特色的商业模式。集团有一个好战略，还必须有一个好商业模式的支持。因此，我们必须认真研究、设计、提出京煤集团的商业模式，并不断完善、发展这个模式。我们京煤集团的商业模式，应该是"面向市场、做专做精、相关多元、系统优化、注重回报、后劲充足"。有一个科学的、与时俱进的商业模式，我们就有独特的竞争力，就能加速实现做强做大的目标。

关于工作主题。面对新的、复杂的经济形势，要建设强大的京煤集团，就必须提出集团工作的主题。主题明确，成竹在胸，才能取得今后工作的新胜利。集团工作的主题是："巩固基础，继往开来，锐意进取，安全稳定。"

巩固基础，就是要巩固集团改革开放以来坚实的党建基础、制度基础、经济基础、管理基础和文化基础。继往开来，就是要坚持和继承京煤集团以往的优良传统、优良作风、优秀文化，发扬以往的成绩，同时在此基础上创新发展，结合新形势，形成新思路，采取新措施，不断开创建设强大京煤集团的新局面。锐意进取，就是站在新的历史起点上，以饱满的热情，严谨的态度，精心谋划，总揽全局，协调各方，组织带领广大员工，完成年度预算目标。安全稳定，就是要把安全和稳定作为重中之重，放在各级党委和领导班子重要的议事日程，弘扬平安奥运、企业双安的成功经验，化解风险，解决矛盾，千方百计保安全、保稳定，为建设强大京煤集团创造良好环境。

关于基本任务。要围绕工作主题，完成基本任务，完成预算指标。

要抓效益。以经济效益为中心，转变发展方式，开拓经营，节约降耗，节能减排，履行社会责任，处理好各利益相关者的关系，实现国有资产保值增值。

要抓管理。加强基础管理，突出管理重点，实现科学管理与文化管理的统一，苦练内功，提高企业素质。在战略管理上，牢记战略决定成败，细节决定好坏；在预算管理上，贯彻预算的全面性，树立过紧日子的思想，该降的费用要降下来；在管理幅度上，要各司其职；在有效管理上，要摆脱事务性、注重全局性、体现有效性；在狠抓关键上，抓住大项目、大投资，保证现金流健康、充实，做到有效的投资，有质量的增长，以大带小，走活一盘棋；在考核分配上，管理的重点在考核，考核的核心在分配，科学考核，抓好分配，利益和谐，企业稳定；在管理方式上，刚柔相济，刚性管理，柔性沟通，既依法依规，也要讲人性化。工作上刚性管理很重要，但同志之间、工友之间、领导与被领导之间加强沟通也非常必要，没有这一条，管理就太简单了。另外，还要加强品牌建设，提高企业信息化水平。集团公司信息化水平与形势发展要求还有差距，基层自动化办公系统利用得比较好，集团公司要加强，包括网站建设，这方面要有规划，加快实现办公自动化、无纸化进程，这项工作首先从领导抓起，否则我们的管理很难再上一层。要建设学习型、创新型、效益型企业。要提高自主创新能力，特别是战略新项目的研究、新项目的开发和储备，这关系到企业发展后劲。

要抓改革。坚持市场导向，深化体制机制改革，建立完善的现代企业制度和法人治理结构。按照市国资委要求，一级企业要多元化，二级企业要股份化。对此要有紧迫感，跟上历史的步伐。相关企业的上市工作、股份制改造要重点突破，陆续跟进。已经进入上市程序的重点单位，要抓住关键环节，强力推进，力争早日实现预期目标。准备上市的经济板块，要组织力量，深入研究，从集团部室到有关单位，要拟定上市路线图，按照上市公司标准，规范法人治理结构，规范经营管理行为，进行资源整合，实施股份制改造，为择机上市做好充分准备。要优化企业结构，搞好调整改革。企业的存在要符合战略，要突出主业，强化支撑，夯实基础。集团内部资源要多元相关，经营上相互关联、相互支持，业务流程和组织结构要更科学、更有效。继续深化劳动人事制度改革。体制改革、资源整合、业务整合要逐步推进。

要抓开放。历史发展和科学实践证明，一个封闭的系统会逐渐产生惰性、不断退化，丧失生命力。只有以广阔的胸怀，开阔的视野，扩大开放，让更多、更大的能量从四面八方进来，才会创造繁荣与奇迹。集团要继续扩大开放，通过开放引进人才，引进先进的科技，引进先进的管理，引进战略合作伙伴。扩大开放，不仅要引进来，还要走出去。通过建设开放型企业，逐步实现首都京煤、京煤中国、乃至京煤国际的转变。我们的胸怀要宽，特别是在人才问题上，对人才要爱护，要给予特殊政策，这样我们的事业才能够支撑住。我们要继续扩大开放，否则，新的项目引不来，好的人才也进不来，有好的项目也没人与你合作。封闭的企业就是落后的企业，没有前途的企业。

要抓民主。民主是社会主义的生命，也是企业的生命。坚持以人为本，以党内民主引领企业民主。坚持民主管理制度，广开言路，广泛沟通，倾听各方面的呼声，"问政于民、问计于民，问需于民"。广泛开展调查研究，集思广益，依靠广大员工的智慧和力量，建设强大的京煤集团。

要抓民生。兴企富民是我们重要的思维方式。兴企是为了富民，富民是为了兴企，兴企富民互为因果，相互促进。要按照预算目标，扎实推进集团战略的落实，提高效益水平，提高职工收入。进一步改善职工住房条件，已经确定的住房建设项目，要扎实推进，落到实处。同时也要制定未来几年解决职工住房问题的方案，加大实施力度，加快建设速度。加强员工的教育培训，提高员工素质、自助能力。关心困难党员、困难职工、困难企业，建设民心工程。把职工各项保险、年金、福利政策落实好。

要抓安全。发展是硬道理，安全是硬任务。坚持安全第一，强化风险管理。切实化解战略风险、经营风险、法律风险、人才风险、事故隐患等。强化安全责任制，严格制度，严格检查，严格考核，把问题解决在萌芽状态。加大对安全稳定的投入，把安全稳定落实到每一个细节当中，为生产经营创造良好环境。

关于京煤集团企业风格。以讲理想、讲战略、讲原则、讲大局、讲团结、讲协作、讲沟通，稳健运作，理性扩张为京煤企业风格。讲理想、讲战略、讲原则、讲大局，是建设强大京煤集团旗帜鲜明的政治风格。当前，特别要强调讲大局，一个领导人员不讲大局是政治上不成熟的表现。要有集团公司一盘棋的思想，不能只站在自己利益的小圈子里。一个合格的领导人员要有大局观念，服从整体战略，并要保证本企业的正常运转。讲团结、讲协作、讲沟通是建设强大京煤集团集体奋斗的管理风格。领导班子成员，特别是党政一把手，要讲团结，讲协作，勤沟通，互相理解，目标一致。要创造一个良好的、健康的、互相了解的、互相帮助、互相协作的政治氛围，没有这样一个政治氛围，邪气就会上升，自由主义就会泛滥，小团体帮伙就会出现。古代君子要求做人要堂堂正正，党员领导人员更应该这样。这种良好的风气要靠我们领导人员去带动，靠我们以身作则去维护，企业文化不能只背诵，要理解，要转变为我们的行动。稳健运作，理性扩张是建设强大京煤集团驾驭全局的工作风格。我们贷点款、赚点钱不容易，因此必须做好可行性研究，认真进行分析，稳健地操作，理性地扩张，干一件事，成一件事。把这样一种企业风格，渗透到领导团队、管理团队、员工团队，就能形成良好的企业氛围，共同致力于集团做强做大。

关于关键因素。要以党的建设为关键，发挥党委的政治核心作用，以党建先进引领企业先进，以党建创新引领企业创新，以党建强大引领企业强大。一个好的企业，必然有一个强有力的党组织。党组织在制定企业发展思路上、在思想政治工作上、在培养领导人员上、在民主建设上，特别是在领导班子建设上发挥着非常重要的作用。这个关键因素我们一定要抓好。

关于根本动力。切实发挥职工群众的主人翁作用，维护职工的主人翁地位，增强职工群众的主人翁责任感，全心全意依靠职工群众办企业。以广大经营管理者和全体员工的创造性劳动为建设强大京煤集团的根本动力，努力把京煤集团建设成为具有更强经济实力、更强人才队伍、更强团队精神、更高科技水平、更高赢利能力、更高小康水平的职工之家。

四、以改革创新精神加强党的建设，为落实科学发展观，建设强大的京煤集团提供坚强的思想政治组织作风保证

办好中国的事情，关键在党；办好京煤集团的事情，关键也在党。

要在建设中国特色社会主义伟大实践中，在落实科学发展观，建设"人文北京、科技北京、绿色北京"的实践中，建设"强大京煤、活力京煤、和谐京煤"，切实发挥党委的政治核心作用、基层党支部的战斗堡垒作用和广大党员的先锋模范作用。

认真落实深入学习实践科学发展观活动的重大部署。活动开始前，要认真学习中央、市委文件和动员大会精神，充分做好思想、组织工作准备。活动开始后，要按照计划，高标准、严要求，精心组织，周密安排，切实抓好各个阶段和各个环节的工作落实。通过学习实践活动，真正达到提高思想认识、解决突出问题、创新体制机制、促进科学发展、把京煤集团做强做大的目标。

要以改革创新精神加强党的建设，不断提高京煤集团的党建水平。胡锦涛同志在 2008 年 12 月 18 日的重要讲话中指出："我们要深刻认识到，党的先进和党的执政地位都不是一劳永逸、一成不变的，过去先进不等于现在先进，现在先进不等于永远先进；过去拥有不等于现在拥有，现在拥有不等于永远拥有。党要承担起人民和历史赋予的重大使命，必须认真研究自身建设遇到的新情况新问题，在领导改革发展中不断认识自己、加强自己、提高自己。"胡锦涛同志的论述给了我们深刻的启示。我们必须保持清醒的头脑，在巩固基础的同时，锐意进取，不断开创党的建设和京煤集团全面建设新局面。

加强党的宣传、思想工作。要大力宣传中国特色社会主义理论，坚持正确的舆论方向，提高贯彻落实科学发展观的高度自觉性。大力宣传京煤集团改革开放以来的巨大成就，鼓舞信心，激励斗志。大力宣传建设强大京煤集团过程中的新鲜经验和先进事迹，树立典型，推动工作。继续办好集团公司的报刊、信息、杂志、网站，加强思想政治工作。加强企业文化建设。进一步加强京煤文化体系建设，用企业目标、共同愿景等京煤文化的核心理念，启发广大员工的文化自觉，用强大的京煤文化，激发建设强大京煤集团的责任感和创造精神。

加强党的组织工作。加强领导班子建设，切实发挥党委的政治核心作用，坚持党委集体领导，坚持民主集中制，坚持党的工作制度，不断扩大党内民主。党的工作既要坚持组织内部程序，又要遵循法定程序，坚持依法治企。按照市委十届五次全会精神的要求："推进干部管理由职务管理为主，向以职责为中心的管理方式转变，创新干部选拔、任用方式，完善干部考核指标体系。"坚持民主、公开、竞争、择优的原则，推进干部人事制度改革，提高干部人事工作的透明度、选人用人的公信度和党员群众对干部人事工作的满意度。做好老干部工作和统战工作。这里讲一下领导人员到龄的退休问题，今后集团公司管辖的领导人员，到了法定退休年龄的，坚持退休制度。同时，大力培养年轻后备领导人员。建设一支强大的经营管理人才、专业技术人才和高技能人才队伍。坚持德才兼备，以德为先，突出人品，突出远大理想，突出忠诚企业，突出能力，突出业绩的原则。要重用那些想干事、能干事、干成事的领导人员。企业发展，没有困难、没有风险是不可能的，效益就是战胜困难、化解风险的回报。所以，企业领导人员要有战胜困难、化解风险、创造效益的信心和能力，要有雷厉风行的作风，要有办不成事睡不着觉的劲头。要加强专业人才和高技能人才的教育管理，坚持业内培训和业外引进相结合，努力营造人才脱颖而出的环境。加强领导班子和人才队伍的能力建设。要具备学习能力、思考研究能力、把握机遇的能力、科学决策能力、组织指挥能力、团结沟通能力、驾驭全局和复杂局面的能力、对内对外的协调能力、处理复杂利益关系的能力。

不断推进党建创新，凝聚党员群众共同奋斗。加强基层支部建设，加强党员管理教育，开展争优创先活动。党组织建设要适应结构调整的需要，围绕大局，服务中心，健全组织，促进经营管理的有效展开。

加强党风廉政建设。坚持党的三大作风、"八坚持、八反对"、企业廉政建设的要求。发扬艰苦奋斗精神，勤俭节约，勤俭办一切事业。特别是春节快到了，要过一个廉洁、简朴、祥和的春节。要多关心老干部、困难党员、困难职工、普通群众和困难企业。不要老往领导那里跑，不要给领导人员送礼，也不要到领导家里去串门；要多往基层跑，多往老干部家跑，多往困难职工家跑。落实党风廉政建设责任制，扎实推进惩治和预防腐败体系建设。做好效能监察、来信来访、案件查处工作，努力把各种倾向性问题解决在萌芽状态，把矛盾解决在基层。我们广大领导人员要习惯于在监督的条件下开展工作，要建设阳光工程，阳光企业，阳光集团，不能企业发展了，领导人员落马了。各级党组织要努力做到把领导人员这种风险有效化解，每个领导人员要经得起监督的考验，经得起历史的考验。加强对工会、共青团工作的领导。落实市委关于加强和改进工会工作的意见精神，支持工会依法独立负责地开展工作，维护职工合法权益，坚持民主管理制度，发挥党领导群众的桥梁纽带作用，发挥广大员工在建设强大京煤、活力京煤、和谐京煤的主力军作用。加强共青团组织建设，肩负起培养年轻领导人员的职责，壮大党的后备力量。

　　2009 年是牛年，面对新的形势任务，我们要有拓荒牛的精神，有一种牛劲，辛勤耕耘，自强不息，开拓奋进；当前，国际金融危机席卷全球，国际经济不是牛市，而我们集团的内部建设要形成牛市，励精图治，奋发向上；在成绩面前，不能"牛气"，不能骄傲自满，要谦虚谨慎，戒骄戒躁，再创佳绩。我们广大领导人员和全体员工要按照科学发展观指引的道路，落实"人文北京、科技北京、绿色北京"三大理念，为建设强大的京煤集团而努力奋斗！

高举中国特色社会主义伟大旗帜，深入理解、牢牢把握"强大京煤理念"，努力开创集团公司科学发展新局面

——在京煤集团公司一届八次职代会暨二〇〇九年工作会议上的总结讲话

二〇〇九年二月十一日

京煤集团公司一届八次职代会暨 2009 年工作会议，经过大家的共同努力，圆满完成了会议的各项议程。这次会议，是高举中国特色社会主义伟大旗帜，用邓小平理论、"三个代表"重要思想、科学发展观统一思想、指导工作的会议；是用北京"三大理念"和"建设强大京煤集团"的理念，分析形势，提高认识，强化发展观念的会议；是依据集团战略，提出思路，部署工作，推进集团公司平稳较快发展的会议。我们相信这次会议之后，大家一定能够牢牢把握"强大京煤理念"，在建设强大京煤集团的道路上不断迈出新步伐。

根据这次会议的报告和大家讨论的情况我讲三点意见：

一、建设强大京煤集团成为大家共同的心声，"强大京煤理念"是这次会议的重要思想收获

在这次会议上，大家听取了董事会、经理层、职代会和工会工作报告，进行了热烈地讨论。大家一致认为，科学发展观的本质是实现

又好又快地发展。建设又强又大的京煤集团，是科学发展观在京煤集团的具体化，是实现又好又快发展的必由之路。只有建设强大的京煤集团，我们才能在科学发展的道路上不断迈出新步伐，才能不断为国有资产保值增值作出新贡献。

在这次会议上，大家听取报告，联系实际深入讨论，对新的形势、指导思想、工作思路、具体任务、方法策略综合起来进行研究思考，感到建设强大的京煤集团，是我们学习科学发展观的重要思想收获。科学发展、又好又快发展，又强又大成长，"好"字为先、以人为本、"强"字为根、兴企富民，建设强大京煤，是这次会议达成的共识。

建设强大京煤集团总的工作思路，简而言之，就是"强大京煤理念"。在这次会议上，建设强大京煤的理念，其鼓舞和统一思想的作用，得到了很好的体现；同时通过大家热烈的讨论研究，也丰富完善了"强大京煤理念"。大家一致认为，把京煤集团的战略目标、思想方法、企业宗旨、商业模式、工作主题、基本任务、企业风格、关键环节和根本动力，用"强大京煤理念"进行概括，表述比较准确、好懂、易记，便于宣传和执行。我非常同意这个建议和观点，同时我也受到很大的教育和启发。

中国特色社会主义的伟大旗帜飘扬在京煤集团，中国特色社会主义理论体系武装了京煤集团，中国特色社会主义伟大道路延伸到京煤集团，北京"三大理念"指引着京煤集团。我们手中有旗帜，心中有理论，脚下有道路，生存就有保证，发展就有事业。对此，我们满怀信心，充满希望。今后，我们就是要把京煤员工的思想和行动统一到科学发展观上来，统一到建设人文北京、科技北京、绿色北京上来，统一到"强大京煤理念"上来。

二、"强大京煤理念"的指导意义

我们学习中国特色社会主义理论，从思想认识上解决了什么是社会主义、如何建设社会主义的问题；学习"三个代表"重要思想，解决了建设一个什么样的党、如何建设党的问题；学习科学发展观解决了向哪个方向发展、如何发展的问题。当前，我们必须在取得以往成就的基础上深入研究建设一个什么样的京煤集团和怎样建设京煤集团的问题。

强大京煤理念的提出，基本上回答了这个问题。我们要建设什么样的京煤集团？我们就是要建设强大的京煤集团。我们怎样建设京煤集团，就是要通过正确的思想方法、企业宗旨、商业模式、工作主题、基本任务、企业风格、关键环节和根本动力，来建设强大的京煤集团。强大京煤理念是一个完整系统，我们必须全面、准确地把握，并且不断地完善和发展。

集团公司深入开展学习实践科学发展观活动，将在3月份展开，我们必须要做好充分的思想准备，提高认识，突出特色，解决问题，推动发展。"强大京煤理念"的提出，就是一个重要的思想准备。科学发展观落实到京煤集团，就是要科学经营、科学建设强大京煤集团。科学发展观的本质要求是实现又好又快地发展。"强大京煤理念"的基本要求就是要实现又强又大地成长。"又好又快地发展"、"又强又大地成长"，是我们在中国特色社会主义伟大旗帜下追求的理想境界，同时又具有我们京煤集团的理念和实践特色，有很强的针对性和实效性。

最近，就建设强大京煤集团这个企业宗旨问题，我曾与有关领导、专家、学者进行了沟通，征求了意见，同时征得他们的帮助和指导。北京大学教授、著名管理学家梁均平对我们坚持先做强，后做大，边做强，边做大，正确处理强和大的辩证关系给予了充分肯定。他用了一个浅显易懂的比喻说明了强与大的关系。他说，做强与做大的关系，就像用饼铛烙饼一样。饼铛有多大，烙的饼才有多大，如果烙饼太大，超出了饼铛，肯定熟不了，还可能把火捂灭，连生存都成了问题；如果烙饼太小，在饼铛里只是一个小饼，饼铛的作用没有完全发挥出来，造成浪费，成本很高，没有竞争力，也就可能导致失败。有多大的饼铛，烙多大的饼，这才是恰当的。我看这个比喻很生动，也很能说明问题。坚持"强大京煤理念"，进行科学建设，实现又强又大的成长，正是我们前进的康庄大道。所以，我们要按照科学发展观的本质要求，必须坚持又好又快地发展，又强又大地成长。

那么，我们为什么要提出"强大京煤理念"呢？其主要原因有五条：

一是因为我们必须要坚持解放思想、实事求是、与时俱进、求真务实的思想路线。用实事求是的观点看，我们已经取得了很大的成就，这是客观存在的。但是距离科学发展观的要求，距离先进企业的要求，还有一定的差距，包括我们管理粗放的问题仍然存在，体制机制改革有待进一步深化，高素质的人才还比较缺乏，企业的专业化水平还不够高，我们在很多方面还需要强起来。

二是因为我们必须要坚持以发展为中心，牢牢抓住发展第一要务。要做到这一点，我们首先要强起来。要下决心解决在一些方面还不够强的问题。要在强的基础上扩大规模，要在自身健康的基础上实现高质量的增长。要不然，国有资产在一些地方还在流失，背着很沉重的包袱，企业就很难轻装上阵，健康成长。所以，我们必须坚持以发展为中心，努力解决影响企业发展的制约因素。不然，我们集团就很难强起来，做大就更困难。所以，我们必须坚持"强大京煤理念"，先做强后做大、边强边大、又强又大的成长。

三是因为我们必须要坚持对当前集团所处的历史阶段有一个认真的分析和清醒的认识。从集团发展史上来说，我们创业八年，但仍处于初级阶段，和一些百年老店、几百年的跨国公司相比，仍是初创时期，还是不够强大。从这次世界性的金融危机来看，世界经济正在处于大调整、大变革的周期性变动之中。这是七八十年一遇的大周期。我国经济经过前一个时期的高速增长，在世界经济衰退的影响下也正处于周期性的调整之中，我们集团也不例外。在这样一个新的历史阶段，必须要有新的思路。调整结构，优化配置，转变发展方式，把企业做强做大，正是摆在我们面前的一个重大历史性和现实性课题，我们必须勇敢面对，决不能回避。由此可见，"强大京煤理念"的产生，是符合我们自身发展实际的。所以，我们要坚定不移地把"强大京煤理念"贯彻好，落实好，体现在方方面面。

　　四是因为我们必须要坚持对新的战略机遇期和世界科技创新的大趋势有一个较好的认识和理解。宏观经济和集团经济现状，都说明集团的战略转型期已经到来。从过去高速发展到现在平稳较快发展，就是很好的说明。所以，在这个重要的战略转型时期，必须要有新的思路指导企业健康发展。"强大京煤理念"致力于又强又大的成长，稳健运作、理性扩张就是这个道理。当前，我们的思维方式必须要与新的战略时期相吻合、相匹配。

　　同时，理论界和科技界认为，经济危机催生重大理论和科技创新。1857 的世界经济危机，催生了以电气革命为标志的重大技术革命；1929 年的世界经济危机催生了以电子、航天航空、核能为标志的重大技术革命。到目前，"科学的沉寂已达 60 年"，新科技的革命性突破已经显现。国际理论界的研究表明，科技革命和经济危机之间存在很强的关联性。我们必须意识到这一点。我们集团作为以能源、房地产、城市服务业为主的多元化企业，必须强烈地意识到重大科技创新的浪潮即将到来。从而超前研究，认真分析，早做准备，以新的思路、新的理念、新的运作迎接这个科技创新的重要时期。我们要以"强大京煤理念"的创新去应对危机，抓住机遇，迎接新的、重大科技创新时代的到来。如果没有这个思想准备，我们就会陷入极大的被动。

　　五是我们必须要坚持抓住以人为本这个核心，坚定不移地走兴企富民之路。党的十七大报告指出，"全心全意为人民服务是党的根本宗旨，党的一切奋斗和工作都是为了造福人民"。科学发展的核心是以人为本，"强大京煤理念"的核心是兴企富民。我们是企业，以人为本必须落实到兴企富民上来。要财富共创，效益共享，和谐共建，民主、民生、民心、民力四位一体，形成合力，推动企业健康发展。所以，我们必须科学建设强大京煤，在不断提高效益的基础上改善员工生活。在当前世界经济危机的情况下，我们首先要落实生存战略，要稳民心，稳收入、稳岗位、稳经济、稳全局。特别是要稳定员工的岗位、培养员工的能力，这是从根本上的关心员工。企业要健康生存，开源节流，艰苦奋斗，共渡难关。要稳步改革，稳步调整，稳步推进，稳步发展。在着力把企业做强的基础上稳健运作，理性扩张，实现又好又快地发展，又强又大地成长。

综上所述，产生"强大京煤理念"是我们发展的必然、实践的必然、逻辑的必然、坚持和发展京煤战略的必然。是坚持唯物主义，注重实际；尊重经济规律，注重规模效益；实施科学控制，注重提高能力，所产生的思想创新。

三、落实"强大京煤理念"要树立八个重要观念

我们要把共产党人的远大理想，转化为建设强大京煤的雄心壮志，要把"强大京煤理念"，转化为建设强大京煤的信心和动力。我们落实"强大京煤理念"，必须树立八个观念。

一要树立大局观念。我们京煤集团是一个整体。我们要服从党和国家的大局，服从北京市的大局，各单位也要服从京煤集团的大局。要以京煤集团战略、"强大京煤理念"来统一集团公司各个单位和全体员工的思想和行为，每个单位、每名员工都要在全局下行动。"强大京煤理念"中关于京煤企业风格对政治风格的表述，就严肃地说明了这个问题。讲大局是党性的要求、战略的要求、"强大京煤理念"的要求。企业深化改革，进行资产、资源、业务整合，推进专业化生产、经营、管理，要求我们做到：局部利益必须服从全局利益，具体工作必须服从战略要求。包括房地产开发、内部搬迁，也必须服从大局，决不能因为局部的利益、个人的利益，而影响全局的稳定和发展，影响集团做强做大。服从大局要有思想保证，必须统一思想，提高认识，自觉行动，这是我们使用领导人员的重要标志。同时也要有组织和纪律保证。要发挥党委的政治核心作用，从领导班子建设和组织纪律上保证科学发展观、集团战略、"强大京煤理念"的真正落实。

二要树立企业价值最大化的观念。企业价值最大化是一条最基本的管理思想。股东价值最大化和利润最大化都有其片面性。只有企业价值最大

化，才能保证股东价值和企业利润的实现。

企业价值，是企业遵循价值规律，通过以价值为核心的管理，使所有与企业利益相关者（包括股东、债权人、管理者、普通员工、政府等）均能获得满意回报的能力。

企业价值最大化包括政治价值、经济价值、文化价值、社会价值、科技、人文、绿色环保等多个方面，还有政府关系、社会责任、企业道德、利益相关者的要求、企业内部和谐稳定，等等。企业价值最大化是一个完整的价值系统，要切实解决好企业的短板，解决好企业价值链中最薄弱的环节。"企业价值最大化"，要成为推进企业科学发展、全面发展、健康发展的重要理念。概括地说，在企业内部，要通过追求安全、经营、党建、人才、维稳等分项工作价值，保证企业价值最大化；在企业外部，要通过追求和利用政府、政策、资金、环境、战略伙伴合作等价值和优势，寻求和扩增企业的价值。在这个问题上，我们要有一个全面的观念。

要认识到，企业价值最大化也离不开社会各界的支持，离不开政府、政策的支持。政府也是资源，管理就是沟通，这是管理学界的重要思想。沟通能力是衡量一个领导者能力的重要尺度。为了我们的事情，真正做好企业，要放下架子，争取政策上的支持，为我们的发展创造条件。我们要和政府保持良好的互动关系，要进行很好的沟通，尊重地方，尊重政府，要当好企业公民，履行好我们的社会责任。要和企业员工以及客户进行很好的沟通，以开放的心态，争取多种经济社会资源，为企业发展创造良好环境，实现企业价值最大化。

追求企业价值最大化，符合做强做大理念，我们要不断分析它，研究它，让企业价值最大化观念在领导人员和骨干中真正树立起来。

三要树立相关多元的观念。普遍联系，万物一体，是一个基本的哲学观点。我们集团是一个多元化的大企业，与一些专营实体、一些小企业有着本质的不同。我们各个单位不能各自为政，互不相干。我们是一个大家庭，一家人都是密切相关的，因此，我们必须走多元一体、相关多元之路。在资金上，要相互关联，要集中资金保重点，统筹安排，提高赢利水平；在业务上，也要相互关联，煤炭经营要关联，地产、设计、建筑、物业、租赁要关联，饭店、旅游、机票、出租汽车要关联；企业采购要关联，内部资源共享，降低成本费用，推进内部市场化；人力资源要关联，进行轮岗交流，丰富阅历，提高能力，特别是年轻领导人员更要加强交流。集团公司要实现由无序多元化到有序多元化，再到相关多元化的战略转变。我们强调相关多元，绝不是保护落后。而是以市场为导向，把我们内部的资源充分利用起来。这是一个问题的两个方面。如果你比较落后，还要照顾你，实际上也就造成了资源的浪费；如果你做得很不错，在与社会同等条件下，那就必须用你，这就是相关联。没有这种关联，就是没有大局观念。在这个问题上我有两个担心，一个是我们自己能够做的事情，让别人去做了；再就是你能力不行，还让你做，保护了落后。所以我们内部相关联的，不管做哪行的，都要做强，都要有竞争力。同时强化企业内部关联。

四要树立优化结构的观念。建设强大京煤，必须有一个很好的组织结构。目前，企业的组织结构还不尽合理，亏损企业依然存在，法人治理结构还有不完善的地方，同业分散经营的状况仍然在继续。如果这些问题没有一个规划并不能有效地解决，就会继续形成更大的"沉没成本"。所谓"沉没成本"，就是赔钱成本。如果这种局面不扭转，还让它继续存在，就是错上加错，就会影响全局。所以，落实"强大京煤理念"就必须坚持结构优化升级，亏损企业扭亏无望的要退出，出血点要消灭，同时员工是主人，也是一种资源，一定要安排好。经营门类相同的实体，要按照"专业经营、专业管理、专业人才、专家队伍、专业机制"的原则要求，进行整合，真正做到做专做精做强。

五要树立团队精神、集体奋斗、"抱团取暖"的观念。在世界金融危机、经济寒冬的时候，更要如此。团结就是力量。京煤集团是一个团队，是一个集体，大家只有团结得像一个人一样，才能更强、更大。所以京煤集团从上到下，必须把团结放在重要位置，这要求我们的领导决不能窝里斗，搞内耗。谁要是搞不团结、搞无原则的纠纷，乱折腾，我们就毫不客气地进行批评教育，甚至采取组织措施进行调整。团结进取是"强大京煤理念"的基本要求，我们一定要按照胡锦涛同志关于"不动摇、不懈怠、不折腾"的指示精神，以团结奋进的姿态，同心同德地建设强大的京煤集团。

六要树立实现优秀、追求卓越的观念。优秀企业是地区一流，卓越企业是全国一流，伟大企业是世界一流。建设强大的京煤集团，就要有强烈的争一流的意识、强烈的责任意识、强烈的奋斗意识、强烈的发展意识、强烈的改革开放意识、强烈的创新意识、强烈的安全和谐稳定意识。要通过把集团做强做大，实现优秀，追求卓越，实现又好又快地发展、又强又大地成长。我们有共产主义理想，因此我们追求一流企业的目标更应该坚定，我们要有这种信心，向着这个方向努力，哪怕10年、20年，我们要有这个目标和志气。

七要树立强化管理、科学考核的观念。管理是企业永恒的主题，要把"强大京煤理念"落到实处，必须强化管理，强化执行，要用执行的成果来检验管理水平的高低。管理的重点在考核，考核的核心在分配。要通过科学、全面的考核，把各项决策部署和各项预算指标落到实处。在分配上要体现效率和公平的统一，通过科学的激励和约束机制，通过深化分配制度改革，调动经营管理者和员工两个方面的积极性，使大家都积极投身于强大京煤的建设事业。

八要树立党建创新的观念。要按照党的十七大关于以改革创新精神加强党的建设的要求，按照市委推进基层党建工作创新的意见，全面加强党的思想、组织、作风、制度、能力建设，包括党风廉政建设。要以党的先进性建设引领企业的先进性建设，以党建创新引领企业创新，以党建成果引领企业不断做强做大。在党的建设上，特别是要抓住领导班子建设这个关键。我们任用领导人员的标准是"德才兼备，以德为先"，突出用那些"想干事、能干事、干成事、不出事"的人。

在科学发展观的指引下，在新的历史阶段，在这次职代会和工作会议上，我们对"强大京煤理念"形成了共识，这是一个重要的思想成果，我们要加深理解，牢牢把握，不断发展，不断完善，并以此为动力，推进今年各项预算目标的落实，以优异成绩向新中国成立60周年献礼！

附录一

深入学习实践科学发展观
牢牢抓住发展第一要务
增强企业核心竞争优势
开创公司科学经营新局面

李京来

二〇〇九年八月十八日

一、牢牢抓住发展第一要务，推动企业科学发展，努力增强发展的自觉性和紧迫性

科学发展观的第一要义是发展，建设中国特色社会主义的目的就是为了发展，我们落实整改方案，同样是为了发展。我们所说的发展是科学发展，是以人为本全面协调可持续的发展，是又好又快的发展。抓住发展第一要务，既是我们公司成立八年来实践经验的总结，又是今后的努力方向。只有发展我们才能生存，只有发展，才有希望。八年来，我们公司经历了生存适应性调整阶段，战略发展性调整阶段，和"一个品牌，三种经营模式，五个经济板块"战略实施三个阶段，使我们走出了困境，走上了科学发展之路。

在新的历史起点上，我们如何发展？集团公司在 7 月 20 日听取权属单位汇报时，提出了三点要求，这是我们发展要遵循的重要原则。

今后我们要按照集团公司的要求，抓战略，促发展；抓调整，促发展；抓改革，促发展。

一是要抓战略，促发展。集团要求我们：金泰恒业公司的发展，要立足于当前实际，立足于在集团战略中的地位。在战略方向和目标上要与集团相互衔接，保持一致。在战略、方向、定位和措施上要进一步完善。要从房地产业的先导、主导作用上，真正体现作为集团的支撑地位。我们金泰恒业要坚决贯彻集团公司的要求。金泰地产要积极争取上市，要按照"金泰中国"的战略进行设计，公司要全力以赴给予支持，我们一定要从大局着眼，树立战略思维，为金泰地产股改上市创造更为有利的条件。

与此同时，要认真考虑，深入研究金泰恒业今后的战略问题。要在科学发展观、强大京煤理念的指导下，设计金泰恒业的未来。经过八年的实践，公司的五大板块已经形成，我们已经有了较好的资源、能力、组织和专业优势；并且，正在涌现出一批新的专业经营实体，形成了新的经济增长点。

今后，我们的战略设想是：高度重视房地产业的发展、扩张，做强做大做精现有的各个经济板块，积极培育新的经济板块。努力建设强大的、具有金泰恒业特色的城市服务业集团，实现国有资产保值增值，产业持续扩张。

公司领导班子、董事会战略委员会，公司上下各个层面都要深入研究这个问题。要经过对公司战略的充实完善，形成符合企业实际，适应集团战略目标要求的、新的战略发展环境，推动公司平稳较快发展。

二是抓调整，促发展。集团公司要求我们，通过整合调整，逐步消灭四级企业，解决好同类企业合并问题，朝专业化的目标迈进。今后一个时期，我们就是要按照抓调整，促发展的思路，解决管理链条过长，层级过多，经营分散，专业化程度低，同业竞争和规模效益不突出的问题。要在深入调研、摸清家底的同时，制定方案，积极而又稳妥地推进。要调动专业经营和区域经营两个方面的积极性，专业经营要加快做强做大做精，区域经营要搞活，要向专业化方向发展。要实现专业经营和区域经营的良性互动：一是要相互支撑；二是要向优势专业转移；三是形成新的经济板块。要通过抓调整，形成新的良好经营环境，共同提高市场竞争力。

三是抓改革，促发展。集团公司要求我们，下一步要深化改革改制，首先要改制为一人有限公司，而后引入战略合作者，进行股份制改造，形成一个更好的体制机制环境，在现有基础上再上新台阶。集团公司的意见，为我们下一步深化改革指明了方向。从现在起，我们就要积极准备，制定方案，为建设金泰集团、金泰股份做出不懈的努力。

抓住发展第一要务，落实集团公司要求，在实际工作中，我们要处理好若干重大关系，即处理好体制与机制的关系，以体制改革为先导，为机制改革奠定基础；要处理好各经营业态之间的关系，要全面协调发展，坚持相关多元，注重协同效应；要处理好专业经营与区域经营的关系，以专业经营寻求重点突破，以区域经营稳定员工就业，并不断提升区域经营的专业化水平；要处理好"以我为主和经营为主"的关系，以我为主参与市场竞争，锻炼队伍，以经营为主提升自我生存与发展能力；要处理好生产经营、资产经营和资本经营的关系，各权属单位重点抓好生产经营，公司总部重点抓好资产经营和资本经营，要实现生产经营，资产和资本经营的良性互动；要处理好稳健运行和改革创新的关系，稳健运行是前提，改革创新是动力，要在安全、稳定基础上大胆地创新体制机制；要处理好战略与策略的关系，依据公司战略优化业务流程，推进组织变革，提高岗位效能，巩固和提升公司的市场地位；要处理好效率和公平的关系，要在提高效率的前提下注重公平，要在公平的基础上注重效率，坚持市场导向，建立有效的激励约束机制，实现效率和公平的有机统一；要处理好目标和实现途径的关系，实现优秀，追求卓越，是我们的目标，是我们的光荣梦想，有梦想，就有希望，有希望就要用好的精神状态去追求，要着力搞好当期经营，这是我们追求梦想、实现目标的基础。我们要坚持实事求是，理论联系实际，兴企富民的思想方法，大胆实践，勇于探索，开辟新的道路，实现我们的战略目标。

二、大力培育企业核心竞争优势，提升金泰恒业的专业品质

金泰恒业的核心竞争优势，在于我们的房地资源优势和专业优势。八年来，经过精心培育，我们的房地资源优势得到了较好发挥，价值转换能力不断提高。从而获得了大量、充实的现金流和巨大收益，强力支持了公司发展。经过细心整合，公司各专业板块的市场地位和专业能力不断提高，规模效益日益显现。经过苦心经营，我们的区域经营在企业转型过程中承担了巨大的改革成本和人工费用，积累了巨额资产，为其他经济板块的发展提供了强有力的支撑，为整合提供了巨额资产保障，为员工提供了大量就业岗位。目前，企业经济发展，人心稳定。但是，我们不能就此满足，企业的核心竞争优势要继续培育，发扬光大。

要继续发挥公司房地资源优势，加快实现资源向资产、资本和产业的价值转换。几年来，经过开发变现，我公司大宗的土地已经很少，但是在四百多个网点当中，仍有相当一部分，具有很高的市场价值。把房地资源变成资产、变成资本，经过整合变成产业，壮大各经济板块的力量，这是当前和今后一个时期至关重要的任务。这项工作做好了，我们就有了更多的现金流，更多的操作平台，就会有更广阔的发展空间。

大力提升金泰恒业的专业品质。由于历史的原因，我们公司形成了多元化经营的格局，经过整合形成了五大经济板块，并且涌现出了一批新的、有明显特色、富有潜力的经济实体，使我们金泰恒业进入了一个专业化建设的新时期。今后，要巩固和提升公司的市场地位，就必须大力提高我们的专业品质，要专注目标、专业经营、专精发展。要做强主导，做优支撑，夯实基础，突出特色，提高效益。

要努力建设品牌金泰、和谐金泰、活力金泰、效益金泰。要把品

牌金泰作为企业发展的旗帜，把和谐金泰作为企业发展的基石，把活力金泰作为企业发展的源泉，把效益金泰作为企业发展的使命，发挥四个金泰的综合效应，精心培育核心竞争优势，提升专业品质。

三、提高公司治理水平和企业管理水平，集中精力，把经济发展搞上去

公司治理包括内部治理和外部治理，内部治理是指股东会、董事会、监事会、经理层内部的运行和制衡机制；外部治理是指由市场、法律、银行、投资者、社会舆论、顾客等构成的外部监督和准入机制。其目的是保证公司决策科学化，实现公司利益相关者的目标。公司内部治理必须和外部治理相结合，在内部和外部达成广泛认同，共同致力于经济效益的提高。

我们金泰恒业的公司治理，在内部，董事会要向股东会负责，董事会要对公司发展战略、重要人事安排、重大投资和改革改制等重要事项，做出正确决策，做到资本投向正确、安全；经理层要创造性执行董事会决策，搞好日常经营管理，做到资产运行顺畅高效；监事会要履行监督职责，确保资产的安全与效益。公司内部治理各个层次，要相互协调，密切合作，相互制衡，实现决策正确科学，执行监督有效；在外部治理方面，公司要接受市场、法律、银行、投资者、舆论、顾客等方面的监督和认可，实现公司规范运行，治理有效。要发挥董事会专业委员会的作用，切实把各专业委员会，建设成为董事会强有力的工作班子、参谋班子、研究机构和智囊团、思想库。

要突出管理这个永恒的主题，向管理要效益。在战略管理方面，强化业务相关战略，明确经营边界，坚持适度多元化、相关多元化，防止过度多元化，无序多元化；强化资源战略，搞好资源配置，突出重点，综合协调；强化人才战略，对未来5~10年的人才需求进行预测，制定培养、引进、调整方案，持续解决人力相对过剩和人才相对短缺的问题，过剩的不准随意进人，短缺的加以培养和引进；强化竞

争战略，公司各专业板块都要明确竞争对手，明确追赶的标杆，增强竞争优势。

强化重点管理和基础管理。加强全面预算管理、现金流管理、重大项目管理、法律事务和精细化管理，建立公司的大客户系统，提升信息化水平，开源节流，强化营销，强化成本控制，提升效益水平；加强考核工作，建立适应市场的激励约束机制。加强赊销管理与合同管理，加大应收账款收缴力度，落实责任，严格考核。要严格制定和执行合同，坚决防止发生新的拖欠，防止造成新的损失。在管理上要形成决策、执行、监督、考核、奖惩的互动循环，要把严格管理和组织措施有机结合起来，保证企业运转顺畅，实现国有资产保值增值。

四、以改革创新精神加强党的建设，提高党组织领导企业科学经营的能力

企业党组织，是公司核心竞争优势的关键所在。要继续发挥好党委的政治核心作用、基层党支部的战斗堡垒作用和共产党员的先锋模范作用，推进党建创新，凝聚党员群众共同奋斗。

加强党的宣传思想工作。坚持正确的舆论导向，用中国特色社会主义理论、科学发展观指导企业全面建设。办好公司"一报一刊"，办好公司网站、品牌杂志和信息刊物，运用多种形式宣传党的路线方针政策和公司情况、典型经验。加强教育培训，开展优秀调研论文评选，文明单位、文明窗口创建活动。加强企业文化建设，在集团主导文化指导下不断充实、丰富金泰恒业特色文化，为企业发展提供精神动力和智力支持。

加强领导班子建设、党的基层组织建设和党员队伍建设。坚持党的民主集中制，加强党委的集体领导。根据公司战略和专业板块发展，配齐配强各级领导班子，加强领导人员的调整交流，优化班子结构。建设学习型领导班子。加强基层党组织建设，扩大党内民主，开展争优创先活动，加强党员管理教育，壮大党员队伍。

　　加强党风廉政建设。坚持标本兼治、综合治理、惩防并举、注重预防的方针，以完善惩治和预防腐败为重点，强化监督，加强教育，抓好源头治理。落实党风廉政建设责任制和专项工作检查，防范廉政风险。抓好效能监察、来信来访和案件查处工作，推进和完善"阳光工程"建设。

　　加强对工会、共青团工作的领导。工会工作要坚持围绕中心，服务大局，找准定位，履行职责，发挥优势，维护职工合法权益。坚持职代会、厂务公开等民主管理制度。围绕党政所需、职工所盼、工会所能，创造性地开展工作。要把工会优势，转化为团结动员职工群众，推动企业又好又快发展的强大力量。重视共青团组织的思想政治建设、组织建设和能力建设，关心青年成长进步，培养青年人才队伍，组织青年为企业发展建功立业。坚持以党建带团建，加强党的后备力量建设。

　　强化安全稳定工作，安全工作要升级，维稳工作要立本。贯彻安全第一，预防为主的方针，坚持安全工作制度，落实安全工作责任制。领导要高度重视，中层要真抓实干，班组职工要遵章守纪，员工要增强自保意识，落实安全工作的全员性。坚持实事求是，以人为本，站在人民群众的立场上想问题，办事情。视员工为兄弟，视群众为亲人，关心员工的困难和诉求，协调好各个方面的利益关系，把工作做到点子上，把矛盾化解在萌芽状态。使用好各项救助基金，解决好员工的生活困难。调动一切积极因素，共同致力于企业发展。

　　我们要在今后的工作中，更加紧密地团结起来，认真贯彻落实科学发展观，牢牢抓住发展第一要务，增强金泰恒业核心竞争优势，提高金泰恒业专业品质，为建设强大京煤，实现金泰恒业又好又快发展而努力奋斗！

附录二

关于"科学经营，金泰大成"的战略研究

姜春杰

二〇〇七年十一月一日

2007年9月10日，我们公司成功召开了第二次党代会，付合年同志在党代会报告中指出："当前，我们正站在一个新的历史起点上，企业管理和发展的理论创新更加必要。我们要将科学发展观与金泰恒业的具体实践紧密结合，树立'科学经营，金泰大成'的理想信念。所谓大成，就是要在学问和事业上取得大成就。'科学经营，金泰大成'的内涵就是：坚持科学经营的战略思维，一切依靠员工，一切为了员工，以生产经营为基础，以资产经营为保证，以资本经营为重点，以知识经营为源泉，立金泰大志，谋金泰大略，创金泰大业，实现优秀，追求卓越，创立大成。以企业价值、员工价值、市场价值的共同实现为新目标，为将金泰恒业公司建设成为主业精、辅业兴、核心强的现代强势和谐企业而奋斗。"

付合年同志的报告，在公司上下引起了深刻而强烈的反响，得到了广泛的认同。特别是"科学经营，金泰大成"企业理想信念的提出，更是鼓舞人心，堪称报告的点睛之笔。大家一致认为，"科学经营，金泰大成"，是公司战略的核心观念，对公司发展具有深刻的指导作用。认真研究"科学经营，金泰大成"的新理念，我们体会是：

一、要充分认识在企业发展的新阶段，确立"科学经营，金泰大成"理想信念的必要性

1. 确立"科学经营，金泰大成"理想信念，是把科学发展观落实到企业的迫切需要

科学发展观，是我党重要的理论创新，是一个科学的理论体系。我们作为企业如何才能把科学发展观落实到实处、指导企业又好又快地发展呢？其必然要求是，我们必须以科学发展观为指导，进行科学经营。科学发展观的基本含义是，以人为本，全面协调可持续的发展。具体到我们企业必然是要求"一切依靠员工，一切为了员工，全面协调可持续的经营"。以人为本是全面协调可持续经营的出发点和目的；全面协调可持续经营，是实现以人为本的基本途径和根本保证。二者不可分离，必须统一于科学发展观和科学经营的理论和实践之中。具体说来，我们企业有五大板块，必须进行全面经营，整体推进；必须突出重点，统筹兼顾，均衡发展，协调经营；必须正确安排各种资源，从长计议，有战略眼光，着眼于未来，处理好当前效益和长期发展的关系，物质文明、精神文明、政治文明，生态文明一起抓，保持企业的可持续经营。

2. 确立"科学经营，金泰大成"的理想信念是用中国优秀传统文化激励企业成就伟业的实际需要

大成思想，是中国传统文化的瑰宝。大成思想是中国人理想精神的完善表达。立大志，谋大略，创大业，是有抱负的中国人和企业人的不懈追求；中国人历来有"为天地立心，为生民立命"的雄心壮志；有大一统、大融合、为江山社稷谋福祉、追求事业大成的宏图大略。在中国经典书籍当中，大成思想十分丰富，孔子、荀子的著作，是当之无愧的集大成的典范。在国学名著当中《四库全书》是国学大成的汇编；《古今图书集成》是优秀经典的大成荟萃；在古代和现代的书籍当中，还可以看到像《针灸大成》、《文艺鉴赏大成》、《大成智

慧丛书》等等。中国大成思想传到日本，日本一家企业名为大成公司，并用孟子的言论做注脚。中国优秀传统文化中的大成思想主要体现在四个方面：

一是指事功卓著。《诗经·小雅·车攻》云："允矣君子，展也大成"。意思是说，圣明的天子，勇敢作战，定会展示胜利大有成。二是指学问精湛。《礼记·学记》云："七年视论学取友，谓之小成。九年知类通达，强立而不反，谓之大成"。意思是说，上学七年后考查学生在学术上的见解，及对朋友的选择，有所进步，这时可以叫小成；上学九年而知识畅达，触类旁通。临事而不惑，不违背师训，这就叫大成。三是智圣兼备，博采众长，集天下之大成。《孟子·万章下》云："孔子之谓集大成"；四是完备、全面。老子《道德经》45 章云："大成若缺，其用不弊。"意思是说，最大的成就和圆满，似乎总是有缺陷，却永远不会敝衰。中国古人的这些论述，激励着金泰恒业公司要成为一家基业长青的"大成企业"。"科学经营，金泰大成"的理想信念也由此而来。

3. 确立"科学经营，金泰大成"的理想信念，是在新时期、新阶段确立新的奋斗目标的需要

"实现优秀，追求卓越，创立大成"，这个论断鲜明地指出了公司今后要追求的目标。以往的成绩，只是小成，不能满足，今后的路还很长，我们不仅要成长，要实现优秀，追求卓越，还要做一家大成企业。要在国际化、全球化中有新的作为，要立志成为国内外一流的公司。要实现这个目标，必须用新的理念来统一思想，激励斗志。"科学经营，金泰大成"，要求我们高举中国特色社会主义伟大旗帜，不断取得新的更大成功。

二、大成智慧是公司提高持续竞争力的重要智力支持

中国当代科学泰斗钱学森讲，大成智慧有两个方面：一是性智；二是量智。性智指对事物的性质有准确的把握，量智是指对事物要有

量的分析，性智和量智相结合，就有利于科学的创造，成就大的事业。

　　学习钱学森的论述，结合我们企业的实际，我感到企业大成智慧的内容应有五个方面：

　　1. 性智

　　要对企业的性质、企业的核心业务、核心能力有清晰的认识，对自己的优势和劣势有准确的把握，从而知道应该发展的方向和应该在近期和远期达到的目标。

　　2. 量智

　　即对企业情况应该有具体深刻的分析，对企业诸多方面的认识应该尽力透彻，要坚持用数字说话，对战略的实施要有详细的计划安排，对经营工作要精益求精。

　　3. 行智

　　要有行动的智慧，要大胆地实践。商场如战场，有市场必然存在竞争，竞争必然需要智慧。所以在经营过程中要有谋略，要讲究方法，要有竞争的艺术，坚持从实际出发，以智取胜。

　　4. 毅智

　　英勇果断，志向坚定而不动摇。在经营过程中会遇到重重困难，但是决不能被困难所吓倒，要有不达目的不罢休的坚强毅力。

　　5. 效智

　　一是效法；二是效果和效益。效法就是向先进企业看齐，实施标杆管理，要有不甘落后，争创一流的坚强决心。效果和效益，就是大成智慧要落实到经济效益上，要见到效果，要用事实说话，要真正把企业做强做大。

　　我讲"五智合一"，堪称大成的金泰智慧。

三、"科学经营，金泰大成"需要坚持的七种精神

　　1. 理想精神

　　我们所以把"科学经营，金泰大成"作为理想信念，就是因为我

们有搞好企业的宏伟理想。中国过去是世界上最强盛的国家,只是在近代落后了。我们建设中国特色社会主义,实现中华民族的伟大复兴,说明中华民族历来是有理想、有抱负的优秀民族,我们作为中国首都的企业,理所当然应该树立更为远大的理想,有坚定的信念,具有理想精神。

2. 科学精神

要时时处处按科学办事。掌握科学精神,就能把握规律,手中就有锐利的武器和先进的工具,就能沿着正确的道路,在正确决策指引下做出正确的分析,取得预期的效果。所以坚持科学经营必须弘扬科学精神。科学精神是实现金泰大成的必由之路。

3. 人文精神

无论什么事都要人去干,都是为了人的生存与自由地、全面地发展,所以科学经营必须坚持以人为本,一切依靠员工,一切为了员工,要想到各方面的利益相关者,做到企业价值、员工价值、市场价值的共同实现。本公司要千方百计调动员工的积极性、创造性,为实现金泰大成的目标建立人才荟萃的精英团队。

4. 综合创新精神

要坚持古为今用,洋为中用,批判继承,综合创新的思想方法,坚持企业总体创新、具体思路和工作实践的创新,包括体制、机制、管理、技术、环境、品牌等多方面的创新,也包括公司各个经营板块的创新。综合创新要注重创新的综合性与聚合力,要使多方面的创新形成一股强大的力量,形成企业整体创新的新格局。企业具体项目的创新,必须统一到公司综合创新的合力之中,促进企业综合实力的提高。

5. 专业精神

在有的管理学著作中叫专业主义。人不可能是全才,企业也做不到全能,只能干一行、专一行、精一行、通一行。公司五大专业,必须用具有专业精神的人去管理、去经营;必须用具有专业技能的人去实践、去操作。特别是当代,随着科技的发展和职业分工的精细化,必须有大量的专才，把各项复杂工作分别担负起来。任何工作只有做专才能做精、做深、做细、做出水平来，才能造就一流的企业和一流的人才。我们金泰恒业只有在专业领域刻苦经营，才会成为一家大成公司。

6. 战略精神

坚持"科学经营的战略思维"，顾名思义，就是要有战略精神。要善于从战略上认识问题，要从战略全局上把握企业的基本职能、基本走向和基本目标。公司五大板块，是公司的五大战略支点，必须统筹兼顾，交相辉映，相得益彰，相关多元，相互支持，相互提供保证。只有这样，才能形成统一的战略力量，在市场上显示出自己的实力。如果缺乏战略精神，就经营抓经营，各自为政，分散力量，互不相干，必然是一盘散沙，就很难有大的发展，就谈不上建设大成企业。

7. 奋斗精神

金泰恒业的事业是一个为国有资产保值增值的宏伟事业，是一个实现优秀、追求卓越、创立大成的激动人心的事业，是一个实现企业、员工、市场共同价值的荣耀自豪的事业。为了事业的成功，我们就要奋斗，就要不屈不挠地参与市场竞争，就要为此而不懈努力。"世界上没有免费的面包"，只有奋斗才有大成。

四、科学经营要把握的四个关键点

1. 总体经营

我们是一家多元化的企业，又是一个统一的整体。我们首先要树立全局意识，整体意识，把整个企业经营好。要谋全局，算大账，提高企业整体效益。我们首先必须把公司当成一个有机体的统一体来认识，着眼全局，综合协调，使整个公司充满生机和活力。

2. 职能经营

每一个职能部门都要有经营头脑，都要为经营服务，都要从公司的实际出发，把自己的部门经营好。人生需要经营，部门也需要经营，特别是战略经营。

3. 业务经营

公司有五大板块，是五大业务，有主导产业、支撑产业和基础产业。在业务经营中要做强主导，做优支撑，夯实基础。业务经营要突出差异化经营、成本领先经营和创新经营。

4. 要讲究经营的逻辑性和秩序感

以生产经营为基础，以资产经营为保证，以资本经营为重点，以知识经营为源泉。其中奥妙无穷，具有严密的逻辑性、具有高度的艺术思维和经营谋略。"四大经营"进行巧妙地安排布阵，就可以形成一部完美的金泰恒业交响曲。四大经营相互联系，相互依存，相互制约，相互促进。具有互根性和互补性。

我们搞好了生产经营，企业就有了可靠的根基。

资产量庞大是我们公司的一大特点，这是我们公司生存与发展的重要保证。

资本经营是企业的高级形态，必须重点抓好。我们必须抓紧骨干企业的上市融资工作，以实现公司的低成本扩张。

知识经营是源泉，知识就是力量。企业的发展说到底，要依靠自身的文化与知识。"没有文化的军队是愚蠢的军队"，没有文化的企业是没有希望的企业。新民主主义革命时期，人民军队为什么总打胜仗，是因为他们有党的领导和马克思主义的指导，是用文化，是用为人民服务的宗旨武装起来的军队，是用人民战争理论指导的人民军队，是为自身翻身解放而斗争的军队，所以他们有力量的源泉，有克敌制胜的法宝。在当今知识经济迅猛发展的过程中，注重知识经营，建设学习型企业、提高企业的文化素养，保护企业的无形资产同样十分重要。必须牢牢抓住知识经营这个源头活水。

在经营实践中，基础要打牢，保证要抓住，重点要突出，源泉要充实，要按照这一逻辑去运作、去安排，以高度的艺术性与秩序感去综合、去协调。从而，调动各个方面的力量，共同演奏"科学经营，金泰大成"的雄伟乐章！

附录三

北京金泰恆業有限責任公司創
立於公元貳零零壹年秋時值革故鼎
新群賢暢懷共煉企業之商號終酌定
金泰恆業其金乃五行之首萬事之基
金生水而克木宜通贏而廢迁腐泰乃
易經祥卦坤上乾下地天交融萬物安
泰恆即長久事物恆姿如日月輪回綿
延永續金泰雙贏恆久立業此乃公司
之業觀依以貫之金泰閣力恆久睦強
乃公司之業力依以聚之繼橫建房地
産業為龍頭城市服務業為依輔之經
營格局順應市場秉承前業樹立雙觀
提高雙能閣力智周創造雙贏蓄竭
力向特大型多功能綜閤性強勢企業
集團之目標邁進求厚德載物力濟天
下之功德此乃金泰恆業之銘誌萬望
金泰恆業同仁循之

乙酉陽春叁月

后　记

　　本书作者付合年感谢北京大学梁钧平教授为本书作序，感谢中国社会科学院编审陈有进为本书出版所作的组织协调工作，感谢红旗出版社领导和相关人员以及北京新华印刷厂为本书出版所给予的帮助。

　　《一路走来——北京金泰恒业的发展历程》的作者付合年，1955 年出生，北京大学光华管理学院高级管理人员工商管理硕士，在原北京市煤炭总公司于 2001 年改制为北京金泰恒业有限责任公司后，担任党委书记、董事长，现已担任北京京煤集团公司党委书记、董事长。本书汇集了作者担任公司领导职务以来的主要论文、经验材料和有关会议的讲话文稿。这些文章真实地记录了一个国有企业经营管理、改革发展稳定和取得成功的历程。这本书的出版是集体智慧的结晶，是该公司全体员工共同努力和实践的总结，是对作者本人的激励，也是对该企业员工的激励。本书可以给该企业现任领导班子人员以启示，也可以给广大读者以借鉴。

　　从本书的内容看，作者在中国特色社会主义理论指导下，高度重视公司治理和企业管理，重视改革开放发展稳定和企业党组织建设、群众工作。特别是对于董事会工作、领导班子建设、人才队伍建设、战略管理、产权事务管理、全面预算管理、现金流管理、风险管理、投资回报、企业文化建设等企业重点工作，反复讲，反复抓，从而实现了国有企业的成功转型，国有资产实现了保值增值。

在实际工作中，付合年注重公司治理和企业管理思想的系统化，并提出了独具特色的企业理念。在企业价值观层面，提出了"金泰双赢、恒久立业"的金泰恒业观；在实践层面，提出了"金泰阖力、恒久睦强"的金泰恒业力；在战略层面，提出了"科学经营、金泰大成"的战略思想；在可持续经营方面，提出了"金泰恒业成功文化"等等。这些都是他和企业领导人员及员工共同研讨的结果。在他于2008年底到北京京煤集团公司担任主要领导职务后，在进行广泛调查研究基础上，他又提出了"强大京煤理念"，主张办企业要处理好"强和大"的辩证关系，企业要先做强，后做大，边做强，边做大，要实现又好又快的发展，又强又大的成长，并且从思想方法、企业宗旨、商业模式、工作主题、基本任务、企业风格、关键环节、根本动力八个方面进行了概括，得到了公司员工的广泛认可，对读者和企业管理者也有参考价值。

本书最后的附录，收录了付合年到北京京煤集团公司任职后，北京金泰恒业有限责任公司现任党委书记、董事长李京来，总经理姜春杰的两篇文稿以及《金泰恒业公司铭志》，以丰富本书内容。

作者一路走来，目前站在一个新的起点上，愿与公司员工和广大读者共勉，并敬请该公司员工和广大读者给予指导帮助。